(Regalo Cecilia)

Sección de Obras de Historia

INVENTANDO LA NACIÓN

INVENTANDO LA NACIÓN

Iberoamérica siglo XIX

ANTONIO ANNINO
FRANÇOIS-XAVIER GUERRA
(coordinadores)

FONDO DE CULTURA ECONÓMICA
MÉXICO

Primera edición, 2003

Comentarios y sugerencias: editor@fce.com.mx
Consulte nuestro catálogo: www.fondodeculturaeconomica.com

Carretera Picacho-Ajusco, 227; 14200 México, D. F.

ISBN 968-16-6956-8

Impreso en México
Printed in Mexico

INTRODUCCIÓN

FRANÇOIS-XAVIER GUERRA
Universidad de París I

La figura de la nación domina toda la historia contemporánea. Admirada o criticada, la nación es la referencia obligada de todas las construcciones políticas modernas. Ella fue, y continúa siendo aun donde se intenta superarla, la justificación suprema de la existencia de estados independientes. La soberanía de la nación es el primer axioma de toda legitimidad política moderna. A pesar de las múltiples críticas de que ha sido objeto y de los muchos conflictos provocados por ella, no existe aún un modelo alternativo al ideal del Estado-nación que nos legaron las revoluciones de finales del siglo XVIII.

Reflexionar sobre ella es salir en busca de una figura a la vez omnipresente y proteiforme en la historia de los dos últimos siglos. Desde finales del siglo XVIII, nos la encontramos presidiendo el nacimiento de los Estados Unidos, triunfante y soberana en la Revolución francesa, amenazando ya a lo que con ella llamaremos desde entonces el Antiguo Régimen... Ella es quien justifica la constitución de los nuevos estados independientes en la América Latina en el primer tercio del XIX y la unificación italiana y alemana pocos lustros después. A ella apelan los movimientos de las nacionalidades en el siglo XIX y los estados que luchan en la primera Guerra Mundial. En ella se funda la disolución de los imperios austro-húngaro y otomano y los movimientos de descolonización después de la segunda Guerra Mundial. Por ella, al final del siglo XX, se desagregó lo que fue la URSS, se combatieron los pueblos de la ex Yugoslavia y, a menudo, reivindican o se afrontan aún las minorías "étnicas" en África, Asia y América...

Pero la nación no sólo está presente en el ámbito internacional, sino también en la vida interna de los Estados: en lo político, inseparablemente unida a la progresión de una modernidad que lleva tanto a regímenes representativos como a otros, autoritarios; en la política con movimientos y partidos —"nacionalistas"— que dicen actuar en su nombre o en su defensa; en lo cultural como motor de empresas de elaboración y de difusión de identidades, unas veces integradoras y muchas otras disolventes para los Estados; en lo económico y en lo social, como afirmación de los derechos de la colectividad contra intereses particulares o extranjeros…

La simple enumeración de su omnipresencia en momentos y campos tan diferentes muestra bien cuán difícil es estudiarla, como si se tratase de un ente con una existencia propia e inmutable. Tanto el estudio semántico del término como el análisis de casos particulares indica, por el contrario, que la "nación" remite a significaciones muy diferentes según las épocas y los países. Para evitar, pues, anacronismos o generalizaciones poco fundadas es preciso prevenir tanto la esencialización que hace de las "naciones" contemporáneas realidades atemporales, como considerarlas sólo una pura invención o artefacto.

La mejor manera de evitar estos escollos es, a nuestro modo de ver, considerar la nación moderna como una nueva manera de concebir una colectividad, como una forma ideal e inédita de organización social, como un nuevo modo de existir al cual pueden aspirar grupos humanos de naturaleza muy diferente. La nación aparece así como un nuevo modelo de comunidad política, síntesis de diversos atributos ligados entre sí; como una combinatoria inédita de ideas, imaginarios, valores y, por ende, de comportamientos, que conciernen la naturaleza de la sociedad, la manera de concebir una colectividad humana: su estructura íntima, el vínculo social, el fundamento de la obligatoriedad política, su relación con la historia, sus derechos… Considerada bajo este prisma, la nación moderna es una realidad nueva que irrumpe en la historia a partir de finales del siglo XVIII.

Por eso, cuando hace ya varios años nos reunimos y publicamos una primera versión de este libro, nuestro propósito fue doble.[1] Por una parte, aplicar a la América ibérica los nuevos enfoques sobre la nación que estaban surgiendo en Europa y, por otro, criticarlos y enriquecerlos al poner de manifiesto la originalidad latinoamericana. En efecto, la amplitud de esta área geográfica y la precocidad y la diversidad de sus "naciones" permiten estudiar —en un tiempo largo— la aparición y el desarrollo de los diversos atributos que la conforman.

La singularidad de la nación moderna en Iberoamérica, en efecto, es considerable, puesto que, como los Estados Unidos, los estados latinoamericanos —que muchos aún consideran países nuevos— preceden como estados, como "naciones soberanas", a la mayoría de los estados europeos —incluidas Italia y Alemania—, o extraeuropeos. También se cuentan entre los primeros que, para fundar su existencia, apelaron a la soberanía de la nación, es decir a la voluntad de sus habitantes. Por

[1] *Cf.* A. Annino, L. Castro Leiva, F.-X. Guerra (comps.), *De los imperios a las naciones. Iberoamérica,* Saragosse, Ibercaja, 1994.

otra parte, la aparición de estas nuevas "naciones" no está precedida por movimientos que podrían ser calificados de "nacionalistas", sino que resulta de la desintegración de dos construcciones políticas originales —la Monarquía hispánica y el Imperio luso-brasileño— dotadas tanto de una gran heterogeneidad étnica como de una extraordinaria unidad cultural. En fin, su precoz nacimiento revela, con una particular acuidad, la distancia que separa la nación como comunidad política soberana de la nación como una asociación de individuos-ciudadanos y de la nación como identidad colectiva, con un imaginario común compartido por todos sus habitantes. De ahí que la nación sea en los países latinoamericanos a la vez un punto de partida y un proyecto todavía en parte inacabado.

Por eso en este libro hemos querido seguir paso a paso este largo y multiforme proceso que es uno de los principales hilos conductores de la historia latinoamericana contemporánea. No se trata obviamente de una historia continua y general, sino de una serie de estudios de caso sobre aspectos fundamentales de la construcción de la nación, de los problemas que ésta planteaba y de los compromisos que muchas veces el proyecto tuvo que concluir con la realidad. Nos hemos limitado en este libro al siglo XIX por la homogeneidad de sus problemáticas, sin que ello quiera decir que la construcción de la nación en lo político, en lo social y en lo cultural esté ya acabada al final del siglo XX.

Empezaremos este recorrido por un examen de las características propias de las monarquías española y portuguesa, en las cuales estaban incluidas las Américas ibéricas. Estos conjuntos políticos no son creaciones recientes. Su origen se remonta al siglo XVI y fueron construidos siguiendo planes diferentes. Es, pues, necesario examinar el tipo de sociedad que edificaron y sus respectivas estructuras políticas. En Hispanoamérica particularmente será necesario, sobre todo, captar cuidadosamente su estructura plural —en reinos—, el papel de las ciudades, el ideal "pactista" en las relaciones entre el rey y los reinos, y las bases de su unidad, entre las cuales el providencialismo religioso jugó un papel preponderante.

Necesario es también considerar el surgimiento de las identidades regionales, estudiar sus orígenes, analizar los niveles y las manifestaciones culturales del patriotismo, sin olvidar, por supuesto, las modificaciones del pacto imperial —y el imaginario que conllevan— que, a lo largo del XVIII, por deseo de eficacia y de uniformidad, amenazan viejos derechos y nuevas aspiraciones.

La Independencia aparece así menos como una "emancipación nacional" largamente anunciada que como una época de crisis política provocada por la invasión de la Península Ibérica por Napoleón. La crisis va a llevar a una revolución que afecta a todo el mundo ibérico, a España y a la América hispánica primero, a Portugal y a Brasil después y con ello a la ruptura de los dos imperios. Es la época del nacimiento de la política moderna con la aparición de una nueva legitimidad, la de la nación, que sirve de base a la formación de nuevos estados soberanos.

¿Pero de qué nación se trata? El término se presta en esa época a una exaltación no exenta de ambigüedad, pues remite tanto a una comunidad humana singular como a un nuevo tipo de comunidad política, a un pueblo de individuos-ciudadanos. En esa época ninguno de los sentidos del término puede predicar con certeza las realidades latinoamericanas. ¿Con qué se identifica la nación soberana? ¿Con las divisiones administrativas de la Corona, con las ciudades, con los reinos, con el conjunto de la América hispánica o portuguesa? ¿Cuál es el sujeto último de la soberanía: la nación o los pueblos ? ¿Quiénes son los ciudadanos sobre los que reposa el ejercicio de la soberanía: las élites o el conjunto de la población? Buena parte de la historia latinoamericana contemporánea lleva la marca de los conflictos provocados por esas soberanías rivales. Sólo el Brasil escapa a la fragmentación política mientras que la América hispánica estalla en una pluralidad de estados. Pero las dos se enfrentan a problemas análogos que hacen referencia a las relaciones entre centro y periferia y a la extensión de la nación o del pueblo político.

Naciones inciertas, sedientas de reconocimiento legal en el "concierto de las naciones", los nuevos estados son, al mismo tiempo, "naciones" débiles, víctimas de un déficit de legitimidad que las expone a la tutela de las grandes potencias. En este juego desigual, la identidad propia se afirma o se inhibe en la relación con el "otro". Los traumatismos provocados por las intervenciones extranjeras y las querellas interamericanas son un componente esencial de la formación del sentimiento nacional.

Las élites latinoamericanas serán rápidamente conscientes de la distancia que separa, a mediados del XIX, sus países de sus modelos de nación: los de las grandes potencias europeas y el de los Estados Unidos. Para acortar esa distancia van a dedicarse con empeño a construir la nación y el pueblo modernos, es decir, un pueblo de individuos libremente asociados que compartan mitos comunes. Para crear los individuos van a combatir los cuerpos y corporaciones del Antiguo Régimen que estructuraban todavía la mayoría de la sociedad. El ataque se concentrará especialmente sobre los más poderosos: la Iglesia y las comunidades campesinas, algunos de cuyos ritmos principales intentaremos retratar.

La construcción de la nación requería mitos compartidos por todos: una historia de la génesis de la nación, de sus héroes fundadores y de sus enemigos, del horrible pasado del que ha logrado liberarse y del grandioso futuro que le cabe esperar... Pero la nación no era sólo una comunidad enraizada en un pasado: era también una nueva manera de existir, la consecuencia de un vínculo social inédito entre los individuos-ciudadanos, producto de un nuevo pacto fundador expresado en la constitución. La fe en la constitución, característica del siglo XIX es, a la vez, fundamento y proyecto de la nueva sociedad. Frente a una sociedad que es todavía mayoritariamente grupal y profundamente heterogénea se hace necesario educar, es decir, transmitir —mediante la escuela, los símbolos, el arte, las ceremonias e incluso el urbanismo— esas novedades culturales que eran la nación y el ciudadano.

En espera de que la población se convierta en pueblo y que la nación exista como una pertenencia interiorizada por todos sus habitantes, a las élites correspondía encarnarlos y gobernar en su nombre, aunque para ello fuera necesario utilizar mecanismos muy poco modernos en la medida en que tenían que adaptarse a los vínculos y valores de la vieja sociedad. Pero, a finales del XIX y a medida que la modernización económica y cultural y, a menudo también la inmigración, dan lugar a la aparición de nuevos grupos sociales, el modelo liberal de la nación entrará en crisis.

Nos hemos parado aquí puesto que la irrupción progresiva o brutal, según los casos, de las "masas" en la escena pública obliga a redefinir al pueblo político: a ampliar el sufragio, a buscar nuevas formas de representación. La nación, cuyo contenido ideal era hasta entonces muy universalista, se va también llenando de lo que es —o parece ser— autóctono, específico, particular: la latinidad, el indigenismo, el criollismo, el hispanismo... Sin que el objetivo pedagógico de creación de la nación desaparezca, su contenido se modifica y, sobre todo, el Estado se convierte en un actor supremo y omnipresente.

Este otro proceso merecería un largo estudio, como también las evoluciones recientes que, en cierta manera, cuestionan la nación: por encima de ella, por la internacionalización creciente de la economía, de los mass-media, de los modos de consumo; por debajo, por las reivindicaciones étnicas. Razón de más para volver a ese siglo XIX que la vio nacer y dar sus primeros y fundamentales pasos.

Primera Parte
ORÍGENES IMPERIALES

I. LA MONARQUÍA CATÓLICA

DAVID A. BRADING
Universidad de Cambridge

LOS CONQUISTADORES Y EL IMPERIO

En su *Historia general y natural de las Indias* (1535), Gonzalo Fernández de Oviedo, primer cronista general del Imperio español en América, adoptaba una visión triunfalista y providencial de la Monarquía católica y hacía notar lo siguiente del emperador Carlos V:

> [...] le hizo Dios escogido para la suprema dignidad del mundo e república cristiana y el segundo gladio (y el vicario de Dios el primero) [...] Así se debe esperar que lo que está por adquirir y venir al colmo de la monarquía universal de nuestro César [...] para que se conquiste el resto del mundo en lo ponga Dios todo y toda la infidelidad debajo de la vandera de J. Hesu Christo y obediencia y servicio de tan Christianisimo monarca [...]

Todavía en 1550, cuando el emperador estaba a punto de abdicar, Oviedo expresaba la esperanza de que dirigiera una cruzada para derrotar al turco y reconquistar Jerusalén. Dentro de este grandioso plan providencial, las Indias estaban destinadas a desempeñar un papel esencial, pues sus riquezas ofrecían al emperador los recursos necesarios para la guerra, enviando oro y plata en la cantidad requerida para financiar las guerras contra los protestantes y los turcos. En *El antijovio* (1567), Gonzalo Jiménez de Quesada, que había combatido en Italia en la década de 1520, antes de organizar la expedición que conquistó y organizó a Nueva Granada, afirmaba que Carlos V, "lugarteniente de Dios", había consumido su vida en defensa de la fe católica, haciendo la guerra a los turcos en Túnez y en Austria y tratando de reprimir por doquier la herejía luterana.

Tratando de refutar la interpretación secular y maquiavélica de Paolo Giovio sobre las guerras del emperador, elogiaba a Carlos V por batirse a la cabeza de sus ejércitos, tanto más cuanto las proezas militares del emperador y de sus soldados españoles no podían ser separadas, pues "contémonos con nuestro principe... todos por un cuerpo pegados como miembros de aquella cabeza".[1] Por lo demás, en todas las batallas contra los infieles, el guerrero cristiano que en ellas moría era inmediatamente recompensado con un sitio en el cielo. Ya en el siglo XV los cronistas patriotas habían celebrado las cualidades guerreras de los antecesores godos de los castellanos y saludado a sus reyes como escogidos por la Providencia para dirigir la guerra perpetua contra el Islam. Cuando Carlos V convocó a la nobleza y a los empobrecidos hidalgos de la Península a seguirlo en una serie de campañas que los llevarían a Italia, Francia, el norte de África y Alemania demostró al mundo que los Habsburgo habían asumido el manto de los reyes de Castilla como los defensores en jefe de la Iglesia católica. Cuando bandas de aventureros españoles se abrieron camino luchando a través del Nuevo Mundo, sometiendo provincias enteras y grandes Estados, añadieron más peso a la anhelada esperanza de que su emperador fuera otro César, un segundo Carlomagno, escogido por la Providencia para crear una monarquía mundial.

Aunque Oviedo saludó a los conquistadores como "hombres de bien, que nacieron pobres e obligados a seguir el habito militar, que es una regla harto más estrecha que la de la Cartuja e de mayor peligro", y con atrevimiento comparó a Hernán Cortés a "aquel espejo de la caballería, Julio César", se vio, de hecho, confundido por los excesos de esos aventureros cuya violenta "codicia" fue a menudo la causa de su propio aniquilamiento. Y cuando revisó el proceso de la conquista en su conjunto, lamentó que de los 2 000 españoles que penetraron en Darién, en 1513, veinte años más tarde sólo sobrevivieran 40. Comentando el fracaso de los conquistadores para enraizarse en el Nuevo Mundo, hacía notar que en Santo Domingo los primeros pobladores emigraron a México y a Perú en busca de riquezas, adoptando así con respecto a la ciudad, la actitud hacia la *madrastra* y no la actitud hacia la *patria,* el país propio por el que el hombre está dispuesto a dar la vida. Y aún más, lamentará Oviedo estas tierras ganadas "a costa de nuestras vidas y en utilidad de los mercaderes e pobladores que, con sus manos lavadas, ahora gocen de nuestros sudores ajenos". Pero no eran sólo mercaderes, sino abogados, notarios y jueces los que acudían al Nuevo Mundo y descendían sobre los conquistadores como cuervos feroces; observaba de un juez en Nicaragua que había llegado "para gozar de sudores ajenos, como por acá lo

[1] Gonzalo Fernández y Oviedo y Valdés, *Quinquagenas de la nobleza en España,* Juan Bautista Avalle-Arce (comp.), 2 vols., editorial Chapel Hill, 1974, vol. I, p. 89; vol. II, pp. 415, 596-597; Gonzalo Fernández de Oviedo, *Historia general y natural de las Indias,* Juan Pérez de Tudela (comp.), 5 vols., Madrid, 1959, vol. I, p. 157; Gonzalo Jiménez de Quesada, *El antijovio,* Bogotá, 1952, pp. 364-398.

han acostumbrado algunos jueces letrados, y en eso han sabido emplear sus estudios e letras, en robos más que en hacer justicia".

No fue Oviedo el único en manifestar parecidas quejas pues Bernal Díaz del Castillo concluía su relato sobre la conquista de México lamentando que mientras Cortés y sus lugartenientes se habían apropiado las provincias más ricas de las Indias, por el contrario, muchos miembros de las primeras bandas de conquistadores se habían visto obligados a asentarse en tierras remotas donde malvivieron y murieron sin recompensa alguna por su duro trabajo y las batallas libradas. En 1568 sobrevivían sólo cinco de los 560 hombres que habían acompañado a Cortés en su primera expedición, "todos muy pobres y cargados de hijos e hijas para casar, y nietos, y con poca renta, y así pasamos nuestras vidas con trabajos y miseria". En estas protestas sobre el olvido de que fueron víctimas y su pobreza encontramos el origen de la que debe ser llamada la conciencia colonial, una fuerte corriente de sentimiento expresado por conquistadores de grado inferior y transmitido a sus hijos y a sus nietos, en las que se señalaba que las recompensas de la Conquista habían sido denegadas a los hombres que habían luchado y arriesgado sus vidas en el campo de batalla.[2]

Nada alarmó y ofendió más a los conquistadores y a los cronistas que la campaña que, a lo largo de su vida, mantuvo Bartolomé de Las Casas en la defensa de los pueblos nativos de América y contra el terror y la explotación causados por la Conquista. No eran sólo su reputación y su fama puestos en entredicho. No contento con denunciar las crueldades infligidas por los conquistadores y con exponer detalladamente los crímenes en su *Brevísima relación de la destrucción de las Indias* (1552), Las Casas, apasionadamente, urgía a Carlos V a que aboliera las encomiendas entonces poseídas por los conquistadores. Pero estas concesiones de indios proveían a los primeros pobladores con una mano de obra gratuita y eran, en consecuencia, la base y el fundamento de la economía hispánica en los primeros años de la sociedad de la conquista. No obstante, en 1542 el emperador promulgó las Nuevas Leyes que, en resumen, ordenaban que todos los esclavos indios fuesen liberados; que, en adelante, el trabajo indio fuese remunerado con un salario diario; y que todas las encomiendas revirtieran a la corona a la muerte del entonces beneficiario. De un golpe, los sueños de los conquistadores de establecer una sociedad feudal en el Nuevo Mundo desaparecían.

[2] Oviedo, *Historia general,* vol. I, pp. 10, 80; vol. II, p. 96; vol. III, p. 199; vol. IV, p. 391; vol. V, p. 14; Bernal Díaz del Castillo, *Historia verdadera de la conquista de la Nueva España,* Joaquín Ramírez Cabañas (comp.), 2 vols., México, 1968, vol. II, pp. 366-367 y 378.

La única modificación importante aportada a las Nuevas Leyes, por las innumerables protestas que provocaron, fue la extensión de las encomiendas a sus hijos y descendientes, aunque no se asegurara su más lejana herencia. Los encomenderos del Perú ofrecieron a la corona en 1554 cuatro millones de ducados por convertir su concesión en herencia perpetua, acompañada de los derechos de jurisdicción —criminal y civil—, sobre los indios. La encomienda quedaba de esta manera transformada en un verdadero feudo al interponerse su jurisdicción entre la corona y los indios: los descendientes de los primeros conquistadores se mantenían como una nobleza hereditaria por el tributo de sus súbditos. Aunque el nuevo rey, Felipe II (1554-1598) se sintió en un principio atraído por el aspecto financiero de la oferta, el Consejo de Indias, fuertemente influenciado por la presión ejercida por Las Casas, consiguió persuadirlo de que debía rechazarla. En una carta redactada con gran crudeza y dirigida al rey, el gran defensor de los indios le advertía que si los encomenderos se hacían con el control del Perú, ellos o sus hijos podrían fácilmente desafiar la autoridad de la Corona y romper sus relaciones con España. En todo caso, los indios eran súbditos libres del rey y le habían sido confiados para que asegurara su conversión al cristianismo. La mejor medida sería abolir la encomienda y utilizar el incremento de ingresos que provocaría su supresión para instalar una guarnición militar de unos 500 hombres a las órdenes de un virrey fuerte.[3]

Si Carlos V y Felipe II se mostraron tan fácilmente dispuestos a seguir el consejo de Las Casas era, en parte, porque el dominico era un buen abogado de la autoridad real. Mientras que el teólogo más prestigioso de España, Francisco de Vitoria, había negado todo derecho de la Santa Sede a disponer de los estados de los príncipes seculares, Las Casas, en contraste, argüía que el papa, como vicario de Cristo, poseía una autoridad espiritual sobre la humanidad y podía, en consecuencia, comisionar a los príncipes cristianos para promover la predicación del evangelio. La donación papal en 1493 del Nuevo Mundo a los reyes de Castilla fue, pues, "el título de propiedad" del Imperio de la Monarquía católica en América. Las Casas afirmaba:

> Los Reyes de Castilla y León son verdaderos príncipes soberanos e universales señores y emperadores sobre muchos reyes, e a quien pertenesce de derecho todo aquel imperio alto e universal jurisdicción sobre todas las

[3] David A. Brading, *Orbe indiano, De la monarquía católica a la República criolla, 1492-1867,* Fondo de Cultura Económica, México, 1991, pp. 75-79. La versión inglesa es *The First America: The Spanish Monarchy. Creole Patriots and the Liberal State 1492-1867,* Cambridge University Press, Cambridge, 1991.

Indias, por la autoridad, concesión y donación de la dicha Santa Sede Apostólica, y así, por autoridad divina [...] son casi legados y coadjutores de la Sede Apostólica [...] ministros e instrumentos e medios idóneos.

Del mismo modo que en el siglo VIII coronó el papa a Carlomagno como rey de Jerusalén y emperador del Santo Imperio, Alejandro VI había, en efecto, creado un Santo Imperio de las Indias, confiriendo la jurisdicción imperial a los Reyes Católicos. Más aún, dado que la finalidad de la creación de ese Imperio era la conversión de los indios, el Imperio español debía por ello su existencia a la Divina Providencia.[4]

Aunque la monarquía temporal y universal del papado no hubiera sido rechazada por Vitoria y su postura hubiera sido aceptada por casi todas las universidades españolas, los juristas y cronistas que celebraron la creación del Imperio español, todos consideraron que la donación alejandrina de 1493 constituía su fundamento legal y espiritual. En su *Historia general de las Indias* (1552), Francisco López de Gómara, que había sido capellán de Cortés, imprimió el texto latino de la donación en su crónica y con audacia aseguró a Carlos V que "Dios quiso que las Indias fueran descubiertas en vuestro tiempo y por vuestros vasallos, para que se convirtiera a su santa ley". Del mismo modo, a fines de siglo, en su *Historia general* (1601), Antonio de Herrera y Tordesillas, el más importante de los cronistas reales de las Indias, aseguraba que Alejandro VI, actuando como "pastor universal del mundo", había conferido "el soberano imperio y principado de las Indias" a los católicos reyes de Castilla. Como su intención expresa era ofrecer al mundo una versión autorizada de los acontecimientos, destinada a preservar "la memoria de las gloriosas hazañas de los Reyes Católicos y de la nación castellana", Herrera elogiaba a Las Casas y manifestaba su admiración por la campaña que, en favor de los indios de América, había realizado. Su finalidad era demostrar que, en todo momento, el dominico había sido defendido por la corona española y sus ministros, movidos por el deseo de promover el bienestar de sus súbditos nativos. En todo esto la intención de Herrera era más la de celebrar la justicia de los monarcas que la de glorificar las acciones de los conquistadores.[5]

Si Felipe II rechazó la oferta de los encomenderos peruanos de com-

[4] Bartolomé de Las Casas, "Tratado comprobatorio del imperio soberano y principado universal que los reyes de Castilla y León tienen sobre las Indias", en *Tratados,* Lewis Hanke *et al.* (comps.) 2 vols., México, 1965, vol. II, pp. 1033, 1117, 1129, 1153.

[5] Francisco López de Gómara, *Historia general de las Indias,* Jorge Gurría Lacroix (comp.), Caracas, 1979, prólogo, pp. 7-8, 118-119; Antonio de Herrera y Tordesillas, *Historia general de los hechos de los castellanos en las islas i Tierra Firme del mar Océano,* 4 vols., Madrid, 1601-1615, prólogo, vol. I, p. 52.

prar la perpetuidad de los derechos de que entonces gozaban, ello fue, en parte, porque pronto iba a dar los pasos necesarios para asentar la autoridad real, de manera hasta entonces desconocida, en los puntos más importantes del Imperio americano. En la década de 1560 fueron enviados jueces a Perú y a la Nueva España con la misión de obtener información imparcial sobre la situación de esas provincias y de estudiar la mejor manera de ayudar a la hacienda real. Posteriormente, en 1569, Felipe nombró a Martín Enríquez virrey de Nueva España y a Francisco de Toledo virrey de Perú, y mantuvo en el cargo a estos dos antiguos "mayordomos" de palacio hasta 1581. Los años 1565-1581 marcan, en ambos reinos, una línea divisoria en la historia de la Monarquía católica. Basta ojear la *Monarquía indiana* (1615) para percibir el cambio. Juan de Torquemada, el cronista franciscano, pintaba un retrato poco amable del oidor Alonso de Muñoz, que implantó en 1566 en la ciudad de México un reino virtual de terror, arrestando, torturando y ejecutando al fin a un grupo de jóvenes encomenderos, que se sospechaba que organizaban un complot para hacer rey de la Nueva España al recién llegado Martín Cortés. Torquemada observaba además que Martín Enríquez se mantuvo alejado de la sociedad colonial y que "el cargo de virrey fue grandemente elevado, habiendo sido hasta entonces algo más llano, abierto a conversación". No era el franciscano el único en expresar esta queja, pues otro cronista contemporáneo lamentaba que mientras que los primeros virreyes actuaban como líderes de la sociedad —Luis de Velasco, por ejemplo, se distinguía por su maestría en la equitación, por su liberalidad y por su pasión por la caza y las corridas de toros— la principal preocupación de Martín Enríquez era, por el contrario, ver cómo aumentar los envíos de metal precioso a España.[6]

La brutal energía y la ilimitada ambición que empleaba Francisco de Toledo en transformar el Perú queda claramente plasmada en su carta a Felipe II, cuando declara: "Lo he querido ver todo y procurar de conquistar de nuevo este reino a su Majestad". En su esfuerzo por imponer una estabilidad duradera de orden político, no dudó en enviar una expedición a Vilcabamba para capturar a Túpac Amaru, el último pretendiente al trono inca, al que hizo ejecutar en la plaza mayor de Cuzco en presencia de millares de apenados indios. Después de recorrer la sierra y de realizar un estudio sobre el sistema de gobierno inca, Toledo impulsó una reducción, una redistribución general de la población indígena, concentrando en pequeñas ciudades, cada una con su iglesia, con su consejo comunal y con una prisión, a los habitantes de los pequeños

[6] Juan de Torquemada, *"Los veinte y un libros rituales y monarquía indiana,* Miguel León Portilla *et al.* (comps.), 7 vols., México, 1975-1983, vol. II, pp. 374, 381-382, 390-402.

pueblos esparcidos en la montaña. Su aportación más significativa a la Monarquía católica tuvo lugar cuando, invocando un precedente inca, convocó una "mita" anual en las minas de Potosí y Huancavelica, esto es, la imposición de un trabajo forzoso a millares de campesinos indios obligados a trabajar en las entrañas de la tierra. El resultado de esta migración anual supuso un incremento rápido de la producción, de modo que, a finales de la década de 1570, Perú aportaba a la tesorería real más de un millón de pesos. Fue este extraordinario flujo de metales preciosos de las Indias el que le permitió a Felipe II mantener un ejército en Flandes e intervenir en Alemania y Francia. Si la corona española se convirtió en las últimas décadas del siglo XVI en el baluarte de la contrarreforma y en la primera potencia europea eso fue posible, en gran medida, gracias a la dura política de Toledo o, para ser más francos, gracias al penoso trabajo y al sufrimiento del campesinado andino que trabajaba en las minas.[7]

La nobleza criolla y el imperialismo providencial

En su *Juicio político,* escrito después de los desastres de 1640, las revueltas de Portugal y Cataluña, Juan de Palafox y Mendoza, visitador general de Nueva España, virrey interino y obispo de Puebla, declara que fue sólo durante el reinado de Carlos V cuando España asumió la "Monarquía" de Europa. Tras la unión de las coronas de Castilla y de Aragón, el país seguía siendo un reino entre otros en el mundo europeo. Pero con la conquista de Italia, las derrotas infligidas a Francia y a los turcos, el descubrimiento de las Indias y la adquisición de Portugal, España llegó a ser una verdadera monarquía: "tembló el mundo y se hizo superior España a todas las naciones de Europa, comparables a todas las mayores de África y América". Si los fundamentos habían sido preparados con prudencia y parsimonia por Fernando el Católico, la monarquía fue creada por el valor de Carlos V y perfeccionada más tarde por el celo, por la religión y la justicia de Felipe II. Pero apenas obtenida la perfección de este Estado universal, los signos de decadencia aparecen, como si el cuarto reino de Daniel reposara sobre pies de barro. Fueron sobre todo la rebelión holandesa y las interminables guerras de Flandes la causa principal de la ruina de España. El conflicto aún reciente con Francia, a propósito de Italia,

[7] Roberto Levillier, *D. Francisco de Toledo,* Madrid, 1935, pp. 14-81; Brading, *Orbe indiano,* pp. 149-168; Geoffrey Parker, *The Army of Flanders and the Spanish Road 1567-1659,* Cambridge, 1972, p. 239.

supuso el último eslabón en una cadena de errores. Es más, el conde-duque de Olivares, ministro principal de Felipe IV, ignoró al consejo de los ministros de los varios Estados que componían la monarquía. El conde-duque pretendía imponer a todos los reinos el mismo ordenamiento jurídico, lo que suponía abrogar los derechos constitucionales de cada país de ser gobernados por sí mismos. El apogeo de la monarquía española no había durado ni 30 años cuando su hegemonía empezó a verse amenazada por todas partes.[8]

En su historia del rey David, escrita con el propósito de refutar, apoyado en la Biblia, el divorcio entre la acción política y la ética cristiana que defendía Maquiavelo, Palafox observaba que "son los reales palacios el corazón de este mundo, porque aquí obran más la ambición y el poder humano, donde está en lo temporal lo alto, lo grande y lo soberano". Se apresuraba, sin embargo, a añadir que la oración y la virtud se encontraban también en los palacios católicos. Y, a continuación, publicaba la vida de la hermana del emperador Rodolfo, monja franciscana que murió en Madrid en olor de santidad. En sus reflexiones finales sobre el rey David, subrayaba el gran tacto que necesitaba el rey para gobernar 12 tribus diferentes, todas y cada una celosas de su autonomía. La idea de llevar a Jerusalén, su nueva capital, el arca de la alianza, fue una jugada magistral de David destinada a obtener la bendición celestial para su oficio de rey. Palafox aconsejaba también que la unión de los diversos reinos y provincias de la monarquía española debía estar fundada en el carácter y la función religiosas del rey en Europa y en ultramar. La misma analogía bíblica fue adoptada por el obispo Juan de Caramuel Lobkowitz, que aclamaba a Carlos V como a un nuevo David, ocupado constantemente por la guerra, y a Felipe II como otro Salomón, ejemplo de sabiduría y de justicia. Y proseguía todavía, si Dios omnipotente es el arquitecto del templo de Salomón, Felipe II fue quien construyó El Escorial, edificio que no sólo marcó la cumbre de la arquitectura europea después de su renacimiento en Italia con Bramante, sino que fue el único, entre todos los edificios modernos, capaz de rivalizar en grandeza y en su concepción con el templo. Aunque no tardará tampoco en saludar en Felipe IV al "vice-Dios en la tierra", Caramuel inteligentemente se abstuvo de aplicarle su analogía bíblica, por la que el desafortunado monarca venía a ser considerado un moderno Roboam.[9]

Juan de Solórzano Pereira, el jurista colonial más distinguido, ofre-

[8] Juan de Palafox y Mendoza, *Obras,* 13 vols., Madrid, 1762, vol. x, pp. 37-49.

[9] Palafox, *Obras,* vol. v, p. 324; vol. ix, pp. 187, 409, 586-595; vol. i, pp. 356, 541-545, 650-655; Juan de Caramuel Lobkowitz, *Architectura civil, recta y obliqua,* Vergeren, 1678, pp. 19-26, 49-52.

cerá, no sin cierta grandilocuencia, la declaración final de la tradición imperial española. En su *Política indiana* (1648) afirmaba atrevidamente que Dios todopoderoso había escogido a España de entre todas las naciones para llevar el don de la fe cristiana a las naciones del Nuevo Mundo. De la misma manera, en una atrevida apropiación de las milenaristas expectativas franciscanas en México, recuerda que mientras Lutero conduce a la herejía a los pueblos del norte de Europa, los ejércitos españoles, ayudados por apariciones de la Virgen y de Santiago habían conquistado en América nuevas tierras para la Iglesia. En este designio providencial no hay, por lo demás, nada de arbitrario, pues los reyes católicos y sus súbditos españoles eran los "más firmes, puros y limpios en la fe católica y obediencia de la santa Iglesia romana y sin mezcla de herejía con la cual se hallaban tan manchadas otras naciones". Solórzano aceptaba además la doctrina canónica que afirmaba que el papa, como vicario de Cristo, era el monarca universal del mundo, que tenía derecho a desposeer de sus tierras a los príncipes infieles con el fin de asegurar en ellas la predicación del evangelio. De ello se deducía que el mejor y más seguro título de propiedad del imperio era la donación papal de 1493, cuyo texto completo publicó. Aún más, en oposición a la postura de Maquiavelo, afirmaba que "el seguro, cierto estrivo y simiento de los imperios consiste en entablar y propagar, conservar y aumentar la fe, la religión y culto de nuestro verdadero Dios y Señor".

En ningún sitio era esta máxima más aplicable que en las Indias, en las que los reyes de España gozaban de derechos universales de patronato eclesiástico, actuando como "Vicario del Romano Pontífice y como Condestable del ejército de Dios y de los predicadores de su divina palabra". En efecto, el rey nombraba a todos los obispos y canónigos en el Imperio americano, una iglesia formidable que comprendía entonces no menos de seis arzobispos, 32 obispos y 960 dignatarios diocesanos, canónigos y beneficiados. La posesión del Nuevo Mundo, afirmaba Solórzano, había elevado a España muy por encima de Francia en poder y en prestigio, pues era "una monarquía la más extendida y dilatada que se ha conocido en el mundo". Y si la autoridad del monarca estaba limitada en Europa por privilegios y restricciones locales, en América el rey era "libre, absoluto y soberano". Para agrandar y legitimar la autoridad real, la *Recopilación de las leyes de Indias* comenzaba con la extraordinaria afirmación de que el Señor Dios había dado a los reyes de Castilla la posesión y el gobierno de los nuevos países descubiertos en la otra orilla del Atlántico.[10]

[10] Juan de Solórzano Pereira, *Política indiana,* Miguel Ángel Ochoa Brun (comp.),

La autoridad absoluta y providencial de la Monarquía católica en el Nuevo Mundo, estaba temperada por el reconocimiento de los derechos de la nobleza. El virrey Francisco de Toledo recomendó, en el Perú, que la corona otorgase en cada ciudad unas pocas encomiendas en perpetuidad y justificaba la propuesta con la observación de que, al contrario de lo que hacían tiranos y bárbaros, como los turcos, los reyes cristianos de Europa habían gobernado siempre sus reinos con la ayuda de una nobleza que o poseía tierras inalienables o gozaba de una jurisdicción feudal. Pero, como se oponía totalmente a cualquier concesión de jurisdicción a los encomenderos, e insistía en que no debían poseer tierras dentro de los límites de las encomiendas sino que debían vivir en ciudades españolas, venía, en realidad, a considerarlos como el equivalente de pensionados del Estado. Su escaso interés por los descendientes de los conquistadores contrastaba con la preocupación de Juan de Matienzo, oidor de la audiencia de Charcas, quien, en *Gobierno del Perú* (1568), observaba: "es cierto que los encomenderos sustentan la tierra y sin ellos no puede haber república". Aunque con vehemencia recomendaba que la jurisdicción sobre los indios debía ser reservada a los corregidores, matizaba su afirmación sugiriendo que algunos títulos de nobleza deberían ser otorgados, "dos o tres en cada ciudad, a los que tienen más gruesos repartimientos, con jurisdicción civil y criminal". El objetivo: establecer un sistema mixto de gobierno real y señorial, creando así un equilibrio de poder entre la corona y la nobleza, similar al que prevalecía en España.[11]

Cuando Solórzano revisó la legislación que regía las encomiendas citó el derecho feudal medieval, haciendo notar que lo mismo que los nobles que participaron en la reconquista de España habían recibido tierras en posesión inalienable y señoríos, los conquistadores de las Indias deberían recibir encomiendas y concesiones de tierras para proveer a la nobleza del guerrero los medios para defender el reino. Al recibir las concesiones, el encomendero debía prestar juramento de "fidelidad, especial servicio y vasallaje por esta merced y estar presto y pronto con armas y caballo, para militar y pelear por él..." "Feudatarios al servicio del rey" debían establecerse en ciudades cercanas a sus encomiendas y estar preparados para mantener el orden público y rechazar las invasiones extranjeras. Al igual que Toledo y Matienzo, Solórzano afirmaba

5 vols., Madrid, 1972, vol. I, pp. 81-88, 97-105,113-114; vol. III, pp. 6, 18-23, 33, 359-364; y del mismo autor, *Obras posthumas,* Zaragoza, 1976, pp. 365, 373, 383, 387.

[11] Roberto Levillier, *D. Francisco de Toledo,* pp. 238, 257-259; Roberto Levillier (comp.), *Gobernantes del Perú: cartas y papeles, siglo XVI,* 14 vols., Madrid, 1921-1926, vol. I, pp. 406-429; vol. IV, pp. 60,121-122; Juan de Matienzo, *Gobierno del Perú* (1568), Guillermo Lohmann Villena (comp.), París-Lima, 1967, pp. 94-98, 101, 111.

que la preservación de todo reino dependía de la existencia de una clase noble rica en vasallos. Al cerrar su discusión sobre el tema, lamentaba que algunos de los conquistadores no hubieran recibido encomiendas perpetuas, con jurisdicción y títulos nobiliarios, pues así hubieran podido evitarles a los indios los abusos de magistrados locales y párrocos, pues ellos hubieran tenido que defender a sus vasallos "por su bien y defensa como por la de sus hijos, y por su hacienda y caudal propio". La realidad es que muchos de los descendientes de los conquistadores vivían "en una total desnudez y miseria y tan extrema necesidad, que han de mendigar de otros su propio sustento".[12] Cuando esto se escribió era, sin embargo, demasiado tarde para replantear el problema, pues muchas encomiendas habían sido revertidas a la corona y otorgadas a personas que vivían en España.

En este contexto, Solórzano hacía notar que el derecho canónico exigía que los beneficios eclesiásticos fueran ocupados por los nativos del reino o de la diócesis, y que iba contra el derecho natural y canónico el que los beneficiarios fueran extranjeros. En este sentido, un rescripto de 1609 declaraba que, en los nombramientos de obispos "se prefiriesen siempre los hijos de padre y madre españoles, nacidos en aquellas provincias", lo que venía a significar que en las Indias debía darse precedencia a los descendientes de los primeros conquistadores y pobladores, siempre que tuviesen las cualidades necesarias. Fue su preocupación en favor de los españoles nacidos en América lo que incitó a Solórzano a deplorar una nueva práctica introducida entonces en las principales provincias de las órdenes mendicantes, mediante la cual, la elección a puestos importantes alternaba entre criollos y peninsulares, incluso cuando los europeos eran "forasteros, advenedizos y muy pocos en número". Dicho sistema "causa gran dolor y sentimiento a los criollos verse excluidos en su patria de estos honores teniendo partes para poder esperarlos y que los vengan a mandar y señorear los extraños". Persuadido del talento y de la virtud de muchos criollos, Solórzano defendía su derecho a ser nombrados oidores en la audiencia, argumentando que, tanto en estos puestos como en otros cargos seculares, eclesiásticos o militares "los que son naturales de un reino deben ser preferidos y, como algunos dicen, con total exclusión de hombres extranjeros, peregrinos o advenedizos". No excluía del caso al Consejo de Indias, pues, concluía, después de recordar que los Consejos de Aragón, Portugal e Italia estaban compuestos por nativos de esos reinos o por personas que habían servido en ellos: "haya de ordinario algunos consejeros que sean

[12] Solórzano, *Política indiana,* vol. II, pp. 8-22, 283-284, 307, 317.

naturales de ellos (las Indias) ó por lo menos hayan servido tantos años en sus audiencias".[13]

En vista de su elogio sobre el tacto del rey David en el gobierno de las 12 tribus de Israel, no sorprenderá que Juan de Palafox, que había servido con Solórzano en el Consejo de Indias, adoptara también una actitud favorable hacia los criollos, aconsejando a su sucesor como virrey "honrar a la nobleza", y recordándole los diferentes rescriptos reales en favor del nombramiento para puestos oficiales de los descendientes de los conquistadores y de los primeros pobladores. Él ya había nombrado a varios criollos alcaldes mayores y, como obispo, había favorecido también el nombramiento, como canónigos y párrocos, de españoles americanos. Pero como virrey interino había decretado que todos los peones de una hacienda que tuvieran deudas con sus "dueños" estaban obligados a permanecer en la hacienda hasta haber saldado sus deudas, lo que suponía una concesión a la nobleza rural.[14] Como convenía al servidor de una monarquía absoluta en la época barroca, Palafox describía a los reyes de España gobernando sus diversos reinos a través de una doble jerarquía, la eclesiástica y la secular, con ministros y magistrados que fueran "imágenes de sus príncipes". La división esencial era la que existía entre gobernantes y gobernados; los derechos de los súbditos eran descritos secamente como la obediencia debida a sus superiores, es decir a los cerrados rangos de reyes y príncipes, obispos y prelados, el clero, los ministros y magistrados, los generales y los nobles. Si Palafox afirmaba que "unas mismas virtudes gobiernan las jerarquías, porque se parece mucho entre sí lo eclesiástico y seglar" era, en parte, porque sin duda esperaba que la nobleza dominara las capas superiores de cada Estado. En una distinción explícita entre una "república libre" y una monarquía declaraba que, en la segunda, las obligaciones de un noble eran para con Dios, el rey, su padre y su país. Mientras que en una "república" el primer deber de lealtad de todos los ciudadanos era con la patria, "en las monarquías y reinos el buen vasallo no nace en su patria sino en el corazón de su rey". Estas distinciones se aplicaban sólo a la nobleza, pues mientras que los plebeyos y los súbditos son gobernados por la razón y el apetito, la nobleza obedece a los dictados de la razón y la vergüenza, lo que quiere decir que estaban inspirados por el honor, "el cual es en el hombre de sangre la esencia

[13] Solórzano, *Política indiana,* vol. III, pp. 295-307, 413-423; vol. I, pp. 443-445; vol. IV, pp. 70-71, 248-251.

[14] Juan de Palafox y Mendoza, *Tratados mejicanos,* Francisco Sánchez-Castañer (comp.), 2 vols., Madrid 1968; vol. I, p. 129; *Fuentes para la historia del trabajo en Nueva España,* Silvio Zavala y María Castelo, ed. 8 vols., México, 1939-1945, vol. VII, pp. X-XI, 457-460, 487-488.

de su nobleza".[15] La monarquía absoluta se representaba, pues, como una alianza entre reyes y nobles, y en el caso de la monarquía universal de los reyes católicos, como un edificio político en el que la nobleza estaba más identificada con su soberano que con las diferentes provincias y reinos. Era éste, por supuesto, el punto de vista de un cortesano y antiguo consejero de Estado.

La postura de Palafox y de Solórzano en favor de la nobleza, que se expresó en su apoyo del nombramiento de criollos para los altos cargos en la Iglesia y el Estado, correspondía en gran parte a un pronunciado aumento de quejas y peticiones de españoles de América durante las primeras décadas del siglo XVII. En México Gonzalo Gómez de Cervantes pedía "una general y perpetua distribución de indios a los hijos, nietos y otros descendientes de conquistadores y primeros pobladores [...] señores perpetuos con jurisdicción civil i criminal [...] hombres ricos y mayorazgos son la mejor defensa de los reinos". Esas concesiones fortalecerían "las casas y los linajes" de la Nueva España y asegurarían la prosperidad del reino, puesto que estaría fundado en "la virtud y nobleza de caballeros con vasallos". Con sus fincas e ingresos asegurados por mayorazgos, esos aristócratas podrían mantener a 30 o 40 allegados a sus mesas y asegurar así el reino contra ataques o rebeliones, puesto que "hombres ricos y mayorazgos son la mejor defensa de los reinos". Aunque ése fuera el plan soñado, la realidad fue radicalmente distinta, pues cada virrey viajaba con una "corte" de parientes y clientes a los que nombraba alcaldes mayores. También los funcionarios reales obtenían concesiones especulativas de tierras y retornaban a España cuando se habían embolsado el beneficio. Pero más perniciosa fue la influencia de los mercaderes en la vida económica, influencia ejercida en detrimento de la agricultura y de la minería de la plata. La mayoría de los inmigrantes españoles escogían la actividad comercial, y muchos de ellos lograban acumular grandes fortunas. El resultado fue que los propios oidores de las audiencias y otros altos funcionarios se disputaban la mano de las hijas de los ricos mercaderes, por lo que las hijas de los empobrecidos criollos se veían obligadas a refugiarse en los conventos. La falta de oportunidades era tal, que la juventud criolla se consagraba al estudio de las letras en los nuevos colegios jesuitas para mejor prepararse —única salida— para el sacerdocio.[16]

Fray Buenaventura de Salinas y Córdoba era el portavoz más audaz

[15] Palafox, *Obras,* vol. v, pp. 297, 314-315; vol. x, pp. 7-8; vol. I, p.361.

[16] Gonzalo Gómez de Cervantes, *La vida económica y social de Nueva España al finalizar el siglo XVI,* Alberto María Carreño (comp.), México, 1944, pp. 32, 77-82, 91-94, 101, 117-118, 126, 132, 184-185.

de los patriotas criollos. Contemporáneo y amigo de Palafox y de Solórzano, pidió que se obligara a todos los españoles que llegasen al Perú a "comprar haciendas y raíces" —propiedad urbana— con miras a construir el país en vez de despojarlo de sus riquezas y regresar a la Península. Lo que sucedía es que los corregidores eran nombrados en Madrid, o por el virrey entre los miembros de su "corte". Los periodos de servicio eran de dos a cinco años, en los cuales acumulaban ganancias de hasta 50 000 pesos para regresar entonces con ese mal ganado dinero a España. Las mismas quejas podrían ser dirigidas a la corona, pues los impuestos recaudados en Potosí y en Lima eran enviados a Madrid, donde servían para mantener a los ejércitos españoles en Flandes, dejando incluso a los virreyes sin los medios necesarios para defender la costa del Pacífico contra los ataques de corsarios holandeses. Esto explica que el Callao fuera atacado y saqueado en 1614 y otra vez en 1624. Salinas se lamentaba: "nunca socorre España". Perú era una posesión de ultramar, una verdadera vaca lechera para el rey, y el despreocupado soberano vivía demasiado lejos. La enorme distancia entre Perú y Madrid era la causa que les impedía a los criollos el fácil acceso a la corte, fuente de todos los favores y beneficios. Así, los hijos de los conquistadores "han perdido y los fueros y los beneficios de la filiación por desgracia". Iguales en carácter e inteligencia a los españoles de Europa, sufrían, sin embargo, la mortificación de ver cómo los "recién venidos y advenedizos" eran nombrados corregidores. Pero todavía más, tanto en Perú como en México, el comercio estaba dominado por los advenedizos, inmigrantes de España que hacían enormes fortunas gracias a la explotación y malos tratos de que eran víctimas los indios. No contentos con ello, una vez establecidos, trataban de comprar el honor local convirtiéndose en regidores de los cabildos.[17]

Francisco Núñez de Pineda y Bascuñán, terrateniente chileno, encomendero y magistrado, elevaba el mismo tipo de queja en su *Cautiverio feliz* (1673) y atribuía los males de su país al gobierno a cargo de hombres de Europa que venían a enriquecerse a costa de sus súbditos. ¿Qué mayor desgracia para "los hijos de la patria" que el verse gobernados por "advenedizos y forasteros… enemigos conocidos de la patria"? Esos gobernadores fueron incapaces de mantener y equiparar en un nivel adecuado las fuerzas fronterizas y usaron los subsidios enviados por Lima para el enriquecimiento de sus séquitos. El resultado de dicha corrupción, infiltrada por doquier, fue el abandono de los soldados veteranos,

[17] Buenaventura de Salinas y Córdova, *Memorial de las historias del Nuevo Mundo, Pirú,* Luis E. Valcárcel y Warren L. Cook (comps.), Lima, 1957, pp. 86-89, 162, 246, 274-278.

mientras que mercaderes y abogados recibían toda clase de favores. La nobleza criolla —"arrinconados y abatidos"—, demasiado pobre para comprar cargos, se veía mortificada al observar cómo los mercaderes empleaban su riqueza en adquirir puestos de regidores y alcaldes para oprimir y robar más a los pobres. En Chile fueron los gobernadores venidos de Europa los que organizaron las desastrosas expediciones que provocaron la rebelión general de los indios en 1653, que estuvo a punto de reducir los poblamientos españoles a los suburbios de Santiago. Pineda perdió por ello su encomienda y su estancia. En tan extrema circunstancia, y sólo a causa de la gravedad del momento, el gobernador se vio obligado a acudir a los soldados criollos, hombres de gran experiencia en la vida de la frontera, para salvar la situación.[18]

El bisnieto de Bernal Díaz del Castillo escribía a finales del siglo XVII que era entonces difícil encontrar en Guatemala hombres capaces de ser regidores. Hubo un tiempo en que los ciudadanos importantes se esforzaban en embellecer la ciudad y sus instituciones mediante donaciones, pero era tal el declinar de las fortunas que "hoy parece que todos a una la van conduciendo y llevando a empellones al precipicio y ruina total". Francisco Antonio de Fuentes y Guzmán descubrió, al compilar una lista de conquistadores en su *Recordación florida* (1695), que sólo un puñado de sus descendientes figuraban aún en los cabildos y ayuntamientos. La mayoría arrastraba una penosa subsistencia en el campo, sin poder ni comprarse la ropa que necesitaban para presentarse en público. Pero para Fuentes y Guzmán, contrariamente a lo afirmado por Salinas y por Gómez de Cervantes, la causa del mal no habían sido los mercaderes inmigrantes, sino el hecho de que muchos conquistadores no obtuvieron encomiendas y que, por su parte, los encomenderos no lograron conservarlas. Añádase a ello que los presidentes de la audiencia que gobernaba Guatemala iban acompañados de familias oficiales muy numerosas, a las que recompensaban con nombramientos de alcaldes mayores, privando así a los criollos del acceso a esa lucrativa función. La impresión de decadencia era tal que condujo a Fuentes y Guzmán a afirmar: "en el mundo no hay fijeza", y añadía: "grave dolencia de los pueblos, y aun incurable, es a mi ver, tener el rey a gran distancia".[19]

[18] Francisco Núñez de Pineda y Bascuñán, "Cautiverio feliz y razón de las guerras dilatadas de Chile", en *Colección de Historiadores de Chile,* vol. III, Diego Barros Arana (comp.), Santiago de Chile, 1863, pp. 15, 118, 230-236, 410, 421-426.

[19] Francisco Antonio de Fuentes y Guzmán, *Recordación florida: discurso historial, natural, material, militar y político del reino de Goathemala,* Carmelo Sáenz de Santa María (comp.), 3 vols., Madrid, 1969-1972, vol. I, pp. 159, 166-173; vol. II, pp. 8, 179-193; vol. I, p. 197; vol. II, pp. 164-165, 278-279; vol. III, pp. 71-75, 87, 201-204.

Terratenientes, mercaderes y magistrados

Las angustiadas protestas de los cronistas criollos dan testimonio de la crisis económica de la que eran víctimas muchas de las familias fundadas por los conquistadores y otros pobladores de los primeros tiempos de la Colonia. No todos los conquistadores habían obtenido encomiendas; además, el declinar de la población india hizo que su rendimiento económico fuera bajo. Los mejores y más emprendedores encomenderos de los primeros tiempos se sirvieron de la mano de obra indígena de que disponían, como de un trampolín económico para crear granjas e invertir en la minería. Los menos emprendedores vieron, no obstante, decaer su fortuna, a lo que periódicamente se añadía el temor de que la corona no extendiera sus privilegios a la siguiente generación. Fue su precaria situación la que los incitó a solicitar la función de magistrados u otros cargos. Pero los virreyes se mostraban a menudo reacios a aplicar las reales cédulas, que ordenaban dar preferencia a los descendientes de los conquistadores, con el pretexto de que muchos de ellos no estaban capacitados para ejercer funciones importantes. Después de todo, muchos de los aventureros llegados a México y Perú eran de origen campesino, o pequeños artesanos, y sus hijos, mestizos o mulatos muchas veces, lo que los descalificaba para ser magistrados.[20] Enfrentados a un futuro de verdadera pobreza o de una oscura vida rural, la juventud criolla entraba numerosa en las órdenes religiosas o en el sacerdocio secular, guiados muchos por una auténtica devoción y otros muchos por la perspectiva de alcanzar ahí una honrada subsistencia. Fue en las primeras décadas del siglo XVII cuando los más distinguidos de entre ellos llegaron a dominar las universidades y los cabildos eclesiásticos, llegando a veces a ocupar obispados aunque, generalmente, de diócesis pobres. Paralelamente, en casi todas las provincias de franciscanos, dominicos, agustinos y mercedarios, se desencadenaron ásperos conflictos, pues los religiosos criollos pretendían repartirse el poder, cuando no hacerse del gobierno completo de sus órdenes. Como Bernard Lavallé ha demostrado, este conflicto en los claustros fue, en gran parte, la causa de la acerba expresión del patriotismo criollo de la época. Y ello tanto más cuanto que los nuevos frailes que llegaban de la península consideraban a menudo que sus primos americanos carecían de dotes de gobierno.[21]

[20] *Instrucciones que los virreyes de Nueva España dejaron a sus sucesores,* México, 1867, pp. 249-254-255.

[21] Bernard Lavallé, *Recherches sur l'apparition de la conscience creole dans la*

El declinar social de los estratos criollos menos prósperos no debe ocultar el surgimiento paralelo de una élite criolla poderosa y rica. François Chevalier, en una obra ya clásica sobre la formación de la propiedad rural en México, ha indicado cómo los líderes de los encomenderos, los funcionarios reales y los magistrados, los ganaderos y propietarios de plantaciones, así como los mineros de la plata, competían entre sí para obtener concesiones de tierras en el centro y el norte de México. Gracias a transacciones especulativas iban formando sus latifundios. Era un proceso que ofrecía grandes posibilidades de enriquecimiento a quienes ocupaban cargos importantes. La numerosa familia del segundo virrey, Luis de Velasco, obtuvo fincas que podían mantener dos títulos de nobleza. Del mismo modo, mineros vascos como Diego de Ibarra y Francisco Urdiñola se sirvieron de su fortuna para llegar a ser gobernadores de Nueva Vizcaya y de Coahuila, y desde ahí incorporaron a su propiedad privada vastos terrenos de esos territorios. Legaron así a sus herederos la base de grandes fortunas en propiedad rural.[22] A principios del siglo XVIII, como ha demostrado José F. de la Peña, existían en Nueva España unos 50 mayorazgos. Tales fortunas, de carácter inalienable, eran el soporte de un grupo de familias criollas relacionadas entre sí, propietarios de muchas haciendas, y que también acostumbraban tener mansiones en la ciudad de México o en las capitales de provincia importantes.[23] Aunque poseemos menos información de lo que sucedía en Perú, a juzgar por la consolidación de la gran propiedad rural en los valles costeros, evolución bien comprobada a finales del siglo XVI, la situación venía a ser idéntica.[24]

Muchos de los alcaldes mayores y corregidores nombrados por los virreyes procedían de esa nobleza criolla. En México el conde de Santiago ocupó los cargos de corregidor de México y de alcalde mayor de Puebla.[25] Núñez de Pineda y Fuentes y Guzmán, cronistas que se quejaban de que los peninsulares ocupaban los altos puestos, obtuvieron ambos nombramientos de alcaldes mayores. En la provincia fronteriza de Coahuila, el cargo de gobernador iba en principio asociado al del titular del marquesado de San Miguel de Aguayo, que abarcaba un tercio

vice-royauté du Perou: l'antagonisme hispano-creole dans les ordres religieux, XVIème-XVIIème siècles, tesis de doctorado, 2 vols., Lille, 1982, *passim.*

[22] François Chevalier, *La formación de los grandes latifundios en Mexico,* México, 1956, *passim;* J. Lloyd Mecham, *Francisco de Ibarra and Nueva Vizcaya,* Durham, 1927; Vito Alessio Robles, *Coahuila y Texas en la época colonial,* México, 1938, p. 148.

[23] José F. de la Peña, *Oligarquía y propiedad en Nueva España 1550-1624,* México, 1983, pp. 219-233.

[24] Robert G. Keith, *Conquest and Agrarian Change. The Emergence of the Hacienda System on the Peruvian Coast,* Cambridge, Mass., 1976, pp. 105-129.

[25] José F. de la Peña, *Oligarquía y propiedad,* pp. 209-218.

de ese territorio.[26] Entre la numerosa familia oficial que acompañaba a virreyes y gobernadores y las élites rurales hubo siempre competencia. Pero como los alcaldes mayores, si se excluyen unos cuantos puestos bien dotados, eran nombrados por los virreyes, no faltaban las ocasiones para usar de influencias e incluso para comprar algunos de esos cargos. Bernard Lavallé, en su entretenido relato acerca del tumultuoso gobierno del Cuzco por el marqués de Valleumbroso, ha descrito claramente hasta dónde llegó el dominio de localidades enteras por los magnates criollos a comienzos del siglo XVIII.[27] Los funcionarios e inmigrantes peninsulares corrían sus peligros al oponerse a ellos. Lo mismo sucedía en algunas órdenes religiosas en las que los criollos se servían de lazos familiares para asegurarse los puestos de mando, sin vacilar en perseguir a los frailes venidos de España que desafiaban su autoridad.[28] En efecto, en ese periodo de la vida colonial en el que declinaba el poder de la corona, la nobleza criolla, con títulos o sin ellos, tenía con frecuencia un rango y desempeñaba un papel en la sociedad similar al que gozaban sus homólogos aristócratas en Europa. Tal como Solórzano y Palafox habían postulado, los monarcas españoles gobernaban sus extensos y alejados dominios en alianza con la nobleza rural. En 1692, cuando las exhortaciones de los jesuitas y de otros frailes no lograron sofocar la sedición en la plaza mayor de la ciudad de México, fue el criollo conde de Santiago quien, al frente de sus parientes y empleados, dispersó a la multitud.

La diferencia entre las provincias americanas y las de la península residía en la extraordinaria riqueza y el creciente prestigio social de los grandes mercaderes de las ciudades coloniales importantes. Los beneficios procedían del comercio trasatlántico con Europa y Asia en el cual las colonias españolas intercambiaban los lingotes de metales preciosos por tejidos de lujo, hierro y mercurio. Las grandes casas importadoras de las capitales virreinales distribuían la mercancía a crédito entre los comerciantes de provincias, en las que mantenían almacenes fácilmente accesibles. Asimismo financiaban las actividades de extracción y refinado de la plata y, frecuentemente, terminaban su carrera invirtiendo en la propiedad rural, e incluso, cuando la competencia de la corona aflojaba, se encargaban de recoger las alcabalas y ayudaban a los magistrados con la transmisión al tesoro del dinero tributado.

[26] Alessio Robles, *Coahuila y Texas,* pp. 289-296.

[27] Bernard Lavallé, *Le Marquis et le Marchand: les luttes de pouvoir au Cuzco 1700-1730,* París, 1987, *passim.*

[28] Antonio Rubial García, *Una monarquía criolla: la provincia agustina de México en el siglo XVII,* México, 1990, pp. 46-103.

Subarrendaban también las casas de moneda. Según José F. de la Peña, la riqueza de los 25 comerciantes más importantes de México era equiparable, a comienzos del siglo XVII, a la de los 30 mayorazgos sobre los que poseía información.[29] En esa época, los matrimonios entre la nobleza rural bien asentada y los comerciantes eran escasos. Pero, con el paso del tiempo, los mercaderes compraban puestos como los de regidor, y varios de ellos figurarían luego como miembros de las órdenes de caballería. El virrey Mancera escribió en 1673: "los mercaderes y tratantes, de que se compone en las Indias buena parte de la nación española, se acercan mucho a la nobleza, afectando su porte y tratamiento..., puede suponerse que en estas provincias por la mayor parte el caballero es mercader y el mercader es caballero".[30]

De hecho, Mancera afirmaba que los mercaderes más importantes en la América española eran inmigrantes de la península, advenedizos que se atraían la ira y los celos de los criollos pobres.

En la década de 1680 las autoridades de Madrid introdujeron la venta sistemática de los cargos coloniales en todos los niveles de gobierno, con lo que desposeyeron a virreyes y gobernadores de sus poderes para nombrar a los magistrados de distrito. Carecemos todavía hoy de una visión clara sobre los efectos producidos por cambio tan radical. La evidencia de que disponemos apunta en realidad en varias direcciones. Mark S. Burkholder y D. S. Chandler han demostrado que entre 1687 y 1712, e incluso en la década de 1740, en las audiencias americanas los cargos se ofrecían a la venta a todo pretendiente calificado. En consecuencia, ricos abogados criollos compraron cargos judiciales en niveles hasta entonces desconocidos, de modo que en la década de 1760 las audiencias territoriales de México, Lima y Santiago de Chile estaban compuestas por una mayoría de españoles americanos, hombres relacionados por descendencia o matrimonio con la élite de propietarios de esas capitales. Fue en la década de 1740 cuando esta política alcanzó su punto máximo. De un total de 66 nombramientos judiciales, 39 fueron puestos a la venta y unos dos tercios de los 36 criollos presentados consiguieron los nombramientos mediante simple compra de los puestos.[31] En Lima la audiencia principal estuvo controlada, durante la mayor parte del siglo XVIII, por criollos. La misma política, con los mismos efectos, se aplicó a los cargos municipales y a los escribanos mayores encargados de re-

[29] José F. de la Peña, *Oligarquía y propiedad,* p. 224.

[30] *Instrucciones que los virreyes... dejaron,* p. 258.

[31] Mark S. Burkholder y D. S. Chandler, *From Impotence to Authority: The Spanish Crown and the American Audiencias 1687-1808,* Colombia, Miss., 1977, pp. 104-108; 157, 170, 196.

frendar la autenticidad de las decisiones y de los nombramientos virreinales. Lo que no está claro es la proporción de cargos afectados por la nueva práctica en la Real Hacienda.

Si la venta de cargos favoreció el nombramiento de criollos en las altas esferas del poder judicial, tratándose de corregidores y alcaldes mayores se promovió la introducción de españoles peninsulares. Un muestrario de 15 corregimientos peruanos, entre los años 1680 y 1778, indica que 90% de los magistrados eran españoles nombrados en Madrid, y que dos tercios de ellos eran militares. La causa radicaba en el sistema de *repartimientos de comercio,* modo forzado de distribución de tejidos y de mulas a los indios. Dicho sistema requería una inversión considerable de capital que era, no obstante, muy rentable, y convertía a los corregidores en agentes comerciales de los ricos mercaderes limeños que financiaban la operación. Semejantes prácticas provocarían gran número de tumultos y revueltas de nativos a lo largo del siglo XVIII.[32] El mismo sistema prevaleció en la Nueva España, aunque confinado a las zonas del centro y del sur del país, en las que el comercio de cochinilla de Oaxaca constituía el sector más rentable.[33] El resentimiento provocado por los magistrados importados de España no se limitaba a los súbditos indios, pues la nobleza criolla veía bloqueado su acceso a esos puestos. En la memoria virreinal (1736) que compuso para el marqués de Castelfuerte el sabio criollo Pedro de Peralta Barnuevo, se atribuyó "la lastimosa decadencia de la nobleza peruana" a la abolición final de la encomienda, a la prolongada sequía que afectó a las haciendas costeras, pero, sobre todo, a "la falta de la provisión de los oficios que daban los virreyes".[34] Peralta se lamentaba de ello pues los criollos, más al corriente de los usos y derechos locales y en virtud de su natural disposición, hubieran tratado mejor a la población nativa. Y continuaba advirtiendo a la corona que "pocos cultos se abren en altares que no dan favores; poco manda un imperio que es todo poder y nada beneficio". Aún más insistía en que Perú no era una simple colonia o incluso una provincia de la monarquía, sino más bien un imperio por propio derecho y que la corona debería, pues, considerar "si no como parte principal de su poder, y si no como cabeza de su govierno, como corazón de su riqueza". Advertencia esta que los ministros de Madrid hubieran hecho bien en tener en cuenta antes de acometer la reforma de la administración colonial.

[32] Alfredo Moreno Cebrián, *El corregidor de indios y la economía peruana del siglo XVIII, los repartos forzosos de mercancías,* Madrid, 1977, pp. 33-51, 165-169.

[33] Brian R. Hamnett, *Politics and Trade in Southern Mexico 1750-1821,* Cambridge, 1971, pp. 16-23.

[34] *Memorias de los virreyes que han gobernado el Perú,* Manuel A. Fuentes (comp.), 6 vols., Lima, 1859, vol. III, pp. 59-61, 126-129, 139-141.

El nuevo Estado borbónico

En *A New Discourse of Trade* (1688), sir Josiah Child argumentaba que las poblaciones de Inglaterra y de sus "plantaciones" en América del Norte aumentaban; "el comercio mutuo era fuente de grandes beneficios para la madre patria". No fueron las colonias las que causaron la caída de población en España, sino más bien su religión, que condujo a la expulsión de judíos y moriscos y a las guerras perpetuas de Flandes. Por lo demás, las colonias proporcionaban poca ganancia porque no consumían manufacturas españolas. En menos de 60 años, los establecimientos ingleses habían crecido más, en población y en prosperidad, que la América española en 200 años. La primera razón fue de orden religioso, pues las colonias inglesas adoptaron una tolerancia completa con respecto a todas las formas de cristianismo. Pero Child hacía notar también que el costo del transporte desde los puertos españoles era cuatro veces superior a su equivalente inglés y, en consecuencia, el tipo de interés llegaba a ser de 12% en vez de 6%. Las tasas aduaneras españolas eran también considerablemente superiores.[35] Esta crítica fue reiterada, todavía con más fuerza, por Montesquieu en su *L'Esprit des lois* (1748), donde afirmaría que, al concentrar su esfuerzo en la producción de metales preciosos, España arruinó a la Península. No ganó la corona gran cosa de su vasto Imperio ya que la mayoría de las manufacturas exportadas, vía Cádiz, procedían de otros países europeos. Y concluiría Montesquieu afirmando que "Las Indias y España son dos poderes bajo un mismo amo; pero las Indias son el principal, mientras España es sólo el accesorio".[36] Tales consideraciones estaban destinadas, por lo demás, a gozar de una amplia difusión en todo el mundo hispánico, en el que Montesquieu tuvo gran prestigio.

Fue Pedro Rodríguez Campomanes, fiscal y más tarde presidente del Consejo de Castilla (1762-1791), quien en sus escritos sobre la industria popular y la educación, así como en sus reflexiones manuscritas sobre el comercio español con las Indias, respondió a las críticas extranjeras. No fue el descubrimiento de América la causa del declinar español, sino sus perpetuas guerras en Flandes y en Italia, combinadas con la expulsión de los moriscos y "la abundancia del clero regular". De hecho, la población de la América española era muy superior a la que había imaginado Child. Su aumento era debido, en parte, al surgimiento de

[35] Sir Josiah Child, *A New Discourse of Trade,* 4a. ed., Londres, 1740, pp. 192-219.
[36] Montesquieu, *The Spirit of the Laws,* traducción, Thomas Nugent, 2 vols., Nueva York, 1949, vol. I, p. 372.

una importante clase formada por mestizos y mulatos. Campomanes admitió, sin embargo, la importancia de las observaciones del británico sobre el costo del transporte marítimo y de las tasas aduaneras. Ya en 1762 se pronunció en favor de la abolición de todo tipo de restricción al libre comercio entre los puertos más importantes de la península y de América. El tráfico marítimo español, argüía Campomanes, aumentaría con la abolición de los monopolios de que gozaban numerosas compañías y con el abandono del sistema de flotas que comportaba muchas servidumbres. Los viejos galeones deberían además ser sustituidos por navíos más ligeros.[37] Aunque se pronunció en favor del desarrollo de la agricultura colonial, defendió también la producción de metales preciosos. Debían éstos, sin embargo, ser considerados como mercancías normales, exportadas libremente, pues su retención en España provocaría una subida de precios.

Obsesionado con la enorme tarea de restaurar el poder y la prosperidad de España, y totalmente consciente de su decadencia a fines del siglo XVII, Campomanes decidió servirse del ejemplo extranjero y adoptó una concepción del gobierno totalmente secular:

> La fuerza de una monarquía consiste en su población y en su comercio. Para conseguir una y otro es necesario hacer florecer la agricultura, las artes y la navegación... La nación que da la ley en el comercio la da en la marina y también con las armas, porque se halla en el estado de sustentar la guerra con superioridad por más tiempo. Ahora se entiende el axioma: *Dominus maris Dominus orbis.*

El obstáculo principal en el camino de un "renacimiento" había sido, y lo era todavía, el excesivo número de clérigos y su también excesiva riqueza, en especial la de las órdenes religiosas.[38] Acudiendo a precedentes medievales pretendía que la corona tenía el derecho de limitar el número de sacerdotes y religiosos así como la expansión de la propiedad eclesiástica. Celoso de toda institución que pudiera hacerle sombra al poder del Estado escribió, en términos enérgicos, una declaración en la que pedía la expulsión de los jesuitas de los territorios de la monarquía. "El primer vicio" de la Compañía de Jesús era su obediencia al Padre general, que actuaba como "un monarca absoluto". Todo jesuita debía, en consecuencia, ser considerado como "enemigo de la Soberanía, depende de un gobierno despótico residente en un país extranjero".

[37] Pedro Rodríguez Campomanes, *Reflexiones sobre el comercio español a Indias,* Vicente Llombart Roa (comp.), Madrid, 1988, pp. 230-251, 378-383.

[38] *Ibid.,* pp. 4-5, 231, 251, 452.

¿Qué era el Paraguay, se preguntaba Campomanes, sino un reino propiedad del Padre general?[39] Del mismo modo, se sirvió de la teología galicana y del derecho canónico regalista para atacar los poderes del papado en lo que concernía al nombramiento de obispos y a sus prerrogativas jurisdiccionales como corte de apelación en asuntos eclesiásticos. Citando las leyes medievales de Las Partidas, que declaraban que "vicarios de Dios son los reyes cada uno en su reyno", defendía que todos los privilegios de jurisdicción y de propiedad de la Iglesia derivaban del poder soberano de los monarcas, que conservaban el derecho tanto de abrogar como de confirmar esos derechos temporales de la Iglesia. En último término, "la Iglesia ella misma está dentro del Estado" y el clero no estaba exento de sus obligaciones como "vasallos de su Majestad y ciudadanos".[40]

En su tratado sobre la industria popular, que tuvo una amplia difusión, Campomanes afirmaba claramente que el estado de la industria era "el barómetro más seguro por donde se debe regular la progresión o decadencia del Estado". Defendía también la necesidad de eliminar todas las restricciones que afectaban al libre ejercicio del comercio, la abolición de todos los privilegios gremiales, así como la prohibición de las cofradías artesanales. El mejor modo de fomentar el desarrollo de la industria artesanal era la promoción de las Sociedades Económicas de los Amigos del País, que reclutarían, así lo esperaba, a "la nobleza de las provincias que, por lo común, vive ociosa" para ayudar a obtener datos económicos, a la organización de la escuela y a la enseñanza del dibujo. Los hombres de letras recibían, por su parte, una misión importante; su actividad en la sociedad era comparada con el papel de los oficiales en el ejército, pues eran llamados a escribir sobre cosas prácticas y a enseñar a los artesanos y agricultores el conocimiento elemental de las matemáticas, las nuevas técnicas y el dibujo. La invención de la aguja de coser, aseguraba Campomanes, ha sido mucho más útil a la humanidad que toda la lógica de Aristóteles y la de sus innumerables comentadores. En las ciencias humanas las viejas abstracciones escolásticas y las de los sofistas debían ser remplazadas por "un buen raciocinio y el orden geométrico de comparar las ideas".[41]

[39] Pedro Rodríguez Campomanes, *Dictamen fiscal de expulsión de los jesuitas de España (1766-1767)*, Jorge Cejuda y Teófanes Egido (comps.), Madrid, 1977, pp. 51, 60-63, 70-73, 84-86, 147, 155-164.

[40] Pedro Rodríguez Campomanes, *Juicio imparcial...*, Madrid, 1769, pp. 57-58, 93-95, 154, 262-266, 300-308.

[41] Pedro Rodríguez Campomanes, *Discurso sobre el fomento de la industria popular*, 1774; *Discurso sobre la educación popular de los artesanos y su fomento (1775)*, John Reeds (comp.), Madrid, 1975, pp. 119-123, 153-154, 169-177, 246.

El instrumento escogido por el Estado borbónico para promover el poder y la riqueza fue José de Gálvez, que como visitador general de Nueva España en un principio (1765-1771) y como ministro de Indias más tarde (1776-1787) revitalizó el gobierno colonial y la economía imperial. La medida más llamativa fue la creación de un nuevo virreinato con capital en Buenos Aires y dotado de un vasto territorio que iba del Alto Perú a la costa atlántica. Se crearon nuevas audiencias en Cuzco, Caracas y Buenos Aires y se nombraron capitanes generales para gobernar Venezuela y el norte de México. Esta expansión de la administración colonial fue completada con la creación de intendencias en la mayoría de las provincias del Imperio, es decir, gobernadores semipermanentes encargados de promover las obras públicas y de aumentar los ingresos fiscales. Desde el punto de vista fiscal, la colecta de los impuestos sobre mercancías, las alcabalas, eran confiadas a funcionarios asalariados. La venta, y en algunos casos la manufactura, del tabaco se convirtió en un monopolio real muy rentable. Su gestión requería por lo demás un cuerpo considerable de guardias y de directores encargados de aplicar la ley y de administrar el "negocio". Cada intendencia contaba con una caja real. Otra medida importante: en los lugares estratégicos se crearon guarniciones servidas por soldados regulares. Éstas más tarde fueron remplazadas por pequeños ejércitos permanentes, reclutados en todas las provincias importantes del Imperio. Una amplia red de milicias reforzaba el dispositivo. El efecto de todas estas medidas, cuando se consideran en su conjunto, fue la creación de un nuevo Estado, pues cada capital importante se veía dotada de una máquina gubernamental, de escala hasta entonces desconocida en la América española.[42]

Desde el punto de vista económico, la promulgación del decreto de "comercio libre" dio fin al monopolio de Cádiz y permitió a los puertos principales de la península y de la América española comerciar libremente entre sí a través de armadores privados. Diez años más tarde, o en esa década, las exportaciones se habían triplicado y los ingresos por derechos de aduana aumentaron a más del doble. En la práctica, todas las provincias del Imperio experimentaron una aceleración en los ritmos de producción destinada a la exportación. Encabezó el movimiento la Nueva España; su producción de plata se duplicó en los años inmediatos. Para estimular esa producción, Gálvez redujo a la mitad el precio del mercurio, elemento indispensable en el proceso metalúrgico de la amalgama, y aseguró un suministro más abundante del procedente de

[42] D. A. Brading, "Bourbon Spain and its American Empire", *Cambridge History of Latin America,* Leslie Bethell (ed.), vol. I, Cambridge, 1984, pp. 389-440.

Almadén. Ofreció además exenciones de impuestos a las empresas que afrontaban grandes riesgos o a aquellas que debían hacer inversiones importantes. Organizó a los mineros en un gremio con jurisdicción especial en materia de litigación minera; promulgó un nuevo código jurídico y creó un banco para financiar la minería así como una escuela de minas. Los empresarios importantes recibieron también títulos nobiliarios. Medidas similares se aplicaron en el Perú y en otras partes del Imperio. La importancia atribuida a estas medidas puede calibrarse en la declaración de Gálvez: "como la minería es el origen y fuente única de los metales que dan espíritu y movimiento a todas las ocupaciones humanas y el comercio universal en este mundo, en justicia exige la atención especial del gobierno".[43]

Estas medidas de carácter administrativo y económico fueron completadas con otras dirigidas contra los privilegios y la propiedad de la Iglesia. La corona inició en 1749 la secularización de las parroquias administradas por las órdenes mendicantes, un proceso en un principio rápido pero cuya completa ejecución se llevó 20 años. En 1767 los jesuitas fueron exiliados a Italia, sus colegios clausurados y sus vastas propiedades rurales expropiadas. Más tarde se convocaron concilios provinciales con la idea de reformar al clero colonial. Las órdenes religiosas fueron víctimas de Visitas y se limitó el número de novicios que podían admitir. También el clero secular fue objeto de ataques; uno de sus muy estimados privilegios, la inmunidad de jurisdicción con respecto a los tribunales ordinarios, fue de hecho abolido y las salas del crimen de las respectivas audiencias recibieron en 1795 el poder de demandar a clérigos acusados de faltas graves. Paralelamente, las audiencias importantes desafiaron la autoridad episcopal al recibir, como tribunal superior, casos de apelación contra decisiones de los obispos. Al clero, y en particular a los cabildos eclesiásticos, se les impusieron cargas e impuestos especiales. El acto final de esta campaña se produjo en 1804, cuando la corona exigió la venta de la propiedad eclesiástica y el envío de los resultados obtenidos a la tesorería real, que, en adelante, se obligaba a pagar un interés por el capital confiscado.[44] Pero como la corona estaba ya en bancarrota, el clero tuvo que afrontar la posible pérdida de un capital acumulado pacientemente a lo largo de tres siglos.

La característica que más atención ha provocado al estudiar la "revolución en el gobierno borbónico" es el recelo, por no decir el desprecio, con el que Gálvez y sus principales colaboradores consideraban a los

[43] D. A. Brading, *Miners and Merchants in Bourbon Mexico 1763-1810*, Cambridge, 1971, pp. 129-207.

[44] N. M. Farriss, *Crown and Clergy in Colonial Mexico 1759-1821*, Londres, 1968, *passim*.

criollos. En carta que escribió a Juan Antonio de Areche, visitador entonces del Perú, Gálvez habla de los habitantes de Lima como gente "de ingenio y comprensión fácil; pero de juicio poco sólido y superficial, aunque sumamente presuntuoso... Son de poco espíritu, tímidos y reducibles". Estos sentimientos no quedarían, por lo demás, en meros prejuicios, pues como ministro de Indias en 1766-1777 tomó medidas para aumentar el número de miembros de las audiencias coloniales y nombró a 34 nuevos jueces, de los cuales sólo dos eran españoles nacidos en América. Y, a su muerte, los criollos no ocupaban más de una cuarta o una tercera parte de esos puestos. La política seguida no fue exclusiva de Gálvez, pues, en 1768, los dos fiscales del Consejo de Castilla, Pedro Rodríguez Campomanes y José Moñino —más tarde conde de Floridablanca—, afirmaron que era necesario "guardar la política de enviar siempre españoles a las Indias con los principales cargos, obispados y prebendas, y colocar en los equivalentes puestos en España a los criollos". En consecuencia, y salvo pocas excepciones, los puestos más importantes del nuevo Estado fueron ocupados por españoles peninsulares. Aunque Antonio Porlier, sucesor de Gálvez, modificó esa política, la inmensa mayoría de los altos cargos de la administración colonial siguió ocupada, a pesar de todo, por europeos.[45] Pero aún más, la expansión de la economía colonial hizo que aumentara considerablemente la inmigración de comerciantes y empresarios españoles, que cruzaron el Atlántico en gran número. Su pronta nueva riqueza les permitiría competir con los criollos por el control de los municipios y de otras instituciones. Y la alianza natural que se daba entre los inmigrantes y los funcionarios peninsulares no podía sino exacerbar el resentimiento de los criollos.

La discriminación contra la élite y el clero criollos fue, desde un principio, denunciada con pasión. El ayuntamiento de la ciudad de México, en particular, encargó al oidor mexicano Antonio Joaquín de Rivadeneira una vigorosa defensa de los talentos y derechos de los criollos. Éste previno a la corona de que toda tentativa de privar a los españoles de América de altos cargos en sus respectivos países "es quererse transformar el derecho de las gentes, es caminar no sólo a la pérdida de esta América, pero a la ruina del Estado", pues las leyes de Castilla y la legislación del Concilio de Trento estipulaban que los nombramientos en la Iglesia y el Estado debían hacerse en favor de los nativos de cada reino. Rivadeneira declaraba: "la provisión de los naturales con exclusión de los extraños es una máxima apoyada por las leyes de todos los reinos; dictadas

[45] Brading, *Miners and Merchants*, pp. 37-42; Burkholder y Chandler, *From Impotence to Authority*, pp. 97-124.

por sencillos principios, que forma la razón natural, e impera en los corazones de los hombres". Aunque sabía bien que, desde el punto de vista constitucional, las Indias formaban parte de la corona de Castilla y que, en consecuencia, los españoles no podían ser calificados de extranjeros, el oidor mexicano argumentaba, sin embargo, que la mayoría de los españoles fueron al Nuevo Mundo para enriquecerse y que nunca identificaron el Perú o México como su patria".[46]

Que Gálvez fue en un principio el responsable de la política de exclusión era de sobra conocido, lo que explica que Juan Pablo Vizcardo y Guzmán, un exiliado jesuita peruano, atacara al ministro por su "manifiesto y general odio a todos los criollos".[47] Igualmente, las medidas tomadas contra la Iglesia provocaron una enérgica protesta. Por encargo del obispo y del cabildo de Michoacán, Manuel Abad y Queipo atacó el decreto que había abolido el privilegio de inmunidad de jurisdicción del clero haciendo observar que "las inmunidades del clero español forman parte de nuestra constitución monárquica, y no pueden reducirse con exceso sin peligro de alterarse". Y para reforzar su argumento el clérigo asturiano no dudó en citar directamente a Montesquieu que afirma en *L'Esprit des lois:* "Quitad en una monarquía las prerrogativas de los señores, del clero y de la nobleza, y tendréis bien pronto un estado popular... luego el fuero clerical es el único vínculo especial que los estrecha al gobierno".[48]

Y fue el arzobispo de México, Francisco Javier de Lizana, quien en 1809 se quejaba a la corona: "se han puesto muchas nuevas sucesivas trabas al ejercicio de la jurisdicción eclesiástica desde la mitad del siglo XVIII" y llamaba la atención de Madrid acerca de que "los americanos han sido y son fieles a Dios y al Rey por medio principalmente del clero secular y regular.... el que tiene los curas tiene las Indias".[49]

Los ministros y funcionarios que se esforzaban en restaurar el poder y la prosperidad de la monarquía española desplegaron un intolerante desprecio con respecto a la cultura postridentina de la casa de Habsbur-

[46] "Representación humilde que hace la imperial, nobilísima y muy leal ciudad de México en favor de sus naturales", 1771, en *Colección de documentos para la historia de la guerra de independencia de México de 1808 a 1821,* Juan E. Hernández y Dávalos (comp.), 6 vols., México, 1877, vol. I, pp. 427-455; véase Burkholder y Chandler, *From Impotence to Authority,* p. 98.

[47] *Los escritos de Juan Pablo Vizcardo y Guzmán, precursor de la Independencia hispanoamericana,* Merle E. Simmons (comp.), Caracas, 1983, pp. 235-239, 190, 200-201.

[48] Manuel Abad y Queipo, "Escritos", impresos en José María Luis Mora, *Obras sueltas,* 2 vols., París, 1837, vol. II, pp. 6, 12, 22, 32-33, 64.

[49] Archivo General de Indias, Audiencia de México, legs. 1892 y 2256, Arzobispo a la Corona, 24 de octubre de 1804, 10 de abril de 1809.

go, que había sido hasta entonces el sostén de la autoridad real. Campomanes, a pesar de su regalismo autoritario, saludaba a Carlos III como a "un Rey Patriota" y "Director Supremo de la República" y era muy dado a invocar "el Estado" y "el Poder Soberano", identificándose a sí mismo como "vasallo y ciudadano".[50] El nuevo vocabulario político no era sino la expresión de un espíritu secularizado y utilitario que desechaba la antigua tesis de la misión providencial de España en el mundo como una "ilusión" que había contribuido a la decadencia del país. Lo que Campomanes y sus colegas no llegaron a comprender es que, sin esa base ideológica, la pretensión española, el título de España a ejercer su dominio en el Nuevo Mundo, descansaba únicamente en hechos materiales: la conquista y la posesión. Pero considerar los reinos de América como simples colonias, comparables a las islas azucareras del Caribe que poseían la Gran Bretaña y Francia, era preparar la destrucción del Imperio trasatlántico. Por mucho éxito que tuvieran las reformas administrativas y económicas al aumentar el comercio y la producción coloniales, la exclusión de los criollos de los altos puestos de gobierno, conjugada con los ataques contra los privilegios y la propiedad de la Iglesia, no podía sino conducir al fin de la dominación española en América.

La antigua constitución tanto más poderosa cuanto que, sin base escrita, presuponía la consulta previa en materia de impuestos y una concordancia de intereses entre el rey y el pueblo, fue socavada por el nuevo método de gobierno a base de decretos ejecutivos y de sanciones militares.[51] Según Montesquieu, una monarquía se diferencia del despotismo por el sentimiento del honor que la anima más que por el temor que pueda inspirar. Lo que venía a decir que ésta descansaba en la colaboración activa de la nobleza y que esa autoridad se veía reforzada por la consagración eclesiástica. Pero si nobleza y clero apoyaban la corona era porque, a su vez, ambos esperaban que la corona protegería y mantendría la propiedad y sus privilegios. Y cuando los ministros de Carlos III deciden excluir a los criollos de los puestos importantes de gobierno y atacar a la Iglesia, no hacen sino socavar los fundamentos en que se sustentaba la monarquía. Fue ésa la razón por la que Simón Bolívar definió al Imperio español del Nuevo Mundo como despotismo oriental, más opresivo que los regímenes de Turquía y Persia, donde al menos los monarcas disponían de ministros nativos. La "activa tiranía" de España había reducido a los criollos al estado de tutela perpetua,

[50] Campomanes, *Juicio imparcial,* p. 189; *Discursos,* pp. 23, 148.

[51] John Leddy Phelan, *The People and the King. The Comunero Revolution in Colombia,* 1781, Madison, 1978, pp. 181-184.

convirtiéndolos en meros productores y consumidores de mercancías, y a sus países en simples colonias de la metrópoli.[52]

Hacia la independencia

Las consecuencias de la revolución realizada en la manera de gobernar se hicieron evidentes en los agitados años 1808-1810 cuando, en todo el Imperio, las élites criollas trataron de crear juntas insurgentes y de obtener cierto grado de independencia. En su informe sobre la rebelión de Cuzco en 1814, un movimiento que sumergió ciudades tan distantes las unas de las otras como Ayacucho, Arequipa y La Paz, Manuel Pardo, regente de la audiencia, afirmó que el capitán general rebelde José Angulo, estaba "rodeado de frailes y clérigos, que eran sus principales consejeros". De hecho, el cabildo eclesiástico se unió al ayuntamiento y a la diputación provincial al elegirle para el cargo, y uno de los canónigos predicó un sermón en el que defendía la creación de un vasto imperio independiente, a lo largo y lo ancho del continente, y aclamaba a Angulo como "nuestro Macabeo peruano". Desde el punto de vista de Pardo, la participación del clero en los movimientos insurreccionales de ambas márgenes del Atlántico, en España y en América, estaba inspirada en el mismo motivo, por diferentes que fueran las causas defendidas. En ambos casos, "el objeto era dejar la religión con el ropaje del culto exterior, bastante para que su ministerio sacase de un pueblo ignorante todo el fruto con que se lisonjeaba su avaricia". Ahora bien, si la monarquía no podía seguir contando con el clero para predicar la lealtad al rey de España, ¿sobre qué bases podría mantenerse esa autoridad en el Nuevo Mundo? El problema era de muy difícil solución, pues el mismo Pardo admitía que quienquiera que viviese en Perú "habrá advertido el odio que en general abrigaban en su corazón los criollos españoles contra los europeos y su gobierno". Todo lo que Pardo era capaz de sugerir era el cuidadoso escrutinio al que debían someterse los nombramientos de altos funcionarios criollos y la disolución de la milicia colonial, seguida de la implantación de fuertes guarniciones formadas por soldados traídos de España.[53]

Parecidas reflexiones eran las del obispo electo de Michoacán, Manuel Abad y Queipo, que algunos meses antes de la rebelión de 1810 adver-

[52] Simón Bolívar, *Obras completas*, Vicente Lecuona (comp.), 3 vols., Caracas, 1964, vol. I, pp. 161-166.

[53] *Colección documental de la independencia*, tomo III, vol. 7, Manuel Aparicio Vega (comp.), Lima, 1974, pp. 261-270.

tía a la Regencia que "nuestras posesiones en América, y especialmente esta Nueva España, están muy dispuestas a una insurrección general..., que el fuego eléctrico de la revolución francesa ha puesto en movimiento... un deseo ardiente de Independencia". Acontecimientos recientes habían incrementado la inveterada enemistad entre criollos y peninsulares hasta el punto de que "los americanos quisieran mandar solos y ser propietarios exclusivos de ese reino".[54] Cuando su antiguo amigo, Miguel Hidalgo y Costilla, el párroco de Dolores, da orden a los indios y las masas de rebelarse contra la dominación española, presentándoles como estandarte la imagen de la Virgen de Guadalupe, Abad y Queipo denuncia en él "el nuevo Mahoma Hidalgo".... que invoca símbolos religiosos mientras permite a sus seguidores saquear propiedades en una insurrección "esencialmente anárquica". Y aún más, cuando los jefes rebeldes denuncian a los españoles de Europa como "hombres desnaturalizados", movidos sólo por la avaricia, y reavivan así la queja tradicional de los criollos contra los *advenedizos,* el obispo electo defenderá con fuerza a sus compatriotas argumentando que "la codicia de los gachupines... no significa otra cosa que el deseo innato en el corazón del hombre de mejorar su condición, que es el primer móvil de las operaciones humanas, y el estímulo de las virtudes sociales, de los talentos, aplicación, economía, frugalidad, valor y constancia en las empresas y en las adversidades". Observando que la insurrección era "obra casi propia de los eclesiásticos, pues que ellos son los principales autores y los que la han promovido y la sostienen", recomendaba vivamente reclutar un ejército regular, de al menos 30 000 hombres, como el único medio para preservar el dominio español.[55] En definitiva, este eclesiástico liberal admitía que, si la corona no podía ya contar con la lealtad de sus súbditos coloniales, y todavía menos con que el clero predicase la obediencia, se vería, en consecuencia, obligada a gobernar por la fuerza armada.

En ningún sitio se manifestaron las contradicciones internas del régimen español con más claridad que en Perú. La élite criolla de Arequipa y de otras ciudades del altiplano se alistó en los ejércitos creados por Juan Manuel de Goyeneche en 1811 para defender la causa real. Después de repeler la invasión argentina y de recuperar el Alto Perú para la administración española, el brigadier criollo es, sin embargo, objeto de sospechas y calumniado por el virrey Abascal. Años más tarde, al abandonar el mando, Goyeneche hará notar que los pueblos de

[54] Abad y Queipo, "Escritos", pp. 80-81, 101-102.

[55] *Ibidem,* pp. 4-5, 25-26, 39-44; *Carta Pastoral,* México, 1813, pp. 2, 34, 49-52, 73-81, 88-101.

América habían perdido la tradicional aceptación de "la santidad de nuestras leyes y la beneficencia del gobierno español..., el temor es el único freno" frente al universal deseo de independencia.[56] Y Manuel Lorenzo Vidaurre, un oidor criollo de la audiencia de Cuzco, fue quien, de modo más gráfico, mostró las contradicciones de la política española. Recibe con alborozo la Constitución liberal de 1812 por el grado de autonomía local que consentía. Defiende la monarquía como la mejor forma de gobierno, pues descansa, como defendía Montesquieu, en el sentimiento del honor. Por el contrario, la mayoría de las repúblicas habían sido víctimas de la intriga y del desorden, consecuencias de la avaricia y de los desenfrenados egoísmos. Y, con audacia, Vidaurre afirma todavía: "Yo me veo a mí mismo en el español europeo... Los españoles americanos no somos conquistados, nosotros somos los conquistadores, iguales en todo a las personas que nos dieron el ser". Pero lo mismo que Goyeneche, Vidaurre será víctima de sospechas y destituido. No dudó, a pesar de todo, desde el exilio, de enviar a la Corte numerosas peticiones y memorandos en los que critica la propuesta de Abad y Queipo de enviar un ejército de 30 000 hombres de guarnición a América y la exclusión de los criollos de los altos puestos. Medidas semejantes, afirma, comportan el establecimiento de una auténtica tiranía, pues "la monarquía depende de un pacto tácito o manifiesto con los individuos que la componen". América puede sólo mantenerse por la lealtad y los sacrificios de los españoles de América. Más inteligente que enviar más tropas al Nuevo Mundo sería el enviar un príncipe de la familia real, investido de la autoridad necesaria para negociar la paz con los rebeldes. Y Vidaurre concluye recordándoles a sus compatriotas europeos que "la gloria de un monarca es gobernar almas libres... España no es Constantinopla."[57]

Conclusiones

Los 300 años de gobierno español en el Nuevo Mundo estuvieron marcados por dos épocas de reforma. En ambas —las décadas de 1560 y de 1760—, la corona envió visitadores y virreyes para reforzar la autoridad del Estado colonial y para aumentar los ingresos imperiales. La

[56] Luis Herreros de Tejada, *El Teniente General D. José Manuel de Goyeneche, Primer Conde de Guaqui,* Barcelona, 1923, pp. 466-468, 485-489.

[57] Manuel Lorenzo de Vidaurre, "Plan de Perú y otros escritos", en *Colección documental de la independencia. Los ideólogos,* Alberto Tauro (comp.), Lima, 1971, tomo I, vol. 5, pp. 217-227, 173-185, 300-306, 245-262, 275, 292, 309.

capacidad de Felipe II para hacer la guerra en Europa dependió del aumento considerable de la cantidad de plata recibida del Perú, gracias a los esfuerzos de Francisco de Toledo. Igualmente, si Carlos III logró representar de nuevo un papel importante en el concierto europeo, lo debió al aumento de la producción de plata conseguido por José Gálvez en México. Ambos logros, en Perú y en México, fueron más tarde repetidos en otras provincias del Imperio. Por doquier fue instalada una nueva burocracia, dotada de los poderes necesarios para someter la a menudo oposición local de las élites coloniales. El éxito de las medidas económicas tomadas estimuló la inmigración española y creó oportunidades para que comerciantes y empresarios peninsulares hicieran grandes fortunas. En consecuencia, en ambas ocasiones los criollos se vieron gobernados por magistrados y gobernadores recién llegados de España y desafiados, en su propio mundo, por hombres de negocios inmigrados. Pero las diferencias entre las dos épocas son tan importantes como su similitud. Los descendientes de los conquistadores y de los primeros pobladores fueron, relativamente, poco numerosos y, con frecuencia, tuvieron que elegir entre la penuria rural y el sacerdocio. En el siglo XVIII la economía ofrecía más posibilidades para obtener un nivel de vida honorable y la nobleza criolla estaba demasiado bien instalada como para ser fácilmente desalojada. De hecho, el intento de Felipe II de arrancar el control del Imperio americano a las élites de pobladores fue objeto de un desgaste continuo a causa, precisamente, de la confianza depositada en los virreyes, reclutados entre la nobleza, y los magistrados, que pronto entraron en alianzas locales. El éxito de Carlos III al crear un nuevo Estado en las provincias americanas fue mucho más impresionante y produjo muy buenos beneficios. Vista desde España, la época de las reformas borbónicas fue el canto del cisne del esplendor imperial. Considerada más de cerca, desde la perspectiva del Nuevo Mundo, descansaba en un frágil equilibrio de fuerzas que fácilmente se descomponía según los cambios de la balanza de poder en Europa. El hecho de que una comparación entre las dos épocas sea, sin embargo, posible, sugiere que los tres siglos del Imperio español en América poseen un sustrato común, lo que hace de su historia un objeto inteligible y susceptible de estudio, que trasciende las tradicionales divisiones cronológicas. Quizá sea ésa la razón de por qué, cuando la autoridad de la Monarquía católica llega a su fin, la América española se disuelve en sinnúmero de Estados, en conflicto entre sí, pocos de los cuales poseen estabilidad o legitimidad políticas.

II. LOS PRINCIPIOS RECTORES DE ORGANIZACIÓN ESTATAL EN LAS INDIAS

Horst Pietschmann
Universidad de Hamburgo

Historiografía, métodos y conceptos

La historiografía sobre la organización estatal en la Hispanoamérica colonial tiene una larga trayectoria. Sin que se quiera aspirar a que la siguiente enumeración sea completa,[1] autores como Enrique Ruiz Guiñazú, Lillian Estelle Fisher, Rafael Altamira, Silvio Zavala, José M. Ots Capdequí, Alfonso García Gallo, José Miranda, Ricardo Zorraquín Becú, Juan Manzano Manzano, Jorge Ignacio Rubio Mañé, Mario Góngora y Guillermo Lohmann Villena, realizaron obras fundamentales sobre el tema hasta fines de la década de los cincuenta del siglo xx. Conviene recordar a estos clásicos del tema porque representan un enfoque importante sobre un problema que aún en la actualidad tiene sus cultivadores, aunque esta línea de investigación ha sido, en gran medida, sustituida por otras, con mucho más éxito en la actualidad. Aquellos clásicos, a pesar de haber trabajado sobre distintos niveles de la administración colonial, compartían, en cierta medida, una perspectiva y un enfoque metodológico común. La perspectiva era, con mayor o menor claridad, la del Imperio colonial español, es decir que la articulación de éste en los distintos niveles administrativos en América era observada desde la perspectiva metropolitana. El método empleado era en líneas generales el histórico-jurídico-institucional, que consistía

[1] Para no abundar en títulos y citas, me remito, a más de las obras generalmente conocidas, a los trabajos que se refieren a la época colonial en el volumen v. Vázquez de Prada e Ignacio Olabarri (comps.), *Balance de la historiografía sobre Iberoamérica. Actas de las IV Conversaciones Internacionales de Historia,* Centro de Investigaciones de Historia Moderna y Contemporánea, Universidad de Navarra, Pamplona, 10-12 de marzo de 1988, Pamplona, 1989. *Cf.* también mi manual: Horst Pietschmann, *Die staatliche Organisation des kolonialen Iberoamerika,* Stuttgart, 1980. Los trabajos principales de los autores mencionados están recogidos en ambas obras. Posteriormente se han publicado dos compilaciones importantes de la obra dispersa de Alfonso García Gallo y de Ricardo Zorraquín Becú: Alfonso García Gallo, *Los orígenes españoles de las instituciones americanas. Estudios de derecho indiano,* Madrid, 1987; Ricardo Zorraquín Becú, *Estudios de historia del derecho,* 3 vols., Buenos Aires, 1988-1992.

en analizar la amplia legislación metropolitana —y sobre todo virreinal— con la intención de reconstruir lo que se creía que era la realidad del Imperio americano. Tomando como base esta bibliografía surgieron, durante los años sesenta, algunas obras generales que pretendían resumir la constitución interna del Imperio desde una perspectiva histórica más amplia, empleando frecuentemente conceptos y aproximaciones de interpretación procedentes de las ciencias sociales.[2]

Paralelamente, la Escuela de los Annales en Francia y la historiografía anglosajona empezaron a reorientar hacia los problemas económico-sociales regionales la investigación sobre la época colonial hispanoamericana. Ésta adquirió un fuerte enfoque cuantitativo, aunque manteniendo todavía mayoritariamente la perspectiva imperial, si bien las fuentes utilizadas provenían ahora en gran parte de los archivos nacionales, regionales y locales de los distintos países latinoamericanos.[3] Al mismo tiempo historiadores más jóvenes, que en mayor o menor medida estaban vinculados con la tradición anterior, se lanzaron a estudiar los fenómenos de la venta o del beneficio de los cargos administrativos en América, con lo cual se empezó a relacionar el tema del Estado con la sociedad. El tema del Estado se empezó a replantear de nuevo a principios de los años ochenta, aunque centrado ahora no tanto en lo institucional, sino más bien desde la perspectiva del engranaje entre los fenómenos económico-sociales y los institucionales, e insistiendo más en los aspectos políticos que resultaban de este complejo juego de relaciones.[4]

[2] Magali Sarfatti, *Spanish Bureaucratic Patrimonialism in America. Politics of Modernization Series,* núm. 1, Institute of International Studies, University of California, Berkeley, 1966; S. N. Eisenstadt, *The Political Systems of Empires,* Nueva York, 1963; J. L. Phelan, *The Kingdom of Quito in the Seventeenth Century. Bureaucratic Politics in the Spanish Empire,* Madison, 1967.

[3] *Cf.* las obras clásicas de Pierre y Huguette Chaunu, *Séville et l'Atlantique, 1504-1650,* 8 tomos en 11 volúmenes, París, 1955-1958; François Chevalier, *La formation de grands domaines au Mexique: terre et sociètè aux* XVI*e*-XVII*e* *siècles.* Para la historiografía anglosajona hay que remitir en primer lugar a las obras de Woodrow Borah, Sherburne F. Cook y Lesley B. Simpson sobre demografía histórica, comercio, etc. *Cf.* en especial Woodrow Borah, *Early Colonial Trade and Navigation between Mexico and Peru,* Berkeley, 1954; el mismo, *New Spain's Century of Depression,* Berkeley, 1951, y *Silk Raising in Colonial Mexico,* Berkeley, 1943. Woodrow Borah y Sherburne F. Cook, *Price Trends of Some Basic Commodities in Central Mexico, 1531-1570,* por mencionar sólo algunos títulos. A ellos se sumaron posteriormente autores como David A. Brading, *Miners and Merchants in Bourbon Mexico, 1763-1810,* Cambridge, 1971; Peter J. Bakewell, *Silver Mining and Society in Colonial Mexico, Zacatecas, 1546-1700,* Cambridge, 1971; Brian R. Hamnett, *Politics and Trade in Southern Mexico, 1750-1821,* Cambridge, 1971, y otros muchos. El interés en los aspectos político-institucionales ha disminuido en la generación joven anglosajona, así como en el nuevo enfoque francés.

[4] Como ejemplo, los dos volúmenes de actas del Congreso de la Asociación de Historiadores Latinoamericanos Europeos (AHILA), 1985, en Florencia: Antonio Annino, Marcello

Entretanto, la mayoría de los estudios económico-sociales habían ido abandonando la perspectiva imperial y, tras haber detectado enormes variantes regionales en el desarrollo histórico del continente, se interesaban cada vez más por el significado político de éstas, interpretándolas como expresiones de la necesidad creciente del Imperio de unir regiones y centrarlas en torno a la metrópoli. Desde esta perspectiva, se planteaba la duda de hasta dónde las nuevas articulaciones políticas eran expresión de nuevas identidades históricas y de cómo éstas prefiguraban, en cierta manera, los Estados independientes que surgirían tras las guerras de emancipación en el Imperio español. Uno podía, asimismo preguntarse hasta dónde el desarrollo de estas diferenciaciones regionales era parte de un proceso de formación estatal anterior a la constitución formal de los estados independientes latinoamericanos.

Ésta es, más o menos, la situación actual del debate sobre esta cuestión. Habría que añadir que, en estos últimos años, ha surgido un renovado interés por lo institucional al plantearse la teoría de que el montaje institucional imperial perduró más de lo que originalmente se pensaba en el proceso de emancipación latinoamericana y continuó influyendo en los conflictos internos de los estados latinoamericanos en el siglo XIX.

Este desarrollo de la investigación ha padecido en cierta medida de la falta de debates teóricos y de verdaderos intentos de generalización. Nosotros, aparte de una incursión en la realidad económica novohispana de los pueblos de indios —en la que se estudió el sistema de los repartimientos comerciales realizados por los corregidores y alcaldes mayores— hemos meditado e investigado durante mucho tiempo sobre el problema del Estado en la Hispanoamérica colonial, manteniendo hasta cierto punto la aproximación institucional, aunque siempre tratando de analizar el significado y el impacto político de los organismos estatales. Así, en mi tesis de doctorado intenté utilizar aproximaciones de las ciencias sociales al tema, recurriendo a Max Weber, estudiando posteriormente la realidad más baja de la administración real en América y el proceso del beneficio de empleos entre los corregidores.[5]

Más tarde se intentó declinar el proceso político de creación de es-

Carmagnani y otros, eds., *America Latina: Dallo Stato Coloniale allo Stato Nazione, 1750-1940,* 2 vols., Milán, 1987.

[5] *Cf.* Horst Pietschmann, *Die Einführung des Intendantensystems in Neu-Spanien im Rahmen der allgemeinen Verwaltungsreform der spanischen Monarchie im 18. Jahrhundert,* Colonia-Viena, 1972; "Alcaldes Mayores, Corregidores und Subdelegados. Zum Problem, der Distriktsbeamtenschaft im Vizekönigreich Neuspanien", en *Jahrbuch für Geschichte von Staat, Wirstchaft und Gesellschaft lateinamerikas,* Colonia-Viena, vol. 9, 1972, pp. 173-270; "El comercio de repartimientos de los alcaldes mayores y corregidores en la región de Puebla-Tlaxcala en el siglo XVIII", en Simposio Hispanoamericano de Indigenismo Histórico, Terceras Jornadas Americanistas de la Universidad de Valladolid,

tructuras estatales en el siglo XVI,[6] siempre atento al progreso de la investigación sobre la economía y la sociedad. A principios de los años ochenta propusimos como lazo entre el desarrollo autonómico de las sociedades coloniales, cada vez más evidente, y la maquinaria gubernativa metropolitana y sus normas legales —normas que traducen una política metropolitana inspirada en los modelos económicos y sociales europeos de cada época— el fenómeno de la corrupción que, desde la formación de las sociedades coloniales en el primer tercio del siglo XVII, se convierte en sistemático. Desde este punto de vista, se entendía la corrupción como un mecanismo de negociaciones y arreglos entre la Corona y las sociedades coloniales, efectuadas por una burocracia real, cada vez más autonómica, y sin tener en cuenta la legislación existente, que en muchos casos prohibió expresamente los arreglos que se realizaban.

Luego se introdujo, sin definición precisa, el concepto de "Estado colonial" que en cierto modo parecía responder a las realidades detectadas conforme progresaba la investigación, concepto que fue atacado más tarde, sin que este ataque haya producido el debate teórico que la gran cantidad de nuevos conocimientos en el fondo exigía.[7] Otros autores preferían continuar utilizando el concepto de "pacto colonial" frente a la dicotomía entre sociedad(es) colonial(es) y aparato burocrático imperial. Este pacto colonial se habría redefinido conforme a las exigencias de cada época hasta llegar a romperse de forma definitiva en vísperas de las guerras de la Independencia a causa del reformismo borbónico.[8] Sin embargo, este concepto de "pacto colonial" resulta tan vago como el de

Valladolid, 1977, 7 pp. + 4 tablas (resumen de un estudio más extenso publicado en alemán en el vol., 10 [1973] del *Jahrbuch... lateinamerikas).*

[6] Horst Pietschmann, *Staat und staatliche Entwicklung am Beginn der spanischen Kolonisation Amerikas,* Münster, 1980; la versión castellana que añade, además, el artículo sobre "burocracia y corrupción" *(cf.* nota núm. 7) es: *El Estado y su evolución al principio de la colonización española de América,* FCE, México, 1989.

[7] Horst Pietschmann, "Burocracia y corrupción en Hispanoamérica colonial. Una aproximación tentativa", en *Nova Americana,* Turín, núm. 5, 1982, pp. 11-37. Para el concepto de "Estado colonial", *cf.* la nota núm. 4 y véase Carlos Malamud Rikles sobre concepto de "Estado colonial" en la América hispana, *Revista de Occidente,* núm. 116, enero de 1991, pp. 114-127. El problema de la corrupción fue además ampliamente tratado en distintos estudios publicados en los años ochenta. Eduardo Saguier lo abordó de forma más sistemática en varios artículos, *cf.* "La corrupción administrativa como mecanismo de acumulación y engendrador de una burguesía nativa", en *Anuario de Estudios Americanos,* Sevilla, vol. XLVI, 1989, pp. 269-303.

[8] *Cf.* por ejemplo Fernando Muro Romero, "La reforma del pacto colonial en Indias. Notas sobre instituciones de gobierno y sociedad en el siglo XVII", en *Jahrbuch... lateinamerikas,* nota núm. 5, vol. 19,1982, pp. 47-68. Es imposible referirnos aquí a todos los autores que emplean el término *pacto colonial,* pero, hasta donde podemos alcanzar, nos parece que este concepto es uno de tantos manejados con frecuencia sin haber sido claramente definidos.

"Estado colonial", ya que sólo lo utiliza una parte de la sociedad conquistadora y, más tarde, criolla. La corona, por su parte, no parece haberlo aceptado a no ser a principios de la expansión española en América y, más tarde, si acaso, en términos de un lazo de vasallaje —cada vez más alejado del significado original y concreto que éste tuvo en la Edad Media— entre el rey y sus súbditos americanos.

En todo caso, ambos conceptos, el de "Estado colonial" y el de "pacto colonial" nunca han sido objeto de un estudio a fondo basado en las realidades americanas de cada época. Además, ambos conceptos parecen demasiado estáticos como para responder o poder adaptarse a la evolución de la realidad, en permanente cambio tanto en América como en la península durante los tres siglos del dominio de la corona de Castilla —más tarde de España— en América. Finalmente, hay que comprobar que el concepto de Imperio español en América tampoco responde a las complejas realidades de los procesos históricos en ambos lados del Atlántico, ya que en él predomina la perspectiva metropolitana. A lo mucho podrían caracterizarse los procesos aludidos calificándolos de "auge" o "debilitamiento", incluso hasta de "decadencia" o en términos similares, con lo cual se esconderían o se subvalorizarían los procesos de creación de nuevas entidades e identidades históricas en el suelo americano. Estas entidades —o identidades— cobran a lo largo de la época moderna tanta fuerza que logran primero un nivel considerable de autonomía y finalmente sobrepasan en importancia a las fuerzas de la metrópoli y de sus representantes en América al producirse la emancipación y constitución de Estados independientes.

Ya no hay duda de que, desde una perspectiva de historia de las estructuras, hay que buscar en la época colonial los antecedentes de la independencia y de la constitución efectiva de los Estados independientes latinoamericanos. De modo que los viejos debates latinoamericanos sobre causas y antecedentes de la emancipación en la época colonial, que ya desde los años treinta del siglo xx pretendían encontrar en cualquier rebelión un antecedente de la emancipación, y que fueron en gran parte rechazados por la historiografía no nacionalista, cobran ahora nuevo sentido a la luz de las estructuras económico-sociales que se están perfilando y cuyas transformaciones a lo largo de la época colonial se dibujan de manera cada vez más precisa.[9] Finalmente, la línea de investi-

[9] *La Colección Documental del Bicentenario de la Revolución Emancipadora de Túpac Amaru* (5 vols., Lima, 1980-1982), insiste todavía en la vieja tradición latinoamericana de referirse a rebeliones coloniales como antecedentes de la emancipación estatal. La bibliografía sobre las variantes estructurales del Imperio español en América es muy abundante. La perspectiva se refleja ya bastante bien en los volúmenes correspondientes de la *Cambridge History of Latin America,* especialmente en el vol. 2, Cambridge,

gación que se había ocupado de analizar la conciencia criolla destacó con bastante claridad el surgimiento de una identidad de este tipo, que en algunos casos se identifica vagamente como "americana" en general y en otros casos de modo más concreto, especialmente en las regiones donde dicha búsqueda de identidad podía recurrir de alguna manera al pasado de las grandes culturas indígenas prehispánicas, como en México y en Perú. Y es más: frente al antiguo concepto formalista de que el criollo es un español nacido en América, surgió una definición que vinculaba más concretamente a lo criollo con las estructuras económicas y sociales, y que caracterizaba como criollos a las personas que tenían la base económico-social de su vida en una de las muchas regiones de América y que pertenecían, al mismo tiempo, al grupo de los oligarcas de su ámbito regional.[10]

¿Qué significa todo esto para la historia del desarrollo estatal? A nuestro modo de ver, se impone ante todo una conclusión metodológica: el proceso histórico del Estado en Hispanoamérica debe enfocarse desde una perspectiva doble: la metropolitana y la propiamente hispanoamericana. La primera se caracteriza por todo un conjunto de transferencias a América de instituciones y contenidos político-mentales que se arraigan en este continente. Por otro lado, la perspectiva hispanoamericana se caracteriza por un escaso grado de institucionalización —como se tratará de desarrollar después— al principio, pero más que nada por el aporte que supone la creación de estructuras socioeconómicas, de

1984, a pesar de su enfoque generalizador. De forma más sucinta resume este fenómeno Marcello Carmagnani en su colaboración en el volumen 1 del *Handbuch der Geschichte Lateinamerikas,* Stuttgart (en prensa, publicación en 1994).

[10] *Cf.* André Saint-Lu, *Condition coloniale et conscience créole au Guatemala,* París, 1970; Saint-Lu fue, en cierto modo, pionero de los estudios sobre el criollismo. Bernard Lavallé, *Recherches sur l'apparition de la conscience créole dans la vice-royauté du Pérou: l'antagonisme hispano-créole dans les ordres religieux (XVIe- XVIIe siècle),* 2 vols., Lille, 1982, y *Las promesas ambiguas. Ensayos sobre el criollismo colonial en los Andes,* Lima, 1993. Véase también David A. Brading, *The First America. The Spanish Monarchy, Créole, Patriots and the Liberal State, 1492-1867,* Cambridge University Press, Cambridge, 1985 (edición castellana: *Orbe indiano. De la monarquía católica a la República criolla, 1492-1867,* FCE, México, 1993). Para el caso de México es forzoso referirse a otro gran predecesor, Jacques Lafaye, *Quetzalcóatl et Guadalupe. La formation de la conscience nationale au Mexique, 1531-1813,* París, 1974 (edición castellana: *Quetzalcóatl y Guadalupe. La formación de la conciencia nacional en México,* FCE, México, 1977). Desde la perspectiva de la historia del nacionalismo, la fácil equiparación entre criollismo-conciencia nacional-nacionalismo, desplegada en estos estudios, me parece, sin embargo, problemática. En Europa se considera que la portadora de esa conciencia es la clase burguesa; lo que parece difícil es equiparar a los criollos americanos con los burgueses europeos. Jochen Meissner, *Eine Elite im Umbruch. Der Stadtrat von Mexiko zwischen kolonialer Ordnung und unabhägigem Staat,* Stuttgart, 1993, analiza el debate sobre "raza", "clase" y estratificación social con referencia al México colonial tardío y lo compara con los debates europeos, alemanes en particular, sobre el mismo tema.

identidades e idiosincrasias americanas y regionales. Durante bastante tiempo ambas esferas coexistieron con relativa separación o, quizá mejor, como una superposición de las estructuras imperiales sobre las americanas, regionales y locales. En el siglo XVII se produce una compenetración de ambas esferas con el acercamiento de la burocracia imperial a las realidades socioeconómicas americanas y con la mayor infiltración de la sociedad criolla en las estructuras burocráticas imperiales y la gestión de sus propios intereses a través de la misma burocracia imperial.

A partir de entonces se inicia un proceso que le permite a la sociedad criolla servirse de, al menos, una porción de la estructura burocrática imperial para sus intereses propios. Se podría afirmar que desde entonces las sociedades coloniales lograron un mayor acceso a las instituciones administrativas que detentaban el monopolio de la transformación de intereses en política y en normas legales. Empieza, pues, una fase de relativa autonomía para las sociedades criollas, una autonomía que funciona en gran parte con maniobras que la legislación metropolitana prohibía, como, por ejemplo, la interpretación laxa de la legislación metropolitana para adaptarla a situaciones e intereses locales o regionales, e incluso directamente el soborno y el cohecho de individuos o grupos de la burocracia imperial. Parece que desde ese momento empieza la formación de un proceso que le facilita a la población encuadrada en las estructuras socioeconómicas regionales una articulación política más o menos colectiva, hecho que podría concebirse también como el comienzo de la formación de entidades protoestatales en Hispanoamérica por debajo de una estructura imperial que se va debilitando más y más conforme avanza el proceso.

Dicha interpretación presenta, sin embargo, un grave obstáculo: la falta de homogeneidad de las sociedades criollas incluso en el nivel regional. La historia social del último decenio hizo muy patente que las sociedades criollas estaban en continua transformación a causa de elementos sociales nuevos que accedían a ellas, mientras que otros descendían económica y socialmente. Por añadidura, tales sociedades están compuestas de múltiples grupos de poder, organizados vertical y horizontalmente con estructuras de clientelismo, parentesco y compadrazgo. Estos grupos rivalizan unos con otros, y desmienten así en muchas ocasiones la supuesta solidaridad criolla.[11] Además hay indicios de que también

[11] Sobre los grupos de poder existe una bibliografía abundante: Thomas Calvo, *Círculos de poder en la Guadalajara del siglo XVIII y la Nueva Galicia en los siglos XVI y XVII*, México, 1989; Susan E. Ramírez, *Land Tenure and the Economics of Power in Colonial Peru*, Albuquerque, Nuevo México, 1986; Bernard Lavallé, *Le Marquis et le Marchand.*

entre mestizos y castas y entre los indios se producen procesos de concientización y de solidarización que hacen aparecer todavía más fraccionadas a las sociedades criollas.[12]

Estos resultados de la historia social reciente complican bastante el panorama, ya que así sólo quedan como contrapartida de las estructuras burocráticas imperiales las estructuras sociales y económicas definidas a base de generalizaciones de medio alcance. Habría que definir primero hasta dónde existió realmente una solidaridad por encima de los intereses de grupo —más allá de las facciones, partidos y grupos de parentesco o de clientela, que competían entre sí— y, si acaso desde cuándo ésta llegó a ser efectiva en la esfera política frente a las estructuras imperiales, como sugieren los estudios sobre el criollismo. Por encima de esto convendría insistir también en el tema de la conciencia y solidaridad de los otros grupos sociales, como indios y castas, por ejemplo. En este campo, seguramente la historia de las mentalidades podrá contribuir aun bastante a aclarar las relaciones coloniales cuando vaya acercándose de modo más sistemático a las mentalidades de los diferentes grupos sociales. Lo cierto parece ser, en todo caso, que en la segunda mitad del siglo XVIII parecen convivir en Hispanoamérica mentalidades distintas, como por ejemplo una criolla oligárquico-estamental, otra mentalidad más bien criolla-competitiva compartida por grupos sociales en ascenso —y a veces de composición racial mixta— y otra mentalidad más de afirmación indígena, la cual se ve reflejada en numerosos documentos en los cuales los indios afirman que son *"indios puros, hijos de otros tales"*.[13]

Les luttes de pouvoir au Cuzco (1700-1730), París, 1987. El autor tiende, no obstante, a presentar su caso como ejemplo del antagonismo criollo-peninsular, aunque, según su propia definición, el mercader es también un criollo, un criollo de nueva "estirpe". Convendría, pues, presentar el caso como el de la lucha por un ascenso social frente a intereses oligárquicos ya establecidos: ¿problema de mentalidad social o problema de origen geográfico? Nos ceñimos a mencionar los ejemplos antes mencionados entre la multitud de estudios acerca del fenómeno de las luchas de grupos de poder.

[12] Para el caso de los indios, *cf.* Marcello Carmagnani, *El regreso de los dioses. El proceso de reconstitución de la identidad étnica en Oaxaca. Siglos XVIII y XIX,* México, 1988. Menos claro es el caso de las castas —los grupos con mezcla de sangre—, pero hay indicios de que se sirven, según la oportunidad, de sistemas de valores diferentes para intentar mejorar su posición social; *cf.* el caso referido en el real de minas de Zimapán, a fines del siglo XVIII, en Horst Pietschmann, *Estado colonial y mentalidad social: el ejercicio del poder frente a distintos sistemas de valores, siglo XVIII,* en Antonio Annino, Marcello Carmagnani... (comps.), *America Latina, Dallo Stato Coloniale allo Stato Nazione,* vol. 2, pp. 427-447.

[13] La afirmación de ser "indio puro, hijo de otro tal" se encuentra, con ligeras variantes, en representaciones de indios novohispanos a las autoridades administrativas. Habría, sin embargo, que rastrear si ese tipo de afirmación étnica proviene de indios de comunidad, nobles o no nobles, o de indios integrados a la sociedad colonial urbana y

En todo caso, lo cierto parece ser que la época en que todos estos procesos se incubaron es el siglo XVII o, más concretamente, los años entre el comienzo del reinado de Felipe IV y el final del reinado de Carlos II. En este lapso se pueden observar, por un lado, un cambio en la política de la corona y, por otro, las primeras manifestaciones, bastante bien definidas, del espíritu criollo, la aparición de estructuras socioeconómicas coloniales consolidadas y el inicio no sólo de la recuperación demográfica indígena, sino también de su reafirmación étnica.

En suma, todos los procesos que, de un modo u otro, hay que tener en cuenta al analizar el desarrollo de la formación estatal sobre la base de una mayor compenetración entre estructuras y procesos coloniales y de las superestructuras imperiales que se inician en aquella época. Por otra parte, hay que afirmar que, a pesar de todos los progresos de la investigación histórica de los últimos tiempos, el siglo XVII hispanoamericano se resiente todavía del largo olvido al que fue relegado por los historiadores. A pesar del inicio de una corriente historiográfica dedicada al siglo XVII desde los años setenta y robustecida después durante los ochenta, la masa de la producción historiográfica sobre la Hispanoamérica colonial todavía está centrada en el siglo XVI y la segunda mitad del siglo XVIII. Es forzoso concluir que la época que al parecer representa el inicio del auge y de la afirmación de lo propiamente hispanoamericano y, al mismo tiempo, el inicio del declive de las estructuras imperiales, es todavía la menos conocida, al menos relativamente, de todo el periodo colonial hispanoamericano. Esto dificulta enormemente la po-

criolla. Parece que, en este contexto, existió toda una variedad de mentalidades y afirmaciones distintas. Así, por ejemplo, en el Archivo General de Indias (AGE), Audiencia de México, legajo 685, se encuentra un expediente sobre las monjas del convento de Santa Clara para indias nobles, en el cual se discute, entre otras cosas, la religiosidad y la capacidad intelectual de las monjas indias. En el expediente se encuentran varios expedientes de indios que se califican como miembros de la "nobleza de esta nación mexicana", y que reclaman, no sólo ya en la primera mitad del siglo XVIII, para sí el *status* de nobles, sino también el de ser representantes de la "nación mexicana", cuando ya entre los criollos también existe una conciencia diferente de "nación mexicana". En la representación de dos frailes franciscanos y de la monja fundadora del convento, sor María Teresa de San Joseph, se lee como rechazo a los detractores del convento entre otras cosas: "[...] que dichos curas hablarán de las Indias Agrestes, montarazes y que no están criadas en lugares políticos; nosotros hablamos de Indias Religiosas a quien dio Dios N. S. la vocación de Religión, criadas entre españoles y tan limadas, que aun en el idioma castellano no se rozan y comunican su interior en el Confesonario como la más discreta española. Sucede, Señor, en esta Nación lo que en todas se experimenta, que según el mayor o menor cultivo y trato con gente limada en lo racional, se adelantan en la discreción más o menos, y en este punto sólo decimos que con sola una hora de trato de dichas Religiosas experimenta el menos cuerdo su discreción y racionalidad junta con la edificación y honestidad religiosas que le será notoria por vista y oydo". Faltan, desde luego, estudios que analicen el significado del término "nación", que aparece con frecuencia en textos coetáneos.

sibilidad de calibrar muchos de los fenómenos que hemos considerado esenciales para el proceso de formación de las estructuras estatales en Hispanoamérica.

Por otra parte, también es necesario señalar que el trasfondo metropolitano que vino a influir en la articulación de la política y la legislación metropolitana hacia América es bastante poco conocido. La historia institucional y política que se ocupa de América parte todavía de una continuidad con el siglo XVI que parece responder poco a la realidad. Así, por ejemplo, es obvio que, en lo que concierne a la política fiscal, a las proyecciones de conceptos sociales hacia América y a la aplicación y puesta en marcha de la política, existen innovaciones que han sido poco estudiadas o, peor, incluso negadas por una parte de la historiografía, que niega la importancia, por ejemplo, de la historia de las ideas. De este modo, se rechazan a veces factores nuevos como el absolutismo que, si bien es cierto que su impacto debe ser relativizado, sí modificó los principios básicos de la manera de gobernar y que incluso proyectó un modelo diferente de sociedad en sus normas político-legales.

No hay, por ejemplo, estudios sistemáticos sobre la política social y económica de la corona con respecto a América, a pesar de que hay indicios de que hasta hubo intentos de orientar la economía colonial de acuerdo con los principios de complementariedad, mediante el cual se fomentaban determinados productos para unas regiones y se prohibían para otras.[14] Con respecto a la política social, por otra parte, nadie se ha preocupado de analizar el trasfondo de los enormes esfuerzos que se emprendieron desde las dos últimas décadas del reinado de Felipe II hasta el final del reinado de Felipe III para organizar a lo largo del Imperio gremios de artesanos. Los autores que tratan de estos temas generales recurren a textos legales como el Cedulario de Encinas, la Recopilación o la gran obra de Solórzano Pereira,[15] sin tener en cuenta que estas obras reflejan los principios básicos de gobierno de determinados momentos y que la política sobre determinados asuntos sólo puede captarse en el aluvión regular de cédulas reales, provisiones y pragmáticas para las distintas regiones americanas. Por lo que respecta al go-

[14] Véase Fernando B. Sandoval, *La industria del azúcar en Nueva España,* México, 1951. El autor afirma que, en época de Felipe II, la Corona trató de cortar la producción azucarera para fomentar, en cambio, la de las islas del Caribe, Cuba y La Española en particular, por carecer éstas de otros recursos económicos.

[15] Diego de Encinas, *Cedulario indiano,* 4 vols., Madrid, 1945-1946 (primera impresión, Madrid, 1956); *Recopilación de leyes de los reynos de las Indias,* 3 vols., Madrid, 1943 (primera impresión, Madrid, 1680); Juan de Solórzano Pereira, *Política Indiana,* 4 vols., Madrid, 1972 (primera impresión, Madrid, 1629). Solórzano era del Consejo de Indias después de servir en varios cargos en América. Su obra se considera como la fijación de invariables del gobierno que orientó la política metropolitana.

bierno, por ejemplo, nadie apenas se ha fijado en el incremento importante de funciones comisariales que se puede observar a lo largo del siglo XVII, es decir, el ejercicio del poder mediante funcionarios no permanentes a quienes se les encarga el arreglo de determinados asuntos más allá del funcionamiento rutinario de las instituciones clásicas.[16]

Los cambios profundos que en tantos sectores del gobierno y de la vida económica y social puso de relieve José Antonio Maravall en su gran libro sobre la España entre los siglos XV y XVII[17] no han encontrado todavía al historiador que analice esa temática en la América española de los siglos XVI y XVII. Por raro que parezca, hay que concluir que la política que España llevó a cabo con respecto a América es más desconocida en sus detalles que los procesos históricos en América misma, a pesar de que hay indicios claros que señalan que esta política no se ciñó sólo a procurar el aumento de las rentas reales o de la producción de plata y a robustecer de tiempo en tiempo el control real sobre el conjunto americano. Tal imagen es más bien la consecuencia de una historiografía reduccionista que, o no conoce, o no tiene en cuenta el amplio trasfondo de la historia europea que influyó en esta política americana.

El único historiador que de forma sistemática estudió dicha política en los años de la posguerra fue Richard Konetzke,[18] a cuyos trabajos todavía se recurre cuando se trata de "política americana" sin tener en cuenta que los conocimientos de la historiografía sobre la Europa e incluso la España de aquella época han aumentado considerablemente y que ya sería hora de revisar la política metropolitana hacia América a la luz de los nuevos conocimientos. De modo que tenemos que partir de una situación en la cual sabemos mucho sobre los cambios estructura-

[16] Horst Pietschmann, "Antecedentes españoles e hispanoamericanos de las Intendencias", en *Memorias del Cuarto Congreso Venezolano de Historia,* 27 de octubre-1° de noviembre de 1980, 3 vols., Caracas, 1983, vol. 2, pp. 431-481, donde se intentó una aproximación general al tema. Muchas de las comisiones individuales se han estudiado en los distintos congresos de historia del derecho indiano, *cf.* Alberto de la Hera, Ana María Barrero, Rosa María Martínez de Codes, *La historia del derecho indiano. Aportaciones del Instituto Internacional de Historia del Derecho Indiano a la bibliografía jurídica americanista,* Madrid, 1989, donde se recogen las aportaciones a los ocho primeros congresos.

[17] José Antonio Maravall, *Estado moderno y mentalidad social. Siglos XV a XVII,* 2 vols., Madrid, 1972.

[18] Richard Konetzke, *Colección de documentos para la historia de la formación social de Hispanoamérica, 1493-1810,* 3 vols. en 5 tomos, Madrid, 1953-1962; el mismo, "Süd und Mittelamerika I. Die Indianerkulturen Altamerikas und die spanisch-portugiesche Kolonialherrschaft", *Fischer Welteschichte,* vol. 22, Frankfurt, 1965 (edición castellana: *América Latina II. La época colonial. Historia universal,* Siglo XXI, Madrid, 1971); *Lateinamerika. Entdeckung, Eroberung, Kolonisation, Gesammelte Aufsätze von Richard Konetzke,* editados por Günter Kahle y Horst Pietschmann, Colonia-Viena, 1983 (esta colección incluye los artículos más importantes de Konetzke, de los cuales la mayoría están escritos en castellano).

les en América a lo largo de la época colonial, mientras que la política imperial se presenta todavía de forma casi estática. Ésta habría sido concebida en época de Carlos V y continuada con ligeros cambios a lo largo de la época de los Habsburgos, para ser después sustituida por una política más mercantilista por los primeros Borbones y, más tarde, por la "revolución en el gobierno"[19] producida por el reformismo de Carlos III y de Carlos IV.

Por todo lo que se sabe de la historia política europea de aquellos siglos, tal visión de Hispanoamérica parece simplemente absurda y ahistórica. Un buen análisis de la política metropolitana hacia América en Europa tendría que partir de nuevo del Consejo de Indias, como hace tantos años lo hizo, con un enfoque más bien institucional, Ernesto Schäfer.[20] Y habría que estudiar de forma sistemática lo que desde ahí se proyectaba hacia el conjunto de los reinos y provincias en América, teniendo en cuenta las particularidades básicas de cada región en sus estructuras económico-sociales. A pesar de que se ha insistido tantas veces en la carencia de información del Consejo de Indias sobre la realidad americana, creemos que dicho organismo conocía las diferencias regionales, la composición demográfica y social y las estructuras económicas bastante mejor de lo que se supone y que las habría tenido bien en cuenta.

Los orígenes de los futuros Estados

Aparte de las flaquezas y déficits del estado de la investigación, se plantea el problema conceptual. Ya hemos dicho que el uso del término *Imperio español en América* nos parece poco adecuado, pues, en el fondo, sólo permite caracterizar los procesos históricos a través del tiempo con calificativos como *auge, estancamiento* y *declive,* lo que encubre el surgimiento de entidades históricas nuevas en América. Este concepto

[19] Este término lo introdujo David Brading, *Miners and Merchants,* refiriéndose a la introducción del sistema de intendencias y demás reformas introducidas por José Gálvez en Nueva España. Consideramos que las reformas fueron más que una revolución del sistema de gobierno, ya que, según la formulación más restringida o más amplia, las reformas no sólo significaron un ataque al poder criollo, sino un ataque a los grupos oligárquicos en general y, en especial, contra las corporaciones o instituciones jurídicas que habían permitido la consolidación del poder de las oligarquías.

[20] Ernesto Schäfer, *El Consejo Real y Supremo de las Indias. Su historia, organización y labor administrativa hasta la terminación de la Casa de Austria,* 2 vols., Sevilla, 1935-1947. El volumen editado por Demetrio Ramos *et al., El Consejo de las Indias en el siglo XVI* (Valladolid, 1970), amplía la visión previa de Schäfer, aunque tampoco analice, de manera sistemática, la política económica, social, etc., que este organismo articuló, ciñéndose sus análisis a aspectos parciales: medidas frente a determinados problemas, grupos sociales, etcétera.

tiene sentido únicamente desde la perspectiva de la historia de España, pero no tiene ninguno desde la perspectiva americana, desde la cual el planteamiento del historiador es, al fin y al cabo, el de entender cómo surgió la América Latina moderna con su sistema de Estados actuales, sus estructuras sociales, económicas y políticas tal y como éstas se presentan en toda su complejidad desde el siglo XIX. Como historiador hay que rechazar la idea de que los Estados actuales surgieron del antiguo imperio español a lo largo de las guerras de independencia en un proceso complicado y penoso, por intervención de una especie de *deus ex machina*. Por el contrario, podemos afirmar que estos futuros Estados se estaban incubando y perfilando ya mucho antes, mediante procesos históricos complejos de los cuales resultó que, en el territorio de las futuras nuevas naciones, surgieron fuerzas lo suficientemente fuertes y coherentes como para que finalmente acabaran por constituirse en tal o cual país independiente.

Es evidente que estas fuerzas no surgieron de manera autónoma, sino en interacción permanente con las estructuras administrativas imperiales, puesto que todos los nuevos Estados se constituyen en el marco de divisiones administrativas coloniales, aunque después aparecen muchos pleitos fronterizos que, en gran parte, se deben a la imprecisión de las fronteras de las entidades administrativas coloniales. El mismo concepto de demarcación administrativa forma parte del proceso de prefiguración de los posteriores Estados independientes y ha sido estudiado hasta ahora sólo de manera muy parcial. Con todo hay Estados independientes que se forman con base en simples "gobernaciones" coloniales, como Uruguay, Paraguay y la mayor parte de los Estados centroamericanos. Otros se constituyen tomando como base distritos de "audiencias" como Chile, Bolivia, Ecuador y Venezuela y, otros, finalmente, a partir de "virreinatos", como México, Colombia, Perú y Argentina, surgiendo, claro está, de virreinatos de los cuales ya se habían desglosado los territorios mencionados.

Hay que partir entonces del supuesto de que cada uno de los nuevos Estados independientes tenía la cohesión suficiente para controlar más o menos desde su centro administrativo el territorio sobre el cual se constituyó. Esto significa, por un lado, que la mayor parte de los virreinatos no tenían la autoridad suficiente en toda su extensión territorial como para aglutinar de forma duradera determinados territorios y, viceversa, que algunas entidades administrativas tenían tanta cohesión e identidad que lograban emanciparse de sus instancias administrativas superiores en América. Es evidente que en la constitución de estas identidades influyeron de manera decisiva las estructuras sociales, pero también es cierto que tales estructuras se cohesionaban en torno a determinadas entidades administrativas. Esto significa que la capacidad aglutinadora de las instituciones era mucho más grande de lo que algunos sectores de la historiografía económica y social suelen admitir.

Partiendo de tales consideraciones nos parece que el término *formación protoestatal* es, al menos de momento y a falta de un concepto más adecuado, el más apropiado para caracterizar este proceso de interacción entre las fuerzas económico-sociales y las estructuras burocráticas imperiales que desembocó finalmente en la constitución de Estados independientes. Dicha interacción se da, por supuesto, en toda la época colonial, pero es en el siglo XVII cuando, aparte de ciertas entidades caracterizadas por determinadas estructuras económico-sociales, empieza a captarse claramente una conciencia de grupo en las principales manifestaciones del espíritu criollo, lo que da una nueva calidad al complejo socioeconómico estructural, un espíritu de cohesión y de vinculación a un territorio delimitado por ciertas circunscripciones territoriales administrativas. De ahí que la aplicación del concepto "formaciones protoestatales" cobre sentido más o menos desde el último tercio del siglo XVII, al menos para las regiones centrales del Imperio español americano, o sea la Nueva España propiamente dicha y el complejo Perú y Alto Perú. Para otras regiones probablemente habría que modificar la periodización.

Ya en el siglo XVII es posible precisar con bastante claridad las regiones o jurisdicciones con muchas características estructurales propias y al mismo tiempo con un alto grado de autonomía administrativa dentro del montaje institucional imperial. Así, por ejemplo, Chile y Paraguay, Quito, Nueva Granada, Venezuela, las presidencias y capitanías generales de Guatemala, Cuba y Panamá se articulan bastante claramente, tanto en el nivel socioeconómico como en cuanto a cierta autonomía política. En otras áreas se perciben por entonces fuertes rivalidades entre zonas estrechamente unidas política y administrativamente —pero con perfiles estructurales propios— como es el caso del conjunto Perú y Alto Perú, de México/Nueva España y del área controlada por la audiencia de Guadalajara, por un lado, y Yucatán, por el otro. La frecuente competencia entre las autoridades de una región y de otra en ambos complejos virreinales atestigua la situación muy claramente en lo relativo a asuntos de gobierno.

Y lo que quizá apoye con más fuerza esta teoría es el simple hecho de que en el siglo XVII surge el concepto de "superior gobierno" frente al gobierno simple. Este término, que no aparece en la legislación hasta finales del siglo XVIII y que en la historiografía no ha sido estudiado de manera coherente, es un claro testimonio de que el montaje institucional, creado en el siglo XVI, es puesto en tela de juicio por la simple dinámica de los procesos históricos. Todo ello contribuía a que, en determinadas regiones y jerarquías de la pirámide institucional, se concentrara un poder superior al legalmente vigente.

En este contexto hay que afirmar que el menosprecio que gran parte de la historiografía ha mostrado durante mucho tiempo hacia los conflictos de competencia entre jerarquías burocráticas ha sido un grave error. En cuanto se conocen mejor los mecanismos de funcionamiento de los grupos de poder y sus intentos de influir en la burocracia para lograr decisiones burocráticas o legales en su favor, resulta evidente que estos pleitos de competencia no eran sólo originados por el capricho de funcionarios demasiado apegados a promover su propia posición social, sino que en muchos casos se trataba de luchas de poder en el seno de la misma burocracia, conclusión que, dicho sea de paso, salta a la vista si uno se molesta en leer la documentación, a veces enorme.

Los historiadores de las instituciones no se ocuparon de esta problemática durante mucho tiempo y, si no fuera por historiadores que provenían más bien de la historia social, el problema no se habría abordado.[21] El significado político de este fenómeno se ha analizado, sin embargo, poco hasta el momento. Con respecto al término de *superior gobierno,* en todo caso, se puede observar que las facultades que se derivan de él son, a partir del siglo XVII, disputadas con mucha frecuencia a los virreyes por parte de los presidentes de audiencias, que son al mismo tiempo capitanes generales y gobernadores de una circunscripción determinada, y hasta por simples capitanes generales y gobernadores. En algunos casos los virreyes lograban imponerse; en otros no. Son este tipo de pleitos los que determinan el mayor o menor grado de autonomía administrativa y política de unas u otras regiones. Hasta la fecha se sabe muy poco de los criterios según los cuales falló la corona en última instancia en tales casos, a pesar de tratarse de un problema de importancia política primordial. Es con base en tales conflictos que hemos ido delineando el esquema antes expuesto de entidades administrativas con mayor o menor grado de autonomía o de entidades en conflicto. Sin

[21] No hay estudios, que nosotros sepamos, sobre el origen del concepto "superior gobierno". Lo hemos discutido en el contexto de las reformas borbónicas en nuestro libro sobre las intendencias (citado en la nota 5). Ya en 1628 alude el marqués de Guadalcázar, virrey del Perú, a los dos tipos de gobierno que le incumben, al decir que en una región determinada ejerce el virrey el "gobierno universal", mientras que un territorio mucho más extenso le es asignada la "superintendencia". Con este segundo término no se refiere, aparentemente, a un cargo determinado, sino a una especie de superioridad poco definida. *Cf.* Horst Pietschmann, "Antecedentes", *cit.* en la nota 16. El significado de los pleitos de competencias aparece de forma indirecta en muchos de los estudios sobre los grupos de poder; *cf.,* por ejemplo, la bibliografía citada en la nota 11.

embargo, las limitaciones de tiempo y de espacio en un estudio como éste impiden desarrollar y documentar con detalle las afirmaciones expuestas. Sería ello tema para todo un libro.

En este contexto es preciso señalar también que la Corona influyó, ya desde el principio de la creación del aparato burocrático imperial, en el proceso de mayor o menor acumulación de poderes administrativos con base, obviamente, en las realidades encontradas en América. Dotó a algunas regiones de un simple gobernador y a otras de un gobernador y capitán general. Áreas más importantes todavía fueron dotadas de una audiencia con un presidente, que al mismo tiempo detentaba los cargos de gobernador y capitán general, e instituyó finalmente los virreinatos en México y en Lima (más adelante se explicará el contenido de cada uno de estos cargos y la diferencia entre su sentido legal y político).

En todo caso, conviene insistir en que la forma de acumulación de los cargos en manos de un funcionario era expresión del afán de inaugurar una jerarquía administrativa con clara división de facultades y competencias según los distintos niveles regionales, puesto que sólo en casos muy contados el ámbito territorial de jurisdicción y mando que correspondía a cada uno de estos cargos era el mismo. El área de influencia de un virrey como tal era mucho más extendida que las funciones que él ejercía como presidente de una audiencia. Con este cargo, el mismo virrey mandaba en un territorio más extenso que en su función de capitán general y sólo su autoridad de gobernador era igual en extensión a la que tenía como capitán general. Este mecanismo legal resultó poco adecuado en la práctica y originó en gran parte la introducción paulatina del concepto de "superior gobierno".

Si a pesar de esas limitaciones de la autoridad ejercida en razón de cada cargo surgen en el siglo XVII y XVIII, en algunas áreas, disputas por el "superior gobierno", ello es buena prueba de que el mecanismo de acumulación de cargos ya no bastaba para definir el ámbito de mando; quiere decir también que ciertos factores externos al ordenamiento jurídico de esta jerarquía imperial cobraban cada vez más fuerza e influían más en la autoridad real que lo que cualquiera de las jerarquías administrativas ejercía o, al menos, aspiraba a ejercer. Factores como la distancia, la densidad demográfica, el peso económico o la amenaza militar exterior o interior (por ejemplo la de los indios aún no integrados al sistema colonial) influían, al parecer, de forma cada vez más rigurosa en este proceso de redefinición de poderes políticos y administrativos en la historia colonial. El fenómeno político de los cambios en el ejercicio del poder efectivo sobre determinados espacios ha sido muy poco estudiado de manera sistemática, a no ser en estudios jurídico-políticos acerca de una determinada gobernación, capitanía general, etcétera.

Tampoco hay investigaciones sistemáticas sobre la actividad legisladora de la Corona para redefinir el *status* administrativo del espacio americano, cuando asignaba un *status* jerárquico diferente a una misma circunscripción territorial al ascenderla, por ejemplo, de gobernación a gobernación y capitanía general o cuando rebajaba a una entidad como esta última a ser una simple gobernación. Sólo el proceso de creación de nuevos virreinatos o audiencias durante el siglo XVIII se ha estudiado con interés en la historiografía del siglo XX. Sólo existen estudios histórico-geográficos a fondo para el caso de la Nueva España gracias al esfuerzo sistemático y prolongado de Peter Gerhard.[22] Para las otras regiones del imperio español en América es preciso recurrir a un sinnúmero de estudios individuales, frecuentemente sobre otros temas, para poder rastrear la información pertinente.[23] Por esta razón no se dispone aún de un atlas histórico de la Hispanoamérica colonial que merezca tal nombre y por ello es sumamente difícil todavía hacer visible y comprensible el proceso que hemos denominado formación de protoestados a partir del siglo XVII. Nos interesa insistir en este punto de vista, pues, en líneas generales, la investigación de los últimos años se está concentrando más bien en entidades regionales precisas, y se ha profundizado mucho en el conocimiento de éstas, pero frecuentemente se ha olvidado la visión de conjunto del amplio espacio colonial hispanoamericano.[24]

[22] *Cf.* Peter Gerhard, *Geografía histórica de la Nueva España, 1519-1821,* México, 1986, y también sus dos libros posteriores sobre el distrito de la audiencia de Guadalajara y la zona de Tabasco, Campeche y Yucatán.

[23] En estudios sobre gobernaciones individuales, obispados determinados y la administración de rentas reales se encuentran a menudo datos de índole histórico-geográfica. La amplia bibliografía sobre pleitos fronterizos en el siglo XIX incluye también documentación e información sobre estos aspectos. Los intentos de construcción de atlas histórico-geográficos suelen, no obstante, encerrar muchos defectos, u omiten entrar en detalles. *Cf.* Cathryn L. Lombardi, John V. Lombardi, *Latin American History. A Teaching Atlas,* Madison, 1983; Francisco Morales Padrón, *Atlas histórico cultural de América,* 2 vols., Las Palmas de Gran Canaria, 1988; Enrique Florescano (coord.), *Atlas histórico de México,* 1983. Con frecuencia se encuentra en la bibliografía la distinción entre provincias mayores y menores, pero, generalmente, quedan muy vagos los criterios que se utilizan para distinguir unas de otras y, frecuentemente, no corresponden a jurisdicciones administrativas concretas. También la tendencia a buscar el origen de estas provincias en el proceso de la conquista parece discutible, puesto que hay fuertes indicios que indican que se respetaban mucho más de lo que se pensaba las divisiones indígenas prehispánicas, *cf.* Günter Vollmer, "Mexikanische Regionalbezeichnungen", en 16 Jahrhundert, en *Jahrbuch... lateinamerikas,* vol. 9 (1972), pp. 40-101.

[24] Esta visión está facilitada ahora, por lo que respecta a las comunicaciones, por el libro de Ramón Serrera, *Tráfico terrestre y red vial en las Indias españolas,* Madrid, 1992.

Burocracia imperial y sociedad criolla

Para entender y calibrar este proceso de interacción entre las sociedades coloniales y la estructura burocrática imperial que montaron los dos Austrias mayores, es preciso señalar que, con excepción de la rebelión de Gonzalo Pizarro en el Perú de los años cuarenta del siglo XVI, esta jerarquía burocrática imperial nunca se puso en duda de forma radical en América. Había protestas sin fin contra medidas concretas dictadas por dicha jerarquía, había oposición a determinados funcionarios y había hasta tumultos y rebeliones locales o regionales contra ella, pero la organización como tal no se cuestionó jamás. La causa de esta lealtad parece ser doble: por un lado, los primeros descubridores y conquistadores estaban acostumbrados a este nuevo estilo de gobierno con una burocracia extremadamente especializada y, en segundo lugar, la lealtad hacia la persona del rey, del cual, al fin y al cabo, emanaba este aparato burocrático —contra el cual siempre se podía recurrir directamente a la persona del monarca— garantizaban la aceptación de éste y su reconocimiento como vía principal mediante la cual se solucionaban conflictos y se obtenían favores y gracias reales.

La historiografía ha insistido mucho en el conflicto entre criollos y peninsulares por la ocupación de cargos en la jerarquía burocrática imperial.[25] Este mismo conflicto es buena prueba de que la vía burocrática para acceder al rey, para solucionar conflictos y para lograr decisiones legales favorables a los intereses propios, era plenamente aceptada. Con todo, no hay que exagerar el conflicto. En la jerarquía burocrática estaban siempre presentes los criollos en todos los niveles, aunque fuera en posiciones subalternas, como secretarios de oficina, escribanos, abogados y relatores de audiencia, porteros, etc., de modo que la jerarquía burocrática imperial siempre estaba arraigada de alguna manera en la sociedad criolla. Por otra parte, no hay que fiarse demasiado del

[25] *Cf.* Mark A. Burkholder y D. S. Chandler, *De la impotencia a la autoridad. La corona española y las audiencias en América, 1687-1808,* México, 1984 (1ª ed. en inglés, University of Missouri Press, 1977) y otros estudios de los mismos autores sobre la misma temática: Guillermo Lohmann Villena, *Los ministros de la Audiencia de Lima en el reinado de los Borbones, 1700-1821,* Sevilla, 1974; Linda J. Arnold, *Bureaucracy and Bureaucrats in Mexico City, 1742-1835,* Tucson, 1988. En general se afirma que los Borbones trataron de frenar el poder criollo, pero, hasta la fecha, esto se ha podido probar sólo en lo que respecta a la jerarquía superior de la administración, ya que carecemos de estudios sobre lo que sucedía en otras esferas. En el nivel de los cabildos, en todo caso, la introducción de regidores honorarios con Carlos III permitió que elementos nuevos del mundo criollo tuvieran acceso a puestos directivos en los municipios. *Cf.* Jochen Meissner, Eine Elite im Umbruch, pp. 123 ss.

concepto tradicional de criollo que los caracteriza como españoles nacidos en América, concepto cuestionado ya varias veces, pero que se sigue utilizando. Más razonable parece la definición que caracteriza al criollo como persona cuyo centro de vida social y económica estaba en América. Según esta otra definición, también los funcionarios nacidos en la península, pero residentes ya mucho tiempo en América, casados aquí, a veces en cargos permanentes de la burocracia —por ejemplo como oidor de audiencia u oficial de una caja real— y sin muchas perspectivas de ascenso y traslado, pasarían por criollos. Visto así, el problema del arraigo de la burocracia imperial en la sociedad criolla cobra más claridad.

Por otra parte, es necesario considerar que en España se sabía perfectamente que un funcionario peninsular que pasaba a América no podía actuar sin vínculos ni sin cierto grado de aceptación por parte del ambiente que lo rodeaba. De modo que, con excepción de la fase inicial del establecimiento de la burocracia imperial, durante la cual se observaba una oposición manifiesta contra el sistema burocrático, éste estaba muy vinculado con la sociedad colonial.[26] Hasta los indios, después de haber aceptado la nueva forma de organización en repúblicas o comunidades, regidas de acuerdo con el sistema de gobierno municipal castellano, aceptaban la nueva jerarquía burocrática y sabían servirse de ella bastante bien en defensa de sus intereses, utilizándola al parecer hasta para desplazar a la antigua élite indígena de los puestos de mando.[27]

No hay que olvidar tampoco que esta jerarquía burocrática imperial no era tan omnipresente como pudiera parecer. Las distancias en el Imperio eran enormes y los centros administrativos relativamente pocos

[26] La vinculación se había logrado ya con el empleo, por parte de las oficinas administrativas, de muchos escribanos, puestos éstos ocupados generalmente por criollos por ser oficios vendibles y renunciables y, en consecuencia, en manos de personas radicadas en América. *Cf.* Jorge Luján Muñoz, *Los escribanos en las Indias Occidentales,* México, 1982. Hubo siempre, por lo demás, muchos criollos en cargos administrativos medianos e inferiores, en la administración de rentas y, por supuesto, en la administración municipal. Además los memoriales de pretendientes a oficios, que mencionan generalmente los servicios de sus antepasados, permiten rastrear bien claramente el cambio de peninsular a criollo en cargos militares y administrativos; *cf.,* por ejemplo, Antonio Rodríguez-Moñino, *Memoriales presentados al Real Consejo de Indias (1626-1630),* Madrid, 1953, que aparte de presentar un inventario de un fondo preciso reproduce una gran cantidad de estos memoriales, de los cuales muchos fueron presentados por personas ya arraigadas en América.

[27] *Cf.,* por ejemplo, Danièle Dehouve, *Quand les banquiers étaient des Saints. 450 ans de l'histoire économique et sociale d'une province indienne du Mexique,* París, 1990; Arij Ouveneel y Simon Miller (comps.), *The Indian Community of Colonial Mexico. Fifteen Essays on Land Tenure, Corporate Organization, Ideology and Village Politics,* Amsterdam, 1990.

y muy distantes los unos de los otros. El número de funcionarios reales bastante escaso frente a una población no muy numerosa, pero enormemente dispersa en los enormes espacios del imperio,[28] con lo cual el margen de libertad individual e incluso el de los organismos de autogobierno —los cabildos de españoles e indios— era bastante grande. Y ello a pesar de estar controlados por un representante del rey —corregidor o alcalde mayor— que por su aislamiento y lejanía de las instituciones superiores tampoco podía actuar de modo muy riguroso en los casos normales. De esta suerte, la realidad del espacio americano y de la distribución demográfica, además de las dificultades de transporte y de comunicaciones, contribuía decididamente a reducir el impacto inmediato del aparato burocrático imperial.[29]

Finalmente, los mecanismos típicos de funcionamiento de este aparato suavizaban considerablemente su propia influencia. Los mecanismos obligatorios de instruir expedientes con opiniones y testigos diversos, de pedir consulta a muchas autoridades de distintas jerarquías, de informar a los superiores, de estudiar una realidad legal frecuentemente confusa o contradictoria y, en suma, el sistema casuista predominante, —es decir el estudio de cada caso y problema en forma individual—, prolongaba muchísimo la solución de pleitos y problemas. Dicho sistema daba lugar a que las distintas jerarquías administrativas o judiciales opinaran de forma diversa, lo cual provocaba muchas interpretaciones abiertamente opuestas entre ellas y la realidad legal, y contribuía entonces a flexibilizar la rutina administrativa y a hacerla menos tajante y ejecutiva para las sociedades coloniales y sus miembros. Y casi siempre que la Corona imponía normas generales a raíz de un problema concreto, o por afán de reformar determinadas realidades que a Madrid le parecían poco adecuadas, surgían protestas que, basadas en hechos diferentes a los referidos en los textos legales provenientes de la metrópoli, clamaban por la no aplicación de las normas nuevamente impuestas. Esto, a su vez, causaba nuevas indagaciones, testimonios y pleitos, de modo que la aplicación de un mandato legal podía postergarse indefinidamente. Y, en el último de los casos, el famoso mecanismo del "obedézcase pero no se cumpla" permitía otra vez postergar la aplicación de una orden legal metropolitana.

Este sistema funcionaba con más eficacia si cabe frente a los órdenes virreinales, ya que prolongar un debate de este modo permitía en muchos casos dejar algún asunto indeciso hasta el final del mandato

[28] Nicolás Sánchez Albornoz, *La población de América Latina. Desde los tiempos precolombinos al año 2000,* Madrid, 1973 y ediciones posteriores.

[29] *Cf.* el libro de Ramón Serrera, *Tráfico terrestre.*

de la persona del virrey que había dado una orden determinada y, frecuentemente, el sucesor, asesorado por otras personas, opinaba de manera distinta.[30] Estos procedimientos se basaban en la norma generalmente aceptada de que el rey y sus representantes no podían fallar u ordenar algo sin previo conocimiento detallado del caso y sin consultar a las autoridades de cada región afectada. En esta norma, entre otras, se ha fundado el concepto ya referido del "pacto colonial". Sin embargo, tales normas valían también para la Península, formaban parte de los principios de gobierno de la época y eran, en gran medida, el soporte del reconocimiento de la autoridad neutral del rey.

De ahí que cuando, a fines del siglo XVIII, los reformadores ilustrados de la metrópoli quisieron cortar de raíz tales prácticas, alegando que la ley se aplica y después posiblemente se discute, su actitud se consideró como una forma despótica de gobierno y provocó una fuerte reacción que tendía a conseguir mayor autonomía frente al rey y a la metrópoli en cuanto tal. Una autonomía que, finalmente, se pretendía fijar legalmente, como puede observarse en muchos ejemplos de fines de la época colonial y del inicio del movimiento de las juntas, después de la abdicación forzada de Carlos IV y Fernando VII por presión de Napoleón. Con todo, no era ésta la primera oportunidad en la cual la Corona, mediante cambios en la práctica legislativa, intentaba imponer una mayor uniformidad y normatividad legal en el Imperio americano, como demuestra el ordenancismo que tanto auge cobró durante el reinado de Felipe II y en distintas épocas posteriores. Dicho ordenancismo era la expresión de una nueva forma de gobierno inspirada por ciertas ideas que, en general, suelen calificarse como absolutismo monárquico, esfuerzos que, sin embargo, tuvieron siempre un impacto limitado, según parece, pues no se han estudiado todavía en su conjunto. A lo largo de toda la época colonial se pueden observar los esfuerzos periódicos de la Corona por imponer y homogeneizar las normas de gobierno en América y por lograr una aplicación inmediata de los nuevos principios gubernativos. El mecanismo de enviar cíclicamente visitadores a algunas regiones del Imperio con amplias facultades para reformar la administración es buena prueba de estos esfuerzos.[31]

[30] Basta revisar las memorias de gobierno de los virreyes para ver la cantidad de problemas y conflictos que dejaban pendientes al abandonar el cargo. Los casos se encuentran luego en las memorias de gobierno de sus sucesores. *Cf.* Lewis Hanke, *Los virreyes españoles en América durante el gobierno de la Casa de Austria. Perú,* 7 vols., Madrid, 1978-1980. (Hanke editó también las memorias de los virreyes novohispanos en la misma Biblioteca de Autores Españoles en 5 vols.)

[31] *Cf.* Ismael Sánchez Bella, *Derecho indiano. Estudios,* 2 vols., Pamplona, 1991, vol. 1: *Las visitas generales en la América española (siglos XVI-XVII).*

El antagonismo entre sociedad criolla y sistema burocrático-administrativo debe de haber sido intenso sólo en algunos periodos, esto es, en el momento de su establecimiento e imposición a las sociedades conquistadoras. Éstas se creían salvaguardadas por el sistema de las capitulaciones entre la corona y los jefes de las empresas descubridoras y conquistadoras, interpretadas por los colonizadores como una especie de pacto entre la corona y el grupo que sostenía la empresa. Fue durante los periodos de visita cuando la corona intentó imponer reformas más profundas y en las diferentes fases reformistas del siglo XVIII cuando se modificaron aspectos importantes de las estructuras internas americanas. Frente a esta perspectiva, que parte de una situación de conflicto latente e intensificado en determinados momentos entre corona y metrópoli y las sociedades criollas —perspectiva ampliamente difundida por los historiadores que se ocupaban del fenómeno del criollismo—, hay que tener en cuenta también otro punto de vista, relativamente poco considerado y estudiado hasta la fecha, que más bien es de carácter positivo y que se impone desde la perspectiva de la formación de los protoestados en la época colonial.

Hay que plantearse también la pregunta de hasta dónde contribuyó el sistema administrativo imperial a estructurar, organizar y vertebrar las sociedades coloniales, creando así las bases institucionales que permitirían la formación de protoestados y, posteriormente, en la época de la emancipación, la formación de Estados independientes. El simple hecho de que la formación de los nuevos Estados independientes se haga sobre la base de determinadas circunscripciones administrativas parece demostrar la importancia de este impacto, tanto más cuanto que las divisiones administrativas internas de los Estados representan también en gran medida una continuidad con respecto a la época colonial.

Los nuevos Estados federales, departamentos provinciales, etc., en los cuales, según el tipo de constitución adoptada, se subdividirán las nuevas repúblicas son en su enorme mayoría de origen colonial y, más en concreto, creación del reformismo ilustrado. Así, intendencias, gobernaciones y en algunos casos también subdelegaciones, vienen a constituir el tejido organizativo institucional de las nuevas repúblicas y todo esto a pesar de que su introducción data de una época muy cercana al proceso de emancipación. De modo que habría que preguntarse también hasta dónde las divisiones territoriales creadas por la Corona a lo largo de la época colonial, e incluso poco antes de la emancipación, en el contexto de las supuestamente tan hostiles reformas borbónicas, no constituyeron un proceso de formación de protoestado que puede incluso haber constituido el requisito necesario para crear repúblicas independientes.

El hecho de que estas entidades administrativas se convirtieran en el siglo XIX en la base de los conflictos entre centralismo y federalismo permite sospechar que este conflicto no era sólo una herencia de la reforma borbónica, o sea una herencia colonial, sino que en la época colonial había regiones cuya población tenía, al parecer, suficiente identidad como para aspirar a tener sus propios mecanismos institucionales, más cercanos que los de las antiguas metrópolis coloniales tan lejanas, y que su origen era anterior a las reformas borbónicas. Es cierto que las intendencias se montaban en gran medida sobre la base de obispados de tradición más antigua, pero el que estas nuevas subdivisiones territoriales se mantuvieran posteriormente en el seno de las nuevas repúblicas parece indicar que existía un amplio anhelo de un mayor grado de institucionalización en una parte importante de la sociedad colonial. Ciertos conflictos han impedido, sin embargo, que hasta la fecha se analizara más a fondo el significado de esas reformas del gobierno territorial en el proceso de formación de los Estados independientes y en la pervivencia de estas entidades en las repúblicas independientes. Quizá el caso de Nueva Granada/Colombia, en la cual la introducción de intendencias no se llevó a cabo y donde no existieron, por lo tanto, subdivisiones administrativas visibles para el gobierno de un Estado independiente y que, además, tuvo una historia particularmente conflictiva, podrá servir algún día como ejemplo para estudiar este proceso.[32]

Periodización

Tras estas consideraciones introductorias y antes de rastrear más de cerca el proceso político-institucional en Hispanoamérica, es preciso hablar algo más acerca de los problemas de periodización de las épocas principales que marcan este proceso que dura tres siglos. La primera fase es obviamente la época de la conquista y de los primeros asentamientos en América, caracterizada por el pactismo de las capitulaciones. Esta fase se determina cronológicamente por las fechas principales del proceso de conquista y colonización. Se cierra definitivamente con la segunda creación de Buenos Aires en 1580, pero en otras regiones, de conquista anterior, termina mucho antes.

[32] *Cf.* John Fisher, Allan J. Kuethe y Anthony McFarlane (comps.), *Reform and Insurrection in Bourbon New Granada and Peru,* Baton Rouge y London, 1990. En general son bastante conocidos los conflictos del siglo XIX en Colombia. En este aspecto, sería quizás instructivo el comparar México y Nueva Granada/Colombia, teniendo en cuenta las diferentes estructuras geográficas, demográficas y económico-sociales.

La segunda fase, que se sobrepone fuertemente a la primera en lo que se refiere a la cronología del proceso de conquista y colonización, se puede caracterizar por el avance progresivo del absolutismo real y el establecimiento de las estructuras administrativas imperiales, y tiene por consecuencia la eliminación de los grupos dirigentes de las huestes conquistadoras de los cargos militares, judiciales, de gobierno y mando militar y del ordenamiento legal fundamental. A esta fase pertenece también, hecho frecuentemente olvidado, la destrucción definitiva de las estructuras políticas señoriales de los imperios indígenas con el desplazamiento de los antiguos "señores naturales" indígenas del mando político. Se puede dudar de si esta fase comenzó con el desplazamiento de Colón del mando en La Española o con el establecimiento de la primera audiencia americana en Santo Domingo en 1511. Termina, en todo caso, con el perfeccionamiento del sistema de administración fiscal durante el reinado de Felipe III.

Un tercer periodo está caracterizado por el forcejeo entre la burocracia imperial y la sociedad criolla y por la penetración de ésta en la burocracia imperial empleando mecanismos que pueden en general clasificarse dentro del concepto de corrupción, ya que se trata de mecanismos que, en su mayoría, son proscritos por la ley, pero finalmente tolerados por la corona. Esta fase abarca más o menos el reinado de Felipe IV. Después comienza la fase que hemos denominado de formación de protoestados, por la influencia ascendente de una sociedad criolla cada vez más consciente de sí misma. Esta fase dura hasta el comienzo de las luchas de independencia, pero se puede subdividir en tres fases menores. La primera época va más o menos de Carlos II hasta el fin de la guerra de sucesión española, caracterizada por la permanencia irrefutable de la influencia criolla. A ésta le sigue la primera fase del reformismo borbónico, tímido, dirigido más bien a mejorar el sistema de comunicaciones y del comercio español con América, en la cual surge y se aplica a América el concepto de "colonias", en el sentido moderno de la palabra. Concluye la fase con el reinado de Felipe V. Con Fernando VI empieza la fase de reformismo borbónico radical, durante la cual se cortan ciertos mecanismos centrales que aseguraban la influencia criolla, como la supresión del sistema de beneficios de empleos, el comienzo de las medidas de abolición del arrendamiento de rentas reales y el intento de reglamentación de los repartimientos de mercancías, que efectuaban los corregidores y alcaldes mayores con los indios de su jurisdicción, sin olvidar el nombramiento de superintendentes de Real Hacienda que recayó en las personas de los virreyes. Estas medidas se toman todas entre 1746 y 1751 y constituyen un ataque fundamental al poder criollo en América. Este reformismo radical se continúa después con Carlos III, aunque se le introducen matices nuevos, como el de formar con América un "cuerpo unido de nación"; prosigue luego con una serie de disputas en torno al concepto de "colonias" y perdura con breves interrupciones en la época de Carlos IV, interrupciones motivadas por la política internacional y la oposición criolla, hasta el comienzo del proceso de emancipación en 1808.

La cronología propuesta es bastante global pero indica, a nuestro entender, las principales fases del proceso. Un análisis más minucioso permitiría seguramente descubrir toda una serie de subfases o periodos. Pero, para nuestro propósito, no parece oportuno insistir en este aspecto que los especialistas de la historia del proceso institucional en Hispanoamérica considerarían incluso discutible.

Modelos de organización política

La primera fase del desarrollo político autónomo comienza en cierto modo cuando Bobadilla, el juez pesquisidor enviado por los Reyes Católicos en 1500 a La Española, apresa a Cristóbal Colón y a su hermano y los envía en cadenas a la Península. Termina en este momento la fase de la empresa "portuguesa" de la expansión hispánica, impuesta por Colón, y que ha sido clasificada como colonización comercial. Antes de que se intente aplicar un nuevo modelo político en América, durante el breve lapso de su gobierno interino, Bobadilla, que no había recibido órdenes concretas, dejó a los pobladores que quedaban en la isla la libertad de buscar su provecho como quisieran. Tiene entonces lugar un fenómeno muy interesante que, aunque la historiografía se ha fijado poco en él, parece haber influido en la política posterior de la Corona. La mayor parte de los españoles se reparte a lo largo de la isla y empieza a vivir entre los indios, según relata Las Casas muy drásticamente. Se hacen servir por los indios, entran en uniones con mujeres relacionadas con el cacique de la región, descuidan su vestir, se hacen llevar en hamacas, constituyen, de forma grotesca, una especie de "corte": nombran indios e indias para funciones cortesanas de servicio (mayordomos, copero, camarera, etc.) Aprenden rápidamente el idioma indígena y cuidan poco de sus deberes religiosos; en resumen, empiezan a "barbarizarse".

Frente a esto reacciona la Corte en 1502 con el envío del comendador Ovando como gobernador, con instrucciones que contienen el nuevo esquema político: los españoles tienen que vivir en villas y ciudades y hay que reunir a los indios en pueblos próximos a los asentamientos españoles. Se imponen normas religiosas y de trabajo tanto para los indios como para los colonos peninsulares, y se establecen reglas para proteger a los indios y a la vez para cristianizarlos. Las ordenanzas de Ovando contienen ya los principios de la política de colonización que a partir de entonces se va a seguir y que inicia la colonización de asentamientos y población. Una línea política que encontrará su expresión máxima en las famosas ordenanzas de pacificación y población de las Indias de 1571. La elección de gobernador entre los miembros de las órdenes militares es muy significativa; quiere ello decir que se empiezan a aplicar en América las normas de la repoblación de las tierras del Islam reconquistadas en España, y, todavía más, la política que en la Península se llevó a cabo en la reconquista de Extremadura y de Andalucía. El intervalo que precede al gobierno de Ovando da a entender que esta política no sólo pretende integrar a los indios en un modelo de sociedad a la castellana, sino que las medidas prescritas, especialmente el carácter urbano de la colonización, pretenden también ser un mecanismo para imponer una disciplina social a los colonos españoles que van a América, con objeto de evitar que se reproduzcan fenómenos de "barbarización" como los ocurridos en tiempos de Bobadilla. Considerando la política posterior de la Corona a partir de este episodio, hay que decir que los empeños para imponer la autoridad de la Corona significan también siempre un esfuerzo para mantener en vigencia el modelo social castellano, contra la tentación de un mestizaje biológico, social y cultural excesivo. De ahí se explica también el intento posterior de impedir el mestizaje mediante la política de segregación de indios y españoles y mediante la constitución de las "dos repúblicas", la de los indios y la de los españoles, que empieza a ponerse en práctica hacia mediados del siglo XVI. Se podrán explicar así no sólo las medidas de discriminación de los mestizos, sino también el recelo frente a los criollos, que se empieza a notar posteriormente. En la política de la Corona priva en adelante la forma de imponer, dentro de lo posible, los modelos metropolitanos en América. No es pura casualidad que la colonización se desarrolle en esta época renacentista, que tanto empeño pone en rescatar la herencia de la antigüedad griega y romana.[33]

[33] *Cf.* para lo precedente y lo que sigue, Luis Arratiz Márquez, "Repartimientos y encomiendas en la Isla Española", en *El repartimiento de Albuquerque de 1514*, Madrid, 1991; del mismo, *Don Diego Colón,* tomo 1, Madrid, 1982; Frank Moya Pons, *Después de Colón. Trabajo, sociedad y política en la economía de oro,* Madrid, 1986; O. García Regueiro, "Oro y población", en *La producción aurífera cubana: 1518-1542,* Madrid, 1994; Horst Pietschmann, "La evangelización y la política de poblamiento y urbanización en Hispanoamérica", en Pontificia Comissio pro America Latina (comp.), *Historia de la evange-*

Pero al recurrir a las tradiciones de la Reconquista aparecerá con mayor pujanza en América el modelo señorial, al que recurrirán a continuación no sólo Diego Colón y sus partidarios —cuando el hijo del almirante sea restablecido como virrey y gobernador en 1507-1508—, sino también los jefes de las huestes posteriores de conquistadores, los encomenderos surgidos de la conquista y, también en cierto modo, las élites criollas posteriores. Creará esto una tirantez política entre Diego Colón, quien recurre muy claramente a este modelo, y Fernando el Católico. La tensión entre los herederos de Colón y la Corona deja ver de modo muy claro que, ya en estos primeros tiempos, la Corona no estaba dispuesta a aceptar en América la parte señorial de la herencia bajomedieval de la Reconquista.

Lo que en este contexto quizá habrá que valorar todavía más, es el hecho de que, por iniciativa de Diego Colón, se conquistó la isla de Cuba con un personal seguramente bastante partidario suyo. Y que, desde Cuba, salió más tarde la hueste de Hernán Cortés para la conquista de México, es decir la región del continente donde estas tradiciones señoriales tuvieron quizá el mayor impacto. Claro que este hecho hay que atribuirlo también a la organización "señorial" del imperio azteca, de modo que tanto las tradiciones de los conquistadores como las de los conquistados —¿o habrá que decir "enseñoreados", si se piensa en los resultados de la investigación etnohistórica reciente?— se complementaban allí mejor que en ningún otro sitio.[34]

El nuevo concepto de colonización que empezó a introducirse con el envío de Nicolás de Ovando, al insistir paralelamente en el carácter urbano de la colonización, introdujo también en la América hispánica

lización de América. Trayectoria, identidad y esperanza de un continente, Ciudad del Vaticano, 1992, pp. 489 ss.; del mismo, "La resistencia española al imperio: Las Indias en los años iniciales del reinado de Carlos V", en Universidad Complutense de Madrid (comp.), *Estudios de Historia del derecho Europeo. Homenaje al Prof. G. Martínez Diez,* 2 vols., Madrid, 1994, vol. 2, pp. 13-30, *id.* "Los problemas políticos indianos, el humanismo político y la autoridad imperial", en *Carlos V y la quiebra del humanismo político en Europa (1530-1558),* Sociedad Estatal para la Conmemoración de los Centenarios de Felipe II y Carlos V, 5 vols. Madrid, 2001, vol. IV, pp. 48-70. Habiéndome ocupado ya en muchos trabajos de esta problemática a lo largo de la época colonial, prescindo a continuación de referir la amplia bibliografía sobre estos temas, citada en los trabajos referidos, a continuación me ciño sólo a los títulos precisos para ilustrar los contextos referidos.

[34] Aparte de lo citado en la nota anterior, *cf.* Manuel Giménez Fernández, *Bartolomé de Las Casas,* 2 vols., Sevilla, 1958-1960; Demetrio Ramos, *Hernán Cortés. Mentalidad y propósitos,* Madrid, 1992; en cuanto a la investigación etnohistórica, *cf.* Horst Pietschmann, "Sprache, Mission und Kolonisation oder die Entstehung neuer kultureller Identit: das Beispiel Mexiko", en *Internationale Schulbuchforschung. Zeitschrift des Georg-Eckert-Instituts,* Braunschweing, año 15, núm. 4 (1993), pp. 435-449, donde se cita ampliamente; además del mismo, "Estado y conquistadores: las capitulaciones", en *Historia, Santiago,* vol. 22 (1987), pp. 249 ss.

naciente el principio de representación. Representación reclamada enseguida por las ciudades y villas que se iban fundando: primero en representaciones individuales de ciudades y villas de la isla; y luego, en momentos de crisis, por medio de juntas de ciudades con aspiraciones a formar cortes. Así, se puede observar ya en abril de 1518 una reunión de los procuradores de 11 ciudades, villas y lugares en La Española, en la cual se discutieron asuntos de interés común. Esta reunión, calificada por algunos historiadores como reunión de cortes y por otros como "ayuntamiento general",[35] estaba fuertemente influida por los intereses divergentes de los dos bandos políticos existentes en la isla: el colombinista y el fernandino —el de los partidarios de Fernando el Católico—. Con todo, logran elaborar un "cuaderno de peticiones" similar al que solían presentar las Cortes castellanas. Interesante es, sin embargo, resaltar que los dos bandos políticos abogaban desde modelos políticos distintos. Los colombinistas subrayaban más la autonomía de la isla y las aspiraciones a un "desarrollo" propio que incluía a los indios, a los cuales se pretendía proteger como a presuntos vasallos con una especie de paternalismo señorial, mientras que los fernandinistas representaban más bien los intereses económico-comerciales metropolitanos. Querían estos últimos promover más la explotación de los yacimientos auríferos de la isla y utilizar a los indios como mano de obra productiva. Esto también lo querían en cierto modo los primeros pero, por su deseo de desarrollo autónomo, insistían más en hacerlos trabajar en la producción agrícola al modo de los vasallos europeos, y por tanto insistían más en su conservación.

Bien es verdad que en aquel momento se había reducido ya el número de indios, de tal manera que había que pensar también en una reestructuración de la economía de la isla, a causa de que estaba empezándose a mermar considerablemente la producción aurífera y la emigración de muchos colonos a Cuba. Fue en esos años cuando se impuso allí finalmente el modelo de las plantaciones, propagado también por los padres jerónimos, que habían sido enviados a la isla para estudiar el problema indígena. Es una coincidencia bastante significativa el que un año después de aquella junta de ciudades, Carlos V le concediera el primer asiento de negros a uno de sus cortesanos. Parece que otra vez se recurre al modelo que habían desarrollado los portugueses en su colonización de las islas atlánticas, justo en el momento en que la isla de La Española empezaba a despoblarse de indios y colonos europeos. Este modelo

[35] Manuel Giménez Fernández, *Bartolomé de Las Casas...*, nota 34, vol. 2, pp. 147 ss.; del mismo, "Las cortes de La Española de 1518", *Anales de la Universidad Hispalense,* vol. xv, núm. 2, 1954, pp. 47 ss.

de colonización, en el que dominan las plantaciones y la mano de obra dependiente o esclava, va a generalizarse más tarde en el Caribe y conducirá a sociedades esclavistas que desarrollarán una afinidad mucho mayor con la metrópoli que las sociedades coloniales que empezaron a surgir con la empresa de Hernán Cortés comenzada en 1519.

Si se consideran estos fenómenos más de cerca y en fases cronológicas más cortas, se ve corroborada de nuevo la antigua tesis de que el Caribe fue el laboratorio en el cual ensayaron los castellanos las distintas alternativas de colonización. Y hay que concluir ya desde ahora que de allí surgieron los dos tipos de colonización que irán desarrollándose en el futuro y que se distinguirán también en sus expresiones políticas a lo largo de la época colonial.

Antes de ocuparnos del segundo modelo de colonización que, en último término, puede reducirse al modelo que en vano intentó desarrollar Diego Colón, hay que echar una mirada al Istmo de Panamá, donde desde 1512-1513 se produce el primer asentamiento firme de Castilla en el continente americano, denominado *Castilla del Oro,* pero al parecer, sin el prefijo de *Reino de* que aparecerá quizá más tarde. Allí, en los inicios, Vasco Núñez de Balboa había intentado una colonización pacífica, tratando de atraerse a los indios, proyecto que fue luego destruido por Pedrarias Dávila, quien incluso desplazó a Balboa y llegó, finalmente, a sentenciarlo a muerte y ejecutarlo.

Me parece que, también en este caso, permanece subyacente el mismo conflicto que llevó en La Española al desplazamiento, más elegante por cierto, de Diego Colón, aunque la cuestión no haya sido estudiada desde esta perspectiva. Con todo, los distintos modos de proceder de Balboa y de Pedrarias hacen pensar que también aquí se trataba de un conflicto entre, por un lado, una colonización basada en una integración pacífica de los indios en una sociedad autónoma y distinta de la castellana, con fuertes influencias del sistema señorial y, por otro, el modelo comercial-explotativo representado por Pedrarias. La consideración de las estructuras que se desarrollaron posteriormente en el Istmo corroboran esta interpretación. En todo caso, hay que admitir que, tanto en las islas como posteriormente en el Istmo, nunca se encuentra un criollismo tan acentuado como en las otras regiones, a no ser como fenómeno tardío.

De la empresa de Hernán Cortés —en muchos aspectos una continuación de la línea Diego Colón-Cuba-Nueva España, e incluso un desarrollo ascendente de esta línea— surgirá finalmente el primer "Reino" indiscutido en América. Cortés se encontró con un imperio indígena y no con tribus sueltas de escaso desarrollo político. Si se reduce la empresa de Cortés a lo esencial, puede sintetizarse de esta manera: encontrando la pequeña tropa cada vez más grupos étnicos cuyos señores estaban descontentos con el dominio azteca y dispuestos a aliarse con él contra el Imperio, conquistó finalmente la capital azteca y tomó prisioneros a sus dirigentes, apoyado por muchísimos señores indios que ayudaron con su gente de guerra a los europeos. Cortés, conservando prácticamente intactas las estructuras jerárquicas del Imperio, ocupó con los suyos el lugar de los dirigentes aztecas, a quienes luego intentó integrar, dentro de lo posible, en este sistema jerárquico de vasallaje como una élite de mando de segunda categoría. Gracias al mantenimiento de las estructuras señoriales indígenas dispuso de los recursos del Imperio y con la introducción del régimen de la encomienda, en contra de lo expresamente mandado por la corona, establece una élite de mando española, que espera le sostendrá en el futuro.

Al denominar la tierra conquistada *Reino de Nueva España* recurre al concepto de lo que se entendía por "Reino" en la época estamental, es decir a una sociedad estamental, jerarquizada por un sistema de vasallaje que reconoce como superior al "rey". Pero queda éste vinculado por los derechos representativos de sus vasallos, que tienen el derecho de ser oídos y de ver remunerados los servicios que le presten, ya sea en la paz como en la guerra. El rey es, en esta línea de pensamiento, poco más que un "primus inter pares" con respecto a sus nobles, juez supremo y caudillo superior en la guerra, mientras que sus vasallos están dotados de una amplia gama de fueros que los inmunizan frente a aspiraciones arbitrarias de poder del rey. El principio de la representación, que la nobleza reclama individualmente y los hombres comunes a través de sus organizaciones municipales, determina en todo caso la relación entre el rey y el reino. De modo que la denominación *Reino de Nueva España* contiene todo un programa político en cuanto a los dos sustantivos que integra, pero también con respecto al adjetivo que forma parte del nombre de la nueva entidad política. Cortés tímidamente da incluso un paso más cuando le refiere a Carlos V que podría aspirar al título de "Emperador" con mayor derecho desde la Nueva España que como "Emperador de los Romanos", aludiendo seguramente así al hecho de que en un caso sería un imperio de conquista, mientras en el otro "sólo" se basaba en una elección.[36]

[36] Para el conjunto del desarrollo durante el siglo XVI, *cf.* Horst Pietschmann, *El Estado y su evolución al principio de la colonización española de América,* México, 1989; con respecto a las alusiones de Hernán Cortés al Imperio, *cf.* Viktor Frankl, "Die Begriffe des mexikanischen Kaisertums und der Weltmonarchie in den 'cartas de relación' des Hernán Cortés", *Saeculum,* vol. XIII, núm. 1, pp. 1 ss. (edición castellana en *Cuadernos Hispanoamericanos,* núm. 165 [1963], pp. 443 ss.).

A partir de entonces van surgiendo en el continente, como consecuencia de las conquistas, toda una serie de "reinos". La fundación de reinos surge de dos focos de colonización: Cuba y el Istmo de Panamá, que no ostentaban este título. De Cuba surge el Reino de Nueva España y de éste los Reinos de Nueva Galicia, de Guatemala, de Nueva Vizcaya y de Nuevo León, mientras que del Istmo de Panamá surgen los reinos del Perú, Chile, Quito y Nueva Granada. Sabemos poco, hasta la fecha, de los criterios que definían la condición de una región conquistada como reino o como provincia. La situación prehispánica podría alegarse en los casos de la Nueva España, Perú y Quito, pero ella no explica otros casos como los de Nuevo León, Nueva Vizcaya, Nueva Galicia y Chile. Tampoco se puede alegar que las "provincias" surgen de conquistas que tienen su origen en reinos previamente establecidos. Lo único que tienen en común los reinos que se establecen en el continente es el hecho de que ninguno de ellos es fundado por una expedición procedente directamente de la Península, hasta donde se puede hoy juzgar. Se puede alegar, en cambio, que toda empresa salida de Castilla produce sólo "provincias", pero también surgen provincias en tierras conquistadas desde reinos americanos, como por ejemplo Yucatán, Nicaragua, Tucumán y algunas otras. ¿Significa acaso la creación de un reino mayores aspiraciones de autonomía? Parece muy probable, pero la falta de investigaciones sobre el tema impide afirmarlo rotundamente.

Lo que sí parece cierto es que la Corona no adopta los términos *reino y provincias* en su designación jurídica de las nuevas posesiones, sino que se empeña en seguir utilizando el término *Indias, Islas* y *Tierras Firmes del Mar Océano* durante mucho tiempo. Sólo mucho más tarde adopta también el término *Reinos de las Indias.* Se empeña, en cambio, en dotar a las nuevas posesiones de un aparato burocrático que poco a poco viene a desplazar desde la cumbre a los poderes emanados del régimen de las capitulaciones y conquistas; desplazando primero el poder del caudillo de una hueste conquistadora al instaurar audiencias con facultades más o menos extensas de gobernación; luego, los virreyes y el sistema de presidentes, capitanes generales y gobernadores. En una segunda fase se reducen también de hecho los poderes políticos de los encomenderos al crearse el sistema de corregidores y alcaldes mayores. Se ha prestado poca atención al hecho de que, también entre los indios, se intenta desmantelar, o al menos reducir, el poder de los señores indios. Esto se produce en la Nueva España con la introducción del sistema municipal, que convierte a los señoríos indígenas en "repúblicas" o "comunidades" con una constitución municipal dentro de la cual los caciques se convierten primero en regidores y gobernadores propietarios, pero, más tarde, Felipe II en 1565 suprime los derechos "feudales" de éstos al mandar que los indios no ejerzan vasallajes sobre sus indios.[37]

En Perú ambos fenómenos se producen durante el mando del virrey Toledo algo más tarde. Lo importante del proceso de establecimiento del sistema burocrático en América, que se debe a Carlos V y a Felipe II, es que las jurisdicciones de los distintos cargos apenas respetan la división en reinos y provincias que surgió de la conquista. Los virreinatos integran varios reinos y la jurisdicción de las audiencias desborda a veces sus fronteras. Todavía no se ha investigado a fondo hasta qué punto el establecimiento del aparato burocrático tomó en cuenta jurisdicciones previamente establecidas y especialmente el sistema de reinos y provincias.

Muy interesante en este contexto aparece también el que en la primera descripción general de las Indias, elaborada por Juan López de Velasco, no se habla prácticamente de reinos, sino que se divide la descripción por distritos de obispados, audiencias, etc. Y es más, en el caso de Nueva España, por ejemplo, se habla siempre expresamente de la "provincia de Nueva España". Si un cosmógrafo-cronista del Consejo de Indias, y estrecho colaborador del gran legislador indiano y visitador del Consejo de Indias Juan de Ovando, insiste en aplicar esta terminología, la sospecha es más que fundada de que en aquella época la Corona estaba poco inclinada a hacer suya la terminología creada por los conquistadores.[38]

Si tomamos en cuenta que ya desde fines del reinado de Carlos V empezaban a aumentar considerablemente las quejas que envían los primeros conquistadores y sus descendientes sobre la falta de recompensa real a sus méritos, sobre su desplazamiento de cargos, encomiendas, etc., resulta evidente que la Corona estaba al parecer firmemente decidida a terminar con todos los vestigios señoriales y con la representación organizada en forma de cortes, juntas de ciudades, etc. Lo logró con un mecanismo simple: insistir en el derecho individual de representar al rey, admitiendo no sólo las representaciones directas a la Corona de todos los niveles de la nueva administración civil y eclesiástica, sino también de todas las corporaciones y hasta individuos en América. Aunque este aspecto no esté investigado a fondo, parece que la tendencia es muy clara y se refleja en un aluvión de cartas al rey de toda cla-

[37] Real Cédula de Felipe II, Monzón, 27 de septiembre de 1563, en *Real Academia de la Historia, Colección Salazar y Castro,* núm. 22, hoja 106.

[38] *Cf.* Juan López de Velasco, *Geografía y descripción universal de las Indias,* edición de don Marcos Jiménez de la Espada, Biblioteca de Autores Españoles, tomo CCXLVIII, Madrid, 1971.

se de organismos e individuos, que se canalizaba a través del consejo de Indias.

Según los estudios de historia económica y social, la época que va más o menos de 1560-1570 hasta 1620 puede calificarse como la fase de formación de la sociedad y de la economía coloniales. Los conquistadores, sus descendientes y los nuevos inmigrantes inician la adquisición de tierras y la organización de una agricultura a la europea. Se forman gremios de artesanos y se instrumentan los mecanismos del comercio interior. Pero tal proceso se ha relacionado sólo parcialmente con la amplia legislación metropolitana y americana en lo particular, pues los historiadores de la economía prestaban poca atención a la legislación correspondiente y los historiadores del derecho se limitaban a estudiar ésta sin indagar el impacto de tal legislación en el funcionamiento real de la economía.[39] Lo cierto es que dicho proceso va acompañado de la formación de élites y oligarquías coloniales, proceso en el cual la corona participa activamente con la introducción del sistema de oficios vendibles y renunciables, que convierte a muchos cargos municipales, y parte también de la administración real, en venales. Se ofrecía así a las nuevas élites económicas la posibilidad de establecerse en puestos de importancia local, consolidando así su posición social. Se repite el mismo mecanismo que, ya a finales del siglo anterior, habían aplicado los Reyes Católicos para consolidar su autoridad en Castilla, frenando así considerablemente durante bastante tiempo la pujanza del sistema representativo. Este mecanismo contribuyó seguramente de manera eficaz a que, también en época de Felipe II, se lograra establecer un sistema de administración fiscal y se pudiera introducir el sistema impositivo castellano.[40]

La consolidación económica y social de las sociedades coloniales empieza poco a poco a minar el poder de la Corona porque el nuevo aparato administrativo, por afán de lucro y de ascenso social, entra cada vez más en alianzas con las oligarquías coloniales que controlan los recursos económicos en medida creciente. Se empieza a abrir una brecha

[39] Las referencias a la bibliografía jurídica se encuentran bien juntas, al menos en cuanto a la mayoría de estudios que se presentaron a los congresos del Instituto Internacional de Historia del Derecho Indiano, en Alberto de la Hera, Ana María Barrero, Rosa María Martínez de Codes, *La historia del derecho indiano. Aportaciones del Instituto Internacional de Historia del Derecho Indiano a la bibliografía jurídica americanista,* Madrid, 1989; en cuanto ala historiografía económica y social, remito a las bibliografías incluidas en *Balance de la historiografía sobre Iberoamérica (1945-1988),* IV Conversaciones Internacionales de Historia, Pamplona, 1989.

[40] *Cf.* Horst Pietschmann, *Die staatliche Organisation des kolonialen Iberoamerika,* Stuttgart, 1980, donde se encuentra sintetizado, con bibliografía, el desarrollo político que aquí se menciona.

entre los intereses criollos y los intereses metropolitanos, agudizada por las abultadas necesidades financieras de la metrópoli y el comienzo de la penetración extranjera, penetración ésta no sólo clandestina en el comercio legal, sino también directa por la intervención de fuerzas navales de los enemigos de España.

Cuando los mecanismos tradicionales del control burocrático —visitas y residencias, establecimiento de las administraciones especiales a través del sistema comisarial— no producen ya los resultados deseados, la Corona intenta, al principio del reinado de Felipe IV, lograr una mayor cohesión entre las distintas partes del imperio y obtener su mayor colaboración en los esfuerzos bélicos de España. Este esfuerzo no produce los resultados deseados, e incluso conduce a un fracaso estrepitoso en Nueva España con el levantamiento contra el virrey Gelves.[41] Parece que a partir de entonces la Corona ensaya nuevos métodos políticos en América. Se recurre al sistema de "donativos graciosos" exigidos a los americanos, y se empieza a beneficiar prácticamente a todos los cargos administrativos, contraviniendo abiertamente la propia política de asegurar el funcionamiento desinteresado y honesto de la burocracia.[42] Y no sólo se propagan muchos mecanismos de corrupción, sino que con el sistema de beneficios de cargos, los criollos logran penetrar masivamente el aparato burocrático y manipular las instituciones en beneficio de sus intereses.[43] El criollismo se consolida así en la esfera económica y social, y también en la política. No podrá, pues, sorprender que este proceso se vea acompañado de manifestaciones culturales, ya muy claras, de una identidad propia.

Paralelamente, en Hispanoamérica las regiones empiezan a articularse más en virtud del dinamismo de la economía, de las concentraciones demográficas, institucionales y de poder y de otros factores geopolíticos. Las nuevas articulaciones del espacio colonial sólo parcialmente, si acaso, respondían a las estructuras gubernamentales del aparato imperial establecido durante el siglo XVI. Basta con pensar en las desviaciones de la plata altoperuana vía Tucumán a Buenos Aires y en el

[41] *Cf.* por ejemplo Jonathan Israel, *Race, Class and Politics in Colonial Mexico 1610-1670,* Oxford, 1975.

[42] *Cf.* Horst Pietschmann, "Burocracia y corrupción en Hispanoamérica colonial. Una aproximación tentativa", *Nova America,* Turín, vol. 5, 1982, pp. 11 ss.; además: del mismo, "Antecedentes españoles e hispanoamericanos de las intendencias", en *Anuario de Estudios Americanos,* Sevilla, vol. XL (1983), pp. 359 ss.

[43] *Cf.* por ejemplo M. A. Burkholder y D. S. Chandler, *From Impotence to Authority. The Spanish Crown and the American Audiencias, 1687-1808,* Columbia, 1977, y otros estudios sobre el mismo tema de los mismos autores, para el caso de las audiencias. Toda una serie de otros estudios analizan esta práctica con respecto a otros cargos, *cf.* Horst Pietschmann, "Burocracia..." nota 42, con referencias bibliográficas a otros estudios.

intenso comercio y contrabando que se estableció en toda esta ruta, y que en mucho contribuyó al auge progresivo de la región del Río de la Plata que finalmente llevó a la creación del virreinato del mismo nombre. El lento crecimiento de regiones como Chile, Venezuela y la capitanía general de Guatemala son otros ejemplos. Para estas regiones, excluidas del comercio directo con la metrópoli por el sistema de flotas y galeones, el contrabando era un recurso principal que les facilitaba un desarrollo autónomo, que a su vez contribuía a una mayor autonomía administrativa y, por lo tanto, también política. Al mismo tiempo se da un proceso inverso: por diferentes causas —ya sean geopolíticas, económicas, etc.— determinadas regiones, dotadas incluso de aparato burocrático propio, entran en la órbita de centros prepotentes que logran imponer su autoridad y poder política y económicamente. Tal es el caso, por ejemplo, de Nueva Galicia y los demás reinos del norte de la Nueva España que dependen de la audiencia de Guadalajara.

Este conjunto de desarrollos contradictorios, que se ha estudiado hasta la fecha sólo parcialmente en lo económico, pero muy poco en lo político-administrativo, es en realidad el inicio del proceso que hemos denominado fase de formación de protoestados. Se inicia durante el siglo XVII con el aumento progresivo del poder criollo y la lenta desarticulación del sistema imperial metropolitano que a fin de cuentas, durante el siglo XVIII, obliga a la Corona a reorganizar el sistema político-administrativo y espacial con la creación de nuevos virreinatos, gobiernos, audiencias y también de las intendencias.

Las reformas del siglo XVIII son, en gran medida, la consecuencia o la respuesta tardía a desarrollos previos que se produjeron más bien en contra de la voluntad de la metrópoli, en momentos de debilidad de la Corona, frente al proceso de desarticulación imperial que no sólo se produce en América, sino también en las posesiones europeas. Es precisamente la perspectiva global del imperio hispánico hacia la segunda mitad del siglo XVII la que permite caracterizar este proceso de desintegración imperial como un proceso de surgimiento de nuevas entidades políticas que adquieren un mayor grado de autonomía e influirán en la formación de nuevos Estados independientes. El proceso empieza con la rebelión de los Países Bajos, continúa en el siglo XVII con las rebeliones catalana y portuguesa, y después con el desmembramiento de las partes europeas del Imperio en la Paz de Utrecht. Hispanoamérica sigue este proceso con un retraso muy comprensible, pero lo sigue, e incluso con un grado mayor de autonomía, ya que faltan las fuertes injerencias extranjeras que, en el caso de Europa, contribuyeron poderosamente a la aceleración del proceso desintegrador. Es, pues, lícito hablar desde la perspectiva latinoamericana de un proceso de formación de protoestados si se piensa en el sistema de Estados independientes que a principios del siglo XIX van a surgir de las luchas independentistas.

En este contexto conviene recordar otro fenómeno poco estudiado, pero bastante claro: el reconocimiento del *status* de reinos a las posesiones hispánicas en América en el momento de mayor debilidad de la Corona. Esto se deduce de una ojeada rápida al proceso de recopilación y sistematización de la legislación indiana. El primer intento a fines del siglo XVI, realizado por Diego de Encinas, se denomina todavía "Cedulario Indiano"; en los años veinte del siglo XVII Antonio de León Pinelo redacta su "Recopilación de Indias", y en 1680-1681 se publica finalmente la "Recopilación de los Reynos de las Indias".[44] Es poco probable que tales denominaciones sean una casualidad en una época en la cual el estilo cortesano y los conceptos jurídicos son tan importantes en la vida política y administrativa. Todavía se tendrá que profundizar en el estudio de este problema, tan importante con respecto al concepto que la Corona tiene de sus posesiones americanas. Esto es tanto más importante si se piensa en que a principios de la época borbónica empieza ya a difundirse en la Península el concepto de "colonias". Y aunque este concepto no penetra en la legislación, lo comparten muchos altos funcionarios en los reinados de Felipe V a Carlos III. La reacción criolla en la segunda mitad del siglo XVIII, hasta los inicios del movimiento emancipador, acentuará de nuevo el concepto de "reino" que, al menos en los años noventa del siglo XVIII, una parte de los altos mandos metropolitanos acepta nuevamente. Pero del mismo modo que los dirigentes peninsulares no están de acuerdo en sus conceptos sobre América, tampoco los criollos constituyen ya un bloque homogéneo de convicciones políticas, pues las ideas de la Ilustración y las reformas de Carlos III los han ido dividiendo. Aunque la historiografía reciente sólo lo reconoce de paso, y sin prestar mucha importancia al hecho,[45] éste parece cierto si se consideran con detenimiento los debates políticos de ambos lados del Atlántico.

[44] Diego de Encinas, *Cedulario indiano,* 4 vols., Madrid, 1946 (edición facsimilar); Ismael Sánchez Bella (comp.), *Recopilación de las Indias por Antonio de León Pinelo,* 3 vols., México, 1992; *Recopilación de leyes de los reinos de las Indias, mandadas imprimir, y publicar por la Magestad Católica del Rey Carlos II…* 4 vols., Madrid, 1973 (edición facsimilar).

[45] Se analizó esta problemática más largamente en Horst Pietschmann, "Protoliberalismo, reformas borbónicas y revolución: La Nueva España en el último tercio del siglo XVIII", en Josefina Zoraida Vázquez (coord.), *Interpretaciones del siglo XVIII mexicano. El impacto de las reformas borbónicas,* México, 1992, pp. 27 ss. Más detalladamente se insiste en estos problemas en un estudio del autor sobre el impacto de las reformas de Carlos III en Nueva España según un documento coetáneo, que se publicará en el año 1994 en el *Jahrbuch für Geschichte von Staat, Wirstschaft und Gesellschaft Lateinamerikas,* en idioma castellano.

El reformismo de Carlos III es, por supuesto, el último gran esfuerzo de la Corona para reestructurar todo el conjunto americano. Las opiniones de la historiografía reciente sobre el impacto de estas reformas son, sin embargo, muy contradictorias. Las afirmaciones de los estudiosos van desde las de quienes consideran que tuvieron poco impacto hasta las de los que piensan que contribuyeron a desarticular definitivamente el vínculo entre la metrópoli y sus posesiones americanas, preparando así el proceso emancipador. Para poder opinar sobre este tema es necesario definir primero las metas principales que perseguían las reformas. Frecuentemente se reduce este aspecto al interés de la Corona en aumentar su control sobre América y lograr mayores ingresos fiscales y ganancias comerciales. La realidad es, no obstante, más compleja y el análisis detallado de las distintas medidas permite descubrir muchas facetas más del impacto de las reformas, según los niveles sociales, económicos y geográficos que se consideren. No son las reformas ni tan rotundamente anticriollas, como se ha querido afirmar, ni tan abiertamente en favor de la metrópoli, como también se ha dicho. Amplios sectores criollos se beneficiaron, por ejemplo, de la introducción del comercio libre especialmente en los ámbitos provincianos. Y con la introducción de las intendencias se beneficiaron los grupos locales distantes de los centros del poder burocráticos y económicos coloniales. Por lo demás, el aumento de los ingresos fiscales va a la par con el aumento del gasto fiscal en América.

En todo caso, si se combinan los significados de las distintas medidas, lo más probable es que se trate de la introducción de un nuevo concepto del Estado, que dispone de una burocracia más eficaz y que tiende a romper el poder de grupos oligárquicos y a dinamizar a la sociedad. El impacto fue distinto según las regiones y en atención a sus distintas realidades, pero fue en general considerable pues contribuyó, en suma, a desestabilizar estructuras económicas, sociales y políticas previas y a introducir nuevos patrones culturales. Por lo demás, la serie de rebeliones originadas por las reformas revelan que el conjunto de medidas introducidas afectó los intereses creados de modo muy diverso. Aunque en la década de 1790 la Corona trató de suavizar el impacto producido por las reformas precedentes sólo lo logró en parte, pues la situación en España no permite ya la aplicación de una política clara y perseguida con cierta continuidad.

Contribuyen claramente las reformas a precipitar al conjunto de reinos y provincias americanas en las guerras de Independencia. Pero no pueden interpretarse éstas partiendo de un modelo bipolar —aquí lo americano, allá lo peninsular—. La realidad es más compleja y presenta a veces el carácter de guerras civiles en las cuales se luchaba por intereses regionales, políticos, económicos, etc. Son momentos en los que se ajustan cuentas, acumuladas desde hacía mucho, entre peninsulares y criollos, entre criollos provincianos y criollos metropolitanos, entre élites europeo-americanas y castas, entre señores y dependientes o esclavos, etc. De los reinos iniciales, muy pocos lograron convertirse en Estados independientes sin grandes cambios: Chile y Quito; Nueva España y Nueva Granada se extendieron más allá de sus fronteras iniciales; Guatemala y Perú fueron recortados y los reinos al norte de la Nueva España fueron absorbidos por ésta. Los motores del proceso fueron, sin embargo, dos provincias: Venezuela y Buenos Aires, movidas por criollos —¿pero, con qué identidad?— inspirados por las ideas de la Europa revolucionaria, mientras que las élites criollas de los antiguos reinos conservaron hasta muy tarde las ideas bajomedievales de la representación.

III. MODIFICACIONES DEL PACTO IMPERIAL*

JOSÉ CARLOS CHIARAMONTE
Universidad de Buenos Aires**

POR CUANTO EL HILO CONDUCTOR que se ha decidido adoptar para este volumen es el proyecto de construcción de la nación moderna en América Latina, será oportuno comenzar esta sección, que culmina con la Independencia, examinando la relación existente entre ambos temas, Independencia y nación. Más que nada, interrogándonos sobre qué es lo que de esa nación o, mejor dicho, de esas naciones latinoamericanas que se constituirán a lo largo del siglo XIX, existía hacia el fin del dominio de la metrópoli española. Porque podría configurar una variante de esos anacronismos que acechan continuamente al historiador preguntarse simplemente por los comienzos de la nación, en cuanto que esa pregunta, de alguna manera, sin los expresados recaudos, lleva consigo, por una parte, el riesgo de *poner* la nación en los inicios del proceso; esto es, el riesgo de instalar una suposición *acrítica,* que tendría toda la fisonomía de un prejuicio. Y, por otra, el riesgo de deformar el proceso anterior a la Independencia por el también acrítico supuesto de interpretar teleológicamente todo lo ocurrido en el siglo XVIII americano como preanuncio de los conflictos de la Independencia y del surgimiento de nuevas naciones.

Al respecto, en el caso de las posesiones hispanas, lo más que podemos verificar es que los pasos iniciales de los movimientos independentistas muestran el surgimiento de distintas *soberanías* —correspondientes al ámbito político de las ciudades, o en algunas ocasiones a unidades mayores llamadas generalmente *provincias*—,[1] en remplazo

* Este trabajo recoge algunos frutos de conversaciones mantenidas con Antonio Annino y François X. Guerra. Asimismo, agradezco los comentarios de Fernando Devoto y Noemí Goldman. Parte de este capítulo fue publicado por el autor en su libro *Ciudades, Provincias, Estados. Orígenes de la nación argentina (1800-1846),* Ariel, Buenos Aires, 1997.

** Instituto de Historia Argentina y Americana Doctor Emilio Ravignani, Facultad de Filosofía y Letras, Universidad de Buenos Aires/Consejo Nacional de Investigaciones Científicas y Técnicas.

[1] Unidades generalmente correspondientes al espacio de la jurisdicción de una ciudad, como ya había ocurrido en la misma España: a raíz de que algunas ciudades se negaron a obedecer las órdenes recibidas de los regidores de las que tenían voto en Cortes, en 1608 se promulgó la Real Cédula "ordenando se obedecieran las órdenes transmitidas por cada ciudad en su respectivo distrito. Desde entonces estos distritos se convirtieron

de la soberanía del monarca y como respuesta al problema de la legitimidad; esto es, a la necesidad de fundar una nueva autoridad legítima, aunque esas nuevas autoridades se consideraran frecuentemente suplencias transitorias de la del monarca cautivo.

Nos parece útil —para eludir en los inciertos procesos de las etapas iniciales de la Independencia las complicaciones derivadas de vocablos como *nación* y *estado*—, utilizar este sujeto político colectivo *soberanía,* según lo usa la primera construcción venezolana de 1811: "Una sociedad de hombres reunidos bajo unas mismas leyes, costumbres y Gobierno forma una soberanía".[2]

Esas soberanías surgían con pretensiones autonómicas que de inmediato, cuando se unían a la percepción de la debilidad de las propias fuerzas para salvaguardarla, generaron diversos proyectos de unidades políticas mayores, consecuencia de la reunión de varias de ellas. Junto a estos proyectos, que en cuanto expresión de esas tendencias autonómicas apuntarán frecuentemente a formas confederales, surgen también otros que fundados en la preeminencia de las ciudades principales en cuanto ex cabeceras de alguna gran división política —virreinato, capitanía general, intendencia—, apuntan a formas de Estado centralizadas.

La primera de esas dos variantes era fundamentada por sus sostenedores en la doctrina de la "reasunción" del poder por los pueblos, según tradiciones contractualistas de antigua fecha. Mientras que la segunda de ellas se apoyaba en la posición privilegiada que la administración borbónica había conferido a las ciudades sede de las autoridades principales.

En ciertos casos, las tendencias autonómicas fueron mejor absorbidas en el marco espacial que prolongaba el de las unidades administrativas coloniales. Así, en Brasil —caso que aunque no pertenece a Hispanoamérica es útil mencionar en este punto—, la continuidad de la legitimidad monárquica que acompañó a la Independencia facilitó el

en algo tangible; luego se llamaron provincias". Antonio Domínguez Ortiz, *El Antiguo Régimen: Los Reyes Católicos y los Austrias,* Alianza, Madrid, 1973, p. 208.

[2] "Constitución federal para los estados de Venezuela" (Caracas, 21 de diciembre de 1811), cap. octavo, sec. primera, art. 143, en [Academia Nacional de la Historia] *El pensamiento constitucional hispanoamericano hasta 1830, Compilación de constituciones sancionadas y proyectos constitucionales, t. v: Venezuela-Constitución de Cádiz (1812),* Caracas, 1961, p. 80. Es muy elocuente, además del señalado uso del concepto de *soberanía,* el que su definición, formulada en el citado párrafo sea similar a la definición del concepto de *nación* prevaleciente en la época. Véase el siguiente ejemplo de la *Gazeta de Buenos Ayres:* "Una nación no es más que la reunión de muchos Pueblos y Provincias sujetas a un mismo gobierno central, y a unas mismas leyes…", *La Gazeta de Buenos Ayres,* 13 de mayo de 1815, reimpresión facsimilar…, p. 261.

freno de las tendencias autonómicas dentro de la gran unidad administrativa proveniente de la dominación portuguesa. Y en Chile, para tomar un ejemplo distinto, su peculiar conformación territorial redujo también esas tendencias a una muy débil y transitoria expresión federalista.

En todos los casos, una vez superadas las vacilaciones iniciales respecto de la Independencia, el problema sería la organización de nuevos Estados soberanos, no el dar forma estatal a alguna supuesta nación preexistente. En los procesos políticos abiertos por la Independencia no existió la cuestión de la nacionalidad, que se instalará junto con la difusión del romanticismo. En términos adecuados a los ex dominios hispánicos, puede ser de utilidad recordar la composición de lugar de José Ignacio Gorriti, influyente letrado rioplatense, en 1825: de dos modos, advertía Gorriti, puede entenderse la nación. O como gente que tiene un mismo origen y un mismo idioma, aunque pertenezca a diversos Estados, o como una sociedad constituida bajo un solo gobierno. En el primer caso está la América hispana o al menos en la América del Sur, tal como lo estuvieron los griegos de la antigüedad o como lo están los italianos. Pero fundar una *nación libre,* argüía, es otra cosa: es la organización de una sociedad en la cual cada uno pone algo en provecho común, y reclama algo en retribución. En otras palabras, lo que surge de los argumentos de Gorriti es que de lo que en el sentir de la época correspondía a lo que después se expresará en el concepto de nacionalidad, no se derivaba la necesidad de una organización estatal. Y, en cambio, organizar un Estado independiente —denominado *nación libre* en el lenguaje de Gorriti— era un problema pensado en los términos contractualistas aún predominantes.[3]

Tendencias preborbónicas

Liberado entonces nuestro comienzo de la equívoca suposición de adosar a la Independencia naciones inexistentes, y despojado de la obsesión de origen romántico por las nacionalidades, algo que resulta central al propósito de evaluar la etapa borbónica es la colisión entre las tendencias centralizadoras de la monarquía y las tendencias autonómicas de sus súbditos. Sobre estas últimas, sería importante poder dis-

[3] Una nación libre, afirmaba, "es una sociedad en la cual los hombres ponen a provecho en común sus personas, propiedades, y todo lo que resulta de esto [...]. Mas cuando ponen esto a producto en la sociedad lo hacen bajo ciertas condiciones, por las cuales ellos calculan lo que ceden y lo que reciben". Actas del Congreso Nacional de 1824, sesión del 4 de mayo de 1825, en Emilio Ravignani [comp.], *Asambleas Constituyentes Argentinas,* tomo 1°, 1813-1833, Instituto de Investigaciones Históricas de la Facultad de Filosofía y Letras, Buenos Aires, 1937, p. 1330.

tinguir qué correspondía a antiguas tradiciones que, al menos en América, remiten generalmente a los reinados de los Habsburgos y qué a la difusión de las doctrinas políticas dieciochescas y a los ejemplos de la experiencia política norteamericana y francesa, así como a las prácticas surgidas durante la guerra antinapoleónica en España. Porque si aceptamos que por las circunstancias propias del mundo americano —distancia de los centros de decisión metropolitanos, supervivencia, al amparo de esta circunstancia, del peso político que la ciudad adquirió en el proceso de conquista y ocupación del territorio, entre otros— el grado de autogobierno fue considerable en las ciudades americanas, aún así nos queda el poder discernir en qué medida el surgimiento de la "soberanía de los pueblos" al estallar la Independencia pueda vincularse con esos antecedentes; es decir, con una tradición que las reformas borbónicas no habrían podido interrumpir.

Pero en este punto conviene advertir el riesgo de recaer en la poco fructífera disputa sobre la "filiación" doctrinaria de las tendencias políticas del periodo ilustrado y de las luchas por la Independencia, en la medida en que en la conciencia política de los protagonistas no era habitual discernir con rigor la raigambre teórica de sus pretensiones. Nada más elocuente para esto que observar el auge de las concepciones contractualistas con que los insurgentes expresaban sus pretensiones autonómicas o sus fundamentaciones de la obra constitucional, concepciones en las que no era necesario para sus exponentes, ni sería fácil para los historiadores actuales, discernir entre las tendencias iusnaturalistas modernas, la teología política de los jesuitas españoles del siglo XVI o la peculiar concepción rousseauniana. Así, por ejemplo, un protagonista de los sucesos rioplatenses de 1810 podía invocar la autoridad de Rousseau, que limita su concepción contractualista al pacto de sociedad y rechaza el de sujeción, para explicar la popularidad del último.[4] Se trata en cambio de examinar las tradiciones políticas que afloraron, a veces en aparentemente incoherente superposición, con los principios políticos difundidos desde las revoluciones norteamericana y francesa, en las prácticas políticas abiertas por la Independencia.

[4] Ignacio Núñez rememora, en los primeros días de la revolución de Mayo, que "se sostenía el principio de que el pueblo había reasumido la soberanía desde que el emperador de los franceses había cautivado la de los reyes, que el pueblo tenía derecho para darse la constitución que mejor asegurase su existencia, y que la mejor constitución era la que garantía a todos los ciudadanos, sin excepción, sus derechos de libertad, de igualdad y de propiedad, invocándose en apoyo el Contrato Social del ginebrino Rousseau, el sentido común del inglés Paine, la cavilación solitaria del francés Volney", Ignacio Núñez, "Noticias históricas...", en Senado de la Nación, *Biblioteca de Mayo,* tomo I, p. 449.

Autonomismo y centralización en España

Al respecto, sabemos que uno de los aspectos centrales de la política borbónica —y, por lo tanto, también de las reformas borbónicas en América— fue la tentativa de restaurar y acrecentar la centralización estatal, debilitada durante los últimos Habsburgos. Pues luego del suceso del embate contra los estamentos y privilegios feudales, que culmina con los Reyes Católicos, el poder de la nobleza, del alto clero y de algunas ciudades privilegiadas, se había ido reforzando al amparo del debilitamiento de la monarquía durante el reinado de los últimos Habsburgos. De manera que en España, durante el siglo XVII, el control de los impuestos, de los recursos militares y de la justicia por la corona, se había debilitado en favor de lo que se ha denominado un proceso de devolución de dicho control a la administración local, al punto de que la burocracia castellana se convirtió en una instancia mediadora entre el rey y sus súbditos en lugar de constituir un agente de absolutismo.[5] A esta tendencia se sumó el peso político de las ciudades en las cortes castellanas. La

> diversidad regional castellana no tenía ninguna traducción en el terreno legal. Los *reinos* de Castilla, de León, de Jaén, de Córdoba, no existían más que en la tradición. Lo que había era ciudades que tenían voto en Cortes; unas eran cabeza de reino, otras no. Al Poder Central le interesaba tener interlocutores, especialmente para el cobro de impuestos, y de un hecho tan prosaico surge desde comienzos del XVI lo que había de convertirse en la base de la división provincial vigente.[6]

Por un lado, entonces, cuenta el papel político de las ciudades, derivado de la crisis de las cortes castellanas hacia 1538. Recordemos que en el antiguo régimen no existían cortes *españolas,* sino Cortes de Castilla, de Aragón, de Cataluña y de Navarra. Las cortes de Castilla habían estado constituidas por integrantes de la nobleza, del clero, y por procuradores de las ciudades. En 1538, a raíz de la oposición de miembros de la nobleza a conceder una sisa al monarca, éste no volvió a convocar ni a nobles ni a eclesiásticos. De manera que las Cortes de Castilla quedaron desde entonces reducidas a la representación de las 18 ciudades de voto en Cortes, con derecho a enviar dos procuradores cada una,

[5] John Lynch, *El siglo XVIII,* Crítica, Barcelona, 1991, p. 6. Contrasta con este juicio el de Gonzalo Anes, que observa una evolución continua de la tendencia centralizadora de la monarquía moderna, desde los Reyes Católicos en adelante: Gonzalo Anes, *El Antiguo Régimen: Los Borbones,* 6ª ed., Alianza, Madrid, 1983, pp. 295 y ss.

[6] Domínguez Ortiz, *El Antiguo Régimen...,* p. 208.

pero con un solo voto. Estos procuradores no representaban en realidad al pueblo, sino a las oligarquías urbanas, las cuales entendían esa representación como un privilegio y se negaban a compartirlos con otras ciudades.

Pero otra de las manifestaciones de este proceso es la pervivencia de una conciencia del derecho de los *pueblos* al autogobierno, en pleno auge del absolutismo. Intentando conciliar ambas instancias escribía Santaya Bustillo, en su *Gobierno político de los pueblos de España,* publicado en Zaragoza en 1742, "El gobierno de los pueblos pertenece a ellos mismos por derecho natural; de ellos derivó a los magistrados y a los príncipes, sin cuyo imperio no se puede sostener el gobierno de los pueblos".[7]

Se trata de una tradición que remonta a la Edad Media, a tiempos en que la participación de las ciudades en las cortes de Castilla era de gran peso, de la que la limitada representación en las cortes de las ciudades en tiempos de los Habsburgos sería más bien un fenómeno residual. A principios del siglo XIV eran muchas las ciudades y villas castellanas y leonesas que enviaban sus representantes a las cortes, representantes que desde mediados del siglo XIII eran llamados *procuradores* y que posteriormente, luego de mediados del siglo XIV, solían ser también denominados *diputados.*[8] Esta tradición seguirá viva no sólo en España sino también en sus ex colonias americanas luego de la Independencia. En ellas se podrá observar vigente la práctica medieval descrita por el mismo autor:

> Cada Consejo confería a sus "procuradores" poderes especiales, valederos por el tiempo que durasen las Cortes y consignados en un documento o "carta de procuración", sellado por el Consejo. Estos poderes contenían instrucciones muy concretas, de las que los procuradores no se podían apartar y relativas a los asuntos que el Rey proponía al conocimiento de las Cortes cuando las convocaba y asimismo a las peticiones que la ciudad haría al Monarca. Los "procuradores" recibían, pues, de su ciudad un mandato imperativo, que juraban observar, y, en el caso de que en las Cortes se planteasen cuestiones no previstas en los poderes recibidos, tenían que pedir a sus Consejos nuevas instrucciones y poderes.[9]

[7] *Cf.* Juan Beneyto, *Historia de la administración española e hispanoamericana,* Aguilar, Madrid, 1958, p. 473.

[8] Asimismo, antes y después de esta fecha, fueron a veces llamados "personeros" y "hombres buenos". Luis G. de Valdeavellano, *Curso de historia de las instituciones españolas, desde los orígenes hasta el final de la Edad Media,* 6ª ed. Revista de Occidente, Madrid, 1977, pp. 473 y 474.

[9] *Ibidem,* p. 475.

Centralización y descentralización en América

Así como hemos visto antes, respecto de España, que la historiografía no concuerda siempre sobre el grado real de centralización logrado durante el reinado de los Habsburgos, tampoco es fácil inferir en la bibliografía existente cuál fue el real grado de autonomía de las ciudades americanas antes de los Borbones. De tal manera, pueden leerse afirmaciones contradictorias en un mismo autor, por ejemplo, que ya califican al reinado de los Habsburgos de ser un periodo de centralización como de lo contrario.[10]

Recordemos que la primera etapa de organización de los territorios americanos por parte de la corona española había tenido como base las ciudades, para cuya estructuración se fueron estableciendo normas detalladas, sustancialmente basadas en las pautas tradicionales del municipio castellano. En consonancia con ellas, durante el periodo inicial de ocupación del territorio americano, las ciudades conocieron una amplia independencia de gestión.[11] Esta capacidad de autogobierno, que en España se había debilitado fuertemente luego de la derrota de las comunas de Castilla en Villalar (1521) y del proceso de cercenamiento de sus atribuciones por parte de la corona, adquirió en América una función decisiva en la primera mitad del siglo XVI.[12] Expresión de ella fue el ayuntamiento o cabildo, compuesto de funcionarios judiciales —alcaldes— y regidores, y presidido generalmente por uno de los alcaldes, al que se denominaba alcalde mayor, un funcionario cuyo poder llegó a ser

[10] "Recuperar los hilos que con independencia de la metrópoli movían desde hacía más de un siglo los mecanismos económicos, políticos y administrativos de la colonia, colocarlos bajo la dirección y vigilancia de hombres adeptos a la metrópoli, y hacerlos servir a ésta por sobre cualquier otra consideración. Tal fue el triple propósito de estas reformas [borbónicas]". Dos páginas antes se leía en la misma obra, también con referencia a la Nueva España, que en el siglo XVII... "los Habsburgos implantaron definitivamente el absolutismo y la centralización administrativa, mediante la creación de una extensa red de agentes dependientes del favor real y recompensados con privilegios y prebendas". El Colegio de México (comp.), *Historia general de México,* tomo II, pp. 202 y 204.

[11] Georges Baudot, *La corona y la fundación de los reinos americanos,* Asociación Francisco López de Gómara, Madrid, 1992, p. 147: "De hecho, la institución municipal de los reinos americanos se inspiró, en sus principios, directamente de la fórmula del viejo municipio castellano de la Edad Media que arrancaba del siglo XI y había sido un ejemplo de régimen municipal".

[12] "Desde el punto de partida de la ley, incluso aquellos colonos españoles de las Indias que vivían en el campo existían solamente en relación a su comunidad urbana. Eran vecinos del asentamiento urbano más próximo, y era la ciudad la que definía su relación con el estado. Esto estaba en la línea de las tradiciones del mundo mediterráneo ...": J. H. Elliot, "España y América en los siglos XVI y XVII", en Leslie Bethell (comp.), *Historia de América Latina,* vol. 2: *América Latina colonial: Europa y América en los siglos XVI, XVII, XVIII,* Crítica, Barcelona, 1990, p. 12.

demasiado grande, al punto de que la corona apeló a una nueva figura, la del corregidor, para presidir los ayuntamientos y representarla en su seno.[13]

En 1528 la ciudad de México solicitó un voto en las cortes de Castilla. Posteriormente, se hicieron sugerencias en favor de la representación de ciudades de Indias en las cortes o de reuniones regionales en Indias de representantes de ciudades principales, brotes constitucionalistas que la corona de Castilla desalentó con firmeza, en consonancia con su política de fortalecimiento de la autoridad real, política, que en las Indias podía llevarse a un grado mayor aún que en Castilla, "donde el constitucionalismo, aunque mortalmente herido, no había expirado todavía".[14]

Pero debemos advertir que a pesar de que conforme avanzaba el afianzamiento de los "reinos" americanos se tendió a limitar el poderío de la institución municipal, contrabalanceada por las autoridades mayores —virreyes, audiencias, gobernadores—, el proceso de venta de oficios facilitó la persistencia de las tendencias al autogobierno, al dejar en manos de las oligarquías locales los principales cargos del ayuntamiento. Así, en México, hacia 1680, esos grupos locales habían alcanzado un poder difícil de alterar.[15]

De manera que, al llegar al periodo borbónico, la situación que prevalecía en las Indias no parecía reflejar la imagen usual de la monarquía absoluta.

> El sistema que los Borbones del siglo XVIII encontraron en las posesiones de la América española —comenta Elliot— podría ser descrito, pues, como de autogobierno a la orden del rey. Las oligarquías de las Indias habían alcanzado un nivel de autonomía dentro de un esquema más amplio de gobierno centralizado y dirigido desde Madrid.

Dicho sistema reflejaba un equilibrio tácito entre la metrópoli y los colonos, con perjuicio de los indios. Pero

> permitió a la América española sobrevivir a las calamidades del siglo XVII e incluso prosperar moderadamente y, a pesar de las depredaciones extranjeras, el imperio americano de España seguía prácticamente intacto cuando el siglo se aproximaba a su final. Quedaba por ver si un sistema tan flexible y

[13] Elliot, "España y América", p. 149.

[14] *Ibidem,* p. 13: Y a esa mayor concentración del poder del Estado en las Indias contribuía la excepcional concentración de poder eclesiástico en la corona.

[15] Andrés Lira y Luis Muro, "El siglo de la integración", en El Colegio de México (comp.), *Historia general de México,* p. 173.

cómodo podía sobrevivir a un nuevo tipo de rigor, el rigor de la reforma del siglo XVIII".[16]

En cuanto a los otros niveles de la organización del dominio español en las Indias, también ocurrió que la tendencia centralizadora de la monarquía había fracasado en la particular situación de sus dominios ultramarinos. El carácter fragmentado de la autoridad fue, pues, uno de los rasgos predominantes del gobierno de las Indias.[17]

Las reformas borbónicas

En un comentario al citado texto de Santayana Bustillo, el autor que lo transcribe lo considera expresión de "la base doctrinal y la situación de hecho de la Administración local en su época", afirmación que no concilia con lo que sabemos de la política del absolutismo en este terreno. Los Borbones avanzaron desde un principio sobre el gobierno de los municipios, sobre todo para el control fiscal, pero en ejercicio del criterio básico de considerar su poder absoluto e ilimitado. El primero de ellos, Felipe V,

> fiel a las instrucciones recibidas de su abuelo Luis XIV, ejerció el poder sin respetar el derecho tradicional o "viejo". En adelante, la comunidad dejó de intervenir en las actividades políticas, y hubo de someterse plenamente al poder absoluto del rey, quien encarnaba todo el poder del Estado, para lo cual fue necesaria la derogación expresa de todas las disposiciones que establecían la intervención de los consejos y de las cortes en casos concretos...[18]

Por otra parte, los Borbones tendieron a uniformar la administración del variado mosaico que eran "las Españas". A partir de los decretos de "nueva planta" —hacia 1707/1716—, que abolieron los fundamentos jurídicos y políticos de los antiguos reinos de Aragón, Valencia, Mallorca y Cataluña, éstos perdieron su calidad de virreinatos (no así Navarra, que se conservó como tal) y el manejo de su organización político-administrativa, y adquirieron un *status* administrativo similar al imperante en Castilla. Los virreyes fueron reemplazados por capitanes generales-

[16] Elliot, "España y América", p. 44.

[17] La presencia del Estado, "aunque completamente penetrante, no era del todo directora. Las seguridades de Madrid se disolvían en las ambigüedades de una América donde el 'cumplir pero no obedecer' era un lema aceptado y legitimado para no tener en cuenta los deseos de una corona supuestamente mal informada". Elliot, "España y América", p. 15.

[18] Anes, *El Antiguo Régimen...*, p. 300.

gobernadores, que funcionaron de hecho como presidentes de las audiencias del correspondiente territorio, de manera que el Estado español adquirió una estructura político-administrativa de carácter uniforme.[19]

La política de los Borbones pareció desarrollarse con éxito al amparo de un periodo de crecimiento demográfico y de recuperación económica. La recuperación iniciada en las últimas décadas del siglo XVII se acentuó hacia mediados del XVIII. Pero los intentos de corregir las deformaciones de la economía y la sociedad española por parte de los ministros reformistas de Felipe VI y Carlos III, especialmente de limitar el poderío de la aristocracia y de la Iglesia, no tuvieron éxito. De manera que el periodo de mayor esplendor de la monarquía borbónica, aproximadamente entre 1767 y 1790, en el que tuvieron papel fundamental las relaciones con América, se llevó a cabo en un marco de persistencia de monopolios y privilegios. Hacia fines del siglo, la reversión de la tendencia económica y las complicaciones políticas internacionales desencadenaron en España procesos políticos que habrían de comprometer la estabilidad de la monarquía;[20] asimismo, dichos procesos condicionarían la Independencia de los dominios americanos.

Las reformas en América

La política reformista perseguida por los Borbones desde Felipe V en adelante respondía al propósito de afirmar una única soberanía, la del monarca, sin limitaciones. Así, como hemos visto, la reforma apuntó por lo tanto no sólo al ámbito burocrático y al militar, sino también al de la diversidad de reinos que integraban la monarquía española. La comentada uniformación de los reinos españoles se correspondía sustancialmente con la necesidad de eliminar prácticas soberanas remanentes de los antiguos privilegios de cada reino, así como otras reformas perseguían similar objetivo en el interior de esos reinos. Asimismo, en el ámbito eclesiástico, la existencia de esa otra limitación a la soberanía regia, la proveniente de la autoridad del pontífice, fue enfrentada según la tradición regalista de los Habsburgos pero con renovado vigor —ayudado por la debilidad del pontificado en el siglo XVIII—, hasta que se logró el concordato de 1753. Si en ese último terreno la monarquía encontró adversario de importancia, las medidas para enfrentarlo se diseñaron a la altura del contrincante, como lo probó la expulsión de los jesuitas y la presión por la posterior extinción de la Compañía. Y, por otra parte,

[19] Anes, *El Antiguo Régimen…*, pp. 296 y 314.
[20] Lynch, *El siglo XVIII,* pp. 8 ss.

esas medidas encontraron firmes apoyos en una burocracia real ya educada en el regalismo, y hasta en el seno de la misma Iglesia, en la que las tendencias reformistas bullían intensamente.[21]

En los fundamentos de la política borbónica hacia sus dominios americanos, los historiadores han visto una reformulación de las relaciones entre la metrópoli y sus posesiones. De acuerdo con el supuesto de la legislación indiana, los súbditos americanos del monarca se sentían integrantes de reinos dependientes de la corona de Castilla, y sobre esa base fundaron muchas de sus demandas, y sus prácticas, de autogobierno.[22] Pero la imagen de un soberano que, en expresión de Campomanes, "depende del solo juicio del Todopoderoso, por quien está puesto y colocado sobre los pueblos",[23] se proyectó también hacia sus posesiones americanas, y la tendencia de la administración borbónica fue ignorar aquel supuesto, tendencia frecuentemente acompañada del uso de la denominación misma de *colonia* para referirse a los territorios americanos. Más allá de la discusión sobre los logros y los fracasos de las reformas borbónicas en América,[24] cabe señalar que esta práctica, sumada a ciertos rasgos de las reformas, como los efectos de los nuevos ordenamientos fiscales, no pudieron menos que generar descontento.

El hecho es que, paradójicamente, tanto por sus éxitos como por sus

[21] Véase nuestro trabajo *La Ilustración en el Río de la Plata, Cultura eclesiástica y cultura laica durante el Virreinato,* Punto Sur, Buenos Aires, 1989, pp. 24 ss.

[22] "Por donación de la Santa Sede Apostólica, y otros justos y legítimos títulos somos Señor de las Indias Occidentales, Islas y Tierra firme del mar Océano, descubiertas y por descubrir, y están incorporadas en nuestra Real Corona de Castilla [...] Y mandamos que en ningún tiempo puedan ser separadas de nuestra Real Corona de Castilla, desunidas, ni divididas en todo, o en parte, ni sus Ciudades, Villas, ni Poblaciones, por ningún caso, ni en favor de ninguna persona...": *Recopilación de Leyes de los Reinos de las Indias,* tomo II, Madrid, 1973, libro tercero, título primero, ley primera, fol. I. Véase una discusión sobre el tema en Horst Pietschmann, *El Estado y su evolución al principio de la colonización española en América,* FCE, México, 1989, pp. 198 ss.

[23] "Alegación del fiscal don Pedro Rodríguez de Campomanes", en [Floridablanca], *Obras originales del conde de...,* Madrid, BAE, 1867; "Expediente del Obispo de Cuenca", p. 46. Nótese que, según Mario Góngora, ya en las "Observaciones Theopolíticas" (Lima, 1689) de Juan Luis López se encuentra la defensa del origen divino del poder real, tesis cuyo registro en España es tradicionalmente concebido como posterior a 1700. Mario Góngora, "Estudios sobre el Galicanismo y la 'Ilustración católica' en América Española", *Revista Chilena de Historia y Geografía,* núm. 125, 1957, p. 105.

[24] "Lejos de haber sido la espléndida culminación de trescientos años de gobierno colonial, el tardío periodo borbónico en Hispanoamérica fue una fase pasajera en la que la élite administrativa de la metrópoli lanzó una desesperada cuanto retrasada ofensiva para reconquistar el imperio ultramarino dominado por los intereses establecidos que hasta entonces habían sostenido el viejo orden y se habían aprovechado de él": David Brading, "El mercantilismo ibérico y el crecimiento económico en la América Latina del siglo XVIII", en Enrique Florescano (comp.), *Ensayos sobre el desarrollo económico de México y América Latina (1500-1975),* FCE, México, 1979, p. 313.

fracasos, las reformas no harían sino activar el descontento de gran parte de sus súbditos americanos.

> No es sorprendente que, en la reacción colonial a las reformas, las mercantiles hayan pesado menos que las administrativas y sobre todo las fiscales. El aspecto más irritante de la reforma mercantil era —se ha visto ya— la implantación en la sociedad colonial de una nueva élite comercial que ha de conservar con la metrópoli lazos más robustos que aquella a la que viene a reemplazar. Ahora bien, esto, que era un aspecto al cabo secundario de la reforma mercantil, es un elemento esencial de la administrativa: desde México a Córdoba, en el Río de la Plata, los quejosos ven en ella sobre todo un esfuerzo por despojar a la élite criolla de sus bases en la administración, la justicia, la Iglesia.[25]

Hacia comienzos del nuevo siglo, entonces, si los efectos de las reformas podían complacer a la Corona, no ocurría lo mismo con sus súbditos americanos. Efectivamente, hacia 1808 la corona podía estar satisfecha de los resultados de su política: hasta 1796 España y sus colonias habían disfrutado de una prosperidad sin precedentes y luego de esa fecha, al estallar el conflicto con Inglaterra, fue la metrópoli más que sus colonias la afectada por las consecuencias. Pero fue justamente la fuerza demostrada por la Corona lo que constituyó el factor de irritación para los americanos que hubieran podido tener acceso a los diversos niveles de la administración. Los apetitos despertados por la misma prosperidad para ocupar cargos en la burocracia colonial no sólo no fueron satisfechos sino que se retrocedió respecto del periodo anterior a las reformas, como efecto de la política de limitar el poder directo o indirecto de las familias locales en el gobierno colonial. El máximo de miembros americanos de las audiencias, por ejemplo, logrado mediante la compra de cargos, se había alcanzado en 1750: de los 93 ministros (oidores, alcaldes mayores y fiscales) 51 eran entonces americanos nativos. Sólo en la audiencia de Guatemala no había funcionarios americanos. Por otra parte, en seis de ellas existían ministros nativos de la jurisdicción, de las que la de Lima era la que contaba con más cantidad de estos casos, pues entre sus integrantes se contaban 13 peruanos.[26]

A partir de entonces, en cuanto la política borbónica tendió a suprimir la influencia que las principales familias criollas habían conseguido en la justicia mediante la venta de cargos, comprados por miembros de esas familias, y de la práctica corrupta de los funcionarios que dispen-

[25] Tulio Halperín Donghi, *Reforma y disolución de los imperios ibéricos, 1750-1850,* Alianza, Madrid, 1985, p. 60.

[26] *Ibidem,* pp. 125 y 128.

saban favores a quienes habían financiado los gastos de su instalación en América (funcionarios obligados a endeudarse, por sus bajos salarios, para atender esos gastos y a recompensar a sus financiadores con fallos favorables en los juicios que les afectaban), las cosas cambiaron sustancialmente. Merced a tal política, hacia la segunda mitad del siglo la Corona había ya recuperado el control de la mayoría de las audiencias americanas.[27]

Sin embargo, no fueron únicamente los criollos los afectados por las reformas. Ellas también hirieron a buena parte de la burocracia hispana en las Indias. Frente a lo que se concibió como la culminación de esas reformas, las intendencias, las quejas de los afectados fueron algo común en todo el territorio americano, y las fricciones con los nuevos funcionarios menudearon. En la medida en que esta reforma iba mucho más allá de afectar simplemente a la cúpula administrativa, pues tendía a una relación más directa entre el monarca y sus súbditos, y a un mejor control de la eficacia de sus representantes en Indias, éstos —los virreyes, sobre todo— no pudieron menos que sentir disminuidos sus poderes y debilitada su autoridad.[28]

Tales fricciones fueron también particularmente fuertes en el ámbito municipal, respecto del que es necesario advertir, nuevamente, la existencia de distintas imágenes de la fuerza del gobierno municipal en vísperas del periodo borbónico. Así, según John Lynch los cabildos coloniales habrían ido debilitándose durante el dominio de los Habsburgos, hasta reducirse a una situación de escaso poder, situación de la que no es excepción lo que se observa en el Río de la Plata.[29] En este plano, si lo afirmado por Lynch como característica de todos los cabildos hispanoamericanos puede no confirmarse en otras regiones, parece responder al menos al caso rioplatense. Sin embargo, la situación fue rápidamente revertida allí, pues en las últimas décadas del siglo los cabildos ingresaron a una etapa de renovado vigor que, en su mayor parte, coincidió con el régimen de intendencias.[30] Trabajando en armonía con al-

[27] Mark A. Burkholder y D. S. Chandler, *De la impotencia a la autoridad. La Corona española y las Audiencias en América, 1687-1808,* FCE, México, 1984, p. 130.

[28] *Ibidem,* p. 70. Véase también el relato de la accidentada implantación de las intendencias novohispanas en David Brading, *Mineros y comerciantes en el México borbónico (1763-1810),* FCE, México, 1975, primera parte, "La revolución en el gobierno".

[29] "A principios del siglo XVIII la edad heroica de los cabildos ya no era más que el recuerdo de un pasado remoto en todas las partes del imperio hispano...": John Lynch, *Administración colonial española, 1782-1810,* 2ª ed., Eudeba, Buenos Aires, 1967, p. 191. Véase también John Fisher, "The Intendant System and the Cabildos of Peru, 1784-1810", *The Hispanic Historical Review,* vol. XLIX, núm. 3, agosto de 1969, p. 431.

[30] "Elsewhere the arrival of the intendants was marked by a genuine revival of municipal activity": John Fisher, "The Intendant...", p. 439.

gunos intendentes, en crítica oposición a otros, comenzaron a reavivar sus funciones municipales y a rehabilitar su fuerza política. Pero a comienzos del nuevo siglo estaban en casi todas partes en malas relaciones con los intendentes. Paradójicamente, el régimen de intendencias, que en cuanto instrumento de la política centralizadora borbónica se presumía como un factor adverso al autogobierno, se constituyó en su estímulo, tanto en la primera fase de general colaboración entre ambas partes, como posteriormente al ejercitar sus renovadas fuerzas en enfrentamientos con las autoridades coloniales. Pues en cuanto el aumento de los ingresos municipales y la participación en nuevas tareas solicitadas por los intendentes estimularon la actividad de los ayuntamientos, éstos comenzaron a reclamar mayor participación en el gobierno local, lo que dio lugar a un generalizado conflicto entre cabildos e intendentes durante la última década del periodo colonial que estimuló en los ayuntamientos el ejercicio de sus responsabilidades municipales.[31] Asimismo, aún en el breve periodo en que por efecto de las guerras finiseculares, los ayuntamientos vieron mejoradas sus posibilidades de obtener concesiones, esto no hizo otra cosa que servir de mayor acicate a ese descontento.[32]

El cimiento "municipal" de los futuros Estados

Una visión de época, externa a la América hispana pero sorprendentemente acertada, apuntaba a señalar lo que desde una perspectiva posterior podría considerarse como los fundamentos históricos del fenómeno de las autonomías locales subsiguiente a la Independencia. La *Edimburgh Review,* en un número aparentemente de 1809, se preguntaba qué pasaría cuando cesasen las autoridades españolas en América, cese que daba por descontado con total seguridad; es decir, qué bases sobrevivirían para edificar sobre ellas el nuevo gobierno. Enumeraba entonces las autoridades que desaparecerían: virreyes y gobernadores, reales audiencias, oficios de real hacienda, y algunos otros. Y añadía: "Pero quedarán siempre, como quedaron en el caso de Holanda, las Magistraturas locales del País, y aquellas Autoridades que emanaban de una constitución original y peculiarmente buena" que "ofrecerá para la nueva forma de Gobierno una base mucho más segura, que la que jamás se ha presentado a la beneficencia legislativa antes de ahora".

Y explicaba a continuación:

[31] John Fisher, "The Intendant...", pp. 211 y 267.
[32] Burkholder y Chandler, *De la impotencia...,* p. 125.

> Los Cabildos por ejemplo, o lo que acaso queremos llamar Corporaciones Municipales suministran una organización tan completa que los mismos Reyes de España les han confiado en ocasiones el gobierno de Provincias enteras. Los Cabildos de España fueron erigidos casi al mismo tiempo y con igual objeto que otras instituciones semejantes establecidas por toda la Europa, y conocidas bajo el nombre de *Corporaciones* en este País, de *Comunidades* en Francia, y *burgos* en Holanda. Pero en ninguna parte la constitución de estas Municipalidades fue más libre que en España, y en ninguna parte parece haber adquirido tan grande influencia en el Gobierno general...

De igual manera agrega que en América del Sur existe evidentemente la base necesaria ("organización elemental, emanada del País") para evitar la confusión y reconocer los cimientos de lo que se debe edificar. Fundamentos tan buenos o mejores que los hallados en Holanda cuando se independizó de España.[33]

La intensidad y duración de las llamadas luchas civiles desatadas luego de la Independencia en las ex colonias hispanoamericanas —más llamativas si se comparan con la aparente cohesión del proceso vivido por el Brasil— han llamado siempre la atención de quienes intentan historiar la formación de las naciones latinoamericanas. Es notorio que las grandes unidades administrativas sirvieron de marco, aunque de forma muy variada, a la constitución territorial de los futuros países, sin que la observación satisfaga la inquietud de tratar de hallar una explicación coherente sobre el particular. Es en cambio menos notorio para la historiografía reciente, aunque ocupó bastante a la del siglo XIX y de la primera mitad del siglo XX, el florecimiento de tendencias autonómicas que, encasilladas en el tema de la *anarquía,* o rotuladas frecuentemente sin acierto como *federalismo,* no han tenido adecuada interpretación a raíz del velo ideológico que el nacionalismo de aquella historiografía tendió sobre el tema. La base de esas tendencias parece no haber sido otra que la resultante de la conjunción de la tradición de amplia jurisdicción propia de las ciudades, corporizadas en los cabildos, y el auge del juntismo propagado desde la España en armas contra los franceses y justificado en la comentada doctrina de la reasunción de la soberanía por los "pueblos".

Pero una vez advertida la naturaleza del ayuntamiento hispanoamericano y su fuerte raigambre en la sociedad colonial, así como el precedente que las prácticas concejiles implicarían para la conformación de los futuros gobiernos independientes, es necesario analizar lo

[33] Un C. R. [¿corresponsal?], "Artículo comunicado", *Gazeta Ministerial del Gobierno de Buenos Ayres* núms. 79 y 81, miércoles 17 de noviembre y miércoles 1º de diciembre de 1813, p. 579.

que el ambiguo concepto de autogobierno puede dejar en la sombra. Es necesario aquí no perder de vista que el conflicto generado por las reformas del absolutismo borbónico parece ser de otra naturaleza que el que culminó en la Independencia norteamericana. Mientras en este último caso los colonos reaccionaron contra una situación que implicaba el cercenamiento de su capacidad legislativa, sobre todo, la relativa a las leyes de impuestos, en las colonias hispanoamericanas el efecto de las reformas borbónicas era una generalizada irritación derivada de las menores oportunidades de participar en los diversos niveles de la administración —ese mecanismo que consistía sustancialmente en la gestión de medidas de poder y prestigio por parte de las familias encumbradas en la sociedad local—.

"Autogobierno" y régimen representativo: los casos de las colonias hispano y angloamericanas

Entre las modalidades de la administración colonial que las reformas borbónicas no pudieron eliminar totalmente de la práctica y menos aún de la conciencia de los criollos, la tendencia a ejercer las viejas formas de autogobierno seguía viva a fines del periodo colonial. Ella se manifestaba no sólo en relación con los representantes del monarca, sino también en la relación de ciudades subordinadas y ciudades principales que había establecido el régimen de intendencias, pues era común la tendencia de las subordinadas a eludir su dependencia de las ciudades cabeceras mediante una relación directa con las autoridades mayores.

Sin embargo, conviene precisar los límites de ese "autogobierno" local, especialmente si se trata de examinar en qué medida podría haber sido la base del desarrollo político posterior a la Independencia. Nada mejor para ello que abordar, resumidamente, el caso de las colonias angloamericanas, donde las formas de autogobierno fueron más afines al posterior proceso de formación de la república representativa. Este análisis comparativo es un viejo tema de la historiografía hispanoamericana, lamentablemente bastante abandonado en los últimos tiempos. Por ejemplo, sobre el gobierno propio en las colonias inglesas, escribía un constitucionalista argentino, hacia 1930, lo que puede considerarse un resumen de un punto de vista ya generalizado: los norteamericanos no necesitaron mucho tiempo para organizarse constitucionalmente porque ya estaban preparados para ello por una larga experiencia cívica durante su vida colonial; no sólo disfrutaron de libertades y derechos individuales, sino que también poseyeron gobiernos representativos...

según las formas democráticas compatibles con la soberanía de su rey. Por la *common law* de la madre patria, adaptada a las modalidades de su propia vida social, disponían de todas las prerrogativas inherentes a ciudadanos libres; y con la aplicación de los principios parlamentarios de la Constitución inglesa —aún no consolidados en algunas de sus aplicaciones al funcionamiento de los poderes, pero firmes ya en sus bases fundamentales— podían gozar de un sistema local tan perfecto para la época que pudo servirles eficazmente luego en la organización de un régimen nacional.

Y añadía:

Una idea exacta de la bondad práctica de las instituciones coloniales puede cualquiera formarse recordando los tan conocidos casos de las cartas reales de Rhode Island y de Connecticut, de 1663 y 1662, otorgadas por Carlos II, y por las cuales esos dos estados continuaron rigiéndose después de la emancipación política, hasta 1842 y 1818 respectivamente.[34]

Lo acertado de la sustancia de ese punto de vista es también recogido en obras posteriores. En las colonias inglesas, se ha observado recientemente, esas formas de autogobierno se correspondían con rasgos de aquellas sociedades que las diferenciaron fuertemente de las europeas contemporáneas y también de las iberoamericanas, pues tendieron a desarrollar estructuras más abiertas, menos rígidas que las de éstas. La abundancia de tierra y la escasez de mano de obra condicionaron una difusión relativamente amplia de ingresos entre la población blanca, lo que evitó el surgimiento de grandes brechas entre ricos y pobres.[35] Esto difería mucho de las sociedades iberoamericanas en las que particulares, Iglesia y gobierno se apropiaban de gran parte de los excedentes del trabajo mediante formas serviles o mediante arrendamientos, diezmos e impuestos. Otra diferencia con las colonias ibéricas es la diversidad de credos religiosos y la consiguiente debilidad de las Iglesias angloamericanas. Mientras en Iberoamérica la vida religiosa estaba fuertemente controlada por una sola Iglesia, intolerante con las heterodoxias y con el firme apoyo del Estado, en Angloamérica predominaba el pluralismo ideológico, y la mayor parte de la vida religiosa se dio fuera de la Iglesia nacional inglesa, por lo que se rechazó el control de una jerarquía eclesiástica y tendió por lo tanto a ser crítica con el Estado metropolitano. Por

[34] Juan A. González Calderón, *Historia de la organización constitucional,* Lajouane, Buenos Aires, 1930, p. 9. El problema había sido ya abordado por los historiadores Bartolomé Mitre y Vicente Fidel López. Véase, sobre el particular, Natalio R. Botana, *La libertad política y su historia,* Sudamericana, Buenos Aires, 1991, pp, 89 ss.

[35] Antony McFarlane, *El Reino Unido y América; la época colonial,* Mapfre, Madrid, 1992, p. 174.

otra parte, las colonias angloamericanas carecían de una aristocracia hereditaria, así como de la pequeña nobleza que existió en algunos dominios hispanoamericanos, permitieron una movilidad social ascendente muy peculiar, y en configuración racial fueron sociedades menos complejas que las de las Antillas o de lberoamérica.[36]

Estas características favorecieron las tendencias, presentes en todas las colonias angloamericanas, a tomar como modelo el parlamentarismo inglés, pese al punto de vista de la Corona, que les negaba la condición de igualdad frente a los súbditos metropolitanos. Los primeros líderes en América estaban al tanto de los asuntos en Inglaterra y conscientes de los poderes del parlamento y de su valor como precedente de lo que debía hacerse en las colonias.[37] El parlamento británico —que fue efectivamente modelo para muchos cuerpos políticos, al punto de ganar el apodo de "Mother of Parliaments" por su condición de ejemplo para las legislaturas de los dominios y de las experiencias parlamentarias de otros países— sirvió también de ejemplo en los siglos XVII y XVIII a un conjunto de instituciones que fueron frecuentemente denominadas parlamentos por sus contemporáneos, a despecho de cuán fuertemente los juristas pudiesen impugnar la pertinencia del término.[38]

La expansión económica y el crecimiento demográfico de las colonias angloamericanas de los años posteriores a 1650 fue acompañado en lo político por el desarrollo de formas de gobierno colonial al estilo metropolitano, con fuerte afirmación de la autonomía local. Con características diversas según las colonias, y con un desarrollo no uniforme, la tendencia al autogobierno es sin embargo inequívoca, de modo que a fines del siglo XVII los colonos habían consolidado su derecho a un papel central en el gobierno de las colonias y se consideraban súbditos de condiciones y derechos iguales a los de la metrópoli, con órganos de gobierno que interpretaban como equivalentes al parlamento británico.[39]

El rasgo distintivo del gobierno colonial angloamericano que resulta sustancial para nuestro objeto estriba en ese principio representativo,

[36] Antony McFarlane, *El Reino Unido...*, pp. 176 y 177.

[37] Mary Patterson Clarke, *Parliamentary Privilege in the American Colonies,* Yale University Press, New Haven, 1943, p. 13.

[38] *Ibidem,* p. 12. "Probably no explanation of the American assemblies from a legal point of view could be expected to attribute to them any real judicial power of formally recognized rights as parliaments, But this inquiry is concerned not so much with what they had a right to do as with what they actually did. And in spite of any legal theories to the contrary, these assemblies present the interesting spectacle of a whole series of small parliaments growing up on American soil". Influyó en esto el hecho de que los principales avances del parlamento británico tuvieron lugar en los siglos XVI y XVII (*ibidem,* pp. 12 y 13).

[39] McFarlane, *El Reino Unido...*, p. 181. Véanse también pp. 182 a 184.

esto es, en el surgimiento de instituciones representativas émulas del parlamentarismo inglés, llamadas *asambleas,* mediante las cuales los colonos tuvieron fuerte presencia en el gobierno. En general,

> Cada colonia era una entidad separada, con su propio gobernador, consejo y asamblea. Cada una hizo sus propias leyes, sujetas a la aprobación del gobernador en su capacidad de representante y guardián de los derechos del soberano. En su forma más rudimentaria el gobierno colonial constó de dos ramas. De un lado estaba el gobernador y su consejo, representando las prerrogativas de la Corona y actuando como el poder ejecutivo; del otro estaba la legislatura colonial, con una cámara alta que constaba del Consejo del gobernador y de una Asamblea elegida, por y entre los propietarios libres de la colonia.[40]

Las Asambleas, que en teoría no tenían más función que la de cooperar con el gobernador y su consejo en diversos asuntos legislativos, y que tenían obligación de proporcionar los fondos necesarios para el gobierno, en la práctica se consideraban a sí mismas y se comportaban cada vez más como encarnación de los "derechos de los ingleses al gobierno por consentimiento" y a funcionar sin interferencia real, según el modelo de gobierno de la metrópoli. El gobernador y su consejo fueron considerados el equivalente colonial del rey y su consejo privado, y la asamblea fue equiparada a la Cámara de los Comunes. Por medio de ella, los colonos reclamaron especialmente el control de la recaudación y del gasto, a la manera de los Comunes, y se negaron a proveer de recursos o aprobar gastos que no pudiesen controlar. Mientras, en cambio, los colonos españoles no poseían una estructura institucional para controlar la recaudación y el gasto de los impuestos, los que eran recaudados por oficiales de la Real Hacienda.[41]

En los colonos angloamericanos influyó también fuertemente el corpus del derecho consuetudinario inglés, que subrayaba los derechos individuales frente al Estado y proveía de procedimientos para defender la libertad individual contra las usurpaciones del poder, tales como el juicio por un jurado integrado por ciudadanos comunes en lugar de limitarse a un juez nombrado por el ejecutivo. Y sobre todo fue decisiva la profunda influencia del pensamiento radical inglés del siglo XVII y comienzos del XVIII, que les permitió contemplar su conflicto con la metrópoli desde una perspectiva más amplia, puesto que la crítica de ese radicalismo a la monarquía Hannover, ampliamente leída en las colo-

[40] McFarlane, *El Reino Unido...,* pp. 185 y 194.
[41] *Ibidem,* pp. 196 y 197.

nias, alimentaba y justificaba una actitud crítica frente al gobierno metropolitano.[42]

De tal manera que, más tarde, cuando por diversas circunstancias la corona británica en un abrupto cambio de la política imperial tendería a implantar una mayor supervisión y más estrecho control, la súbita reorientación política provocaría el conflicto con los colonos que los llevaría a la independencia. El movimiento comenzó como una defensa de las prácticas establecidas más que como un rechazo hacia ellas. En sustancia, como un choque entre la tendencia de los colonos a ver al Imperio como una federación de partes iguales, y la nueva postura contraria del parlamento y de la Corona.

Las prácticas de autogobierno desarrolladas en las colonias angloamericanas moldeadas sobre el modelo del parlamento inglés, y con la gran influencia de la llamada doctrina *whig* y las concepciones de Locke, diferían entonces sustancialmente de lo que se entiende por tal en el caso hispanoamericano. Pero, además, resulta también fundamental observar que mientras en éstas tales prácticas, independientemente de cómo juzguemos su calidad, no trascendían el nivel municipal, los colonos angloamericanos habían llevado sus modalidades de autogobierno, con un fuerte componente legislativo, a cada colonia, esto es, a lo que luego serían los estados. Y si en alguna medida esto último ocurría en las colonias hispanoamericanas, derivaba sólo del ejercicio de una primacía del ayuntamiento de la ciudad capital de la correspondiente división administrativa.

El regalismo. Cultura política y política cultural del absolutismo

Pocos rasgos de la tradición política de la Monarquía hispana dejaron huella tan fuerte y duradera como el que fundamentaría luego la afirmación de los derechos del Estado frente a la Iglesia. El regalismo característico de los monarcas hispanos y fortalecido durante el periodo borbónico fue heredado por los gobiernos criollos y estaba explícitamente vinculado a aquella tradición. Pero para comprender en sus justas dimensiones de época el significado de esta relación entre Estado e Iglesia, hay que recordar que todos los conflictos en torno al regalismo, así como en otros planos de la cultura católica, podría decirse que ocurrían en ella en la medida en que el monarca era la cabeza de la Iglesia española. De manera que la expresión actual que hemos utilizado, relacio-

[42] McFarlane, *El Reino Unido...*, p. 246.

nes de Estado e Iglesia, resulta en alguna medida anacrónica, en cuanto invoca a dos sujetos ajenos entre sí.[43]

Pocos asuntos, por lo tanto, resumen tan cabalmente la peculiar versión hispana de la cultura del Siglo de las Luces. La conflictiva relación entre la corona y el papado, que culminará con la victoria de la corona en el concordato de 1753, no agotaba la cuestión de las relaciones con la Iglesia, en la medida en que la dominante influencia de ésta en la cultura de la época definía otros campos de fricciones por las pretensiones políticas de la Monarquía y de la Iglesia, o de algún integrante de ella, como la Compañía de Jesús.

La posibilidad de llevar a buen puerto el reformismo borbónico dependía del grado de resistencia o apoyo de los sectores afectados directa o indirectamente, favorable o desfavorablemente, por las reformas. Y esto en función, en buena medida, de la posibilidad de modificar las pautas culturales tradicionales de las sociedades ibéricas. No era posible pensar, por ejemplo, en una reforma modernizadora de "las Españas" del siglo XVIII sin enfrentarse a las fuertes resistencias a la innovación característica de la sociedad española, detalladamente descrita por Jean Sarrailh y otros autores, y muy tempranamente enfrentada en el siglo XVIII por el padre Feijoo.[44] Si bien se mira, dadas las características de la cultura de los pueblos ibéricos, en la que la religión penetraba cotidianamente la vida de todos los sectores en todos sus aspectos, esto implicaba la necesidad de una modificación del papel de la Iglesia y, consiguientemente, un cambio de orientación desde su obra pastoral o educativa hasta el pensamiento teológico.[45]

[43] "Aviendo dicho lo que ha parecido conveniente cerca de el govierno Eclesiastico, y Espiritual de las Indias, resta que pasemos a ver, y tratar, como se goviernan en lo Secular, pues de uno, y otro brazo se compone el estado de la República". (Juan de Solórzano Pereyra, *Política Indiana,* tomo II, Madrid, 1739, libro V, cap. I, p. 251). "La Iglesia debía, en parte, su preeminencia a su relación histórica con el Estado. Durante siglos el mundo eclesiástico y el secular dependieron uno del otro y acabaron por estar tan unidos que incluso hoy en día es difícil separarlos. Iglesia y monarquía eran dos aspectos diferentes del mismo poder absoluto, referidos uno al mundo religioso y otro al secular". William J. Callahan, *Iglesia, poder y sociedad en España, 1750-1814,* Nerea, Madrid, 1989, p. 13.

[44] Jean Sarrailh, *La España ilustrada de la segunda mitad del siglo XVIII,* Fondo de Cultura Económica, México, 1957; padre fray Benito Jerónimo Feijoo y Montenegro, *Obras escogidas,* Biblioteca de Autores Españoles [v. I], M. Rivadeneyra, Madrid, 1863; vols. II, III y IV, Biblioteca de Autores Españoles, tomos CXLI a CXLIII, Atlas, Madrid, 1961.

[45] "El enfrentamiento con la Iglesia no nace de la desmesurada autoridad del tirano ni del espíritu servil y adulador de algunos de sus súbditos. Procede, más bien, de una idea de justicia y de legalidad desconocida por las instituciones eclesiásticas. Eso de imponer y recoger sus propios impuestos, mantener un fuero personal distinto al del resto de los ciudadanos y permitir acogerse a sagrado a los delincuentes, así como otras muchas exenciones y privilegios, resultaban incomprensibles a quienes pensaban en la patria y en la nación como una unidad bajo el imperio de la ley común. (Francisco Sánchez-Blanco

Consiguientemente, desde los primeros años de la nueva monarquía, como lo muestra el temprano episodio de Melchor de Macanaz (1714), los Borbones apuntaron a lo que se puede llamar, de alguna manera, una reforma de la Iglesia. Los conflictos, abiertos o latentes, que caracterizaron a las relaciones de Iglesia y monarquía "ilustrada" en este siglo no pueden ser interpretados simplemente como efecto de intolerancias culturales recíprocas. La general presencia de la Iglesia en la vida de la sociedad española definía el terreno de riesgo más sensible para la pretensión de legitimidad de la monarquía absoluta. Pues, por una parte, le era necesario limitar la censura, eclesiástica y real, a objetivos compatibles con la difusión de esas "luces del siglo" que constituían indispensable alternativa a fuertes tendencias eclesiásticas adversas a toda innovación —y aquí contaba el propósito, en definitiva fracasado, de "reformar" el tribunal de la Inquisición—. Pero, por otra parte, era imprescindible aniquilar ciertos criterios de doctrina teológica que tenían una fuerte proyección política, pues afectaban aspectos fundamentales de aquellas pretensiones de legitimidad. Entre ellos, los que fundamentaban la espinosa cuestión del tiranicidio, parte sustancial del conflicto con los jesuitas.

Pero en este combate por modificar la orientación de las proyecciones político-culturales de la labor de la Iglesia, la corona no estaba sola, pues contaba, en el fraccionado y conflictivo mundo de la Iglesia dieciochesca, con apoyo en sectores eclesiásticos reformistas, tanto en la Iglesia española, como en el papado. La realidad entonces es que, en lugar de la pintura tradicional de un nítido combate entre razón y fe, entre ilustración y escolástica, entre medioevo y modernidad, entre lo español y lo francés, el siglo XVIII muestra esas oposiciones junto a sorprendentes entrelazamientos de tendencias aparentemente incompatibles entre sí. Y todo esto en medio de una renovación intelectual auspiciada e impulsada por la Monarquía, que tenía como uno de los objetivos centrales la reforma de los estudios y, aunque con más intermitencia y menos fuerza, la reforma de la Iglesia. De manera que lo que sería considerado frecuentemente en la historia intelectual hispanoamericana como indicios de una profesión de fe ilustrada, opuesta al dominio hispano, y hostil a la Iglesia, ha sido en realidad expresión de las corrientes reformistas internas de la Monarquía y de la propia Iglesia, que se expresaron

Parody, *Europa y el pensamiento español del siglo XVIII,* Alianza, Madrid, 1991, pp. 338 y 339). Asimismo: "Los litigios pendientes con la Iglesia, que se pretenden solucionar mediante Concordatos con la Santa Sede, dan testimonio de la lenta pero constante eclosión de una noción de Estado que no es compatible con la distinción de ámbitos legales y la división de jurisdicciones que exigía el Papado desde la Edad Media. (Sánchez-Blanco, *Europa...,* p. 340).

en manifestaciones equívocamente incluidas por los historiadores del concepto de Ilustración. Tal como es el caso de los jesuitas mexicanos o del rioplatense Juan Baltasar Maziel.[46]

Similares razones han rodeado de dudas la pertinencia del concepto de "Ilustración ibérica". Notorias incompatibilidades, fundamentalmente la del teísmo e Ilustración, junto a la debilidad, comparativamente en el plano europeo, de sus manifestaciones, llevaron a adoptar caminos como el abierto por el concepto de "Ilustración católica".[47] Sin embargo, si bien se mira, la expresión lejos de eliminar la dificultad, la subraya al hacerla aún más explícita. En realidad, como observábamos en un trabajo anterior, se trata de

> uno de los problemas más críticos en el seno de la cultura colonial tardía: la conciliación de fe y ciencia, de Ilustración y catolicismo. Para afrontar estas incoherencias de lo que no siempre con acierto se considera expresiones de la Ilustración, se han sucedido diversos conceptos. "Eclecticismo", "Ilustración católica", "Modernidad cristiana" suelen ser propuestos para dar cuenta de algo que se juzga contradictorio, como lo es la voluntad de afirmarse en el teísmo propio de la religión católica, unida a la predominante conformación deísta de los supuestos de las doctrinas ilustradas que se adoptaban. Una de las formas más frecuentes de dar cuenta de ese conflicto está implicada en el citado concepto de *Ilustración católica.* Concepto que tiene el mérito de reconocer el significado renovador de aquellas manifestaciones de la vida cultural hispánica que se adherían a diversos aspectos de la cultura de la Ilustración sin abandonar el catolicismo. Sin embargo, podría aducirse que, posiblemente, tal concepto pague tributo a una voluntad clasificatoria, periodificadora, que se mueve con categorías de clasificación no necesariamente funcionales a la peculiar conformación de esta vida cultural. Una vida cultural que recoge y combina elementos del reformismo escolástico, el regalismo estatal hispano, el reformismo dentro de la iglesia, la ciencia y filosofía del siglo XVII, la Ilustración.[48]

Al considerarse las manifestaciones de una nueva orientación en la cultura hispanoamericana del siglo XVIII se ha tendido a buscar sus "causas" en factores tan opuestos como los que van de supuestas mino-

[46] Véase nuestro trabajo "Ilustración y modernidad en el siglo XVIII hispanoamericano", en Ricardo Krebs y Cristian Gazmuri (comps.), *La Revolución francesa y Chile,* Ed. Universitaria, Santiago de Chile, 1990. En la península, tendencias más realmente correspondientes al ámbito de la Ilustración existieron tempranamente y encarnadas en personajes de menos relieve que los famosos ministros y otros colaboradores de la monarquía borbónica. Véase al respecto la citada obra de F. Sánchez-Blanco Parody.

[47] Véase Mario Góngora, "Gallicanism and Catholic Enlightenment", *Studies in the Colonial History of Spanish America,* Cambridge University Press, 1975.

[48] Chiaramonte, "Ilustración y modernidad...", p. 107.

rías ilustradas conspirativas a la labor educativa de los jesuitas. Sin embargo, la realidad es otra. La difusión del nuevo pensamiento en los dominios americanos es efecto del estímulo renovador de la cultura española, amparado a veces —caso Feijoo—, promovido otras, por la propia monarquía. Ese estímulo tendía a cimentar aspectos tan conflictivos como la política regalista y la concepción del origen y limitaciones del poder en términos del despotismo ilustrado, razón por la que tuvo como principal contendiente a un sector de la Iglesia, la Compañía de Jesús, que había asumido la defensa de los derechos del papado y cultivaba una tradición doctrinaria que afectaba las pretensiones de legitimidad del despotismo ilustrado. Frente a los contenidos de la enseñanza jesuítica en esferas como la teología moral, la monarquía del siglo XVIII mostró una llamativa tolerancia, cuando no estímulo, a la difusión de corrientes y autores considerados por los jesuitas como jansenistas. El ataque al "laxismo" de los jesuitas, argumento fuerte de las órdenes rivales en la Iglesia,[49] puso la cuestión del probabilismo en el centro de los debates de la época, al punto que aparece invocado en las razones que un fuerte defensor del regalismo y adversario de los jesuitas como Juan Baltasar Maziel, esgrimió al tratar del levantamiento de los indígenas de las misiones rioplantenses.[50] De manera entonces que los lineamientos del cambio de orientación venían dados por la propia monarquía borbónica, llegando hasta la tolerancia, y a veces hasta al apoyo, de la difusión de autores considerados regalistas, jansenistas, o galicanos, y asimismo, de algunas figuras de la Ilustración europea, lo que promovió una relativa modernización de la enseñanza y de la cultura hispana e hispanoamericana.

En cuanto al embate contra la influencia de los jesuitas, tuvieron particular trascendencia las medidas adoptadas en torno a las disputas en el plano de la teología moral. Así, una real orden de 1778, extendida a América en el mismo año, desterraba el probabilismo jesuítico de la enseñanza al prescribir las obras de fray Daniel Concina y del Padre Antoine, para remplazar las de autores de la Compañía. Un anterior documento de Madrid dirigido al gobernador del Río de la Plata, Bucarelli, en 1768, con instrucciones para orientar la enseñanza, orde-

[49] A comienzos del siglo XVIII, "muchas órdenes religiosas antiguas —benedictinos, especialmente los maurinos, cistercienses, premonstratenses, cartujos, algunos carmelitas, capuchinos y dominicos— insistían en considerar como laxistas las opiniones y las prácticas de los jesuitas" (L. J. Rogier, R. Aubert y M. D. Knowles, *Nueva historia de la Iglesia.* Tomo IV: *De la Ilustración a la Restauración,* Eds. Cristiandad, Madrid, 1977, p. 83.

[50] Juan Baltasar Maziel, *De la justicia del Datado de Límites de 1750,* estudio preliminar de José M. Marluz Urquijo, Academia Nacional de la Historia, Buenos Aires, 1988, pp. 130 ss.

naba remplazar las autoridades seguidas por los jesuitas por las de san Agustín y santo Tomás:

> Conviene que en Córdoba del Tucumán se establezca la Universidad que V. E. propone, desterrando enteramente la doctrina de los Regulares expulsos, y sustituyendo la de San Agustín y Santo Thomas, colocando, de acuerdo con los reverendos Obispos, clérigos seculares de probada doctrina, y en su defecto, religiosos, por ahora, que enseñen por la letra de Santo Thomas la Teología, el Cano, de *Locis Theologicis,* y la Teología moral de Natal Alejandro y Daniel Concina, para desterrar la laxitud en las opiniones morales.[51]

La trascendencia de imponer la enseñanza por los autores mencionados en la cita, que a los primeros historiadores nacionales liberales les podían parecer meras extravagancias de una monarquía que pese a sus pretensiones renovadoras seguiría anclada en el tradicionalismo, sólo se ve en sus reales dimensiones si se vincula a la aguda lucha de tendencias que sacudían a la Iglesia española en el terreno de lo que se llamaría teología política y al interés de la corona por influir en favor de las tendencias más compatibles con el regalismo.[52]

Pero no es sólo en el campo de la teología donde se enfrentan tendencias contrapuestas que resisten bastante a nuestras pretensiones de encasillarlas en términos de modernidad o tradicionalismo. También cuando surja una cultura laica que reproducirá los conflictos y tenderá a vivirlos más abiertamente, como el de la ciencia y la fe, el de la Ilustración y la Escolástica, el de la preeminencia del poder civil o del poder eclesiástico, será difícil llevar a buen puerto las pautas clasificatorias. Pues la orientación de esa cultura laica no sería opuesta al catolicismo, y no por una actitud de condescendencia en aras a la seguridad —aunque ésa también existió—, sino por la peculiaridad de la cultura ibérica del siglo XVIII en la que tuvo fuerte impulso la tendencia a racionalizar el catolicismo, a la manera del deísmo, para hacerlo compatible con la ciencia y la cultura del siglo. Y será también en esa cultura laica católica donde el regalismo posterior a la Independencia encontrará fuerte sustento.

[51] "Por esta razón, los libros de todos los autores de los Regulares expulsos deben quedar suspendidos y no enseñarse por ellos en la Universidad ni en los estudios particulares..." "Comunicación (del Consejo Extraordinario) al gobernador de Buenos Aires", Madrid, 7 de junio de 1768, en Francisco Javier Brabo (comp.), *Colección de Documentos relativos a la expulsión de los jesuitas de la República Argentina y del Paraguay en el reinado de Carlos III...,* Madrid, 1872, p. 99. Natal Alexandre fue un teólogo dominico galicano, que se adhirió a los Cuatro Artículos del clero francés. Daniel Concina era un famoso teólogo antiprobabilista.

[52] *Cf.* Bernard Plongeron, *Theologie et Politique au Siècle des Lumières (1770-1820),* Droz, París, 1973, p. 12.

Identidad e identidades

Es de advertir la confusión que hay en buscar los elementos distintivos, de "diferencia", de los americanos con respecto a los europeos desde la perspectiva marcada por el problema de la identidad nacional posterior a la Independencia. Porque los fenómenos de diferenciación y relativa autoidentificación de los pueblos hispanoamericanos son una cosa, y el fenómeno de la identidad nacional en el siglo XIX, otra.

Lo primero es lo que puede llevar a la fuerte conciencia de la mexicanidad que se advierte ya en el siglo XVII, por ejemplo, pero que no es incompatible con la pertenencia a la nación española.[53] Asimismo, con respecto de Chile, lo anterior ha sido advertido ya por Mariano Góngora en un ensayo:

> Durante la colonia se desarrolla un sentimiento regional criollo, un amor a "la patria" en su sentido de tierra natal, de que nos dan amplios testimonios los cronistas como Alonso Ovalle y los jesuitas expulsos en Italia [...] Pero no creo que se pueda llamar sentimiento nacional a ese regionalismo natural, aliado por lo demás a la fidelidad a la Monarquía Española.[54]

Lo segundo es un fenómeno producido por la tendencia general del siglo XIX a la formación de Estados independientes que legitiman su aparición concibiéndola ideológicamente como necesaria derivación de grupos étnicamente diferenciados.

La dificultad en el tratamiento del tema está en que con el efecto del supuesto histórico adoptado —el de que las nacionalidades contemporáneas surgen de grupos con identidades étnicas definidas— no se advierte que las identidades que estamos estudiando sean las producidas en el plano de la "conciencia pública", en el plano político.[55] Así, se tiende a definir una identidad ya en el periodo colonial, correspondiente al

[53] Con respecto a México, véanse las agudas observaciones de Octavio Paz: "En el siglo XVII los criollos descubren que tienen una patria. Esta palabra aparece tanto en los escritos de sor Juana como en los de Sigüenza y en ambos designa invariablemente a la Nueva España. El patriotismo de los criollos no contradecía su fidelidad al Imperio y a la Iglesia: eran dos órdenes de lealtades diferentes. Aunque los criollos del seiscientos sienten un intenso antiespañolismo, no hay en ellos, en el sentido moderno, nacionalismo. Son buenos vasallos del Rey y, sin contradicción, patriotas del Anáhuac". (Octavio Paz, prefacio a Jacques Lafaye, *Quetzalcóatl y Guadalupe. La formación de la conciencia nacional en México,* México, FCE, 1977, pp. 15 y ss, la cita en p. 19.

[54] Mario Góngora, *Ensayo histórico sobre la noción de Estado en Chile en los siglos XIX y XX,* Ed. Universitaria, Santiago de Chile, 1986, pp. 37 y 38.

[55] Véase un análisis del problema en nuestro trabajo *El mito de los orígenes en la historiografía latinoamericana,* Instituto de Historia Argentina y Americana "Doctor Emilio Ravignani", Buenos Aires, 1991.

marco de las futuras naciones, cuando el problema es que en la realidad coexistían variadas identidades que se definían en función del plano de relaciones que las solicitasen. Ubicándonos en una región dada, la rioplatense por ejemplo, podemos observar que se era español frente al resto del mundo, español americano frente a lo español peninsular, rioplatense frente a lo peruano, provinciano frente a lo capitalino, porteño frente a lo cordobés... El dominio español no dejó otra cosa que un mosaico de sentimientos de pertenencias grupales, con frecuencia manifestados como colisión de identidades (rivalidades de americanos contra peninsulares, de rioplatenses contra peruanos, por ejemplo), cuya relación con los sentimientos de identidad política construidos luego de la independencia será variada y pocas veces armónica. Y cuya correspondencia con los recortes territoriales amplios no es tampoco cosa probada.

El territorio

La delimitación administrativa del territorio colonial es uno de esos legados que se han estimado siempre como básicos para el establecimiento de las nuevas naciones hispanoamericanas, dado que el espacio ocupado por esas naciones correspondió, al menos parcialmente, a alguna antigua división administrativa. A veces las intendencias, en otros casos las capitanías generales, como las de Chile o la de Venezuela, responden con bastante aproximación al argumento. Aunque si en su lugar examinamos la cuestión a partir de las unidades mayores, la de los virreinatos —Nueva España, Nueva Granada, Perú, Río de la Plata—, tampoco resulta errado en la medida en que los virreinatos coincidieron también con otras tantas naciones —México, Colombia, Perú, Argentina— con centro en sus antiguas capitales —ciudad de México, Bogotá, Lima, Buenos Aires—, aunque el territorio original sufriría el desmembramiento de unidades menores. Y todavía más, la observación también ha querido ser precisada estableciendo una correspondencia entre los territorios de las audiencias y las futuras naciones (Audiencias de México, Guatemala, Santa Fe, Quito, Lima, Charcas, Chile, Buenos Aires).[56]

De todos modos, observamos, por una parte, que los territorios de las antiguas divisiones administrativas o judiciales y los de las futuras naciones no coinciden plenamente. Y, por otra parte, que el proceso de la

[56] T. Halperín Donghi, *Reforma...*, p. 71. Asimismo, John Lynch, *Las revoluciones hispanoamericanas, 1808-1826,* Barcelona, Ariel [1976], p. 35. En el caso de las audiencias, la observación se resiente por la existencia de otras (Guadalajara, Cuzco) que no responden al esquema.

Independencia mostraría en sus primeros años una estructuración en la que los organismos políticos soberanos no correspondían a esas grandes divisiones administrativas; dado que, efectivamente, las entidades soberanas de esa etapa no fueron ni las intendencias ni las audiencias ni los virreinatos, sino las ciudades, expresadas políticamente por sus ayuntamientos. Pues, por efecto de la todavía vigencia de las pautas políticas de raigambre hispana, lo que se observará en los primeros tiempos de la independencia es lo que surge de las palabras del apoderado del cabildo de México, en 1808: "Dos son las autoridades legítimas que reconocemos, la primera es de nuestros soberanos, y la segunda de los ayuntamientos..."[57]

Con los recaudos que apuntamos al comparar las prácticas de autogobierno angloamericanas e hispanoamericanas, éste sería uno de los principales legados de la dominación hispana. En el mismo terreno, otro legado, de conflictivas proyecciones, sería la función de liderazgo que se atribuirían los ayuntamientos de las ciudades principales. El conflicto entre un supuesto de pueblos iguales que habrían reasumido la soberanía, visión que animaba a la mayoría de las ciudades hispanoamericanas, y otro fundado en la excepcionalidad de las sedes de las antiguas autoridades coloniales, supuesto que animaba a capitales como México, Caracas, Bogotá, Buenos Aires o Santiago de Chile,[58] llenará las primeras etapas de la independencia, ligado al que enfrentaba a quienes intentaban desarrollar prácticas representativas inspiradas en las revoluciones norteamericana y francesa, contra quienes busca-

[57] Licenciado Francisco Verdad: "Memoria Póstuma (1808)", en José Luis Romero y Luis Alberto Romero, *Pensamiento político de la emancipación,* Biblioteca Ayacucho, Caracas, 1977, p. 89.

[58] "Nadie puede dudar, porque es una verdad de hecho notoria, que el Ayuntamiento de México es una parte de la nación y la más principal, por ser de la metrópoli de este reino", Verdad: "Memoria Póstuma (1808)"; "El pueblo de Buenos Ayres, que en el beneplácito de las provincias a sus disposiciones anteriores, ha recibido el testimonio más lisonjero del alto aprecio que le dispensan como a capital del reino y centro de nuestra gloriosa revolución, representa al gobierno por medio de su respetable ayuntamiento la necesidad urgente de concentrar el poder, para salvar la patria en el apuro de tantos conflictos" (Estatuto provisional del gobierno superior de las Provincias Unidas del Río de la Plata a nombre del Sr. D. Fernando VII, Buenos Aires, 1811, en *Estatutos, Reglamentos y Constituciones Argentinas (1811-1898),* Buenos Aires, Universidad de Buenos Aires, 1956, p. 27). Respecto de Caracas: "acordó el rey por cédula de 18 de setiembre de 1676, provilegio a los alcaldes de Caracas para gobernar toda la provincia en caso de fallecimiento del gobernador... La Corona corregía de aquel modo una costumbre o providencia de efectos, por decir así, centrífugos, y afirmaba la supremacía del cabildo de la capital sobre los demás. El 19 de abril de 1810 veremos a dicho cabildo ejercer la prerrogativa y hablar en nombre de la Capitanía entera". Pese a que "en rigor, aquel privilegio había sido abolido por Felipe V cuando nombrara a un teniente-gobernador y auditor de guerra, llamado a suplir al gobernador...", C. Parra Pérez, *El régimen español en Venezuela,* Javier Morata, Madrid, 1932, pp. 240 y 241.

ban encarar las reformas en el marco de las antiguas formas representativas que, como la del apoderado —más comúnmente llamado *diputado,* pero correspondiendo a la antigua figura del *procurador* de las ciudades en las cortes—, ocupará un lugar central en las primeras décadas de vida independiente.

SEGUNDA PARTE
UN INCIERTO NACIMIENTO

IV. EL OCASO DE LA MONARQUÍA HISPÁNICA: REVOLUCIÓN Y DESINTEGRACIÓN

François-Xavier Guerra
Universidad de París I

En 1808 se abre en el mundo hispánico un proceso revolucionario de una extraordinaria amplitud que va a modificar radicalmente tanto sus estructuras como sus referencias políticas. En poco menos de tres lustros esa construcción política multisecular que era la Monarquía hispánica se desintegra en múltiples Estados independientes, uno de los cuales es la España actual. Al mismo tiempo, tanto la España europea como la América hispánica adoptan —por lo menos en sus élites y en sus textos legales— ese conjunto de ideas, principios, imaginarios, valores y prácticas que caracterizan la modernidad política.

Hablamos de proceso revolucionario en singular, en lugar de hablar más clásicamente de "revoluciones de independencia" de la América española, puesto que, aunque este término puede emplearse con propiedad para caracterizar sus especificidades regionales —y sobre todo en la última fase de la desintegración de la Monarquía— es obviamente inadecuado para designar algo que todas las fuentes indican: por un lado, la imbricación constante y la mutua causalidad entre los acontecimientos españoles y los americanos y, por otro, la concordancia de las coyunturas políticas en regiones totalmente diferentes por su estructura económica y social. Todo remite de hecho a una revolución única que comienza con la gran crisis de la Monarquía provocada por las abdicaciones regias de 1808 y acaba con la consumación de las independencias americanas. Estamos ante una crisis global que, como la crisis del Imperio soviético a la que acabamos de asistir, afecta primero al centro del Imperio, replantea después su estructura política global y acaba por provocar su desintegración.

El proceso revolucionario que nos ocupa y que podemos designar como la "revolución hispánica" tiene, entonces, dos caras complementarias: la primera es la ruptura con el antiguo régimen, el tránsito a la modernidad; la segunda, la desintegración de ese vasto conjunto político que era la Monarquía hispánica, es decir, las revoluciones de independencia. Dos caras que corresponden en parte, pero sólo en parte, a dos fases cronológicas. En la primera, que va de 1808 a 1810, predomina el gran debate, teórico y práctico, sobre la nación, la representación y la igualdad política entre España y América, debate que va a provocar la mutación política de las élites españolas y a darles su primera y fundamental victoria: la reunión de las Cortes en Cádiz y la proclamación de la soberanía nacional, que abre el camino a la destrucción subsecuente del antiguo régimen.

En la segunda, a partir de 1810, predomina cada vez más la fragmentación de la Monarquía: las "revoluciones de independencia". El esquema, sin embargo, resulta simplista, puesto que las regiones y los grupos que reconocen a las cortes y al gobierno central siguen participando, hasta su independencia, a principios de la década de 1820, en los avatares del liberalismo peninsular. Inversamente, las regiones o grupos insurgentes en lucha contra las autoridades peninsulares y contra los americanos "lealistas" no dejan por ello de participar indirectamente de las evoluciones, tanto teóricas como prácticas, del conjunto político del que se están separando; de ahí que muchas disposiciones de la Constitución de Cádiz y, entre ellas, sus prácticas electorales, ejerzan una gran influencia en las de los nuevos países.

Dado el espacio limitado del que disponemos,[1] vamos a centrarnos en el proceso global y en sus principales problemas y coyunturas, sin entrar en el detalle de las particularidades locales que son, evidentemente, esenciales para entender en qué términos se planteará después la construcción de cada "nación".

Niveles de análisis

Ningún proceso revolucionario de gran amplitud —como las revoluciones hispánicas— puede reducirse a una explicación simple en términos de causas y efectos. En efecto, cualquiera de estos procesos puede analizarse en tres niveles diferentes. Un primer nivel —clásico— es el de las causas propiamente dichas, con la distinción también habitual entre causas lejanas y causas próximas. Dos tipos de causas que remiten, de hecho, las primeras, a las estructuras, y las segundas, a las coyunturas. El tercer nivel es el de los resultados, el del análisis de la situación final a la que ha conducido el proceso.

Hay, sin embargo, un segundo nivel muy frecuentemente descuidado:

[1] Para más amplios tratamientos de estos temas, *cf.* nuestra obra *Modernidad e independencias. Ensayos sobre las revoluciones hispánicas*, 3ª edición, Fondo de Cultura Económica, México, 2000, 406 pp.

el desarrollo mismo del proceso, su dinámica propia. Si el primero y el tercer nivel pueden analizarse sin demasiadas dificultades de manera estática, como un cuadro en el que se pueden captar la composición general, los principales volúmenes, el paisaje, los personajes centrales y los secundarios, el segundo —el análisis del proceso— no es de naturaleza estática, sino dinámica. En él reinan el movimiento, la acción, el encadenamiento, casi siempre imprevisible, de los acontecimientos. El enfoque con que hay que considerarlo se asemeja más al análisis cinematográfico que al pictórico: aprehender la lógica de los personajes, la sucesión de las escenas, los nudos del guión, el ritmo general de la película...

No llevemos más lejos la analogía, pues sus límites son evidentes, ya que, a menos de imaginar un misterioso determinismo histórico o la acción de una "mano invisible" o la intervención explícita de la Providencia,[2] no hay, para un historiador, en estos procesos históricos, ni director ni guión ni actores definidos de antemano. Pero sirva la comparación para poner de manifiesto que es indispensable estudiar el proceso revolucionario en sí, no como un entreacto entre dos estados conocidos —el inicial y el final—, sino como el centro mismo de la investigación histórica.

Sólo entonces se puede llegar a una inteligibilidad global, ya que en él se revelan los actores sociales y políticos, sus referencias culturales, la estructura y las reglas del campo político, lo que está en juego en cada momento y los debates que esto provoca. Y todo ello en un continuo cambio de situaciones y momentos que el proceso mismo va generando por las decisiones, en gran parte aleatorias —puesto que libres—, de los múltiples actores que intervienen en él. Es entonces cuando se revelan las estructuras profundas: las políticas, las mentales, las sociales, las económicas. También entonces aparecen los resultados finales como lo que son: la consecuencia de una combinatoria compleja de actores múltiples que actúan según sus lógicas específicas en el marco de estructuras más profundas. Unos resultados en la mayoría de los casos no sólo imprevisibles, sino incluso contrarios a los fines que los actores se habían propuesto: lo que un sociólogo ha llamado los "efectos perversos",[3] es decir, la consecuencia no buscada de decisiones dotadas en sí mismas de racionalidad.

De no proceder así, las interpretaciones de los procesos revolucionarios caen fácilmente en explicaciones teleológicas que reconstruyen el pasado en función del punto de llegada. Con facilidad se llegan entonces a olvidar realidades esenciales y evidentes; en nuestro caso, dos eviden-

[2] La explicación providencialista es, sin embargo, una de las más utilizadas por los actores durante la crisis de la Monarquía hispánica.

[3] *Cf.* Raymond Boudon, *Effets persvers et ordre social,* PUF, París, 1977.

cias básicas. Por una parte, se deja de lado la existencia de ese único conjunto político que era la Monarquía hispánica que precede a la pluralidad de Estados independientes —entre ellos la España peninsular—; desaparecen así como objeto de estudio —puesto que las historias "nacionales" son, por su misma naturaleza, fragmentarias— las razones y la manera como se desintegró este conjunto político. Por otra, no se considera el carácter simultáneo que tiene en todo el mundo hispánico la adopción de los principios de la modernidad política, es decir, el paso del antiguo al nuevo régimen.

Estas carencias se explican por varios factores. El primero, la marginalización hasta hace poco de la historia política, paralelamente al auge de estudios de carácter socioeconómico, centrados esencialmente en las estructuras. Sin historia política es imposible entender un proceso revolucionario, puesto que éste concierne precisamente a la esencia misma del fenómeno político: ¿quién debe ejercer el poder?, ¿dónde?, ¿cómo?, ¿en nombre de qué o de quién?...[4]

El segundo, por las condiciones en que fueron elaborados los esquemas explicativos clásicos de la Independencia de Hispanoamérica. Buena parte de las interpretaciones de las revoluciones de independencia, en su doble vertiente de paso a la modernidad política y de separación de ese conjunto original que fue la Monarquía hispánica, se forjaron en pleno siglo XIX. Aquellos eran tiempos de liberalismo combatiente, en los que los nuevos países hispanoamericanos estaban empeñados en la difícil construcción de lo que aparecía entonces como el modelo político ideal: un Estado-nación fundado sobre la soberanía del pueblo y dotado de un régimen representativo. La necesidad de legitimar dicho modelo político hizo que estas interpretaciones se caracterizaran por dos rasgos complementarios que privilegiaban la evolución y no la ruptura. El primero consistía en presentar el proceso revolucionario como la consecuencia casi natural de fenómenos de "larga duración"; el segundo, en considerar que la época y modo en que se produjeron no podían ser distintos de lo que fueron. Partiendo del hecho de que al final del proceso aparecieron nuevos Estados y de que éstos fundaron su existencia legal en la soberanía de los pueblos o de la nación, se supuso que este punto de llegada era un punto de partida. Es decir, que la aspiración a la "emancipación nacional"[5] y el rechazo del "despotismo español" fueron las causas principales de la independencia.

[4] Para la crisis y el renacimiento de la historia política, *cf.* nuestro artículo "El renacer de la historia política: razones y propuestas", en *New History, Nouvelle Histoire, Hacia una Nueva historia*, Actas, Madrid, 1993, pp. 221-245.

[5] Una variedad de esta interpretación es la que concibe como principal causa de la

De ahí surgen dos premisas omnipresentes en las historias patrias e incluso en las interpretaciones de historiadores profesionales actuales: por un lado, la existencia de naciones a finales de la época colonial[6] —lo que implica una precoz aspiración a la independencia—[7] y, por otro, el contraste entre la modernidad política de América y el arcaísmo político de la España peninsular... El confundir el *post hoc* con el *propter hoc*, aunque fuese conceptualmente indefendible, tenía la ventaja de dar una explicación simple de un fenómeno muy complejo, pero también la de legitimar con referencias modernas incuestionables el acceso de los nuevos países al concierto de las naciones.

Los problemas que plantea esta visión teleológica del proceso revolucionario son tan grandes que, de hecho, la hacen insostenible. Algunos, en los que no nos detendremos, conciernen al siglo XIX: la fragmentación territorial (consecuencia de la incertidumbre que reina en cuanto a la determinación de las supuestas naciones); el contraste muy frecuente entre la modernidad legal y el tradicionalismo de los imaginarios y comportamientos de la mayor parte de la sociedad, e incluso de las élites; la dificultad, en fin, de fundar, una vez desaparecida la legitimidad del rey, la obligación política en ese ente abstracto que es la nación moderna...

Otros problemas atañen al mismo proceso revolucionario. El más importante es el que elimina del campo de investigación todo lo que no está conforme con el modelo de interpretación, ya se trate de algún tipo de temas o, incluso, de periodos enteros. Desaparece así del campo histórico, por una parte, todo lo que, en los movimientos de independencia, remite a un tradicionalismo social —por ejemplo, los temas religiosos y contrarrevolucionarios con los que tantos insurgentes movilizaron a la población—[8] y, por otra, toda la primera fase del proceso revolucionario (desde 1808 hasta, por lo menos, 1810). En efecto, toda esta fase cuadra muy mal con la teleología de esos esquemas explicativos, puesto que todas las fuentes muestran entonces la lealtad de la inmensa ma-

independencia no exactamente la existencia de la nación, sino la rivalidad entre criollos y peninsulares y la formación de fuertes identidades culturales americanas.

[6] Las interpretaciones sobre el origen de esa nación pueden muy variadas. En el caso de México, la principal divergencia opone la visión de una nación mexicana que existe desde antes de la Conquista a la de una nación que se ha conformado a lo largo de la Colonia.

[7] De ahí nace la búsqueda obsesiva de los "precursores" y la asimilación de las revueltas y rebeliones del antiguo régimen, como la de Túpac Amaru o la de los Comuneros de Socorro, a los prolegómenos de la independencia.

[8] Estos aspectos son bien conocidos para el caso de México, pero también han sido puestos de relieve para el reino de Quito por Marie-Danielle Demélas e Yves Saint-Geours, en *Jérusalem et Babylone. Politique et religion en Amérique du Sud. L'Equateur XVIIIe-XIXe siècles*, ERC, París, 1989.

yoría de los americanos hacia al rey y hacia la España resistente y el papel motor que desempeña entonces la península en el cambio ideológico, en la elaboración y en la difusión de esa versión particular de la modernidad que es el liberalismo hispánico.[9]

Ante estas dificultades invencibles, resulta necesario partir de lo que las fuentes nos muestran: por un lado, que la crisis revolucionaria es no sólo totalmente inesperada sino también inédita y, por otro, que es su propia dinámica la que provoca no sólo el cambio ideológico, sino también la desintegración de la Monarquía. Los actores mismos de la revolución lo confiesan sin ambages antes de que triunfe la interpretación canónica de las historias patrias. Así, Bolívar, en 1815, hablando de la independencia: "De cuanto he referido será fácil colegir que la América no estaba preparada para desprenderse de la metrópoli, como súbitamente sucedió, por el efecto de las ilegítimas cesiones de Bayona [...]".[10]

Y, en cuanto a la modernidad política: "Los americanos han subido de repente y sin los conocimientos previos, y lo que es más sensible, sin la práctica de los negocios públicos, a representar en la escena del mundo las eminentes dignidades de legisladores, magistrados [etc.]".[11]

Una crisis inesperada e inédita

Examinemos, pues, esas abdicaciones de Bayona que abrieron la gran crisis de la Monarquía y que fueron el comienzo radical de todo el proceso revolucionario. La abdicación forzada no sólo del rey Fernando VII sino la de todos los miembros de la familia real y la transferencia de la corona a Napoleón y luego a su hermano José representan un acontecimiento totalmente singular no sólo en la historia de España, sino en la de las monarquías europeas.

Lo que se produce entonces no es un cambio de dinastía provocado por la extinción de una familia reinante, ni por la victoria de un pretendiente sobre otro en una guerra civil ni por la rebelión del reino contra su rey, ni siquiera por la conquista por otro monarca... Como lo señalarán

[9] Son muy pocos los estudios clásicos (el de Julio V. González, *Filiación histórica del gobierno representativo argentino*, 2 t., Buenos Aires, 1937, es una excepción que confirma la regla) que ponen de manifiesto la continuidad entre el liberalismo español y la modernidad americana. El resto de los estudios que abordan el parentesco ideológico entre América y España, lo hacen para poner de manifiesto el carácter tradicional de las independencias, identificando lo tradicional con "lo español".

[10] "Carta de Jamaica, Kingston, 6 de septiembre de 1815", en Simón Bolívar, *Escritos políticos*, presentación de Graciela Soriano, Alianza, Madrid, 1975, p. 72.

[11] *Ibidem.*

todos, patriotas españoles y americanos, se trata de un acto de fuerza pura, ejercido no sobre un enemigo vencido, sino sobre un aliado, es decir, de una traición, tanto más grave cuanto que afecta a un rey cuyo acceso al trono unos meses antes había sido acogido en ambos continentes con la esperanza entusiasta de una regeneración de la Monarquía.

De ahí el rechazo casi unánime del usurpador en España y en América y su corolario, la acefalía del poder político. La Monarquía se ve súbitamente privada de lo que era hasta entonces no sólo su autoridad suprema, sino el centro de todos los vínculos políticos. Como lo expresan con metáforas orgánicas los escritos de la época, al ser el rey la cabeza del cuerpo político, su desaparición es el mal supremo, pues la acefalía condena a todo el cuerpo a la corrupción, es decir, a la disolución política, tanto territorial, como social: "Sin cabeza los miembros desfallecen [...] Un vasallo os pone delante el conjunto de horror, que causa la desunión y la falta de una cabeza superior: sin ella no hay ni miembros ni cuerpos; si existen son yertos, y cual muertos".[12]

Es esta acefalía repentina la que, ante todo, explica el carácter cataclísmico de la crisis de la Monarquía hispánica, que contrasta con lo que sucede en el Imperio portugués. En éste, la instalación del rey y de la corte en Río de Janeiro para escapar a la invasión militar francesa evita precisamente la acefalía política. Bien es verdad que esta decisión creará otros problemas —como el de la relación entre el nuevo centro del Imperio y Portugal— que acabarán llevando a la independencia del Brasil, pero esa presencia regia en América evita el vacío de legitimidad y la desintegración territorial que se dará en la Monarquía española. Ciertamente es peligroso intentar imaginar una historia diferente, cambiando algunas de las variables originales, pero hacerlo puede ayudar a ponderar las causas que intervienen en un proceso histórico. ¿Qué hubiese pasado si el rey de España, ante la amenaza francesa, se hubiera trasladado, como el de Portugal, a América en la primavera de 1808? La hipótesis no es absurda, pues fue precisamente para anular este plan de Godoy por lo que se produjo el motín de Aranjuez que provocó la caída del favorito y la abdicación de Carlos IV en su hijo Fernando VII. ¿Qué hubiese pasado, más tarde incluso, si la Junta Central española, ante las ofensivas francesas, se hubiese trasladado a Nueva España como lo pedía aún en 1809 el cabildo de México y lo aceptaba en su principio la Junta Central?[13] Es imposible dar una respuesta, pero es

[12] "A los muy ilustres y nobles caballeros de Ciudad Real", *Diario de México,* núm. 1.141, 14 de noviembre de 1808, pp. 567-568.

[13] Ofrecimiento del cabildo de México del 26 de marzo de 1809 y respuesta de la Junta Central el 1° de enero de 1810, en *Gazeta de México,* 23 de marzo de 1810, pp. 246-247.

muy probable que todo hubiese sido diferente puesto que la Monarquía no hubiera tenido que enfrentar lo que fue su problema central durante toda esta época: ¿cómo conservar un poder central legítimo reconocido por todos los "pueblos"?

Las reacciones ante este acontecimiento inaudito que fueron las abdicaciones regias son sobradamente conocidas, pero teniendo en cuenta que estamos aquí en el punto de partida de todo el proceso revolucionario, es necesario examinar cuáles fueron sus principales actores y cuáles sus referencias mentales.

En la España peninsular el actor principal fue el pueblo de las ciudades. Él fue, dirigido ciertamente por una porción de las élites urbanas, el que impuso a las autoridades establecidas —que tendían a aceptar *le fait accompli*— el rechazo del nuevo monarca, la proclamación de la fidelidad a Fernando VII el Deseado y la formación de juntas insurreccionales encargadas de gobernar en su nombre y de luchar contra el invasor. El clima de la insurrección es el de un patriotismo exaltado que, una vez pasada la sorpresa de los primeros días, se expresa en un sinnúmero de impresos: periódicos, proclamas, manifiestos, cartas, hojas volanderas..., escritos por toda clase de individuos y cuerpos de la sociedad del antiguo régimen.

Y lo mismo ocurrirá en América cuando —con los inevitables desfases temporales— van llegando las noticias de la península: rechazo del invasor, manifestaciones nunca vistas de fidelidad al rey, explosión de patriotismo español, solidaridad con los patriotas españoles...; temas todos que aparecen no sólo en los impresos más variopintos producidos por toda clase de individuos y cuerpos, sino también en rogativas, procesiones cívicas, ceremonias de jura, etc. A pesar de que no había allí ni tropas francesas ni autoridades que abiertamente pretendieran colaborar con el invasor, hubo incluso tentativas de formación de juntas que, por razones que explicaremos luego, no llegaron a formalizarse. Aquí, también, los principales actores fueron las élites y el pueblo de las ciudades capitales, pero, a diferencia de la península los patriciados urbanos desempeñaron el papel principal y dirigieron o controlaron siempre las manifestaciones del pueblo.[14]

Las semejanzas entre España y América son, pues, considerables, tanto en lo que atañe a los actores —las ciudades principales como cabeza de su reino o de su provincia, con sus élites y su pueblo— como en lo

[14] Para una tipología de las juntas españolas y en general de la primera fase de la revolución española, *cf.* el novedoso estudio de Richard Hocquellet, *Resistance et revolution durant l'ocupation napoléonienne en Espagne 1808-1812,* La Boutique de l'histoire, Paris, 2001, 367 pp.

referente a la manera de pensar o de imaginar la Monarquía. Un análisis más detallado de este último aspecto muestra la semejanza de los valores y de los imaginarios de los dos continentes, pero también algunas diferencias de gran significación para el porvenir. Entre las semejanzas más evidentes está el lenguaje empleado y los valores que expresa. Todos —incluidas las repúblicas de indios, iguales en esto a los demás grupos sociales— rechazan al invasor apelando a la fidelidad al rey; a los vínculos recíprocos entre él y sus "pueblos"; a la defensa de la religión, de la patria y de sus "usos y costumbres"...

Particularmente significativo para comprender cómo se concibe el vínculo político es el uso universal de palabras como *vasallo* o *vasallaje, señor* o *señoriaje:* todas remiten a una relación personal y recíproca con el rey que bien se puede calificar de "pactista" o contractual. Esta relación tiene una doble dimensión, personal y corporativa, pues aunque el juramento de fidelidad sobre el que se funda haya sido prestado por cuerpos de todo tipo —territoriales, corporativos o estamentales—, dicho juramento compromete personalmente a sus miembros. De esa "fe jurada" al rey como a su señor surge la obligación para sus vasallos de asistirlo con su acción, sus bienes e incluso su vida.[15]

La obligación política aparece, por lo tanto, fundada en un compromiso personal hacia una persona muy concreta, formalizado por el juramento. De ahí la importancia que tendrán durante la época revolucionaria los múltiples juramentos que se prestarán a las sucesivas autoridades que suplen la ausencia del rey: a la Junta Central, al Consejo de Regencia, a las Cortes, a la Constitución después...; y en las regiones insurgentes de América a las nuevas autoridades. De ahí, también, la dificultad que experimentarán los independentistas para prescindir de la llamada "máscara" de Fernando VII, ya que no se trata sólo de eliminar una figura simbólica, sino de mucho más: de romper un juramento que compromete a cada individuo. De ahí, en fin, la dificultad —que los americanos comparten con los liberales españoles— de pasar de la fidelidad a una persona singular a la lealtad hacia una entidad abstracta, ya sea ésta la Constitución o la nación.

Semejante y diferente a la vez es la manera que tienen los dos continentes de concebir el conjunto político al que pertenecen, es decir, la Monarquía hispánica, o con términos más modernos, la *nación española,* tal como se dice frecuentemente entonces. Las metáforas utilizadas son muy clásicas y remiten a la unidad de todos sus habitantes, a pesar

[15] Las citas que corroboran estas afirmaciones son innumerables, pues casi todos los documentos de esta época, españoles y americanos, están llenos de estas palabras, *cf.* Guerra, *Modernidad e independencias...,* cap. V.

de la desigualdad de situaciones y de funciones. La nación se concibe, por ejemplo, como una gran familia que tiene al rey como padre y múltiples hijos, diferentes pero igualados en los mismos deberes de defenderlo y asistirlo. Otras veces se le compara con un cuerpo, con miembros diferentes, pero con una sola cabeza, el rey. Es también una comunidad producto de la historia, con sus leyes, sus costumbres, su religión y su rey, señor natural del reino; pero también un pueblo cristiano que, como un nuevo Israel, es objeto de una especial providencia divina.[16]

Superpuestas a estas imágenes muy clásicas del universo mental del antiguo régimen aparecen otras representaciones que abren la vía a concepciones modernas de la nación. Como ya lo hemos esbozado, una de las características de la reacción patriótica fue no sólo su carácter espontáneo, sino también la manera dispersa en que se produjo. Cada ciudad, cada pueblo, tuvo que reaccionar solo, en la mayoría de los casos, sin saber cómo iban a reaccionar los demás. Cuando poco a poco se fueron recibiendo emisarios, noticias e impresos venidos de otros lugares, todos pudieron comprobar, admirados, lo que nosotros seguimos observando ahora en las fuentes, es decir, la extraordinaria unidad de actitudes y valores. Diríase que los habitantes de la Monarquía se descubren "nación" por esta unidad de sentimientos y de voluntades. Ciertamente estos sentimientos y estas voluntades se mueven aún en un registro muy tradicional, pero son elementos que conducen ya a una concepción moderna de la nación concebida como asociación voluntaria de individuos iguales, es decir, la que había hecho triunfar a la Revolución francesa.[17] No es ésta una pura posibilidad pues, de hecho, en España, ése será uno de los argumentos utilizados por los revolucionarios tanto para instaurar la igualdad de los ciudadanos, como para remplazar las pertenencias a los antiguos reinos por la única pertenencia a una unitaria "nación española".[18]

Es en este último campo, el de la estructura interna de la "nación española" —identificada con el conjunto de la Monarquía— donde se perciben las mayores diferencias entre los dos continentes. La diferencia no concierne, por el momento, a la estructura política de la Monarquía. La mayoría, a ambos lados del Atlántico, la ve aún formada por una pirámide de comunidades superpuestas: pueblos, ciudades-provincias,

[16] Esta concepción providencialista se encuentra aplicada tanto, primero, al conjunto de la nación española, como después a los diferentes pueblos americanos en vías de emancipación.

[17] La unión de voluntades es uno de los rasgos más característicos de la nación en Francia durante la Revolución.

[18] *Cf.* por ejemplo, la narración hecha por el *Semanario Patriótico* (t. I, núm. 5, 29 de septiembre de 1808), de la jura de Madrid a Fernando VII en agosto de 1808.

reinos, coronas. Los mismos hechos acababan de mostrar que eran éstos precisamente los actores políticos del levantamiento. La diferencia viene de que los americanos añaden a esta visión plural y preborbónica de la Monarquía una visión dual de ella, puesto que agrupan a los reinos de los dos continentes en dos unidades: los "dos mundos de Fernando VII", los "dos pilares de la Monarquía" o, incluso, "los dos pueblos", el europeo y el americano, que forman juntos la nación española. Éste es el marco que permite comprender la independencia de la que se habla en América, en México[19] o en Buenos Aires, por ejemplo, antes de que lleguen las noticias de los levantamientos peninsulares. No se trata —en esta época de patriotismo hispánico exaltado— de una precoz tentativa de emancipación, sino de una manifestación de ese patriotismo: salvar el pilar americano de la Monarquía, pues se piensa que se ha perdido el europeo.

Del absolutismo a la representación política

La consecuencia más inmediata de las abdicaciones reales, pero, al mismo tiempo, la más importante a largo plazo fue el hundimiento del absolutismo, tanto en la práctica como en la teoría. En la práctica, puesto que las juntas peninsulares se constituyeron contra las autoridades del Estado absolutista que, en su mayoría, estaban aceptando el nuevo orden, ya sea por realismo político —el poderío de Napoleón estaba entonces en su cenit— o por adhesión a la modernidad política que el nuevo régimen conllevaba como heredero de la Revolución francesa. Fueran cuales fueren los artilugios jurídicos que los patriotas emplearon para fundar el rechazo de las autoridades constituidas, las juntas eran poderes *de facto*, sin ningún precedente legal y —desde este punto de vista— poderes revolucionarios, fundados en la insurrección popular y en total ruptura con la práctica absolutista de un poder venido de arriba que se ejercía sobre una sociedad supuestamente pasiva.

Ahora bien, el hundimiento del absolutismo fue también teórico, ya que ninguna de sus variantes ofrecía bases para rechazar la transferencia de la soberanía a otro monarca ni para fundar la legitimidad de las

[19] En México, fray Melchor de Talamantes, en documentos destinados a los miembros del cabildo de la capital en los que habla claramente de la independencia, considera por ejemplo que las cortes que hay que reunir en Nueva España llevarán la representación del conjunto de la nación española y, por lo tanto, también de la metrópoli ("Idea del congreso nacional de Nueva España, individuos que deben componerlo y asunto de sus sesiones", sin fecha [julio de 1808] en Ernesto de la Torre Villar, *La Constitución de Apatzingán y los creadores del Estado mexicano*, UNAM, México, 1964, pp. 121 y ss.)

juntas insurreccionales. Sólo doctrinas o imaginarios que concibiesen una relación bilateral entre el poder del rey y la sociedad podían ofrecer esas bases, y a ellas recurrieron, con formas diversas, la resistencia española y la lealtad americana. No es nuestro propósito tratar aquí de la naturaleza de esa relación y distinguir, según los casos, su carácter tradicional o moderno, sino sólo poner de manifiesto que, con terminologías diversas y muchas veces confusas, todos apelaron a una relación pactista o contractual entre el rey y la sociedad. Gracias a ella, se afirmó en todo tipo de discursos —doctrinales, metafóricos o simbólicos— que sus vínculos recíprocos no podían ser rotos unilateralmente y que, si el rey faltaba, la soberanía volvía a la nación, al reino, a los pueblos...

Por las circunstancias mismas de la crisis y sin que nadie se lo propusiese, la soberanía recayó repentinamente en la sociedad. Lo que la Revolución francesa había obtenido en una larga pugna contra el rey se obtuvo en su nombre y sin combate en la Monarquía hispánica. Ciertamente, para la inmensa mayoría no se trataba todavía más que de algo provisional en espera del retorno del soberano y habría que esperar la reunión de las Cortes en 1810 para que fuera proclamada solemnemente la soberanía de la nación. Pero, visto en la "larga duración", el absolutismo, como algo comúnmente aceptado, dejó definitivamente de existir en todo el mundo hispánico desde la primera época de los levantamientos. Sus posteriores restauraciones serán episodios residuales[20] que se sitúan, además, en otra lógica: la lógica moderna del enfrentamiento de grupos con bases ideológicas.

La constitución de un "gobierno libre" —es decir, no absoluto— a la que aspiró —sin demasiadas esperanzas— a finales del siglo XVIII una parte de las élites, decepcionadas por el costo político del "despotismo ilustrado" —evidente en la época de la privanza de Godoy— e influenciadas por el ejemplo inglés y por el más próximo y radical de la Revolución francesa, se abría así de golpe. Desde este punto de vista, los acontecimientos, a pesar de su enorme gravedad, eran "una divina sorpresa" para los discretos partidarios de una revolución hispánica. Sin embargo, este fundamental paso traía consigo la aparición de múltiples problemas, en cuanto a la naturaleza de la Monarquía, que habían estado hasta entonces como "congelados" por el absolutismo.

El primero concernía a su estructura territorial: ¿la Monarquía his-

[20] La de 1814, a la vuelta de Fernando VII, se explica, además de por el contexto internacional, por el enorme prestigio popular de que gozaba aún la persona regia. La de 1823, que pone fin a la revolución liberal de 1820, tiene su explicación en la intervención francesa decidida por la Santa Alianza y en los enfrentamientos internos provocados por el radicalismo de la segunda revolución liberal.

pánica era unitaria o plural? En la España peninsular, contrariamente a la manera de expresarse de los actores reales de la insurrección —y sin duda al imaginario popular— la inmensa mayoría de las élites gobernantes, fuesen cuales fuesen sus concepciones políticas —proabsolutistas o antiabsolutistas—, la pensaban como unitaria. Es significativo, a este respecto, que en los debates de las Cortes de Cádiz y en la Constitución promulgada por ellas no se tuviera en cuenta en absoluto —salvo retóricamente— a los antiguos reinos. En este sentido, y análogamente a la observación que Tocqueville hizo para Francia, los revolucionarios peninsulares acabaron el proceso de unificación política que los Borbones habían comenzado con los decretos de Nueva Planta que suprimieron, después de la guerra de sucesión de España, las instituciones políticas propias de los reinos de la Corona de Aragón.[21]

Muy otra era la concepción predominante en América. Allí, salvo para una ínfima minoría constituida por una parte de los europeos residentes en América —funcionarios, alto clero y comerciantes ligados al comercio de Cádiz—, la Monarquía era claramente plural, en una doble dimensión: una tradicional —un conjunto de "pueblos", es decir, reinos y provincias— y otra más reciente y dualista, de la que ya hemos hablado, que la veía como formada por un pilar europeo y otro americano. En este sentido, América era el último reducto de la antigua estructura plural de la Monarquía.

Sin embargo, detrás de las dos concepciones opuestas —unitaria o plural— comunes a la España peninsular y a América se escondía otro problema, antiguo y reciente a la vez, privativo de América: el de su estatuto político, y su corolario: la igualdad política con la península. Se trataba de un problema antiguo en la medida en que las Indias habían sido definidas desde la época de la conquista como unos reinos más de la Corona de Castilla. Era también un problema reciente en la medida en que desde mediados del siglo XVIII las élites ilustradas peninsulares tendían a considerar a los reinos de Indias no como reinos y provincias de ultramar, sino como colonias, es decir, como territorios que no existen más que para el beneficio económico de su metrópoli e, implícitamente, carentes de derechos políticos propios. Igualmente esta nueva visión implicaba que América no dependía del rey, como los otros reinos, sino de una metrópoli, la España peninsular...[22]

Cierto es que el tema de la igualdad entre las dos partes de la Mo-

[21] Con excepción de los estatutos particulares mantenidos en las provincias vascas y en Navarra.

[22] Para más detalles, *cf. infra,* cap. VI: "Las mutaciones de la identidad en la América hispánica".

narquía estaba ya implícito en múltiples tensiones anteriores, como en las rivalidades entre criollos y peninsulares para el acceso a cargos administrativos, o en las quejas, frecuentes en la época de las reformas borbónicas, de falta de diálogo entre el rey y el reino. Pero lo que hasta entonces eran tensiones diversas, sin unidad de espacio y de tiempo —puesto que resultaban esencialmente de decisiones particulares— se transformó ahora en un tema único —el de los derechos de América— por la aparición de una política fundada en la representación.

Todos estos problemas, latentes hasta entonces por la inercia de la antigua terminología y por la común práctica absolutista a la que estaban por igual sometidos la España peninsular y la parte americana, se convierten en un problema urgente y provocan conflictos que no van a cesar de envenenarse hasta provocar la ruptura entre los dos continentes. En efecto, con el hundimiento del absolutismo y la reversión de la soberanía a la nación la igualdad política entre España y América deja de ser un problema en gran parte teórico para llevarse a cuestiones muy prácticas e inmediatas, consecuencia de la instauración de una lógica de la representación.

El debate sobre la igualdad política entre los dos continentes va a concretarse en dos problemas principales surgidos del renacer de la representación y que van a ser las causas primordiales de la ruptura: el derecho para los americanos de constituir sus propias juntas y la igualdad de representación en los poderes centrales de la Monarquía: en la Junta Central primero, en las Cortes después.

El primer problema —la formación en América de juntas semejantes a las de España— se planteó desde el comienzo de la crisis, en cuanto se conocieron en América las abdicaciones. Como era igual el imaginario político a ambos lados del Atlántico, igual fue el reflejo de llenar el vacío dejado por el rey mediante la constitución de poderes fundados en el pueblo. Sin embargo, ninguna de estas tentativas tuvo éxito —con las solas excepciones de Montevideo[23] y Nueva España—, pues no había en América ni tropas extranjeras ni levantamiento popular ni guerra próxima. Tampoco había, a pesar de las sospechas sobre la lealtad de algunos, autoridades colaboracionistas como las había en la península. Por eso era difícil vencer de un solo golpe las resistencias de las autoridades regias, que seguían fundándose en principios absolutistas abandonados ya en España. También, en cuanto se supo que la metrópoli resistía al invasor, los americanos dieron prioridad a la ayuda que podían prestarle para la guerra. Esto explica cómo en América del Sur,

[23] La junta de Montevideo, controlada por el español Elio, se formó sobre todo en un contexto de rivalidad con Buenos Aires.

a pesar de sus dudas, los americanos acabaron reconociendo a la Junta de Sevilla, que fingía ser el gobierno legítimo de toda la Monarquía precisamente para evitar la formación de juntas en América. Este subterfugio dejó una profunda traza de desconfianza con respecto a los peninsulares y propiciará en 1810 la formación de juntas en América. Sólo Nueva España, que supo de las abdicaciones antes que del levantamiento y de la formación de las juntas españolas, se lanzó a reunir juntas preparatorias para la reunión de un congreso o junta general durante el verano de 1808; sólo el golpe de Estado de los peninsulares dirigidos por Yermo, que tuvo lugar en septiembre, puso fin a este proceso.

Pero la situación no podía ser más que transitoria a medida que se iba conociendo la rivalidad entre los poderes peninsulares y que avanzaba el debate político. Las tentativas para formar estas juntas serán en adelante permanentes. Unas no pasaron de conjuraciones abortadas, como las de Caracas, Buenos Aires o Valladolid de Michoacán; otras, después de un éxito inicial, como las del Alto Perú y Quito en 1809, fueron reprimidas por las autoridades reales como si se tratara de vasallos rebelados contra el rey. El impacto de estos acontecimientos no fue sólo local, sino que se transmitió rápidamente a todas las regiones de América, que añadieron a sus propios agravios los padecidos por los otros americanos.[24] En todas partes se fragua un rencor creciente ante esta negación práctica de la igualdad de derechos. ¿En virtud de qué principio, cuando se afirma solemnemente la igualdad de ambas partes de la monarquía, se impide que los americanos cuenten con las mismas instituciones que España? ¿Qué legitimidad diferente de la de los "pueblos" pueden invocar los gobiernos peninsulares para impedir que los de América se apoyen también en ella para constituir sus propios gobiernos? ¿Por qué esa tolerancia hacia los europeos que, como Yermo en México, rompen el orden legal en América? ¿Por qué ese tratamiento desigual hacia los partidarios de las juntas americanas —prisión, exilio— cuando las juntas peninsulares pueden luchar entre ellas o incluso rehusar la obediencia a la Junta Central y recobrar su soberanía?

Uno de los temas que será después integrado en las interpretaciones de la historia patria, el del permanente gobierno "despótico" al que han sido sometidos los americanos por los peninsulares, nace solamente entonces, a partir de estos acontecimientos. Al argumento de los "300 años de despotismo", tan utilizado por los revolucionarios españoles para caracterizar al periodo durante el cual desaparecieron las libertades

[24] El golpe de Estado de Yermo en México en 1808 fue conocido en todas las otras regiones y representó para ellas el prototipo de la actitud antiamericana de los peninsulares.

castellanas,[25] se superpone este otro, mucho más nuevo: el de las autoridades regias de América, que no sólo no se fundan en la legitimidad "popular", sino que persiguen a los americanos que quieren usar sus derechos. En el vocabulario utilizado entonces por los americanos en algunas regiones,[26] la palabra *mandones* designa a las autoridades que no han sido reconstruidas o, por lo menos, remozadas por una inmersión en la fuente de la nueva legitimidad.

Si este primer problema era esencial en el plano local —pues lo que estaba en juego era el poder que los americanos querían ejercer en su patria—, el segundo, la participación en la representación y en los gobiernos centrales de la Monarquía, planteaba de una manera explícita y global el problema de la igualdad de representación y, a través de él, la espinosa cuestión del estatuto político de América.

El problema de la representación estaba en la base misma del proceso revolucionario, puesto que si la soberanía volvía a la comunidad política, la representación de ésta era una cuestión insoslayable. En España, en la primera época de los levantamientos, se consideró que las juntas eran una forma improvisada de representación popular. Pero esta solución era precaria, ya que faltaba un gobierno central dotado de una legitimidad indiscutible. Por ello enseguida se empezó a debatir sobre la reunión de cortes generales a las que por tradición correspondía la representación del "reino".[27] Sin embargo, dicha convocatoria planteaba tantos problemas teóricos y prácticos que la solución fue la formación de una "Junta Central Gubernativa del Reyno", formada por dos delegados de cada una de las juntas de las ciudades capitales de reino o provincia. Ambigua institución ésta, que tomó el título de majestad, pues gobernaba en lugar y en nombre del rey, pero que, por estar constituida por delegados de las juntas, ellas mismas surgidas del "pueblo", fue también considerada como una "representación nacional" que remitía, por su composición —representantes de reinos y provincias—, a una visión plural de la Monarquía.

A esta forma embrionaria de representación nacional fueron invitados los americanos por la real orden del 22 de enero de 1809:

> [...] la Junta Suprema Central Gubernativa del Reyno, considerando que los vastos y precisos dominios que España posee en las Indias no son propiamente colonias o factorías como las de las otras naciones, sino una parte

[25] La fecha simbólica del principio de esta época se coloca, habitualmente, en la época de Carlos V, con la derrota de los Comuneros en Villalar.

[26] El empleo del término es muy corriente en Buenos Aires y en Nueva Granada.

[27] Sobre este tema, *cf.* Federico Suárez, *El proceso de convocatoria de las Cortes, 1808-1810,* Eunsa, Pamplona, 1982, 528 pp.

esencial e integrante de la monarquía española [...] se ha servido S. M. declarar [...] que los reynos, provincias e islas que forman los referidos dominios, deben tener representación inmediata a su real Persona por medio de sus correspondientes diputados.[28]

Este documento es un hito fundamental en las revoluciones hispánicas. Era una declaración solemne de la igualdad política entre España y América y, a la vez, su negación, tanto por el lenguaje empleado —colonias o factorías—, que mostraba el concepto que los peninsulares tenían de América, cuanto por el escaso número de diputados que se le atribuían a ésta —nueve frente a 26 de la península—, cuando que su población era mayor. Esto provocó múltiples protestas[29] y contribuyó a hacer de la igualdad de representación uno de los campos en que en adelante se expresarían los agravios americanos. Cuando un año después se convoquen las elecciones a las cortes extraordinarias, se manifestará una desigualdad aún mayor, puesto que se prevén 30 diputados para representar a América frente a casi 250 para la España peninsular. Tal desigualdad flagrante será una de las causas fundamentales del rechazo del recién formado Consejo de Regencia y de la constitución de juntas autónomas en América...

Sin embargo, a pesar de los defectos ya citados, la real orden era también un paso decisivo para la construcción de un régimen representativo. Por primera vez tenía lugar en el mundo hispánico un proceso electoral general que sería seguido pronto por muchos otros. Las disposiciones electorales todavía remitían a una visión tradicional de la nación y de la representación, ya que a cada reino o provincia le correspondía un diputado elegido por los cabildos de las ciudades cabeza de distrito, a las que se consideraba como representantes de todo su territorio con sus ciudades, villas y pueblos sujetos. La nación aparecía como una pirámide de comunidades políticas y no como una nación única formada por ciudadanos iguales, y los diputados, como procuradores semejantes a los de las antiguas cortes, con sus poderes e instrucciones de tipo privado, que equivalían aún a un mandato imperativo.

[28] Real Orden, Sevilla, 22 de enero de 1809, AHN, Estado, 54, D, 71.

[29] En la enumeración de agravios, tal como los expresa la literatura americana de entonces, este documento ocupa siempre un lugar central. *Cf.*, por ejemplo, para Nueva Granada, Camilo Torres, *Memorial de agravios. Representación del cabildo de Santa Fe a la Suprema Junta Central de España...*, 1809, facsímil de la primera edición (1832), Bogotá, 1960; para Chile, *Catecismo político cristiano por Don José Amor de la Patria* (1810) reed., Santiago de Chile, 1975; para México, fray Servando Teresa de Mier, *Historia de la revolución de Nueva España* (1813), ed. crítica, A. Saint-Lu y M-C. Bénassy (coords.), París, 1990; para el Río de la Plata, Gregorio Funes, *Ensayo de la historia civil del Paraguay, Buenos Aires y Tucumán*, ed. de 1817, t. III.

Dolidos por la desigualdad de representación con la España peninsular, los americanos no parecieron estarlo por la forma tradicional de la representación. Todos los cabildos implicados, desde la lejana Sonora hasta Chile y el Río de la Plata, estuvieron ocupados durante la mayor parte de 1809 y principios de 1810 en la elección de sus diputados a la Junta Central y en la redacción de sus instrucciones: ni los unos ni las otras muestran, en la mayoría de los casos, un modernismo excesivo. Las elecciones dieron lugar muchas veces a enfrentamientos muy fuertes entre los clanes y facciones que tradicionalmente se oponían en los cabildos. Fueron elegidas en primer grado, prácticamente, todas las notabilidades de la sociedad del antiguo régimen, siguiendo de hecho el orden de dignidad y de prelación. Y las instrucciones, además de múltiples demandas concretas para cada región, fueron —salvo alguna que otra excepción— la expresión del mismo imaginario tradicional que predominaba entonces en América: defensa del rey, de la religión, de las leyes fundamentales del reino, pero también una afirmación ardiente de la indisoluble unión de la nación y de la igualdad política entre los dos continentes...[30]

Para que la modernidad triunfara hacía falta un profundo cambio ideológico de las élites intelectuales.

La mutación ideológica

Si el debate sobre la igualdad de España y América dentro de la Monarquía prepara la ruptura, el paso a la modernidad política se efectúa mediante otro debate, paralelo, sobre la naturaleza íntima de la nación: ¿está formada ésta por las antiguas comunidades políticas, con sus estamentos y cuerpos privilegiados o está compuesta por individuos iguales?, ¿es producto de la historia o resultado de una asociación voluntaria?, ¿está ya constituida o aún por constituir?, ¿reside la soberanía en la nación?, ¿de qué tipo es dicha soberanía? Según la respuesta que se dé a estas preguntas las futuras cortes serían una restauración de las antiguas instituciones, con representación de los tres estamentos, o una asamblea única de representantes de la nación. El debate francés de la convocatoria de los Estados Generales y de sus primeras reuniones hasta la proclamación de la Asamblea Nacional se repite en el mundo hispánico desde 1808 hasta 1810.

En estos dos años, el cambio de las ideas y de los imaginarios de las

[30] *Cf.* para este proceso complejo, Guerra, *Modernidad e independencias...*, cap. VI.

élites hispánicas fue considerable. El tradicionalismo del universo mental de la inmensa mayoría de los habitantes de la Monarquía en los meses siguientes a la insurrección era, como hemos dicho, evidente. Sin embargo, dos años después, cuando en septiembre de 1810 se reúnen en Cádiz las Cortes Generales y Extraordinarias, se impone el grupo revolucionario que va a desempeñar el papel motor en las cortes y que será llamado poco después "liberal"; sus referencias mentales son ya totalmente modernas. La victoria puede explicarse en parte por el carácter particular de la ciudad de Cádiz, que sirve de refugio entonces a lo más granado de las élites intelectuales españolas y americanas, pero es, también, la consecuencia de una evolución más global de los espíritus durante los dos años pasados.[31]

En esta mutación extremadamente rápida desempeñan un papel esencial dos fenómenos concomitantes: la proliferación de los impresos —y, sobre todo, de la prensa— y la expansión de las nuevas formas de sociabilidad. Con ellos nace verdaderamente la "opinión pública" moderna y lo que se puede designar, con Habermas, "el espacio público político". Es verdad que ya existía antes lo que éste llama un "espacio público literario", o Cochin, "la república de las letras", es decir, un medio social, una red de hombres agrupados en sociedades y tertulias —literarias, económicas, científicas— en las que la libre discusión sobre toda clase de temas, entre ellos los políticos, empieza a erigirse en una instancia moral, independiente del Estado, que juzga en nombre de la "Razón" la validez no sólo de las medidas del gobierno, sino también de los principios generales que deben regir a la sociedad.[32]

Aunque la "república de las letras" sea relativamente amplia a finales del siglo XVIII y haya dispuesto en la década de 1780 de publicaciones bastante numerosas, las medidas tomadas por el Estado contra la influencia de la Revolución francesa la han limitado al ámbito de sus lugares privados de sociabilidad y a una red de relaciones y de correspondencias privadas sin expresión pública. Los acontecimientos de 1808 han sido para este medio una inesperada ocasión de salir a plena luz:

[31] *Cf.* Demélas y Guerra, "Un processus révolutionnaire méconnu: l'adoption des formes représentatives modernes en Espagne et en Amérique (1808-1810)", *Caravelle. Cahiers du monde hispanique et luso-brésilien,* núm. 60, Tolosa, 1993, pp. 5-57.

[32] *Cf.,* por ejemplo, Augustin Cochin, "Les philosophes", (1912), en Cochin, *L'esprit du jacobinisme*, PUF, París, 1979, cap. I, y Jürgen Habermas, *L'espace public. Archéologie de la publicité comme dimension constitutive de la société bougeoise*, trad. fr. Payot, París, 1978; su esquema explicativo es aún convincente en su parte cultural, pero mucho menos en sus presupuestos económicos y psicológicos. Como en otros libros sobre los mismos temas, la ausencia de toda referencia al mundo hispánico es una muestra más del olvido en que han caído las revoluciones hispánicas.

> Si alguno hubiera dicho a principios de Octubre pasado, que antes de cumplirse un año tendríamos la libertad de escribir sobre reformas de gobierno, planes de constitución, examen y reducción del poder, y que apenas no se publicaría escrito alguno en España que no se dirigiese a estos objetos importantes; hubiera sido tenido por un hombre falto de seso.[33]

La "divina sorpresa" del hundimiento súbito del absolutismo va a permitir a la "república de las letras" constituir un "espacio público político" mediante dos vías, diferentes, pero paralelas. Por un lado está la multiplicación de las formas de sociabilidad modernas, con una libertad de palabra muchísimo mayor que la que se acostumbraba hasta entonces. Por otro, la proliferación de impresos y periódicos con fines patrióticos, causada por la desaparición, de hecho, de la censura.

La nueva prensa y los abundantísimos impresos de todo tipo que aparecen entonces han dado, en efecto, a muchos de sus miembros la oportunidad de exponer públicamente sus ideas, aunque con gran prudencia al principio para no herir la sensibilidad de unos lectores que siguen refiriéndose a imaginarios y valores tradicionales. Pero esta influencia difusa en una prensa que tenía esencialmente como fin movilizar a la población a la lucha en contra del invasor no era suficiente. Los grupos modernos, obsesionados tanto por la urgencia y por la inmensidad de la obra de regeneración que había que llevar a cabo como por el estado real de los espíritus, muy alejados aún de sus principios, se dotaron pronto de órganos de expresión para exponer sus ideas. Ciertamente, para encontrar una opinión pública moderna ya constituida, con una pluralidad de periódicos de tendencias diversas, hay que esperar, en España, como mínimo, hasta el verano de 1810 y, sobre todo, hasta después de la reunión de las Cortes en Cádiz, en el otoño del mismo año. En América, por su parte, esto se dio en épocas más tardías —en México, por ejemplo, con la proclamación de la libertad de prensa en 1812— y en las regiones independentistas, en fechas variadas, pero en general no anteriores a finales de 1810.[34]

Sin embargo, antes ya de esta época de madurez, tres periódicos peninsulares han desempeñado —por su precocidad, por la calidad de sus redactores y por su difusión— un gran papel en la evolución de los espíritus: el *Semanario Patriótico,*[35] *El Espectador Sevilla-*

[33] "Reflexiones acerca de la Carta sobre el modo de establecer un Consejo de Regencia con arreglo a nuestra constitución", *Semanario Patriótico*, núm. IV, Madrid, 22 de septiembre de 1808, p. 62.

[34] Las *Gazetas* publicadas en ellas en los primeros tiempos siguen teniendo el carácter de voceros de las autoridades: ahora de las juntas.

[35] Se trata de un semanario que consta de dos series: una en Madrid, cuyo principal

no[36] y *El voto de la Nación Española.* Fueron éstos los que en la época de la Junta Central —periodo clave de la revolución hispánica— desempeñaron el papel de motor en el cambio ideológico de las élites de los dos continentes. En ellos se encuentra no sólo un testimonio sobre la cronología de dicho cambio, sino también la estrategia empleada para fomentarla y una exposición muy acabada y completa del proyecto de la revolución hispánica.

La existencia de estos periódicos y la explosión de una literatura patriótico-política contribuyen a explicar dos fenómenos todavía en parte inexplicados. El primero, la extraordinaria rapidez y coherencia con que las Cortes de Cádiz llevaron a cabo su empresa de destrucción del antiguo régimen, puesto que, en gran medida, las líneas rectoras de la Constitución y de las reformas habían sido ya formuladas públicamente con anterioridad. El segundo, el cambio, durante este mismo periodo, de unas élites americanas que en 1808 aparecen como más tradicionales aún que las peninsulares y, en 1810, casi tan modernas como ellas, hasta el punto de que manejan con facilidad las mismas referencias. La explicación de este fenómeno está en la difusión de los periódicos e impresos peninsulares en América y en las reimpresiones que de ellos se hicieron allí.[37] Las reimpresiones de estos impresos peninsulares de tema patriótico o político representan en América casi la mitad del total de lo publicado sobre estos temas en la época: por ejemplo, 34% en México en 1808, y 48% en 1809; 50% en 1808 y 1809 en Buenos Aires. Este interés por lo publicado en la península proviene ciertamente de su situación como sede del poder central de la Monarquía, pero también de la libertad de palabra y de prensa que existía en ella desde el principio de la crisis, infinitamente mayor que en América, donde todavía seguían aplicándose las prácticas absolutistas de censura de la imprenta. Por eso la Península fue entonces el motor y el principal centro de difusión de los cambios políticos.

redactor fue el mismo Quintana, y otra en Sevilla, en 1809, cuyos principales redactores fueron José María Blanco White, para la parte política, e Isidoro Antillón, para la parte militar.

[36] *El Espectador Sevillano* fue un diario que se publicó del 2 de octubre de 1809 al 23 de enero de 1810, en que cesa su publicación ante el avance de las tropas francesas sobre Sevilla. Su principal redactor fue Alberto Lista.

[37] *El Espectador Sevillano,* se reimprimió en México en Casa de Arizpe, el año 1810. Esta publicación recoge solamente los discursos y artículos políticos del de Sevilla, numerados (de I a IV), con una numeración continua de 1 a 144 páginas. Termina con un optimista "se continuará", al acabar la publicación de las tres primeras "Qüestiones sobre las Cortes". El *Diario de México,* del 7 de septiembre de 1810, explica que "La reimpresión del Espectador Sevillano en las Qüestiones sobre Cortes, que con tanto aprecio ha recibido el publico, se ha suspendido por falta del del 24 de diciembre de 1809". Una semana después estallaba el levantamiento de Hidalgo.

En dos años, decíamos, mediante este combate de la opinión pública naciente, triunfaron en ella las referencias de los más radicales, de los que poco después serán llamados liberales. En efecto, el análisis de los periódicos muestra claramente que hacia finales de 1809 estaba ya construido el corpus doctrinal del liberalismo que triunfará en las Cortes de Cádiz. Esta construcción intelectual es a la vez muy parecida a la efectuada por la Revolución francesa y, al mismo tiempo, muy original. La semejanza, por no decir la identidad, de los principios y del imaginario que ambos conllevan es considerable, aunque a veces se formulen con la prudencia que exige el estado de la opinión.

La nación es concebida como una asociación voluntaria de individuos iguales, sin ninguna distinción de pertenencias a pueblos, estamentos y cuerpos de la antigua sociedad. De ahí que, en adelante, éstos pierdan para siempre el derecho a su representación y que la base de la representación sea el individuo. Se exaltan la libertad individual, los derechos del hombre y del ciudadano, la igualdad de todos ante la ley y se concibe ésta como la expresión de la voluntad general. La nación es soberana y por ello debe elaborar una constitución que será como el pacto fundador de una nueva sociedad. La crítica de lo que pronto se llamará el antiguo régimen es cada vez más radical; el despotismo tiene raíces tan profundas en la Monarquía que es de hecho imposible que esta constitución sea una restauración de las antiguas "leyes fundamentales" a las que apelan los moderados como Jovellanos. Se imponía una construcción *ex novo:* "[...] una sociedad nueva, cuyo edificio empiece por los sólidos cimientos del derecho natural, y concluya con la más perfecta armonía del derecho civil, arruinando al mismo tiempo el gótico alcázar construido a expensas del sufrimiento y de la ignorancia de nuestros antepasados".[38]

Se trata aparentemente de hacer, como en la Revolución francesa, tabla rasa del pasado y de construir de un solo golpe una sociedad y un gobierno ideales. Sin embargo, el radicalismo del lenguaje y del imaginario van parejos con un ideal político moderado. Los hombres que están inventando el liberalismo hispánico pertenecen a una generación que conoce muy bien las desviaciones de la Revolución en Francia. Por eso temen que la aplicación de sus principios los lleven también al Terror o a un nuevo despotismo. De ahí lo complejo de su proyecto, pues deben realizar al mismo tiempo dos tareas diferentes: por una parte, hacer la revolución contra el antiguo régimen y, por otra, evitar que ésta siga los

[38] *Catecismo de Doctrina civil por Don Andrés de Moya Luzuriaga,* Imprenta de la Junta Superior de Gobierno, Cádiz, 1810, en *Catecismos políticos españoles arreglados a las Constituciones del siglo XIX,* Madrid, 1989, pp. 51-52.

pasos de Francia. Podríamos decir que se encuentran, por un lado, en una situación análoga a la de los revolucionarios franceses de 1788-1789, que luchan por imponer —en las ideas y en los hechos— la soberanía de la nación, y, por otro, en la de la generación de la república termidoriana, que reflexionan, como Benjamin Constant, sobre la manera de construir un régimen fundado sobre los principios de la Revolución, pero estable y respetuoso de la ley y de la libertad.

De este doble objetivo nacen muchas de las ambigüedades del grupo revolucionario y son, como las de Jano, sus dos caras. Por el radicalismo de sus principios sus miembros son revolucionarios —"jacobinos", los llaman sus adversarios—, pero, por su preocupación constante de construir un régimen representativo son ciertamente moderados y de hecho los primeros constitucionalistas modernos que plasmarán en una constitución, y, por un tiempo, en la realidad, sus objetivos. De ahí su importancia europea y su influencia duradera en Portugal, en Italia, en la lejana Rusia[39] e incluso en la misma Francia.[40] De ahí también las contradicciones entre sus intenciones moderadas y su radicalismo ante las resistencias que la sociedad opondrá a su empresa.

El régimen que van a intentar construir es fundamentalmente un régimen representativo, basado en la soberanía del pueblo ejercida por sus representantes y en el reino de la opinión. Que este régimen deba ser una monarquía constitucional nadie lo pone en duda entonces, tanto por el prestigio de que goza el monarca cautivo como por la vigencia de la idea comúnmente aceptada de la imposibilidad de construir una república —identificada con la democracia— en un vasto país. Con el lenguaje que Constant empleó poco después, podríamos decir que hay en ellos el deseo de construir la "libertad de los modernos", pero, al mismo tiempo, por la exaltación de las virtudes de las repúblicas de la antigüedad clásica, una exaltación de "la libertad de los antiguos" que hacía posible el paso a un régimen republicano. Esto es lo que harán poco después los americanos, ayudados en esta empresa por el marco político predominante en muchas regiones de América, el de la ciudad-provincia, que tenderá a convertirse en ciudad-Estado.

[39] *Cf.* sobre la influencia de la Constitución de Cádiz en Europa, "La Constitución de 1812", *Revista de Estudios Políticos*, núm. 126, número conmemorativo, Madrid, noviembre-diciembre de 1962.

[40] En la Francia de la Restauración, el texto de la Constitución de Cádiz tuvo varias traducciones.

DINÁMICAS DE DESINTEGRACIÓN

Todo lo que había ido gestándose en estos dos primeros años cruciales estalla bruscamente en 1810. Igual que en 1808, sus causas inmediatas son también de orden externo: en diciembre de 1809 Andalucía es invadida por los ejércitos franceses. A finales de este año la situación es crítica en España. La ofensiva francesa tiene múltiples consecuencias: provoca acusaciones de traición contra los miembros de la Junta Central, la formación de una junta independiente en Sevilla y la huida a Cádiz de una parte de los miembros de la Junta Central. El 27 de enero de 1810 los miembros del Consulado de Cádiz toman el poder en la ciudad mediante una nueva junta y ponen bajo su tutela los restos de la Junta Central. Hará falta la presión inglesa para que se forme, a partir de ellos, el 29 del mismo mes, un Consejo de Regencia que proclame asumir la autoridad soberana, mientras que las tropas francesas marchan hacia Cádiz.

El mismo día de su autodisolución la Junta Central fija las modalidades de la convocatoria de las Cortes y redacta un manifiesto a los americanos para pedir el reconocimiento del nuevo poder. Pero el reconocimiento que América había otorgado, por patriotismo y por sorpresa, a los poderes provisionales peninsulares en 1808 será ahora negado al Consejo de Regencia por casi toda América del Sur. Para la mayoría de los americanos, que siguen muy de cerca la situación militar, la península estaba irremediablemente perdida y el Consejo de Regencia no era más que un espectro destinado a durar muy poco o a gobernar bajo la tutela de la Junta de Cádiz, del Consulado y de sus corresponsales de América. Más aún: fuera cual fuera su suerte, carecía de la más elemental representatividad y del consentimiento de los pueblos de los dos continentes.

Frente a este poder precario, dotado de una muy incierta legitimidad, Caracas primero, Buenos Aires y la mayoría de las capitales de América del Sur después,[41] se lanzan a constituir juntas que no reconocen el nuevo gobierno provisional peninsular. Conscientemente, los americanos se refieren al precedente peninsular de 1808:

> Dos años hacía que arrebatado del trono nuestro cautivo monarca por un pérfido enemigo, habían recobrado las provincias de España sus derechos

[41] Las únicas excepciones en el subcontinente son el Bajo Perú y alguna que otra ciudad en las demás regiones. Por el momento, ni México ni América central participan en el movimiento.

primitivos. Cada una de ellas erigió entonces un gobierno supremo independiente de las demás. Este sagrado derecho que ninguno podrá disputar a unos pueblos libres [...] se revocó no obstante a duda para con los pueblos de América.[42]

Estos gobiernos "supremos e independientes" que los americanos no pudieron o no quisieron formar en 1808 se constituyen ahora, por las mismas razones: para evitar que quede "acéfalo el cuerpo político".[43] Los principios invocados para justificar su formación tienen las mismas bases pactistas o contractuales que los que habían sido empleados dos años antes por las juntas peninsulares. La Junta de Caracas lo explica claramente en su primera proclama:

La Junta Central Gubernativa del Reyno que reunía el voto de la Nación baxo su autoridad suprema, ha sido disuelta y dispersa en aquella turbulencia y precipitación, y se ha destruido finalmente aquella Soberanía constituida legalmente para la conservación del Estado [...] En este conflicto los habitantes de Cádiz han organizado un nuevo sistema de Gobierno con el título de Regencia [...] [que no] reúne en sí el voto general de la Nación, ni menos aún el de estos habitantes, que tienen el derecho legítimo de velar por su conservación y seguridad, como partes integrantes que son de la Monarquía española [...].[44]

El razonamiento es perfectamente coherente y comprensible en el marco de referencias de una monarquía plural formada por múltiples "pueblos" y regida por principios pactistas. El poder provisional de la Junta Central española había sido legítimo, puesto que, por un lado, había sido formada por los representantes de las juntas insurreccionales peninsulares que llevaban entonces la representación supletoria de los "pueblos" de España, y, por otro, porque había sido reconocida luego por todos los reinos y provincias americanas. Éstos la habían jurado como gobierno legítimo, estableciendo así un nuevo vínculo mutuo —y voluntario— con aquella autoridad que sustituía provisionalmente al rey. Desaparecida, con ella desaparecía este vínculo, y la soberanía vuelve a su fuente, a los "pueblos": "El Pueblo de Caracas [...] deliberó constituir

[42] Convocatoria a las provincias de la Junta de Santa Fe, 29 de julio de 1810, en J. L. Romero y L. A. Romero (comps.), *Pensamiento político de la emancipación (1790-1825)*, Ayacucho, Caracas, 1977, p. 149.

[43] "La Junta Provisional gubernativa de la capital de Buenos Ayres. Circular", 27 de mayo de 1810, en *La Revolución de Mayo a través de los impresos de la época. Primera Serie. 1809-1815.* Tomo I: 1809-1811, Buenos Aires, 1965, p. 364.

[44] Proclama de la Junta de Caracas, 20 de abril de 810, *Gazeta de Caracas*, tomo II, núm. 95, 27 de abril de 1810.

una Soberanía provisional en esta Capital, para ella y los demás Pueblos de esta Provincia, que se le unan con su acostumbrada fidelidad al Señor Don Fernando VII".[45]

Aunque la constitución de juntas no equivaliera para sus autores a la separación total y definitiva de la España peninsular, su formación abría el camino tanto a la desintegración territorial en América como a la ruptura definitiva con la península.

La desintegración territorial surge no sólo de la diversidad de posiciones adoptadas por las diferentes regiones de América, sino también de la lógica misma de la reversión de la soberanía a los "pueblos". La diversidad de actitudes hacia el Consejo de Regencia era prácticamente inevitable. En efecto, aunque la decisión tomada por los partidarios de los gobiernos independientes pudiera justificarse plenamente, también podía justificarse la posición contraria: reconocer de nuevo, como un mal menor, a la recién formada regencia y esperar que la España peninsular no sucumbiese enteramente ante las ofensivas francesas. Las autoridades regias de regiones tan importantes como la Nueva España, América Central o el Perú propiamente dicho escogieron, por razones diferentes, esta última solución.

En las regiones en las que las ciudades capitales eliminaron a las autoridades regias y constituyeron juntas (Venezuela, Nueva Granada, Río de la Plata, Chile), la decisión no podía ser unánime. Los principios utilizados para justificarla —la reversión de la soberanía a los "pueblos"— llevaban consigo la desaparición de las autoridades regias que aseguraban la unidad política de las diferentes circunscripciones administrativas. Cada "pueblo", cada ciudad principal, quedó de hecho libre de definir su propia actitud: reconocer o no a la regencia, pero también reconocer o no la primacía que querían ejercer sobre ellas las ciudades capitales. Se vuelve así a plantear en América el mismo problema que oponía hasta entonces los "pueblos" americanos a los españoles: ¿cuáles eran los "pueblos" que tenían derecho a constituir sus propias juntas? o, dicho de otra manera, se suscitaba el problema de la igualdad de los "pueblos" americanos entre sí.

Por eso de inmediato las ciudades capitales tuvieron que enfrentarse con otras ciudades importantes que no aceptaban su pretensión de preeminencia. Caracas tuvo que enfrentarse con Coro y Maracaibo; Buenos Aires, no sólo, como antes, con Montevideo, sino también con las ciudades del interior; Nueva Granada se fragmentó en múltiples juntas rivales. Como en España en 1808, se planteaba la necesidad urgente

[45] Proclama de la Junta de Caracas, 20 de abril de 1810..., doc. cit.

de constituir gobiernos de orden superior al de las ciudades para impedir la aparición de múltiples gobiernos independientes en cada "pueblo" (en el Río de la Plata o Venezuela), o para reunir mediante un nuevo pacto a las diferentes juntas ya formadas (en Nueva Granada).[46] La vía utilizada dos años antes en la península fue ahora empleada por todos: reunión de una junta general, formada por diputados de los "pueblos", destinada a construir un gobierno provisional; un gobierno que impidiera la disolución territorial, definiera una posición común en cuanto al reconocimiento del Consejo de Regencia, asegurara la defensa común, fijara las reglas para la elección de un congreso realmente representativo y, finalmente, elaborase una constitución para reconstruir el cuerpo político del reino. Como lo dice clara y prudentemente la junta de Santa Fe: "Toca a las ilustres provincias el modo con que deben elegir sus diputados [...] que no deben pasar del número de uno por cada provincia [...] Por ahora su gobierno será también interinario, mientras que este mismo cuerpo de representantes convoca una asamblea general de todos los cabildos, o las cortes de todo el reino [...]".[47]

Como antes en la península, también la naturaleza y los poderes de esta junta y la manera de reunir la asamblea general o cortes del reino fueron motivo de disputas y de diferencias suplementarias.[48] Pero como no había aquí un enemigo extranjero que obligara a una rápida unión, estaba abierta la vía para un conflicto entre ciudades que pronto llevaría a una guerra civil.

La estructura política tan particular de la sociedad americana aparece aquí a plena luz, es decir, su organización territorial jerarquizada, centrada en las ciudades principales, capitales o cabeceras de toda una región, que ejercen su jurisdicción sobre un conjunto de villas y pueblos "vasallos". Aunque las reformas borbónicas y más particularmente la institución de los intendentes[49] hubiesen intentado disminuir los po-

[46] Para el problema de cómo constituir una nación a partir de los pueblos, *cf.* para Venezuela, Véronique Hébrard, *Le Venezuela indépendant. Une nation par le discours. 1808-1830*, L'Harmattan, París, 1996, 460 pp., y para el Río de la Plata, Geneviève Verdo, *Les "Provinces Désunies" du Rio de la Plata. Souveraineté et représentation politique dans l'Indépendance argentine (1808-1821)*, tesis de doctorado, Universidad de París I, 1998, 2 tomos, 905 pp.

[47] Convocatoria a las provincias de la Junta de Santa Fe, 29 de julio de 1810, en Romero, *Pensamiento...*, p. 152.

[48] *Cf.*, como ejemplo de los términos en que se plantea esta polémica en Nueva Granada, el escrito de Antonio Nariño, "Consideraciones sobre los inconvenientes de alterar la invocación hecha por la ciudad de Santa Fe", 19 de septiembre de 1810, en Romero, *Pensamiento...*, pp. 154 ss.

[49] Es significativo que el virreinato donde no se implantaron los intendentes, Nueva

deres de estas ciudades principales, la inercia de la antigua estructura es tal que reaparece con toda su fuerza en nuestra época. Como lo dice poco después con toda claridad para Venezuela Pablo Morillo:

> Es preciso, Excmo. Señor, que se tenga presente de que los Cabildos de las capitales de provincias mandan a los demás pueblos de ella, como podría hacerlo un Capitán General en su distrito, a pesar de que haya pueblos de mayor centro que el de la residencia del Cabildo, de modo que no es un Cuerpo de Ayuntamiento para una población, sino un gobierno para todo un término o Provincia".[50]

Los cabildos de estas ciudades principales son, pues, cuerpos poderosos y privilegiados, actores centrales de toda la vida política y social de su región, pero por privilegiados, envidiados y controvertidos. Por ello en nuestra época su resurgir en la nueva escena política hace estallar tensiones hasta entonces contenidas no sólo en el terreno de la rivalidad ya citada entre las capitales de provincias y la capital del reino, sino también en otros no menos importantes. En unos casos se trata de la modificación de la estructura territorial misma; algunas ciudades principales anexan pueblos de otra provincia,[51] ya sea por la fuerza o ante la demanda de unos pueblos dependientes que piensan así liberarse de la tutela de sus capitales, lo que representa para estas últimas un atentado intolerable a sus prerrogativas y un verdadero *casus belli.*[52] En otros se atenta contra la jerarquía de dignidad y jurisdicción de las localidades: pueblos dependientes piden convertirse en ciudades capitales y otros reclaman la igualdad de derechos con ellas... Casi en todas partes los pueblos secundarios piden una participación en los procesos representativos que se están poniendo entonces en marcha, rechazando así la representación implícita que pretenden tener sus cabeceras. La guerra civil entre ciudades empieza en el momento mismo de la formación de las juntas.

A estos conflictos internos vino muy pronto a añadirse la guerra que

Granada, fuese precisamente aquel donde la autonomía de los pueblos fue en nuestra época la más grande, hasta el punto de que muchos de ellos publicaron muy tempranamente sus propias constituciones.

[50] De Pablo Morillo al Ministro de la Guerra, 1816, en Laureano Vallenilla Lanz, *Obras completas,* t. II, Caracas, 1984, p. 171.

[51] El Estado de Cundinamarca practicó ampliamente lo que se llamó púdicamente "las agregaciones" no sólo de pueblos sino incluso de provincias.

[52] Véanse, por ejemplo, los múltiples casos de este tipo en los que deberá arbitrar el Congreso: Acta de Federación de las Provincias Unidas de Nueva Granada, 27 de noviembre de 1811, en Diego Uribe Vargas, *Las constituciones de Colombia*, Ed. Cultura Hispánica, Madrid, 1977, t. I, pp. 365 y ss., arts. 44, 45, 46, 47.

va a enfrentar cada vez más a los dos continentes, España y América, y, dentro de ésta, a los peninsulares contra los criollos. La gran ruptura se produce en este campo en el año que sigue al establecimiento de las juntas, en la primavera-verano de 1810, en fechas variables según las regiones. La formación de ésas estaba fundada en gran parte, en su derecho al autogobierno, y, además, en dos hipótesis: la inexistencia de un verdadero gobierno central en la metrópoli y la probable derrota total de la España peninsular. Pero pocos meses bastaron para mostrar la fragilidad de ambas hipótesis. No sólo existía realmente el Consejo de Regencia y había sido reconocido por las juntas españolas supervivientes y por una buena parte de América, sino que la España peninsular seguía resistiendo con la ayuda inglesa; más aún, en septiembre de 1810 se reunían en Cádiz las Cortes generales y extraordinarias de la Monarquía, a las que poco a poco iban llegando los diputados americanos elegidos por las regiones que habían reconocido al Consejo de Regencia...[53] Tal situación, en gran parte inesperada, complicaba aún más la situación al obligar a las juntas americanas a reconsiderar su actitud hacia ella y, ocasionalmente, a ver la posibilidad de una negociación.

Ésta, como bien se sabe, no tuvo nunca realmente lugar, pues el Consejo de Regencia reaccionó violentamente ante las noticias de América, sin intentar lo que tantas veces había hecho antes la Junta Central, o ella misma en la España peninsular: negociar con las juntas provinciales. En julio de 1811 esta vía se cerró definitivamente con el rechazo por las cortes de la mediación inglesa, que había intentado evitar una guerra que no podía menos que debilitar el combate común contra Napoleón.[54] Si muchas veces se ha puesto de relieve la importancia del no reconocimiento al Consejo de Regencia por las juntas americanas, se hace menos hincapié en el fenómeno inverso: el rechazo que él hizo de la legitimidad de las juntas americanas. Desde el principio la regencia las consideró como provincias desleales, rebeladas contra su soberano.

Las razones de esta actitud intransigente hay que buscarlas sin duda en la influencia que el comercio de Cádiz ejercía y en el hecho también de que la regencia se mostraba tanto más celosa de su autoridad cuanto más precaria era su legitimidad.[55] Pero, sobre todo, porque desde la independencia de las colonias inglesas de América del Norte las élites gobernantes españolas consideraban inevitable la futura independencia

[53] A partir de enero de 1811.

[54] Para esta mediación, *cf.* Brian R. Hamnet, *La política española en una época revolucionaria, 1790-1820*, FCE, México, 1985, p. 126.

[55] Esta razón vale todavía más para las Cortes que, desde su reunión a finales de septiembre de 1810, son el verdadero gobierno de la Monarquía.

de la América española. Los agravios americanos y las justificaciones de las juntas fueron considerados mera retórica destinada a cubrir propósitos independentistas. Se trataba, pues, de un movimiento separatista que había que reprimir por la fuerza: el miedo a la independencia contribuyó a precipitarla.

La guerra, por tanto, sigue muy de cerca a la fundación de las juntas en Sudamérica y, poco después en México, al levantamiento de Hidalgo y a la gran explosión social que lo acompaña.[56] Guerra que es doblemente una guerra civil: por un lado, guerra interna entre las regiones y ciudades que aceptan el nuevo gobierno provisional español y las que lo rechazan; y, por otro, guerra exterior contra el gobierno central de la Monarquía. A partir de ahora, la guerra —y una guerra tanto más cruel puesto que civil— va a ser la causa principal de la evolución de América. La oposición amigo-enemigo tiene su propia lógica y va a provocar progresivamente una redefinición de las identidades americanas y la ruptura moral de la hasta entonces única nación "española".[57]

Revoluciones políticas

Indisolublemente ligado a este proceso de desintegración territorial y de redefinición de la nación se encuentra otro aspecto de la revolución que experimenta a partir de 1810 una considerable aceleración: la adopción de la modernidad política. En este campo también 1810 abre una nueva época, tanto en España como en América: la de la ruptura legal con el antiguo régimen. Los principios, el imaginario y el lenguaje de la modernidad, objeto hasta entonces de un debate de opinión, se plasman ahora en diversos textos oficiales y especialmente en las constituciones.

Comienza la gran época del constitucionalismo y del liberalismo hispánicos, cuyo centro se encuentra durante varios años en Cádiz. Las Cortes generales y extraordinarias que se reúnen allí el 24 de septiembre de 1810 van a ser durante casi cuatro años el principal foro de las nuevas ideas y el foco de donde irradian las reformas que transformarán profundamente la Monarquía, no sólo en la Península, sino también en las regiones "lealistas" de América. Incluso los insurgentes que polemizan con ellas reprochándoles, con toda razón, su muy débil representatividad, siguen muy de cerca sus trabajos y se inspiran para muchos

[56] La singularidad mexicana reside en el carácter social y rural del movimiento que se explica por específicas causas sociales. Pero también se explica por el fracaso de las muy precoces tentativas de la élite para formar en 1808 una Junta de la Nueva España.

[57] *Cf. infra,* cap. VI: "Las mutaciones de la identidad en la América hispánica".

de sus textos y reformas en lo realizado en Cádiz. La razón esencial de esta influencia es no sólo la densidad del medio intelectual y político, peninsular y americano, reunido en la ciudad, sino también la continuidad de sus trabajos durante casi cuatro años y la lógica moderna que los preside.

El primer paso fundamental de las cortes fue, como en la Francia de 1789, la proclamación de la soberanía nacional el mismo día de su reunión. A partir de ahí todo se encadena: un mes después es proclamada la libertad de prensa, en diciembre comienza la preparación de una constitución; en 1811 los debates públicos sobre ella, y el 19 de marzo de 1812 es públicamente promulgada la Constitución de la Monarquía española que va a ser aplicada en España y en la América "lealista". Viene después toda una serie de reformas que derriban, piedra tras piedra, el edificio social y económico del antiguo régimen. En un breve lapso de tiempo las cortes adoptaron el imaginario de una modernidad de tipo francés, es decir, una modernidad de ruptura que intenta hacer tabla rasa del pasado. La nación es soberana y la Constitución que ella se da es el pacto fundador de una nueva sociedad fundada sobre el individuo. La Constitución instaura un régimen representativo, la separación de poderes, las libertades individuales, la abolición de los cuerpos y estatutos privilegiados (entre ellos el de los indios), la igualdad jurídica de las localidades (erigidas en municipios y gobernadas por ayuntamientos), el carácter electivo de la mayor parte de los cargos públicos en todos los niveles —municipal, provincial y nacional—...

La América insurgente evoluciona de modo paralelo. La promulgación de constituciones empieza muy precozmente, incluso antes de la declaración de la independencia (en Nueva Granada, por ejemplo, las constituciones de varias provincias son promulgadas en 1810-1811;[58] en Venezuela, en 1811) y se continúa después. No es el caso analizarlas aquí con detalle, dado que aparecen en ella esencialmente todos los elementos modernos que ya hemos puesto de relieve en la Constitución de Cádiz. Vale la pena, sin embargo, examinar comparativamente algunos de los elementos de más repercusión para el futuro: el tema de la nación, el régimen político y su grado de modernidad respectivo.

Una de las diferencias más profundas entre la Constitución de Cádiz y los primeros textos constitucionales americanos atañe a la identidad del cuerpo constituyente y a la diversa concepción de la nación que éste implica. En la primera, el cuerpo constituyente y la nación aparecen como realidades incuestionables que no necesitan justificaciones pre-

[58] Por ejemplo, Socorro, en agosto de 1810, Cundinamarca en marzo de 1811, *cf.* para estos textos, Uribe Vargas, *Las constituciones...*

vias: "Las Cortes generales y extraordinarias de la Nación española [...] decretan la siguiente Constitución política para el buen gobierno y recta administración del Estado".[59]

Las Cortes son, en el imaginario común del mundo hispánico, la representación legítima y tradicional del reino. En cuanto a la nación, cuando inmediatamente después, en su artículo 1°, se la define como "la reunión de todos los españoles de ambos hemisferios, no es más que una manera de identificar la nación con el conjunto de la Monarquía. Los constituyentes de Cádiz se apoyan para legitimar su obra en realidades dotadas de una legitimidad histórica, que los dispensa, por el momento, de toda otra definición. Cierto es que las cortes reunidas en Cádiz no son, ni por su composición,[60] ni por su modo de elección[61] ni por sus poderes, una restauración de las cortes tradicionales; tampoco la nación que ellas contemplan es la nación tradicional, un ente histórico formado de estamentos y de cuerpos diversos, sino la nación originada por una asociación voluntaria de individuos. Pero es indudable que, a pesar de todo lo que estas novedades significaban como ruptura, la obra de Cádiz podía reivindicar su continuidad con el pasado, tanto más cuanto que seguían reconociendo a Fernando VII como soberano.

La situación era totalmente distinta en la América insurgente y la solución de continuidad, evidente. En primer lugar, porque la negación del vínculo con el gobierno central de la Monarquía —con el Consejo de Regencia y las Cortes primero, con el rey después— equivalía también a la disolución de los vínculos de los pueblos americanos entre sí, pues hasta entonces su unidad resultaba no de vínculos horizontales sino verticales. En segundo lugar, porque no existían en América instituciones representativas del reino o de la provincia que hubiesen podido sustituir inmediatamente al rey.

De ahí que —aunque el acto reflejo de convocar primero una junta y luego las cortes o un congreso general del reino fuese coherente con el imaginario político tradicional de los americanos e incluso con lo previsto en las leyes de Indias— faltaran precedentes para esta reunión y reinase una gran incertidumbre sobre los "pueblos" que debían participar en ellas. Como lo veremos después en otro capítulo, los independentistas tuvieron que afrontar desde el principio el difícil problema

[59] *Constitución política de la Monarquía española*, 19 de marzo de 1812, preámbulo.

[60] Aunque las antiguas ciudades con voto en cortes envían diputados, la mayoría de éstos representan ya a la nación, y son elegidos en número proporcional, a la población de las provincias.

[61] La mayoría de los diputados peninsulares son elegidos mediante un sufragio quasiuniversal a varios grados.

de la definición territorial de una nación de carácter supramunicipal, sin poder fundarse para ello en identidades culturales consistentes.[62]

Sin embargo, aunque la América "lealista" escapase por el momento a este problema, la incapacidad de los diferentes gobiernos peninsulares, liberales o absolutistas, de dar una solución institucional a la aspiración común a todos los americanos de una monarquía, no unitaria, sino plural y representativa, provocará también al final tanto su independencia como el mismo tipo de problemas.[63]

En lo que concierne al régimen político, la diferencia es también evidente: monárquico en la Constitución de Cádiz, republicano en la América insurgente después de las declaraciones de independencia.[64] A la adopción de este régimen contribuía, como ya dijimos anteriormente, la apología que el preliberalismo hispánico hizo del régimen representativo, exaltado con las virtudes y los ejemplos de las repúblicas antiguas. También contribuía el hecho de que, al ser la ciudad en América el espacio político por excelencia, era fácil asimilarla a las ciudades-Estado de la antigüedad y adoptar sus formas republicanas.[65] En fin, y sobre todo, porque una vez que se rechazaba la soberanía del rey, no quedaba otra solución que el régimen republicano. Incluso, si se prefería un régimen monárquico —y este sentimiento fue creciendo con el tiempo a medida que se ponían de manifiesto la desintegración territorial y la inestabilidad política de los nuevos Estados—, esta solución era prácticamente imposible. Como la legitimidad del rey era ante todo histórica, al romperse los vínculos con él, ¿cómo imaginar otro rey que no fuese el "señor natural" del reino?[66] En este sentido, la América independentista accedía inmediatamente a un régimen político de una modernidad extrema.

Antes de terminar queremos hacer algunas observaciones sobre este último tema: comparar la modernidad entre la península y las dos Américas, la insurgente y la "lealista". Como hemos dicho anteriormente, durante la primera fase de la revolución, entre 1808 y 1810, el centro ideológico de la tal revolución está en la España peninsular. A partir de 1810 la situación cambia y se producen entonces fuertes diferencias regionales.

[62] *Cf. infra,* cap. VI: "Las mutaciones de la identidad en la América hispánica".

[63] *Ibidem.*

[64] Antes de esa fecha, algunas constituciones (como la de Cundinamarca de 1811) prevén una monarquía constitucional con Fernando VII como soberano.

[65] Sobre este tema, F.-X. Guerra, "La identidad republicana en la época de la independencia", en Gonzalo Sánchez Gómez (comp.), *Museo, memoria y nación*, Museo Nacional de Colombia, Bogotá, 2000, pp. 253-283.

[66] De ahí, el carácter utópico de los proyectos en Sudamérica de una monarquía con un rey descendiente de los incas y, en México, el fracaso rápido del imperio de Iturbide.

Las regiones "lealistas" —Nueva España, América Central, Perú— evolucionan siguiendo los diversos episodios del liberalismo español.[67] La modernidad política en esta área sigue viniendo, sobre todo, de la península, a través de la Constitución, de las leyes y de las prácticas políticas establecidas por las Cortes de Cádiz, en las cuales participan sus diputados. Aquí la revolución política precede a la Independencia. Como lo dirá en 1822 Vicente Rocafuerte, el liberal guayaquileño que vive entonces en México: "La América, ilustrada no sólo con la doctrina de tantos libros como han corrido en ella desde el establecimiento de la Constitución española, sino lo que es más, con el ejemplo que le daba la península en la lucha contra el servil [...]"[68]

En las regiones insurgentes la ruptura se justifica primero con un discurso de tipo pactista en el que existen muchos de los elementos del constitucionalismo histórico. Éste sirve de base tanto a la autonomía americana como incluso al proyecto de fundar una nueva sociedad, pero muy pronto, aunque se siga muy de cerca lo que pasa en Cádiz, se buscará la inspiración para construirla en otros modelos europeos: la Holanda de las Provincias Unidas, la Francia revolucionaria o los Estados Unidos. Las élites insurgentes van entonces más allá que los liberales españoles. En la búsqueda de principios y de símbolos que los ayuden a subrayar su especificidad se adopta de una manera más franca el nuevo sistema de referencias, puesto que ya no existe aquí el elemento de tradicionalismo que es el rey en España y en la América lealista. A fin de fundar cuanto antes una nueva identidad y con ritmos que son específicos en cada región, se adoptan una parte del lenguaje, símbolos e iconografía, de las fiestas y ceremonias, de las sociabilidades y de las instituciones de la Francia revolucionaria.

Cuando después, a principios de la década de 1820, los países hasta entonces lealistas rompan a su vez con el gobierno central de la Monarquía, ellos también seguirán el mismo proceso de invención política. La necesidad de crear unidades políticas inéditas, refuerza la aspiración a crear una sociedad nueva, típica de la modernidad de ruptura, y hace que la época de la Independencia sea un periodo de gran creatividad en todos estos campos. Los elementos revolucionarios foráneos se mezclan con el fondo hispánico y las raíces autóctonas y producen combinaciones muy variadas, combinaciones que quedan aún por estu-

[67] *Cf.* por ejemplo, para América Central, Mario Rodríguez, *El experimento de Cádiz en Centroamérica. 1808-1826*, FCE, México, 1984. (ed. ingl. 1978), 316 pp.

[68] [Vicente Rocafuerte], *Bosquejo ligerísimo de la Revolución de México, desde el grito de Iguala hasta la proclamación imperial de Iturbide*, por un verdadero americano, imp. de Teracronef y Naroajeb, Filadelfia, 1822.

diar, así como los ritmos, las especificidades regionales y los modelos utilizados.[69]

Intentemos al término de este rápido recorrido sacar algunas conclusiones generales de un proceso extremadamente complejo. La primera, que, aunque conocida, nunca se repetirá suficientemente, es el origen exógeno de todo el proceso revolucionario. Nada permitía prever en 1808 ni la disolución próxima de la monarquía hispánica ni el triunfo en ella de una revolución política muy radical en sus principios. La segunda —su corolario— es el carácter extremadamente precoz de los principales resultados del proceso revolucionario con relación al resto del área de civilización europea. La Monarquía hispánica es, en efecto, el primero de los grandes conjuntos políticos multicomunitarios —de los imperios— europeos que se disuelve por la introducción del revolucionario principio de la soberanía de la nación. Los países hispánicos son también los primeros en esta área —excepto, claro está, los países anglosajones y la Francia revolucionaria— en adoptar los principios, los imaginarios y las prácticas políticas modernas. La tercera, en fin, es que la precocidad misma de estas rupturas en una sociedad que sigue siendo, a pesar de sus élites modernas, una sociedad del antiguo régimen, será la que origine una buena parte de los problemas del siglo XIX español e hispanoamericano.

[69] Los ensayos políticos de la Francia revolucionaria y posrevolucionaria han sido suficientemente numerosos para inspirar regímenes políticos muy diversos: de los regímenes constitucionales al Imperio.

V. SOBERANÍAS EN LUCHA

Antonio Annino
Universidad de Florencia

La ambivalencia de la herencia colonial

En 1825, el ministro del Interior y del Exterior de la República Mexicana, Lucas Alamán, anotaba con pesar que "roto el freno y atropellada la obediencia a las autoridades superiores, no hay nada que ligue entre sí a las inferiores, ni menos que las haga aparecer respetables a los ojos de los ciudadanos, siguiéndose de aquí el desorden, la anarquía y la guerra civil".[1] Casi por los mismos años, Hegel escribía en su *Philosophic der Geschichte* que de la comparación entre las dos Américas deducía una "antítesis sorprendente": en el norte, orden y libertad; en el sur, anarquía y militarismo.[2] Esta coincidencia de juicios sobre la ingobernabilidad de las repúblicas hispanoamericanas se apoyaba en actitudes y presupuestos muy diversos, pero era la manifestación de una percepción común en ambos lados del Atlántico, que durante algunos decenios se desarrollaría paralelamente, aunque más tarde se separaría radicalmente. Para Europa, las repúblicas sudamericanas permanecieron siempre "nuevas" y "jóvenes", o sea, mejor dotadas de buenos recursos naturales que de buenas aptitudes políticas. Las élites gobernantes del continente, por su parte, tuvieron una nueva visión de la Independencia y de la primera mitad del siglo xix: el movimiento emancipador fue traicionado por un nuevo actor político, el caudillo, cuyo poder arbitrario y personal limitó la soberanía de las leyes, e instauró aquella anarquía que sólo los regímenes liberales de la década de 1880 superarían definitivamente.

El elemento más interesante de todas las interpretaciones euroamericanas decimonónicas es el acuerdo sobre el término *anarquía,* y la neta diferenciación entre los años de la Independencia y los sucesivos. Con los caudillos vuelve el poder arbitrario y despótico de la Colonia,

[1] M. Bellingeri, *De una constitución a otra: conflictos de jurisdicciones y dispersión de poderes en Yucatán (1789-1831),* en A. Annino y R. Buve (comps.), *El liberalismo mexicano,* Cuadernos de Historia Latinoamericana, 1993.
[2] W. F. Hegel, *Philosophie der Geschichte,* Leipzig, 1920, p. 189.

que el movimiento emancipador había logrado vencer. Para el pensamiento liberal de fines de siglo el proceso de formación del Estado nacional había seguido, por tanto, un camino cíclico: la emancipación de España había permitido el nacimiento de una soberanía, pero su desarrollo había sido obstaculizado en una primera fase por el personalismo político, cuya naturaleza bárbara, según palabras de Sarmiento, representaba un obstáculo para la nueva libertad. En las repúblicas con un fuerte componente indígena se pensó con frecuencia que los indios serían un obstáculo para la soberanía, no porque fuesen bárbaros como los caudillos argentinos, sino porque sus valores se oponían a los individualístico-hacendísticos de las élites. La percepción que los grupos dirigentes tuvieron de los difíciles procesos de construcción del Estado nacional fue fundamentalmente dual: un espacio constitucional no muy extenso, identificado con las principales áreas urbanas, rodeado por otro espacio mucho más extenso y no constitucionalizado, que abrazaba la áreas rurales. La idea de que la ciudad representaba la civilización no fue una invención decimonónica; pertenecía a la tradición del iusnaturalismo católico desde el siglo XVI, y había gozado de un notable éxito en la América hispana colonial. En el siglo XIX sólo fue reinterpretada de acuerdo con el moderno constitucionalismo.

La contraposición entre *anarquía* y *soberanía* tiene un cierto interés por varias razones. Permite comprender cómo interpretaron los grupos dirigentes liberales los graves problemas de la gobernabilidad republicana; muestra cómo en el siglo XIX convivieron radicales mutaciones en la concepción del poder y de la sociedad con principios del pasado colonial; sugiere, en fin, algunas reflexiones sobre el caso hispanoamericano desde un punto de vista comparativo. El reto de la gobernabilidad en la América meridional fue, sin duda, más arduo que en otras áreas; sin embargo, precisamente por esto hace más visible un dilema decisivo de la política moderna: la separación entre política y derecho, entre praxis y formalización jurídica. De la época colonial sudamericana se ha dicho con frecuencia que fue el reino de la arbitrariedad, del despotismo y de la corrupción generalizada. En realidad, ya hace tiempo que los historiadores del derecho han superado dicha imagen. Para nuestro tema interesa recordar la enorme ambivalencia que en el tema de la soberanía la época colonial dejó en herencia al siglo XIX hispanoamericano. El liberalismo criollo adoptó una concepción de la soberanía y del Estado parecida a la francesa posrevolucionaria, pero al mismo tiempo no muy distinta de la borbónica española, exportada a las Indias hacia fines del siglo XVIII. Tampoco el federalismo hispanoamericano superó nunca esta frontera cultural: de hecho, los problemas de su gobernabilidad derivaron durante todo el siglo de las tensiones continuas entre la soberanía de los estados y la de las federaciones. No fue éste, como es sabido, el problema del federalismo norteamericano.

Las dos concepciones de la soberanía liberal criolla —la francesa y la española tardo-colonial— eran monistas, distintas de la anglosajona pero también de la del periodo de los Habsburgos. La historiografía no se ha puesto todavía de acuerdo para valorar en qué medida la tradición de los Habsburgos sobrevivió en la mentalidad colectiva hispanoamericana tras la caída del Imperio, pero es cierto que se dio allí una continuidad y que sus intérpretes se encuentran más entre los agentes colectivos organizados, como por ejemplo las comunidades aldeanas, que entre los exponentes de las élites gobernantes. Antes de analizar esta coexistencia de conceptos diversos de la soberanía, es oportuno recordar brevemente la naturaleza de la tradición de los Habsburgos en el contexto americano. Aunque desde el siglo XVI se había sostenido incluso en Castilla el principio del *poderío absoluto del rey,* la precedente idea del Estado mixto, con su soberanía repartida entre Corona y estados, no desapareció; más bien se convirtió en una componente orgánica del contractualismo hispánico, sobre todo en el ámbito imperial. La Monarquía católica consiguió durante tres siglos asegurarse la lealtad de un conjunto heterogéneo de territorios gracias a una práctica acordada de la justicia, uno de los atributos de la soberanía. Por diversas razones, este aspecto se desarrolló con mucha eficacia en las Indias, donde el modelo de un Estado mixto se consolidó fuertemente gracias al desarrollo de amplias autonomías territoriales y corporativas. Si se mira este fenómeno desde el punto de vista de la Corona, sin duda para el periodo que va de la mitad del siglo XVII a la mitad del XVIII es válida la definición de "época de la impotencia".[3] Pero desde el punto de vista de los criollos, e incluso del componente indígena de las *repúblicas,* esta debilidad se interpreta como un reconocimiento de la práctica de la justicia de acuerdo con los códigos de comportamiento locales. La naturaleza casuística de la jurisdicción hispana contribuyó poderosamente en las Indias a consolidar tanto la práctica como los valores colectivos autóctonos, porque les reconoció una naturaleza institucional que las disputas sobre la corrupción no lograron debilitar.

Para nosotros, el aspecto más importante de esta institucionalización de un Estado mixto indiano-colonial está en la coexistencia del todo evidente de las dos tendencias que en forma mucho más encubierta se enfrentaron en la Europa continental durante el mismo periodo: por

[3] M. A. Burkolder y D. S. Chandler, *From Impotence to Authority. The Spanish Crown and the American Audiencias, 1687-1808,* Colombia, 1977.

una parte, la soberanía regalista, que desde las primeras formulaciones del siglo XVI sobre la necesidad de identificar físicamente la sede del poder con la persona del rey, había evolucionado después hacia una concepción abstracta del Estado y de su soberanía; por otra parte, una idea pluralista de la soberanía, que en un cierto sentido modernizó el antiguo modelo de Estado mixto gracias al iusnaturalismo holandés y al constitucionalismo inglés (que no le reconoció nunca personalidad jurídica al Estado), y que encontró después en el Montesquieu de los cuerpos intermedios una formulación sistemática de gran influencia. No resulta, por consiguiente, extraño que la idea del Estado como una *gradation des pouvoirs intermédiaries* hermane a Montesquieu con los criollos. Si acaso se debe llamar la atención sobre una circunstancia que preanuncia los dilemas decimonónicos: cuando los criollos, a finales del siglo XVIII, leyeron a Montesquieu fueron mucho más sensibles a la teoría de los cuerpos intermedios que a la división de poderes. En las Indias borbónicas hubo antes del colapso imperial una fuerte disputa constitucional, pero ésta no se refirió a la representación política moderna, que Montesquieu había recogido con todo su contenido innovador; la disputa fue del todo interna al constitucionalismo imperial, fue un enfrentamiento entre quienes defendían la autonomía jurisdiccional y fiscal de la tradición de los Habsburgos y quienes intentaban reajustarla para reforzar la impersonalidad del Estado. Si el despotismo es hijo de la fiscalización, no hay duda de que las Indias de la segunda mitad del siglo XVIII conocieron por primera vez en su historia el rostro ceñudo del Estado moderno.

Las reformas borbónicas tuvieron éxitos muy distintos en los territorios americanos, y todavía resulta difícil para los historiadores hacer una valoración global. Pero se puede afirmar que la experiencia reformista sólo logró imponer de modo muy parcial la nueva concepción de la soberanía monista del absolutismo europeo. En el umbral de la gran crisis de 1808, la cuestión permanecía sin resolver. Los acontecimientos posteriores contribuyeron poderosamente a dramatizarla y a hacerla todavía más insoluble. Cuando se habla del peso de la *herencia colonial* en los procesos de formación de los Estados nacionales hispanoamericanos, es necesario, pues, distinguir entre factores de largo alcance y factores propios de la coyuntura 1808-1824. Durante la crisis del Imperio y antes de la ruptura final entre los territorios americanos y España, nació y se consolidó un nuevo tipo de ámbitos políticos, que ofrecieron a las sociedades locales la posibilidad de reforzarse frente a los antiguos centros administrativos. El fenómeno fue posible gracias a procesos informales pero también formales, adquirió una fuerte legitimidad en la mentalidad colectiva, y en cierto momento fue guiado por las élites criollas.

Después de la Independencia, éstas debieron hacer frente a una situación que en un cierto sentido habían contribuido a crear: un conflicto estructural entre soberanías diversas. Pero, como se ha dicho, este conflicto dependía también de otros factores, todos ligados a la ambivalencia no resuelta de la soberanía colonial. Uno de los más importantes, oscurecido por la crisis de 1808-1824, pero que reaparece en la época republicana, fue el problema de la obediencia política. En la Europa de los siglos XVII y XVIII la cuestión fue el centro de todas las teorías iusnaturalistas. En la Monarquía católica el compromiso político fue monopolizado por las instituciones eclesiásticas hasta la época de Carlos III, cuando las reformas atacaron los privilegios de la Iglesia. Brading ha observado recientemente que el grupo dirigente ilustrado no pareció darse cuenta de que el ataque a la Iglesia socavaba los mismos fundamentos de la Monarquía, porque durante siglos la lealtad había sido predicada por el aparato eclesiástico.[4] La cuestión no ha sido profundizada por la historiografía y, sin embargo, merece atención porque toca un aspecto esencial de nuestro tema. Más allá de las distintas interpretaciones que se han dado de la soberanía en la época moderna, el elemento común fue la progresiva secularización de la relación política. Pero, en el Imperio hispano esto no sucedió. La soberanía republicana tuvo, por tanto, que hacer frente a un desafío que en otras partes de Occidente ya había sido considerado y superado más de un siglo antes.

Otro factor que hizo difícil la solución del problema fue la debilidad de los niveles políticos intermedios. Hasta las reformas de los intendentes, los distintos centros de los virreinatos y de las capitanías estaban directamente relacionados con las sociedades locales por medio de los alcaldes mayores, de los corregidores y de los capitanes de guerra. La introducción de las intendencias fue la primera tentativa de articular los sectores americanos con base en una unidad intermedia que asumía jurisdicciones de arriba y de abajo. El proyecto fue no sólo tardío en el contexto de la época sino que obtuvo resultados muy parciales en cada territorio. Lo que nos interesa ahora son los itinerarios geográficos de la reforma. En los dos antiguos virreinatos del Perú y de la Nueva España los intendentes encontraron fuertes resistencias, no sólo locales sino también por parte de la vieja burocracia, que en pocos años logró recuperar algunos de sus poderes. En el virreinato de Nueva

[4] D. Brading, *The First America: The Spanish Monarchy, Creole Patriots and the Liberal State, 1492-1867,* Cambridge, 1991; trad. esp., *Orbe indiano. De la monarquía católica a la república criolla, 1492-1867,* FCE, México, 1991, p. 551.

Granada la reforma no fue aplicada a causa de la rebelión de los comuneros de Socorro. En el virreinato del Río de la Plata las intendencias fueron instaladas de una forma especial: los nuevos órganos no removieron las antiguas jurisdicciones de los cabildos provinciales, que continuaron manteniendo sus jueces en el territorio rural. La misma situación se dio en las capitanías de Chile, Yucatán y Guatemala.

Al final de la época colonial, el armazón fundamental de los ámbitos americanos no era muy distinto: los polos fuertes continúan siendo los distintos centros y las sociedades locales. Hay como dos Américas: la de los cabildos provinciales que no poseen una jurisdicción plena sobre los propios territorios rurales, y la de los cabildos que conservan este poder desde el siglo XVI, y que logran defender, como en el pasado, sus prerrogativas frente al nuevo desafío del Estado absolutista español. Quizá no es por casualidad que esta segunda América será más radical que la primera a partir de 1808, pero será también la que manifestará un más alto grado de fragmentación territorial durante y después de la crisis del Imperio.

Junto a esta debilidad de los niveles intermedios de la América hispana debemos recordar aquí la ausencia de una representación mediante una asamblea. En el siglo XVI los criollos habían pedido, sin éxito, tener cortes propias, pero más adelante la venalidad de los cargos les había permitido acceder masivamente a los cargos de gobierno, y por eso ya no se había hablado más de cortes. La representación política americana había adquirido un perfil, por así decirlo, "bajo", municipal, que había desempeñado un papel fundamental en la dinámica de la soberanía durante y después de la crisis, cuando se trataron de construir los espacios nacionales. Pero la cuestión municipal es todavía más compleja, porque aparte de las cuestiones de las jurisdicciones territoriales, que de hecho y de derecho habían garantizado una autonomía política frente a la Corona, los cabildos fueron parte de una compleja estructura territorial pluriétnica. En el Occidente moderno el municipio se ha identificado con la ciudad, sea grande o pequeña. En la América hispana tal identificación no ha existido nunca. En primer lugar, porque los historiadores siguen siendo reacios a distinguir entre un espacio urbano colonial y un espacio colonial no urbano. Y también porque el cabildo español, una vez trasplantado a América, ha desarrollado funciones distintas: no sólo ha ofrecido a las clases altas del sector blanco un instrumento para organizar sus propios intereses, sino que ha contribuido a la reestructuración del sector indio.

Ya hace 20 años que Gibson, en su clásico estudio,[5] llamó la atención

[5] Ch. Gibson, *The Aztec under Spanish Rule*, Princeton, 1964.

sobre la política de la Corona en el siglo XVI de favorecer la multiplicación de las *repúblicas* y de sus cabildos para debilitar el poder de los encomenderos. Más allá de los éxitos de esta política, queda el hecho, documentado en el último libro de Wachtel,[6] de que las *reducciones* permitieron a los *caciques* enriquecerse pero reajustando sus poderes y contribuyendo a la fragmentación étnica. Esto no supuso la desaparición de las lógicas de complementariedad entre una comunidad y otra, porque sólo cambió la forma. Los estudios coinciden en que la idea de territorio de las distintas culturas indígenas no se perdió durante la Colonia, sino que se redefinió en los nuevos contextos. El cabildo indio tuvo un papel importante en este largo proceso de reajuste del territorio étnico, porque con su sistema de cargos y de jerarquías internas permitió a las comunidades organizar el control de sus recursos materiales e inmateriales. A finales del siglo XVIII una nueva fase de fragmentaciones y reagregaciones complicó el mundo indio: sobre todo en el área centroamericana, muchas comunidades solicitaron constituirse en *repúblicas,* rompiendo los lazos con las jurisdicciones de dependencia. Las motivaciones eran de dos tipos: o un conflicto con los *caciques,* fenómeno muy frecuente a finales del siglo XVIII, o un conflicto por el control de los recursos dentro de su territorio. Una nueva *república* necesitaba nuevos cargos y, por tanto, se puede suponer también una expansión de la clase de los *principales,* no necesariamente ligados a los linajes caciquiles. En el estado actual de las investigaciones es muy difícil valorar la importancia de este nuevo ciclo de fragmentación y reagregación étnicas. En cualquier caso, existe la impresión de que en el momento de la crisis del Imperio el interior del mundo indio estaba en movimiento, y que tendrá su propio peso en la dinámica de la representación política moderna.

En la América hispana el cabildo fue, por tanto, una realidad política pluriétnica, no identificable únicamente con el espacio urbano, y que por ello dio lugar a una forma histórica de control sobre el territorio muy compleja. Entre los cabildos del sector blanco y los del sector indígena se dio una fuerte diferencia de rango durante la época colonial. En la perspectiva del paso a la política moderna este hecho no es, sin embargo, el más importante. Los puntos relevantes son otros dos: el sector indígena organizado en las *repúblicas* tenía una buena experiencia electoral porque todos los cargos fueron siempre electivos, al contrario de los cabildos blancos, cuyos cargos fueron venales ya desde los tiempos de Felipe II. En segundo lugar, el número de cabildos indios fue supe-

[6] N. Wachtel, *Le retour des ancêtres. Les indiens Urus de Bolivie, XV-XVIe siècle. Essai d'histoire regressive,* París, 1990.

rior al de los blancos, entre otras razones por motivos tributarios y de evangelización. Más allá de las diferencias de rango, gran parte de la población india tenía una experiencia de participación político-institucional (dicho en términos modernos), mientras que no puede decirse lo mismo de gran parte de la población blanca. La valoración de este dato no resulta fácil por el momento, pero, como veremos, será necesario tenerlo en cuenta cuando tratemos del paso a la representación política moderna.

El régimen colonial había, pues, desarrollado una densa red de instituciones representativas gracias a los cabildos. Se trataba, obviamente, de una representación de antiguo régimen, corporativa y no asamblearia, jerárquicamente estructurada en el grupo y en el territorio, con privilegios particulares, fueros, etc. La falta de asambleas territoriales no significa, sin embargo, que faltase una representación superior a los propios cabildos, porque cada *cabecera* representaba *virtualmente* a todo el propio territorio: la *cabecera* de una provincia tenía el derecho de parlamentar con la Corona en nombre de la provincia, y la *cabecera del reyno,* o sea, la capital de un virreinato, parlamentaba en nombre de todo el virreinato. Resulta evidente que esta jerarquía creaba otra en el interior de la clase hispano-criolla, y éste será otro aspecto decisivo de la evolución de la crisis de la soberanía imperial.

Contemplada desde una perspectiva distinta de la diseñada por los liberales decimonónicos, la llamada *herencia colonial* aparece hoy mucho más ambivalente. Sobre todo, hay que recordar que la crisis de 1808 tomó al Imperio en una fase de transformación apenas empezada y, por tanto, no se podían entonces valorar sus resultados. Puede ser que las reformas borbónicas llegaran demasiado tarde, aunque existe acuerdo en que su éxito fue muy distinto de un territorio a otro, y es también cierto que su modernidad había puesto en la mesa de discusión algunos de los fundamentos históricos de la Monarquía católica.

La cuestión de la soberanía tuvo un papel fundamental en el curso de la crisis del Imperio, primero coyuntural y después, al agravarse la situación, cada vez más estructural, hasta condicionar tanto el desenlace de la independencia como la vida de las nuevas repúblicas. ¿En qué sentido? Las respuestas pueden ser distintas según la perspectiva del análisis que se adopte. Sin duda, una de ellas puede ser la de la fragmentación de los virreinatos, y el paso a unidades territoriales más reducidas que se autoproclamaron "estados". Pero este tipo de aproximación no tiene en cuenta la dinámica profunda de la fragmentación territorial del Imperio: la soberanía no pasó, de hecho, de manera gradual de una unidad más grande a nuevas unidades más pequeñas; esto es, no fue redistribuida. Precisamente porque, golpeada por una crisis irreversible, que nadie logró controlar, su itinerario fue muy irregular, hasta tal punto que llegó a un grado de dispersión enorme, cuya lógica no se comprende sin tener en cuenta precisamente la naturaleza ambivalente y nunca resuelta de la soberanía imperial en las Indias. La independencia de España no frenó esta dispersión aparentemente arbitraria y sin límites. Las nuevas repúblicas no heredaron así la soberanía de la Monarquía católica, sino que debieron reconstruirla desde dentro, haciendo suyos viejos y nuevos poderes territoriales de los que se habían apoderado gracias al colapso del Imperio. Este desafío fue del todo inédito en el contexto de las llamadas revoluciones euroatlánticas y pide una última consideración: se ha dicho que las independencias hispanoamericanas fueron una revolución de las clases criollas solas. En realidad, precisamente siguiendo los tortuosos recorridos de la soberanía después de 1808, se descubre que hubo también otra revolución, la de las comunidades locales. Esta segunda revolución fue mucho más silenciosa que la primera y no debe confundirse con los movimientos de rebeliones populares que se desencadenaron durante la lucha por la independencia. Ésta no fue una revolución social ni un fenómeno milenarista sino, mucho más en línea con la tradición de los pueblos, durante algunos decenios les dio una fuerza contractual con el Estado superior a la que disfrutaron durante la época colonial.

La consolidación de la soberanía urbana

Ningún otro momento de la crisis mostró más claramente la naturaleza del Estado imperial como el bienio 1808-1810. Se ha observado justamente que "es entonces cuando aparece la estructura política real de la sociedad americana. De la sociedad y no de las divisiones administrativas del Estado aunque exista evidentemente entre ellas una relación que puede ser más o menos estrecha".[7] Se podría también añadir que a lo largo de todo el arco de la crisis que desintegra el Imperio, este proceso, tan evidente en el primer bienio, prosigue, pero con características distintas y con otros protagonistas. Pero el resultado no cambia: con la ruptura completa de toda relación con España, y con la derrota del sueño bolivariano, se asiste a una impresionante afirmación de agentes colectivos que reivindican su poder territorial.

Las reacciones desencadenadas por los hechos de Bayona han llamado

[7] F.-X. Guerra, *México y las revoluciones hispánicas,* en A. Annino, R. Buve, *El liberalismo mexicano*

siempre la atención de los historiadores. Muchos aspectos esperan todavía una aclaración, y entre ellos está precisamente el acto que desencadenó el colapso del Imperio. La cesión de la corona, primero a Napoleón y después a José Bonaparte, no fue sólo un episodio napoleónico o el signo del ocaso definitivo de la potencia española, y ni siquiera una *vacatio regis* técnicamente definible como tal. Nunca en la milenaria historia de las dinastías europeas encontraremos un acto similar al ejecutado por los Borbones españoles. Nunca una familia reinante había entregado la corona a un extranjero sin una guerra o una alianza familiar. Desde el Medievo, pero sobre todo a partir del siglo XVI, todas las doctrinas regalistas tuvieron en común un principio irrenunciable: la distinción entre el rey como persona física y el rey como persona jurídica, entre el patrimonio privado del rey y el de la Corona, alienable el primero, inalienable el segundo como perteneciente al cargo y no a la persona. En Bayona los Borbones llevaron a cabo un acto en algún sentido destructivo, porque no respetaron el primer deber de una dinastía: la inalienabilidad del reino (o de los reinos). Al reflexionar una vez más sobre las consecuencias de Bayona, es necesario, por consiguiente, partir del carácter absolutamente ilegítimo de la *vacatio regis,* porque ésta plantea no uno sino dos problemas: quién debe gobernar interinamente el Imperio, y con base en qué legitimidad. Sin este doble dilema no se comprendería el peso que la cuestión de la soberanía tuvo en el diseño de los itinerarios de la crisis. Es interesante observar que la percepción de la ilegitimidad, y por tanto de la gravedad de la *vacatio,* fue bastante generalizada en el Imperio. De hecho, la naturaleza sin precedentes de la *vacatio regis* creó inmediatamente una *vacatio legis* local porque los funcionarios, siendo formalmente de nombramiento regio, no tuvieron ya una autoridad reconocida.

La cuestión de la soberanía tuvo, por consiguiente, desde el inicio de la crisis un carácter global. En España, quien se dio inmediatamente cuenta de la gravedad de los acontecimientos fue Jovellanos: sus conocidos argumentos en defensa del proceder de la Junta Central son importantes para comprender cómo en la primera fase de la crisis no fue casual que prevaleciera la idea de un Estado mixto. Es verdad que Jovellanos, gracias a Montesquieu y a Burke, tuvo presente el ejemplo del constitucionalismo histórico británico, pero es igualmente cierta su deuda con Francisco Martínez Marina y su interpretación de las Leyes de Partida como "un gobierno monárquico templado mixto".[8] Jovellanos era un ilustrado que en su día apoyó el reformismo borbónico; su tentativa de

[8] D. Brading, *The First America,* p. 583.

aprovechar el constitucionalismo histórico tenía objetivos políticos distintos de los de las élites autonomistas americanas que crearon las primeras juntas. A pesar de las diferencias, las dos posiciones tenían en común la idea del Estado mixto y, por tanto, de su naturaleza contractual. Si acaso, debe señalarse cómo en muchas declaraciones americanas se subrayaba con particular insistencia la naturaleza ilegítima de los hechos de Bayona. Por ejemplo, en la ciudad de Guatemala se declaró que "los pactos de Bayona habían sido inválidos" y que todo acto de sucesión que estableciera un nuevo pacto de gobierno, "se confirmaba en las Cortes, Concilios, Congresos nacionales, donde igualmente celebraban las solemnes ceremonias de la nación y consagración del juramento que mutuamente se prestaban el rey y el pueblo; aquél de guardar justicia, costumbres, franquezas y leyes del reyno, y éste de obediencia y fidelidad al soberano".[9]

¿Cómo debemos valorar el tradicionalismo de estas posturas tan extendidas y, sobre todo, tan idénticas en todo el Imperio? Se ha dicho incluso que los argumentos de las juntas de 1808 y 1809 eran neoescolásticos, como si la cultura política americana estuviera aislada del resto del mundo. Sabemos, en cambio, que, como en el caso de la Francia prerrevolucionaria, la censura de fines del siglo XVIII era muy permeable, y que incluso eran los mismos funcionarios quienes difundían los libros prohibidos. Al igual que en la península, las tertulias americanas habían creado las primeras bases de una nueva sociabilidad política. Los inventarios de las bibliotecas privadas de que disponemos muestran hasta qué punto las clases cultas hispanoamericanas estaban al día, y por eso el tradicionalismo no se explica por el aislamiento. Quizá debamos concebir el mismo término *tradicionalismo* de manera distinta, como un conjunto de argumentos y expresiones lejanas a los de la modernidad política, pero al mismo tiempo no idénticos a los de la neoescolástica del siglo XVI. Nunca antes de 1808 la idea del Estado mixto había sido tan aceptada y debatida públicamente no sólo en América sino incluso en España. Esta circunstancia no hubiera sido posible si la *vacatio regis* hubiera sido legítima y la soberanía borbónica, sólida. La discusión sobre la naturaleza mixta del Estado imperial tuvo la importante función de reforzar las tendencias culturales constitucionalistas, ciertamente no modernas, pero contrarias al absolutismo del pasado, y esto fue un punto de ruptura sin el cual no se comprende la rapidez con que se llegó a Cádiz.

[9] Carmelo Sáenz de Santamaría, "El proceso ideológico institucional desde la Capitanía General de Guatemala hasta las provincias unidas de Centro América", *Revista de Indias,* vol. 38, núms. 151-152, pp. 219-285.

La misma doctrina de la retroversión de la soberanía, que se impone como solución a la *vacatio,* no es exclusiva de la neoescolástica. Buena parte del iusnaturalismo holandés del siglo XVII había teorizado sobre principios similares, pero con algunas importantes innovaciones. El lenguaje es parecido al católico y también lo es la idea de que la sociedad es un ente ilimitado frente al Estado, órgano limitado y artificial. Pero, por ejemplo, Samuel Puffendorf en su *De jure naturae et gentium* había llevado a cabo una atrevida operación teórica: en la parte VII, capítulo VI, part. 10 del primer libro había delineado los fundamentos del contrato *(clausula commissoria)* que sustenta la monarquía "limitada", que Martínez Marina llamará "templada" según la tradición hispánica: la esencia de esta forma de gobierno monárquico es que el príncipe pierde la soberanía si no se atiene a las condiciones del pacto. Todos los monárquicos habían estado siempre de acuerdo sobre este punto. Pero Puffendorf fue más allá y afirmó que "cuando falta la familia real, la soberanía vuelve a cada pueblo, el cual puede ejercitar por sí mismo o por medio de sus delegados todos los actos de soberanía que considere necesarios para su conservación". También para la neoescolástica la soberanía podía teóricamente volver al "pueblo", pero no estaba prevista la posibilidad de ejercerla de manera autónoma. Pero, para Puffendorf, en caso de *vacatio regis,* si el cuerpo político es grande, o sea, formado por "naciones", "provincias" o "ciudades", es posible incluso pasar del autogobierno soberano a la emancipación de la propia Corona. Puffendorf tuvo una notable difusión entre la alta cultura americana del siglo XVIII y fue incluso enseñado en la Universidad de Caracas, a pesar de estar incluido en el Índice. Por el momento no es posible saber en qué medida había influido en las posturas políticas de las élites locales pero, como el de Montesquieu, su caso es interesante porque pone de manifiesto hasta qué punto los lenguajes del constitucionalismo premoderno son muy semejantes, a pesar de la diversidad de las orientaciones, y en qué medida en el iusnaturalismo del siglo XVII había un modelo de independencia de España del todo compatible con la idea del Estado mixto presente en el Imperio.

La riqueza del debate de 1808 ha sido en realidad sobrevalorada por la historiografía, si se exceptúa el último trabajo de F.-X. Guerra.[10] Discutir seriamente dónde y en quién *físicamente* se pueda hallar la soberanía en ausencia del rey no constituía un regreso a la neoescolástica: el lenguaje era semejante, pero el objeto, no. El "pueblo" de los teólogos españoles del siglo XVI era un ente abstracto, era un complemento teó-

[10] F.-X. Guerra, *Modernidad e independencias. Ensayos sobre las revoluciones hispánicas,* 3ª edición, FCE, México, 2000.

rico de una concepción metafísica de la dignidad real. El "pueblo" de que se hablaba en 1808 era concreto: eran los cabildos, las corporaciones, las juntas, en fin, eran los cuerpos intermedios de la sociedad. En 1808 y 1809 se afirmó una concepción concreta y pluralística de la soberanía que condicionaría no sólo la crisis del Imperio sino también la independencia y la vida de las nuevas repúblicas.

Con esta perspectiva debemos valorar las consecuencias de la decisión de la Junta Central de conceder en 1809 la igualdad política y la representatividad a los territorios americanos. A pesar de su formulación ambigua, la famosa real orden de 22 de enero de 1809 marcó el fin del proyecto colonial borbónico y en este sentido fue un cambio de dirección constitucional en el Imperio. Este cambio satisfizo las aspiraciones criollas en el terreno del *status,* pero al mismo tiempo introdujo un factor de tensión porque la representación de los dos componentes del Imperio fue desigual. Pero, desde 1809, debemos contemplar la cuestión de la representatividad desde dos puntos de vista: uno local y otro general. Estos dos niveles se condicionan recíprocamente, aunque tendrán también caminos autónomos. La decisión de la Junta legitimó el principio de 1808 de que la soberanía estaba físicamente depositada en los reinos que constituían el Imperio. La soberanía de la Junta existía sólo en cuanto que los reinos estaban representados en ella; por lo tanto, se trataba de una soberanía más débil que la de los reinos. La desigualdad numérica entre diputados americanos y peninsulares en la Junta estaba compensada por el reconocimiento de una autonomía plena de los territorios. No es casual que precisamente en 1809 hubiera varios intentos de constitución de juntas en América. Éstas fueron la consecuencia constitucionalmente lógica del reconocimiento de que el Imperio no tenía ya una soberanía única. Naturalmente, no fue ésta la interpretación de muchos exponentes de la administración española y de muchos miembros de la Junta. Pero esto es un problema político y no constitucional.

Aquí es oportuno subrayar el carácter de ruptura de la real orden de 1809, sin la cual la historia de la independencia habría sido otra. Que esta ruptura se consumara dentro de un modelo de representación todo aún de antiguo régimen no es contradictorio; más bien halla en este carácter toda su fuerza. De hecho, los diputados a la Junta Central fueron los procuradores de los cabildos cabecera de los reinos, aunque fueran designados por un procedimiento particular, en el cual participaron también las cabeceras de provincia. Queda, no obstante, el hecho de que las *instrucciones* que recibieron de los cabildos provinciales cabalmente hacían de ellos unos procuradores. La diferencia respecto del pasado estaba en que en 1809 no acudían a una asamblea como las cortes, sino a una junta que se definía soberana. Sin embargo, la soberanía de este organismo nunca fue reconocida plenamente ni en la península ni en América. Además de las razones políticas, la debilidad de la Junta dependía también del hecho de que la figura del procurador no implicaba una delegación de la soberanía sino un mandato imperativo en representación de intereses específicos y concretos, definidos en las instrucciones. Reconstruir sobre estos presupuestos la soberanía central del Imperio para suplir la doble *vacatio,* la del rey y la de las leyes, resultaba así muy difícil, y de ello se dio cuenta Jovellanos. Éste defendió el proceder de la Junta en su famosa *Memoria,* pero fue también el protagonista del debate en que se decidió la convocatoria de las cortes constituyentes de 1810.

El año 1809 representa una etapa decisiva por muchas razones: una de ellas fue que tras la crisis dinástica y el primer intento de instaurar la representación política moderna con la Constitución de Cádiz de 1812 el Imperio sufrió un cambio radical: el debilitamiento de la soberanía central y el reforzamiento de la provincial. Ninguno de los diputados electos llegó a España antes de la caída de la Junta Central, pero los procesos electorales habían cambiado el *status* de las élites que controlaban los cabildos cabecera de provincia. De hecho, la retroversión de la soberanía había respetado las jerarquías territoriales de cada "reino", legitimando con las elecciones a la Junta el principio de la representación *virtual* de las provincias. Los cabildos cabecera eran así los representantes legítimos de todos los intereses de su ámbito territorial. Este principio fue común a todos los antiguos regímenes europeos; la diferencia notable estaba en que los *fueros* de las ciudades americanas no tuvieron nunca los límites de las europeas, porque la gran propiedad rural no tuvo en las Indias un *fuero* comparable con el vigente en Europa, con excepción del Marquesado del Valle en Nueva España y de las encomiendas, que en 1808 todavía eran fuertes en Centroamérica, en Chile, y en algunas zonas de Nueva Granada. Pero los encomenderos dominaban los cabildos y así ni siquiera en las zonas periféricas se dio aquella tensión entre áreas urbanas y rurales que tanto peso tuvo en la evolución del Viejo Mundo. Las instrucciones a los diputados ponen de manifiesto que los cabildos hablaban en nombre de su respectiva provincia o, en todo caso, de su territorio. Esta diferencia se pone de manifiesto en el hecho de que después de 1809 y 1810 en las áreas donde todavía no se había procedido a la designación de los diputados a la Junta aumentó el número de cabildos que participaban en la votación.[11]

[11] Guerra, *Modernidad e independencias…, op. cit.*

El dato es importante porque representa la primera señal de la incipiente crisis de los ámbitos provinciales y de las jerarquías territoriales sobre los cuales había gobernado el régimen colonial. Es probable que esta competencia por participar en el voto se explique por el tipo de privilegio implícito en el acto. Un cabildo que votaba era reconocido como representante virtual de un territorio: esto legitimaba una autonomía no sólo frente a la autoridad española sino también frente a los demás cabildos.

La crisis del Imperio puso en marcha, pues, dos procesos: redistribuyó físicamente la soberanía entre los cabildos provinciales en América; y, al mismo tiempo, empujó a otros cabildos a ganar, con el voto para la Junta una posición de igualdad con las antiguas cabeceras. La cuestión no resuelta de la representación paritaria entre España y América se reprodujo así en el nivel local, creando las premisas para la futura fragmentación territorial. Pero lo que aquí interesa destacar son algunos cambios en el pensamiento político colectivo americano. El lenguaje empezó, sin duda, a modernizarse a partir de 1808 y 1810, pero en América el fenómeno no sobrepasó los límites del constitucionalismo histórico: documentos como las instrucciones a los diputados de la Junta Central y las declaraciones de los cabildos y de las juntas locales muestran claramente que la nueva ubicación de la soberanía relegitimó en un nuevo contexto antiguos derechos colectivos.

Quizá el más importante fue el principio de la limitación del poder real, que en las Indias se había instaurado sobre la base de la tradición castellana. A falta de *fueros* territoriales distintos de los de los cabildos y (quizá) de las repúblicas de indios, este principio se había practicado en primer lugar por altos y bajos funcionarios mediante la conocida fórmula "se acata y no se cumple". Como observó en su momento el historiador chileno Mario Góngora,[12] esa difundida práctica no demuestra claramente un presunto desprecio de la ley; al contrario, fue la manifestación más evidente de la eficacia de un ordenamiento constitucional reconocido por la misma Corona. Un argumento en favor de esta tesis es el hecho de que el principio no fue puesto en discusión ni siquiera en el periodo de las reformas borbónicas. Otro derecho reconocido por las Leyes de Indias fue no someterse a aquellas leyes que atentasen al *derecho mancomunal de los pueblos,* fórmula ambigua e indefinida, como es frecuente en los constitucionalismos de antiguo régimen, que podía ser reivindicada por cada comunidad organizada y reconocida como tal: desde un reino hasta una aldea.

[12] M. Góngora, *El Estado en el derecho indiano, época de la fundación, 1492-1570,* Santiago de Chile, 1951.

Lo que aquí interesa subrayar es la existencia en el corpus indiano de un cierto número de derechos cuya *ratio* era garantizar también en las Américas la observancia de un principio básico de las monarquías occidentales. En qué medida se practicó cada uno de estos derechos durante la época colonial es una cuestión relativamente secundaria. En los regímenes antiguos el valor atribuido a los derechos y a los privilegios en las mentalidades colectivas no depende sólo de la práctica. Ha existido siempre una memoria común de estos derechos porque formaban parte y reforzaban la identidad de grupo. La historiografía no está todavía en condiciones de explicar cómo y por qué caminos ciertos derechos se han mantenido en la mentalidad colectiva de la América española, pero es indudable que en el momento de la crisis dinástica de 1808 muchos de ellos reaparecieron con mucha fuerza sobre el escenario político. Las juntas de 1809 constituyen un importante ejemplo: tanto las peninsulares del año anterior como las americanas obtenían su legitimidad no tanto de la *vacatio regis,* que era ilegítima, sino de la tradición de las Siete Partidas, que reconocían *el derecho de constituirse en junta* a los patricios de las ciudades, siempre que lo requiriera el bien común. Siempre, según el derecho castellano, las juntas así constituidas tenían una representación virtual. Las Leyes de Indias habían previsto desde el siglo XVI un particular derecho de los cabildos: el de constituir juntas de ciudades, por medio de procuradores, en caso de que se presentara una *vacatio legis* del Consejo de Indias. En caso de que este organismo no diese respuesta a una petición de un territorio americano, los cabildos podían legislar por medio de estas juntas. En 1929 el historiador Herbert Prestley sostuvo que en la Nueva España del siglo XVII se reunieron muchas juntas de ciudades.[13] No existen otras fuentes sobre este tema, pero es cierto que las juntas americanas desde 1809 se remitían a este antiguo derecho. Esto fue del todo evidente, por ejemplo, en México y en Río de la Plata. El golpe de los comerciantes peninsulares que en 1808 depuso en la ciudad de México al virrey Iturrigaray se hizo contra el proyecto del cabildo capitalino de convocar a una asamblea de procuradores de las principales ciudades de la Nueva España. La primera junta que se constituyó en Buenos Aires tras la Revolución de Mayo fue una asamblea de cabildos provinciales.

La evolución de las distintas juntas fue distinta en cada lugar, pero su existencia permite subrayar tres aspectos importantes de este bienio decisivo. El primero es que el mayor "tradicionalismo" de las juntas americanas respecto de las ibéricas dependía también de un proceso típico

[13] H. Prestley, *Municipalidades coloniales españolas,* México, 1921.

de una situación colonial: frente a una metrópoli se reivindican antiguos derechos y antiguas libertades para reforzar la idea anticolonial de un patrimonio y de una identidad comunes. A pesar de las enormes diferencias, tal dinámica está presente tanto en América del Norte como en América del Sur en la primera fase de la crisis. El segundo es que este proceso creó en la América hispana un doble problema de soberanía: precisamente por darse de manera imprevista e ilegítima, la *vacatio regis* reforzó las tendencias constitucionalistas y con ellas la redistribución física de la soberanía, pero no quedó del todo claro quién era en América depositario exclusivo. La aspiración de los cabildos cabecera de provincia de ser los únicos titulares fue cuestionada no sólo por la autoridad de las administraciones coloniales sino también por otros cabildos. Las tensiones que sobre este tema se dibujaron entre las dos partes del Imperio comenzaron a reproducirse en los territorios americanos, poniéndose en discusión el derecho de las antiguas capitales a gobernar sobre sus propios territorios. Por consiguiente, y éste es el tercer punto, la afirmación de los espacios políticos de las provincias fue un fenómeno coyuntural, porque para consolidarse se deberían haber mantenido las jerarquías territoriales internas de cada provincia. Esta condición se malogró por las divisiones entre las ciudades, las primeras experiencias de la representación política moderna y la guerra civil.

La ruralización de los espacios políticos

Cuando se reunieron las cortes constituyentes de Cádiz en 1810, la estructura política de la Monarquía católica había, pues, cambiado profundamente: la ilegitimidad de la *vacatio regis* había transformado la configuración mixta del Imperio en un sistema federal de hecho, pero con contornos ambiguos. Formalmente existía todavía una autoridad central, la Junta Central primero y la Regencia después, que deberían haber encarnado interinamente la soberanía del rey. Pero se trataba de una mera ficción; tanto, que la única solución fue convocar cortes extraordinarias. En América existía consenso sobre el principio de la retroversión de la soberanía, pero quedaba por resolverse el problema de quién era el titular legítimo. En estas condiciones, la tarea de las Cortes gaditanas se presentaba dramática: resistir al invasor francés, dar una respuesta a las difíciles relaciones con América y reconstruir una soberanía del Imperio. El conjunto de estos desafíos, y en particular el último, ponen de manifiesto quizá el cambio que los liberales españoles lograron imponer en la fase constituyente: una idea de soberanía rígidamente abstracta, unitaria, indivisible, y por tanto igual para todas las partes del Imperio. La operación fue en realidad doble porque obligó en primer lugar a redefinir la identidad política de la misma península, que hasta las constituyentes de Cádiz fue un conjunto de Españas, o sea, de reinos con diferentes constituciones históricas. En este sentido, las revoluciones liberales fueron una ruptura profunda, tanto en relación con las tendencias constitucionalistas que habían encauzado el debate sobre los fundamentos de la monarquía antes y después de 1808, como con relación al federalismo que se había impuesto con la *vacatio regis.* La consecuencia fue una nueva idea de imperio, liberal, pero rígidamente centralizado.

¿Cuál fue la reacción del patriotismo criollo? En la sala de reuniones de Cádiz los diputados americanos no aceptaron nunca la nueva idea de soberanía: continuaron reivindicando la suya, la de 1808, que había permitido legitimar el modelo de régimen mixto, *templado* y federal de la tradición de los Habsburgos. Se ha subrayado justamente la analogía entre la postura de los americanos en Cádiz y las ideas de Martínez Marina,[14] expuestas en los *Principios naturales de la Moral de la Política y de la Legislación* en 1811, y desarrolladas completamente en la *Teoría de las Cortes* de 1813. La posición de Marina fue dada a conocer por Blanco White en *El Español,* portavoz de los americanos autonomistas e independentistas de Cádiz, entre los cuales estaba fray Servando Teresa de Mier, que Brading ha comparado justamente con un liberal *wigh* inglés.[15] La analogía no se explica sólo por la lectura de Marina por los americanos presentes en Cádiz. Tras la posición del mentor de Jovellanos y la de los criollos existía una analogía más que coyuntural: la defensa de una concepción física y pluralista de la soberanía, de corte netamente premoderno, aunque no necesariamente idéntico a la tradición neoescolástica.

Esto fue del todo evidente en muchas sesiones de las constituyentes, en particular cuando se discutió el artículo 3 de la carta que definía la fuente de la soberanía: ésta residía *esencialmente* en la nación para los liberales españoles, mientras que los americanos defendían el adverbio *originariamente.* Los dos términos cuajaron en dos concepciones distintas de la soberanía y de su relación con la representación política. Al ya famoso adverbio inventado por Sieyés los americanos contrapusieron una idea de soberanía "originaria" y, por tanto, preestatal, que permitía a una nación escoger un gobierno pero también separarse de él,

[14] J. Varela Suanzes Carpeña, *La teoría del Estado en los orígenes del constitucionalismo hispánico (las Cortes de Cádiz),* Madrid, 1983, pp. 32-39.
[15] D. Brading, *The First America,* p. 661.

porque, como sostuvieron en una memoria los diputados criollos, "la forma de gobierno no es esencial a la nación".[16] Contra la nueva idea liberal de nación abstracta y totalizante, los americanos defendieron la concepción tradicional de la nación como un conjunto de *cuerpos políticos naturales,* o sea, cabildos, provincias y territorios, mientras que el Estado era un cuerpo artificial, fruto de un pacto entre entidades soberanas. La amalgama doctrinaria americana era un híbrido de terminología roussoniana y de ideas corporativistas del iusnaturalismo de los siglos XVI y XVII, pero en la coyuntura de Cádiz podía no aparecer tan conservadora porque formalizaba los cambios de 1809.

¿En qué medida la postura de los diputados americanos era compartida por las élites criollas? La respuesta debe tener evidentemente en cuenta los cambios en el pensamiento político que tuvieron lugar en las provincias de ultramar durante los trabajos de las constituyentes. Pero resulta difícil valorar el fenómeno cuando se observan las élites, sobre todo las de los cabildos provinciales. En 1814, cuando Fernando VII regresó al trono y abolió la Constitución, el entonces ministro de las Indias, el mexicano Lardizábal y Uribe, convenció al monarca de que tuviera en cuenta las instrucciones que los diputados americanos habían recibido de sus cabildos. La lectura de este corpus documental,[17] harto completo, permite comparar las instrucciones de 1812-1814 con las de 1809 enviadas a la Junta Central. Los temores, las peticiones, las actitudes mentales que se manifestaron no son distintas; si acaso se nota un interés más explícito por institucionalizar las autonomías provinciales mediante la concesión de audiencias, obispados, o sin más, en algunos casos, nuevos virreinatos. Explícitas declaraciones en favor de la Constitución, no las hay.

La distinta postura de los diputados americanos sobre la soberanía tuvo importantísimas consecuencias para el asunto de la representación política. Los americanos continuaron defendiendo en el aula el principio del mandato imperativo, implícito en el derecho de los cabildos de enviar instrucciones. Los liberales españoles lograron imponer en la Constitución la idea moderna de la representación, pero sigue abierta la cuestión de la medida en que este principio se había afirmado realmente en el pensamiento político de la propia España. El 28 de abril de 1820, tras la restauración de la carta gaditana, el consejo de Estado lamentó que "nunca puede inculcarse suficientemente la saludable

[16] "Representación dirigida a las Cortes por cuatro individuos de la Comisión de Constitución, contra un artículo de ésta", *Diario de las sesiones de las Cortes generales y Extraordinarias,* Madrid, 1870, vol. 2º, p. 5.

[17] Archivo General de Indias (AGI), Indiferente General, 1354.

máxima de que los diputados, una vez elegidos, aunque respectivamente nombrados por sus provincias no representan a éstas, sino a la universalidad de la Nación".[18]

Más allá de este más amplio problema, es cierto que entre 1809 y 1814 los representantes de los cabildos americanos no cambiaron de postura en un aspecto decisivo de la modernidad política: la distinción entre titularidad y ejercicio de la soberanía. Este rechazo del presupuesto fundamental de la representación liberal plantea otra cuestión: ¿hasta qué punto los americanos reconocían la legitimidad de la asamblea gaditana? De hecho, una de las peticiones más frecuentemente presentada durante la fase constituyente fue convocar cortes americanas a las cuales someter la aprobación del proyecto de Constitución. El proyecto era coherente con una idea federativa del Imperio, pero precisamente por esto negaba de manera harto explícita el objetivo del grupo liberal español de monopolizar el poder constituyente. El peligro del federalismo fue claramente percibido por el conde de Toreno, uno de los líderes de la facción liberal: cuando se discutió en el aula el artículo 307, que daba la presidencia de los nuevos ayuntamientos electivos a los jefes políticos, los americanos se opusieron recordando que por tradición estos cuerpos eran órganos de autogobierno. Toreno no sólo rechazó este principio sino que afirmó categóricamente que en caso de ser aceptado se habría caído en el federalismo.[19] Cuatro días más tarde, una representación de todos los americanos reiteró que "de acuerdo con nuestras leyes compete a los ayuntamientos el pleno gobierno económico de las provincias".[20]

En Cádiz los americanos defendieron una concepción premoderna de la representación, de la soberanía y de la nación, pero su tradicionalismo estaba del todo en línea con el proyecto de los cabildos provinciales de reforzar el control sobre los territorios. Por una paradoja que es sólo aparente, la crisis de este proyecto comenzó cuando el nuevo modelo de representación liberal de la Constitución se aplicó en América entre 1812 y 1814, y después entre 1820 y 1821-1824. Para valorar este proceso de disgregación de los espacios políticos provinciales es necesario recordar en primer lugar que la carta gaditana fue aplicada entre 1812 y 1814 en la Nueva España, Perú, parte de Nueva Granada, Cuba, Yucatán, Guatemala, o sea, en la mayor parte de la población americana. En segundo lugar, no se deben mirar las elecciones para las cortes sino las de los nuevos ayuntamientos, porque la nueva Constitución y algu-

[18] AGI, Indiferente General, sec. V, exp. 1523.
[19] *Diario de las sesiones,* 10 de enero de 1812, p. 2591.
[20] *Ibidem,* p. 2618.

nos decretos gaditanos reconocieron a los pueblos con 500 habitantes el derecho a elegir su ayuntamiento.

En fin, deben recordarse algunos aspectos determinantes del modelo electoral gaditano. Como se sabe, fue indirecto de segundo grado para las cortes y diputaciones, y de primer grado para los nuevos ayuntamientos. Pudieron votar incluso los indios, pero lo más importante es que las mismas normas electorales delegaban a las sociedades locales algunos trámites decisivos. Se podía votar en cuanto ciudadano y a condición de no ser negro, vagabundo o servidor doméstico. No existía ninguna indicación explícita sobre la edad, a menos que se aplicase al "ciudadanos avecindados y residentes" del artículo 25 el criterio de notoriedad de la tradición hispánica, según el cual eran vecinos los propietarios de un *solar*, y por tanto mayores de edad, padres de familia o, en cualquier caso, socialmente responsables. En 1820 el consejo de Estado madrileño estimó el cuerpo electoral americano en dos millones de padres de familia y no más.[21] Cualquiera que fuese en 1812 el significado atribuido al concepto de "vecino", la existencia de un criterio de notoriedad con respecto a la comunidad se deduce del otro requisito del voto, "tener modo honesto de vivir", y del hecho de que el voto no era secreto sino público. En fin, se reconoció a las juntas parroquiales, o sea, a la asamblea de los vecinos-electores, la facultad inapelable de decidir los requisitos del voto: "la misma junta decidirá en el acto lo que le parezca y lo que decidiera se ejecutará sin recurso alguno por esta vez y para este solo efecto" (artículo 50). El proyecto centralista de la Constitución fue, por tanto, notablemente atenuado por la normativa sobre el voto: todos los trámites más importantes quedaron en manos de las comunidades locales. Esto valía tanto para las elecciones a cortes como para las de los nuevos ayuntamientos, aunque estos últimos debían llevar a cabo una tarea administrativa y no política.

Un primer clamoroso ejemplo de lo que podía provocar en América el modelo electoral gaditano fue la elección del nuevo ayuntamiento de la ciudad de México, que tuvo lugar el 29 de noviembre de 1812.[22] Los criollos lograron controlar el voto y no dejaron que se eligiera a ningún peninsular. La audiencia y el virrey intentaron anular la elección por la vía legal, pero no pudieron negar la total autonomía de las juntas parroquiales garantizada por la Constitución, y debieron aceptar el resultado del voto. El aspecto más importante de esta elección fue que los distintos

[21] AGI, Indiferente General, sec. v, exp, 1523.

[22] A. Annino, "Pratiche creole et liberalismo nelle crisi dello spazio urbano coloniale. Il 29 novembre 1812 a Città del Messico", en *Notabili, elettori, elezioni. Rappresentanza e controllo elettorale nell'800, Quaderni Storici,* núm. 69, 1988, pp. 727-765.

grupos sociales —indios, mestizos y blancos— se comportaron en las juntas según códigos culturales diversos que quedaron así legitimados dentro del nuevo orden constitucional. En la ciudad de México se demostró que, a pesar de la concepción abstracta de la soberanía querida por los liberales españoles, la construcción de la representación política moderna pasaba en América no sólo de hecho sino también de derecho por los sistemas de valores de las sociedades locales.

En las áreas rurales este fenómeno fue tan radical como para poner en crisis las jerarquías territoriales que habían garantizado hasta 1812 el predominio de los cabildos más importantes. Dos fueron los factores que favorecieron esta crisis: el ya citado artículo sobre la posibilidad de los pueblos de constituirse en ayuntamientos y la acción de las autoridades españolas. Resulta sorprendente comprobar el celo con el que las autoridades coloniales promovieron las elecciones en las áreas rurales. Las razones fueron esencialmente dos: los nuevos ayuntamientos habrían debido garantizar unos ingresos fiscales más racionales y, por otra parte, se pensó que la "constitucionalización" de las áreas rurales rebajaría las tensiones políticas en muchas zonas. En la Nueva España, por ejemplo, el virrey Calleja era un feroz antiliberal; sin embargo, dio un notable impulso a las elecciones en los pueblos para contener políticamente la insurrección entre 1812 y 1814. Los cabildos novohispanos de la época colonial eran cerca de 50, sin contar obviamente los de los indios de las *repúblicas*. El nuevo régimen constitucional abolió las repúblicas, e igualó a todos los nuevos ayuntamientos, que en 1820 eran varios centenares, distribuidos territorialmente de la siguiente forma: seis en la intendencia de Veracruz, 13 en la de Zacatecas, 15 en Guanajuato, 42 en Tlaxcala, 85 en México, 90 en Valladolid, 172 en Puebla, 200 en Oaxaca. Es evidente que la gran mayoría de ellos fueron instaurados en las zonas indígenas. La motivación política de fondo fue reiterada en 1820 en las instrucciones que el ministro de la Guerra envió al virrey Apodaca: "su majestad está firmemente persuadida que puesto V. E. a la cabeza de este ejército y al frente de esta provincia nada quedará por hacer para conciliar el ánimo de los americanos, reuniendo el voto común bajo la influencia poderosa que tiene la libertad civil".

¿Cómo debemos valorar la difusión de la nueva representación en las zonas rurales? ¿Provocó una ruptura en el pensamiento de los pueblos? La respuesta es negativa. Los informes de los subdelegados y de los jefes políticos permiten afirmar que el voto se articuló siguiendo los ámbitos de sociabilidad tradicionales de la comunidad. De hecho, las elecciones para los nuevos ayuntamientos fueron precedidas en cada pueblo por el juramento de la Constitución: largas y complejas ceremonias que reproducían las fiestas típicas de la comunidad, con misas, procesiones, tres días de tianguis, repiques de campanas, cohetes y gallos. Tras la misa principal, durante la cual el sermón del sacerdote había puesto de manifiesto ante los fieles la bondad de la Constitución, el texto era llevado materialmente en procesión como un objeto sagrado y según las formas de los ritos religiosos del pasado: recorrido por los pueblos y representación estamental de los participantes: el texto, el sacerdote, el subdelegado junto a los militares, los vecinos "respetables", "el cuerpo principal de la república" (a pesar de la abolición) y, en fin, toda la vecindad con sus cofradías. Analizadas en su nivel local, las primeras elecciones para los ayuntamientos muestran muy bien cómo las nuevas formas de la política fueron practicadas en el marco de la comunicación y de los rituales de las comunidades. Al contrario que en España, en muchas zonas americanas la representación liberal se difundió en las áreas rurales con el apoyo de todas las autoridades, sin presentarse como una ruptura ideológica y, por tanto, con un alto grado de legitimidad.

Como ya hemos recordado, en América el municipio colonial era una realidad compleja y pluriétnica, muy distinta de la ibérica, y esto acabó por modelar también la nueva representación. En las zonas indígenas las reacciones fueron muy distintas según los lugares. Sin embargo, se percibe una tendencia que condicionaría más tarde la política de los primeros gobiernos republicanos. Las Cortes de Cádiz habían proseguido la política anticorporativa del reformismo borbónico. Las *repúblicas* habían sido abolidas, pero no las *cajas de comunidad,* administradas desde fines del siglo XVIII por funcionarios del Estado. En el nuevo régimen se pensó en financiar con las rentas de las *cajas* un reparto de tierras entre los comuneros de las *ex repúblicas.* Ocurrió, sin embargo, algo muy distinto: las elecciones permitieron a muchas comunidades articular las antiguas jerarquías internas, como las de las cofradías que administraban una parte de los bienes, con las nuevas jerarquías de los ayuntamientos electivos. Por esta vía buena parte de los recursos materiales de las comunidades no se perdió y pasó a estar a cargo de la administración de las nuevas municipalidades. La representación liberal tuvo así el paradójico efecto de poner al amparo de los nuevos valores constitucionales los intereses organizados de la comunidad. En muchos lugares hubo conflictos entre los antiguos y los nuevos alcaldes por el control de los recursos.

Mas en general, un problema que plantea a la investigación histórica la difusión del voto en las zonas indias se refiere al posible desarrollo de un nuevo ciclo de fragmentación y reagrupación de los territorios étnicos. En la zona mexicana de Oaxaca, por ejemplo, había 90 *repúblicas* antes de 1812: de los 200 ayuntamientos constitucionales, 117 eran *ex sujetos*. Este dato hace creer que los nuevos órganos electivos habían disgregado las antiguas jerarquías territoriales y habían favorecido la aparición de nuevos grupos de indios *principales*, aunque aliados con blancos y mestizos. La composición de los nuevos cargos variaba de un lugar a otro. Donde la población era toda indígena, alcaldes y regidores fueron indígenas, con una interpretación muy particular de los criterios de representatividad. Una cabecera de ex república del valle de Toluca, vecina de la ciudad de México, pidió y obtuvo del jefe político transformarse en ayuntamiento con esta motivación:

> debe también tenerse presente que todos los habitantes de la cabecera como de las demás citadas hablan el idioma mazahua, por lo que es muy difícil que se vele en su prosperidad y comodidad... todo se facilita con el ayuntamiento que se instale en Santiago, donde *reunidos los demás pueblos puedan elegir de cada lugar respectivamente individuo que componga la corporación mencionada* [las cursivas son nuestras].

Según el pensamiento indio, la nueva representación debe respetar la de la ex república, que no se fundaba en el número de los "habitantes" de un territorio, sino en el de los pueblos. El criterio de la proporcionalidad para fijar la composición de los nuevos municipios no fue, pues, el fijado por la Constitución, sino el de la tradición local. La consecuencia fue que en muchas localidades el número de miembros de un ayuntamiento rural fue igual al de la capital del virreinato o de la capitanía. En los casos de un territorio biétnico, con población blanca e india, "en la junta de vecinos en la que de común acuerdo se resolvió que se nombrasen dos alcaldes, el uno español y el otro indio, distantes el uno del otro y en sus barrios de residencia; un regidor a cada uno de los barrios para que en lo inmediato, y en el caso de prontitud, administren justicia en sus respectivos pueblitos, dando cuenta a los alcaldes con oportunidad".

El proyecto gaditano había previsto la instauración de un cuerpo de nuevos jueces locales, pero esta importantísima reforma no se llegó a realizar por falta de dinero y por la situación políticamente crítica del territorio americano. Por otra parte, la misma Constitución había privado a los jefes políticos de dos de las cuatro causas, la civil y la penal. El resultado fue que los nuevos ayuntamientos rurales se apropiaron de las funciones jurídicas. La difusión de la representatividad liberal dio así origen a una ruptura imprevista pero decisiva para el futuro: la transferencia de una parte significativa de los poderes del Estado a los ayuntamientos, que crearon para sí una jurisdicción territorial totalmente autónoma y autosuficiente.

Fue una revolución silenciosa, tolerada en muchos lugares por las mismas autoridades coloniales, por oportunidad política o por impotencia o por la fuerza de las comunidades. En la capitanía de Guatemala el proceso fue, por ejemplo, más virulento que en el virreinato de la Nueva España. Muchos funcionarios españoles continuaron percibiendo el tributo indio a pesar de su abolición, o retardaron la instalación de los ayuntamientos en las zonas indígenas, con el resultado de provocar numerosas rebeliones en nombre de la Constitución, como en Totonicapán: "la constitución ha puesto a los indios en tan alto grado, de este beneficio gozan nuestros sucesores, pero que nosotros aún estamos en el mismo estado de ignorancia que es el que nos priva de conocer nuestra felicidad temporal".[23] En la zona centroamericana se pueden estimar en cerca de 150 los ayuntamientos electivos en las zonas indias de los mayas y de los quichés, a los cuales hay que añadir 168 de Yucatán.[24] En las zonas de población mixta la nueva igualdad jurídica y electoral entre blancos e indios provocó también fuertes tensiones, como demuestra un reciente estudio sobre la audiencia de Quito.[25]

A pesar de la extrema diversidad de las situaciones, se puede afirmar que la difusión de la representación liberal en las zonas rurales ofreció nuevas oportunidades de ascenso social y político a numerosos grupos, desde los blancos intermedios, en el pasado subalternos del patriciado de las ciudades importantes, hasta los nuevos y antiguos *principales* indios, que gracias a las elecciones pudieron consolidar sus posiciones jerárquicas. Poco sabemos de los mestizos, pero no es aventurado pensar que también para ellos se abrieron nuevas oportunidades. En conjunto, la dinámica social y política en el nivel local cambió por efecto de la Constitución gaditana. No hay duda de que todos los agentes implicados interpretaron las nuevas elecciones y la misma Constitución como una nueva forma de contractualismo o de Estado mixto, pero esto no impide valorar desde el punto de vista histórico la profundidad de los cambios y su repercusión en el futuro republicano. La sociedad americana que alcanzó la independencia fue radicalmente distinta en el nivel local de la de 1808. En segundo lugar, las élites provinciales y capitalinas no dirigieron ni controlaron este cambio que restructuró

[23] J. Contreras, *Una rebelión indígena en el partido de Totonicapán en 1820,* Guatemala, 1951, p. 115.

[24] M. Bellingeri, "Dal voto alle baionette: esperienze elettorali nello Yucatán costituzionale e independente", *Quaderni Storici,* p. 778.

[25] M.-D. Demélas, *L'invention politique. Bolivie, Equateur, Perou au* XIX*e siècle,* París, 1993, pp. 162-166.

los espacios provinciales. En fin, el tipo de prácticas y de ideas que redefinieron la nueva representación radicalizaron la fragmentación de la soberanía. En el lenguaje político de aquellos años el antiguo término *soberanías de los pueblos* adquirió un valor nuevo, y permitió a los pueblos-ayuntamientos reivindicar una soberanía propia, en contraposición no sólo a la del Estado, sino también a la de las ciudades de 1809.

La transferencia de poderes del Estado a los pueblos, sobre todo en materia de justicia, no se consideraba en el proyecto gaditano, pero gracias a esto adquirió en la mentalidad colectiva pueblerina una fisonomía de fuerte legitimidad, que acabó por alcanzar la esfera fiscal. La multiplicación de los nuevos ayuntamientos creó nuevos sujetos fiscales y la posibilidad de imponer nuevas contribuciones locales. Pero ni la Constitución ni los decretos de las cortes lograron resolver a tiempo cómo debía funcionar el nuevo régimen fiscal. El resultado fue que los ayuntamientos recaudaban pero sin transferir dinero a las cajas centrales, sobre todo a partir de 1820. La autonomía municipal se había transformado en autogobierno político, y esto creó un filtro fiscal entre los centros y las periferias que debilitaría rápidamente a los primeros y reforzaría a las segundas. Ésta fue una de las pesadas herencias que los primeros gobiernos republicanos heredaron de la crisis del Imperio. En realidad, un análisis que favorezca el nivel local lleva a la conclusión de que cuando las élites liberales del siglo XIX imputaban a la "herencia colonial" la ingobernabilidad republicana, inventaban una imagen ficticia. La verdadera "herencia" será la de la crisis del Imperio. El papel de la Constitución de Cádiz cambiará los términos de la problemática liberal tras la independencia. El desafío más difícil para las élites, una vez rechazado el contraataque conservador, no se dará entre "civilización" y "barbarie", entre un reducto constitucional urbano y una sociedad rural todavía no constitucionalizada; los conflictos se darán dentro de un único espacio constitucionalizado, pero con valores, prácticas e ideas extremadamente diferenciados.

La fuerza de esta dinámica tan peculiar, que permite captar todo el peso que las representaciones colectivas tuvieron a la hora de determinar los múltiples itinerarios de la soberanía, se puede, por otra parte, captar también en aquellas áreas donde no se aplicó la Constitución de Cádiz, pero que intentaron por su cuenta experimentar las primeras formas de la representación moderna. En el Río de la Plata, con un perfil étnico muy distinto al de las zonas andinas y centroamericanas, la crisis de los ámbitos provinciales tuvo lugar durante los mismos años. La Revolución de Mayo de 1810 desencadenó un proceso complejo: a los conflictos interprovinciales que le impidieron a Buenos Aires conservar la soberanía del ex virreinato, como era la intención del grupo dirigente porteño, se sumaron otros conflictos, internos a las provincias, que entre 1812 y 1820 destruyeron las jerarquías territoriales de la época borbónica, hasta la aparición de auténticos estados provinciales, como han puesto de manifiesto los estudios de José Carlos Chiaramonte. Es interesante observar que tampoco en el Río de la Plata hubo continuidad entre la antigua y las nuevas soberanías, porque estas últimas se consolidaron progresivamente tras la crisis del orden provincial afirmada en el periodo 1809-1810. En los años del Congreso de Tucumán la representación se constituyó mediante elecciones indirectas controladas por los cabildos provinciales, en los cuales participaban de forma minoritaria, determinada *a priori,* algunos representantes de las zonas rurales. El predominio de los cabildos fue ratificado por los procedimientos de compilación de las instrucciones, en las cuales no participaron los representantes de las zonas rurales. La representatividad de Tucumán fue una tentativa de "modernizar" el modelo virtual de la tradición para consolidar los ámbitos provinciales.

La aparición de movimientos que reivindicaban las soberanías de los pueblos en el sentido unívoco de comunidad local fue en el Río de la Plata bastante precoz, y entre los factores desencadenantes habría que citar los límites impuestos por los cabildos a la representación. Quizá no fue casual que la crisis del ámbito provincial comenzara precisamente en Buenos Aires. Inmediatamente después de la Revolución de Mayo, Mariano Moreno analizó en un escrito la cuestión de la retroversión de la soberanía,[26] analizando tres posibilidades: que recayese en cada individuo; en los pueblos; o en entidades mayores, especialmente en aquellas que por su perfil político-administrativo estuviesen en condiciones de ejercitarla. Moreno descartó las dos primeras posibilidades y defendió la última: que el virreinato era una unidad indestructible subordinada a Buenos Aires. Esta doctrina fue aceptada por todos los grupos porteños que se disputaban el poder, pero no lo fue por los otros cabildos provinciales. Los años de Tucumán estuvieron marcados por estas concepciones opuestas de la soberanía.

Junto a estas vicisitudes conocidas, merece una reflexión la que lleva a la crisis del espacio provincial porteño. Si se leen las actas del cabildo de Buenos Aires de 1810, se puede comprobar que en los pueblos de la Banda Oriental que se sublevaron con Artigas la justicia era administrada por los alcaldes de hermandad nombrados por el cabildo porteño y no por el de Montevideo. El movimiento artiguista fue, pues, una

[26] M. Moreno, "A quién retrovierte la soberanía", *Gazeta de Buenos Aires,* jueves 16 de agosto de 1810, núm. 11, p. 169.

rebelión interna del ámbito provincial de Buenos Aires; fue la primera señal de una crisis que se consumó en el terreno de la soberanía, y que concluiría con la derrota de 1820 por obra de los caudillos del interior. Las razones de Artigas son conocidas: el acuerdo con Montevideo fue considerado por los pueblos de la Banda Oriental como una traición. Pero ¿por qué? Por dos razones: porque el gobierno de Buenos Aires no aceptó la exigencia de los pueblos orientales de tener representación en el seno del gobierno de las Provincias Unidas;[27] y porque ratificó el tratado sin tener en cuenta la situación de los pueblos. La posición de Artigas corresponde a la segunda de las posibilidades supuestas por Mariano Moreno, en línea con el pensamiento político preponderante en América, pero se distingue por la coherencia con que desarrolla en el nivel local el esquema válido para el Imperio: Unos pueblos *sin cabeza,* tales eran los pueblos orientales después de la ratificación de los tratados de Octubre; entonces pudo constituirse y se constituyó un pueblo libre con la soberanía correspondiente.[28] El movimiento artiguista ha sido definido a menudo como un motín con fondo social. En realidad fue un fenómeno puramente político, quizás la más coherente rebelión contra el despotismo de una capital provincial basada en la idea de soberanía consolidada en 1809. En favor de esta tesis está el *Padrón de las Familias Emigradas de la Vanda Oriental,* ordenado por el propio Artigas el 16 de diciembre de 1811, del cual resulta que en la citada *emigración* participaron las más importantes familias del territorio.[29]

La historia de las tensiones y de los conflictos siempre mayores entre los cabildos del Río de la Plata y los pueblos en la etapa decisiva que precede a la derrota de Buenos Aires de 1820 todavía no se ha escrito. Sin embargo, se trata de un acontecimiento de consecuencias muy relevantes. El federalismo, o confederalismo —pues en aquella época la distinción entre los dos conceptos no era todavía clara—, tuvo en el Río de la Plata, igual que en el resto del continente, dos orígenes: los cabildos importantes y los pueblos, y esto condicionará no poco los gobiernos republicanos tras la independencia. En el caso de Buenos Aires es, en fin, importante llamar la atención, contra una versión común, en el hecho de que su crisis no estuvo determinada por factores externos (la derrota de 1820), sino que fue preparada por movimientos internos anteriores. No sólo el de Artigas sino también el de los pueblos del cabildo de Luján de 1815, que se levantaron contra el despotis-

[27] *Oficio de José Artigas a la Junta del Paraguay del 7 de diciembre de 1811,* Archivo General de la Nación, Montevideo, fondo ex Archivo y Museo Histórico, caja 8, carpeta 2.

[28] *Ibidem.*

[29] El padrón en A. Beraza, *El pueblo reunido y armado,* Montevideo, 1967, pp. 48-51.

mo de Buenos Aires.[30] Sin estos precedentes, y sin un adecuado estudio de los problemas que plantea la desigualdad entre ciudad y campo en las primeras experiencias representativas, tanto las provinciales como las del Congreso de Tucumán, no se comprendería un proceso único en América Latina: la gradual supresión de los cabildos rioplatenses a partir de 1820, la instauración de estados provinciales sobre la base de un compromiso entre ciudad y campo y la adopción precoz del sufragio universal directo.

Conclusión: la doble naturaleza del conflicto centro-periferia

La ruptura centro-periferia representa uno de los desafíos más importantes en el proceso de construcción de los Estados nacionales. En el caso de la América hispana, nos encontramos frente a una situación peculiar: las independencias fueron consecuencia de la crisis global de una formación imperial y no sólo de la ruptura de la relación entre una metrópoli y sus colonias. En el curso de la crisis se desarrollaron muchos proyectos de independencia, algunos del todo tradicionales y otros de caracteres políticamente más modernos. Las guerras civiles fueron también un choque entre unas orientaciones opuestas del pensamiento colectivo. Una de las consecuencias más relevantes para la gobernabilidad de las futuras repúblicas fue la ambivalencia no resuelta del problema de la soberanía. En las páginas precedentes hemos intentado mostrar algunos procesos que perpetuaron en nuevas formas esta noción histórica, de más largo alcance, de la formación imperial. Esto para mostrar cómo en el caso de la América hispana la clásica ruptura centro-periferia se formó a lo largo de dos ejes territoriales: el primero entre la ex capital y las provincias, y el segundo dentro de estas últimas, entre la ciudad y los pueblos. Los distintos proyectos nacionales de las nuevas repúblicas debieron enfrentarse a un desafío inédito en el contexto occidental: medirse con la preexistencia de tres soberanías que luchaban entre sí, y con orígenes diversos: la de los pueblos, la de las provincias y la de los nuevos centros que aspiraban a ser nacionales. La lucha entre estas concepciones distintas de la soberanía continuó tras la independencia.

Aquí nos interesa recapitular algunos aspectos relevantes de la crisis imperial que constituyeron otros tantos dilemas para la gobernabilidad republicana. El primero es el fundamento municipalista de los nuevos

[30] Agradezco a José Carlos Chiaramonte por la información. Él descubrió esta rebelión hasta ahora desconocida y no estudiada.

Estados. Una arraigada tradición historiográfica, en buena parte de origen decimonónico tardío, ha afirmado siempre una especie de continuidad entre el municipalismo colonial y el poscolonial. Nos parece, sin embargo, que se puede señalar que los fundamentos municipalistas de los futuros Estados republicanos se crearon durante la crisis del Imperio y no antes. Nos lleva a esta convicción el análisis del papel tan peculiar que la Constitución de Cádiz tuvo durante la crisis. La carta gaditana ideó un imperio liberal con una soberanía centralizada y única. Su aplicación generó resultados completamente opuestos: un colosal proceso de reforma de los ámbitos políticos que hizo todavía más concreta y *física* la idea de soberanía, hasta hacerla identificar con los pueblos-ayuntamientos. En realidad, el municipalismo a que debieron enfrentarse las élites republicanas se consolidó contra el de la tradición colonial, y no derivó de él. El colonial se había estructurado no sólo sobre un número limitado de cabildos, sino también sobre una jerarquía territorial que fue destruida cuando se aplicó en América la Constitución de Cádiz. Si las reformas borbónicas fueron, como ha dicho Brading, una revolución en el gobierno, las gaditanas fueron una revolución local, porque los aparatos coloniales quedaron desposeídos de muchos poderes, que pasaron a los nuevos órganos electivos. Esto no estaba previsto en la Constitución, pero ésta lo hizo posible, y tuvo la importante consecuencia de legitimar el lenguaje del constitucionalismo liberal en el pensamiento de los pueblos. Entre los dilemas heredados de las repúblicas debe recordarse toda la ambivalencia que pesó sobre la palabra *federalismo.* En muchas partes, sobre todo en Centroamérica, el término fue interpretado y practicado por pueblos y élites provinciales en beneficio propio y con exclusión recíproca. Las *soberanías de los pueblos* se contrapondrán durante mucho tiempo a la *soberanía del pueblo* o de la nación. El conflicto no se explica sólo por el mayor tradicionalismo de las comunidades, ni siquiera porque éstas demostraron siempre saber utilizar los nuevos lenguajes en beneficio propio. La experiencia gaditana había permitido a los pueblos conservar la naturaleza corporativa de los propios bienes, más allá del problema todavía abierto de quién había de beneficiarse después. El punto más importante es que los nuevos ayuntamientos electivos representaron un fenómeno de neocorporativismo dentro del cuadro constitucional. El fenómeno reforzó todavía más los fundamentos municipalistas de los nuevos Estados y les planteó a los grupos dirigentes liberales de la segunda mitad del siglo un grave dilema: si era relativamente fácil desde el punto de vista constitucional desamortizar la propiedad eclesiástica, mucho menos lo era desamortizar la de los ayuntamientos, precisamente porque se trataba de órganos constitucionales.

La cuestión de los pueblos y de la soberanía debería considerarse también desde el punto de vista de las guerras de independencia y de su aplicación de la justicia, porque también éstas condicionaron la gobernabilidad republicana. También en este caso las tradiciones históricas arraigadas no ayudan a profundizar la cuestión. Debería someterse a revisión crítica la tesis de la militarización de la política después de las guerras civiles. En realidad, los estudios son del todo insuficientes sobre la fundamental cuestión de las relaciones entre guerra y sociedad durante la crisis imperial. Pero se puede decir que las distintas partes en lucha tuvieron el mismo problema: hallar constantemente recursos humanos y materiales. En segundo lugar, los llamados ejércitos, con la excepción de algunos cuerpos expedicionarios españoles, no superaron nunca el modelo de las milicias territoriales guiadas por un grupo de profesionales, lo cual obligó a cada grupo armado a expropiar los recursos de las sociedades locales. Las prácticas fueron de distintos tipos, desde el saqueo hasta la imposición de impuestos o la negociación, y por ahora es imposible valorar el mayor o menor peso de cada una de ellas.

Sin embargo, se puede pensar en formas distintas de relaciones entre guerra y sociedad. Aparte de los casos de rebeliones desencadenadas por la incorporación a la lucha armada de sectores sociales peligrosos, como en el caso de los pardos venezolanos, en otros contextos como el andino y el centroamericano, los ejércitos se movieron en territorios con amplios asentamientos comunitarios pluriétnicos. Aquí las relaciones se hicieron mucho más complejas. La incorporación de milicias indias debió pasar por la resolución de las jerarquías comunitarias. Muchas veces las comunidades eran presionadas por distintos grupos y pudieron negociar en defensa de la propia autonomía. Ahora bien, el dato más importante que se deduce de la escasa bibliografía disponible es que las guerras civiles no debilitaron a las comunidades; más bien, en muchos casos salieron de ellas reforzadas políticamente, sea por el reconocimiento otorgado por las partes en lucha, sea porque las mismas comunidades fueron protagonistas de guerras de fondo religioso o milenarista.[31] Las guerras civiles tuvieron en general un carácter que debe tenerse en cuenta para valorar la naturaleza social del desorden que les dejaron en herencia a los gobiernos republicanos: la fuerza de las armas derivó de la capacidad de organizar y reproducir en los distintos territorios un modelo de autodefensa territorial de tipo mixto: militar y civil. Junto a cada formación armada se movía una pequeña sociedad que se movilizaba con armas de todo tipo. Esto dio origen al bandole-

[31] M.-D. Demélas, *L'invention politique,* pp. 169-233.

rismo rural, pero contribuyó también a reforzar la autonomía política de los pueblos. Sobre todo porque consolidó en el nivel local vínculos de lealtad personal entre los jefes militares y las comunidades en contra de las autoridades centrales.

El fenómeno se cruzó con la difusión de los ayuntamientos en las zonas rurales. ¿Cómo? En el terreno de la práctica de la justicia. Ya hemos recordado las consecuencias de la no aplicación de la división de poderes en el nivel local, entre las cuales está la transferencia de la justicia a los nuevos ayuntamientos. La autonomía de la justicia en el nivel local fue reforzada posteriormente por la difusión del fuero militar entre la milicia. A menudo encontramos entre los componentes de los ayuntamientos personas en uniforme. Éstos disfrutaban del fuero, y por tanto ostentaban dos tipos de privilegios en el ejercicio de la justicia. No siempre fue ésta la situación, pero lo que cuenta es la naturaleza del todo particular del poder de los caudillos provinciales: su poder no derivó tanto de la fuerza de las armas o del clientelismo sino del fuero militar. Sin duda, esta práctica de la justicia estaba muy lejos de los ideales del liberalismo, pero no por eso era arbitraria. Se trató más bien de una forma de justicia nueva sólo en las formas y en los actores, pero en la sustancia no era distinta de las prácticas de la Colonia. Se fundaba sobre una idea contractual, que caudillos y pueblos reactivaron, tal vez también gracias al control de un ayuntamiento electivo. Los famosos levantamientos del siglo XIX, sobre todo los de la primera mitad, obtenían legitimidad en el nivel local de dos fuentes: de la idea de soberanía local y de la justicia. Los levantamientos podían también aparecer como actos arbitrarios para un liberal doctrinario, pero en realidad necesitaban un proceso extremadamente formalizado para obtener a la vez el consenso político y la legitimidad. En los archivos están los documentos pertinentes: éstos muestran que la proclama del caudillo iba acompañada siempre de declaraciones oficiales de los ayuntamientos, de las corporaciones, de otros pueblos reunidos en junta, de jerarquías indígenas; en suma, de toda la sociedad organizada de un determinado territorio.[32]

Sin querer recordar que muchas veces las élites liberales requerían la acción de los caudillos, aquí el aspecto relevante es que la fuente de esta tan discutida forma de poder latinoamericano del siglo XIX se origina en la práctica de la justicia en el nivel local, que a su vez estaba articulada con la idea de soberanía de los pueblos y de los ayuntamientos. Por consiguiente, también desde este punto de vista la llamada he-

[32] Antonio Annino, "Il patto e la norma. Alle origini della legalitá oligarchica in Messico", *Nova Americana,* 1983.

rencia colonial fue sólo parcial, tuvo que ver esencialmente con los valores y las prácticas de la justicia local que, como sabemos, resultó lo más difícil de controlar por los gobiernos nacionales.

La doble naturaleza de la tensión centro-periferia en las repúblicas hispanoamericanas creó vínculos fortísimos en el liberalismo decimonónico, e hizo de él una especie de Jano bifronte: por un lado, modificó la ideología de una parte de las élites en sentido moderno, empujándolas a buscar un nuevo orden político. Por otro lado, abriendo nuevos espacios de libertad a un conjunto muy diversificado de agentes colectivos, favoreció también la inestabilidad política que, no obstante —y éste es el punto más relevante—, se originó siempre dentro del cuadro constitucional.

VI. LAS MUTACIONES DE LA IDENTIDAD EN LA AMÉRICA HISPÁNICA

FRANÇOIS-XAVIER GUERRA
Universidad de París I

LOS TRABAJOS que, en los últimos lustros, han renovado profundamente la manera de analizar el tema de la nación, se han centrado sobre todo en poner de manifiesto el carácter nuevo de esta identidad colectiva. Unos han criticado el carácter esencialista y atemporal que las naciones gustaron atribuirse, y han insistido en su carácter reciente y construido.[1] Otros han descrito con talento, y a veces con humor, los procesos de elaboración reciente de algunos de esos elementos que durante un tiempo se consideraron como venidos de un lejano pasado: la lengua, los relatos de los orígenes, los héroes...[2] Otros, en fin, se han esforzado por distinguir los múltiples sentidos y contenidos, políticos o culturales, que conlleva la nación moderna.[3]

Mucho menos numerosos son, sin embargo, los trabajos que exploran las identidades colectivas que han precedido a esa nueva forma de existir que es la nación moderna. Tema, sin embargo, fundamental, puesto que sin su conocimiento difícilmente se puede captar la novedad de la nación moderna y menos aún entender cómo se produce, en cada caso, el tránsito de las viejas a las nuevas identidades. Nuestro propósito aquí será, pues, analizar cuáles y de qué tipo eran las principales identidades colectivas que existían en la Monarquía hispánica, cómo se articulaban unas con otras y qué relación tienen con las "naciones" engendradas por la independencia.

Para evitar caer en el mismo esencialismo que reprochamos a la concepción tradicional de la nación, hay que añadir que no sólo la nación moderna es "imaginada", sino que todas las identidades colectivas, ya

[1] La afortunada definición de Benedict Anderson *(Imagined Communities,* Londres, 1983), de las naciones modernas como "comunidades imaginadas" resume bien este enfoque. Añadamos aquí, para evitar toda confusión, que su análisis de la formación de la nación en América Latina no es, sin embargo, en absoluto pertinente.

[2] *Cf.,* por ejemplo, el reciente libro de Anne-Marie Thiesse, *La création des identités nationales. Europe XVIIIe-XXe siècle,* Le Seuil, París, 1999, 303 pp.

[3] *Cf.,* por ejemplo, Eric Hobsbawm, *Nations and Nationalism since 1780. Programme, Myth, Reality,* Cambridge University Press, Cambridge, 1990.

sean antiguas o nuevas, lo son también. Toda identidad colectiva es una construcción cultural, entendida ésta de una manera amplia, sin limitar lo cultural a elementos como la lengua, la religión, los mitos históricos, las particularidades étnicas —reales o supuestas—. Entre los elementos que forman parte de esta construcción debe figurar el imaginario político: la manera de concebir los vínculos entre los hombres que componen el grupo; su extensión y su eventual territorialidad —no todas las identidades políticas del antiguo régimen son territoriales—; el modo de concebir el origen, naturaleza y atributos de sus autoridades; los valores que estructuran el grupo, etcétera.

Pero, para simplificar el análisis, llamaremos aquí a los elementos que remiten al imaginario político *identidad política,* y a los otros —la lengua, el temperamento, la sangre, la religión, etc.—, *identidad cultural*. Los dos términos corresponden bastante bien a dos de los sentidos que la palabra *nación* tiene antes de la época revolucionaria. Una, política, la pertenencia a una comunidad política territorial, tal como lo expresa en 1737 el *Diccionario de Autoridades:* "Nación. La colección de los habitadores en alguna Provincia, País ó Reyno".[4] La segunda, la pertenencia a un grupo humano que se considera de la misma estirpe —lo que supone de vínculos de sangre y lengua—, tal como el mismo Diccionario lo sugiere al dar, curiosamente, como equivalente de la acepción precedente, la palabra latina *gens.*[5]

El concepto de identidad política es particularmente importante para comprender la génesis de la nación en la América hispánica, puesto que precisamente los principales actores del proceso de Independencia, como Caracas o Buenos Aires, no se distinguían de sus adversarios por rasgos culturales, sino por su fuerte identidad política.

Esta primacía de lo político hace que el esquema "cultural" empleado en muchas de las explicaciones de la Independencia sea muy poco pertinente. En efecto, la mayoría de los análisis sobre el nacimiento de las naciones modernas se ha elaborado para explicar ya sea el fenómeno de las nacionalidades en la Europa del siglo XIX, ya sean los movimientos de descolonización del siglo XX. Este esquema, que podríamos llamar de las nacionalidades, supone que en los orígenes de una nueva nación existe una "nacionalidad", es decir, un grupo humano singularizado por elementos étnicos, lingüísticos, religiosos, que aspira a una

[4] *Diccionario de la lengua castellana en que se explica el verdadero sentido de las voces, su naturaleza y calidad, con las phrases o modos de hablar, los proverbios o refranes, y otras cosas convenientes al uso de la lengua...,* Madrid, 1737; ed. facsimilar, *Diccionario de Autoridades,* Gredos, Madrid, 1969, t. II, p. 644.

[5] Para la polisemia de nación y patria, *cf. infra,* M. Quijada, cap. IX: "¿Qué nación?..."

existencia autónoma como Estado, es decir, al ejercicio de una soberanía plena.[6]

Obvio es que este tipo de esquema no puede aplicarse a la América hispánica. En primer lugar porque no existió aquí ningún movimiento "nacionalista" antes de la Independencia, sino sólo algunos individuos o pequeños grupos que la desearon en secreto. En segundo lugar, y en cuanto al contenido mismo de la "nacionalidad", la América hispánica es un mosaico de grupos étnicos, lingüísticos y culturales, pero ninguna de las naciones hispanoamericanas pretendió nunca identificarse con ninguno de ellos. En gran parte, porque, después de tres siglos de vida común, todos estos grupos estaban muy imbricados, profundamente mestizados y compartían además una misma religión y una misma lealtad política.

En tercer lugar, los fundadores de los nuevos Estados, los constructores de las nuevas "naciones" fueron en su inmensa mayoría criollos y compartieron con sus adversarios —americanos y peninsulares— todo lo que después, en otros lugares, servirá de fundamento a la "nacionalidad": un mismo origen ibérico, la misma lengua, la misma cultura, las mismas referencias políticas y administrativas. Sólo el lugar de nacimiento y las identidades regionales en formación los diferenciaban de los españoles de España. Aunque, como lo veremos enseguida, estos elementos hayan servido de fundamento a la edificación de las nuevas naciones, es difícil atribuirles el carácter de una "nacionalidad". Si se nos obligara a pesar de todo a usar dicho término, podríamos decir que el problema de la América hispánica no es el de diversas nacionalidades que van a llegar a formar un Estado, sino el problema de construir "naciones" separadas a partir de una misma "nacionalidad" hispánica.

Evidentemente, tal formulación es anacrónica, pero con ella queremos indicar precisamente que a la independencia de la América hispánica, como a la de las 13 colonias británicas unas décadas antes, no puede aplicarse el esquema de las nacionalidades, sino el de la ruptura de un conjunto político plural dotado, sin embargo, de una gran homogeneidad cultural. De ahí surge buena parte de las incertidumbres de los nacientes Estados hispanoamericanos: ¿sobre qué identidades colectivas apoyarse para fundar la nación?

[6] Éste es el presupuesto implícito de la obra de Eric Hobsbawm, *Nations and Nationalism since 1780. Programme, Myth, Reality,* Cambridge University Press, 1990, en donde, precisamente, no se trata en absoluto de la formación de las naciones hispanoamericanas, que cuadran tan mal con un esquema culturalista.

Una pirámide de comunidades políticas

La América hispánica de antes de la Independencia es, como todas las sociedades del antiguo régimen europeo, un mosaico de grupos de todo tipo, formales o informales, imbricados y superpuestos, en relaciones complejas con una pluralidad de autoridades regias, ellas mismas diversas y entremezcladas. A los grupos existentes en este tipo de sociedades, ya sean formales —de carácter territorial (reinos, provincias, ciudades, señoríos) o personal (estamentos, corporaciones de todo tipo)— o informales (redes de parentesco, de clientela o de intereses), se añaden aquí una división legal de los habitantes en "repúblicas" (la de los indios y la de los españoles) y múltiples distinciones menos formalizadas, fundadas en el lugar de nacimiento (criollos y peninsulares) o en el mestizaje.

Aunque esta multiplicidad de grupos explique el carácter muy complejo de las guerras de Independencia —a menudo una guerra de todos contra todos— y la dificultad de construir la nación moderna —en sí tendencialmente homogénea—, no todos participaron en igual grado en esta construcción. Un acuerdo bastante general existe hoy para privilegiar, por un lado, la conciencia criolla y la identidad americana o las identidades que las diversas regiones fueron elaborando durante la época colonial, y, por otro, los espacios de poder relativamente autónomos creados por las instituciones y las divisiones administrativas de la Monarquía. Los dos enfoques, uno más cultural y el otro más institucional, contribuyen a la comprensión de los orígenes de las futuras naciones. Pero hace falta igualmente considerar además su mutua articulación y la superposición de identidades, las pertenencias múltiples, típicas de las sociedades del antiguo régimen. Y puesto que la Monarquía hispánica es, ante todo, una construcción política compleja, las identidades políticas nos servirán de hilo conductor.

Las comunidades políticas de pertenencia no son primariamente las divisiones administrativas en las que ejercen su autoridad los representantes del rey (virreinatos, gobernaciones, audiencias, intendencias, etc.), sino aquellas que forman la trama social: cuerpos de todo tipo, con poderes diversos, particularmente el de justicia, atributo esencial de todas las autoridades del antiguo régimen y, sobre todo, dentro de ellos, las estructuras políticas territoriales. Esta distinción nos parece esencial en la medida en que las circunscripciones administrativas de la Corona —fiscales, jurisdiccionales, militares, de gobierno político— no solamente no coinciden entre sí, sino que son además variables en el tiempo. Esto explica, como lo veremos después con más detalle, que cuando con la crisis de la Monarquía desaparezcan o sean rechazadas las autoridades regias, surjan a plena luz las comunidades políticas en que estaba organizada la sociedad.

Esto no quiere decir, evidentemente, que estas dos realidades —las divisiones administrativas y la organización política de la sociedad— no tengan nada que ver entre sí, puesto que la Corona estableció y adaptó, en la medida de lo posible, sus divisiones administrativas a la realidad social: a las antiguas unidades políticas precolombinas y a las zonas concedidas a un grupo de conquistadores en la época de la Conquista; a la evolución del poblamiento, después. También es cierto, como lo veremos enseguida, que la existencia de dichas instituciones administrativas contribuye no sólo a estructurar vastos espacios, sino también a la consolidación, por parte de la sociedad, de su identidad política.

Para describir estas comunidades es necesario recordar la estructura de la Monarquía hispánica en la época de los Austrias, ya que entonces se fijan los principales rasgos de la América española. La Monarquía aparece como un conjunto plural, muy diferente de una monarquía unitaria a la francesa o del modelo borbónico del XVIII. Se trata de un conjunto político formado por la agregación progresiva de reinos y provincias, tanto europeas como americanas, unidos en la persona de un soberano común. Aunque existe un aparato administrativo central que asiste al rey en el gobierno del conjunto de la Monarquía y de cada una de sus partes, ese aparato central es relativamente reducido. Cada uno de los reinos y provincias que lo componen son gobernados por un representante del rey, de acuerdo con sus propias instituciones y, en la mayoría de los casos, por naturales del país.

Aunque no han faltado nunca, y sobre todo a finales del XVI y principios del XVII, defensores de la soberanía absoluta del rey, otros son los principios que rigen la Monarquía, principios que pueden ser calificados como pactistas.[7] En efecto, las relaciones entre el rey y sus estados y entre el monarca y sus "vasallos"[8] están hechas de deberes y derechos recíprocos que obligan tanto al uno como a los otros, hasta el punto que el desacato por el rey de los derechos de sus "vasallos" justifica toda una serie de reacciones, que van desde múltiples representaciones de los cuerpos o individuos agraviados, hasta la revuelta, pasando por toda clase de negociaciones y por la suspensión de la decisión real ("Se obedece, pero no se cumple").[9]

[7] Se trata, pues, de principios contractuales, pero preferimos reservar esta última palabra para el contractualismo moderno.

[8] La palabra *súbdito* es poco utilizada, incluso después de la victoria del "absolutismo".

[9] Para una exposición más amplia de lo que podríamos llamar la política del antiguo

El rey es, por tanto, la cabeza de un conjunto de comunidades políticas —sus "pueblos" o sus reinos— que sólo puede llamarse *España* por simplificación. La expresión *las Españas,* más utilizada, refleja mejor el carácter plural de esta construcción que es, de hecho, una pirámide de comunidades políticas superpuestas. En el nivel más alto está la Monarquía, el conjunto; luego, ocasionalmente, las coronas, formadas a su vez por varios reinos o provincias (la de Aragón, con Cataluña, Aragón, Valencia; la de Castilla, con Galicia, Asturias, la Castilla propiamente dicha, los antiguos reinos musulmanes del sur, y, finalmente, los reinos de Indias). En la base de esta pirámide, en los reinos castellanos, que son los que nos interesan ahora, hay dos tipos esenciales de unidades políticas:[10] los señoríos —laicos o eclesiásticos— y los grandes municipios;[11] y, más abajo aún, dependientes de unos u otros, una multitud de villas y pueblos.

La estructura política de América reproduce, con alguna modificación, la estructura política castellana. Los conquistadores intentaron transponer a América los modelos de organización social y política de la Castilla de principios del siglo XVI: es decir, por una parte, la organización municipal y, por otra, los señoríos. La fundación de ciudades y la atribución de indígenas en encomiendas fueron fenómenos inmediatos y universales. Sobre todo el primero: al fundar ciudades en las que ejercían sus derechos de "vecinos", los nuevos pobladores de América reprodujeron inmediatamente en América la estructura municipal castellana. La ciudad precede a todas las demás unidades políticas. En cuanto a los señoríos, bien se sabe que la Corona consiguió, al cabo de algún tiempo, impedir su formación, especialmente mediante las Leyes Nuevas de 1542 sobre las encomiendas.[12] La organización municipal

régimen, véase nuestro trabajo "De la política antigua a la política moderna. La revolución de la soberanía", en F.-X. Guerra, A. Lempérière *et al., Los espacios públicos en Iberoamérica. Ambigüedades y problemas. Siglos XVIII-XIX.* FCE-Cemca, México, pp. 109-139.

[10] Dotados ambos de poderes jurisdiccionales, fiscales, militares, de gobierno político, etcétera.

[11] Estos grandes municipios castellanos son verdaderos señoríos colectivos, dominados por el ayuntamiento de la ciudad capital. La palabra *provincia,* no designa en el siglo XVII otra cosa que las circunscripciones, sobre todo con contenido fiscal, de las ciudades con voto en Cortes. *Cf.* Antonio Domínguez Ortiz, *Instituciones y sociedad en la España de los Austrias,* Ariel, Barcelona, 1985, y Miguel Artola, *Antiguo Régimen y Revolución liberal,* Madrid, 1979.

[12] Estas observaciones valen para las zonas centrales de las Indias. La excepciones más notables sólo se encuentran —salvo el señorío de Cortés y el más tardío ducado de Atlixco en Nueva España— en regiones periféricas. Allí subsistieron mucho tiempo las encomiendas o se constituyeron, como en el norte de México en el XVIII grandes mayorazgos con privilegios jurisdiccionales. Es también en estas zonas donde está la mayor parte de las reducciones que pueden ser asimiladas a señoríos eclesiásticos.

triunfó, por el contrario, plenamente y América se cubrió de ciudades, villas y pueblos, tanto "españoles" como "indios", puesto que la Corona extendió a la "república de los indios" la institución castellana.

La ciudad —y en su nivel las villas y los pueblos de indios— es una unidad política tendencialmente completa, una pequeña "república", con su territorio, sus instituciones fundadas en el derecho castellano —y en los pueblos de indios también en las costumbres indígenas—, con su gobierno propio, el cabildo, elegido por los vecinos, con su organización eclesiástica. A pesar de que, por un lado, la Corona aumentó bastante precozmente su control sobre ciudades, villas y pueblos y que, por otro, la venalidad de cargos dejó a muchos cabildos en las manos de unas cuantas familias, la ciudad siguió siendo hasta la época de la Independencia la unidad política de base y el marco ideal de vida para el hombre que vive en sociedad. En el imaginario político del antiguo régimen hispánico, las ciudades, villas y pueblos —llamados de manera genérica los *pueblos*— son estructuras políticas naturales, surgidas de la naturaleza política del hombre. Como lo expresa tajantemente un oidor de la audiencia de Zaragoza en plena época borbónica en un tratado clásico: "El gobierno de los pueblos, por derecho natural, pertenece a los pueblos mismos".[13]

Por lo que se refiere a los reinos, su constitución empezó con la conquista de los grandes "imperios" indígenas. Éstos fueron inmediatamente considerados por los conquistadores como reinos incorporados por conquista a la Corona de Castilla, de manera análoga a los reinos musulmanes de la península, el último de los cuales, Granada, había sido ganado sólo unas décadas antes. El uso de la palabra *reino* se impone entonces muy rápidamente, no sólo entre los españoles, sino también entre los mestizos y los indios. Las expresiones "este reyno", "estos reynos" son omnipresentes en la obra de Guamán Poma de Ayala[14] y las mismas leyes las recogen sin cesar, empezando por la *Recopilación de Leyes de los Reynos de las Indias*.

Cabe, sin embargo, preguntarse si los reinos americanos tienen la misma consistencia que los reinos peninsulares. En la pirámide de comunidades humanas que forman las sociedades del antiguo régimen el

[13] Lorenzo de Santayana Bustillo, *Gobierno político de los pueblos de España* (1742), reed. Instituto de Estudios de Administración Local, Madrid, 1979, cap. I, p. 1. Que la frase citada sea seguida de otra en la que se añade que "De éstos se derivó a los magistrados y a los príncipes, sin cuyo imperio no puede sostenerse el gobierno de los pueblos" no impide esa primera y lapidaria afirmación, reforzada poco después por la afirmación "los príncipes han dejado a los pueblos el gobierno político de los mismos".

[14] *Cf.* Marie-Claude Cabos, *Mémoire et acculturation dans les Andes. Guaman Poma de Ayala et les influences européennes*, L'Harmattan, París, 2000, 275 pp.

reino aparece como una comunidad territorial de orden superior que engloba en su seno, con combinatorias específicas, a las múltiples comunidades locales y a los diferentes cuerpos en los que está estructurada la sociedad. El reino es una comunidad humana tendencialmente completa por su territorio bien definido, por su gobierno propio y por el sentimiento que tienen sus habitantes de una común pertenencia y también de una común diferencia con otras comunidades análogas. En esta perspectiva, es evidente que, aunque los elementos institucionales sean importantes, más lo son la particular combinatoria de los grupos sociales en un espacio regido por las mismas autoridades, la existencia de un espacio económico relativamente unificado y, más tarde, la construcción cultural de la identidad que refuerza el sentimiento de pertenencia. El reino, al igual que la nación moderna, es ante todo una comunidad imaginada, cuya construcción exige, por lo tanto, tiempo. Hasta cierto punto, poco importa que el reino lo sea desde el punto de vista institucional; lo que verdaderamente cuenta es que sus habitantes lo consideren como tal.

En este sentido, los viejos reinos peninsulares, aunque no posean todos la gama completa de organismos mediante los cuales el rey ejerce su autoridad, son realidades indubitables, comunidades ciertas de pertenencia, consecuencia de una existencia secular que los hacen de hecho indivisibles.[15] En América la mayoría de los reinos son entidades más inciertas y todavía fluctuantes, como lo muestran en el siglo XVIII los numerosos cambios de las circunscripciones administrativas[16] y, sobre todo, la creación de nuevos virreinatos: Nueva Granada en 1739 y Río de la Plata en 1776, que fragmentan el antiguo y único virreinato del Perú. La acción de la Corona está inspirada ciertamente por la racionalización administrativa, pero dichas modificaciones sólo eran posibles porque la unidad del virreinato del Perú era más administrativa que humana.[17] En su seno existían ya otras comunidades menores, muy claras en la conciencia de sus habitantes, calificadas como reinos y provincias.

Igual que en la constitución de toda comunidad política del antiguo régimen, la formación de los reinos americanos resulta de su historia,

[15] Los reinos andaluces conquistados recientemente son unidades de pertenencia más débiles.

[16] Citemos entre las más importantes en este registro la que concierne a Venezuela, que fue dotada en 1742 de un gobernador propio y en 1786 de su propia audiencia.

[17] Sin embargo, hay indicios de que su larga existencia había creado un cierto grado de sentimiento de pertenencia. Miranda se define aún a finales de siglo como "peruano". Y en el mismo registro, la herencia incaica será míticamente reivindicada por los revolucionarios de Caracas y de Buenos Aires.

de una pluralidad de factores, algunos de los cuales se remontan a la época de la Conquista y otros que le son posteriores. Entre los primeros figuran la densidad y el nivel de organización de las poblaciones indígenas, la existencia de unidades políticas precolombinas, las áreas de acción de un grupo de conquistadores, la intensidad del poblamiento español y la red de ciudades en que éste se asienta. En función de estas realidades la Corona, y con ella la Iglesia, organizan el territorio e instalan progresivamente a sus representantes. De ahí que en una primera época, que duró dos siglos, sólo existiesen dos virreinatos, Nueva España y Perú, aunque dentro de ellos se consideren como existentes otros reinos —Guatemala, Quito, Nueva Granada, Chile— herederos de unidades políticas o étnicas precolombinas y de empresas autónomas de conquista.

A finales del siglo XVIII la consistencia de los reinos americanos era todavía muy diversa. Sólo dos reinos americanos, Chile y Nueva España, podían entonces equipararse, según todos estos criterios, con los reinos peninsulares. El primero, por su aislamiento geográfico y por la cohesión de una población reducida y homogénea. El segundo, principalmente por la existencia de un espacio político ya estructurado en parte por el imperio mexica, por la precocidad de la conquista y de la organización administrativa y eclesiástica, por la densidad de la población indígena, del poblamiento español y del mestizaje, por la intensa evangelización y el culto común a la Virgen de Guadalupe, por un espacio económico bastante unificado y por el grado de elaboración de una identidad cultural propia llevado a cabo por sus élites, como veremos pronto. El Perú, donde existía igualmente una fuerte conciencia de reino, podría más bien ser considerado como un reino traumatizado por la pérdida de muchos de sus territorios.

Las demás regiones americanas, aunque posean algunos de los elementos que caracterizan al reino, son, ante todo, circunscripciones administrativas de la Corona[18] superpuestas a un conjunto de unidades sociales de un ámbito territorial menor y de diferente tipo. Estas unidades sociales son las formadas por el territorio dominado por una ciudad principal, capital o cabecera de toda una región, con sus villas y pueblos "vasallos". Estamos aquí, como ya lo hemos indicado, ante la transposición americana de uno de los aspectos más originales de la estructura política y territorial de Castilla: la de los grandes municipios, verdaderos señoríos colectivos que dominan un conjunto muy vasto de ciudades,

[18] *Cf.*, por ejemplo, para la complejidad de jurisdicciones en América, Horst Pietschmann, "Las Indias de Castilla", en Christian Hermann (coord.), *Le premier âge de l'Etat en Espagne (1450-1700)*, CNRS, París, 1989.

villas y pueblos dependientes.[19] Éstas son las comunidades políticas de base de toda la América española, incluso en las regiones en las que el reino tiene ya su propia consistencia.

Comunidades humanas y unidades políticas indiscutibles y permanentes, integradas en los casos ya citados en la unidad superior del reino, y en otros —la mayoría— reagrupadas con más o menos fundamento por la Corona en circunscripciones administrativas muy variables. Variabilidad de las unidades políticas superiores que se explica no sólo por la inmensidad del territorio y los progresos del poblamiento, sino también por la homogeneidad de estas unidades de base y de sus gobiernos municipales. Se trata, pues, de comunidades tendencialmente completas, pequeñas "repúblicas", potencialmente ciudades-Estados, si viniesen a faltar el rey y sus representantes, vínculos de su integración en conjuntos políticos más vastos, como pronto se verá en la época de la Independencia. Aquí se encuentran las raíces del mal llamado localismo o regionalismo americano del siglo XIX.[20]

Falta en América, en mayor grado aún que en la península, una comunidad intermedia entre las ciudades y el reino: la provincia. La palabra existe, pero designa realidades muy diferentes unas de otras. En algunos casos se trata de circunscripciones administrativas: al principio, generalmente, las gobernaciones, y, luego, las intendencias. Son estas últimas las que hubieran constituido un embrión de estructura provincial, pero en América su existencia fue tardía y no fueron, además, instaladas en todas las regiones (por ejemplo, en Nueva Granada).[21] Por eso en la mayoría de los otros casos la palabra designa simplemente, como en la Castilla del siglo XVII, el espacio dependiente de las ciudades principales; se trata, por consiguiente, de ciudades-provincias. Pero no existen, como en las colonias británicas de América del Norte, provincias que sean una circunscripción superior a la ciudad y dotadas de instituciones representativas supramunicipales; su ausencia se hará cruelmente sentir en la época de la Independencia.

Si nos colocamos en 1808, al principio de la gran crisis de la Monar-

[19] Nos situamos aquí ante todo en el plano del imaginario político, puesto que las reformas borbónicas han hecho que los poderes de las ciudades principales sean muy diversos: muy grandes en Nueva Granada, donde no se implantaron intendencias; importantes en el Río de la Plata, por el escaso número de cabildos; mucho menores en Nueva España.

[20] En la medida de que no se trata de particularismos surgidos dentro de una unidad superior preexistente, sino de las comunidades humanas que preceden la construcción de una unidad superior: reino primero, o nación moderna después.

[21] Bien es verdad que el territorio de las intendencias se calcó a menudo sobre el de los obispados (*cf. supra*, Pietschmann, cap. II: "Los principios rectores de la organización estatal en las Indias") y, otras veces, sobre el de algunas ciudades principales.

quía, las identidades políticas americanas aparecen escalonadas en varios niveles. En la base, la pertenencia a pueblos, villas y ciudades jerarquizados en función de su rango alrededor de la ciudad principal, la "patria" por excelencia. Luego, en ciertos casos, el reino: la Nueva España, Chile, Perú propiamente dicho o Quito. Después, la Corona de Castilla y, en última instancia, el conjunto de la monarquía. Pluralidad, pues, de identidades políticas que no son, como en la España peninsular, contradictorias, sino complementarias. Se es, primero, de un pueblo, de una villa o de una ciudad; luego, de una ciudad-provincia; después, de un reino y, al fin, "español". La pertenencia a la Monarquía, o como se dice frecuentemente en 1808, a la "nación española", pasa por la clara conciencia de la pertenencia a comunidades políticas de ámbito más restringido. Contrariamente al imaginario unitario absolutista, los habitantes de la Monarquía la ven aún mayoritariamente como una realidad plural.

Las ceremonias de jura de Fernando VII en 1808 en América muestran cuán enraizada está dicha visión de la Monarquía. Cuando, por ejemplo, Fernando VII es jurado en Guanajuato "diciendo *Castilla, Nueva España, Guanaxuato* por el Sr. Don Fernando VII [...] tremolando el Real Pendón".[22] La jerarquía de pertenencias está muy clara: la corona —Castilla—, el reino —Nueva España—, la ciudad —Guanajuato—. Los mismos gritos se oyen en todas las ciudades de la península y de América e incluso en pueblos de indios, semejantes en esto a los demás. Cuando en enero de 1809 las repúblicas de indios de la región se congregan en la ciudad de Huexocingo (Nueva España) para la jura del rey, el muy arcaico ceremonial se refiere al mismo imaginario:

> se dijo por los Reyes de Armas en altas voces las siguientes Palabras (silencio, silencio, silencio, oygan, oygan, oygan, atiendan, atiendan, atiendan) [...] y el señor sub-delegado recibió el Pendón de manos del Alférez Real y poniéndose con él las manos a la orilla del tablado dixo en voz alta: Por las Españas, por México y por Huexocingo El Señor Don Fernando séptimo Nuestro Católico Monarca —viva-viva-viva— y enseguida en señal de regocijo se levantaron muchas voces de todo el concurso repitiendo lo mismo.[23]

La Corona de Castilla ha sido aquí remplazada por "las Españas", pero el significado es el mismo, la Monarquía como conjunto de reinos, y, luego, su propio reino y la ciudad.

[22] Relación de las demostraciones de lealtad y júbilo que dio la ciudad de Guanaxuato desde el 31 de julio [...] hasta el día 18 de septiembre, en *Suplemento a la Gazeta de México,* 28 de diciembre de 1808, t. XV, núm. 147, pp. 1019.

[23] Representación del ayuntamiento de Huexocingo con el relato de la jura del rey y después de la Junta Central, 4 de mayo de 1809, en AGN México, Historia, vol. 417, exp. I.

Hay, sin embargo, en América, un nivel de identidad política suplementario: el de los reinos de Indias considerados como un conjunto diferente de los reinos peninsulares; o, dicho de otra manera, una concepción de la Monarquía como formada por dos pilares iguales: uno europeo y otro americano. Esta distinción viene de muy antiguo, de la época inmediatamente posterior a la Conquista, cuando la Corona interviene enérgicamente en América para imponer su autoridad. Los reinos de Indias, como reinos que eran de Castilla, no gozaban entonces de una especificidad institucional análoga, por ejemplo, a los reinos de la Corona de Aragón: ni instituciones particulares ni autogobierno ni gobernantes originarios del país. Pero muy pronto sus circunstancias particulares —alejamiento del centro de la Monarquía; especificidades étnicas, evangelización y protección de las poblaciones autóctonas; necesidad de proteger las relaciones comerciales con la península, etc.— hicieron que, desde un punto de vista político, se fueran distinguiendo rápidamente de los otros reinos castellanos y empezaran a ser gobernados, y a concebirse como si constituyeran una categoría especial de reinos. ¿Quiere decir esto que se convirtieran entonces en colonias, en el sentido moderno del término?

La respuesta no puede depender de nuestra concepción actual de lo que es una colonia, sino de los conceptos y del imaginario de la época. La evolución que experimentaron las Indias no fue tanto una evolución "colonial" sino un proceso de diferenciación en relación con los otros reinos de la Corona de Castilla que los acerca a los reinos no castellanos de la Monarquía. A ello contribuyen fenómenos como la existencia de virreyes, de un Consejo de Indias —análogo al Consejo de Aragón o de Italia— y la progresiva constitución de un corpus legislativo propio, aunque edificado sobre el zócalo común de la legislación castellana. De ahí la aparición en América de reflejos y reivindicaciones semejantes a los de los reinos no castellanos, pero que son hasta cierto punto paradójicos. Es el caso, por ejemplo, de la petición constante de los criollos de ocupar en prioridad —o exclusivamente— los cargos civiles y eclesiásticos en América, exigencia enteramente comprensible, y, en general, respetada en los estados no castellanos de la monarquía en tiempos de los Austrias, pero extravagante dentro de la Corona de Castilla.

En este sentido, las Indias, aun siendo legalmente castellanas, evolucionan en la conciencia de sus habitantes hacia un estatuto cada vez más particular, que las asemeja, en lo que concierne a sus relaciones con el rey, a los antiguos reinos de la Corona de Aragón; evolución que persiste aun después de que los Borbones hayan suprimido las instituciones públicas de los reinos de la Corona de Aragón. En este campo, las Indias serán hasta el final como el último bastión de la antigua visión plural de la Monarquía y de las antiguas concepciones pactistas, muy atacadas ya por el absolutismo en la península.

Este viejo problema de la identidad política de América se ve incluso reforzado en el siglo XVIII por la manera nueva que tienen las élites peninsulares de considerar a los reinos y provincias americanos como "colonias",[24] es decir, como territorios que no existen más que para beneficio económico de su metrópoli e —implícitamente— carentes de derechos políticos propios. Esta nueva visión implicaba igualmente que América no dependía del rey, como los otros reinos, sino de una metrópoli, la España peninsular... Que este vocabulario no fuera empleado en los documentos oficiales, en los que seguían utilizándose las viejas apelaciones de reinos y provincias, no era óbice para que el término *colonias* —u otros equivalentes, como *establecimientos*— se utilizasen con frecuencia creciente, primero, en los documentos internos de la alta administración de Madrid y en la correspondencia privada de los funcionarios reales, y, en los últimos lustros del siglo XVIII, en la prensa y en los libros.

Todo ello provocó un descontento difuso en América por lo que conllevaba de desigualdad política, descontento tanto mayor cuanto que el peso humano y económico de ésta no hacía más que aumentar en el seno de la Monarquía. La vieja identidad americana fundada en la reivindicación de la singularidad de los reinos americanos —de sus "fueros y privilegios"— se expresa ahora en el rechazo de la condición política subordinada, implícita en su designación como *colonias,* y en una reivindicación de igualdad con los reinos peninsulares. Cambio importante, pues, pero que no fue de urgente actualidad hasta 1808, puesto que tanto la España peninsular como la americana están sometidas a un común "absolutismo".

Una superposición de identidades culturales

Paralelamente a esta pirámide de identidades de contenido esencialmente político existen también en América otras de contenido más propiamente cultural. Como en toda sociedad, y en este caso en toda socie-

[24] Aunque la palabra *colonia* con su sentido moderno no aparece en español más que en la segunda mitad del XVIII, por influencia del vocabulario francés e inglés, la concepción que ella encierra aparece ya antes en los escritos de proyectistas como Ward y Campillo. Para esta cuestión, *cf.* Philippe Castejón, *Le statut de l'Amérique hispanique à la fin du dix-huitième siècle: Les Indes occidentales sont-elles des colonies?,* Mémoire de Maîtrise de l'Université de Paris I, 1993, 135 pp.

dad europea del antiguo régimen, cada grupo humano, ya sea informal o institucionalizado, elabora siempre por medios muy diversos una identidad cultural. En el caso de los grupos familiares, y, sobre todo, de los grandes linajes, dicha identidad se funda principalmente en la memoria. La obsesión por las genealogías —recuento de los antepasados y de su alcurnia, real o imaginaria— tan extendida entre los criollos, pero también entre la nobleza india, es una manera de distinguirse de los grupos sociales considerados inferiores. Sin embargo, esa elaboración de la identidad no se limita a estos grupos; cada cuerpo —cofradías, gremios, corporaciones diversas— construye también la suya, en la que desempeña a menudo un papel central la veneración de un santo patrón y las fiestas y ceremonias que sirven para afirmar la cohesión del grupo.

Dentro de la multiplicidad de grupos que constituyen la sociedad del antiguo régimen, las identidades territoriales ocupan un lugar fundamental en la medida en que tienden a englobar a las demás, aunque sigan existiendo otras, ligadas a los estamentos —nobleza, clero, pertenencia a la república de los indios o a la de los españoles—, que sobrepasan el ámbito territorial. Sin embargo, para el tema que nos ocupa ahora son las identidades culturales territoriales las que conviene examinar.

En el nivel más elemental de la sociedad están las identidades locales de los pueblos, villas y ciudades —e incluso de los barrios que existen a veces en ellas—. Es ahí, en estas células de base de la sociabilidad, donde se construyen y expresan las identidades culturales más fuertes y sentidas, fundadas en el afecto al suelo, a sus costumbres particulares, al culto de los santos patronos y a sus imágenes; basadas también en una memoria compartida, tanto religiosa como profana.

Identidades que se expresan de manera privilegiada en las ceremonias públicas que por motivos religiosos o profanos reúnen a los diferentes cuerpos y estamentos y afirman la unidad de todos como partes de una misma comunidad. Aquí también, como en el caso de las identidades corporativas, el culto del santo patrón y la protección que éste otorga a sus fieles desempeñan un gran papel, sobre todo en los pueblos. En localidades más importantes se añaden otras festividades múltiples. En estas fiestas se mezclan íntimamente las manifestaciones religiosas y profanas. Todas las localidades y, sobre todo, las ciudades, veneran a su santo patrón, lloran al rey difunto y juran al nuevo rey, celebran las bodas y cumpleaños de la familia real, reciben a un virrey o a un prelado, festejan la canonización de un nuevo santo…[25]

[25] *Cf.*, por ejemplo, Thomas Calvo, "'Sólo México es corte': la fête hispanique animée par le créolisme mexicain (1722-1740)", en F. X. Guerra (comp.), *Mémoires en devenir. Amérique Latine. xvi*^e^*-xx*^e^ *siècles,* Maison des Pays ibériques, Burdeos, 1994, y Carole

La importancia de la memoria es considerable, puesto que no se trata sólo de unos comunes recuerdos de acontecimientos favorables o catastróficos, sino también de una fuente de legitimidad para los derechos políticos de la comunidad. En esta memoria institucionalizada se apoyan tanto los "títulos primordiales" de los pueblos de indios, garantía de su gobierno autónomo y de la posesión de sus tierras,[26] como los privilegios de las ciudades españolas o indias, recompensa de sus méritos y de sus servicios al rey. Así, la ciudad india de Tlaxcala, por ejemplo, recuerda aún en 1809,

> La Muy Noble, Insigne, y siempre Leal Ciudad de Tlaxcala [...] dice: Que entre las diversas gracias, honras y mercedes con que la Real Piedad de nuestros Monarcas ha querido distinguirla en todo tiempo, se comprende la de haberla declarado por primera y principal de esta América, según consta de una de las Leyes del Reyno [...].
>
> Tlaxcala desde el momento feliz de la gloriosa conquista de este basto Imperio [...] ha savido conservar su lealtad y obediencia [...] que ha inclinado el piadoso animo de nuestros soberanos, para enriquecerla de las exquisitas gracias y privilegios que no goza otra Ciudad [...].
>
> Serán enhorabuena más ricas y opulentas, pero Tlaxcala, a pesar de su miseria, a que le ha reducido la vicisitud de los tiempos, ella será siempre célebre en los fastos de América: conservará el renombre de Auxiliar y protectora de la conquista de estos Reynos [...].[27]

Por encima de estas identidades locales —rurales o urbanas— se encuentran las identidades culturales de los reinos que, como en la Europa medieval y moderna, son el resultado de un largo y complejo proceso de elaboración de un imaginario común, en el que desempeñan un papel clave las élites intelectuales.[28] Elaboración indispensable en todo lugar, y más aún en América, a causa de la gran heterogeneidad de una población en la que conviven moradores de origen europeo —o africano—, alejados de su tierra de origen, con los descendientes de la población indígena y con los cada vez más numerosos mestizos.

Las élites intelectuales, criollas en su mayoría —pero también mestizas o indias—, emplearon medios muy diversos para exaltar a su pa-

Leal Curiel, *El discurso de la fidelidad. Construcción social del espacio como símbolo del poder regio (Venezuela, siglo XVIII)*, Biblioteca de la Academia Nacional de la Historia, Caracas, 1990, 319 pp.

26 Muchos de ellos los consideran como la memoria de sus orígenes. *Cf.*, sobre este tema, Serge Gruzinski, *La colonisation de l'imaginaire,* Gallimard, París, 1988, cap. III.

27 Representación de la ciudad de Tlaxcala, 30 de mayo de 1809, AGN, Historia, vol. 418, exp. XIII.

28 *Cf.,* por ejemplo, para Francia, Colette Beaune, *Histoire de la Nation France*, Gallimard, París, 1985.

tria, pero, ante todo, como en Europa, fueron elaborando una historia, ya sea religiosa o profana. Una historia religiosa en la que se exalta la especial providencia de Dios hacia cada comunidad, manifestada, sobre todo, por una especial protección de la Virgen bajo sus diferentes advocaciones regionales o locales, o de los santos. Una historia profana, también, escrita o representada en fiestas y ceremonias, que poco a poco debía incluir a las civilizaciones precolombinas, tanto para dignificar al reino por la antigüedad de su pasado como para integrar en la misma unidad a las dos "repúblicas", la de los españoles y la de los indios. El pactismo suministraba aquí los instrumentos conceptuales y simbólicos necesarios al hacer de la Conquista una *translatio imperii,* origen de un nuevo pacto fundador por el cual los reinos indígenas se incorporan, como lo hicieron en su tiempo los reinos musulmanes, a la Corona de Castilla. En este sentido, el rey de España es el descendiente del Inca.[29]

Empresa ardua a pesar de todo, en la que se podía privilegiar la gloria de los vencedores o la dignidad de los vencidos.[30] De maneras diversas y complejas, y aún en buena parte por estudiar, cada reino siguió su propia vía. La Nueva España, sobre todo, la religiosa, escogiendo como héroes más a los evangelizadores que a los conquistadores, y congregándose alrededor de la Virgen de Guadalupe.[31] El virreinato del Perú se inclinó simultáneamente por la continuidad con el imperio inca[32] y por la protección de Santa Rosa de Lima.[33] Más tardíamente, y como consecuencia del interés por la ciencia del XVIII, se apela también a la naturaleza y a la geografía[34] y se elabora una geografía "patriótica" que insiste en las riquezas y los dones con que la Naturaleza o la Providencia han dotado a cada región.

[29] Por eso, en las fiestas del Perú colonial, el papel del Inca está representado por las autoridades regias, *cf.* Carlos R. Espinosa Fernández de Córdoba, "La Mascarada del inca: Una investigación sobre el Teatro Político de la Colonia", *Miscelánea Histórica Ecuatoriana*, Quito, núm. 2, 1989.

[30] En Chile, la exaltación de los vencidos, con *La Araucana* de Alonso de Ercilla, proporcionaba a los criollos un elemento esencial de su identidad.

[31] *Cf.* David Brading, *Los orígenes del nacionalismo mexicano*, Era, México, 1988.

[32] De ahí la importancia de las genealogías y de las utopías hispanoincaicas. *Cf.*, sobre estos temas, Marie-Danielle Demélas, *L'invention politique. Bolivie, Equateur, Pérou au XIXe siècle*, ERC, París, 1992, y, para la iconografía, Teresa Gisbert, *Iconografía y mitos indígenas en el arte*, La Paz, 1980. Para las tentativas mexicanas en este mismo registro, *cf.* Anthony Pagden, *El imperialismo español y la imaginación política,* Madrid, 1991, cap. 4, I, II y III.

[33] *Cf.*, por ejemplo, para su papel en Quito, Marie-Danielle Demélas e Yves Saint-Geours, *Jerusalén y Babilonia. Religión y política en el Ecuador. 1780-1880,* Quito, 1988.

[34] Como en la España peninsular, los periódicos y las diversas sociedades eruditas dedican un gran papel a esas descripciones geográficas regionales. *Cf.,* por ejemplo, Jean Pierre Clément, *El Mercurio Peruano. 1790-1795*, Vervuert-Iberoamericana, Frankfort-Madrid, 1997, 2 vols.

En vísperas de la gran crisis de la Monarquía, esta elaboración de la identidad cultural no había progresado de la misma manera en todos los sitios: muy avanzada en la Nueva España y en el Perú propiamente dicho, o incluso en Chile, estaba sólo en sus comienzos en Nueva Granada, en Venezuela o en el Río de la Plata.

Queda, en fin, el grado superior de identidad: la pertenencia a la Monarquía o, con los términos de 1808, a la "nación española". Se trata de una identidad muy fuerte, basada en una extraordinaria unidad de rasgos culturales: la lengua, el castellano —para la población criolla y mestiza, para una buena parte de las "castas" y para un número cada vez mayor de indígenas—, con una literatura y movimientos artísticos compartidos... Unidad de religión, la católica, con una casi inexistencia de minorías religiosas. Unidad fundada, también, para buena parte de los criollos, en la memoria de su lugar de origen en la península y en unos vínculos familiares con los peninsulares que el flujo continuo de la inmigración reforzaba.

Unidad política, basada en vínculos personales y colectivos con el rey, ratificados por el juramento de fidelidad, que hacen de él el centro de unión de estados y pueblos muy diversos y que refuerzan sin cesar las recurrentes ceremonias regias. Todas ellas —obsequias, juras del nuevo soberano, matrimonios y nacimientos en la familia real, victorias militares— socializan la imagen de una Monarquía concebida como una familia estructurada por vínculos personales con el rey, una familia que se alegra o sufre junta, y que renueva con estos actos los vínculos que unen los miembros con la cabeza y a los miembros entre sí. La importancia de las ceremonias, y más especialmente de las ceremonias regias, es cada vez más evidente para explicar la permanencia de la Monarquía hispánica a lo largo de tres siglos, a pesar de las distancias, de la diversidad de intereses y de la pluralidad de las identidades locales y regionales.

Unidad, en fin, político-religiosa, fundamentada en la adhesión a los valores de una monarquía concebida como una "Monarquía católica". Esta concepción de la monarquía, que se remonta por lo menos al siglo XVI, está impregnada de providencialismo. Dios la ha escogido para defender a la Cristiandad contra sus enemigos exteriores —el Islam— o interiores —los protestantes— y para la expansión de la fe, elemento este fundamental, puesto que es el que, en última instancia, legitima el dominio español en América.[35] La lealtad al rey es inseparable de la adhesión a la religión.

[35] *Cf.*, para estos temas, David A. Brading, *Orbe indiano. De la Monarquía católica a la república criolla, 1492-1867,* trad. esp. Fondo de Cultura Económica, México, 1991, 1a. parte, y Pagden, *El imperialismo...*, caps. 1 y 2.

La permanencia de este elemento constitutivo de la identidad hispánica fue considerable en América, aún más que en la península. La literatura patriótica de 1808 expresa sin cesar estos valores, que son además compartidos por la masa de la población indígena. Así los expresan, por ejemplo, los indios del pueblo de Santiago del Río (Nueva-España):

> El Comisario de Santiago del Río con los demás naturales se presenta a VSS con sus personas, bienes y vidas para que les manden en quanto sea servicio de nuestros Catolicos Soberanos que supimos con dolor de nuestro corazón haverlos engañado un traidor. Nunca el pueblo de Dios de Israel le pidió algo a su Divina Mag. para mejor servirle que no mandase hasta a sus angeles para exterminar a sus enemigos, y esto que no tenia una Nrã Sra de Guadalupe que vino cuando nuestros soberanos nos trageron la Santa Fe Catolica, obligación que no pagaremos ni con mil vidas. Esperamos y obedeceremos como fieles vasallos sus más obligados quantas ordenes se sirvan VSS imponernos y rogamos a nuestra Madre y Sra de Guadalupe por nuestros soberanos que Dios nos gûe (guarde).[36]

De esta identificación del catolicismo con la lealtad monárquica resultará poco después la dificultad de concebir la Independencia: ¿cómo se puede ser, al mismo tiempo, independiente, republicano y católico? De ahí, también, la importancia de los preámbulos religiosos de las primeras constituciones hispánicas y la abundancia en los dos bandos de los argumentos religiosos durante las guerras de Independencia.[37]

Por último, existe también en América un nivel intermedio de identidad cultural: el de la americanidad, paralelo en lo cultural a la visión política de los derechos particulares de los reinos de Indias expuesta anteriormente. Esta identidad global americana tiene un largo pasado, pues, bajo la forma de la singularidad criolla, se afirma muy pronto en las generaciones que siguen inmediatamente a la Conquista. Su fundamento está en el sentimiento vívido y vital del lugar del nacimiento, de una *patria* singular. Era esta diferencia —y a veces la competencia— con los peninsulares lo que definía lo criollo; es decir, algo que era como un estatuto personal informal dentro de un conjunto de una extraordinaria homogeneidad humana y cultural. Las manifestaciones de esta conciencia criolla son innumerables y se han descrito muchas veces.[38] Pero, además, lo que durante buena parte de la época colonial tuvo ante

[36] Archivo General de la Nación (AGN), Historia, t. 46, f. 454.

[37] *Cf.*, por ejemplo, Corinne Laur, *Analyse du caractère religieux des guerres d'indépendance en Amérique espagnole à travers les publications et les déclarations de l'époque,* Mémoire de DEA, Universidad de París I, 1992.

[38] *Cf.*, por ejemplo, David Brading, *Orbe indiano,* y Bernard Lavallé, *Recherches sur l'apparition de la conscience créole dans la vice-royauté du Pérou: l'antagonisme hispa-*

todo un contenido político para reivindicar los derechos de los americanos, se carga en el siglo XVIII de un contenido cultural destinado a exaltar la excelencia de América: de su naturaleza, de su pasado y de su futuro.

La afirmación de la americanidad aparece muy ligada al ataque en regla de la ciencia europea de las Luces —Raynal, Buffon, De Pauw, entre otros— contra la naturaleza americana: contra sus especies consideradas como inferiores o degeneradas e incluso contra el hombre americano, ya sea indígena o criollo... La "disputa del Nuevo Mundo"[39] que se produce entonces alrededor de estos temas moviliza a las élites intelectuales americanas —a los jesuitas exiliados, a los miembros de sociedades económicas y patrióticas...— a una defensa apasionada del continente. Esencialmente defensiva en su origen, la americanidad adquiere también pronto un carácter utópico al hacer del Nuevo Mundo un mundo nuevo destinado a un futuro singular.

Este imaginario de la singularidad americana, a cuya elaboración contribuyen también poderosamente los escritores de los nacientes Estados Unidos,[40] busca sus elementos constitutivos en múltiples campos. Exalta un mundo joven, con una naturaleza virgen y no corrompida y lleno de riquezas naturales. Un mundo que la Providencia ha separado por una enorme distancia del Viejo para protegerlo así de sus vicios: ya sea de la impiedad en el terreno religioso[41] o, más tarde, del despotismo en el campo político. La marcha misma de la civilización, que progresa, como el sol, del Este al Oeste, destina a América un porvenir lleno de promesas.

En Hispanoamérica, a estos temas, compartidos muchos con las antiguas colonias británicas de Norteamérica, se añade ahora, de manera mucho más fuerte que anteriormente, una revisión del pasado precolombino, revalorizado para convertirlo en una antigüedad clásica, análoga y compatible con la grecorromana, con el fin de darles a los americanos un pasado propio y glorioso y permitirles distinguirse, una vez más, de los europeos. Esta revalorización es, sin embargo, una empresa difícil, puesto que es realizada por los criollos, cuyo estatuto social superior en la sociedad procede de su condición de "españoles", descen-

no-crélo dans les ordres religieux (XVIe-XVIIe siècle), 2 vols. Lille, 1982, y *Las promesas ambiguas. Ensayos sobre el criollismo colonial en los Andes,* Lima, 1993.

39 Según el título del libro clásico de Antonello Gerbi, *La disputa del Nuevo Mundo,* Fondo de Cultura Económica, México, 1960.

40 La influencia de Thomas Paine es cierta y fuerte. *Cf.* para los Estados Unidos, Elise Marienstras, *Les mythes fondateurs de la nation américaine*, París, 1976, y *Nous le peuple. Les origines du nationalisme américain,* París, 1988.

41 Para este tema que se manifestará, después de la Revolución francesa, en la oposición entre la piadosa América a la impiedad europea, *cf.,* por ejemplo, Demélas y Saint-Geours, *Jérusalem et Babylone.*

dientes de los conquistadores y pobladores de las Indias, en contraposición con los pueblos conquistados. La unificación de ambos grupos es en buena medida retórica, ya que se funda solamente en el nacimiento en el mismo suelo, pero, a pesar de ello, tiene la ventaja de hacer posible un discurso unificador de todos los habitantes de América por oposición a los peninsulares, discurso que será utilizado con cierto éxito en las guerras de Independencia.

Las mutaciones de la época revolucionaria

Todas estas identidades, que hasta entonces no eran ni separables ni incompatibles, a partir de 1808 van a empezar a adquirir autonomía: a oponerse y recomponerse según las coyunturas políticas de una crisis imprevisible e inédita.

La invasión de España por Napoleón y la abdicación forzosa del rey en favor de José Bonaparte, unánimemente rechazadas por españoles y americanos abre la vía a una revolución que nada anunciaba. La acefalía del poder real obliga a sus habitantes a asumir los poderes del rey y a debatir sobre los fundamentos y el sujeto de la soberanía, sobre la representación y sobre el ciudadano, sobre la necesidad de dar una Constitución a la Monarquía. Es entonces cuando la *nación* irrumpe en plena luz como referencia central e insoslayable del discurso político. Y con ella, otras figuras identitarias *—patria, pueblo, pueblos, reino—*, cargadas como ellas de todas las ambigüedades de un imaginario político en plena transformación. De la dificultad de pensar la Monarquía como *nación* resultará la implosión del mundo hispánico.

Sin embargo, ni el proceso revolucionario ni el de la redefinición identitaria son lineales ni simples. En una primera etapa, marcada por la desaparición del rey y la resistencia al usurpador, las identidades que aparecen en primer plano son, en el registro cultural y afectivo, el patriotismo "español" de todos los habitantes de la Monarquía y, en el político, las de las ciudades capitales como cabezas de sus reinos y provincias.

Contrariamente al sentido restringido que se le dará luego en América, la *patria* de esta primera época no remite primariamente a comunidades particulares sino al conjunto de la Monarquía y sus valores. Como lo dice una señora yucateca:

> Sí, hijos míos, la patria, la amable patria, no es otra cosa que la dulce unión que ata a un ciudadano con otro por los indisolubles vínculos de un mismo suelo, una misma lengua, unas propias leyes, una religión inmaculada, un

gobierno, un Rey, un cuerpo, un espíritu, una fé, una esperanza, una caridad, un bautismo y un Dios, padre universal de todos [...].[42]

En este patriotismo hispánico comulgan tanto la España peninsular, como América, los diversos reinos y provincias, y todos los grupos sociales, incluidos los indios. Se trata de un patriotismo típico de los estados del antiguo régimen, compuestos muchas veces por pueblos diferentes;[43] un patriotismo centrado en nuestro caso en los valores que han asegurado durante siglos la unidad de la Monarquía: la fidelidad de los "vasallos" hacia su señor, la defensa de la fe, el provincialismo y la conservación de sus "usos y costumbres". La *nación-patria* que invocan es a la vez una realidad política, moral y espiritual que sobrepasa toda identidad particular.

Sin embargo, este unanimismo de sentimientos va parejo con la revelación de la pluralidad de las comunidades políticas que forman la Monarquía. Ante la ausencia del rey y las vacilaciones, o incluso la colaboración, de las autoridades regias,[44] los protagonistas de la resistencia son, ante todo, en España, las ciudades principales. En éstas, en las capitales de los reinos y provincias, se producen, con una fuerte intervención del pueblo, los motines que llevan a la formación de las juntas de gobierno españolas y a partir de ellas se impulsa la creación de otras juntas en las ciudades secundarias. Son ellas las que durante el verano de 1808 intentan, con la reunión de las antiguas cortes de los diferentes reinos, dar una legitimidad a sus poderes provisionales.[45]

Lo mismo ocurre en América durante este primer periodo. Sólo actúan entonces, como cabezas que son de sus reinos o provincias, las ciudades capitales. Ellas son también las que, como en la península, intentan, por sus cabildos, formar juntas —en Montevideo, Caracas o Buenos Aires— o incluso convocar cortes, como en la ciudad de México.

Nadie habla en nombre de un virreinato, de una gobernación, de una intendencia o de una audiencia, sino en nombre de los "pueblos": de un reino, de una provincia, de una ciudad. Contrariamente a la visión administrativa y unitaria del "absolutismo", lo que aparece en todos los sitios con fuerza es el viejo imaginario plural de la época de los Austrias. Cuando en septiembre de 1808 las juntas españolas forman en Aran-

[42] Carta de doña Teresa María Josefa Maldonado a sus hijos, publicada en el *Diario de México,* t. XI, núm. 1450, 10 de septiembre de 1809, p. 298.

[43] Sobre este tipo de patriotismo, *cf.* Hobsbawm, *Nations et Nationalismo,* pp. 67 y ss.

[44] La colaboración se refiere ante todo a la península, y las vacilaciones sobre todo a América.

[45] *Cf.,* para más detalle, nuestra obra *Modernidad e independencias. Ensayos sobre las revoluciones hispánicas,* 3a. ed., México, 2000.

juez un poder provisional para toda la Monarquía —la "Junta Central Gubernativa del Reyno"— sólo los antiguos reinos o sus equivalentes (más Madrid, como capital) están representados por sus diputados.

Esta distorsión entre la unanimidad moral de la "nación española" y su estructura política plural, que había sido resuelta durante siglos por los vínculos verticales y personales de los *pueblos* con el rey, se convierte ahora en una contradicción radical, que mina la unidad de la Monarquía. El vocabulario mismo manifiesta dicha tensión: la *nación* y la *patria,* empleadas siempre en singular, coexisten con pares como *pueblo-pueblos* y *reino-reinos.*

Las consecuencias de esa contradicción van a manifestarse de manera cada vez más dramática a medida que se va construyendo la representación política de la *nación*, necesaria para legitimar los nuevos poderes. Esta representación planteaba de manera muy práctica y urgente el problema del estatuto político de América o, dicho de otra manera, el de la igualdad política de las dos partes de la Monarquía, que se va a expresar sobre todo en dos campos: la igualdad de representación en las instancias centrales de la Monarquía, y el derecho para los americanos de formar sus propias juntas de gobierno.

El primer problema se manifiesta con la real orden del 26 de enero de 1809, que declara la igualdad política entre los dos continentes y convoca a los cabildos americanos para la elección de diputados de reinos y provincias de Indias que los representen en la Junta Central y que es un hito fundamental en la evolución de los espíritus. Al pasar a un primer plano el debate sobre la igualdad política entre los dos continentes[46] los criollos afirman con fuerza la igualdad de derechos entre los reinos de Indias y los peninsulares, sin subordinación alguna de los primeros a los segundos, puesto que su unión resulta sólo de su vínculo con el rey: "¿Qué imperio tiene la industriosa Cataluña, sobre la Galicia; ni cual pueden ostentar ésta i otras populosas provincias sobre la Navarra? El centro mismo de la Monarquía i residencia de sus primeras autoridades, ¿qué derecho tiene, por sola esta razón, para dar leyes con exclusión a las demás?"[47]

La vieja reivindicación criolla de los reinos de Indias como una categoría especial de reinos dentro de una monarquía plural se expresa ahora con gran fuerza. La afirmación de su condición de españoles es, en este contexto, una afirmación de la identidad criolla:

[46] Véase *supra*, el cap. IV: "El ocaso de la Monarquía hispánica".

[47] Camilo Torres, *Memorial de agravios. Representación del cabildo de Santa Fe a la Suprema Junta Central de España…*, 1809, facsímil de la primera edición (1832), Librería Voluntad, Bogotá, 1960, p. 7.

> Somos hijos, somos descendientes de los que han derramado su sangre por adquirir estos nuevos dominios a la corona de España [...] Tan españoles somos como los descendientes de Don Pelayo i tan acreedores, por esta razón, a las distinciones, privilegios i prerrogativas del resto de la nación [...] con esta diferencia, si hai alguna, que nuestros padres, como se ha dicho, por medio de indecibles trabajos i fatigas descubrieron, conquistaron i poblaron para España este Nuevo Mundo.[48]

La reivindicación concierne ante todo a la identidad política de las Indias. La Monarquía es vista cada vez más como formada por dos pilares, o incluso dos *pueblos*, el peninsular y el americano, iguales en derechos. No obstante, a pesar de la proclamación repetida de los americanos de su condición de españoles, esta visión dual es ya como un germen de división futura, el principio de una ruptura moral inminente si los europeos no reconocen esa igualdad. Cierto es que el tema de la igualdad entre las dos partes de la Monarquía estaba ya implícito en múltiples tensiones anteriores, como en las rivalidades entre criollos y peninsulares para el acceso a cargos administrativos o en las quejas, frecuentes en la época de las reformas borbónicas, de falta de diálogo entre el rey y el reino. Pero lo que hasta entonces eran tensiones diversas, sin unidad de espacio ni de tiempo, ya que resultaban esencialmente de decisiones particulares, se transforma ahora en un tema único —el de los derechos de América— por la aparición de una política fundada en la representación.

En 1810 los acontecimientos se precipitan a causa de la invasión de Andalucía por las tropas francesas y por sus consecuencias: la huida de Sevilla a Cádiz de la Junta Central, su desaparición a finales de enero y su remplazamiento *in extremis* por un Consejo de Regencia. Como bien se sabe, cuando estos acontecimientos se conocieron en América —en la primavera-verano de 1810— se forman en muchos lugares juntas que, como las de la península en 1808, dicen reasumir la soberanía y se declaran defensoras de los derechos de Fernando VII.[49] Aquí también las ciudades capitales son los actores principales de un proceso originado por el vacío del poder producido por la desaparición de la Junta Central y por el derecho de los *pueblos* a colmar ese vacío. Por el momento, la nación española sigue siendo única, pero cada *pueblo*, cada ciudad principal, con su territorio y sus ciudades dependientes, constituye una soberanía provisional en espera de la reconstitución de una soberanía única e incuestionable.

[48] Camilo Torres, *Memorial de agravios...*, p. 9.

[49] *Cf. supra*, cap. IV: "El ocaso de la Monarquía hispánica".

¿Puede considerarse que la formación de estas juntas sea ya, como lo conmemorará después la mitología patria, el principio de la Independencia y del nacimiento de nuevas naciones? Todo depende del sentido que se dé a las palabras. Si por *independencia* se entiende "un gobierno supremo independiente de los demás", el hecho es evidente, pero no suficiente, puesto que también las juntas españolas de 1808 habían constituido el mismo tipo de gobierno. Ciertamente, la unidad de gobierno de la Monarquía se ha roto, pero todo depende de que se conciba esa ruptura como provisional o como definitiva; es decir, en último término, de la manera de entender el conjunto de la Monarquía o de la *nación*. Aunque existan ya entonces entre los principales actores americanos muchos partidarios de la ruptura definitiva, tal aspiración permanece todavía en círculos privados, sin que pueda aún ser expuesta públicamente. En efecto, el análisis de los documentos públicos muestra que durante casi un año las juntas "independientes" no cesaron de presentarse como "conservadoras de los derechos de Fernando VII", visto como su legítimo soberano, y, también, que la palabra *nación* siguió designando al conjunto de la Monarquía y no a los territorios que ellas gobernaban.[50]

Ahora bien, a pesar de estas observaciones destinadas a evitar anacronismos teleológicos, es obvio que la nueva situación originaba problemas de tan difícil solución que puede considerársele como un jalón esencial en el proceso de redefinición de las identidades americanas. El no reconocimiento mutuo de los poderes americanos y peninsulares provoca la guerra en América con la doble vertiente de guerra civil entre americanos y de guerra "exterior" contra los peninsulares.

La guerra civil entre los americanos era la consecuencia inevitable de la dispersión de la soberanía provocada por la desaparición de la Junta Central.[51] Cada reino, cada provincia, cada ciudad tuvo entonces que definir autónomamente su posición ante el nuevo vacío del poder: asumir la soberanía u obedecer al Consejo de Regencia. Curiosamente, las regiones que poseían las identidades culturales más marcadas (México o Perú), los viejos reinos, fueron las que escogieron la lealtad al gobierno peninsular, mientras que las regiones periféricas, con identidades culturales mucho menos elaboradas (Buenos Aires o Venezuela), adoptaron la posición autonomista. Prueba lo anterior la no concordancia entre una fuerte identidad cultural y la búsqueda de la soberanía.

La explicación de esta paradoja reside en la mucho mayor cohesión

[50] La cronología de la desaparición de este sentido global de la nación es variable según las regiones y representa un hito fundamental en el proceso de ruptura.

[51] *Cf.* para este tema, *supra*, Annino, cap. v: "Soberanías en lucha".

política de los reinos, concretada también en la existencia de estructuras administrativas bien establecidas que les dan un carácter marcado de proto-Estados,[52] mientras que en las regiones nuevas la administración regia, más reciente y débil, no hacía más que sobreponerse a las fuertes estructuras políticas de las ciudades-provincias. La toma de posición "lealista" de las autoridades regias tenía mucho más fuerza en los viejos reinos que en las regiones nuevas, en las que la autonomía de las ciudades era mucho mayor. Pero era precisamente esta mayor autonomía la que hacía que en ellas la posición adoptada por las ciudades capitales fuera casi siempre discutida por otras ciudades principales y ambas, poco después, por los pueblos dependientes de ellas.

A este conflicto por la supremacía en América se añade muy pronto la guerra "exterior" que resulta, como hemos dicho, de la actitud intransigente adoptada por el Consejo de Regencia hacia las juntas americanas.[53] Las querellas internas americanas adquieren así una dimensión suplementaria: la de una lucha, cada vez más encarnizada, entre lealtades rivales. Unos se baten por el rey y otros por su patria.[54] El patriotismo deja de remitir al conjunto de la Monarquía y el patriotismo se repliega, primero sobre América, y luego progresivamente sobre espacios cada vez más restringidos —el reino, la ciudad e incluso al final por las poblaciones más pequeñas—. La patria adquiere también el nuevo significado que le dieron los revolucionarios franceses y los liberales españoles, el de una comunidad libre: "donde no había leyes dirigidas al interés de todos [...] donde todas las voluntades, todas las intenciones, y todos los esfuerzos, en vez de caminar a un centro estaban esclavizadas al arbitrio de uno solo [...] allí había ciertamente un país, una gente, un ayuntamiento de hombres; pero no había *Patria*".[55]

Fácil era pasar entonces de la libertad interna —la soberanía nacional— a la libertad externa —la independencia—; el camino estaba abierto para que los *pueblos*, las *patrias* locales, se transformaran en *nación*.

La oposición amigo-enemigo tiene su propia lógica y va a provocar progresivamente una inversión en la identidad americana. Hasta entonces, en efecto, como la querella esencial entre americanos y europeos estaba centrada en la igualdad política entre los dos continentes, los americanos reivindicaban, colectivamente, su estatuto de reinos y pro-

[52] Horst Piestchmann ha puesto frecuentemente de relieve este aspecto poco estudiado de la formación del Estado en América.

[53] *Cf. supra*, F.-X. Guerra, cap. IV: "El ocaso de la Monarquía hispánica".

[54] Ambos campos se disputaron al principio las dos legitimidades. Los "lealistas" consiguieron hacerse con la del rey, los insurgentes con la de la patria. En Nueva España, sin embargo, los primeros guardaron hasta el final el nombre de patriotas.

[55] *Seminario Patriótico,* Madrid, núm. III, 15 de septiembre de 1808, p. 47.

vincias e, individualmente, su condición de españoles, iguales a los peninsulares. La guerra con el gobierno central va a cambiar profundamente las cosas y los obliga a reformular el estatuto de América y su propia identidad.

Ante la desigualdad política patente con que se les trata, van ahora a aceptar progresivamente la apelación de *colonias,*[56] que habían rechazado hasta entonces con indignación, para fundar en ella su derecho a la independencia:[57] "¡Carísimos hermanos! [...]: vosotros habéis sido colonos y vuestras provincias han sido colonias y factorías miserables, se ha dicho que no, pero esta infame cualidad no se borra con bellas palabras[...]".[58]

Pero el cambio de imaginario va más lejos y modifica la identidad misma de los americanos. Como hemos dicho anteriormente, hasta 1810 las élites criollas, en su combate por la igualdad política, se presentaban, ante todo, como españoles iguales a los peninsulares, que gozaban, además, de los privilegios y fueros que les daba su condición de descendientes de los conquistadores y pobladores de América. A partir de ahora, la necesidad de distinguirse de sus enemigos lleva a los insurgentes a poner en primer plano esa identidad "americana" que se había consolidado a finales del siglo XVIII.

A partir de 1810 los términos *españoles americanos* y *españoles europeos,* que indicaban una distinción dentro del conjunto de la Monarquía, van siendo sustituidos por otros, más simples y conflictivos, *españoles* y *americanos,* que remiten a una oposición cada vez más irreductible, hasta tal punto que los independentistas se fundarán en ella al presentar su empresa como el enfrentamiento de dos *naciones* diferentes y rivales: la española y la americana.

Las razones de este cambio son múltiples, pero la más importante es ciertamente la necesidad de distinguirse del adversario en la guerra civil. Sometidos a una misma represión, los diferentes *pueblos* americanos refuerzan cada uno sus propios agravios con las injurias que los otros han sufrido. La prensa insurgente de las diferentes regiones abunda en noticias de los excesos de la represión "lealista" en otros lugares; se va

[56] En el sentido de territorios dependientes de una metrópoli y carentes de derechos políticos o, por lo menos, con derechos políticos inferiores.

[57] La obra de Abbé de Pradt (*Les trois âges des colonies ou de leur état passé, présent et à venir,* Giguet et Cie, París, 1808-1802, pp. 285 y 536), empieza a ser entonces muy conocida en América y a ejercer una enorme influencia al anunciar que el destino de las colonias era el ser independientes de las metrópolis. La influencia de De Pradt alcanzará un punto culminante, con su nueva obra, publicada inmediatamente en español, *De las colonias y de la Revolución actual de la América,* Juan Pinard, impresor, Burdeos, 1817.

[58] *Catecismo político cristiano por Don José Amor de la Patria* (1810), Ed. del Pacífico, Instituto de Estudios Políticos, Santiago de Chile, 1975, p. 43.

así formando un "martirologio" americano en el que ocupan al principio un lugar muy particular los "mártires de Quito" del 2 de agosto de 1810. En su honor se celebran ceremonias fúnebres en varias ciudades de Nueva Granada y a ellos se erige en Caracas un monumento fúnebre con figuras alegóricas, una de las cuales representa ya a América llorando la desdicha de sus hijos.[59] A este martirologio, manifestación de un destino y de una identidad compartidos, se incorporarán después México, Venezuela y otras ciudades víctimas de la rigurosa represión "lealista". Poco a poco la palabra *español* pasa a designar la tiranía, la crueldad, la irreligión incluso...[60]

A esta solidaridad, fundada en una lucha contra el mismo enemigo, viene a añadirse una común reacción ante el lenguaje injurioso de sus adversarios. En la "guerra verbal" que acompaña todo conflicto y todavía más a las guerras civiles —puesto que el discurso legitima el propio combate y desacredita el de los adversarios— los "lealistas" van a utilizar un lenguaje que no puede menos que ahondar la separación entre las dos partes de la Monarquía. En efecto, las autoridades "lealistas" no se limitan a presentar su acción como una lucha contra vasallos desleales, sino que a menudo la asimilan a una nueva conquista de América por los españoles, lo que implícitamente equivale a identificar a los criollos con los pueblos conquistados.

En un registro complementario, los tópicos de la Europa de las Luces sobre la inferioridad del nuevo continente y de sus habitantes son empleados brutalmente no sólo en la península, sino incluso en América, por poderosas corporaciones dominadas por peninsulares. El Consulado de México, en un informe a las cortes del 27 de mayo de 1811, los recoge y los extrema, acompañándolos de una crítica general llena de desprecio sobre la incapacidad y los vicios de todos los habitantes de América: indios, mestizos y castas, criollos. El informe fue leído en las cortes, a pesar de la oposición de los diputados americanos, durante el debate sobre la igualdad de representación,[61] y provocó una herida profunda, no sólo en ellos, sino en todas las regiones de América, insurgentes o "lealistas".[62]

[59] *Cf.* para el detalle de esta evolución en Nueva Granada, Lydia Álvarez, *Santafé de Bogotá, 1810-1811: les mutations de l'imaginaire politique vues à travers la presse,* tesis de maestría de la Universidad de París I, 1992, pp. 66 y ss.

[60] Antoine Vannière, *La Gazeta de Buenos-Ayres et l'imaginaire politique de l'independance argentine en 1810-1811,* tesis de maestría de la Universidad de París I, 1987; el anexo I cuantifica quiénes son considerados los enemigos de la revolución en Buenos Aires. Los españoles europeos sólo ocupan el primer plano a partir de abril de 1811.

[61] *Cf.*, sobre este debate, Marie Laure Rieu-Millán, *Los diputados americanos en las Cortes de Cádiz,* Madrid, 1990, pp. 101 y ss.

[62] *Cf.*, por ejemplo la reacción de José Barquijano y Carrillo, conde de Vistaflorida, criollo peruano lealista, en su dictamen al rey del 31 de mayo de 1814, en Ernesto de la

Para contrarrestar estos ataques, los insurgentes llevan la polémica al mismo terreno, pero con una valoración inversa. Ellos también van a asimilar la represión "lealista" a la Conquista, pero vista no como una hazaña gloriosa, sino como una empresa injusta y sanguinaria. Poco a poco se van incorporando a su discurso los visiones negativas de la Conquista, ya procedan de la misma España, como la de Las Casas,[63] o del acervo de la llamada "leyenda negra" europea. Corolario paradójico, pero en el fondo lógico, es la reaparición del debate del siglo XVI sobre "los justos títulos" de la conquista de América, debate que recoge tanto antiguos argumentos de orden teológico o canónico, como otros nuevos fundados en los derechos de los pueblos.

Una vez aceptada esa asimilación, el siguiente paso era reivindicar su identificación con los vencidos, con los indios, antiguos poseedores del territorio, y presentar la lucha por la Independencia como una revancha de la Conquista. En Chile, por ejemplo, donde la identidad criolla estaba en gran parte fundada en su carácter de frontera de guerra contra los indios hostiles, en 1812 se pasa progresivamente de un elogio de las antiguas virtudes de los araucanos, a un llamamiento a la lucha común contra la tiranía española y, al fin, a una identificación retórica con los araucanos.[64] En México, el Acta de independencia de 1821 apela a la nación para que recupere sus derechos perdidos en la época de la Conquista.[65]

Fenómenos análogos se dan en otras regiones, incluso en aquellas en las que la población indígena había tenido mucha menos importancia. Aunque este tipo de discurso tuviera mucho de retórico,[66] su significado era claro: la ruptura moral entre las dos partes de la Monarquía. Estaba abierta la vía para la proclamación de la independencia, dado que, fueren cuales fueren los argumentos utilizados, al negar la justicia de los

Torre Villar, *La Constitución de Apatzingán y los creadores del Estado mexicano,* UNAM, México, 1964, p. 178.

[63] Las reediciones de Las Casas se multiplican durante el periodo: Londres, 1812; Bogotá, 1813; Puebla en 1822, México y dos ediciones en París en 1822, etcétera.

[64] Para las etapas de esta evolución, *cf.* Michèle Daubard, *L'imaginaire politique de l'indépendance chilienne: une étude sur l'Aurora de Chile (1812-1813),* tesis de maestría de la Universidad de París I, 1988, pp. 63 y ss.

[65] Esta versión rupturista que borra los tres siglos de la Colonia, muy presente en los escritos de Bustamante desde los años 1812-1813, compite con otra versión gradualista, inspirada de De Pradt, que presenta la independencia como la emancipación del hijo llegado a la mayoría de edad.

[66] A pesar de este esfuerzo para dar a la americanidad una base, que podríamos llamar indigenista, fundada en la fusión retórica de todos los que habían nacido en el mismo suelo, era evidente que su principal fundamento no era étnico sino geográfico, pues los criollos que la reivindicaban fundaban su identidad precisamente sobre su diferencia con los indios y las castas.

títulos de conquista los americanos resolvían un difícil problema: no ya el de la ruptura con el gobierno provisional de la monarquía, sino también con el mismo rey, al que poco antes habían prestado juramento.[67]

La difícil construcción de nuevas "naciones"

Ahora bien, si en tiempos de guerra la americanidad bastaba para caracterizar la lucha como el enfrentamiento de dos *naciones* o dos *pueblos*, el americano y el español, esta identidad resultaba a todas luces insuficiente para fundar la existencia política de una "nación americana". En efecto, como ya lo hemos señalado, esta identidad americana global no correspondía a ninguna identidad política concreta, puesto que sólo remitía a la distinción entre reinos americanos y reinos europeos. Políticamente no era más que una identidad negativa, operativa sólo en las rivalidades contra los peninsulares. Las únicas realidades políticas indiscutibles son los *pueblos*, en su doble sentido del conjunto de las ciudades, villas y pueblos, y de los espacios estructurados por las ciudades principales. Estas últimas son los actores reales de la primera época de la Independencia, las que reasumen la soberanía hasta constituirse de hecho en verdaderas ciudades-Estados y publicar incluso sus propias constituciones: en Nueva Granada, a partir de 1810-1811, en el Río de la Plata, un poco después.

La *nación* que intentan construir tiene entonces un contenido esencialmente político: el de ser una comunidad soberana, y constituir un gobierno propio, independiente tanto del precario gobierno central de la Monarquía como de las ciudades rivales. Desde este punto de vista todas se pretenden iguales y para construir lo que podríamos llamar un Estado supramunicipal su único recurso son los "pactos y negociaciones" entre ciudades-Estados. De ahí que el ideal de la unión de todos los pueblos de Hispanoamérica, y más aún el de una unión continental como la que Bolívar intentará construir con el Congreso de Panamá, no sea más que una utopía política basada en la muy tenue identidad americana.

Por todo ello, en la América del Sur insurgente, salvo en Chile, la definición de la nación —de los *pueblos* que la forman— planteaba problemas muy difíciles de resolver. En América elaborar una constitu-

[67] Otra versión de la justificación de la ruptura, es de índole ideológica y pertenece al imaginario común de los liberales de ambos lados del Atlántico, en su lucha contra al absolutismo. La pérdida de las libertades castellanas fijadas a la derrota de los Comuneros en Villalar, hacían del periodo que corría desde entonces, "tres siglos de opresión y de tiranía", lo que equivalía a la ruptura del pacto entre el rey y el reino.

ción no podía presentarse —como en la Constitución de Cádiz— como el hecho de dar una forma nueva a una "nación" o a un conjunto político preexistente, puesto que hasta entonces los americanos se habían considerado como formando parte de la nación española. Constituir la *nación* equivalía a una verdadera invencion: erigir una parte de aquélla —¿cuál?— en entidad soberana. Sólo los *pueblos* que habían asumido la soberanía podían, uniéndose, edificar "un solo cuerpo de nación". Por consiguiente, a pesar de que de manera muy moderna se hable del *pueblo* de tal o cual región, enseguida se explicita que los sujetos que intervienen para formar este "cuerpo de nación" no son los individuos, sino las provincias, estados o *pueblos* y no *el pueblo;* éste sólo aparece como el pueblo urbano que ha manifestado su voluntad en la formación de las juntas, o, en un sentido muy general, como el origen primero de la legitimidad de las autoridades de las provincias. Así, la primera constitución venezolana de 1811 declara en su preámbulo: "Constitución federal para los estados de Venezuela, hecha por los representantes de Margarita, de Mérida, de Cumaná, de Barinas, de Barcelona, de Trujillo y de Caracas, reunidos en Congreso general. En nombre de Dios Todopoderoso, Nos, el pueblo de los estados de Venezuela[...]".[68]

O en Nueva Granada, en 1811: "Nos, los representantes de las provincias de la Nueva Granada [...], siguiendo el espíritu, las instrucciones y la expresa y terminante voluntad de todas nuestras dichas provincias, que [...] han proclamado sus deseos de unirse en una asociación federativa [...]".[69]

La asociación entre las provincias es la de verdaderos Estados soberanos, el resultado de "pactos y negociaciones [entre] los Estados o cuerpos políticos".[70] El federalismo, que frecuentemente se atribuye a la moda, a la imitación de la Constitución norteamericana, no hace más que expresar con este lenguaje una necesidad ineluctable: la reconstrucción del cuerpo político, puesto que se ha producido "la disolución y aniquilación de los pactos sociales con que la América del Sur se hallaba ligada con aquella parte de la nación, ya por la cautividad del rey, ya por los demás funestos acontecimientos en toda la península [...].[71]

En todos estos documentos se percibe claramente hasta qué punto la ausencia en América de instituciones representativas del reino o de la provincia —que la Corona evitó desde el siglo XVI— hizo difícil y con-

[68] En Luis Mariñas Otero, *Las Constituciones de Venezuela,* Madrid, 1965, p. 126.
[69] Acta de Uribe Vargas, *Las Constituciones de Colombia,* Madrid, 1977, t. I, p. 365.
[70] *Ibidem,* p. 366.
[71] Constitución de la república de Tunja, 9 de diciembre de 1811, en *Las Constituciones de Colombia,* p. 392.

flictiva la definición y la constitución de Estados independientes en la mayor parte de la América española, en contraste con lo que sucedió en las 13 colonias británicas. En éstas la existencia secular de instituciones y de prácticas representativas, tanto en el nivel local como en el provincial, hizo no sólo relativamente fácil la sustitución del soberano, sino también la conclusión de un pacto entre ellas para fundar la nueva nación. Al contrario, en aquélla, a pesar de la necesidad de la unión de las provincias, su realización fue no sólo difícil, sino explosiva. La falta de precedentes representativos añadía a los problemas de la ruptura con el gobierno central de la Monarquía los que resultaban de la definición de los nuevos sujetos de la soberanía y de la necesidad de inventar sistemas para representar no sólo a los pueblos, sino también a ese nuevo actor que la modernidad en progreso suponía en la base de la nueva legitimidad, el ciudadano.

Otra circunstancia agravaba todavía más en la América insurgente el problema de la nación: el régimen republicano. Aunque su adopción fuese no sólo explicable sino inevitable, la modernidad misma de este régimen era un factor suplementario de fragilidad política por lo que implicaba de soberanía absoluta del *pueblo*. No sólo el individuo-ciudadano moderno era una excepción en una sociedad que seguía siendo masivamente aún una sociedad del antiguo régimen, formada por cuerpos de todo tipo, sino que el *pueblo* remitía en América primariamente no a los ciudadanos, sino a los *pueblos*. Aunque también la Constitución de Cádiz proclamara la soberanía de la nación, esta legitimidad moderna coexistía de hecho con la legitimidad histórica del rey, que seguía gozando de una extraordinaria fuerza.[72]

En este sentido, en la América "lealista" la situación era un poco mejor que en la América independentista, puesto que en ella la conservación del régimen monárquico retrasó o limitó durante unos años la disolución territorial. Pero aquí también el problema acabó por desatarse en la medida en que las Cortes de Cádiz fueron incapaces de dar una solución satisfactoria a los problemas que había provocado, precisamente, la insurgencia. En primer lugar, había que establecer una verdadera igualdad política entre las dos partes de la Monarquía, sobre todo en el campo de la representación, lo cual fue casi realizado por las Cortes, con excepción de la representación de las castas. Luego, en relación con un problema muy emparentado con éste, hubiera sido preciso transformar el imaginario de las élites peninsulares poniendo fin a la "tentación colonial" y al lenguaje de desprecio hacia los americanos, lo que distó

[72] La vuelta al trono de Fernando VII en 1814 y su muy fácil restauración del absolutismo muestra la gran fuerza de dicha legitimidad real.

mucho de alcanzarse, como lo muestra la ya citada representación del Consulado de México a las Cortes y el tono agresivamente antiamericano de muchos periódicos de Cádiz. La solución al tercer problema, sin duda el más importante, hubiera sido dar una expresión institucional a la estructura plural de la Monarquía, tal como la concebía el imaginario americano y, por último, abrir también cauce a la aspiración a una amplia representación de los *pueblos*, irreversible ya en todo el mundo hispánico.

En este último campo el fracaso fue total porque las Cortes fueron incapaces de concebir una *nación española* —la Monarquía— que no fuese un Estado unitario. Esta incapacidad iba a terminar por cerrar definitivamente la posibilidad de mantener a los reinos de Indias en el seno de la Monarquía. En efecto, en el debate peninsular sobre la representación, el tema de la representación de los reinos y provincias no ocupó un lugar central, puesto que la mayoría de los diputados de todas las tendencias compartían una concepción unitaria del Estado y de la nación. Nadie defendió una representación de los reinos y provincias; este problema no provocó grandes divergencias entre los diputados, aunque bien podía haberlo hecho, si se tiene en cuenta el gran arraigo de los reflejos comunitarios, tal como se había manifestado todavía en 1808 en la península con la formación de las juntas insurreccionales y la estructura misma de la Junta Central, formada por diputados de las juntas superiores que correspondían, de hecho, a los antiguos reinos y provincias.

El postulado de la unicidad de la nación ha triunfado ya radicalmente entre las élites, no sólo por la práctica absolutista, sino también por la adopción del imaginario de la nación que se había impuesto con la Revolución francesa. La Comisión de Constitución de las Cortes, a pesar de sus alabanzas a las instituciones de los antiguos reinos, se lamentó poco después de no haber podido proceder a una división totalmente nueva del territorio, que, evidentemente, como en la revolucionaria división de Francia en departamentos, hubiese borrado totalmente los antiguos reinos y provincias:

> Como otro de los fines de la Constitución es conservar la integridad del territorio de España, se han especificado los reinos y provincias que componen su imperio en ambos hemisferios, *conservando por ahora* [el subrayado es nuestro] la misma nomenclatura y división que ha existido hasta aquí. La Comisión bien hubiera deseado hacer más cómodo y proporcionado repartimiento de todo el territorio español en ambos mundos [...][73]

[73] *Discurso preliminar a la Constitución de 1812,* Cádiz, 24 de diciembre de 1811, ed. del Centro de Estudios Constitucionales, Madrid, 1989, pp. 79-80.

La reducción absolutista de los diferentes reinos peninsulares a una única unidad política homogénea, tal como se había plasmado en las cortes del siglo XVIII, había sido ya profundamente asimilada por todas las élites ilustradas de la península.

Lo que era por entonces admisible en la Península lo era mucho menos en América, en la cual la concepción plural de la Monarquía, considerada como un conjunto de *pueblos*, seguía estando muy viva.[74] Era ésta la concepción que había llevado al establecimiento de las juntas autónomas americanas, y, ante su rechazo por el Consejo de Regencia, a la guerra. Pero incluso los americanos que obedecían al Consejo de Regencia no plantearon entonces de una manera tajante este problema fundamental. Unos estaban físicamente lejos del debate y ocupados sobre todo por la guerra contra los insurgentes. Otros, los que formaban parte de las cortes, se encontraban en una situación bastante particular que explica su compleja actitud.

La parte más activa de los diputados americanos, los suplentes elegidos en Cádiz en septiembre de 1810, eran tan modernos y radicales como los revolucionarios peninsulares. Igual que para éstos, los primeros objetivos por alcanzar eran la afirmación contra el rey de la soberanía de la nación, el establecimiento de la libertad de prensa, la elaboración de una constitución nueva, la destrucción del antiguo régimen, etc. En todos estos campos su alianza con los liberales peninsulares fue permanente y fundamental para la victoria de éstos. Gracias a sus votos se adoptó la libertad de prensa en octubre de 1810 y lo mismo ocurrió después con todos los textos en que se plasmó la modernidad ideológica de las Cortes.

Quizá fue precisamente su modernidad ideológica, que les hacía también considerar a la nación como compuesta por individuos, lo que explica la actitud que tomaron al discutir los problemas americanos. Su objetivo fundamental fue en este caso el luchar por la igualdad de representación entre España y América. Era éste su objetivo prioritario, lo que en parte explica que, a pesar de su concepción plural de la Monarquía, aceptasen los planteamientos de los liberales peninsulares. La petición de igualdad con la península y la obtención del elevado número de diputados que esto llevaba consigo los hacía aceptar entonces una concepción unitaria de la Monarquía que cuadraba mal con su muy enraizada visión de ésta como un conjunto de comunidades políticas diferentes.

[74] *Cf.*, sobre esta visión común a la mayoría de los diputados americanos en las Cortes, Joaquín Varela Suances-Carpegna, *La teoría del Estado en los orígenes del constitucionalismo hispánico. (Las Cortes de Cádiz)*, Madrid, 1983.

Sin embargo, su conciencia de las particularidades americanas seguía siendo muy fuerte; así se ve que los diputados elegidos en América actúan en la práctica como los antiguos procuradores en cortes, defendiendo los cuadernos de instrucciones recibidos de sus comitentes. Esta misma visión explica que la proposición de constituir diputaciones provinciales procediese precisamente del mexicano Ramos Arizpe, para quien éstas debían constituir un verdadero gobierno representativo provincial. Su proposición fue adoptada, pero transformada, para hacer de ellas un simple organismo consultivo destinado a asesorar al jefe político.[75] La nueva constitución de la Monarquía era profundamente unitaria.

Habrá que esperar hasta la segunda revolución liberal española y los progresos de los movimientos independentistas para que en 1821 los diputados americanos en las Cortes de Madrid propongan el plan de una monarquía plural, con tres reinos americanos dotados de instituciones representativas propias y un poder ejecutivo que podía ser confiado a tres infantes: uno que comprendería México y Guatemala; otro, Nueva Granada y Tierra Firme, y el tercero, Perú, Buenos Aires y Chile. Como lo explicaba uno de sus promotores, el mexicano Lucas Alamán, se trataba de instaurar el viejo plan del conde de Aranda y de restaurar la antigua estructura de la monarquía en América:

> este sistema tenía grande analogía con el que había regido en América antes de la constitución [...] cada una de las grandes secciones de aquel continente venía a ser como una monarquía separada, con todos los elementos necesarios para su régimen interior, a semejanza de los establecidos en España para la monarquía toda y ahora lo que se proponía era sólo reducir estos elementos al orden representativo [...].[76]

Lo que en 1810 o 1811 hubiera podido dar un cauce a las aspiraciones americanas de igualdad y de especificidad venía ya demasiado tarde y seguía chocando con la concepción unitaria de los peninsulares. Las Cortes rechazaron incluso la lectura de la propuesta, pero quizá las leyes y las prácticas electorales inducidas por la instauración de las diputaciones provinciales evitaron en la América "lealista" conflictos similares a los que conoció en este campo la América insurgente.[77]

[75] *Cf.,* sobre estas diputaciones, Nettie Lee Benson, *La diputación provincial y el federalismo mexicano,* México, 1955, y Hamnet, *op. cit.*, pp. 134-136.

[76] Lucas Alamán, *Historia de México (1849-1852),* 6a ed., Jus, México, 1972, t. v, pp. 127 y ss., y p. 351. La proposición fue presentada a las Cortes, el 25 de junio de 1821; el texto de la proposición en Alamán, Historia..., Apéndices, documento núm. 19.

[77] Lo importante aquí no son las funciones, esencialmente administrativas y no políti-

Añadamos que, como ya lo hemos señalado, la América lealista correspondía también, esencialmente, a aquellas regiones en las que el reino tenía ya desde antes una consistencia cierta, lo que contribuyó a atenuar el proceso de desagregación. Lo mismo que en la Francia revolucionaria, la existencia de un reino, dotado a la vez de una identidad política y cultural fuertes, facilitó el tránsito a la *nación* moderna. Es significativo que el uso de la palabra *nación* en los primeros tiempos sólo fuese frecuente en la América insurgente en México y en Chile, y escasa en otros lugares, que prefirieron siempre la palabra *pueblos*. Aunque ni México ni Chile escaparán a los problemas del mal llamado federalismo —es decir a la articulación entre la soberanía de los *pueblos* y la soberanía de la *nación*— en ambos la definicion de la *nación* fue menos ardua.

En las otras regiones de América, al problema de expresar en un sistema representativo moderno la vieja estructura política territorial centrada en las ciudades-provincias, se añadió el de encontrar nuevos fundamentos a la unión entre los *pueblos* y a la obligatoriedad política, aseguradas ambas hasta entonces por los vínculos verticales y personales con el rey. Aquí, la *nación* no remite a una entidad preexistente que ahora se reformule de una manera nueva. La *nación* será el resultado inédito e incierto de la conclusión del pacto entre los *pueblos*. Resultado incierto, en la medida en que no podía basarse en aquellos elementos culturales que en Europa definirán después la "nacionalidad": la lengua, la cultura, la religión, un origen común —real o supuesto—. Todos estos elementos eran comunes a las élites criollas, principales actores de la independencia. Más aún, los americanos compartían todos estos elementos con los reinos peninsulares de la Corona de Castilla hasta el punto de que la diferencia cultural que separaba los reinos castellanos de Cataluña, Valencia o de las provincias vascas era incomparablemente mayor que su diferencia con los reinos americanos.

Lo único que les pertenecía en propiedad era esa "americanidad" de la que ya hemos hablado, pero ésta, aunque fuese un arma muy eficaz en la lucha contra los peninsulares, tenía una consistencia demasiado tenue para fundar una única *nación* americana[78] capaz de vencer la inmensidad del espacio. La existencia, a menudo multisecular, de espacios administrativos y económicos bien establecidos y de identida-

cas, de las diputaciones provinciales, sino la existencia de circunscripciones, leyes y prácticas electorales establecidas.

[78] En México, donde el empleo de la "nación americana" es frecuente, el contexto muestra que se trata de hecho de otra manera de hablar de la Nueva España.

des locales y regionales —algunas con considerable consistencia— eran obstáculos prácticamente insuperables para esta construcción.

El fundamento de la nación no será, pues, cultural, sino esencialmente político, es decir, se fundará, como en la Francia revolucionaria, en una unión de voluntades.[79] Sin embargo, a diferencia de Francia, no se trata aquí de voluntades individuales, sino de voluntades de los *pueblos,* y otra diferencia significativa: mientras que en Francia lo político recubría de hecho una muy vieja *nación* en el sentido cultural de la palabra, en América la identidad política era mucho más restringida que la identidad cultural. El fundamento político era aquí frágil y aleatorio, consecuencia, en una primera fase, de pactos entre los *pueblos*, y en una segunda, de la unidad impuesta a los "pueblos" por las armas de los libertadores.[80] De todas maneras, era lógico que en ambos casos dicha construcción se apoyase en los espacios administrativos[81] o económicos existentes y, en otros lugares (como en México, Chile, Quito y en parte en el Perú propiamente dicho), en las identidades culturales de los reinos que se habían ido edificando durante la época colonial.

De todas maneras, quedará aún pendiente en todos los nuevos estados la construcción de otros aspectos de la nación: en lo político, la "nación cívica", la asociación voluntaria de los individuos-ciudadanos, y en lo cultural, conseguir que todos compartieran una historia y un imaginario comunes, aunque fueran míticos. Ésta es la paradoja de la nación en Hispanoamérica. En la Europa del siglo XIX se trata de cómo construir el Estado-nación moderno a partir de la "nacionalidad"; en Hispanoamérica, de cómo construir Estados-naciones separados a partir de una "nacionalidad" en gran parte común a todos.

[79] Ahí está una de las razones que facilitarán el hacer de las nuevas naciones las "hijas" de la Revolución francesa.

[80] En el área grancolombiana, y en los dos Perús, fueron los ejércitos de los libertadores los que impusieron provisionalmente la unidad, mientras que el Río de la Plata oscila durante varias décadas entre guerras en las que se enfrentan las soberanías provinciales e intentos fallidos de unión entre los "pueblos". *Cf.,* sobre estos temas, *supra*, cap. 3, "Modificaciones del pacto imperial", y Geneviève Verdo, *Les "Provinces Désunies" du Rio de la Plata. Souveraineté et représentation politique dans l'Indépendance argentine (1808-1821),* tesis de doctorado, Universidad de París I, 1999, 2 vols., 905 pp.

[81] Eso explica que los límites territoriales de futuros Estados coincidan con diversas circunscripciones administrativas de la época colonial.

VII. DEL IMPERIO LUSOBRASILEÑO AL IMPERIO DEL BRASIL (1789-1822)

Guilherme Pereira das Neves
Universidade Federal Fluminense

> Cinco grupos etnográficos, ligados por la comunidad activa de lengua y pasiva de religión, moldeados por las condiciones ambientales de cinco regiones diversas, sintiendo por el portugués aversión o desprecio, teniendo por las riquezas naturales de la tierra un gran entusiasmo, sin tener no obstante un particular aprecio unos por otros; es a esto en suma a lo que se reduce la obra de tres siglos.[1]

Así sintetizaba, en 1907, João Capistrano de Abreu el balance de la colonización portuguesa de Brasil. Esa percepción de un país todavía informe los historiadores de la década de 1930 la sustituirían por la búsqueda de las raíces, de un pasado colonial, que habrían configurado el país del presente. De todos esos estudiosos, el más influyente para las futuras generaciones fue, sin duda, Caio Prado Junior. Con la *Formação do Brasil contemporâneo* (1942) establece las líneas generales de una concepción todavía fuertemente en vigor, formulándola en términos de una economía dependiente, mermada, primero, por las punciones metropolitanas y, posteriormente, por la sangría propiamente económica de la supremacía inglesa.[2] Tal esquema vino a ser elaborado y perfeccionado con la tesis de Fernando A. Novais (1973), en la que se presentaba el sistema colonial portugués como participante en el proceso mundial de acumulación primitiva del capital.[3] El predominio de ese enfoque socioeconómico relegó la historia política a una función secundaria, limitándose a actualizar la historiografía *événementielle* del siglo XIX, en la tarea de crear un pasado para la nueva nación. De esta forma, la interpretación de la Independencia de 1822 se cristalizó ya sea como el resultado inevitable de oposición de intereses entre la

[1] João Capistrano de Abreu, "Três seculos depois", en *Capítulos de historia colonial,* Civilização Brasileira, INL, Río de Janeiro/Brasilia, 1976, pp. 212-213.

[2] Caio Prado Junior, *Formação do Brasil contemporâneo,* 14ª ed., Brasiliense, São Paulo, 1976.

[3] Fernando A. Novais, *Portugal e Brasil na crise do antigo sistema colonial,* Hucitec, São Paulo, 1981.

colonia explotada y la metrópoli expoliadora, o como una consecuencia natural de los anhelos de un pueblo subyugado en busca de su propia soberanía. Al recurrir a vastas fuerzas impersonales que determinaban la conducta de los actores, ambas corrientes apuntaban a una misma lógica explicativa, y ninguna de ellas supo plantear como un problema el paso del Imperio portugués al brasileño.

Dos estudios recientes, no obstante, dieron inicio a la revisión de este marco, a partir de una asimilación más profunda de la dinámica del antiguo régimen. *O Imperio luso-brasileiro 1750-1822,* publicación colectiva coordinada por María Beatriz Nizza da Silva, aunque no se oponga directamente a los resultados alcanzados por la corriente a la que Prado Junior dio origen, amplía la perspectiva, volviendo a insistir en los factores políticos y culturales, y abre así nuevos horizontes de investigación.[4] Por otro lado, mediante un minucioso e innovador análisis de las balanzas de comercio, en que se fundaron los estudios de Fernando Novais y sus seguidores, el investigador portugués Manuel Valentím F. Alexandre, con una tesis presentada en 1988, hace indispensable una reevaluación radical de las ideas vigentes acerca del funcionamiento del Imperio portugués y su disgregación.[5]

Las páginas siguientes, al situar las últimas décadas del Imperio luso-brasileño, procuran precisamente tener en cuenta las contribuciones que esas nuevas teorías nos ofrecen. De este modo, en relación con una perspectiva globalizante, derivada de las ciencias sociales, en la cual el destino de los individuos está previamente establecido a partir de una perspectiva teleológica, estas páginas ofrecen una alternativa en la que el futuro surge como potencialidad, enmarcada por los acontecimientos, pero elaborada, a cada momento, por los personajes y tendencias dominantes —inclusive las de larga duración— en el tablero de la política. En suma, al caracterizar la trayectoria que los agentes concretos definieron, con su actuación cotidiana, para dar origen al Brasil como país independiente en 1822, este texto pretende, con un punto de vista más histórico, considerar el periodo como un problema.

Portugal en tiempos de la Ilustración

Construido el Imperio ultramarino en los siglos XV y XVI, el trauma de la Unión Ibérica (1580-1640) fue seguido por una crisis que dejó mar-

[4] María Beatriz Nizza da Silva, *O Imperio luso-brasileiro 1750-1822,* Estampa, Lisboa, 1986.

[5] Manuel Valentím F. Alexandre, *Os sentidos do Imperio: questão nacional e questão colonial na crise do Antigo Regime português,* Afrontamento, Porto, 1993.

cas profundas en las estructuras portuguesas, aunque escondidas, en la última década del siglo XVII, por la euforia del descubrimiento del oro brasileño. Después del reinado, en apariencia áureo de don João V (1706-1750), la actuación del primer ministro de don José I (1750-1777), Sebastião José de Carvalho e Melo, marqués de Pombal en 1770, fue como un parteaguas en la historia de Portugal.[6] Debiendo construir un sistema político europeo moderno, Portugal, pequeña cabeza de un inmenso Imperio, se vio obligado a ponerse al día, sobre todo después de 1760 cuando, vaticinados por el terrible terremoto de 1755, que arrasó Lisboa, se confirmaron las predicciones de que no eran inagotables las reservas de oro de Brasil. Aunque asimilando algunas tendencias anteriores, el gobierno pombalino representó, por consiguiente, la implantación definitiva en Portugal de un régimen propiamente absolutista, con un papel semejante al de Pedro el Grande en Rusia, Federico Guillermo I en Prusia y María Teresa en el Imperio, a fin de garantizar una dirección más eficaz de la sociedad por el Estado. Sin embargo, a pesar del regalismo —que justificó la expulsión de los jesuitas en 1759— y de la reforma de la Universidad de Coimbra (1772), que indicaban una cierta influencia de las Luces, las medidas de Pombal carecían en general de un carácter propiamente ilustrado, el cual se manifestó de manera más nítida en el gobierno de doña María I (1777-1792). Considerados mucho tiempo como una reacción contra las políticas pombalinas, esos años asistirían no sólo a la continuación de las anteriores directrices de la política colonial, con la permanencia de Martinho de Melo e Castro en el puesto de secretario de Ultramar, sino, sobre todo, a una toma de conciencia más profunda, y típicamente ilustrada, de las dificultades con que se enfrentaba el Imperio portugués, conciencia de la que la Real Academia de Ciencias de Lisboa, creada en 1779, se convirtió en el principal foco de irradiación.

En vísperas de la Revolución francesa, esas transformaciones iban aproximando a Portugal a los otros países del concierto europeo, sin, con todo, conseguir sublimar algunos de los rasgos que lo singularizaban. No faltaba, es cierto, al reino lusitano una tradición propia de autoconciencia, elaborada a partir de la Reconquista y de la formación del Imperio y posteriormente reforzada con las luchas para asegurar una autonomía frente a España. En realidad se trataba de una tradición que miraba al pasado, encastillada en una concepción del mundo inmóvil y litúrgico, que quería regenerarse pero nunca transformarse.

[6] Para referencias, véase K. R. Maxwell, "Pombal: the Paradox of Enlightenment and Despotism", en H. M. Scott (comp.), *Enlightened Absolutism: Reform and Reformers in Later Eighteenth-Century Europe*, Macmillan, Londres, 1990, pp. 75-118.

El vigor de esta concepción fue un freno a la asimilación de las nuevas ideas, como se desprende de la oposición entre *castiços* y *estrangeirados* (castizos y extranjerizados), que sólo se redujo realmente después del advenimiento de Pombal. Por otra parte, el periodo pombalino sirvió para dar un golpe mortal a otros prejuicios, retirando definitivamente la espada de la Inquisición de encima de la cabeza de los cristianos nuevos y valorizando la práctica mercantil, que abría posibilidades inéditas de ascensión social. De la misma forma, tras una parcial reorganización de las estructuras administrativas, creció la necesidad de crear cuadros formados según los nuevos esquemas, menos marcados por una mentalidad jurídica o teológica y más abiertos a un pensamiento racional y empírico, que tomara las ciencias naturales como paradigma. Aunque muy circunscritos a la órbita del Estado, comenzaron a surgir así los primeros intelectuales en el sentido moderno de la palabra, con un esbozo de constitución de un *campo,* en el sentido de Pierre Bourdieu, alrededor de la Academia de Ciencias de Lisboa. Al mismo tiempo, a diferencia de España, la concentración de los estudios superiores en Coimbra, transformaba a esta ciudad en el polo cultural de todo el Imperio, cuya élite, desde los confines de Mato Grosso hasta Macao, compartía los mismos valores y referencias.[7]

Pero esas novedades escondían deficiencias que no pueden ser atribuidas a la economía. El Imperio constituía un espacio extraordinario y diversificado, cuyos circuitos mercantiles, establecidos desde hacía mucho tiempo, ofrecían en el interior y en las fronteras, amplias oportunidades de negocio. El Extremo Oriente, la India, las costas de África, la región de la Plata, sin olvidar el Brasil, todas esas regiones tenían en Lisboa y, secundariamente, en Oporto, un almacén importante —y, en el caso de las colonias, exclusivo— que las ponía en contacto con Inglaterra y también con los puertos italianos y con el norte de Alemania. Si bien no es posible cuantificar esa actividad con precisión, los datos disponibles indican que Portugal, a pesar de las dificultades, no quedó al margen de la tendencia a la prosperidad que conoció Europa en el siglo XVIII. Como argumenta Valentím Alexandre, el malhadado tratado de Methuen (1703), considerado como responsable del atraso de Portugal, no impidió el desarrollo de una protoindustrialización en el sector textil (lino y algodón) y metalúrgico (hierro), además del auge de otros productos, que contribuirían a una creciente diversificación de la economía continental portuguesa, aunque siguiese siendo significativo el peso de las

[7] *Cf.* J. Murilo de Carvalho, *A construção da ordem,* Campus, Río de Janeiro, 1980, y P. Bourdieu (con Loic J. D. Wacquant), *Réponses: pour une anthropologie réflexive,* Seuil, París, 1992.

exportaciones de vino de Oporto y las reexportaciones de géneros coloniales, procedentes en su mayor parte (64.4%) de Brasil.[8]

El punto más débil de Portugal tenía una doble raíz. Por un lado, herencia del generoso pasado colonial, la sociedad portuguesa se distinguía por lo que V. M. Godinho caracterizó como una hipertrofia del terciario.[9] Terciario del Antiguo Régimen, bien entendido, sustentado mayoritariamente por la Corona y compuesto no sólo por la nobleza parasitaria, sino también por la cohorte de funcionarios de Estado, y especialmente por el clero, que llegaba a alcanzar un tercio de la población activa. Recursos importantes eran así desviados hacia actividades no productivas. Por otro lado, estaba la paradójica simbiosis que se había establecido entre el Estado y la Iglesia en Portugal. Pionero de la centralización monárquica, alcanzada ya en el siglo XVI, o quizá antes, Portugal tuvo que recurrir muy pronto al aparato de la Iglesia para disponer de los individuos e instrumentos necesarios para ejercer el poder; eso acabó por bloquear la posibilidad de desarrollar la razón de Estado secular, que definía el arsenal de las ideas absolutistas. Con todo, y ahí reside la paradoja, también limitó la esfera de acción de la propia Iglesia, cuando, sujetándola al régimen de patronato, pasó a dirigir sus recursos y a definir sus prioridades; lo anterior hizo imposible una cristianización más efectiva de la población. El cristianismo, esa religión para la salida de toda religión, según la perspectiva de Marcel Gauchet, seguía siendo el marco general, aunque superficial —es decir, exterior y litúrgico—, en el que los portugueses continuaban pensando la realidad. Por falta de interiorización de los valores religiosos que un "triunfo de la Cuaresma" hubiera asegurado, se dejaron de crear las bases para una secularización efectiva del pensamiento, careciendo así Portugal de las condiciones para que se gestara una *ideología* moderna, fundada en un conocimiento histórico del mundo y traducida a un armazón jurídico.[10] En consecuencia, el movimiento de ideas siguió siendo el privilegio de una minoría, meramente destinado a distinguirla de la masa del pueblo, que estaba sometida a una tradición incuestionable. Paralelamente, las instituciones educativas se limitaron a formar esa élite letrada, o algunos estratos intermediarios, a los cuales se les exigían

[8] M. Valentím F. Alexandre, *Os sentidos…*, p. 32.

[9] V. M. Godinho, *A estructura da antiga sociedade portuguesa,* Arcádia, Lisboa, 1971, especialmente pp. 87-89.

[10] *Cf.* Marcel Gauchet, *Le désenchantement du monde,* Gallimard, París, 1985 y Peter Burke, "The triumph of Lent: the Reform of Popular Culture", en *Popular Culture in Early Modern Europe,* Harper & Row, Nueva York, 1978, pp. 205-243. Para el concepto empleado de idología, *cf.* F. Furet y J. Ozouf, "Trois siècles de métissage culturel", *Annales. Economies. Sociétés. Civilisations,* París, 32 (3), pp. 488-502, mayo-junio de 1977.

ciertas competencias intelectuales, como se puede verificar en las reformas pombalinas de la instrucción. En otras palabras, esa característica de la Ilustración, el surgimiento de una esfera de política pública, se dio en Portugal al final del siglo XVIII en un ámbito muy restringido, como un elemento superficial y decorativo, de la vida nacional.[11]

Al afrontar la tormenta de 1789, esos rasgos de la formación social portuguesa no se alteraron sino que adquirieron una nueva configuración. La coyuntura revolucionaria, asociada al *take-off* de la revolución industrial británica, favoreció bastante las actividades económicas del Imperio portugués, aunque también acentuó cada vez más la importancia que la colonia americana asumía en el conjunto. No hay por qué suponer que esa tendencia dejara de contribuir a los cambios de estructura de la sociedad que las reformas pombalinas habían anunciado. Sin embargo, los acontecimientos de Francia, aunque despertaron las esperanzas de algunos, sirvieron sobre todo para fortalecer los recelos de los más aferrados a la tradición. De Turín, el ministro plenipotenciario portugués en la corte de Cerdeña, Rodrigo de Souza Coutinho, comentando el aflujo de nobles franceses emigrados en agosto de 1789, osaba afirmar que "Si la nobleza, el clero y los parlamentos hubiesen, con ocasión de la Primera Asamblea de Nobles, sacrificado sus privilegios excesivos y sus prejuicios en favor de su soberano y del bien público, nada de lo que pasa hoy en día habría acontecido".

En compensación, al final del mismo año, el secretario del reino, José de Seabra da Silva, se lamentaba de la difusión en Portugal de una multitud de libros escandalosos, libertinos o sediciosos, advirtiendo a la Mesa da Comissão Geral sobre Exame e Censura dos Livros sobre la tolerancia que se mostraba hacia las obras venidas del extranjero, que "confundían la libertad y felicidad de las naciones con la licencia e ímpetus groseros de los ignorantes, inquietaban al pueblo llano, perturbaban la paz pública y procuraban la ruina de los gobiernos".[12] Fue esta última tendencia, anclada en la profunda resistencia lusitana a las "perversidades transpirenaicas", la que predominó, siendo como su símbolo las actitudes de censura intelectual y de represión violenta del intendente de policía Pina Manique, a pesar de las realizaciones claramente ilustradas de las que fue responsable, como la reorganización urbana de Lisboa.

[11] A. A. A. de Andrade, *A reforma pombalina dos estudos secundários no Brasil,* Saraiva/EDUSP, São Paulo, 1978; L. R. de Carvalho, *As reformas pombalinas da instrução pública,* Saravia, EDUSP, São Paulo, 1978; *cf.* también J. Habermas, *Mudança estructural da esfera pública,* trad. de F. R. Kothe, Tempo Brasileiro, Río de Janeiro, 1984.

[12] Andrés Mansuy-Dinis Silva, "L'année 1789 vue de Turin par un diplomate portugais", *Dix-Huitème Siècle,* París, 20, pp. 289-313; 1988, p. 289 y Caetano Beirão, *D. María I,* Empr. Nac. de Publicidade, Lisboa, 1944, p. 389, respectivamente.

El proyecto de un Imperio lusobrasileño

"Enloquecida por los espectros de la Revolución francesa", según expresión de Raimundo Faoro, doña María I cedió, en 1792, la regencia del trono a su hijo.[13] No preparado para ese puesto e indeciso por naturaleza, aunque no embrutecido ni limitado, como tantas veces la historiografía lo ha presentado, don João conservó inicialmente las directrices en vigor, apoyando los esfuerzos para contener la propagación de las ideas jacobinas, como los sectores más tradicionales lo exigían. En 1794, la censura volvió a depender de las tres instancias tradicionales, o sea, la Inquisición, el ordinario y el Desembargo do Paço, en función de la

> extraordinaria y temible revolución literaria y doctrinal que en estos últimos años y actualmente está atentando tan funestamente contra las opiniones establecidas, propagando nuevos, inauditos y horrorosos principios y sentimientos políticos, filosóficos, ideológicos y jurídicos, derramados y diseminados para la ruina de la religión, de los imperios y de la sociedad.[14]

En 1795, no obstante, la muerte de Martinho de Melo e Castro exigió una recomposición del gabinete ministerial. Para sucederlo fue justamente escogido el ya mencionado embajador en Cerdeña, Rodrigo de Souza Coutinho, nombrado secretario de Marina y de Ultramar el 7 de septiembre de 1796. Su gestión representó la iniciativa más decididamente ilustrada que Portugal conoció, y los callejones sin salida a los que llegó sellaron, en cierta manera, los destinos del Imperio. Hijo de una familia ligada al círculo de Pombal, Souza Coutinho recibió una educación esmerada en el Colegio de los Nobles y en la Universidad de Coimbra, completada por un viaje que incluyó Suiza y Francia, donde pudo conversar con d'Alembert y apreciar de primera mano las medidas de Necker. Además de esto, su larga permanencia (1779-1795) en Turín lo mantuvo en contacto con las nuevas ideas y sirvió para madurar sus concepciones. Al volver a Lisboa, asumió el liderazgo de un reducido grupo del llamado partido inglés, que favorecía la tradicional alianza diplomática de Portugal con Inglaterra, temiendo las represalias que ésta podría tomar contra los dominios ultramarinos, en caso de que fuese adoptada la perspectiva del partido francés. En 1801, Souza Coutinho fue elevado a la posición de presidente del Real Erario,

[13] Raimundo Faoro, *Os donos do poder,* 2ª ed., Globo/EDUSP, Porto Alegre/São Paulo, 1975, p. 748.

[14] Decreto del 17 de diciembre de 1794, *apud* José Timóteo da Silva Bastos, *História da censura intelectual em Portugal,* Moraes, Lisboa, 1983, p. 151.

pero el juego político de la Corte y la evolución de los acontecimientos en la escena europea lo obligaron a dimitir dos años más tarde, siendo sustituido por Antonio de Araújo de Azevedo, cabeza de los francófilos.

Durante ese corto periodo, la prodigiosa actividad de Souza Coutinho se desplegó en diversos campos, superando ampliamente las competencias que correspondían a sus funciones. Ningún asunto le fue extraño: fue de las finanzas públicas, con la propuesta de creación de un banco y la discusión de modalidades alternativas de impuestos, a la necesidad por parte de la Corona de asumir el control de los correos, pasando por medidas destinadas a fomentar el desarrollo agrícola y manufacturero, por iniciativas para civilizar el reino y por el apoyo a movimientos de naturaleza cultural, como la Tipografía del Arco del Ciego. En la base de su acción se encuentra la creencia típicamente dieciochesca de la capacidad del Estado de intervenir en la realidad para organizarla racionalmente, una vez conocidos los datos del problema y tener disponibles los recursos intelectuales para afrontarlo. Al asociar de esa forma saber y poder, Souza Coutinho cumplió el programa del *sapere aude* ilustrado y supo extenderlo, en una perspectiva a largo plazo, a la cuestión del Imperio.

Es, probablemente, en una memoria titulada "Sobre la Mejora de los Dominios de su Majestad en América", redactada en octubre de 1797, donde las ideas de Souza Coutinho sobre este último punto han sido consignadas de manera más amplia, explícita y articulada. Después de algunas consideraciones iniciales pasa a tratar del "Sistema político que más conviene que nuestra Corona adopte", para conservar sus vastos dominios, particularmente los de América, "que son propiamente la base de la grandeza de nuestro Augusto Trono".

> Los dominios de su Majestad en Europa no forman sino una Capital y Centro de sus Vastas Posesiones. Portugal, reducido a sí mismo, sería dentro de un breve periodo una Provincia de España, mientras que sirviendo de punto de reunión y de asentamiento a la Monarquía, que se extiende y posee las islas de Europa y África, el Brasil, las costas Orientales y Occidentales de África y lo que todavía nuestra Real Corona posee en Asia, es sin contradicción una de las potencias que tienen en sí mismas todos los medios de figurar conspicua y brillantemente entre las primeras potencias de Europa [...] La feliz posición de Portugal en Europa, que sirve de centro al comercio del Norte y Mediodía del mismo continente y de mejor depósito para Comercio en Europa con las otras tres partes del Mundo, hace que este enlace de los dominios ultramarinos portugueses con su Metrópoli sea tan natural cuanto poco lo era el de otras Colonias que se separaron de su Madre Patria; y tal vez sin la feliz unión con nuestros Establecimientos o ellos no podrían conseguir un

grado de prosperidad a la que nuestra situación los invita o estarían obligados a renovar artificialmente los mismos Vínculos que hoy ligan felizmente a la Monarquía y que nos llaman a mayores destinos, retirando de este sistema todas sus naturales consecuencias.

Esta perspectiva lo llevaba a concluir que

es este inviolable y sacrosanto principio de unidad la primera base de la monarquía que se debe conservar con mayor cuidado, a fin de que el portugués nacido en las cuatro partes del Mundo se considere solamente portugués y no tenga presente otra cosa sino de la Gloria y Grandeza de la Monarquía a la que tiene la fortuna de pertenecer.[15]

Este programa de Souza Coutinho se desplegaba, en el texto en cuestión, en la propuesta de una serie de medidas, destinadas a fortalecer los nexos entre las partes del Imperio, y, en especial, con "las provincias conocidas bajo el nombre genérico de Brasil". Frente a la exigüidad del territorio europeo y de las riquezas naturales de América, pretendía fomentar las manufacturas del primero y la agricultura de la segunda, para acentuar la complementariedad entre ambos. Además, decía, debían racionalizarse las prácticas administrativas de la metrópoli, a fin de aliviar los gravámenes que pesaban sobre los agentes económicos de Brasil, fomentando la producción por la aplicación de tributos menos onerosos, por la administración imparcial de la justicia y por la aclimatación de nuevos productos, gracias a un conocimiento cada vez más seguro y minucioso del país. Propugnaba así, entre otras medidas, la extinción de contratos para el cobro de impuestos, y la creación de un impuesto territorial; el mantenimiento de una contabilidad rigurosa; la apertura de los distritos diamantíferos; la abolición del monopolio de la sal; la reducción de tasas arancelarias a 4%, exceptuados los vinos y aceites de Portugal, el acero y el hierro, y limitando a 2% los impuestos directos sobre las manufacturas del reino. En compensación, nuevos impuestos deberían ser creados, como el del papel sellado, otro

[15] La "Memoria" ha sido transcrita por Marcos C. de Mendoça, *O intendente Câmara,* ed. Nacional, São Paulo, 1958, pp. 277-299. Las citas provienen de las pp. 278-279. Para el periodo, *cf.* D. Alden, "Late colonial Brazil, 1750-1808", en L. Bethell (comp.), *The Cambridge History of Latin America,* Cambridge University Press, Cambridge, 1984, vol. 2, pp. 601-660; G. y J. S. da Silva Dias, *Os primórdios da maçonaria em Portugal,* INIC, Lisboa, 1986, v. 1; A. Mansuy-Dinis Silva, "Portugal and Brazil: Imperial Re-organization, 1970-1808", en Leslie Bethell (comp.), *The Cambridge History of Latin America,* Cambridge University Press, Cambridge, 1984. v. 1, pp. 459-508; F. Venturi, "Il Portogallo dopo Pombal. La Spagna di Floridablanca", en *Settecento riformatore: la caduta dell'Antico Regime,* Einaudi, Turín, 1984, pp. 203-239; Marquez do Funchal, *O conde de Linhares,* Bayard, Lisboa, 1908.

sobre las propiedades y esclavos urbanos y un tercero sobre las bebidas alcohólicas y sus establecimientos. Finalmente, los correos interiores deberían ser organizados y las loterías, fundadas.

Ese conjunto de providencias que Souza Coutinho quería ver consolidadas en una carta regia sobre el Brasil, no llegó a ser puesto en práctica, con excepción del fin del monopolio sobre la sal (1801) y el rescate de ciertos contratos concedidos a particulares, pero tuvo una gran repercusión en la élite más ilustrada del Imperio. De Bahía, el profesor de griego Luís dos Santos Vilhena dirigió a *Patrífilo* las cuatro últimas de sus *Cartas soteropolitanas e brasílicas* que dedicó a Souza Coutinho; en Río de Janeiro, Manoel Inácio de Silva Alvarenga, profesor éste de retórica, implicado en la supuesta conspiración de 1794, escribía al sucesor de Martinho de Melo e Castro para agradecerle la libertad que había obtenido, juzgando que, habiendo sido contemporáneo suyo en Coimbra, "debía ser el primero que desde estas remotas provincias mostrase a Vuestra Excelencia el justo placer que sentí en mi alma, sabiendo que su Majestad había confiado en las brillantes virtudes de Vuestra Excelencia para la administración de los importantes negocios ultramarinos".

Y concluía haciendo votos de que "Dios guarde a Vuestra Excelencia para aumento y felicidad de Portugal y de sus Colonias".[16]

La difusión de las ideas de Souza Coutinho en Brasil encontró otros canales importantes de transmisión. En primer lugar, gracias a la modernización del Estado portugués iniciada por Pombal y proseguida por sus sucesores, creció la participación de brasileños letrados en la administración metropolitana, como parte del grupo que K. R. Maxwell denominó la "generación de la década de 1790". Souza Coutinho supo rodearse, o atraer a su círculo, a un gran número de estos individuos, la mayoría constituido por naturalistas y hombres prácticos, como José Bonifácio de Andrada e Silva, Manuel Ferreira da Câmara, Hipólito José da Costa, fray Mariano de Conceição Veloso, Manoel de Arruda Câmara y José Joaquím da Cunha de Azeredo Coutinho. Más tarde, muchos de ellos desempeñarán un papel decisivo en el proceso de emancipación de Brasil, como José Bonifácio, considerado el patriarca de la Independencia, e Hipólito da Costa, influyente periodista responsable de la publicación en Londres del *Correio Brasiliense*, que adquirió una notoriedad que sirvió de respaldo para divulgar las ideas que habían

[16] Luís dos Santos Vilhena, *A Bahía no século XVIII,* 2ª ed., Itapuã, Bahía, 1969, 3 vols., y *Revista do Instituto Histórico e Geográfico Brasileiro,* Río de Janeiro, 65 (1), pp. 275-335; 1902, pp. 291-292.

asimilado en el círculo de Souza Coutinho. Como observó Maria Odila da Silva Dias, esos ilustrados brasileños,

> aunque conscientes de que era indispensable transformar y adaptar las recetas europeas a los problemas brasileños, muy diferentes de los que asolaban a la metrópoli, no pensaban en independencia y separación [...] Sobre todo después de la llegada de la familia real a Brasil, parecen identificados con la idea de un gran imperio portugués, centralizado en América y hacen uso de medios muy sutiles e indirectos para criticar al Gobierno.[17]

En segundo lugar, el secretario de Ultramar también participó activamente en una iniciativa de largo alcance. El seminario de Olinda, fundado por el obispo de Pernambuco, José J. da C. de Azeredo Coutinho, en 1800, presentó una serie de características innovadoras. Organizado con base en los patrones adoptados por el estatuto de la reformada Universidad de Coimbra y concebido como una institución colocada en la cumbre de toda una red de aulas regias de la capitanía, el seminario constituyó la primera escuela subvencionada por la Corona. Por otro lado, el plan de estudios adoptado estaba claramente vinculado con el mismo ideario de Souza Coutinho, con un énfasis en el estudio de las ciencias y matemáticas, con la creación de una cátedra de dibujo y otra de francés y con la posibilidad de admitir alumnos que no se destinasen al sacerdocio, a quienes se ponía como única condición que demostrasen talento, aun cuando fueran de origen humilde. Curiosamente, el seminario de Olinda combinaba los intereses del Estado y de la Iglesia, teniendo como objetivo, según las palabras del fundador, formar "sujetos [...] que sirvan de gloria al Colegio, de ornamento a la Patria, de utilidad a la Iglesia y de bien al Estado"; esto demuestra una vez más la peculiar simbiosis en el mundo lusobrasileño entre esas dos instancias de poder, simbiosis que, en la perspectiva de Azeredo Coutinho, se convertía en un auténtico plan de acción:

> Cuando el habitante de los campos y de las breñas sea filósofo, cuando el filósofo sea habitante de las breñas y de los campos, se habrá encontrado el hombre adecuado para la gran empresa del descubrimiento de la naturaleza y de sus tesoros; el ministro de la religión, el párroco de los campos y de las breñas, sabio e instruido en las ciencias naturales, ese es el hombre que se desea.[18]

[17] "Aspectos da Ilustração no Brasil", *Revista do Instituto Histórico e Geográfico Brasileiro,* 70, enero-marzo de 1968, Río de Janeiro, pp. 278-305; la cita en pp. 146 y 149.

[18] J. J. da C. de Azeredo Coutinho, *Estatutos do Seminário, Episcopal de N. Senhora da Graça da cidade de Olinda,* Academia R. das Ciências, Lisboa, 1798, p. 3, y "Discurso sobre o estado atual das minas do Brasil" (1804), en *Obras econòmicas,* Apr. de S. B. de

Aunque aún falte un estudio sistemático de la influencia ejercida por el seminario de Olinda, existe una evidencia indirecta de su papel en la formación de toda una generación, de pernambucanos y de naturales de las capitanías vecinas, marcada por ciertas preocupaciones que seguramente circulaban entre sus muros.

Por último, para comprender el impacto de las ideas de Souza Coutinho, es preciso recordar el ambiente intelectual en que fueron adoptadas. El reciente análisis de los anuncios de libros en algunos periódicos portugueses demuestra que el comportamiento de las publicaciones en Portugal fue paralelo a la tendencia observada en Francia en una célebre serie de artículos, coordinada por F. Furet. De 1780 a 1820, creció continuamente el número de títulos editados y, aunque con fluctuaciones, se dio una reducción permanente del lugar ocupado por los asuntos religiosos e históricos.[19] Por consiguiente, aunque en el ámbito muy restringido de una élite reducida, parece difícil continuar sustentando la falta de sintonía del mundo lusobrasileño con el movimiento intelectual europeo. Sin embargo, es preciso comprender que esa penetración de las Luces sólo podía realizarse con el filtro específico que representaba la mentalidad lusobrasileña.

Esa especificidad se encontraba en el propio pensamiento de Souza Coutinho. Como destaca Valentím Alexandre, su proyecto no pretendía superar el sistema vigente, sino encontrar los medios adecuados para tornarlo más ágil y eficiente. En el fondo, las preocupaciones de Souza Coutinho todavía se movían en el marco del antiguo régimen si bien, en algunos aspectos, algunas de sus premisas fundamentales lo ponían ya en tela de juicio. En lo que toca a la estructura social, es cierto, en la concepción de la nobleza como un estrato procedente del nacimiento, pero se continuaba distinguiéndola por las virtudes y méritos, y se pensaba que los nobles tradicionales eran los más aptos para adquirirlos. En lo concerniente a los principios económicos, recurría a la lectura de los autores liberales, entre ellos a Adam Smith, para corregir algunas deficiencias dentro del Imperio, pero conservaba la idea de una complementariedad mercantilista entre el reino y ultramar. Con todo, es en el campo político —a pesar de mantener la religión como fundamento de la vida social a la manera de Voltaire, aunque subordinándola a los intereses del Estado, en la más clara tradición del regalismo pombalino—

Holanda, Ed. Nacional, São Paulo, 1966, p. 212. *Cf.* también G. P. Neves, *O seminario de Olinda: educação, cultura e política nos tempos modernos,* tesis de maestría presentada en la Universidade Federal Fluminense, Niterói, 1984, 2 vols., mimeografiada.

[19] Joao Luís Lisboa, *Ciência e política: ler nos finais do Antigo Regime,* INIC, Lisboa, 1991, especialmente pp. 73-83.

donde se revela su originalidad. Ante las transformaciones ocasionadas por la independencia de las colonias inglesas de América y por la Revolución francesa, se da cuenta, con los instrumentos mentales que las Luces le proporcionan, de la necesidad de proceder a reformas para conservar la integridad del Imperio portugués. Aún más: percibe que las unidades políticas y las acciones de los pueblos resultan de construcciones de la mente que, a partir de una inculcación de valores y perspectivas, son el resultado de una ideología que se debe elaborar "a fin de que el Portugués, nacido en las cuatro partes del mundo, se considere solamente portugués..." En 1803, aconsejando al monarca para organizar la defensa contra una posible invasión franco-española, propone preparar a la opinión pública, haciendo

> imprimir, publicar y distribuir en forma de gaceta o papeles volantes, millares de papeles en que se pintasen con los más justos y negros colores las intenciones de los franceses, su ambición, su asociación con los españoles, la perfidia de estos últimos, los proyectos de adueñarse de Portugal, de reducir los pueblos a la más cruel esclavitud.[20]

Desde este punto de vista, pretendió realizar el sueño de un imperio lusobrasileño, mas ¿cómo hacerlo, si se contaba apenas con una tenue élite ilustrada a ambos lados del Atlántico y con la oposición de una arraigada tradición litúrgica lusitana? Ése fue el dilema de Souza Coutinho.

Bloqueado en la mayoría de sus iniciativas por la inercia y las vacilaciones de los engranajes del Estado portugués, víctima de las intrigas palaciegas, en favor de una postura que defendía un acercamiento diplomático con Francia y que, en una visión exclusivamente europea, procuraba evitar una invasión del reino por España, Souza Coutinho presentó su dimisión en 1803 y asistió impotente a la llegada de la crisis, retirado en su quinta de Lagoalva. En agosto de 1807, el Consejo de Estado comenzó, entretanto, a discutir las opciones posibles ante el ultimátum que, el 29 de julio, Napoleón transmitió al embajador portugués en París, exigiendo que se rompieran completamente las relaciones con Inglaterra, y que repetiría en términos todavía más duros el 10 de agosto. Desde este momento hasta el 24 de noviembre, Souza Coutinho defendió la transferencia de la corte a Brasil, decidida esa última fecha y hecha efectiva cinco días después, cuando las tropas de Junot ya se encontraban en las proximidades de Lisboa. Se desvanecía

[20] *Apud* José L. Cardoso, *O pensamento económico en Portugal nos fins do século* XVIII, Estampa, Lisboa, 1989, p. 186.

así el sueño de un imperio lusobrasileño y comenzaba la construcción del Imperio de Brasil.[21]

Brasil en 1808

Cuando los 36 navíos con la familia real y los aproximadamente 15 000 individuos de la comitiva llegaron a Bahía y a Río de Janeiro, en los inicios de 1808, la mayoría de los pasajeros debió experimentar algo de la fascinación que, pocos años después, las provincias de América despertarían en los viajeros y naturalistas con que la Europa civilizada del siglo xix descubriría los trópicos. Pero, desde el punto de vista de los que se encontraban en tierra, hubiera sido difícil imaginar la transformación que la instalación de la corte en el Nuevo Mundo habría de imprimir a la mezquina vida social a que estaban acostumbrados. Para los cerca de 120 000 habitantes que se repartían entre Río de Janeiro y Salvador, como continuaría siéndolo para los otros 3.5 millones de almas diseminadas por el país, el mundo se resumía aún entonces a la rutina de las fiestas religiosas y de las misas dominicales, que ofrecían una ocasión para las murmuraciones, que la tradición de desconfianza e intrigas de la Inquisición forjó y que los fuertes lazos de solidaridad vertical entre las familias estimulaban gracias a la institución del compadrazgo.[22] En una época de miedo a los "perniciosos principios franceses", los comisarios del Santo Oficio se valían del epíteto de *jacobino* para fulminar a los desafectos, lo que generaba interminables querellas que, muchas veces, llegaban a los tribunales, donde se eternizaban por años, exigiendo la constitución de procuradores en el reino, o incluso viajes transoceánicos por parte de los interesados. Por otra parte, las demoras, en la medida en que todas las decisiones más importantes eran tomadas en la metrópoli, ya eran parte de lo cotidiano, ya sea en la justicia (a pesar de los tribunales superiores, las Relaçães, creadas en Bahía y en Río de Janeiro), ya sea en el pago a los funcionarios, como también en la propia esfera administrativa, todo lo cual indicaba la difusa falta de racionalidad del sistema. Falta de racionalidad que, en términos estrictamente económicos, acentuaba la esclavitud, además de desprestigiar los trabajos manuales. En Bahía, en 1800, el futuro gobernador de Angola, Miguel Antônio da Melo, escribía a Souza Coutinho que se des-

[21] M. V. F. Alexandre, Os *sentidos…*, pp. 147-164 y, para la mención anterior, pp. 141-150.

[22] *Cf.* R. Graham, *Patronage and politics in Nineteenth-Century Brazil,* Stanford University Press, Stanford, 1990. *Cf.* también L. Costa Lima, "Naturaleza e história nos trópicos", en *O controle do imaginário,* Brasiliense, São Paulo, 1984, pp. 130-157.

conocía "en la Ciudad todo el Servicio de animales Domésticos, a excepción de Mulas para carruajes y caballos para caballeros", empleándose 20 negros para conducir un fardo de tejido, un cajón, una valija, para lo que hubiera bastado un carro con dos bueyes". En Río de Janeiro, después de la llegada de la familia real, un inglés que allí residió por 12 años, narra, en un pasaje justamente célebre, las vicisitudes en que se vio para abrir una cerradura, cuya llave había perdido, observando que los artesanos blancos "se consideraban todos ellos demasiado hidalgos para trabajar en público y que se considerarían degradados si se les veía cargar alguna cosa, por las calles, aunque fuesen las herramientas de su oficio".[23]

Socialmente, lo que distinguía a Brasil de una sociedad típica de finales del antiguo régimen era la esclavitud. Ésta, no obstante, apenas acentuaba o distorsionaba ciertos rasgos fundamentales de la época. En primer lugar, en la constante disputa por los privilegios, característico de la mentalidad de la época, el ser libre implicaba el mayor de todos y establecía una primera distinción social determinante. Pero, de ninguna manera eliminaba otras, que definían una jerarquía menos rígida, aunque presente. No tanto por el estilo de vida, muy modesto hasta que la presencia de la corte de Río de Janeiro divulgó las modas europeas, pero sobre todo por la posesión de tierras y, evidentemente, de esclavos. De esta manera, eran los señores de ingenio y otros latifundistas, con planteles de decenas de cautivos, los que ocupaban la cúspide de la pirámide, superados solamente en prestigio, por la fuerza de su posición, por las altas autoridades enviadas por la metrópoli. Muy próximos a este grupo, cuando no confundidos con él a través de casamientos o intereses económicos, sobresalían los grandes comerciantes del litoral. Inmediatamente después seguían los poseedores de fortunas más limitadas, procedentes de algunas actividades como el cultivo del tabaco; los que giraban en la órbita de los primeros, como los plantadores de caña; o los que sacaban provecho de la disponibilidad de tierras excepto en el litoral del nordeste con el retroceso constante de las fronteras de la colonización. Entre éstos y el pueblo humilde se situaba un estrato intermediario de pequeños propietarios, rurales y urbanos, de funcionarios de todo tipo, incluyendo a los militares y al clero, los principales

[23] Informação da Bahia de Todos os Santos, *Biblioteca Nacional do Río de Janeiro, Seção de Manuscritos,* I - 31, 21, 34; y John Luccock, *Notas sobre o Rio de Janeiro e partes meridionais do Brasil,* trad. de M. da S. Rodrigues, Martins, São Paulo, 1942, p. 73. *Cf.* también M. B. Niza da Silva, *Cultura e Sociedade no Rio de Janeiro,* ed. Nacional/INL, São Paulo/Brasilia, 1977; E. Cabral de Mello, *O nome e o sangue,* Companhia das Letras, São Paulo, 1989; S. B. Schwartz, *Burocracia e sociedade no Brasil colonial,* trad. de M. H. P. Martins, Perspectiva, São Paulo, 1979.

comerciantes detallistas, los abogados, los médicos y unos profesores de primeras letras, gramática latina, retórica, filosofía y de algunas otras disciplinas. Aquí se agotaba la categoría de los *nobres,* a la que se oponían los *mecânicos,* compuesta de vendedores ambulantes y pequeños mercaderes, de artesanos, de militares inferiores y de una multitud de *desclassificados,* sin ocupación definida, que sobrevivían precariamente y recurrían frecuentemente a los tumultos y a la violencia. Mientras que aquéllos buscaban el reconocimiento del lugar que ocupaban con la distinción de una encomienda de la Orden de Cristo, éstos afrontaban precariamente los desafíos cotidianos, entre otros el abastecimiento de víveres, de carne o de la harina de mandioca, "el pan ordinario del país", que estaban en manos de los acaparadores o, en todo caso, sujetos a las fluctuaciones de la demanda internacional de productos nobles.[24]

Ese ambiente no impedía completamente el ascenso social. En las ciudades, los itinerarios más viables fueron los de esclavo a libre, de mecánico al amplio estrato intermedio y, sobre todo, el que se producía dentro de este último. Por compra o por donación, una carta de emancipación podía hacer que un cautivo accediese al mundo del pueblo humilde en el cual, algunas veces, obtenía algún éxito, convirtiéndose él mismo en propietario de esclavos, de cuyo alquiler o salarios pasaba a vivir. Menos escasos en este periodo eran los hijos de *mecânicos* que pasaban a ser *nobres,* en general gracias a la carrera eclesiástica, como fue el caso de fray Caneca. O bien podía ocurrir que el descendiente de algún pequeño venturoso o de algún funcionario oscuro llegase a distinguirse por las letras, volviendo de Coimbra con los privilegios del bachiller (no fueron más de 237 los que nacidos en Brasil entraron en la universidad entre 1790 y 1807). Por último, unos u otros podían prosperar en los negocios. Con todo, parece difícil que una misma permeabilidad caracterizase a la cúspide de la pirámide social. Por otro lado, a pesar de lo que sólo se deduce de los estudios sobre los años posteriores a la Independencia, la sociedad colonial ya presentaba probablemente la permisividad y la cordialidad que Gilberto Freyre y Sergio Buarque de Holanda fueron los primeros en intuir. La generalización del concubinato, la presencia de los *agregados*[25] y los destinos de muchos expósitos constituyen indicadores de que los individuos estaban poco sujetos a la ley y al frío mecanismo del mercado, encontrando formas de burlar la primera y de hacer más flexible el segundo. Esa malea-

[24] *Cf.* J. J. da C. de Azeredo Coutinho, Informação de 12 de Março de 1803, Anexo H, *Biblioteca da Faculdade de Educação da Universidade de São Paulo,* microfilmes, rollo 12. *Cf.* también L. de Mello e Souza, *Desclassificados do ouro,* Graal, Río de Janeiro, 1982.

[25] Clientes de un personaje que viven bajo su mismo techo. [N. del T.]

bilidad, no obstante, no afectaba a una característica básica de esa sociedad del antiguo régimen: la unanimidad de valores y de actitudes, de arriba abajo del cuerpo social, que configuraba lo que Peter Laslett denominó la "sociedad de una sola clase".[26] Rasgo todavía más acentuado por la presencia de un millón de esclavos ya que, después de 1792, el miedo a una revuelta como la de Haití hizo que los hombres libres desconfiasen de las novedades y continuasen presos de los esquemas tradicionales.

En esas condiciones, la élite intelectual mostraba ser todavía más escasa y apagada que la de Portugal; ni siquiera contaba con una oficina tipográfica en la colonia. Concentrada en las ciudades y formada por algunos bachilleres en derecho o canónigos, por unos cuantos eclesiásticos que habían conseguido sobresalir de la masa de clérigos ignorantes, por un número ínfimo de profesores efectivamente ilustrados y alguno que otro curioso, también sufría de los retrasos que distinguían al sistema para adquirir libros e intercambiar ideas. A finales del siglo XVIII y en las primeras décadas del XIX, se pudo ver, no obstante, en Brasil el incremento significativo de las instancias de divulgación de nuevas ideas, con la presencia, en Río de Janeiro, del agente de una casa editora de Lisboa y de un librero de origen francés, establecido ciertamente desde 1799, además de la llegada continua de obras a los principales puertos de Brasil. De la misma forma, las bibliotecas particulares, aunque modestas, que se habían constituido, sugieren que un cierto movimiento intelectual no estaba del todo ausente.[27] En un caso, por lo menos, el de la conjuración de Bahía de 1798, es posible comprobar que las ideas de las Luces circularon así incluso entre la gente llana, aunque sufrían una serie de distorsiones que las redujeron a la expresión de un resentimiento contenido contra las opresiones cotidianas.

En contrapartida, para el conjunto de la población, la religión permanecía como la principal referencia respecto del mundo. Religiosidad, no obstante, superficial, constituida de prácticas devotas y de rituales sociales, que propiciaba el mantenimiento de una mentalidad mágica y facilitaba la asimilación de creencias africanas e indígenas, además de

[26] Peter Laslett, *O mundo que nós perdemos,* Cosmos, Lisboa, 1975, pp. 47-85. *Cf.* también F. Morais, "Estudantes da Universidade de Coimbra nascidos no Brasil", *Brasilia,* Coimbra, 4 (suplemento), pp. 1-599, 1944 y K. M. de Q. Mattoso, "As relaçães sociais", en *Bahía: a cidade e seu mercado no século XIX,* Hucitec/SMEC, São Paulo/Salvador, 1978, pp. 201-238.

[27] Lucia M. Bastos y G. P. Neves, "Comércio de libros e censura de idéias: a atividade dos livreiros franceses no Brasil e a vigilância da Mesa do Desembargo do Paço (1795-1822)", *Ler Historia,* 23, Lisboa, pp. 61-78, 1992. *Cf.* igualmente M. B. Nizza da Siva, *Cultura no Brasil colônia,* Vozes, Petrópolis,1981.

que, con ocasión de la muerte, se expresaba en la típica pompa barroca de los funerales. En los inventarios posmortem abundan las imágenes, los rosarios, los oratorios, acompañados en los testamentos, por donaciones pías, por el encargo minucioso de decenas de misas y por las disposiciones del entierro, invocaciones a los santos y a otros miembros de la corte celestial. Actitudes compartidas por la mayoría del clero, indiferenciado aun de los laicos —en las costumbres, en el traje, en el concubinato— a causa de una formación deficiente, recibida casi siempre fuera de seminarios y carente de estudios profundos.[28]

No habiendo vida social, las cuestiones públicas merecían poco interés. Según Capistrano, basándose en el viajante Thomas Lindley, se sabía "cuando mucho [...] si se está en paz o en guerra".[29] Los virreyes de Río de Janeiro, a pesar del título, gozaban de poca autoridad sobre los territorios fuera de sus límites inmediatos, y cada gobernador de las otras ocho capitanías trataba directamente con Lisboa. Esa administración central, con sus órganos subsidiarios, mantenía la influencia de la Corona en las ciudades donde tenía su sede, pero, a medida que se iba alejando de ellas, su influencia se hacía cada vez más frágil. En el interior crecía la independencia de los cabildos *(câmaras),* aunque también se manifestaba con frecuencia en las capitales y villas más importantes, lo que llevaba al obispo Azeredo Coutinho, gobernador interino de Pernambuco, a un característico desahogo:

> Yo ya no puedo estar todos los días respondiendo a los cabildos, como si fuese una disputa de verduleras [...]; todas las cosas aquí se hacen por casualidad, porque no hay sistema en cosa alguna y lo peor es que los Cabildos no quieren que se les dé ninguna providencia, porque dicen que esto atenta a sus privilegios, cuando todos saben que solo defienden sus intereses y los de sus amigos [...] Vuesas Mercedes y todo el mundo saben que estas doctrinas de que nada se puede hacer con respecto a los pueblos sin que los pueblos quieran, ha sido un engaño con el que los Egoístas enemigos del bien público han arruinado todo el orden social y hecho de los miserables pueblos el instrumento de su misma destrucción.[30]

[28] *Cf.* J. Marcadé, *Frei Manuel do Cenáculo Vilas Boas,* Fund. Calouste Gulbenkian, París, 1978; J. R. do Amaral Lapa, *Livro de visitação do Santo Oficio da Inquisição ao estado do Grão-Pará: 1763-1769,* Vozes, Petrópolis, 1978; José Reís, *A morte é uma festa,* Companhia das Letras, São Paulo, 1991.

[29] João Capistrano de Abreu, "Três seculos...", p. 212.

[30] Parecer do bispo de Pernambuco sobre o procedimento das Câmaras. 13 fevereiro 1802. *Biblioteca Nacional do Rio de Janeiro, Seção de Manuscritos,* 7, 4, 57, núm. 1. *Cf.* también M. Cardozo, "Don José Joaquim de Cunha de Azeredo Coutinho, Governador interino e bispo de Pernambuco, 1798-1802", *Revista do Instituto Histórico e Geográfico Brasileiro,* Río de Janeiro, 282, pp. 3-45, enero-marzo de 1969.

La presencia de las autoridades centrales también se manifestaba por medio de los jueces de *fora,* en las villas más destacadas, y por los oidores, cuya función era la de supervisar los cabildos y la justicia local, pero siempre en número muy insuficiente para la extensión del territorio que les competía. Además de estos instrumentos, quedaba, haciendo resaltar nuevamente la simbiosis entre la Iglesia y el Estado, la red de las parroquias, aunque éstas eran extraordinariamente grandes, irregularmente provistas de sacerdotes y muy esporádicamente recorridas por visitadores. En las sedes de los obispados —Pará, São Luís, Olinda, Salvador, Río de Janeiro, São Paulo y Mariana— al lado de los cabildos, los cabildos eclesiásticos formaban otro cuerpo que podía asumir una función política significativa, sobre todo en las frecuentes y prolongadas vacantes episcopales, lo que no despertaba ninguna simpatía en la metrópoli. Hacia 1795, el *Procurador Geral das Ordens de la Mesa da Conciência e Ordens* consideraba duramente que los cabildos algún día habían sido senado de la Iglesia y consejo de los obispos pero hoy son para la mayor parte el seminario de las intrigas y desórdenes que se levantan en los obispados.[31] Finalmente estaban las hermandades. No eran instituciones de carácter nítidamente político, sirviendo preferentemente de espacio de sociabilidad o de socorro en las situaciones difíciles para los habitantes coloniales. Sin embargo, eran regidas por estatutos escritos, los *compromissos,* mediante los cuales se elegía a los individuos que componían su mesa directiva y se reivindicaban los intereses y derechos de sus miembros en las cuestiones que afectaban a la peculiar religiosidad lusobrasileña, y por ello cumplían, para la mayoría de la población, con el papel más próximo a lo que se podría considerar como una actividad propiamente política. La hermandad del Santísimo Sacramento de Recife, por ejemplo, se enzarzó en una polémica de gran repercusión, a causa de una disputa sobre la posesión de la llave de la iglesia, iniciada antes de la llegada de Azeredo Coutinho a Pernambuco, en 1798, polémica que continuaba todavía en 1804.[32]

A la vista de este patrón de vida social, política y cultural, parece poco probable que los movimientos contestatarios del periodo hayan tenido el carácter que les dio una historiografía nacionalista, ansiosa de encontrar en ellos los antecedentes de la independencia de 1822 y de establecer los mitos fundadores de la nueva nación. De los cuatro episo-

[31] *Arquivo Nacional da Torre do Tombo,* Ordens Militares, Ordem de Cristo, Padroado do Brasil, Bispado de Pernambuco, caja 12, expediente 12.

[32] *Cf. Arquivo Nacional da Torre do Tombo,* Ordens Militares, Ordem de Cristo, Padroado do Brasil, Bispado de Pernambuco, caja 13; expediente 13, también A. J. R. Russel-Wood, "Prestige, Power and Piety in Colonial Brazil: The Third Orders of Salvador", *Hispanic American Historical Review,* Durham, 69 (1), pp. 61-89, febrero de 1989.

dios que pueden ser así caracterizados, dos no tienen ninguna significación. La llamada Conjura Carioca de 1794 no pasó de ser el efecto en la colonia del temor a los jacobinos que se tenía en la metrópoli después de la Revolución francesa con la prisión de algunos individuos ilustrados que se reunían para debatir acerca de los acontecimientos de Europa y de las ideas en boga. La Conjura dos Suassunas en Pernambuco (1801), a su vez, se reveló tan poco importante que ni la corona llevó adelante el proceso. De otra naturaleza fue la Inconfidencia Minera de 1789, en la que se discutió, a pesar de la fragilidad de su organización militar, la proclamación de una república y la independencia de Portugal. Con todo, en el movimiento estaba comprometido un grupo bastante reducido, ligado a la élite económica local, endeudada con la crisis de la minería, y aunque sea un indicador de que era posible pensar, en la colonia, en el rompimiento con la metrópoli, es muy poco probable que expresara los sentimientos dominantes de la población. De la misma forma, si la Inconfidencia de Bahía de 1798, la llamada *Conjuração dos Alfaiates,* es muy significativa de la desesperación en que vivían los estratos más humildes de la población, especialmente cuando adquirían algún barniz cultural que les permitía expresar su propia condición, no por ello presentó programa alguno concreto ni contó con el apoyo de sectores más vastos.[33]

En realidad, contrariamente a lo que suponía la historiografía tradicional, es cada vez más difícil analizar esos movimientos como una crisis del sistema colonial. Desde el ángulo del comercio atlántico, la obligatoriedad de la exclusiva metropolitana no implicaba un régimen de flotas o de puertos únicos, a no ser por razones de seguridad en periodos de guerra. Además de Río de Janeiro y Salvador (Bahía), Recife (Pernambuco), São Luís y Belém do Pará mantenían contactos importantes con los puertos portugueses, pero, excepto los dos últimos, también tenían contacto con la costa de África, en el marco del tráfico de esclavos, además de que servían de escala en la ruta de Asia. La fuente más accesible para el análisis de ese movimiento mercantil son las balanzas de comercio, de las que se conoce una serie casi completa a partir de 1796. Sin embargo, según el autor de *Os sentidos do império,* los estudios realizados sobre ellas no han sido sensibles a la semántica histórica ni a la lógica particular que presidió a su sistematización. Así, por ejemplo, en el rubro general *mantimentos,* entraban, en realidad tanto los géneros importados de Europa —por ejemplo la harina "del norte" y

[33] *Cf.* G. P. Neves, "Bahía, 1798: une lecture coloniale de la Révolution Française", en M. Vovelle (dir.), *L'image de la Révolution Française,* Pergamon, París, 1989. pp. 400-409, y K. R. Maxwell, *Conflicts and Conspiracies,* Cambridge University Press, Cambridge, 1973.

los productos lácteos— como los que eran la base de la economía portuguesa: el vino o aceite; en un mismo rubro —como "hilados"— se contaba tanto la materia prima como el producto acabado; el rubro "productos de las fábricas del reino" no englobaba todos los productos manufacturados portugueses, que figuraban también en otros. Al ignorar esas y otras peculiaridades, acabó escamoteándose el peso respectivo de cada uno de los dos papeles desempeñados por la metrópoli, es decir: servir de almacén a productos ajenos, o ser exportadora de bienes producidos en Portugal, apenas se insistió en el primero. Por otro lado, también hizo imposible una evaluación precisa del peso de Brasil en el conjunto del Imperio.

Para Valentím Alexandre, las exportaciones portuguesas de productos industriales y víveres para el Brasil, 90% de las cuales correspondían a Lisboa, crecieron durante la mayor parte del periodo de 1796 a 1807, a pesar de que los primeros habían presentado síntomas de malestar en 1805 y una recesión general en 1806-1807. En sentido inverso, de 1796 a 1799, correspondía a Bahía la mayor parte del valor de los productos remitidos (36.3%, contra 27.2% de Río, 22.6% de Pernambuco, 9.6% de Maranhão y apenas 4% de Pará), mientras que, de 1804 a 1807, Pernambuco asume el liderazgo, con un 27.4%, mientras que Bahía retrocede a 27.1% y Río a 26.3%, quedando Maranhão en 13.9% y Pará en 5.1%. Esa modificación de las posiciones es consecuencia de la baja de los precios del azúcar y del tabaco, más que compensada, sin embargo, en algunos casos, por el alza de los cueros, del café, de las cantidades de arroz y, sobre todo, por la valorización del algodón, lo que muestra el peso de cada género en la economía de las diferentes regiones.

Tradicionalmente se creía que Brasil, en ese periodo, tendió a tener superávits en relación con la metrópoli, con saldos crecientes acumulados a su favor a partir de 1800, lo que denotaría la crisis del sistema colonial. Con todo, eso sólo se podría verificar si todas las remesas de metal precioso fueran contabilizadas como operaciones autónomas, o sea, como remesas que no se destinaban a cubrir el déficit resultante del saldo comercial. Valentím Alexandre, al contrario, argumenta, de manera convincente, que la mayor parte de las remesas de metal precioso del periodo, registradas en las balanzas, se referían exclusivamente a los particulares, consistiendo el resto en pesos españoles, cargados en los navíos que se dirigían a Asia. Se articulaban así, "dos circuitos mercantiles: el que ligaba Río de Janeiro a las colonias españolas de América, por el contrabando en Buenos Aires, fuente de pesos y otro, triangular, que ponía la plaza de Lisboa en contacto con la India y la China, a través de Brasil [...]".

De este modo, Portugal asegura para sí —a pesar de los déficits de los años 1796, 1800, 1801, 1803 y 1804— un saldo acumulado que alcanza un máximo de 7.516,2 *contos de reis* en 1799 y 4.655,2 todavía en 1804, invirtiéndose la tendencia solamente de ahí en adelante. Al mismo tiempo, nada indica, a no ser por las denuncias vehementes de los prólogos de las balanzas, que el contrabando haya crecido durante ese periodo, como señal de crisis del sistema. Por consiguiente, la estructura económica del Imperio portugués continuaba mostrándose perfectamente apta para sacar provecho de la exclusiva comercial de que gozaba. Además de esto, a pesar del peso representado por el vino de Oporto en las exportaciones portuguesas, ese componente pierde la preponderancia que siempre le fue atribuida, si es considerado en relación con el conjunto del Imperio y del mercado internacional como un todo, en vez de evaluarlo en el contexto del comercio lusoinglés. Hasta 1804, la crisis del Imperio portugués, e incluso la dependencia con respecto a Inglaterra, no pasan de ser un espejismo, construido a partir de la situación posterior.[34]

Brasil, sede de la monarquía

Ciertamente, al desembarcar en Bahía, el 22 de enero de 1808, ante los habitantes atónitos, pero entusiasmados al ver al primer soberano que pisaba el Nuevo Mundo, ni el príncipe regente ni sus consejeros podían tener plena conciencia de esas realidades del país que iban a gobernar durante los siguientes 13 años. Por otro lado, urgía tomar una serie de medidas para hacer viable la continuidad de la administración. Antes de octubre de 1808, fueron recreadas en América las principales instituciones metropolitanas, como el consejo de Estado, el Erario Regio, la Mesa do Desembargo do Paço y la Mesa da Consciência e Ordens, la Casa da Suplicaçao y otras. El gabinete ministerial fue igualmente reorganizado, el 11 de marzo con la vuelta a sus funciones de ministro de la Guerra y Asuntos exteriores, de Rodrigo Souza Coutinho cuyas múltiples actividades lo harán jefe del gobierno hasta su muerte, en enero de 1812, distinguido ya con el título de conde de Linhares. Inmediatamente después de llegar a Bahía, apremiado por las circunstancias y por la presión inglesa, don João había anunciado, el 28 de enero de 1808, la apertura de los puertos brasileños a todas las naciones amigas, acabando así con la exclusiva colonial. En abril, otras decisiones derogaron los decretos que prohibían la instalación de manufacturas en Brasil, fo-

[34] Todo este párrafo constituye una tentativa de resumir el trabajo de Valentím Alexandre, pp. 25-75. Para la cita, *cf.* p. 67.

mentándolas con la franquicia de los derechos arancelarios sobre la importación de materias primas y con privilegios para la invención e introducción de nuevas técnicas. También en 1808, se realizó el antiguo sueño de Souza Coutinho con la creación del primer banco de Brasil. Sin embargo, la oposición de algunos comerciantes portugueses obligó a publicar el decreto del 11 de Junio de 1808, que redujo la navegación de extranjeros en el Brasil a los cinco mayores puertos, restringiendo el cabotaje y el transporte de África y Asia a los navíos portugueses, cuya carga pasaba también a gozar de tarifas preferenciales. A pesar de eso, el aflujo de ingleses se reveló extraordinario, contando la plaza de Río de Janeiro, en agosto de 1808, con más de 150 negociantes de esa nacionalidad, cuyos intereses se extendían, incluso, al área del Río de la Plata, tradicionalmente articulada con Río de Janeiro. A los británicos les siguieron otros extranjeros, que sumaron más de 4 000 hacia 1822. Con ellos y la vida de la corte, se incrementaron las actividades culturales, como el teatro y la música, y se acentuó la circulación de nuevas ideas y modas, facilitada por la introducción de una imprenta, traída de Portugal a bordo de la flota, junto con la real biblioteca (convertida después en base de una biblioteca pública); la imprenta editó el 10 de septiembre el primer número de la *Gazeta do Río de Janeiro.* Más tarde, en 1811 y 1817, respectivamente, otras imprentas serían establecidas en Bahía y en Pernambuco. El súbito aflujo de nuevos habitantes, que hasta 1822 prácticamente doblaron la población de la ciudad, elevándola a 100 000 almas, representó un peso considerable para la precaria estructura urbana, generando molestias, compensadas, no obstante, con una amplia distribución de títulos y beneficios y con algunas mejoras destinadas a hacer de Río una ciudad semejante a Lisboa. A pesar de esas novedades, no se apagó el miedo a los "perniciosos principios franceses", y se reorganizó la intendencia de policía y la censura, a pesar de las protestas de Hipólito da Costa en el *Correio Brasiliense.*

Por fin, también durante la preeminencia de Souza Coutinho, en esa primera fase de la regencia de don João en Brasil, fueron firmados, en 1810, los Tratados de Navegación, Comercio, Alianza y Amistad con Inglaterra. Las marchas y contramarchas de su elaboración empezaron con la convención de Portugal con Inglaterra en octubre de 1807, que decidió el apoyo de ésta a la transmigración de la familia real y al derecho de los Braganzas al trono, a cambio de la elaboración de un tratado comercial. Aunque fuesen el evidente resultado de la presión inglesa, los tratados de 1810, como comenta Valentím Alexandre, también correspondían a las necesidades del gobierno en Brasil, una vez que, ocupada la metrópoli por los franceses, se cernía una "amenaza de asfixia sobre la economía brasileña". Esto es verdad porque, contrariamente a la creencia generalizada, Gran Bretaña, excepto en cuanto al algodón, no representaba el mercado principal para los productos de América, que seguían partiendo sobre todo hacia Hamburgo y a los puertos italianos. Se necesitaba, pues, crear nuevos canales de salida, incluso por razones fiscales. Después de un primer proyecto, abortado en 1809, el texto final se reveló como un gran triunfo británico, en el que, además de otros puntos menores, estaba asegurada la reducción de las tarifas sobre los bienes manufacturados ingleses, sin que el estatuto de nación más favorecida concedido a Portugal garantizase ventajas equivalentes para los productos brasileños. Por otro lado, pensado inicialmente como una solución de emergencia, el acuerdo acabó por fijar un plazo de 15 años para su revisión y por establecer el compromiso portugués de abolir gradualmente el tráfico negrero.

> Era una mutación capital. Transformado lo que se creía provisional en un marco permanente, se reforzaba el desequilibrio entre las concesiones recíprocas de los dos países: sin ninguna contrapartida suplementaria por parte de Gran Bretaña, se sacrificaba duraderamente la producción industrial portuguesa, en cuanto a la propia salida de los géneros brasileños quedaba perjudicada, después de la paz general, en la medida en que el régimen de privilegio conferido a los ingleses dificultaba el establecimiento de relaciones comerciales con otras naciones.

Después de la muerte de Souza Coutinho, en 1812, a los 56 años, el gobierno de don João entró en un periodo de letargo, hasta el retorno de Antônio de Araújo de Azevedo al gabinete, en 1814. Este cambio ministerial reorientó el gobierno de Río de Janeiro nuevamente hacia las cuestiones relativas a la antigua metrópoli, que habían crecido en importancia con la perspectiva de paz en Europa y la realización del Congreso de Viena. La participación portuguesa, en la que sobresalió el conde de Palmela, se reveló bastante delicada no sólo por la posición vulnerable en que Portugal estaba a consecuencia de la imagen externa de un Estado bajo la tutela británica, sino también por la distancia que separaba el centro de poder, en el que se dictaban las instrucciones, del lugar de las negociaciones, lo que era como "jugar a ciegas un juego del que no se conocían todas las reglas". Para evitar que Portugal fuera relegado a simplemente firmar las decisiones tomadas por las potencias de la Cuádruple Alianza, o a encontrarse diplomáticamente aislado, los representantes portugueses se vieron obligados a pactar con Inglaterra la abolición del tráfico al norte de Ecuador (tratado de 21 de enero de

1815) y a aceptar soluciones poco satisfactorias para la frontera norte de Brasil y para el territorio de Olivença, ocupado por España.

Entretanto, en Brasil, aunque las noticias llegadas de Viena no podían agradar a la élite local, predominantemente esclavista, se proseguía con la obra civilizadora con el inicio de la misión artística francesa (1816), y los intereses propiamente brasileños no dejaban de estar presentes en la dirección de la política. Éstos se evidenciaron con la negativa de don João a volver a Europa, con la elevación de Brasil a Reino Unido a Portugal y al Algarve, en diciembre de 1815 y, sobre todo, con la intervención en la Banda Oriental de Uruguay en 1816. Entretanto, a pesar de la ascensión de don João al trono, el 20 de marzo de 1816, por el fallecimiento de doña María I, la situación de la corona era delicada por dos motivos. En primer lugar, porque, según la expresión de Valentím Alexandre, el Imperio lusobrasileño era "bifronte" y no podía actuar con independencia en América, como fue el caso en la campaña del Plata, a causa de sus intereses de Europa, donde se cernía la amenaza siempre presente de una anexión por España; ni viceversa, como ocurrió con la cuestión del tráfico africano durante del Congreso de Viena. En segundo lugar, las reformas introducidas en Brasil a partir de 1808 habían tendido a favorecer a Río de Janeiro, sede de la corte, despertando tensiones con las demás provincias.[35]

La revolución de Pernambuco en 1817 debe considerarse desde esta perspectiva, aunque también está presente en ella un imaginario propio, en el que ocupaba un lugar importante la rivalidad de los nativos con los portugueses inmigrados a causa de la guerra para la expulsión de los holandeses en el siglo XVII. En marzo de 1817, un levantamiento militar se convirtió rápidamente en un movimiento general, que proclamó una república, estableció un gobierno provisional y, a partir del Recife, se extendió a las provincias vecinas. La represión fue rápida y violenta, e implicó en una interminable investigación judicial a centenas de individuos, incluso numerosos religiosos, entre los cuales muchos estaban ligados al seminario de Olinda, como Miguel Joaquim de Almeida e Castro, profesor de retórica, que pronunció una "Oración Académica" en la ceremonia de su inauguración en 1800, y Joaquim do Amor Divino Caneca, un ex alumno. A pesar de una historiografía que valoró la revolución de 1817 como la más decidida manifestación de nacionalismo brasileño contra la opresión portuguesa, una serie de indicios apuntan en otras direcciones. En primer lugar, como afirma

[35] *Cf.* M. V. F. Alexandre, *Os sentidos...*, pp. 287-328. Las citas se encuentran en las pp. 210, 226, 297 y 345, respectivamente. *Cf.* también M. de Oliveira Lima, *D. João VI no Brasil,* Jornal do Comércio, Río de Janeiro, 1908. 2 vols.

Roderick J. Barman, el santo y seña de los revoltosos, "Viva la Patria, Viva la libertad, Viva la Religión" revela que la perspectiva y los objetivos del levantamiento fueron esencialmente tradicionales. Luego el entusiasmo con que los habitantes de Río de Janeiro apoyaron la Corona y la actitud de Hipólito da Costa, criticando el regionalismo de lo que clasificó como un motín, dirigido por demagogos, sugieren que se trataba de un problema local.[36] Finalmente un examen minucioso de la participación de algunos individuos, como los mencionados frailes Miguelinho y Caneca, y también del deán de la catedral, parecen exigir una reevaluación de sus motivos y actitudes. El segundo, que participaría más tarde en otra insurrección, en 1824, contra las medidas despóticas de Pedro I, consideraba todavía, en enero de 1822, por tanto en vísperas de la Independencia definitiva de Brasil, que portugueses y brasileños constituían "dos ramificaciones del mismo tronco". Aunque reconociese el odio que existía entre ambos, procuraba superarlo, aclarando que a la patria de nacimiento se sobreponía la del derecho, a fin de que los portugueses "amando el país en el que estaban establecidos", pasaran a mirar a los brasileños "como sus hermanos compatriotas".[37] Por consiguiente, parece más plausible considerar la revolución de 1817 como una combustión espontánea, tan característica de las revueltas del antiguo régimen, propiciada por la insatisfacción originada por la incapacidad de la Corona en Río de Janeiro para proseguir y profundizar las reformas que se habían anunciado en 1808, como una realización en la práctica del programa ilustrado de Souza Coutinho, y estimulada por la difusión que esas ideas habían alcanzado por medio del seminario de Olinda.

En suma, casi al final de la estadía de don João VI en Brasil, todavía no se había forjado una conciencia nacional ni se podían detectar ímpetus de una emancipación política, según los modelos de las antiguas colonias inglesas y españolas de América. Una vez más, en el caso de Brasil, el estímulo debía venir de fuera. En contrapartida, la larga permanencia de la Corte en Río de Janeiro y el favor de la élite por el proyecto luso-brasileño, asociadas al miedo del "haitianismo" ante la masa esclava,

[36] Barman, *Brazil: the Forging of a Nation, 1798-1852,* University Press, Stanford, 1988, pp. 58 y ss. Para las opiniones de Hipólito da Costa, *cf. Ibidem,* pp. 60-61, y Barbosa Lima Sobrinho, *Antología do Correio Brasiliense,* Catedra/INL, Río de Janeiro/Brasilia, 1977, pp. 165-174. *Cf.* también E. Cabral de Mello, *Rubro veio: o imaginário da restauração pernambucana,* Nova Fronteira, Río de Janeiro, 1986.

[37] Caneca, "Dissertação sobre o que se deve entender por pátria do cidadão e deveres deste para com a mesma pátria", en *Obras políticas e literárias,* ed. facsimilar, ALP, Recife, 1972, pp. 186-190. *Cf.* también D. Higgs y G. P. Neves, "O oportunismo da historiografía: o padre Berbardo Luís Ferreira Portugal e o movimento de 1817 em Pernambuco", *Anais da VIII Reunião da Sociedade Brasileira de Pesquisa Histórica,* São Paulo, 1989, pp. 179-184.

habían dado origen a un proceso curioso que María Odila da Silva Dias, con mucha propiedad, denominó "interiorización de la metrópoli".

> La sociedad que se había formado durante los tres siglos de colonización no tenía otra alternativa al finalizar el siglo XVIII sino la de transformarse en metrópoli a fin de mantener la continuidad de su estructura política, administrativa, económica y social. Fue lo que los acontecimientos europeos, la presión inglesa y el regreso de la Corte hicieron posible.[38]

Independencia

Y el impulso exterior vino bajo la forma de la revolución de Oporto. Desencadenada el 24 de agosto de 1820, en nombre de la Constitución, de la nación, del rey y de la religión, la agitación contagió inmediatamente a Lisboa. Convocadas las cortes para la elaboración de una carta magna, instalada una junta provisional y exigido el retorno del monarca, estaban puestas con ello las bases de la *regeneración* de Portugal, en la perspectiva de los liberales que dirigían el movimiento, inspirados por los acontecimientos de la vecina España. Era el movimiento resultado del largo abatimiento que se apoderó de la antigua metrópoli desde 1808, como consecuencia de las invasiones francesas, de la reorganización del sistema imperial, provocada por la apertura del comercio de Brasil, de la quiebra de la protoindustrialización anterior, a causa de los desfavorables tratados de 1810 y de la penosa pérdida del carácter nacional, que la presencia británica implicaba. En realidad, se trataba de una reacción al estado de colonia al que se veía reducido el reino, después de la partida de la corte, pensada todavía en el marco de las mitigadas Luces portuguesas y articulada por medio de esa nueva forma de sociabilidad de la época, la masonería.

En Río de Janeiro, a donde las primeras noticias llegaron en octubre, aunque ellas sólo hasta finales de 1820 permitieron evaluar mejor el movimiento, la Corona, como de costumbre, tergiversólas. Dudaba don João VI entre volver a Lisboa, para contener los excesos con el prestigio de la monarquía, corriendo el riesgo de prestar legitimidad a la revolución, o permanecer en Brasil, a fin de preservarlo del contagio de las peligrosas ideas liberales, pero arriesgándose a perder la sede de los Braganzas en Europa. Entretanto, Pará y Bahía se adhirieron a la Regeneración a principios de 1821, y el 26 de febrero empezaba el movi-

[38] Da Silva Dias, "A interiorização da metrópole (1808-1853)", en C. G. Mota, org., *1822: dimensões,* Perspectiva, São Paulo, 1972, pp. 160-184. La cita en la p. 170.

miento constitucional en Río de Janeiro. El 7 de marzo, finalmente, el rey comunicó su decisión de partir y determinó la elección de diputados brasileños para las Cortes de Lisboa, según el método establecido en la Constitución española de 1812 y adoptado para el reino de Portugal. Más de un mes después, el 24 de abril, la escuadra con don João a bordo, cruzaba la barra de Guanabara rumbo al Tajo.[39]

En Brasil, las noticias de la revolución de Oporto producirán inmediatamente una inédita efervescencia intelectual, desencadenada por la preparación de las elecciones de los representantes a las cortes. En Río de Janeiro, sobre todo, pero también en Bahía, en Pernambuco, en Maranhão y en otros lugares, algunos de pequeña magnitud, la elección de los diputados y la idea de la elaboración de una Constitución despertaron vivo interés. Las discusiones, estimuladas por la circulación cada vez más intensa de libros, periódicos y de una sorprendente cantidad de panfletos, muchos de los cuales eran traídos de Lisboa, parecían haber dado origen en las tierras portuguesas de América a una auténtica esfera de política pública. Sin embargo, ese clima febril no se extendía más allá del reducido grupo de la élite, incrementado, en Río de Janeiro, por la multitud de individuos a los cuales la presencia de la corte había suministrado medios de vida. Como observaba Silvestre Pinheiro Ferreira, generalizando para todo Brasil su conocimiento de la capital, en éste la clase del pueblo "es proporcionalmente mucho menor que en Europa porque, excluida la clase de Esclavos y Libertos, casi todo el resto se compone de hombres que han recibido aquel grado de educación que en los otros Países elevan a cierta clase por encima de lo que se llama Pueblo".[40]

Durante todo el año 1821, los debates giraron en torno al constitucionalismo, procurando explicar, incluso desde el púlpito, el significado de las ideas en juego, criticar a los partidarios del absolutismo y aclarar a los electores el tipo de responsabilidades de que se veían investidos. En su mayoría, la élite brasileña se identificaba con los revolucionarios de Portugal y se entregaba en cuerpo y alma a extender el "sistema liberal" a la porción americana del imperio.

Con la partida de don João VI, permaneció como regente del reino de

[39] M. B. Nizza da Silva, "Da revolução de 1820 à independência brasileira", en *idem* (coord.) *O império...*, pp. 397-441; M. V. F. Alexandre, *Os sentidos...*, pp. 445-764.

[40] Silvestre Pinheiro Ferreira, "Informação sobre o Brasil feita às Cortes portuguesas" (22 de marzo de 1822), *apud* Lucia M. Bastos y P. Neves, *Corcundas, constitucionais e pés-de-chumbo: a cultura política da Indepêndencia, 1820-1822,* tesis de doctorado presentada en la Universidade de São Paulo, São Paulo, 1992, mimeografiado, p. 121. Este trabajo concede nuevamente derecho de ciudadanía a la historia política en Brasil y sirvió de guía fundamental en la última sección.

Brasil el príncipe heredero. Contrario a la idea de sujeción del monarca a una asamblea, que él consideraba despótica, pero incapaz de detener el rumbo de los acontecimientos, don Pedro hábilmente se acercó a una facción de la élite brasileña. Era ésta la formada, en su mayoría, por elementos que habían frecuentado la Universidad de Coimbra y ejercido funciones en la administración, participando en el proyecto del Imperio lusobrasileño. A lo largo del segundo semestre de 1821, no obstante, las noticias sobre la marcha de los trabajos en las cortes evidenciaban cada vez más que el objetivo del movimiento constitucional portugués era restablecer la supremacía de la parte europea sobre el resto del Imperio. Entre aceptar la convocatoria de las cortes para que volviese a Portugal, conforme al decreto de 29 de septiembre, u osar construir en Brasil una monarquía que correspondiese a sus concepciones de un absolutismo ilustrado, en sintonía con las de la élite *"coimbreña"*, don Pedro escogió la segunda opción, proclamando, el *Dia do Fico*, el 29 de enero de 1822, su intención de desobedecer al Congreso de Lisboa.

Desde ese momento, las decisiones tomadas de un lado y de otro del Atlántico no hicieron más que confirmar un creciente malentendido. El malentendido venía de que la antigua colonia, ahora metrópoli interiorizada en los trópicos, no estaba dispuesta a abandonar sus prerrogativas, ante las reivindicaciones de la antigua metrópoli del continente europeo, hasta hacía poco degradada a condición de colonia. Como señalaba, todavía, en marzo de 1822, el mismo Silvestre Pinheiro Ferreira, ministro y secretario de Estado del Extranjero y de la Guerra de don João VI, delante del congreso portugués, los

> brasileños no temen volver a la categoría absoluta de colonia en cuanto al ejercicio del comercio y de la industria. Ellos saben, y todo el mundo sabe, que esto es absolutamente imposible, porque el libre comercio [...] no depende ya del arbitrio del gobierno; fue una necesaria consecuencia de la naturaleza de las cosas y su continuación es, del mismo modo, independiente del capricho.
>
> El resentimiento que hoy excita el descontento de todo el Brasil es ver que por la abolición de una capital se pone en entredicho la forma de su gobierno en su incuestionable categoría de reino.
>
> El descontento de Río de Janeiro consiste en los clamores de un sin fin de empleados que, de repente, se hallan despojados no sólo de la influencia y dignidad que poseían, sino hasta de todo los medios de proveer a su indispensable subsistencia.[41]

[41] Pinheiro Ferreira, *op. cit.*, p. 569. Para las citas siguientes, *cf. ibidem,* pp. 585, 603 y 623, respectivamente. *Cf.* también R. Chartier, "Espace social et imaginaire social: les intellectuels frustrés au XVII siècle", *Annales. Economies, Sociétés, Civilisations,* París, 37 (2), pp. 389-400, marzo-abril de 1982.

La identificación inicial con las Cortes de Lisboa se desviaba hacia un creciente antagonismo, que redefinía, según la conceptualización de Carl Schmitt, al portugués como *enemigo* e implicaba la necesidad de establecer una nueva soberanía.[42] Para fundarla, entretanto, competían las concepciones de la élite coimbreña con los intereses del pueblo frustrado de Río de Janeiro, que gravitaba alrededor del palacio real. Esta segunda corriente, que puede ser llamada la de la élite brasileña, defendía un liberalismo más radical, en el que la soberanía tenía origen directamente en los ciudadanos, en oposición a los "coimbreños", la mayoría de los cuales eran partidarios de una monarquía constitucional a la Luis XVIII. Las dos facciones, no obstante, tendían a sustituir el sueño del Imperio lusobrasileño por la realidad del Imperio de Brasil y sirvieron, en su momento, de apoyo a las pretensiones de don Pedro.

Los acontecimientos se aceleraron después del 11 de enero, cuando las tropas portuguesas intentaron obligar al príncipe regente a embarcar, pero fueron contenidas por la concentración del pueblo en el campo de Santana. Cinco días después, don Pedro formó un ministerio, encabezado por José Bonifacio de Andrada e Silva, la figura más destacada del grupo "coimbreño", sin conocer todavía la decisión de Lisboa de abolir los tribunales creados en Brasil. El 30 de abril, Joaquim Gonçalves Ledo, el líder de los brasileños, sugirió en su periódico la independencia de Brasil. Menos de un mes después, el portugués José Clemente Pereira entregaba a don Pedro una representación solicitando la convocatoria de una asamblea constituyente para Brasil, lo que se hizo el 3 de junio. El 14 de junio fue enviado un ejército para subyugar Bahía, todavía fiel a las Cortes. Por decreto del 1º de agosto, don Pedro declaraba enemigas a todas las tropas enviadas de Portugal sin su consentimiento, pero todavía empleaba la palabra *independencia* en el sentido exclusivo de autonomía política, sin implicar un rompimiento formal. En esta misma fecha, con todo, el *Manifesto aos povos do Brasil,* redactado por Gonçalves Ledo, y, el 6 de agosto, el *Manifesto às nações amigas* preparado por José Bonifacio, consideraban la independencia como un hecho consumado. Aunque ambos culpen al despotismo de las Cortes de la evolución de los acontecimientos, el primero consideraba la independencia como irreversible y apelaba a los sentimientos populares a fin de garantizar la integridad territorial de Brasil, y el segundo todavía no descartaba completamente la propuesta de un Imperio lusobrasileño.

Las diferencias entre las dos facciones habían quedado patentes, dos meses antes, con la fundación de una sociedad secreta para los coimbre-

[42] Carl Schmitt, *O conceito do político,* trad. de A. L. M. Valls, Vozes, Petrópolis, 1992.

ños como un nuevo espacio de sociabilidad política, en oposición a las logias masónicas, dominadas por los brasileños. El 21 de septiembre, éstos tomaron la iniciativa, haciendo circular en los periódicos una proclama para aclamar a don Pedro como emperador constitucional de Brasil. La propuesta tuvo inmediatamente una gran repercusión y preveía el juramento por el nuevo soberano de guardar, mantener y defender la Constitución que la asamblea elaboraría. La fiesta se realizó con gran pompa e intensa participación popular el 12 de octubre, cumpleaños del príncipe, con el carácter de una ceremonia cívica. A pesar de que las presiones del grupo de Coimbra habían conseguido eliminar el juramento previo a la futura Carta, no pudieron evitar que don Pedro escuchara decir al principal orador que "el Pueblo Brasileño ha declarado unánimemente y a la vez que es su voluntad soberana hacer un Imperio Constitucional Independiente, del que Vuestra Majestad Imperial sea el jefe constitucional".

Al día siguiente, José Bonifacio reaccionó con un decreto en el que se establecía, para el nuevo emperador, el título de "D. Pedro, por la gracia de Dios y la unánime aclamación de los pueblos, Emperador y Defensor Constitucional de Brasil" y, enseguida, tomó una serie de medidas, que comprendían la prisión de un periodista y la suspensión de circulación de los dos principales periódicos del grupo brasileño. Con todo, el 27 de octubre, ante la actitud, calculada o fingidamente ambigua asumida por don Pedro, José Bonifacio presentó y obtuvo su propia dimisión, provocando una crisis que se resolvió, tres días después, con la reintegración del antiguo ministerio. La victoria de la facción coimbreña llevó a la apertura de un proceso contra los anarquistas y carbonarios y a la prisión y deportación de los principales líderes brasileños. El 1º de diciembre, como contrapeso a la aclamación popular del 12 de octubre, se realizó, entonces, una coronación solemne de don Pedro I, de manera mucho menos pública, como era característico del antiguo régimen, manteniéndose a la población como mera espectadora. En esta ocasión, el emperador no dejó de jurar la Constitución que la asamblea, prevista para reunirse el 3 de mayo, iba a elaborar. Pero, en los balcones de palacio donde se realizó la ceremonia, empuñando una espada, sólo garantizó defender "el vasto imperio de Brasil" y "la Constitución liberal digna de Brasil y de su Inmortal Defensor como lo piden los votos de los verdaderos amigos de la Patria".

A la regeneración de los dominios portugueses por el constitucionalismo de 1821, sucedió una solución separatista de Brasil en 1822, que dejaba pendientes, no obstante, diversos problemas. Los más evidentes eran el reconocimiento internacional del nuevo Estado, lo que sólo se lograría en 1825, y el mantenimiento de su unidad territorial, que la idea del Imperio presuponía, con el sometimiento, a mediados de 1823, de Bahía y de las provincias del norte, todavía ligadas al movimiento constitucional portugués. Quedaban implícitos la tradicional rivalidad entre brasileños y portugueses, estimulada por los acontecimientos, y, sobre todo, el destino de la corona de los Braganzas, cuando don Pedro, con la muerte de don João VI, debió ocupar el trono de Portugal, asegurando entonces, en principio, nuevamente la unidad del Imperio "en las Cuatro partes del Mundo". Con todo, de todas las dificultades, la más ardua era la construcción de la nueva nación pues, como apuntó Capistrano de Abreu, carecía de elementos para constituirse como tal: una élite reducida y fraccionada en dos grupos, disputando sobre la visión que había que imponer al país: ora más centralista y aristocrática, como querían los conservadores del grupo de Coimbra, ora más federalista y democrática, como vociferaban los brasileños; la masa esclava, como un enemigo interno pavoroso; un territorio inmenso, pero fragmentado por enormes diferencias regionales; un gobernante que todavía no se había liberado de la herencia absolutista; una religiosidad difusa, pero superficial, que sustituía y bloqueaba la ideología secular de un imaginario nacional a difundir por la educación; la ausencia, al fin, de una capa intermedia, excepto en Río de Janeiro y tal vez en algunos otros pocos centros urbanos, que pudiese representar el papel del pueblo. Todos estos rasgos recordaban la interiorización de la metrópoli, pero constituían sobre todo obstáculos para la creación de una nación. En ese sentido, si el Imperio brasileño representó el gran triunfo de Rodrigo Souza Coutinho, en la medida en que conservó unidas "las provincias conocidas por el nombre genérico de Brasil", significó igualmente su mayor derrota. Al no basar el proyecto de la nueva nación en un efectivo control de las conciencias por el Estado, el nuevo país ignoró la contribución más significativa de las Luces, aun en la mitigada tradición portuguesa, convirtiendo la modernidad en un ornamento de las élites, no siempre indispensable. Las consecuencias son aún hoy visibles.

VIII. UNA DIFÍCIL INSERCIÓN EN EL CONCIERTO DE LAS NACIONES[1]

JOSEFINA ZORAIDA VÁZQUEZ
El Colegio de México

CAMBIOS FUNDAMENTALES EN LA ARENA INTERNACIONAL

Durante el siglo XVIII la guerra fue el instrumento favorito de la política europea. Francia, que había inaugurado el siglo como gran potencia europea, se vería desafiada por el creciente poderío comercial y marítimo de Gran Bretaña, al tiempo que una España, empeñada en recuperar el sitio que había ocupado en el pasado, se convertía en su aliada por un pacto de familia. El núcleo de esta diplomacia bélica era el comercio, que ponía en juego, según expresión de Luis XIV en 1709, "las Indias y sus riquezas".[2] El intercambio se centró en el Caribe por la demanda del azúcar y otros productos tropicales como índigo, jengibre, algodón, tabaco y café y los depósitos de mercancías europeas y esclavos para el contrabando activo con las posesiones españolas. Esto convirtió a las islas en estratégicas[3] y dio lugar a un triángulo comercial entre América, África y Europa, y a un comercio "neutral" en el que la plata novohispana iba a desempeñar un papel importante.

La expansión inglesa se había iniciado desde fines del siglo XVII con su intromisión en Jamaica, Trinidad y Tobago, Honduras Británica y la Costa de los Mosquitos en Nicaragua, pero se concretó con el tratado de Utrecht de 1713, que dio fin a la Guerra de Sucesión española, por el que Inglaterra aceptaba la ascensión de un borbón al trono hispánico a cambio de algunas posesiones estratégicas y la concesión del asiento de esclavos, que autorizaba la venta de 144 000 piezas en 25 años y el permiso para introducir a las colonias españolas 500 toneladas de mer-

[1] Aunque este artículo ha sido revisado, en lo fundamental fue redactado durante la residencia de la autora como becaria en el Center for Advanced Study in the Behavioral Sciences, en Stanford, California, con apoyo de The Andrew W. Mellon Foundation y The McCune Foundation y las becas Zavala y Fulbright, 1992-1993.

[2] Peggy K. Liss, *Los imperios trasatlánticos: las redes del comercio y de las revoluciones de Independencia*, Fondo de Cultura Económica, México, 1989, p. 16.

[3] Matilde Souto, *La política y el comercio de una corporación tardía: el Consulado de Veracruz (1781-1824),* El Colegio de México, México, 1996.

cancía una vez al año. El asiento amplió la injerencia inglesa en las Indias con la presencia de sus agentes en los puertos, útiles para disfrazar el contrabando que se convirtió en un jugoso negocio a lo largo del mundo hispanoamericano[4] y convirtió al mercantilismo en un fantasma. España buscó combatir el contrabando modernizando sus prácticas comerciales y anulando el asiento a cambio del pago de 100 000 libras esterlinas en 1750, pero la demanda de esclavos en el mercado hispanoamericano obstaculizó su control.[5]

Hacia mediados del siglo XVIII, Gran Bretaña había sustituido a Holanda como potencia marítima, comercial y financiera,[6] pero sólo después de la Guerra de Siete Años (1756-1763) y con el tratado de París que selló la paz se consolidó la realineación de los poderes europeos. Con la derrota franco-española, las posesiones británicas se ampliaron con Canadá, la Luisiana al este del Mississippi y las Floridas españolas, mientras que Francia quedaba desplazada casi totalmente de América, ya que para resarcir a España de sus pérdidas le cedió la Luisiana que estaba al oeste del Mississippi. Tal cesión sentaba las bases para el enfrentamiento entre angloamericanos y mexicanos en Norteamérica.

Mas el triunfo británico probó ser costoso, pues la guerra había extenuado su hacienda, al tiempo que los espacios adquiridos exigían la reorganización administrativa y fiscal del nuevo Imperio, lo que acarrearía la independencia de sus 13 colonias de Norteamérica en 1776, la primera de las revoluciones políticas del mundo atlántico.

Para ese momento, los comerciantes ingleses de los dos lados del Atlántico conducían productos de un punto a otro de la Tierra y los vínculos comerciales que establecían daban origen a un intercambio sin bandera que utilizaba la plata novohispana con su triple carácter de metal, mercancía y dinero. La extensión de los dominios ibéricos facilitaba la empresa, y puertos como San Blas y Valparaíso se convirtieron en lugares de importantes transacciones ilícitas para los emprendedores angloamericanos.

La plata novohispana, necesaria para el comercio y las guerras europeas, aumentó su importancia. España trató de revertir la incorpora-

[4] John H. Parry, *Trade and Dominion. The European Oversea Empires in the Eighteenth Century*, Weidenfeld and Nicolson, Londres, 1971, pp. 91-106; G. H. Nelson, "Contraband Trade under the Asiento (1730-1739)", *American Historical Review*, LI: 1 (1945), pp. 55-67.

[5] La demanda de esclavos era tal que durante los meses en que los británicos ocuparon Cuba, en 1762, vendieron 10 000 esclavos. *Cf.* P. Richardson, *Empire and Slavery*, Harper & Row, Nueva York, 1968, p. 19.

[6] Ferdinand Braudel, *The Perspective of World Civilization and Capitalism in 15th-18th Century*, Harper & Row, Nueva York, 1979, p. 261.

ción de Nueva España al intercambio mundial e intentó convertir sus posesiones americanas en verdaderas colonias. Pero endeudada e impotente, sus reformas fueron contraproducentes y vulneraron las bases que habían asegurado su posesión pacífica por más de dos siglos. Forzada por el aislamiento a que la sometieron las guerras, España se vio forzada a hacer concesiones para asegurar las rentas que requería para financiarlas. Así, la apertura temporal de puertos americanos al comercio neutral tuvo grandes consecuencias internas y externas en sus posesiones americanas y antes de terminar el siglo su comercio había adquirido importancia para Gran Bretaña y los Estados Unidos. La aparición de Estados Unidos aceleró el establecimiento de un nuevo orden que desafiaba los principios fundamentales del viejo. La fundación del nuevo Estado tuvo lugar en un momento internacional oportuno, pues las rivalidades europeas permitieron que su lucha recibiera apoyo. Los colonos rebeldes habían logrado la alianza con Francia[7] e indirectamente con España[8] y el reconocimiento de los Países Bajos, lo que aseguró el aislamiento diplomático británico[9] y el reconocimiento de la independencia de sus 13 colonias.

Dado que buena parte de los Padres Fundadores eran comerciantes, sus ideas sobre sus intereses eran claras. Desde 1776 John Adams había preparado un tratado modelo[10] que desafiaba las Actas de Navegación británicas, con sus privilegios y exclusividades. En él, el principio esencial era el comercio libre con perfecta reciprocidad, en lugar de las tradicionales concesiones como pago de alianzas. La reciprocidad "socavaba

[7] A pesar de las objeciones de Turgot, el conde Charles Vergennes consideró que el interés de los reinos borbones estaba en prolongar esa guerra para detener el expansionismo anglosajón. Fred Rippy, *Latin America in World Politics*, Alfred A. Knopf, Nueva York, 1928, p. 13; A. W. Ward y G. P. Gooch, *The Cambridge History of British Foreign Policy, 1783-1919*, Cambridge University Press, Cambridge, 1923, I, pp. 132-133.

[8] España trató de mediar entre los contendientes, pero en abril de 1779, a pesar de su aprehensión de que los americanos desplazarían a los europeos del hemisferio occidental y del ejemplo que pudiera significar para sus posesiones, accedió a firmar una convención con Francia en la que aceptaba participar en la guerra a condición de que no se pactara la paz hasta que Gibraltar fuera recuperado. Fred Rippy, *op. cit.*, pp.12-13. William Kaufmann, *La política británica y la independencia de América Latina, 1804-1828*, Universidad Central de Venezuela, Caracas, 1963, p. 13.

[9] Los Países Bajos se involucraron, irritados por las limitaciones de las Actas de Navegación británicas, resistidas también por los pequeños Estados comerciales y por Catalina de Rusia, que sostenían la doctrina de Prusia desde 1752 del derecho de los neutrales a navegar libremente a lo largo de las costas beligerantes con mercancía que no fuera contrabando. Ward y Gooch, *The Cambridge History,* I, p. 134.

[10] Felix Becker, "Los tratados de amistad, comercio y navegación y la integración de los estados independientes americanos en el sistema internacional", en Inge Buisson, Gunther Kahle, Hans Konig y Horst Pietschmann, *La formación del Estado y la nación en América Latina*, Bohlau Verlag, Colonia / Viena, 1984, pp. 247-277.

todos los principios comerciales mercantilistas" e implicaba la admisión de las colonias rebeldes con igualdad de derechos en el comercio colonial, lo que significaba el fin del orden político existente.[11] El tratado firmado con Francia en 1778 que estipulaba la cláusula de nación más favorecida, canceló el monopolio británico del comercio norteamericano. El reconocimiento de su propia metrópoli en 1782[12] y el del Tratado de París,[13] terminaron por cimentar las bases del principio de legitimidad dinástica. Las 13 colonias confederadas pasaban del *status* de objetos a ser miembros plenos de la familia de naciones gracias a que el reconocimiento británico les facilitó el de otros países.

Las relaciones entre los países inauguraban una nueva época según los principios de libertad de comercio, protección al individuo y a la propiedad privada, tolerancia religiosa y derechos marítimos de los países neutrales, aun en tiempo de guerra, que vulneraba el principio de la igualdad dinástica y soberanía monárquica hereditaria, al igual que el contrabando lo había hecho con los dominios mercantilistas reservados. Aunque Gran Bretaña se resistió a aceptar el nuevo orden y hasta la guerra angloamericana de 1812 trató a los Estados Unidos como colonias, su tradicional pragmatismo no tardó en imponerse y terminó por convertirla en su más tenaz defensora. El último elemento que afinó el alcance de la libertad de comercio, fue el Decreto de Reciprocidad norteamericano de 1815, que imponía la amenaza de represalias a cualquier medida de discriminación a su comercio, principio que los Estados europeos no tardarían en adoptar.

La Revolución francesa fortaleció la transformación al consolidar el principio de la soberanía popular y dislocar "el orden europeo". A diferencia de la revolución norteamericana, la francesa tuvo que defender sus principios por medio de las armas, pero aprovecharía la lucha contra las coaliciones organizadas en su contra por Gran Bretaña, Rusia y Austria, para difundirlos. Aunque la Revolución francesa estaba emparentada ideológicamente con la norteamericana no fue bien recibida, porque

[11] Buisson, Kahle, Konig y Pietschmann, *La formación del Estado…,* pp. 254-255.

[12] En el tratado previo de noviembre de 1782 ya se establecía claramente: "His Britannic Majesty acknowledges the said United States Viz. New Hampshire, Massachusetts Bay… to be free Sovereign and independent States". Hunter Miller, *Treaties and other International Acts of the United States of America,* U. S. Government Printing Office, Washington, 1931, vol. II, pp. 96-114, 151-157. "Su Majestad Británica reconoce que los dichos Estados Unidos, es decir, New Hampshire, Bahía de Massachusetts… son estados libres soberanos e independientes."

[13] En él, Gran Bretaña reconoció la independencia de sus colonias con una generosa frontera. Francia y España tuvieron que renunciar a parte de sus aspiraciones, aunque esta última recuperó las Floridas. Los Países Bajos conquistaron la libertad de comercio en el Océano Índico.

al afectar a una de las dinastías más antiguas, ponía en peligro a las otras. El estado de guerra que produjo la Revolución francesa entre 1791 y 1815 iba a constituir una coyuntura favorable para los movimientos independentistas americanos y para que la colonia francesa más productiva, Saint Domingue, se independizara y aboliera la esclavitud.

El nuevo poderío francés haría de España una de sus víctimas, hecho que los ingleses aprovecharon para ampliar el comercio con sus colonias, hacer incursiones filibusteras en Buenos Aires y Montevideo (1806) y apoyar movimientos independentistas.[14] Para equilibrar las pérdidas causadas al comercio inglés por la guerra y el bloqueo continental impuesto por Napoleón, Gran Bretaña puso sus ojos en el mercado hispanoamericano y aprovechó la apertura insurgente de los puertos para sus armas y productos. La Foreign Office llegó a planear una expedición para liberar a las colonias españolas[15], pero los escrúpulos de la Corona y el temor a la difusión de ideas jacobinas la detuvieron.

La necesidad de plata para costear la guerra contra los franceses, llevó a Gran Bretaña a implementar una complicada red para sacarla de Nueva España.[16] La situación se complicó en 1808, cuando España se convirtió en su aliada, pero no le permitió comerciar con sus colonias, situación tolerada por el gobierno británico ante la prioridad de terminar con Napoleón para restaurar la legitimidad y el equilibrio europeo. Pero sus intereses comerciales obligaron a Gran Bretaña a jugar un doble papel, colaborando con España en Nueva España y manteniendo buenas relaciones con los rebeldes en otras regiones. Esto no pasó desapercibido para los españoles, pero el gobierno británico justificó su conducta como medio para mantener a las colonias fuera del alcance napoleónico.[17]

La competencia por los mercados hispanoamericanos y su importancia,[18] llevaron al vizconde Robert Castlereagh en 1812 a ofrecer a España la mediación británica, con amenazas veladas y la exigencia de concesiones en Nueva España.[19] España declinó la oferta y la guerra con

[14] Véase Kaufmann, *La política británica,* Guadalupe Jiménez Codinach, *La Gran Bretaña y la Independencia de México, 1808-1821*, Fondo de Cultura Económica, México, 1991.

[15] Leslie Bethel, *George Canning and the Independence of Latin America*, The Hispanic and Luso Brazilian Councils, Londres, 1970, p. 7.

[16] Jiménez Codinach, *La Gran Bretaña...,* cap. VI.

[17] William S. Robertson, "The Beginnings of Spanish-American Diplomacy", en Guy S. Ford, *Essays in American History*, Holt, Nueva York, 1910, p. 248.

[18] Manfred Kossok, *Historia de la Santa Alianza y la emancipación de América Latina.* Editorial Cartago, México, 1983, pp. 40-52. El contacto comercial de las ciudades hanseáticas con el gobierno de Buenos Aires había ocasionado protestas españolas.

[19] C. K. Webster, *Britain and the Independence of Latin America, 1812-1830*, Oxford University Press, Londres, 1938, II, pp. 311-316.

los Estados Unidos y la liquidación de Napoleón distrajeron la atención británica.

El triunfo sobre Napoleón cambió el cariz del problema hispanoamericano. Al igual que las ciudades de la Hansa, los Países Bajos, Dinamarca y Estados Unidos, los británicos deseaban la liberalización del comercio, pero también la restauración y ponerles freno a las ideas revolucionarias y alcanzar el "equilibrio del poder". Para sortear el dilema, Castlereagh se empeñó en que el tema hispanoamericano quedara fuera de las discusiones de la paz en el Congreso de Viena y de las reuniones periódicas de la Cuádruple Alianza.[20] La intervención de Brasil en la Banda Oriental causó problemas entre las casas reinantes de Portugal y España, y permitió que en 1817 este problema americano se invocara como tema europeo. Esto obligó a Castlereagh a utilizar su ascendiente sobre la Corona portuguesa para forzar su resolución y a reiterar su ofrecimiento de mediación a España,[21] condicionado a que se mantuviera la Constitución de 1812, se aboliera la esclavitud y se estableciera la libertad de comercio.

Los Estados Unidos, que habían ocupado en 1812 la Florida occidental, española nuevamente, se abstuvieron de apoyar a los insurgentes para no comprometer sus negociaciones con España. Mas, lograda la cesión de las Floridas a cambio de una frontera definida con la Nueva España en el tratado Adams-Onís de 1819, el Congreso norteamericano autorizó al ejecutivo a reconocer a las nuevas naciones, cuando fuera pertinente.

Los problemas del reconocimiento

Al iniciarse la década de 1820, la independencia de las colonias hispanoamericanas era casi un hecho. La restauración liberal en España en

[20] La Cuádruple Alianza se inició en 1813 y por el Tratado de Chaumont, en marzo de 1814, Rusia, Prusia, Austria y Gran Bretaña establecieron una alianza por 25 años. La Santa Alianza surgió en septiembre de 1815 por iniciativa de Alejandro I. Castlereagh la consideró "piece of sublime mysticism and nonsense" ["pieza de misticismo sublime y sin sentido"] y trató con Metternich de detenerla, lo que no fue posible. De todas maneras, como la suscribieron únicamente los soberanos y no sus ministros, consideró que de esa manera no tenía un carácter oficial; por eso aconsejó que el príncipe heredero la firmara "as an autographic avowal of sentiment between him and the Sovereigns his Allies, tending to preserve the tranquillity of Europe" ["como un reconocimiento autográfico del sentimiento que lo une a sus aliados soberanos, que tenderá a preservar la tranquilidad de Europa"]. Castlereagh a Liverpool, París, 28 de septiembre de 1815; C. K. Webster, *British Diplomacy, 1813-1815; Documents dealing with the Reconstruction of Europe*, G. Bell & Son, Londres, 1921, pp. 382-384.

[21] Las condiciones de la mediación eran: abolición del tráfico de esclavos, aministía para los insurgentes, ratificación de la igualdad que concedía a los americanos la Constitución

1820 facilitó la consumación de la independencia mexicana y la derrota de las fuerzas españolas en Sudamérica. Gran parte de las colonias españolas, en uso de su soberanía, establecieron gobiernos que buscaban el reconocimiento en un contexto poco propicio. Débiles interna e internacionalmente después de haber enfrentado sin aliados una larga y cruenta lucha, se convertían en presa fácil de las potencias comerciales. La paz europea las privaba de la oportunidad que el estado de guerra (1791-1814), había proporcionado a Estados Unidos: la libertad para ensayar sus instituciones políticas sin interferencia extranjera. Tampoco tuvieron la fortuna de lidiar con una metrópoli aislada, pues una España fortalecida por el apoyo de la Santa Alianza,[22] se negaba a otorgar el reconocimiento incluso dentro de la relación dinástica como la propuesta por los tratados de Córdoba.

La única carta de las nuevas naciones para ser admitidas en el concierto internacional era el valor de su mercado. Francisco Antonio Zea, el representante colombiano en Europa, intentó usarlo al lanzar un manifiesto que amenazaba con el cierre de los puertos a los países que no reconocieran la independencia, lo que logró alarmar a los comerciantes.[23] Los países europeos se vieron ante el dilema de elegir entre sus principios y sus intereses.

La oferta mexicana de coronar a un infante español y la declaración de independencia brasileña ofrecieron una alternativa para legitimar la situación. Francia y Gran Bretaña discurrieron que el establecimiento de monarquías era la solución, que permitía resolver el problema de la legitimidad y construirles, al mismo tiempo, una barrera al jacobinismo y al expansionismo norteamericano. Pero mientras Francia favorecía a príncipes franceses,[24] Castlereagh prefería que fueran españoles.

Los Estados Unidos, temerosos de que el poderío británico sustituyera a la debilidad española a pesar de las afirmaciones de Castlereagh,[25] introdujo agentes y cónsules en las principales provincias americanas,

de 1812 y libertad de comercio en las colonias para todas las naciones; *cf.* "Foreign Office 'Confidential Memorandum', 20 de agosto de 1817", en Webster, *Britain...*, II, pp. 352-358.

[22] William Spence Robertson, "Metternich's Attitude toward Revolutions in Latin America", *Hispanic American Historical Review*, XXI: 4 (1941), p. 538.

[23] Webster, *Britain...*, I, p. 16, y II, pp. 108-109.

[24] Nancy Nichols Barker, *The French Experience in Mexico, 1821-1861: A History of Constant Misunderstanding.* The University of North Carolina Press, Chapel Hill, 1979.

[25] Castlereagh le había asegurado a Adams: "Usted puede estar seguro de que la Gran Bretaña no tiene intención de aumentar sus posesiones ahí... los sudamericanos deben someterse al gobierno de España como colonias, pues nosotros pensamos que tiene el derecho de autoridad sobre ellas como madre patria, pero que ésta debe permitir su comercio con otras naciones"; *cf. Memoirs of John Quincy Adams Edited by Charles Francis Adams*, J. B. Leppincott y Co., Filadelfia, 1894, III, pp. 290-292.

y en 1822 reconocieron *de jure* a la Gran Colombia y al Imperio mexicano, y en 1823 al Imperio de Brasil. Esto ponía en evidencia que los norteamericanos no buscaban sólo la libertad de comercio, sino también la expansión de su sistema político y de sus fronteras.

A pesar de su legitimismo, Castlereagh sabía que los intereses británicos no coincidían con los de los poderes continentales de la Quíntuple Alianza, que ahora incluía a Francia, inclinados a apoyar el absolutismo español. Imposibilitado para imitar al presidente James Monroe, Castlereagh aceptó banderas hispanoamericanas en los puertos británicos[26] y aprovechó la protesta española al reconocimiento norteamericano para advertir que

> una porción tan grande del mundo no puede, por mucho tiempo, sin perturbar profundamente las relaciones entre la sociedad civilizada, continuar sin unas relaciones reconocidas y fijas; pues el Estado que no puede ni por sus consejos ni por las armas reafirmar efectivamente sus propios derechos sobre sus dependencias para ejercitar obediencia... debe, tarde o temprano, estar preparada para ver que, de una u otra forma, esas relaciones se establezcan, por la necesidad imperiosa del caso.[27]

Las notas preparadas por Castlereagh para su participación en la conferencia de la Gran Alianza en 1822 muestran que su paciencia hacia España, en consideración a los intereses europeos, se estaba agotando. El británico hacía hincapié en que existía un reconocimiento *de facto* que sólo requería formalizarse con el envío de agentes diplomáticos.[28] El suicidio de Castlereagh impidió que asistiera a la conferencia, pero su sucesor, George Canning, compartía sus puntos de vista y era enemigo de las reuniones periódicas de la Alianza.[29]

Muchos hispanoamericanos deseaban mantener las ligas con su ex metrópoli y confiaban en que les extendería el reconocimiento. El último jefe político español en Nueva España había reconocido al Imperio mexicano en los tratados de Córdoba, pero las Cortes los desconocieron y el 26 de mayo de 1822 enviaron sus comisiones pacificadoras a Nueva España, Guatemala, Costa Firme y Buenos Aires. Es posible que su meta fuera estudiar el reconocimiento, pero los comisionados traían instruc-

[26] Bethel, *George Canning...*, p. 8; Webster, *Britain...*, I, p. 16.

[27] Castlereagh a Onís, 28 de junio de 1822, en Charles Webster, *The Foreign Policy of Castlereagh,* Bell, Londres, 1931, p. 432.

[28] Earl Bathurst al duque de Wellington, 14 de septiembre de 1822, en Webster, *Britain...*, II, pp. 289, 387, y Webster, *British Diplomacy...*, p. 432.

[29] Harold William Templerley, *The Foreign Policy of Canning, 1822-1827. England, the Alliance, and the New World*, Frank Cass & Co., Londres, 1966, p. 46.

ciones de informar, promover partidos favorables a la metrópoli y firmar tratados provisionales de comercio. Los comisionados llegaron a Veracruz en enero de 1823, poco antes del fracaso del Imperio, y aunque fueron recibidos cordialmente, los mexicanos exigían el previo reconocimiento. El gobierno republicano nombró al general Guadalupe Victoria para las conversaciones con los comisionados españoles, condicionándolas al reconocimiento absoluto de independencia, la integridad del territorio y el cese de "toda hostilidad en los demás estados independientes de América, cuya suerte e intereses son los mismos que los de México".[30] Las negociaciones se alargaron, pero la carencia de atribuciones de los comisionados y la hostilidad del comandante del castillo de San Juan de Ulúa imposibilitaron un acuerdo. Fernando VII terminó por anular las comisiones, pero no sus esperanzas de recuperar Nueva España.[31] En México el fracaso no afectó el optimismo. Para el ministro de Relaciones, Lucas Alamán, lo importante era contar con el reconocimiento de Gran Bretaña, puesto que ya se contaba con el norteamericano.[32]

Aunque para Canning las cuestiones americanas tenían "mayor importancia que las europeas",[33] el legitimismo del rey y de parte del gabinete británico obstaculizaba el reconocimiento. La declaración de la independencia del Brasil en 1822, con el emperador don Pedro, la apoyó. No obstante, Brasil representaba un dilema menor, ya que sólo se le objetaba su origen revolucionario.[34] Por lo tanto, Canning optó por lograr la reconciliación de los dos miembros de la dinastía Braganza. La tarea resultó complicada y sólo hasta 1825 se logró que Portugal reconociera la independencia de Brasil a cambio del pago de su deuda externa.[35]

En cuanto a Hispanoamérica, Canning favorecía que España otorgara su reconocimiento a las independencias para evitar que las relaciones europeas se deterioraran.[36] Mas cuando la Alianza optó por la invasión de la península para apoyar el absolutismo de Fernando VII, Canning se inclinó por una solución drástica y abandonó la reunión de la Quíntuple Alianza, advirtiendo que la Gran Bretaña reconocería "la existencia *de facto* de alguno o más" de los gobiernos independientes,

[30] Jaime Delgado, *España y México en el siglo XIX*, Consejo Superior de Investigaciones Científicas, Madrid, 1950, pp. 220-227.

[31] *La diplomacia mexicana*, Secretaría de Relaciones Exteriores, México, 1910, pp. 137-140, 163-198 y 277-283.

[32] "Credencial y nota del ministro Alamán, julio 27, 1822", *La diplomacia mexicana*, III, pp. 97-105.

[33] Bethel, *George Canning...*, p. 8.

[34] Robertson, "Metternich's Attitude...", p. 554.

[35] Templerley, *The Foreign Policy...*, pp. 220-221.

[36] *Ibidem*, p. 557.

dada la incapacidad española de poner el orden en sus colonias.[37] Canning confiaba en que España entrara en razón y suspendió el envío de cónsules y se concentró en impedir la intervención de la Santa Alianza en el Nuevo Mundo. Primero buscó hacer un pronunciamiento conjunto con el presidente Monroe, pero después prefirió presionar al príncipe Polignac, ministro francés en la corte británica, para que negara que Francia tenía designios en Hispanoamérica.[38] El Memorándum Polignac constituyó un gran éxito diplomático. Monroe, por su parte, el 2 de diciembre de 1823 lanzó su advertencia contra cualquier atentado europeo de colonización en el *hemisferio occidental*, dirigido también contra las pretensiones rusas en la costa del Pacífico. Los hispanoamericanos recibieron el mensaje como apoyo contra los designios europeos, pero no tardaron en percatarse de su carácter retórico; así lo harían los argentinos al invocar la doctrina en el caso de las Islas Malvinas y del bloqueo francés en la década de 1830.[39]

La restauración del absolutismo en España impacientó a Canning, que despachó comisionados a investigar la estabilidad de México y Colombia para negociar tratados de comercio.[40] Ordenó identificar posibles amenazas a los intereses de Gran Bretaña, el estado de la esclavitud, las condiciones políticas y comerciales y la viabilidad de monarquías con infantes españoles.[41] Dada la importancia de Londres como centro comercial y financiero, los agentes fueron recibidos con entusiasmo en México y en Colombia, puesto que el reconocimiento británico se consideraba fundamental y una garantía contra las amenazas de la Santa Alianza, la mediación con España y la obtención de los préstamos que se necesitaban.

En realidad, el crédito y las inversiones se adelantaron al reconocimiento, ya que banqueros y empresarios estuvieron dispuestos a arriesgarse, sin otra consideración que la ganancia. Claro que sus condiciones fueron leoninas y las nuevas repúblicas perdieron millones de libras cuando los bancos británicos se sobrextendieron y se declararon en quiebra. La imposibilidad de los hispanoamericanos para cumplir hizo que las

[37] "Memorandum on the Spanish Colonies of America", 24 de noviembre de 1822; *cf.* Webster, *Britain...*, vol. II, pp. 76-78.

[38] "Memorandum of a Conference between the Prince of Polignac and Mr. Canning, Begun Thursday, October 9th, and Concluded Sunday, October 12th, 1823", en Webster, *Britain...*, II, pp. 115-120.

[39] Paul B. Goodwin, "Initiating United States Relations with Argentina", en T. Ray Shurbutt, *United States-Latin American Relations, 1800-1850*, The University of Alabama Press, Tuscaloosa, 1991, pp. 113-116.

[40] Mackie a Canning, 28 de noviembre de 1822, Public Record Office, Londres, Foreign Office 50 (México), exp. 1, 1-3. En adelante, FO 50.

[41] Canning a Hervey (1 y 2, secreto), 10 de octubre de 1923, en Webster, *Britain...*, I, pp. 233-438.

deudas se convirtieran en fuente de desilusión para los inversionistas y en pretexto para el intervencionismo.[42]

Mientras Canning preparaba las instrucciones para los cónsules en respuesta a la presión de los comerciantes,[43] en Londres se fueron presentando representantes de Buenos Aires, Colombia y Brasil, a los que se unieron pronto los mexicanos Mariano Michelena y Vicente Rocafuerte. Sus instrucciones los autorizaban para negociar, en "compañía de los demás ministros de América, el reconocimiento de la independencia de todos los países, de Guatemala al Cabo de Hornos", la mediación con España, un tratado defensivo contra la Santa Alianza, otro de comercio, contratar un préstamo y comprar armas y buques para expulsar a los españoles de San Juan de Ulúa y vigilar a Itubide.[44]

Canning los recibió cordialmente, pero el legitimismo de la Corona y el regreso del ex emperador Iturbide a México, posible fuente de inestabilidad, retrasaron la decisión. Los hispanoamericanos trataron de forzar la situación amenazando con cerrar los puertos al comercio, pero no contaron con el apoyo del representante de Brasil, que era el más fuerte.[45] Todo pareció cambiar cuando llegó la noticia del fusilamiento de Iturbide, que Canning interpretó como muestra de estabilidad. Para acelerar el proceso de reconocimiento, Canning sugirió ofrecer una indemnización a España,[46] pero los hispanoamericanos se negaron "a comprar su libertad".[47]

En búsqueda de una solución definitiva, Canning y Liverpool amenazaron con dimitir si el gabinete no recomendaba el reconocimiento en una nota al rey. La arriesgada medida tuvo éxito y antes de recibir la respuesta del rey, Canning dio la noticia del reconocimiento de México, Colombia y Buenos Aires a los comisionados mexicanos. Los mexicanos insistieron en que se extendiera también a los otros países, en especial a Guatemala;[48] esto influyó para que Canning enviara agentes a estu-

[42] Jaime Rodríguez, *The Emergence of Spanish America. Vicente Rocafuerte and Spanish Americanism, 1808-1832*, University of California Press, Berkeley, Los Ángeles, Londres, 1975, pp. 91-128 y 232; Reinhard Liehr, "La deuda exterior de México y los 'Merchant Bankers' británicos, 1821-1860", *Ibero-Amerikanisches Archiv*, 9, 3/4 (1983), pp. 415-439.

[43] Comerciantes británicos a Canning, 12 de septiembre de 1823, Public Record Office, FO 50 (México), exp. 2, 91-95.

[44] "Instrucciones para el Ministro de México en Londres" e "Instrucciones reservadas", 7 de marzo de 1824, en *La diplomacia mexicana*, III, pp. 272-277.

[45] Jaime Rodríguez, *The Emergence...*, pp. 97-103.

[46] Canning a Hervey, 23 de abril de 1824, en Webster, *Britain...*, I, pp. 446-450.

[47] Conferencia entre Mr. Planta y el general Michelena acerca de una mediación con España, 22 de septiembre de 1824, en *La diplomacia mexicana*, III, pp. 87-88.

[48] Memorándum de Michelena al Sr. Planta, 4 de marzo de 1825, en *La diplomacia mexicana*, III, pp. 169-171.

diar la situación. La decisión del británico abrió la puerta de las relaciones internacionales a los nuevos Estados y asestó un golpe definitivo a la Santa Alianza. La noticia causó crisis en las cancillerías europeas y se cruzó con la de la victoria de Ayacucho, que liquidaba el poder español en América, símbolo de la consolidación de la independencia hispanoamericana.

Dos preciados reconocimientos se retrasan

El reconocimiento español era importante para los países hispanoamericanos porque significaba la paz, pero la terquedad de Fernando VII se mostró imperturbable y los nuevos Estados tuvieron que endeudarse para preparar su defensa y mantener ejércitos, lo que amenazaba el avance de sus instituciones. México centró sus esfuerzos en expulsar a los españoles de San Juan de Ulúa y lo logró en 1825, pero, al igual que Colombia, se sentía vulnerable a una posible expedición de reconquista por la cercanía con Cuba, lo que explica que los dos países concibieran la idea de liberar a Cuba, punta de lanza española para una reconquista, pero los Estados Unidos —interesados en anexársela— y los europeos —conscientes de su posición estratégica y comercial— preferirían que siguiera siendo española.

El reconocimiento de la Santa Sede, esencial para los católicos hispanoamericanos, fue entorpecido tanto por la política antiliberal adoptada por la Iglesia como por la presión española y el radicalismo hispanoamericano. Desde 1816 la corona española logró que el Papa exhortara a las jerarquías eclesiásticas a desarraigar el espíritu revolucionario en la encíclica *Etsi longissimo*. Mas el Vaticano aprovechó la restauración liberal en España de 1820 a 1823 para armar una política neutral y envió a monseñor Giovanni Muzi como vicario apostólico a la América meridional. Muzi partió con facultades amplísimas para consagrar obispos *in partibus* y autorizar a los jefes de Estado el uso del patronato en la presentación de eclesiásticos menores.[49] Por desgracia, el radicalismo chileno y argentino hizo fracasar la misión de Muzi. El único que se percató de la importancia de la visita de Muzi para la Iglesia hispanoamericana fue el general Simón Bolívar, quien lo invitó a pasar a Colombia, pero su misiva llegó tarde. Bolívar ya había enviado al hábil Ignacio Tejada a Roma, pero bajo la presión española el Vaticano tuvo que solicitarle que se retirara. Las exigencias de Fernando VII forzaron al Papa a hacer una declaración sobre la legitimidad de su autoridad. La

[49] Pedro de Leturia, S. J., *Relaciones entre la Santa Sede e Hispanoamérica*, Sociedad Bolivariana, Caracas, 1959, pp. 201-229.

encíclica *Etsi jam diu* condenaba a los gobiernos independientes, pero al gobierno español no le agradó por tibia y sí causó ira en los americanos.[50] La jerarquía pontificia lo lamentó, consciente de que la Iglesia americana se iba quedando sin pastores.

En 1825 la Santa Sede recibió al representante del Imperio brasileño, Correa Vidigal, hecho que Tejada aprovechó hábilmente para solicitar la misma dignidad en Roma. Su petición fue aceptada con la advertencia de que no se le otorgaría el reconocimiento externo por no existir relaciones. Instalado en Roma, Tejada aprovechó el temor despertado por un cisma en Guatemala para lograr que, en enero de 1827, el Papa nombrara cuatro obispos titulares en Colombia. La medida produjo de inmediato la protesta española y estuvo a punto de causar la expulsión del nuncio apostólico de Madrid.

El gobierno mexicano había enviado un agente en 1823,[51] pero la Santa Sede lo había recibido sólo a título personal, por lo que al nombrar a monseñor Francisco Pablo Vázquez en 1824, se le advirtió, en forma terminante, no presentarse en Roma a menos de ser recibido oficialmente. Al mismo tiempo, el presidente Victoria, en una carta personal, le notificó a León XII que la Constitución mantenía la católica como religión de Estado. La carta se cruzó con la expedición de la encíclica *Etsi jam diu*, por lo que, al recibirla, el ministro en Londres adjuntó una nota al secretario de Estado, llamando su atención a la respetuosa consideración del gobierno mexicano hacia la Santa Sede y la "resolución de sostener firmemente la Independencia y los derechos de la Nación".[52] La comunicación recibió una cortés contestación.

Vázquez redactó una suave protesta sobre la encíclica, y en respuesta se le instó a instalarse en Roma, pero no se atrevió. El contacto constante con Tejada lo familiarizó con los usos de la Corte pontificia y lo decidió a instalarse en Florencia. Mientras tanto, a petición del gobierno mexicano, los cabildos catedralicios preparaban una lista de candidatos para las sedes vacantes, y la Santa Sede reunía noticias sobre la situación mexicana. El auxilio del obispo de San Luis Misuri le permitió hacer su lista de posibles candidatos, que en general coincidía con los presentados más tarde por el gobierno. Vázquez se esperanzó con el nombramiento de obispos para Quito y la Paz[53] y la comunicación de Pío VIII al presidente Vicente Guerrero de su deseo de remediar las necesidades espirituales del pueblo mexicano.

[50] Pedro de Leturia, S. J., *Relaciones...*, pp. 265-283.

[51] Luis Medina Ascensio, *México y el Vaticano*, Jus, México, 1965, vol. I, pp. 68-71.

[52] Citado en Roberto Gómez Ciriza, *México ante la diplomacia vaticana*, Fondo de Cultura Económica, México, 1977, pp. 133 y 134.

[53] *Ibidem*, pp. 214-215.

El cambio de gobierno en México, en 1830, le permitió a Vázquez atreverse a solicitarle a Roma, "privilegios y exenciones conforme al derecho de gentes" para trasladarse[54] y al recibir esa garantía, el 28 de junio de 1830 partió hacia el Vaticano. Vázquez mostró tener habilidades diplomáticas y pudo explotar sus nuevas credenciales de "Enviado Extraordinario y Ministro Plenipotenciario cerca de Su Santidad" y las coyunturas favorables para lograr su cometido. En el Vaticano dominaba la opinión de que si bien el gobierno español

> *jure propio* posee el derecho de nombrar obispos, es así en razón de los privilegios recibidos de la Santa Sede... así pues, prevale el derecho de la Santa Sede porque la imposibilidad del ejercicio de dichos privilegios redunda en su propio daño [y]... si el *ius patronato* no se ejercita dentro del término prescrito regresa a la potestad ordinaria.[55]

Pero también prevalecía en el Vaticano la opinión de nombrar sólo obispos *in partibus* (sin sede real), solución aplicada en el caso argentino. Vázquez recibió la solicitud de presentar la documentación de los candidatos del gobierno mexicano a las sedes episcopales y, con maestría rebatió las objeciones, subrayando que el retraso ofendía a los católicos mexicanos y le permitía al gobierno seguir interviniendo en el manejo de las rentas episcopales. Como el Vaticano había preparado breves con las promociones *in partibus* y los vicariatos apostólicos, Vázquez los devolvió y decidió retirarse. La muerte de Pío VIII lo hizo desistir, lo que resultó afortunado, pues Gregorio XVI, electo el 2 de febrero de 1831, estaba resuelto a nombrar obispos propietarios, no sin comunicar a Fernando VII su intención de "dejar intactos los derechos relativos de la R. Corona de España, aunque su ejercicio esté de hecho suspendido."[56] En el consistorio del 28 de febrero de 1831, Gregorio XVI nombró, sin la presentación de la Corona española a los seis obispos mexicanos, todos candidatos del gobierno, entre ellos Vázquez, quien, elegido para el obispado de Puebla, fue consagrado el 6 de marzo de 1831.

A pesar de lo absurdo de su posición, Fernando VII no lograba resignarse a la pérdida de la Nueva España y sus proyectos de reconquista se materializaron en el intento de 1829.[57] Los problemas de la sucesión fueron los que inclinaron a la Corona a reconciliarse con los liberales y a explorar la posibilidad de reconocer las independencias a cambio del pago

[54] "Vázquez a Albani, Florencia, 4 de junio de 1830", transcrito por Gómez Ciriza, *México...*, pp. 221-222.

[55] *Ibidem*, p. 231.

[56] Secretario de Estado al representante español, 25 de febrero de 1831, citado en *ibidem*, p. 277.

[57] Jaime Delgado, *España y México*, pp. 444-450; III, pp. 251-293, 317-320.

de un prorrateo de la deuda pública española, pues contraída cuando Hispanoamérica formaba parte de España, ella no podía desentenderse "de los gastos y de los esfuerzos hechos por España para fundar, proteger y fomentar aquellos establecimientos desde su infancia; que el reconocimiento de la España consolida para siempre su existencia política y su tranquilidad".[58]

No obstante su irrealidad, denotaba un cambio profundo. Así, cuando en 1834 el ministro norteamericano en Madrid insistió en el reconocimiento, se le contestó que las negociaciones se habían iniciado.[59] En efecto, al llegar a París, Lorenzo de Zavala a cargo de la legación mexicana, recibió una invitación del embajador español para negociar. Aunque carecía de facultades, Zavala convocó a los ministros de Bolivia, Chile y Nueva Granada para actuar de común acuerdo.[60] Las negociaciones fracasaron porque mientras que a los hispanoamericanos les interesaba el reconocimiento, los españoles se empeñaban en un convenio comercial.

La cuestión no progresó hasta la llegada de Miguel Santa María como ministro mexicano en Londres, facultado para tratar con Madrid.[61] Mientras el representante español se percataba de la imposibilidad de obtener una indemnización, Santa María insistió en que un "reconocimiento absoluto de la independencia y de su forma actual de gobierno", era la única base aceptable de toda negociación. Los continuos cambios en el gobierno español retardaron las negociaciones, pero, decidido a proseguirlas, Santa María se trasladó a Madrid y, en contacto con el plenipotenciario venezolano Carlos Soublete, presentó su proyecto. Después de someterlo a todas las juntas provinciales españolas, España presentó su contraproyecto. Finalmente, el 3 de diciembre de 1836 las Cortes aprobaron el reconocimiento de la independencia[62] y el 28 de diciembre se firmó el Tratado de Paz y Amistad que reconocía a la República Mexicana, declaraba olvido y amnistía general, seguridad a los comerciantes de los dos países y derecho de sus ciudadanos a reclamar derechos y obtener justicia.[63]

[58] Consulta del Consejo de Gobierno a la Reina Gobernadora. Minuta leída y aprobada en la sesión de 6 de diciembre de 1833, en Delgado, *España y México,* III, pp. 323-329.

[59] Jorge Flores, *Lorenzo de Zavala y su misión diplomática en Francia (1834-1835),* Secretaría de Relaciones Exteriores, México, 1951, pp. 103-104.

[60] Jorge Flores, *Juan Nepomuceno de Pereda y su misión secreta en Europa,* Secretaría de Relaciones Exteriores, México, 1964, p. 106.

[61] Carta del Ministro de Estado de México a don Francisco Martínez de la Rosa, 5 de marzo de 1835, en Delgado, *España y México,* III, pp. 413-415.

[62] Antonio de la Peña y Reyes, *El Tratado de Paz con España (Santa María-Calatrava),* Porrúa, México, 1970, pp. 74-99.

[63] Vicente Riva Palacio (comp.), *México a través de los siglos,* Editorial Cumbre, México, s.f., tomo XII, pp. 91-113.

Los demás reconocimientos se otorgaron con mucho retraso: Ecuador en 1840, Chile en 1844, Venezuela en 1845, Bolivia en 1847, Nicaragua en 1851, Argentina en 1858, Costa Rica en 1859, Guatemala en 1863, Perú y El Salvador en 1865, Paraguay en 1880, Colombia en 1881, Uruguay en 1882 y Honduras en 1894.[64]

Las negociaciones con España favorecieron las relaciones con el Vaticano. El Imperio brasileño había sido reconocido y contaba con su nuncio desde 1828. Tejada, que quedó a cargo de la representación mexicana desde la partida de Vázquez, logró el reconocimiento de Colombia en noviembre de 1835. Por lo tanto al llegar el enviado extraordinario mexicano ante la Santa Sede en 1836, fue recibido por el Papa el 9 de diciembre de 1836 y unos días después se le envió la comunicación oficial para el gobierno mexicano.

Tratados para regular la libertad de comercio

Recibido el reconocimiento británico, Buenos Aires y Colombia se apresuraron a firmar y ratificar tratados de Amistad y Comercio con Gran Bretaña y los Estados Unidos.[65] Las negociaciones mexicanas se complicaron, en parte por el intento de Canning de proteger parte de los derechos españoles. México rechazaba la fórmula británica de otorgar un *reconocimiento de facto* a la independencia y también el uso del término genérico de *Estado,* que evitaba toda referencia a la *república.*[66] Los británicos sostenían que solamente España podía otorgar el *reconocimiento de jure*. Por otro lado, México deseaba reservar durante 10 años privilegios comerciales para España y los países hispanoamericanos, antes de otorgarle a Gran Bretaña el *status* de nación más favorecida. Canning consideró esa previsión inaceptable para la Gran Bretaña e inútil para México, pues "neither Columbia nor Buenos Ayres made any exception in favor of Mexico"[67] ["ni Colombia ni Buenos Aires hicieron ninguna excepción en favor de México"]. Otros problemas derivaron de la definición de lo que debía considerarse como barco mexicano y, en especial, la exigencia de tolerancia de cultos. El presidente Victoria optó por enviar a Sebastián Camacho a negociar a Londres. Las

[64] Peter Calvert, *Latin America: International Conflict and International Peace*, Saint Martin's Press, Nueva York, 1969, p. 16.

[65] Canning a Ward, 9 de septiembre de 1825. FO 50, exp. 7, 102-106.

[66] Morier y Ward a Canning, 10 de abril de 1825, en Webster, *Britain...*, I, pp. 468-470.

[67] Canning a Ward, 9 de septiembre de 1825, en Webster, *Britain...*, I, p. 475. Al final no quedó en el texto, toda vez que el argumento de Canning era contundente, pues la imprevisión de los otros países anulaba su vigencia.

negociaciones se reanudaron en la capital británica. Canning incluyó a William Huskinsson, miembro del Privy Council y autor de las objeciones, y finalmente se llegó a un compromiso. Sin incluir el reconocimiento explícito, el tratado fue suscrito por el Reino Unido de la Gran Bretaña y los Estados Unidos Mexicanos,[68] para no comprometer los principios británicos. El documento estableció completa reciprocidad, pero un artículo adicional reservó a México el derecho de favorecer a su propia marina por 10 años y reconoció como barco mexicano el de *bona fide propiedad* de ciudadanos mexicanos, construido en cualquier parte, es decir, concediendo lo que había causado una guerra con los Estados Unidos. En cuanto a la tolerancia, Camacho le recordó a Canning que tampoco la Gran Bretaña la concedía completamente a los católicos.[69] El 26 de diciembre de 1826 se firmó el tratado que, en verdad, era un triunfo de la diplomacia mexicana. A pesar del faccionalismo vigente, fue ratificado en 1827.

Los Estados Unidos negociaron tratados con otras naciones, pero el de México no se concluyó hasta 1832, por diversas causas. Por un lado, la influencia del primer ministro de los Estados Unidos, Joel R. Poinsett, en el partido radical, pero también la exigencia norteamericana de devolver esclavos fugitivos y el empeño de replantear un cambio de fronteras. Al final, los Estados Unidos reconocieron la validez de la línea del tratado Adams-Onís (1819), aunque ya había aparecido el espectro del expansionismo.

Los Estados Unidos también tuvieron problemas con el Imperio brasileño. Por una parte, el Imperio se negó a concederles *status* de nación más favorecida, lo que se sumó a una representación poco afortunada y al resentimiento heredado en los Estados Unidos por la alineación del Brasil al lado de Gran Bretaña durante la guerra de 1812. En realidad, las relaciones entre los dos países durante todo el Imperio fueron escasas.[70]

Otros Estados comerciales siguieron el camino británico, incluso la recalcitrante Prusia. Los Países Bajos ratificaron en 1826 el tratado que habían firmado con México en junio de 1825,[71] al igual que las ciudades hanseáticas. El Reino de Hannover, tal vez por sus estrechas relacio-

[68] Josefina Zoraida Vázquez, *México y el mundo. Historia de sus relaciones exteriores*, Senado de la República, México, 1990, tomo II, pp. 227-235.

[69] Rodríguez, *The Emergence…*, p. 134.

[70] Robert K. Stevens, "Impossible Job, Impossible Man!", en T. R. Shurbutt (comp.), *United States-Latin American Relations, 1800-1850*, The University of Alabama Press, Tuscaloosa, 1991, pp. 86-101.

[71] Tratado de Amistad, Comercio y Navegación entre México y Gran Bretaña, Londres, 26 de diciembre de 1826, AREM, GBR-3 (1).

nes dinásticas con Gran Bretaña, adoptó el mismo texto de su tratado con México, con la advertencia de que sólo regirían las estipulaciones "en cuanto [...] sean aplicables a este Reino".[72]

Francia, por el contrario, empeñada en mantener los principios legitimistas de la Santa Alianza, fraguó planes monarquistas para los nuevos países. En 1826 reconoció al Imperio brasileño y firmó un tratado de amistad y comercio. En cambio mantuvo su hostilidad hacia las repúblicas hispanoamericanas y exigió que sus barcos bajaran sus banderas para ser admitidos en puertos franceses. Los agentes de México, Gran Colombia, Perú y Argentina en forma conjunta combatieron esa política, mientras los comerciantes franceses, temerosos de quedar en desventaja con los ingleses y los norteamericanos, presionaban para que su país negociara un tratado con los nuevos países. De esa manera Francia se vio forzada a iniciar negociaciones, pero éstas se empantanaron durante el reinado de Carlos X, por su negativa de aceptar la redacción del tratado en las dos lenguas, y por sus exigencias de que siempre se mencionara al rey de los franceses antes que a los gobiernos republicanos, sin conceder el derecho de alternancia otorgado generalmente, y el derecho de ejercer el comercio de menudeo para sus nacionales. El gobierno francés envió agentes consulares a los países hispanoamericanos y aceptó firmar una convención con México en 1827, para apaciguar a los comerciantes. Ésta significaba una violación del Pacto de Familia con España, dado que el documento era un reconocimiento *de facto*. La convención no fue ratificada por el congreso mexicano, y las relaciones entre los dos países quedaron en el aire, pero Francia decidió enviar a un representante.

La revolución de 1830 y la caída de Carlos X hicieron renacer la esperanza de un cambio hacia los países hispanoamericanos,[73] pero Luis Felipe mantuvo una política similar que hizo fracasar las negociaciones con México y Colombia. Tal indefinición tuvo consecuencias adversas para México y para Buenos Aires, víctimas del bloqueo francés en 1838. El puerto de Veracruz fue bombardeado durante una injusta guerra que obligó a México a endeudarse para reparar reclamaciones injustas. A pesar de que en el tratado de paz con México en 1839 y con Buenos Aires en 1840 comprometía el *status* de nación más favorecida, los tratados de comercio entre las naciones quedaron pendientes. Durante esa década, Francia sólo logró firmar dos tratados menores, uno con Bolivia en 1834

[72] Primera Secretaría de Estado, Departamento del Exterior, Comparación entre el Tratado Hannoveriano y el Inglés, México, 1° de julio de 1828, Archivo Genaro Estrada de la Secretaría de Relaciones Exteriores (AREM), exp. 7-28-2.

[73] Murphy a SRE, París, 11 de agosto de 1830; AREM, 5-8-8105, folios 27-30.

y otro con Uruguay en 1836. Gracias al ascenso de François Guizot al Ministerio del Exterior, en 1840, Francia firmó tratados con Ecuador y Venezuela en 1843, pero el monarquismo del ministro lo llevó a apoyar la conspiración española en México.

A pesar de la firma de tratados, los recién inaugurados gobiernos quedaron sujetos a las presiones del exterior, provenientes de la competencia de las nuevas potencias comerciales por sus mercados y sus recursos. Brasil fue el mejor librado porque obtuvo su independencia sin el debilitamiento de una lucha y gozó el respiro que significó la transición monárquica. No obstante, no pudo escapar a la dependencia de la Gran Bretaña.

Las grandes esperanzas en la firma de tratados comerciales se fueron esfumando al surgir problemas inherentes a su aplicación. La inexperiencia, la burocratización, las altas tasas de impuestos y muchas veces la soberbia de los diplomáticos fueron la causa. También se tropezó con el cambio fiscal. Dada la asimetría entre las nuevas naciones y las potencias comerciales, la libertad de comercio benefició a Argentina y al Brasil, pero arruinó las incipientes industrias de los otros países. Como las aduanas significaban la única fuente de financiamiento para México y Perú, después de la rebaja inicial, recurrieron a un aumento de impuestos que provocó que renaciera un activo contrabando.

El *status* de nación más favorecida y la reciprocidad concedida en los tratados dieron lugar a toda clase de reclamaciones. Los Estados Unidos le reclamaron a Colombia por conceder un descuento de 5% en las tasas al comercio de Centroamérica. Gran Bretaña se quejó ante el rumor de que México le había otorgado a España privilegios especiales. Gran cantidad de las reclamaciones tenían su origen en la aplicación de la justicia, los préstamos forzosos y aportaciones extraordinarias a los extranjeros. México los abolió en 1843, al tiempo que derogaba la prohibición a los extranjeros de poseer bienes raíces.

Pero la fuente de mayores problemas fue el comercio al menudeo que los países reservaron para sus nacionales. Esto le acarreó a México la guerra de 1838 con Francia, pero también problemas con Gran Bretaña cuando los comerciantes ingleses, afectados por la crisis comercial, intentaron refugiarse en el comercio al menudeo para protegerse.

La irrupción de extranjeros en puertos y ciudades americanas donde tuvieron gran influencia social y política, también causó problemas. Al principio fueron recibidos con consideraciones e incluso algunas constituciones les otorgaron amplios derechos, pero los problemas que generaron llevaron a la redacción de leyes de extranjería. Muchos viajeros se quejaron de xenofobia, pero más bien se trataba de una expresión de intolerancia religiosa y temor a que la difusión de nuevas ideas vulnerara las costumbres católicas. En realidad fueron la arrogancia y los abusos de algunos diplomáticos y empresarios los que alimentaron la hostilidad popular. En México, los excesos realistas durante la lucha independentista propiciaron un movimiento antiespañol que, explotado por las facciones políticas, culminó en las costosas leyes de expulsión de 1829. Antes el gobierno ya había expulsado a dos europeos por "abusos" a la libertad de prensa.

Varios países establecieron políticas de colonización con resultados variables. Al cono sur llegaron oleadas de europeos; a México, sobre todo norteamericanos, con un resultado desastroso.

Las relaciones interamericanas

Un pasado y una amenaza común fomentaron una gran solidaridad hispanoamericana durante los primeros años, aunque el tamaño y el monarquismo de Brasil y de México despertaron desconfianza. Las naciones hispanoamericanas concedieron a los nacidos en cualquier parte de la "América antes española" el derecho a nacionalidad y muchos sirvieron indistintamente en altos puestos de los diversos países. No obstante, los celos habían estado presentes, tanto que para lograr un tratado de paz con España, a mediados de la década de 1810, Bolívar comprometía, "en compensación del sacrificio que hace España de sus pretendidos derechos, el que hace Colombia reconociendo y garantizando la soberanía y propiedad de la España en México y en los demás territorios de la América, que no alcanzaren la paz e independencia por los mismos medios que Colombia".[74]

Sin embargo, al recibir noticias de la consumación de la independencia mexicana, de inmediato envió sus parabienes y reconocimiento. El verdadero obstáculo al reconocimiento de unos Estados a otros fue la distancia y la falta de comunicaciones, pues apenas se presentó el ministro Miguel Santa María como ministro de Colombia en 1822, el Congreso mexicano reconoció, de inmediato, a "la Nación Colombiana en la clase de Potencia libre e independiente".

El tratado de comercio, firmado en 1823, no llegó a ratificarse por problemas fiscales,[75] que chocaban con los privilegios concedidos a la Gran

[74] Citado de Carlos A. Villanueva, "Fernando VII y los nuevos Estados", en Luis Chávez Orozco, *Historia de México, 1808-1836,* Ediciones de Cultura Popular, México, 1970, p. 412.

[75] Ornán Roldán Oquendo, *Las relaciones entre México y Colombia, 1810-1862*, Secretaría de Relaciones Exteriores, México, 1974, p. 39.

Bretaña y a los Estados Unidos. México y Colombia fueron los principales promotores de la unidad hispanoamericana, pero se distanciaron cuando la segunda incumplió con el pago del préstamo de emergencia concedido por el ministro mexicano en Londres[76] y al solicitar, unilateralmente, un armisticio con España.[77]

México adoptó un papel protector derivado de su prosperidad dieciochesca, así que no sólo reconoció a las Provincias Unidas del Centro de América, cuando se separaron en 1823[78] y, según dijimos, abogó por el reconocimiento británico.

Para mantener cierta unidad, desde 1822 Simón Bolívar había instado a los gobiernos de México, Perú, Chile y Buenos Aires a reunirse en Panamá para formar una Confederación. El proyecto bolivariano no incluía a Brasil ni tampoco a los Estados Unidos pero, al ponerse en práctica en 1825, el vicepresidente Francisco de Paula Santander y el presidente mexicano Guadalupe Victoria insistieron en su inclusión y en permitir que los Países Bajos y Gran Bretaña enviaran comisionados. La reunión tuvo lugar en 1826 con la asistencia de Centroamérica, Perú, Colombia y México. El 15 de julio de 1826 firmaron un tratado de unión, liga y confederación perpetua para conservar la soberanía ante toda dominación extranjera. El tratado consideró que las reuniones periódicas solucionaran los problemas, interpretaran tratados y convenciones, evitaran enfrentamientos y organizaran un ejército común. Además concedía ciudadanía a todo hispanoamericano residente en otra República. El clima malsano hizo que la reunión se trasladara a la villa de Tacubaya, en México, pero a ella sólo acudieron un colombiano y un centroamericano, lo que condenó al tratado a quedar sin ratificación.

En 1830, Lucas Alamán, ministro de Relaciones de México, proyectó constituir "una asamblea general Americana" menos ambiciosa que la de Panamá. Sus metas que tendían a consolidar un comercio y una defensa común, se plasmaron en el tratado firmado entre México y Chile (1831),[79] que acordaba una absoluta igualdad comercial. La asamblea hispanoamericana convocada por Alamán se envió a Perú, Bolivia, Chile, Colombia y Centroamérica y subrayaba la comunidad cultural y de

[76] Jaime Rodríguez, "Rocafuerte y el empréstito a Colombia", *Historia Mexicana*, XVIII, 4 (1969), pp. 485-515.

[77] Chávez Orozco, *Historia de México,* p. 489.

[78] Decreto reconociendo la independencia de las Provincias Unidas del Centro de América, 10 de agosto de 1824, en *La diplomacia mexicana*, II, pp. 222-224.

[79] Tratado celebrado entre los Estados Unidos Mexicanos y la República de Chile, 7 de marzo de 1831, en Francisco Cuevas Cancino, *El pacto de familia,* Secretaría de Relaciones Exteriores, México, 1964, p. 115.

intereses.[80] Las respuestas, aunque retrasadas, fueron entusiastas.[81] Además, Alamán envió dos misiones diplomáticas, una a Centroamérica y Colombia y otra a las repúblicas de Sudamérica y el Brasil con propuestas de las bases para negociar la paz con España y concordatos con la Santa Sede, y establecer acuerdos de comercio y de defensa común y para evitar conflictos territoriales.[82] Las instrucciones reservadas prevenían advertir sobre la debilidad que provocaba la fragmentación y "alejar [...] toda aprensión de que México pretenda ejercer influjo". Alamán de todas formas consideraba esto inevitable y deseable para combatir el "influjo Norte Americano".[83]

La buena recepción produjo resultados elusivos, pues aunque se llegó a redactar un tratado con Guatemala,[84] no logró sortearse la cuestión de las fronteras y finalmente no se firmó. Juan de Dios Cañedo partió a Sudamérica con instrucciones de informar sobre el Paraguay, las fragmentaciones y los enfrentamientos que hubiera, el éxito de la colonización europea en Argentina y la disposición de Brasil para apoyar a Hispanoamérica ante España y Austria, y enviar muestras de animales, vegetales y minerales, contratar marinos chilenos y el azogue de Bolivia, si el precio era razonable.

Aunque Cañedo permaneció en Lima siete años, los problemas internos y de fronteras interfirieron con su cometido. Chile declaró preferir relaciones bilaterales porque tenía problemas con Argentina, Bolivia y Perú. La federación Argentina, que no lograba consolidarse, y Brasil, que se sentía más ligado a Europa, contestaron vagamente. Cañedo se planteó como alternativa promover una línea de paquetes que uniera a Hispanoamérica, de Valparaíso a Acapulco, un proyecto ilusorio dada la escasez de fondos. Al regresar a México, Cañedo fue nombrado ministro de Relaciones en 1839, lo que le permitió renovar el proyecto, que se mantuvo vivo a pesar de los cambios de gobierno. Venezuela fue la única enemiga abierta del proyecto, porque "sus más caros intereses"

[80] Circular de la Cancillería, México, 13 de marzo de 1831, en *ibidem*, pp. 123-125.

[81] Nota de la Cancillería Neo-Granadina al gobierno de México, Bogotá, 7 de diciembre de 1832, en *ibidem*, pp. 127-128.

[82] Instrucciones de la Cancillería a los plenipotenciarios Cañedo y Díez de Bonilla, 3 de junio de 1831, en *ibidem*, pp. 129-137.

[83] Instrucciones reservadas que de orden del Vicepresidente se dan por el ministro de Relaciones Exteriores e Interiores a los Ministros Plenipotenciarios cerca de las Repúblicas que antes fueron Colonias Españolas, 3 de junio, 1831, AHREM, L-E-873, folios 12-24.

[84] "Protocolo de las conferencias habidas entre el Secretario de Estado y Despacho de Relaciones de la República Federal de Centro América autorizado especialmente para entrar en ellas y el Ecxmo. Sr. Manuel Díez Bonilla, Ministro Plenipotenciario de la República de los E. U. Mejicanos cerca de este gobierno", 2 de noviembre de 1831, AREM, L-E-873, 122-125.

eran acercarse a Europa, "que es el país de todas sus comunicaciones y de donde espera civilización, artes, ciencias, población, riquezas, y, en fin, su futuro engrandecimiento".[85]

Los otros países expresaron su preferencia de que la reunión se efectuara en Lima, donde se realizó en 1846, por iniciativa de Perú, y la promovió ante la amenaza de una intervención española a ese país y al Ecuador, pero como México enfrentaba la invasión de los Estados Unidos, no pudo asistir. A la reunión asistieron Colombia, Ecuador, Perú, Bolivia y Chile, que firmaron convenciones comerciales, diplomáticas y postales.[86]

La división política colonial dio lugar a fragmentaciones y espinosos problemas de fronteras. Paraguay se separó de la Plata en 1811, Chile del Perú en 1818 y la Gran Colombia y Centroamérica se dividieron en diversos países. Se provocaron algunos enfrentamientos, entre ellos el de Perú y Gran Colombia en 1829. La fundación de Bolivia con el territorio del Alto Perú, que el gobierno español había separado de Perú para fortalecer al nuevo virreinato del Río de la Plata, generó agudos problemas, sobre todo al darle acceso al mar con territorio peruano. Las ambiciones expansionistas, más o menos visibles, causaron otros enfrentamientos. Los portugueses de Brasil habían aprovechado la lucha independentista para invadir la Banda Oriental de la Plata en 1817 y la mantuvieron hasta 1825, ocasionando una guerra de dos años. Por presión de Gran Bretaña se firmó una convención en 1828 que reconocía la independencia de la provincia, convertida en 1830 en la nueva República Oriental del Uruguay.[87] Haití, constituida por la parte francesa de Santo Domingo, se anexó La Española de 1822 hasta 1844 en que pudo ser liberada por Pedro Santana a la muerte del presidente Boyer.

La constitución de la Confederación Peruano-Boliviana también ocasionó una guerra. Las cargas fiscales y la explotación de recursos también desembocaron en guerras, como la de Chile y Argentina en 1836 y la del Pacífico entre Perú y Bolivia contra Chile en 1879. En 1866 se logró negociar un tratado que fijaba la frontera en el paralelo 24 (en lugar del 23) y acordaba una explotación conjunta del salitre, pero el acuerdo fue desconocido con el cambio de gobierno en Bolivia, que le impuso una carga fiscal al producto. La protesta chilena desembocó en 1879 en una guerra que involucró también a Perú. Este país firmó la paz en 1883, pero

[85] Nota de la Cancillería Venezolana a la Mexicana, Caracas, 7 de mayo de 1841, en Cuevas Cancino, *El pacto,* pp. 305-313.

[86] Lawrence A. Clayton, "Steps of Considerable Delicacy: Early Relations with Peru", en Shurbutt, *United States...,* pp. 82-83.

[87] María del Carmen Velázquez, *Hispanoamérica en el siglo xix*, Pormaca, México, 1965, pp. 35-36.

Bolivia no se resignó a perder territorio y se mantuvo en la lucha hasta 1904.[88] Sólo hasta fines del siglo XIX las disputas fronterizas empezaron a recurrir al arbitraje internacional, aunque en pleno siglo XX todavía estalló la Guerra del Chaco.

Los problemas entre México y Centroamérica tuvieron su origen en su separación en 1823 y la decisión de Chiapas, que había formado parte de la Capitanía de Guatemala, de unirse al país. La frontera entre los dos países sólo logró negociarse hasta 1886.

Las amenazas extranjeras

Alamán vio con claridad que fragmentaciones y enfrentamientos vulneraban la posición de los nuevos Estados y debilitaban a toda la región, que se había insertado en un contexto mundial poco propicio, durante el despegue del imperialismo comercial. La competencia de los Estados Unidos y Gran Bretaña por el comercio hispanoamericano se centró en México y en Centroamérica, pues la segunda ya había asegurado su predominio en el Brasil y también en Argentina, a pesar del conflicto sobre las Islas Malvinas. Dueña del mayor imperio de la historia durante la primera mitad del XIX, Gran Bretaña mantuvo su predominio en la América Latina, pero en la década de 1840 empezó a cederlo a los Estados Unidos. A esta rebatiña inicial no tardaron en sumarse Francia y España. Esta última albergó esperanzas tardías de poner en práctica el esquema de unión dinástica que había rechazado en 1821. A pesar del fracaso del intento de reconquista de México en 1829, mantuvo sus planes de extender la monarquía española en sus ex colonias. Tales fueron los casos de México y de Ecuador en 1845.

Los ministros extranjeros ejercieron influencia en los nuevos países. En el caso de los norteamericanos, la simpatía hacia su sistema político permitió que sus representantes aconsejaran a presidentes, legisladores o partidos políticos, y que sus ministros lo utilizaran para minar la influencia de Gran Bretaña. En México y en otros países, los comerciantes y el personal consular patrocinaron movimientos políticos contra el gobierno, ya fuera para combatir medidas fiscales o para aprovechar los descuentos ofrecidos por los rebeldes. De esa manera, contribuyeron a la inestabilidad.[89]

[88] Sergio Villalobos, O. Silva *et al.*, *Historia de Chile*, Editorial Universitaria, Santiago, 1980, pp. 564-575; Raúl Rivera Serna, *Historia del Perú*, Editorial Universitaria, Lima, s.f., pp. 196-232; Alipio Valencia Vega, *Historia política de Bolivia*, Librería Editorial Juventud, La Paz, 1986, pp. 1271-1296.

[89] Los despachos de los ministros británicos en México comprueban la participación

Buena parte de las presiones de los países comerciales derivaron de las reclamaciones de sus nacionales. A las acumuladas desde los años de la lucha independentista se sumaron las violaciones a los tratados de comercio. Algunas reclamaciones derivaban de daños sufridos durante disturbios y pronunciamientos; otras, de problemas con autoridades, incumplimiento de pagos por los gobiernos y problemas religiosos; casi siempre eran exageradas o injustas. Con frecuencia reflejaban el prejuicio cultural que atribuía inferioridad a los hispanoamericanos. Se protestó por maltrato de sus nacionales, incluso cuando eran fusilados o apresados en medio de intentos de invasión al territorio mexicano, como las que tuvieron lugar en 1842 en Nuevo México y en 1843 en California y Tabasco y en 1864 en Perú, hecho este último que causó una guerra con España. Un caso extremo se dio cuando los mexicanos detuvieron una descarga de monedas falsas de cobre, que los reclamantes consideraban injusta, "porque no estaban en la lista de artículos prohibidos".

Los gobiernos aceptaban muchas de las reclamaciones, pero rechazaban otras. En 1835, José María Gutiérrez de Estrada, ministro de Relaciones mexicano, insistió en que las quejas se presentaran ante las autoridades judiciales de los respectivos países y que sólo en caso de denegación de justicia se recurriera a la reclamación diplomática. Sostenía también que los gobiernos no eran responsables de los daños causados durante las revueltas y que satisfacerlos privilegiaba a los extranjeros en detrimento de los nacionales que también sufrían pérdidas. Franceses y norteamericanos se negaron a someter sus reclamaciones a jueces locales y recurrieron una y otra vez al bloqueo de puertos y a las amenazas. Tal fue el caso del bloqueo norteamericano al Callao,[90] a algunos puertos mexicanos en varias ocasiones y el bloqueo anglo-francés a los puertos argentinos en 1845.

La Foreign Office británica instó a sus nacionales a presentar sus casos ante la justicia local, con buenos resultados, sobre todo porque sus representantes aprendieron a manipular las instituciones. Además, sólo apoyó las reclamaciones que violaban sus tratados,[91] desechando

del cónsul en Veracruz en 1832 y del de Tampico en 1838 en las rebeliones. Las del vicecónsul en San Blas, rico hacendado, comerciante e industrial, que defendió abiertamente el contrabando, y la del comerciante-usurero, cónsul en México en la década de 1840, se pueden inferir. Vázquez, *México y el mundo,* II, pp. 122-123.

[90] L. A. Clayton, "Steps of Considerable Delicacy: Early Relations with Peru", en Shurbutt, *United States...,* p. 47.

[91] Como ejemplo está el caso de un asalto a una mina. El ministro en México pidió instrucciones al conde de Aberdeen y éste le contestó que no parecía procedente que el gobierno de su majestad tuviera derecho a exigir una indemnización del gobierno, pues era claro que había sido cometido por una banda de ladrones. Aberdeen a Pakenham, 4 de marzo de 1836, FO 50, 52, 15-17.

las que resultaban de especulaciones. La Foreign Office consideró especulativa la deuda de los gobiernos con los banqueros británicos y se negó a incluirla en sus reclamaciones. El gobierno mexicano no se dio cuenta de ello y la incluyó en una convención firmada en 1843, lo que le dio la fuerza de la que carecía. Oficialmente, Gran Bretaña combatió el contrabando;[92] no obstante, muchas veces los representantes británicos actuaron por su cuenta, y como los consulados estaban en manos de comerciantes, los abusos se multiplicaron.

La soberanía costera fue fácilmente burlada. Barcos pesqueros norteamericanos se negaron a respetar las limitaciones impuestas por el gobernador de las Islas Malvinas (o Falkland) a la pesca en las costas de la Patagonia y la Tierra del Fuego, con el argumento de que en realidad eran británicas. La enérgica protesta argentina, al no ser atendida, condujo a la ruptura de relaciones; la flota norteamericana contestó con la destrucción de una población en 1831, acción aprobada por el presidente Andrew Jackson.[93] Sin esperar el desenlace, Gran Bretaña optó por ocupar las islas en 1833.

En Centroamérica se presentaron problemas semejantes. Los británicos venían ocupando parte de Honduras para explotar maderas preciosas del territorio mexicano y del guatemalteco. Las protestas se desoyeron y, en 1830, los británicos se habían reinstalado en las islas frente a Honduras y ejercían la "protección" sobre los indios Mosquitos. La incapacidad para contrarrestar esta invasión la volvió más agresiva en la década de 1840, ante la ambición de construir una vía de comunicación interoceánica. Las miras se centraron en Tehuantepec y en Nicaragua. Las quejas de México por la violación de su territorio y la venta de armas a los mayas sublevados durante la guerra llamada de castas, tampoco se atendieron.

En la década de 1840, creció el interés de los Estados Unidos en Centroamérica, ante la necesidad de una comunicación de su costa atlántica con el Pacífico, para favorecer sus planes de anexión de Oregon y California. En 1846 firmaron el tratado Bidlack con Colombia que les daba libre paso a través del istmo de Panamá. Esto hizo que los británicos buscaran asegurarse una vía alternativa y ocuparan, en nombre de los indios Mosquitos, el puerto de San Juan del Norte en 1848. Nicaragua protestó y, al no ser atendida, recurrió a los Estados Unidos, coyuntura que su representante, Elijah Hise, aprovechó para firmar un tratado (1848) para construir un canal. El tratado no fue ratificado, pero fue utilizado

[92] Almirantly a la Foreign Office, 20 de julio de 1844, FO 50, 174, 6-7; McGregor a la Foreign Office, 17 de agosto de 1844, FO 50, 182, 29-30.

[93] Goodwin, "Initiating United States...", pp. 107-112.

en 1849 para que el gobierno nicaragüense firmara un contrato de construcción de una vía de comunicación con una compañía norteamericana y se firmara otro para protegerla. Ante la cesión de la isla hondureña del Tigre a los Estados Unidos, los británicos procedieron a ocuparla, lo que generó un enfrentamiento *in situ*. Ésta rebasaba las intenciones de los gobiernos de los dos países, que terminaron por firmar el tratado Clayton-Bulwer de 1850. En él, los dos se comprometían a colaborar en la construcción de un canal o forma de comunicación, sin que ninguna ejerciera el dominio del territorio.[94] El tratado no impidió que el filibustero William Walker emprendiera la aventura de controlar el gobierno de Nicaragua de 1855 a 1857. Aunque hacia 1862 Gran Bretaña se adjudicó la posesión oficial de Belice, su predominio en la región había declinado.

México fue víctima de las mayores amenazas externas. La vecindad con la expansiva república norteamericana desencadenó las más dramáticas, pero no fueron las únicas. Su vieja prosperidad, enorme territorio, producción de metales preciosos y situación estratégica como puente entre Asia y Europa la convirtieron en blanco favorito de agresiones que aumentaron la debilidad derivada de su sangrienta lucha independentista. México sufrió bombardeos constantes desde San Juan de Ulúa, donde permanecía una guarnición española, y en 1829 enfrentó un intento de reconquista. En 1836 tuvo la guerra de Texas, que distó de ser un problema interno por la participación norteamericana. En 1838 sufrió el bloqueo y bombardeo francés y en 1846-1848, la invasión norteamericana. La década de 1850 fue de invasiones filibusteras y la presión constante de Estados que exigían una nueva tajada. El infortunio se prolongó, y en la década de 1860 México enfrentó la intervención francesa.

El dinamismo de los Estados Unidos hizo inevitable que México se convirtiera en víctima de su expansionismo. En 1821, los dos países vecinos tenían un territorio y una población comparable, pero para la década de 1840, mientras la norteamericana rebasaba 20 millones, la mexicana apenas rebasaba los siete. La admiración por la prosperidad norteamericana, condujo a que México imitara su gobierno y su política de colonización. Su septentrión deshabitado empezaba a ser invadido por norteamericanos y se proyectó poblarlo con indios de las praderas norteamericanas, soldados mexicanos retirados y colonos europeos y norteamericanos. Las condiciones ofrecidas eran excelentes: tierra casi gratis y exención de impuestos durante siete años. Los colonos tenían que ser católicos, no introducir esclavos ni especular con las concesiones de

[94] Charles L. Stansifer, "United-Central American Relations, 1824-1850", en Shurbutt, *United States...*, pp. 42-45.

tierra. Se confiaba en que los privilegios concedidos arraigaran a los colonos. La distancia y la escasez de recursos humanos y materiales para vigilar y poner en vigor las leyes permitieron que fueran violadas. Hacia 1830, los colonos angloamericanos eran casi 10 veces más que los habitantes mexicanos y algunos eran provocadores.

La política antiesclavista mexicana generó descontento entre los colonos, aunque el gobierno los había exceptuado de la ley de emancipación. Como la confianza se había esfumado, una nueva ley de colonización de 1830 prohibió la entrada de norteamericanos y canceló las concesiones especuladoras. La irritación de los colonos estalló en 1832 ante una negativa de las autoridades mexicanas a devolver a dos esclavos fugitivos de Luisiana y al establecimiento de la primera aduana. Los colonos convocaron convenciones para decidir el camino a seguir. Éstas decidieron en 1833 que Stephen Austin viajara a la capital mexicana a solicitar la derogación de la prohibición de entrada de norteamericanos, la separación de Texas de Coahuila y la extensión de la exención de impuestos, por tres años.

Austin fue bien recibido, pero los problemas que enfrentaba el Congreso retrasaron la solución a sus peticiones. Su impaciencia lo condujo a escribir al ayuntamiento de Béjar que procediera a elegir autoridades autónomas, sin esperar la autorización mexicana. Casi al mismo tiempo el Congreso abolió la prohibición solicitada y concedió la extensión de la exención de impuestos, al tiempo que prometía reformas y mayor representación a los texanos. Austin partió satisfecho, pero el gobierno, al recibir la noticia de su comunicado al ayuntamiento de Béjar, ordenó su detención. El estado de Coahuila y Tejas promovieron las reformas que aprobaban el uso del inglés en trámites administrativos y judiciales e instituyeron el juicio con jurado, tan ajeno a la tradición judicial hispánica.

Después de una calma de dos años, el restablecimiento de la aduana en 1835 provocó la rebelión definitiva. Colonos recién llegados explotaron el temor al antiesclavismo mexicano y el decreto de reducción de la milicia cívica para exacerbar los ánimos. En noviembre de 1835, antes de que llegara la noticia del establecimiento del sistema centralista, los texanos rompían sus ligas con México. No se declaró la independencia de inmediato, para conservar el apoyo de los federalistas mexicanos. En los Estados Unidos se formaron clubes que reunieron armas, dinero y voluntarios que recibían tierra. Esta amenaza de invasores al territorio hizo que el congreso mexicano expidiera un decreto declarando pirata a todo extranjero que entrara armado a Texas, y el presidente Antonio López de Santa Anna emprendió una expedición para someter a los rebeldes. El éxito inicial se tornó en desastre por un descuido que lo hizo caer prisionero.

Los texanos declararon la independencia en marzo de 1836. El acta imitaba la norteamericana y aludía a una larga lista de supuestos agravios. El objetivo claro era anexarse a los Estados Unidos para asegurar su sistema de producción esclavista, pues aunque no mencionaba el tema, la constitución texana se inspiró en las de los estados esclavistas y prohibió la emancipación de esclavos sin permiso del congreso.

La absurda obediencia del nuevo jefe del ejército mexicano a una orden del prisionero Santa Anna, de retirarse al otro lado del río Bravo, selló la suerte de Texas, porque México no volvió a tener recursos para una nueva expedición, además de que le dio validez a la pretensión texana de establecer ese río como frontera.

La independencia de Texas condujo al rompimiento de relaciones con los Estados Unidos, porque sus representantes, desde 1825, venían ofreciendo su compra. El presidente Andrew Jackson favorecía la separación texana, pero declaró la neutralidad en un problema mexicano interno y la violó abiertamente. Se abstuvo de anexar Texas, pero le extendió el reconocimiento en 1837, al tiempo que presionaba a México por las reclamaciones. En 1838 esto puso a México ante dos amenazas, pues a la norteamericana se sumó la francesa. Gracias a la depresión económica, Washington aceptó someter sus reclamaciones a arbitraje, lo que significó un respiro para el país durante su guerra con Francia.

México se negó a reconocer la pérdida de Texas pero fue incapaz de reanexarla y la Gran Bretaña le dio su reconocimiento, comprometiéndose a lograr que México lo hiciera a cambio del pago del prorrateo que le correspondía a la provincia de la deuda externa. Como fracasó, México estuvo sujeto a ataques a sus costas y barcos y a intentos de conquista en Nuevo México.

Las tensiones no tardaron en incrementarse con la campaña de los expansionistas norteamericanos de "reanexar" Texas y conquistar California. El primer intento de anexión de Texas fracasó en el Senado norteamericano, pero el presidente John Tyler promovió una "resolución conjunta" del Congreso, y en 1845 consolidó la anexión. En julio de ese año, una convención texana la aprobó.

La ruptura de relaciones de México con los Estados Unidos hizo inevitable la guerra. El país, carente de recursos, de ejército y de aliados, sorteando levantamientos federalistas y una conspiración monarquista española,[95] trató de evitar la guerra. Su única esperanza centrada en

[95] El proyecto, preparado durante el gobierno del ministro Narváez, fue considerado por el marqués de Miraflores no sólo inmoral sino dudoso, por lo que promovió su discu-

una guerra entre Gran Bretaña y los Estados Unidos por Oregon, se esfumó cuando llegaron a un acuerdo. Gran Bretaña sólo ofreció su "interposición"[96] y apoyó, como Francia, el proyecto monarquista español.[97]

Tanto México como los Estados Unidos quisieron evitar la guerra. El primero, consciente de su debilidad, y el presidente James Polk, ante el temor de que la guerra azuzara las tensiones regionales. Polk recurrió al soborno al exiliado Santa Anna, pasando por explorar la alianza con el clero o la oferta de compra del territorio a través del envío de un comisionado. Todo fracasó y Polk, impaciente, ordenó al general Zachary Taylor avanzar hacia el río Bravo, territorio mexicano o, en el peor de los casos, en disputa. Al recibir noticia de un incidente sangriento en el Bravo, Polk declaró la guerra y acusó a México de haberla provocado.

El gobierno norteamericano estaba listo para la guerra. De inmediato se destacaron otros tres ejércitos para invadir por el norte y enviarle refuerzos a Taylor. Después se preparó otro para seguir la "ruta de Cortés" de Veracruz a la capital. A las flotas del Golfo y del Pacífico se les ratificaron las órdenes de bloqueo y que apoyaran intentos secesionistas. Se autorizó que Santa Anna cruzara el bloqueo, pero traicionó sus esperanzas al dedicarse a organizar la defensa. Un ejército de voluntarios con armamento obsoleto, sin entrenamiento, sin servicio de sanidad e intendencia se enfrentó a uno disciplinado, provisto de armas modernas y de todo lo necesario, lo que convirtió a la guerra en una carnicería. En enero de 1847 se había consolidado la conquista de Nuevo México y California y la capital de la república era ocupada el 14 de septiembre. México pareció desmoronarse, mientras el paroxismo del "destino manifiesto" clamaba por anexarse todo el territorio.

El comisionado norteamericano, Nicholas Trist, recibió órdenes de regresar a Washington para nuevas instrucciones, pero decidió quedarse y firmar la paz, apegado a las órdenes originales que exigían toda California y Nuevo México. El Tratado de Guadalupe se firmó el 2 de febrero de 1848 y garantizaba los derechos de los mexicanos en los territorios perdidos. El artículo XI comprometía a los Estados Unidos a impedir las invasiones indígenas, pero, al igual que las garantías a los

sión en "el seno del gabinete y rogar a S. M. que presida un día el Consejo de Ministros, rogando asista S. M. la Reyna Madre, pues se ha de tratar de una cuestión, si bien de Estado..., de la familia". Pero sus escrúpulos no fueron compartidos por el Consejo y sí se puso en práctica. Memorándum del Presidente del Consejo de Ministros para S. M., 24 de febrero, 1846, Archivo Histórico Nacional (AHN), Madrid, Estado, 5869, núm. 3.

[96] Aberdeen a Bankhead, 1° de octubre de 1845. FO 50, 182, 88-91

[97] Francisco Martínez de la Rosa al duque de Sotomayor, Confidencial, 7 de febrero de 1846. FO 72 (España), 711, 323; H. L. Bulwer a Aberdeen, Madrid, 28 de febrero, 1846. FO 72, 696, 151-154; Lord Cowley a Aberdeen, 27 de febrero de 1846, FO 27 (Francia), 149, núm. 57.

mexicanos, todo quedó en letra muerta. Todavía México fue víctima de embates filibusteros y de presiones de Washington durante la siguiente década. Santa Anna tuvo que ceder la fértil meseta de la Mesilla en 1853 y aprobar que se anulara el artículo XI del tratado de Guadalupe.

Las penalidades mexicanas todavía no terminaban. Una suspensión temporal de pago de deuda externa, decretada por el presidente Benito Juárez en 1861, sirvió de pretexto a Napoleón III para convocar a Gran Bretaña y España a reunirse en Londres el 31 de octubre de 1861 y acordar el bloqueo de los puertos del Golfo. Napoleón III, que soñaba en constituir un Imperio latino, accedió a "apoyar" a los monarquistas mexicanos para instaurar un Imperio y "salvar a México del caos". Las promesas mexicanas de que los pagos se restaurarían tan pronto como fuera posible, aseguraron el retiro de las flotas británica y española; en cambio, las tropas francesas iniciaron su avance el 27 de abril de 1862, y a principios de mayo se encontraron frente a Puebla. Su arrogancia racista confiada en la superioridad total permitió que las "gavillas" mexicanas lograran una victoria el 5 de mayo. La derrota resultó contraproducente, pues el envío de 30 000 soldados más por Napoleón aseguró que el ejército mexicano, concentrado en Puebla, después de un sitio de dos meses, terminara por rendirse el 10 de mayo de 1863. La ocupación del país fue paulatina. Sin fuerzas disponibles, Juárez abandonó la ciudad de México y el Imperio se inauguró. Napoleón III aprobó que lo encabezara Maximiliano de Habsburgo, con quien suscribió los tratados de Miramar, que imponían condiciones onerosas al país.

El gran año del Imperio fue 1865, pero el fin de la guerra civil en los Estados Unidos, los compromisos de Francia en Europa y el avance liberal anunciaban su caída. Maximiliano, agobiado y abandonado por Napoleón III y por los monarquistas, se rindió a los republicanos en Querétaro. Dos juristas mexicanos trataron de defenderlo y de muchos países llegaron peticiones de clemencia, pero Juárez se mostró inflexible y junto a dos de sus generales, Maximiliano fue fusilado el 19 de mayo de 1867.

A manera de epílogo

A medio siglo de vida independiente, las nuevas naciones habían perdido el optimismo que las había visto nacer. El gobierno monárquico, cuya legitimidad derivaba de la autoridad histórica y de los hábitos de obediencia, se esfumó con los cambios que tuvieron lugar. Los problemas de fronteras pendientes redujeron su importancia. No así las reclamaciones y las deudas extranjeras que, con la filosofía darwinista llevada al terreno de las relaciones internacionales, legitimaba el uso de la fuerza para obligar a los países débiles a cumplir, lo que dio lugar a intervenciones armadas temporales. La presiones diplomáticas y las agresiones extranjeras distorsionaron el desarrollo y la consolidación de los nuevos Estados.

La tragedia hispanoamericana fue que al acceder al uso de su soberanía, el concepto se había transformado al servicio del nuevo imperialismo. Los principios del nuevo orden permitieron que las naciones europeas se repartieran el continente africano en 1885 y que, en 1895, el secretario de Estado norteamericano Richard Olney, en una comunicación a Gran Bretaña, afirmara: "The United States is practically *sovereign*" en Sudamérica, "and its fiat is law upon the subjects to which it confirms its interposition"[98] ["Los Estados Unidos son prácticamente soberanos", en Sudamérica, "y su mandato es ley sobre sus súbditos lo cual confirma su mediación"].

[98] Citado por Franklin W. Knight, "The State of Soverignty and the Sovereignty of States", en Alfred Stepan, *Americas. New Interpretative Essays*, Oxford University Press, Nueva York, 1992, p. 20.

Tercera Parte

UNA NUEVA IDENTIDAD COLECTIVA

IX. ¿QUÉ NACIÓN? DINÁMICAS Y DICOTOMÍAS DE LA NACIÓN EN EL IMAGINARIO HISPANOAMERICANO*

MÓNICA QUIJADA
Consejo Superior de
Investigaciones Científicas

DURANTE LAS PRIMERAS DÉCADAS del siglo XIX, los dominios españoles en América se desmembraron y en el proceso de conformación de las nuevas unidades políticas independientes actuaron dos claves fundacionales: por un lado, una voluntad de ruptura (con el antiguo régimen, con la Corona de España); por otro, su inscripción consciente en el paradigma ilustrado del Progreso. La combinación de ambas llevó a preferir un modelo de organización sociopolítica coincidente con el que un segmento significativo del pensamiento ilustrado y el ejemplo de las dos grandes revoluciones que precedieron a la emancipación hispanoamericana, habían señalado como el más deseable y apropiado para garantizar el cumplimiento de aquel paradigma: el Estado-nación fundado en la soberanía popular.

La acción emancipadora va asociada así a una nueva imagen de la sociedad política, imagen que tuvo como rasgos distintivos el sentimiento republicano y la búsqueda de bases jurídicas que garantizaran la construcción de un Estado territorialmente unificado, idealmente moderno y orientado hacia el progreso, sobre bases idealmente representativas, cuya fuente última de legitimación era la nación soberana.[1] De tal manera, en la confluencia de aquellos tres conceptos —Estado, nación y soberanía—, los hispanoamericanos legitimaron sus guerras de independencia apelando al derecho de restitución de la soberanía a la nación, y trasladando a esta última la lealtad colectiva, hasta entonces depositada en la autoridad dinástica.

Pero esta lealtad a la nación, fuente y elemento legitimador del poder del Estado, era un planteamiento teórico que de ninguna manera contri-

* Este texto fue publicado en F.-X. Guerra y M. Quijada (coords.), *Imaginar la nación. Cuadernos de Historia Latinoamericana,* núm-2, 1994.

[1] J. L. Romero, "Prólogo" a *Pensamiento político de la emancipación (1790-1825)*, Biblioteca Ayacucho, Caracas, 1977, pp. IX-XLIII.

buía a dotar de contenidos claros y precisos a una problemática fundamental en todo proceso de construcción nacional: ¿qué nación?, ¿quién constituye la nación?, ¿cuándo hay nación?, ¿desde cuándo hay nación?

Dotar de contenidos a esas cuestiones fue un proceso complejo, variable y polifacético,[2] porque en él interactuaban las potencialidades y los condicionamientos, los deseos y las circunstancias, los fundamentos y las fórmulas de la construcción nacional. A ese proceso contribuyeron segmentos importantes de las élites hispanoamericanas, tanto con la acción como con la pluma. Más aún, si en algún proceso de construcción nacional hubo auténticos *nation-builders,* individuales e individualizables, ésos fueron los hispanoamericanos. Ensayistas, historiadores y literatos compaginaron sus horas de reflexión y producción escrita con las más altas responsabilidades políticas. En esa doble capacidad, ellos "imaginaron" la nación que querían y a esa imaginación le aplicaron sus posibilidades de acción pública, que no eran escasas, desde la conducción militar hasta carteras ministeriales y, en más de un caso, el propio sillón presidencial.

Hacer un seguimiento de algunas características de la "nación imaginada" en Hispanoamérica a lo largo del siglo XIX es, precisamente, el propósito principal de este trabajo; su segunda finalidad es ofrecer un panorama —en texto y en notas— de algunos avances de la investigación sobre esa problemática. Pero antes de iniciar ese análisis, creo imprescindible prologarlo con una delimitación del concepto mismo de "nación", tan ambiguo y resbaladizo pues, como ha dicho Walker Connor, conceptualizar la nación es mucho más difícil que conceptualizar el Estado, puesto que la esencia de la primera es intangible, y de ahí la tendencia a identificar ambas nociones.[3]

[2] A estas adjetivaciones debiéramos agregar la de "inacabado", en el sentido de la nación moderna como un proceso continuo y por tanto nunca terminado, según la tesis de E. O'Gorman referida a México (*La supervivencia política novohispana*, México, 1967). Como ha señalado A. Annino, esta tesis de O'Gorman es análoga a la que años más tarde sostuvieron E. Gellner y E. Hobsbawm; véase A. Annino, "Nuevas perspectivas para una vieja pregunta", *El liberalismo en México*, número monográfico de *Cuadernos de Historia Latinoamericana*, núm. 1, 1993, pp. 5-12; E. Hobsbawm, *Nations and Nationalism since 1780*, Cambridge University Press, Cambridge, 1990; E. Gellner, *Nations and Nationalism*, Cornell University Press, Ithaca-Nueva York, 1983.

[3] W. Connor, "A nation is a nation, is a state, is an ethnic group, is a...", *Ethnic and Racial Studies*, vol.1, núm. 4, 1978, pp. 377-397; la cita en la p. 379. La referencia más pesimista que he encontrado en la literatura teórica sobre la nación es la de G. Delannoi, según la cual "se trata de un ente que es teórico y estético, orgánico y artificial, individual y colectivo, universal y particular, independiente y dependiente, ideológico y apolítico, trascendente y funcional, étnico y cívico, continuo y discontinuo"; Delannoi, "La teoría de la nación y sus ambivalencias", en G. Delannoi y P.-A. Taguieff, *Nacionalismo*, Paidós, Barcelona, 1993, pp. 9-17; las citas en la p. 9.

Anthony D. Smith ha señalado que en el mundo actual "encontramos dos conceptos de nación que se solapan: el cívico o territorial, y el étnico o genealógico".[4] La concepción cívica trata a las naciones como unidades de población que habitan un territorio demarcado, poseen una economía común con movilidad en un único territorio que delimita un sistema único de ocupación y producción, leyes comunes con derechos y deberes legales idénticos para toda la población, un sistema educacional público y masivo, y una única ideología cívica. La concepción étnica o genealógica considera a las naciones como poblaciones humanas que reclaman un ancestro común, una solidaridad demótica, costumbres comunes y vernáculas y una memoria histórica común. El primer concepto de nación suele identificarse con el sistema francés; el segundo, con el alemán. Sin embargo, como el propio Smith ha señalado,[5] ambos conceptos están lejos de constituir departamentos estancos, puesto que uno y otro están presentes en los procesos de construcción nacional.

En efecto, la necesidad de crear un "nosotros" colectivo, inherente al concepto "cívico" de la nación en tanto comunidad territorializada, y política, institucional, legal, económica y educacionalmente unificada, dio origen a la voluntad de "etnización" de la *polity;*[6] voluntad reflejada en la instrumentalización y difusión de pautas culturales y lingüísticas, mitos de origen y un conjunto de símbolos tendentes a la consolidación de la identidad colectiva, y que aparece como programa explícito de los gobernantes en los procesos de configuración de los Estados nacionales en el siglo XIX y principios del XX. A su vez, esos mitos, pautas y símbolos no fueron creaciones *ex nihilo* de los Estados o de las élites, sino que estaban enraizados en elementos preexistentes que aquéllos buscaron redefinir, canalizar, generalizar y, sobre todo, "esencializar", tejiendo con ellos las redes de la identificación colectiva en la "comunidad imaginada" y con ella, idealmente enraizada en un mismo origen y abocada a un mismo destino. En otras palabras, si la nación fue el producto de una creación histórica moderna, lo que le dio fuerza y continuidad fue la desaparición en el imaginario colectivo de su carácter de "invención en el tiempo", y su consecuente sustitución por una imagen de la nación propia como algo inmanente, además de singular y autoafirmativo y, en tanto tal, receptáculo de todas las lealtades.

[4] A. D. Smith, "The Myth of the 'Modern Nation' and the Myths of Nations", *Ethnic and Racial Studies*, vol. 11, núm. 1, 1988, pp. 1-26; la cita en la p. 8.

[5] *Ibidem* y también de él mismo, *The Ethnic Origins of Nations*, Basil Blackwell, Nueva York-Oxford, 1986.

[6] Según la frase feliz de J. Álvarez Junco, "Ciencias Sociales e Historia en los Estados Unidos, el nacionalismo como tema central", *Ayer*, núm. 14, 1994, pp. 63-80; la cita en la p. 68.

Ahora bien, ese proceso de configuración y de "esencialización" de la nación se desarrolló —y se desarrolla aún— al ritmo de dinámicas desiguales, puesto que la idea, o más bien las ideas, sobre la nación no son unívocas e inmutables, sino sujetas a variaciones a lo largo del tiempo y a lo ancho de la geografía. Una dificultad específica se añade en el caso de las sociedades hispanoamericanas que, por un lado, se inscriben en el mundo conceptual del pensamiento occidental —lo que las hace necesariamente sensibles a los modelos por él generados—; y, por otro, se ajustan a pautas sociales y sobre todo culturales configuradas al calor de sus propios procesos históricos, que matizan de particular manera la recepción y traducción de aquellos modelos.

Por ello, el análisis antes propuesto se hará a partir de dos perspectivas interrelacionadas: por un lado, la conceptualización variable de la nación en Hispanoamérica a lo largo del tiempo; por otro, la interacción de esa evolución conceptual con ciertas circunstancias específicas en cuyo marco hubieron de desarrollarse los procesos de construcción nacional hispanoamericanos, y que exceden con creces el llamado "problema" —tantas veces invocado por los análisis al uso— de las dificultades de adecuación al imaginario político republicano, de unas estructuras socioeconómicas de "antiguo régimen" y los intereses a ellas vinculados.

Finalmente, la necesidad de acotar un tema tan amplio ha aconsejado organizar el análisis a partir de la abstracción de ciertas dinámicas o conceptos clave que responden a otros tantos imperativos de la construcción nacional, y que están en la base de la especificidad hispanoamericana. Esas dinámicas —que en ningún caso agotan la problemática— son: la delimitación de la nación, el problema de la singularización y la dialéctica inclusión/exclusión vinculada a la heterogeneidad.[7]

Los círculos concéntricos de la nación

En un trabajo pionero, Luis Monguió[8] procuró adentrarse en el problema de las identidades diferenciales americanas mediante el examen de los conceptos de "patria" y "nación" en el virreinato del Perú. Seguía de esta manera el camino señalado siete años antes por J. Godechot para el pro-

[7] El presente análisis está hecho a partir de una abstracción de problemáticas y planteamientos que creo comunes al conjunto de Hispanoamérica, aunque no se me escapan las diferencias que separan a los distintos países. No obstante, creo imprescindible aclararle al lector que la base de mi investigación está constituida, sobre todo, por los casos de México, Perú, Argentina y en menor medida Chile.

[8] L. Monguió, "Palabras e ideas, *patria* y *nación* en el virreinato del Perú", *Revista Iberoamericana*, núms. 104-105, 1978, pp. 451-470.

ceso francés.[9] Elegiremos esa senda señalada por Monguió para comenzar nuestro análisis, porque en la utilización por los independentistas de los términos mencionados asoman algunas de las claves que permearían los procesos de construcción nacional hispanoamericanos durante el siguiente centenio.

Es sabido que en el discurso de la Independencia, y en los sentimientos colectivos que ella movilizó, el término clave no fue tanto el de *nación* como el de *patria*. Dos pautas fundamentales subyacen a esta preferencia: una práctica común y secular de identificación comunitaria, y una connotación político-ideológica de acuñación moderna.

En el primer caso, es significativo que frente al concepto más ambiguo y cambiante de "nación" —como veremos más adelante— el de "patria" tenga una connotación precisa que se mantiene casi inmutable a lo largo de la edad moderna, y que es recogida como tal por los distintos diccionarios de la lengua española: "La tierra donde uno ha nacido" (Covarrubias, 1611); "El lugar, ciudad o País en que se ha nacido" *(Diccionario de Autoridades*, 1726); "El país en que uno ha nacido" *(Diccionario* de Terreros y Pando, 1787). Ya en 1490, el *Universal vocabulario en Latín y en Romance* de Alfonso de Palencia recogía esta acepción del término *patria,* y le incorporaba además una referencia al sentimiento de lealtad por ella suscitado: "Se llama ser comun de todos los que en ella nasçen. Por ende deue se aun prefirir al propio padre, porque es mas universal. Et mucho mas durable".

Patria aparece así, en la tradición hispánica, como una lealtad "filial", localizada y territorializada, y por ello más fácilmente instrumentalizable en un momento de ruptura de un orden secular, de lo que permite la polivalencia del concepto de "nación". La lealtad a la patria, a la tierra donde se ha nacido, no es discutible; por añadidura, a diferencia de la "comunidad imaginada" de la que habla Anderson,[10] la patria es inmediata y corporizable en el entorno de lo conocido.

Pero hay una segunda pauta que subyace a la utilización preferente del término: la identificación creciente, desde finales del siglo XVII, del término *patria* con la idea de libertad; "no hay patria bajo el despotismo", afirmaba La Bruyère en 1688.[11] Como ha señalado J. Godechot, las palabras *patriota* y *patriotismo* fueron evocando cada vez más el amor a la libertad, y *patria* se aplicó a la tierra de hombres libres y por tanto

[9] J. Godechot, "Nation, patrie, nationalisme et patriotisme en France au XVIIIe siècle", *Annales historiques de la Révolution Française*, vol. 63, 1971, pp. 481-501.

[10] B. Anderson, *Imagined Communities. Reflections on the Origin and Spread of Nationalism*, Verso, Londres-Nueva York, 1983.

[11] Citado en J. Godechot, "Nation...", p. 485.

felices. Esa carga revolucionaria de la idea de patria como sinónimo de libertad respecto de todo despotismo, consolidada por la Revolución francesa, se incorporó a la idea tradicional de patria como la tierra natal, y en ese doble sentido fue instrumentalizada tanto por el discurso independentista hispanoamericano como por el que acompañó a la lucha de los españoles peninsulares contra el invasor francés. En el nombre de esa patria que es sinónimo de libertad irían forjando los americanos la ruptura del vínculo político con el gobierno central de la monarquía castellana, y se plantearían asimismo las reivindicaciones que constituyen el fundamento de la nación "cívica", según la tipología de Smith: leyes comunes e igualitarias, economía unificada, educación común para formar ciudadanos libres e iguales,[12] y que ya aparecen en los documentos de la emancipación.[13]

Frente a esta univocidad del concepto de "patria", el término *nación* abarca por lo menos tres acepciones de distinto orden: cultural, territorial, institucional. La primera de ellas está ya recogida en el vocabulario de Palencia de 1490: "Se llama de nasçer: et dizense naçiones llamadas de las gentes iuntas en propios parentescos et lenguas: como naçion alemana: et italica: et francesa. Et segund afirma Sesto Pompeyo el linaie de ombres que no vienen de otras partes: mas son ende nascidos se llama naçion".

Asociado a este sentido, el término *nación* se utilizaría a lo largo de la Colonia para designar individualmente a los distintos grupos étnicos que convivían bajo el gobierno común de la Corona de Castilla. Por inversión, *nación* también era el Otro, ya sea el extranjero *(Diccionario de Autoridades*, *Diccionario* de Terreros y Pando), o los gentiles o pueblos idólatras (Terreros y Pando), sentido este último en que el término fue muy utilizado en América a lo largo del periodo colonial para designar a las tribus "salvajes" alejadas del control de la Corona y de la acción evangelizadora.

Además de esa connotación cultural —la más corriente durante la Colonia— en la tradición española el concepto de *nación* parece estar más vinculado que en la francesa[14] a la idea de territorio, o de población

[12] F.-X. Guerra ha señalado la importancia de distinguir conceptualmente los dos sentidos del término *libertad* en la emancipación: la ruptura del vínculo político con la corona española, y la adopción de las ideas, imaginarios, valores y prácticas de la modernidad (Guerra, "La independencia de México y las revoluciones hispánicas", en *El liberalismo en México*, pp. 35-48). Este artículo da algunas claves fundamentales para comprender los inicios de la construcción de la nación en Hispanoamérica y el tránsito de un imaginario tradicional a la modernidad. Véase también, del mismo autor, *Modernidad e independencias. Ensayos sobre las revoluciones hispánicas*, 3ª edición, FCE, México, 2001.

[13] Véase la antología de textos recogida en *Pensamiento político de la emancipación.*

[14] *Cf.* J. Godechot, "Nation..."

asociada a un territorio. En el *Vocabulario* de Palencia, por ejemplo, se lee: "Et hay diferencia entre gente y naçion: ca naçion requiere el suelo de la patria, et gente es ayuntamiento de muchos desçendientes de una cabeça"; en tanto que el *Diccionario de Autoridades* la interpreta como "La coleccion de habitadores en una Provincia, Pais o Reino", y el *Covarrubias* la define en términos de "Reyno o Provincia extendida, como la nacion española".

Finalmente, en el *Diccionario* de Terreros y Pando aparece una tercera dimensión: la institucional. La nación sería en esta obra un "nombre colectivo que significa algun Pueblo grande, Reino, estado, etc., sujeto a un mismo Príncipe ó Gobierno". Esta interpretación del término *nación* está menos enraizada que las otras dos en la tradición española, lo que se refleja en el hecho de que sea recogida por primera vez en el citado *Diccionario* publicado en 1787. De hecho, en el ámbito americano las referencias a esta dimensión institucional de la nación no aparecen de manera sistemática y regular hasta la invasión del territorio peninsular por Napoleón,[15] lo que sugiere una asociación estrecha con la mutación del imaginario político que se produjo en la primera década del siglo XIX, y que ha sido puesto de manifiesto por los trabajos de François Xavier-Guerra.[16]

Por ende, en ambos términos, *patria* y *nación,* se detectan dos contenidos, ambos vigentes a comienzos del siglo XIX: uno tradicional y el otro moderno, vinculado este último a las ideas ilustradas y a la experiencia revolucionaria francesa.

En el proceso de la emancipación, la dimensión institucional de la nación actuó como un elemento organizador fundamental de la voluntad política, instrumentalizado inicialmente no tanto por el afán independentista,[17] como por la aspiración a tomar parte activa en los cambios que ha provocado la invasión napoleónica y el llamado a integrar la Junta Central. La palabra *nación* aparece entonces con un sentido institucional específico, a la vez que voluntarista y ocasionalmente modernizador: la sujeción de la península y de América a una misma fuente de poder, la monarquía española, convierte a los habitantes de ambos territorios ("cuáles" habitantes, lo examinaremos más tarde) en una nación, y sólo con la concurrencia de representantes americanos a la Junta Central se legitimará ésta como un verdadero "cuerpo nacional".[18]

[15] *Cf.* L. Monguió, "Palabras e ideas...", p. 465.

[16] Véase nota 12.

[17] De hecho esa dimensión está ausente en los precursores de la emancipación, como Miranda y Vizcardo.

[18] Camilo Torres, "Memorial de agravios" (1809), en *Pensamiento político de la emancipación*, vol. I, pp. 25-26.

Este concepto de integración en una nación única pone de manifiesto el sentido profundo del rechazo a la condición de colonias expresado por los diputados americanos en las Cortes de Cádiz, y por los integrantes de las diversas Juntas constituidas en los territorios americanos. En efecto, la negación del *status* "colonial" era fundamental para la autoidentificación de los americanos en el cuerpo de la nación: "los vastos y preciosos dominios de América no son colonias o factorías, como las de otras naciones, sino una parte esencial e integrante de la monarquía española";[19] es precisamente esa negación de la condición de "colonias" lo que fundamenta la pertenencia a una nación única, cuyos dos pueblos integrantes, el español y el americano, son y deben ser iguales en derechos, "con voz y voto en el Gobierno del reino".[20] A la inversa, "la perfecta igualdad entre las provincias europeas y americanas" es lo que justifica la pertenencia de estas últimas a la "nación española".[21] Y esa nación única apoyada en ambas márgenes del Atlántico es "el fundamento y origen de la sociedad", que, ante la ausencia del monarca, "recobra inmediatamente su potestad legislativa como todos los demás privilegios y derechos de la Corona".[22] De tal manera, vinculados a ese concepto de nación única e igualitaria, aparecen los dos grandes temas de la Independencia: la representación y la soberanía.

En el contexto de esa dimensión institucional de la nación, el rechazo del vínculo con la Corona de Castilla —que convertiría a ésta en un "gobierno intruso"—[23] afecta de dos maneras distintas y paralelas en el tiempo a la definición de los límites de la nación. En primer lugar, los españoles europeos quedarán marginados de ella, aunque en un proceso más lento que el de la propia voluntad de independencia: inicialmente, el vínculo que igualaba a "españoles europeos y americanos" en una misma nación contribuyó a legitimar la autonomía americana como la posibilidad de "ofrecer una patria" a los "hermanos europeos" para huir del yugo francés. Más tarde, la expresa voluntad independentista condicionó esa integración, pero partiendo de un reconocimiento del derecho de pertenencia a la misma nación. De tal forma, Simón Bolívar, en su decreto de 1813 que llamaba a la "guerra a muerte" para defender la revolución, afirmaría que los españoles que no fueran "contrarios" ni "indiferentes" a ella, serían considerados "americanos".[24] Ya

[19] Camilo Torres, "Memorial...", p. 26.
[20] Mariano Moreno, *Representación de los hacendados* (1809), p. 77.
[21] *Ibidem.*
[22] Fray Melchor de Talamantes, *Idea del Congreso Nacional de Nueva España* (1808), p. 97.
[23] Simón Bolívar, *La guerra a muerte* (1813), p. 139.
[24] *Ibidem.*

no se trataba, pues, de americanos y europeos unidos e iguales en la "nación española", sino de la "nación americana" que ofrecía a sus "hermanos españoles" formar parte de ella según determinadas condiciones: se había producido una inversión significativa que el tiempo demostraría irreversible.

Ahora bien, esa inversión implicaba un desplazamiento de lealtades —de la "nación española" a la "nación americana"— que al entrar en interacción dialéctica con el concepto más restringido de "patria" afectaba no sólo a los españoles sino a los propios americanos, en un proceso de redimensionamiento de la nación que se produjo con distintos ritmos en los diversos ámbitos americanos.

El pensamiento precursor de la Independencia, con anterioridad a la invasión napoleónica, había hecho su llamamiento rupturista en nombre de la "patria americana". De la misma manera, las guerras de la Independencia tuvieron como fin explícito la "libertad de América". Con ese mismo sentido globalizador, el periódico limeño *El Satélite Peruano* afirmaría en 1812: "Todos cuantos habitamos el nuevo mundo somos hermanos [y] dignos de componer una Nación". De tal manera, América —referida a menudo como "esta parte de la nación" en los documentos que aún no reflejan una expresa voluntad independentista— se asume como "nación americana", que se identifica a su vez con el concepto, anterior en el tiempo, de "patria americana".

Ahora bien, la idea de América como una unidad, como una sola patria, era una construcción tardía que surgió al promediar el siglo XVIII, asociada a la introducción de las ideas reformistas, tendentes a la racionalización y uniformización del sistema de dominio imperial en América.[25] Mucho más arraigado que esa imagen global estaba el concepto de patria que en los siglos XVI y XVII señalaba dos ámbitos más restringidos: el pueblo o ciudad natal, y la provincia, país o reino en que se ha nacido.[26] Estas dos proyecciones del concepto de "patria" están presentes desde los inicios del movimiento emancipador, e interactúan con la perspectiva más amplia de la "patria americana". Los decretos de los insurgentes novohispanos, por ejemplo, invocan a los "americanos", pero el contenido del texto revela un interlocutor más restringido, que no es otro que los habitantes del reino de la Nueva España. Los documentos rioplatenses se dirigen a "los americanos del sur", pero también a los habitantes de Buenos Aires. Inversamente, la Constitución de Apatzingán de 1814 se dicta en nombre del Supremo Gobierno

[25] L. Monguió, "Palabras e ideas...", p. 454.
[26] *Ibidem*, p. 452.

Mexicano, pero cuando define la ciudadanía no habla de mexicanos, sino de americanos.[27]

Paralelamente a esa interacción entre "patria americana" y su sentido más restringido de "patria local", aparece también la asimilación explícita de esta última dimensión al concepto mismo de nación. Testimonio precoz de ello son los escritos del patriota chileno Camilo Henríquez, editados en 1811 y 1812 en el periódico por él dirigido y significativamente denominado *La Aurora de Chile*. En ellos afirmaba Henríquez que la separación de las distintas provincias reunidas en el "vasto cuerpo" de la monarquía hispana era una "verdad de la geografía" por designio de la propia naturaleza que, lejos de obligarlas a permanecer unidas eternamente, las había formado para vivir separadas; esta "verdad" era palpable en el propio caso de Chile, apartada de los demás pueblos por "una cadena de montes altísimos", por el desierto y por el océano.[28] Asoma aquí la dimensión territorial de la nación, estrechamente vinculada al concepto tradicional de "patria". A su vez, esa dimensión territorial se asocia a la institucional: si el ejercicio de la soberanía ha recaído en el pueblo, es éste el que debe asumir explícitamente el gobierno del que ya es "dueño" en los hechos, y proclamar "la justa posesión de sus eternos derechos". Amparado en la confluencia de territorio y gobierno, Henríquez define los límites de la nación, afirmando que el destino de Chile y de "cada una de las provincias revolucionadas de América" era el de convertirse en "potencias", asumiendo individualmente "la dignidad y majestad que corresponde a una nación".[29]

Esta identificación territorial e institucional de la nación[30] fue indudablemente favorecida por la propia dinámica política generada por la invasión napoleónica. Los primeros planes o propuestas de gobierno dictados por las diversas juntas que se establecieron en el territorio ame-

[27] *Decreto Constitucional para la libertad de América* dictado por el Congreso de Anáhuac en Apatzingán, 22 de octubre de 1814, en *Pensamiento político...*, vol. II, p. 60.

[28] Camilo Henríquez, en *Proclama* (1811), vol. I, p. 221.

[29] Camilo Henríquez, escrito aparecido en *La Aurora*, Santiago (1812), p. 234.

[30] Otro ejemplo temprano de este fenómeno aparece en un escrito de Mariano Moreno publicado en *La Gaceta de Buenos Aires* en 1810: "Pueden pues estas provincias obrar por sí solas su Constitución y arreglo; deben hacerlo, porque la naturaleza misma les ha prefijado esta conducta, en las producciones y límites de sus respectivos territorios; y todo empeño que les desvíe de este camino es un lazo con que se pretende paralizar el entusiasmo de los pueblos, hasta lograr ocasión de darle un nuevo señor". Significativamente, el temor a un nuevo despotismo no hace referencia a un invasor externo, sino a un supuesto peligro que podría provenir del propio ámbito americano: "Es una quimera pretender que todas las Américas españolas formen un solo Estado [...] ¿Cómo conciliaríamos nuestros intereses con los del reino de México? Con nada menos se contentaría éste, que con tener estas provincias en clase de colonias..." (Mariano Moreno, *Sobre las miras del Congreso para reunirse*, vol. I, p. 283).

ricano restringieron su jurisdicción al ámbito del "reino", de la audiencia, de la provincia, dando paso a los primeros conflictos de lealtades que conducirían a la delimitación de los fronteras territoriales e institucionales de las patrias, al tiempo que estas últimas se irían asumiendo como naciones. Ese proceso se consagra y consolida en las sucesivas actas de independencia, que proclaman la decisión de los pueblos de los respectivos territorios de "erigirse en nación".[31] De tal manera, la lealtad a la nación se ha ido desplazando de la "nación española" a la "americana" y de ésta a la "nación mexicana", "peruana" o "boliviana". Ello no implica que esas "naciones" estuvieran ya configuradas en el imaginario colectivo —proceso de largo plazo que no tomaría formas más o menos definitivas hasta las últimas décadas del XIX—, pero pone de manifiesto la fuerza de una voluntad consensuada que acabaría por imponer la singularización.

No se trata tampoco de un proceso lineal, sino de un fenómeno que se desarrolló en una suerte de "círculos concéntricos" de lealtades. Durante la emancipación, el concepto de "nación española" convivió en el tiempo con el de "nación americana" y con el más restringido asociado a la patria. Con la consumación de la independencia, desde la perspectiva del Nuevo Mundo desaparecería la "nación española", pero la proyección americana y la proyección local de la nación (en su doble vertiente de reino o provincia, y de ciudad natal) iban a interactuar durante varias décadas.

En esa interacción desempeñaría un papel significativo la dimensión cultural de la nación que hemos visto reflejada en el *Vocabulario* de Palencia de 1490: "las gentes iuntas en propios parentescos et lenguas". O, como dijera El Brocense siete décadas más tarde, "la nación nos descubre la forma de ser peculiar o las costumbres propias de cada pueblo".[32] En efecto, por un lado, la invocación a la identidad de origen y circunstancia, a "los vínculos de sangre, de lengua y de religión", alimentaría la pervivencia de la proyección americana de la nación. Es significativo en este sentido que uno de los argumentos contrarios a la formación de confederaciones se inspirara en esa dimensión cultural globalizadora. Ejemplo de ello es la afirmación del patriota sudameri-

[31] Véanse, por ejemplo, *Acta de Independencia de las Provincias Unidas en Sudamérica*, 1816; Simón Bolívar, *Discurso de Angostura* (que crearía la República de Colombia), 1819; José de San Martín, *Decreto de Asunción del Protectorado del Perú*, 1821; *Acta de la Independencia del Imperio Mexicano*, 1821; *Declaración de la Independencia de Bolivia*, 1825.

[32] Francisco Sánchez de Brozas (El Brocense), "De Arte Dicendi" (1558), en *Obras I. Escritos retóricos,* introducción, traducción y notas por E. Sánchez Salor y César Chaparro Gómez, Instituto Cultural El Brocense, Diputación Provincial, Cáceres, 1984, p. 43.

cano Bernardo de Monteagudo, de que en la aspiración federativa "se advierte el anhelo en los pueblos por aumentar su vigor y unión. Pero cuando estaban ya unidos por vínculos más estrechos que los que puede proporcionar la confederación misma [...], adoptar una forma de administración que lejos de condensar esos mismos vínculos, los relaja comparativamente, es buscar cabalmente el precipicio que se quiere evitar".[33]

Por otro, dentro de la misma perspectiva cultural la visión "unificadora" podía interactuar con el concepto de "carácter propio de cada pueblo". Un ejemplo temprano de la coincidencia de ambas imágenes en un mismo discurso son las instrucciones dictadas en 1816 por el Director Supremo de las Provincias Unidas al general San Martín para la reconquista de Chile. En ese documento, la aspiración a que "toda la América unida en identidad de causas, intereses y objeto, constituya una sola nación", se acompaña de un análisis comparativo sobre el carácter diferencial de argentinos y chilenos; comparación que, por cierto, se hace en detrimento de los vecinos trasandinos.[34]

La pervivencia de la proyección americana de la nación se refleja no sólo en las aspiraciones unionistas de espíritus esclarecidos, sino en prácticas políticas y legales prolongadas en el tiempo. En un trabajo pionero, José Carlos Chiaramonte ha demostrado que en el territorio de las Provincias Unidas del Sur, hasta la sanción de la Constitución de 1853 muchas provincias concedían el derecho a la ciudadanía (y recordemos que desde la Revolución francesa la "nación" la forman los "ciudadanos") a todos los nacidos en los países americanos antiguamente unidos bajo la Corona de Castilla.[35] Todavía en el siglo xx se hicieron propuestas análogas en las cámaras de representantes de algunos países hispanoamericanos,[36] y

[33] Bernardo de Monteagudo, "Federación", escrito aparecido en *El Independiente,* de Buenos Aires, en marzo de 1815 *(Pensamiento político de la emancipación,* vol. I, p. 315).

[34] Juan Martín de Pueyrredon, *Instrucciones reservadas a San Martín para la Reconquista de Chile*, 1816; *Pensamiento político...*, pp. 219-222. Los patriotas chilenos eran también muy conscientes de la existencia de caracteres diferenciales entre Chile y sus vecinos. En fecha tan temprana como 1813, afirmaba el patriota chileno Juan Egaña: "Rodeado de dos grandes pueblos, el uno vehemente en sus pasiones, por el clima, de una imaginación viva y de una fibra irritable y movible; el otro enérgico, activo, fogoso, amante de la superioridad y de la gloria [...] necesita Chile, lo primero, un principio de patriotismo y firmeza, que sólo puede hallarse en la república para no ser insultado; segundo, un carácter de moderación y buena fe que siempre inspire confianza y evite recelos respecto de dos pueblos que en los siglos venideros no dejarán de mirarse como rivales..." (*Notas ilustrativas de algunos artículos de la Constitución*, vol. I, p. 250).

[35] J. C. Chiaramonte, "Formas de identidad política en el Río de la Plata luego de 1810", *Boletín del Instituto de Historia Argentina y Americana Dr. E. Ravignani*, tercera serie, núm. 1, 1989, pp. 71-92.

[36] Una de las polémicas del Congreso Constituyente de la Revolución mexicana, en

las pervivencias simbólicas de aquel vínculo inicial han permeado programas de gobierno hasta fechas recientes.[37]

Asimismo, la pervivencia de esa proyección pone de manifiesto la envergadura de los procesos por los que se buscaría convertir las aspiraciones voluntaristas de un fragmento de la población en naciones únicas en su singularidad y asumidas como tales por el imaginario colectivo. A algunos aspectos de esa construcción nos referiremos en el apartado siguiente.

La singularización de la nación

La celeridad con la que se consumó el proceso de diferenciación hispanoamericana tras el colapso del Imperio español en América ha llamado la atención de muchos investigadores. La identificación de señas tempranas de identidad local ya preocupó al filósofo español Ortega y Gasset,[38] y recientemente David Brading ha hecho de ella el *leit-motif* de su obra más ambiciosa.[39] Los trabajos de este investigador, así como los de Edmundo O'Gorman, Anthony Pagden, Jacques Lafaye o Bernard Lavallé, entre otros,[40] han puesto de manifiesto la configuración de se-

1916-1917, fue sobre el derecho de los ciudadanos de otros países hispanoamericanos ("individuos que están unidos a nosotros por vínculos de sangre y de raza") a ocupar bancas como diputados. Por las mismas fechas, la Cámara de Diputados de El Salvador discutió un proyecto de ley que proponía que todos los hispanoamericanos gozaran de los mismos derechos cívicos en cualquiera de los países de la región. Se aspiraba a que este proyecto, que debía ser presentado a los distintos Estados latinoamericanos para su ratificación, produjese "la verdadera unificación latina" *(50 discursos doctrinales en el Congreso Constituyente de la Revolución mexicana, 1916-1917*, Biblioteca del Instituto Nacional de Estudios Históricos de la Revolución Mexicana, México, 1967, pp. 275-291).

[37] Sobre un programa concreto de gobierno orientado hacia la unificación y basado en ese concepto de nación histórica, véase M. Quijada, "*Zollverein* e integración sudamericana en la política exterior peronista, 1946-1955. Análisis de un caso de nacionalismo hispanoamericanista", *Jahrbuch für Geschichte Lateinamerikas*, vol. 30, 1993, pp. 371-408. Sobre perspectivas aún más recientes, véase el conjunto de artículos aparecidos en *Cahiers des Amériques Latines*, vol. 12, 1991, coordinados por J. Revel-Mouroz.

[38] J. Ortega y Gasset, *Obras completas*, t. VI, Madrid, 1964, p. 243.

[39] D. Brading, *The First America. The Spanish Monarchy. Creole Patriots and the Liberal State, 1492-1867*, Cambridge University Press, Cambridge, 1991.

[40] E. O'Gorman, *La supervivencia política novohispana;* J. Lafaye, *Quetzalcóatl et Guadalupe, la formation de la conscience nationale au Mexique*, París, 1974; B. Lavallé, "Exaltation de Lima et affirmation créole au XVII siècle", en *Villes et nations dans l'Amérique Latine*, CNRS, París, 1983; y del mismo, *Recherches sur la'apparition de la conscience créople dans le vice-royauté du Pérou*, Lille, 1982; e "Hispanité ou Americanité? Les ambigüités de l'identité créole dans le Pérou colonial", en *Identités nationales et identités culturelles dans le monde ibérique et ibéro-américain*, Toulouse, 1983; A. Pagden, *Spanish Imperialism and the Political Imagination*, Yale University Press, New Haven y Londres, 1990. Véase también J. Pérez *et al.*, *Esprit créole et conscience nationale*, CNRS, París, 1980; C. R. Espinosa Fernández de Córdoba, "The fabrication of Andean

ñas de identidad local en las élites criollas de los virreinatos. Por otra parte, desde una perspectiva distinta, un trabajo reciente de Solange Alberro ha señalado la importancia de tomar en cuenta los procesos de aculturación de los españoles y la sociedad criolla a las culturas nativas y a las circunstancias del entorno americano.[41] Con ello, Alberro ha introducido una perspectiva muy prometedora, que no sólo rompe el monopolio sobre el concepto de "aculturación" usualmente ejercido por los estudios centrados en las sociedades indígenas, sino que proporciona una nueva dimensión para comprender los procesos de "localización", y por ende de particularización, de las formas de identidad que surgen después de la conquista.[42]

Esas formas de identidad temprana no implican, desde luego, que la nación existiera en el imaginario colectivo con anterioridad a la independencia, o que fuera el destino inevitable del proceso abierto por ésta. No obstante, ellas ejercieron un papel no desdeñable como sustrato de identificación colectiva —aunque segmentaria— cuya mayor o menor presencia entre las élites criollas determinó en parte la precocidad y la enjundia de los procesos de configuración del imaginario nacional a partir de la independencia. En el caso de la Nueva España, por ejemplo, es bien conocido el surgimiento de una "identidad criolla", parcialmente edificada sobre la apropiación y adaptación de símbolos de la identidad indígena por parte de la élite "española americana", auténticos "éxitos" desde la perspectiva identitaria que se proyectaron sobre el proceso de construcción de la nación en el XIX y primera mitad del XX.

Además de esas formas de identidad grupal como sustrato de la singularización —que por lo demás, sólo conocemos bien en el caso mexicano—,[43] las propias connotaciones del concepto de "patria" a que nos he-

Particularism", *Bulletin de l'Institut Français d'Etudes Andines*, vol. 18, núm. 2, 1989, pp. 269-298.

[41] S. Alberro, *Les Espagnols dans le Mexique colonial. Histoire d'une acculturation*, Armand Colin, París, 1992.

[42] Los procesos de aculturación indígena han sido el objeto de numerosísimas investigaciones. Desde una perspectiva de la configuración del imaginario, es particularmente interesante la propuesta de C. Caillavet sobre lo que ella denomina "le rôle de la gestuelle coloniale", en "Rituel Espagnol, pratique indienne, l'occidentalisation du monde andin par le spectacle des institutions coloniales", en *Structures et cultures des sociétés ibéro-américains*, CNRS, Burdeos, 1990, pp. 25-42. Véase también en el mismo volumen S. Gruzinski, "Guerre des images et colonisation de l'imaginaire dans le Mexique colonial", pp. 43-52; y, del mismo autor, *La colonisation de l'imaginaire*, Gallimard, París, 1988.

[43] El caso del Perú estudiado por D. Brading *(The First America...)* parecería señalar que en ámbitos ajenos al mexicano la construcción de la identidad criolla fue más fragmentaria y desarticulada. No obstante, la ausencia de estudios puntuales para otras áreas aconseja no generalizar las conclusiones obtenidas tras estudiar el caso de los dos grandes virreinatos.

mos referido en el apartado anterior pueden proveer nuevos elementos que nos permitan adentrarnos en el tema. En México y en el Perú, por ejemplo, la identificación de "patria" con "reino" puede haber impuesto una percepción colectiva de singularidad, reforzada en sus límites por la asimilación de la primera al concepto territorial e institucional de la nación. En este sentido, no parece casual que fuera precisamente el Alto Perú, separado en 1776 del gran virreinato sudamericano, el que planteara y obtuviera la segregación en los tramos finales del proceso independentista.

Caso muy diferente es el del virreinato del Río de la Plata, de creación demasiado reciente como para poder ser asociado en el imaginario colectivo a los límites de la patria. En ese ámbito, la fuerza simbólica de este concepto se asimiló más comúnmente a la ciudad natal y su *hinterland.* El trabajo antes mencionado de José Carlos Chiaramonte, por ejemplo, ha puesto de manifiesto la atomización de las lealtades en las Provincias Unidas del Sur, donde el surgimiento en el imaginario del concepto de "nación argentina" no se produjo sino tardíamente, al promediar el siglo XIX; en este caso fue la "identidad provincial" lo que interactuó con la proyección americana. Otro elemento que contribuyó a consolidar la percepción de la singularidad fue el aislamiento, como en el caso de Chile o el del Paraguay.

Pero la influencia de los factores mencionados hasta aquí (es decir, formas de identidad previas y las distintas proyecciones de la idea de "patria" según los ámbitos), no hubiera sido suficiente para la creación de un "imaginario nacional" sin el proceso de *invención* de la nación, que se produjo con y a partir de la Independencia. Proceso que por un lado entrañó la configuración, en el imaginario de las propias élites, de una serie de rasgos diferenciales que singularizaban a la propia patria más allá de los límites definidos por el territorio y la proyección institucional; rasgos asumidos como únicos e irrepetibles, que establecían una distinción no ya del tronco inicial español, sino de los propios vecinos. Por otro, implicó el difícil intento de integrar en ese imaginario a unas poblaciones caracterizadas por una heterogeneidad suma, que se medía en términos de tanta evidencia como el color de la piel, y de tanta significación como la convivencia de universos simbólicos disímiles, o la pervivencia de incomprensiones mutuas —antiguas y renovadas— que creaban barreras difíciles de traspasar. Heterogeneidad que, por añadidura, estaba cruzada por líneas de jerarquización social, enraizadas en prácticas seculares de dominación de una etnia sobre las restantes.

El elemento más temprano de singularización al que recurrieron los movimientos emancipadores se vinculó estrechamente al concepto de "patria" como sinónimo de libertad. Siguiendo la tradición de los revolucionarios franceses, los patriotas se abocaron a la fijación de símbolos y fiestas celebratorias cuyo significado y proyecciones han sido analizados en trabajos como los de Hans-Joachim König y Georges Lomné.[44] Como ha señalado este último, la imagen, el rito y la pedagogía política concurrieron a configurar un sistema de símbolos que autorizaba el reconocimiento colectivo. Símbolos en parte tomados de la acción revolucionaria francesa —como el gorro frigio—, que reflejaban la voluntad libertadora,[45] pero que aparecían vinculados a imágenes enraizadas en la propia tierra americana, tales como cóndores, águilas, nopales, el sol que anunciaba la aurora de una nueva época asociado al "Inti" incaico[46] y, sobre todo, la figura del indio mítico y mitificado.

A su vez, las fiestas en honor de las victorias patriotas articulaban nuevas formas de identificación colectiva, superpuestas a —y alimentándose de— memorias y espacios tradicionales.[47] Su fijación en un "calendario cívico" promovía la regularidad del rito celebratorio, asegurando en su repetición periódica la continuidad de aquella inicial apropiación colectiva. De tal forma, esas imágenes y esos fastos se ofrecían como un ámbito simbólico en el que las élites y el pueblo llano unificaban las lealtades, aunándose en el culto común de la patria.

[44] H.-J. König, "Símbolos nacionales y retórica política en la Independencia; el caso de Nueva Granada", en I. Buisson , G. Kahle , H.-J. König H. Pietschmann (comps.), *Problemas de la formación del Estado y de la Nación en Hispanoamérica*, Colonia/Viena, 1984, pp. 389-407; y, del mismo autor, "Metáforas y símbolos de legitimidad e identidad nacional en Nueva Granada (1810-1830)", en *America Latina, dallo Stato Coloniale allo Stato Nazionale*, al cuidado de A. Annino, M. Carmagnani, G. Chiaramonte, A. Filipi, F. Fiorani, A. Gallo y G. Marchetti, Franco Angeli, Milán, 1987, vol. II, pp. 773-788; G. Lomné, "Révolution Française et rites bolivariens, examen d'une transposition de la symbolique républicaine", en *Cahiers des Amériques Latines*, vol. 10, 1990, pp. 159-176; del mismo autor véase también, "Les villes de Nouvelle Grenade, théâtres et objets des jeux conflictuels de la mémoire politique (1810-1830)", François-Xavier Guerra (comp.), *Mémoires en devenir. L'Amérique latine. XVIe-XXe siècles*, Maison des Pays Ibériques, Burdeos, 1994.

[45] G. Lomné, "Révolution française et rites bolivariens..."; véase también J. E. Burucúa, A. Jáuregui, L. Malosetti y M. L. Munilla, "Influencia de los tipos iconográficos de la Revolución francesa en los países del Plata", *Cahiers des Amériques Latines*, vol. 10, pp. 147-158.

[46] Como han afirmado Burucúa, Jáuregui, Malosetti y Munilla (en "Influencia..."): "el resurgimiento vigoroso [en América del Sur] de la figura de Inti desde el comienzo del proceso emancipador precipitó, también en el ámbito de lo visual, la adopción de un lenguaje relacionado con el mito solar" (p. 149).

[47] Sobre la interacción necesaria entre elementos antiguos y modernos en los rituales véase P. Connerton, *How Societies Remember*, Cambridge University Press, Cambridge, 1989. ("A rite revoking an institution only makes sense by invertedly recalling the other rites that hitherto confirmed that institution": p. 9). Un análisis interesante de las fiestas y celebraciones patrias entendidas como "escenificaciones urbanas" que articulaban elementos tradicionales y nuevos es el de G. Lomné, "Les villes de Nouvelle Grenade, théâtres et objets...".

A esas formas compartidas de identificación cívica, que iban creando las redes de la "comunidad imaginada",[48] se sumó a lo largo del siglo XIX la configuración de un panteón de próceres; proceso particularmente significativo, ya que el culto a los "muertos gloriosos" en quienes encarnar simbólicamente las glorias de la nación, es una condición importante de la construcción del imaginario nacional.[49] De tal forma, en la personalidad de bronce de los héroes hacedores de la nacionalidad, las élites hispanoamericanas reflejaron virtudes éticas y cívicas y las brindaron al imaginario colectivo como una suerte de espejo sobre el cual forjar las "virtudes nacionales". Ese proceso[50] no estuvo libre de conflictos y muchas veces entrañó una auténtica "guerra de próceres", ya fuera por la asociación de éstos, en vida, a posturas ideológicas o acciones políticas definidas y contrapuestas (Hidalgo o Iturbide), por la selección de orígenes diversos de la nacionalidad (Cuauhtémoc o Cortés), o bien porque un mismo héroe era compartido por dos o más países, como es el caso del culto cuasirreligioso a la figura de Simón Bolívar.[51] Asimismo,

[48] Otras vías de análisis muy prometedoras que ha abierto la labor investigadora en los últimos años son las relativas a la redefinición de los espacios urbanos vinculados a la identidad comunitaria, y al papel desempeñado por las distintas advocaciones del culto mariano. Sobre el primer caso véase M. Birckel *et al.*, *Villes et nations en Amérique Latine*, CNRS, París, 1983; A. Annino, "Prestiche creole e liberalismo nell crisi dello spazio urbano coloniale", *Quaderni Storici*, vol. 23, núm. 3, diciembre de 1988; P. González Bernaldo, "L'urbanisation de la mémoire. Politique urbaine de l'Etat de Buenos Aires pendant les dix années de sécession (1852-1862)", *Mémoires en devenir*.... Sobre el segundo tema, D. Brading, *Los orígenes del nacionalismo mexicano*, Sepsetenta, México, 1983, esp. el cap. I; Brading, *The First America;* E. Florescano, *Memoria mexicana, contrapuntos,* México, 1987, esp. el cap. V; G. Lomné, "Les Villes de Nouvelle Grenade..."

[49] "En el culto de estos grandes hombres se refleja la adhesión a la nación. A través de las grandezas del ayer, el pasado de la comunidad vive completa e intensamente. En su genio se realiza el genio de la comunidad. En su creatividad reside el impulso creativo de su pueblo" (A. D. Smith, "History and Liberty", *Ethnic and Racial Studies*, vol. 9, núm. 1, 1986, pp. 43-65; la cita en la p. 56).

[50] Sobre la fijación del panteón en Argentina y Venezuela desde una perspectiva comparativa, véase Hans Ph. Vogel, "L'Argentine et le Venezuela, des pays prisonniers de leur passé?", en *Mémoires en devenir*... Sobre Bolívar, véase G. Carrera Damas, *El culto a Bolívar*, Caracas, EBUCV, 1969; y el análisis particularmente crítico y novedoso de L. Castro Leyva, *De la patria boba a la teología bolivariana*, Monte Ávila Editores, Caracas, 1987.

[51] La importancia de este culto a los próceres en la construcción del imaginario nacional puede medirse no sólo por su desarrollo, sino por el vacío creado en la ausencia de un modelo patriótico lo suficientemente "apropiable" y merecedor de ser situado en las cimas del panteón. Tal es el caso del Perú, como pone de manifiesto R. de Roux López, "Mémoire patriotique et modelation du futur citoyen. Venezuela, Colombia, Ecuador, Pérou, XIXe-XXe siècles", en *Mémoires en devenir*... Un conflicto singular en relación con la mitificación de personajes históricos es el que se produjo en la Argentina en torno a la figura de Rosas, considerado como prócer por unos y como una encarnación del "antiprócer" por otros; *cf.* D. Quattrocchi-Woisson, *Un nationalisme de déracinés. L'Argentine, pays malade de sa mémoire*, CNRS, París, 1992.

este culto exacerbado a los héroes fue creando la servidumbre de un destino prefijado que, como ha analizado Luis Castro Leyva para el caso de Bolívar, en última instancia entrañaba "la negación de la nacionalidad del futuro, del curso y sentido de la propia historia".[52]

Ahora bien, los conflictos en torno a la fijación del "panteón nacional" se relacionan con un tipo de construcciones que actúan como factor fundamental en los procesos de singularización de las naciones: la definición de los mitos de origen y la elaboración de la memoria histórica, puesto que no hay identidad sin memoria, ni propósito colectivo sin mito.[53] En Hispanoamérica, la asociación de la "patria" a la "nación" conllevó la selección, reelaboración y construcción de memorias históricas que actuaran, a la vez, como elemento de legitimación de las nuevas unidades políticas, como factor de reafirmación en el presente y augurio venturoso del común destino, y como singularidad capaz de sobreimponerse a la "identidad americana". Sobre todo, que pudieran penetrar con la fuerza del mito una memoria social característicamente heterogénea y articulada en torno a la dialéctica dominador/dominado.[54]

En esta perspectiva se inscribe la reivindicación y apropiación simbólica, por el discurso independentista, de la imagen idealizada de los pobladores autóctonos de cada territorio, así como de sus antiguas culturas (si las tenían), o bien de sus valores (como en el caso de los araucanos en Chile). Estas referencias asumieron características distintas según el ámbito territorial del que partieran, pero en todos los casos debían cumplir una función múltiple de reforzamiento de la identidad colectiva. En primer lugar, la diversidad de la población nativa era un factor de singularización frente al patrimonio común de la "patria americana", fundado este último en el origen hispánico y los elementos culturales de ella derivados, principalmente la lengua y la religión. Segundo, las líneas de continuidad establecidas entre la emancipación y la imagen de antiguas naciones indígenas usurpadas por la conquista, contribuían a legitimar la primera como un acto de justa rebelión; asimismo, el reconocimiento de esa continuidad brindaba "espesor temporal" a las nuevas "naciones", retrotrayendo sus orígenes a épocas

[52] L. Castro Leyva, *De la patria boba,* p.126.

[53] A. D. Smith, "The Myth..." Según este autor, en la interacción del doble concepto de nación a que antes nos hemos referido (cívico y étnico), los elementos de mayor significación que confluyen en la construcción nacional son de los componentes cívicos, la extensión de derechos y deberes a toda la población y la adquisición de un territorio, y de los componentes étnicos, la elaboración de la memoria histórica y los mitos de origen (Smith, "The Myth...", p. 10).

[54] Sobre la diferencia entre "memoria social" y "reconstrucción histórica", véase P. Connerton, *How Societies Remember,* pp. 13 y ss.

inmemoriales; es decir, las dotaba de "atemporalidad".[55] Tercero, podían tender un puente simbólico entre el grupo criollo y la sociedad indígena, al proponer un punto de encuentro basado en la reivindicación de un origen común. Finalmente, en ciertos casos proporcionaban un espejo de virtudes en el que podían mirarse las nuevas naciones.[56]

Pero estas y otras definiciones no fueron nunca unívocas. Por el contrario, si algo caracteriza el proceso de selección de la memoria histórica en Hispanoamérica,[57] es el hecho de haberse desarrollado a partir de

[55] Esta utilización de los elementos prehispánicos no era nueva, su fuerza simbólica se había puesto ya de manifiesto con anterioridad a la emancipación. Ejemplos de ello son el mexicano Clavijero y el quiteño Juan de Velasco, quienes a mediados del siglo XVIII elaboraron historias de las antiguas culturas de sus respectivas "patrias", con una clara intencionalidad afirmativa de los valores de estas últimas. Esa misma fuerza simbólica fue reconocida y utilizada por el precursor de la Independencia Francisco Miranda, quien al redactar su *Bosquejo de Gobierno Provisorio* de 1801, imaginó un poder ejecutivo integrado por dos miembros denominados *Incas* —"nombre venerable en el país", según Miranda— y por una asamblea provincial, dos de cuyos integrantes —encargados de promulgar y hacer ejecutar las leyes durante la guerra— recibían el título de *"Curacas"*.

[56] Aunque la investigación ha tendido a considerar que los intentos por revivir el simbolismo político del mundo indígena se restringieron a México y a Perú (p. ej. A. Pagden, *Spanish Imperialism,* p. 138), lo cierto es que hay trabajos recientes que señalan lo contrario. En el Río de la Plata, por ejemplo, el imperio incaico fue asumido como mito fundacional y espejo de virtudes cívicas tanto durante la Independencia como muchas décadas más tarde. Para el primer caso, véase D. Rípodas Ardanaz, "Pasado incaico y pensamiento político rioplatense", *Jahrbuch für Geschichte Lateinamerikas*, vol. 30 (1993), pp. 227-258; para el segundo, M. Quijada, "Los 'Incas arios', Historia, lengua y raza en la construcción nacional hispanoamericana del siglo XIX", *Historia,* Lima, vol. XX, núm. 2, diciembre de 1996, pp. 243-270. En cuanto a Chile, los valores guerreros de los araucanos y su apego a la libertad aparecen en los documentos de la Independencia como elementos en los que se reflejan las "virtudes patrias". Asimismo, es significativo que el manual de enseñanza de la historia para uso oficial presentado por el exiliado argentino Vicente Fidel López en 1845, fuera inicialmente rechazado por las autoridades chilenas porque reivindicaba los orígenes hispánicos, mientras que Chile se asumía como una "nación mestiza" integrada por la mezcla de la raza hispánica y los "heroicos araucanos", construcción mítica que formaba una parte vital de la retórica revolucionaria chilena (finalmente el manual fue aceptado con leves cambios, por no haber otro disponible). Véase Allan Woll, *A Functional Past. The uses of History in Nineteenth-Century Chile*, Louisiana State University Press, Baton Rouge y Londres, 1982, pp. 152-154. Todo parece indicar que es éste un fértil campo para futuras investigaciones.

[57] La relevancia de estas reflexiones para los procesos de construcción nacional en Hispanoamérica está generando un número creciente de trabajos de investigación, aunque es éste un campo en el que aún queda mucho por hacer y conocer. Véanse, entre otros, D. Brading, *Los orígenes del nacionalismo mexicano;* E. Florescano, *Memoria mexicana...*; D. Quattrocchi-Woisson, *Un nationalisme des déracinés...*, A. Woll, N. Harwich Vallenilla, "La génesis de un imaginario colectivo, la enseñanza de la historia de Venezuela en el siglo XIX", *Structures et cultures des societés iberoaméricaines*, CNRS, París, 1990, pp. 203-241. Un conjunto importante de aportaciones son las ponencias presentadas al Colloque International de l'AFFSAL, *Les Enjeux de la Mémoire*, París, 1992, publicadas en *Mémoires en devenir...;* entre ellas, E. Muñoz, "La crítica al liberalismo político y la revisión del imaginario nacional en el centenario de la independencia de Chile"; M. Quijada, "Inclusión, exclusión y memoria histórica en el Perú decimonónico"; N. Harwich Vallenilla, "Cons-

una dinámica oscilante que buscaba la continuidad en la ruptura, incluyendo y excluyendo alternativamente segmentos del pasado. Aunque con distintos ritmos y contenidos según los países, dos binomios fundamentales articularon —y articulan aún— esa dialéctica segmentadora de la memoria histórica: sustrato indígena/sustrato hispánico, y liberalismo/antiliberalismo. El primero de ellos es particularmente importante, porque afecta a la definición de los mitos de origen, que a su vez simbolizan en el imaginario colectivo las potencialidades y limitaciones del porvenir de la comunidad;[58] el segundo actúa como un espejo en el que los desencuentros del pasado se proyectan sobre el presente, y viceversa. Por otra parte, la alternancia periódica de los segmentos del pasado reivindicados/rechazados no sólo reflejan, sino que suscitan disyunciones en el imaginario colectivo, obstaculizando la cohesión de la "comunidad imaginada". La integración de esas dicotomías se presenta así como un proceso inacabado y posiblemente inacabable, ya que su planteamiento parece renovarse desde distintos ángulos en cada generación.[59]

Ahora bien, estas y otras construcciones, tendentes a consolidar el trasvasamiento del concepto de patria al de nación en tanto "comunidad imaginada" y única en su singularidad, se fueron desarrollando al ritmo de imágenes diversas de la nación. Sobre ello nos extenderemos en las páginas que siguen.

Nación cívica, nación civilizada, nación homogénea

Durante el levantamiento de Tupac Amaru, en los documentos producidos por los rebeldes aparece frecuentemente citado el término *nación* asociado a la dimensión que usualmente se le daba en la época colonial: la de "grupo étnico". Era, por ende, un reconocimiento de heterogeneidad, en tanto que *patria* indicaba un elemento referencial común al con-

truction d'une identité nationale, le discours historiographique du Venezuela au XIXème siècle".

[58] Sobre las implicaciones que entraña la definición de los mitos de origen, y su articulación en el marco global del desarrollo de las ideas en occidente, véase M. Quijada, "Los 'Incas arios'".

[59] La pervivencia de la dialéctica inclusión/exclusión en las construcciones históricas de los países hispanoamericanos ha vuelto a ponerse de manifiesto en las polémicas generadas en México por la presentación de unos nuevos textos oficiales de historia mexicana para los colegios, elaborados durante el periodo presidencial de Carlos Salinas de Gortari. Particularmente útil para comprender el sentido de ese debate reciente en perspectiva histórica es la conocida obra de J. Zoraida Vázquez, *Nacionalismo y educación en México,* El Colegio de México, México, 1975.

junto de los pobladores del virreinato. Pocas décadas más tarde, Perú proclamaba la independencia en nombre de la "nación peruana", englobando en ella a los nacidos en el término de su territorio. En ese enunciado quedaban borradas las diferencias de origen, y la proyección de la nación se equiparaba a la de la patria.

Lo que media entre uno y otro uso del término *nación* no es un cambio en la percepción de la heterogeneidad, sino la irrupción de una concepción nueva: el convencimiento por parte de los patriotas de la fuerza modificadora del liberalismo, que había de subsumir las diferencias en la categoría única de "nación de ciudadanos".[60] Más aún, esa "nación de ciudadanos" era la puerta por la que se atisbaba un destino alumbrado por el gran mito ilustrado del progreso.

El instrumento por el cual una yuxtaposición de elementos heterogéneos y carentes de toda cohesión se transformaría en sociedades amalgamadas y autorreconocidas como "peruanos", "chilenos" o "bolivianos", era el diseño y puesta en vigor de un conjunto de instituciones y leyes avanzadas y orientadas al bien común. Si el despotismo había generado siervos, la libertad generaría ciudadanos libres, iguales en derechos, artífices del progreso de la comunidad. De ahí lo que Charles Hale ha llamado "la fe en la magia de las constituciones", que preñó de optimismo los primeros años de la Independencia[61] y que asoció la génesis del criterio moderno de nación en Hispanoamérica a una imagen voluntarista de "inclusión". En el imaginario independentista la patria era la libertad, y la libertad se proyectaba sobre todos, fueran criollos, fueran indígenas, fueran esclavos.

Pero la voluntad de ruptura contra las prácticas tradicionales de servidumbre,[62] y una confianza ilimitada en el poder de la educación —no

[60] Una de las visiones que se ha impuesto en los últimos años, es la que analiza las líneas de continuidad entre el antiguo régimen y los Estados nacionales. Además de los trabajos de F.-X. Guerra antes citados, véanse M.-D. Demélas y F.-X. Guerra, "Un processus révolutionnaire méconnu, l'adoption des formes représentatives modernes en Espagne et en Amérique (1808-1810)", *Caravelle*, vol. 60, 1993, pp. 5-58; M.-D. Demélas, *L'invention politique. Bolivie, Equateur, Pérou au XIX siècle*, ERC, París, 1992, especialmente la primera parte. Otra perspectiva es la de la ruptura política con el mundo colonial como un proceso de larga duración, como la que aparece en el interesante artículo de B. R. Hamnet, "La formación del Estado mexicano en la primera época liberal, 1812-1867", en A. Annino y R. Buve (coords.), *El liberalismo en México*, pp.103-120.

[61] Ch. A. Hale, *El liberalismo mexicano en la época de Mora, 1821-1853*, Siglo XXI, México, 1977, p. 81.

[62] Los propósitos de regeneración de los indígenas y de liberación de los esclavos son recurrentes a lo largo de la Independencia. *Cf. Pensamiento político de la independencia, passim*. Este tema ha atraído la atención de la investigación desde hace varias décadas. *Cf.*, entre otros, R. Levene, "Las revoluciones indígenas y las versiones a idiomas de los naturales de proclamas, leyes y el Acta de la Independencia", *Boletín de la Academia*

sólo para instruir, sino para crear "espíritu público", modernizar las mentalidades y formar las costumbres— hubieron de interactuar tanto con prácticas sociales fundadas en intereses inconciliables, como con abismos culturales difícilmente superables a golpe de decretos. Esta contradicción, que está en la base de la especificidad de la construcción nacional hispanoamericana, plantea una interrogante aún no suficientemente atendida por la investigación: ¿por qué eligieron los liberales independentistas un *desideratum* de inclusión, en lugar de un sistema basado en la aceptación ética y legal de la segregación?

La respuesta no está sino parcialmente en la propia ideología liberal, puesto que ésta ofrecía modelos de compatibilización de libertad y servidumbre. Ya Carlos María de Bustamante —para quien la población mexicana era "heterogénea, compuesta de muchas clases de gente que tiene mayor o menor civilización, con absoluta posibilidad de adquirirla"—[63] afirmaba en 1817, haciendo referencia al liberalismo británico: "¡Qué contradicción, predicar la libertad en el Támesis para sistematizar la esclavitud en el Ganges!"[64] Tampoco explican esa elección las condiciones socioeconómicas que, por el contrario, en los años sucesivos impondrían trabas a la consolidación de aquella voluntad inicial. Y se hace difícil pensar en un acto de hipocresía colectiva, tan usual en ciertas perspectivas indigenistas poco matizadas. Más probable parece que una práctica secular de relaciones interétnicas, jerárquicas pero relativamente flexibles, en las que los cruces entre grupos eran una práctica cotidiana y la situación social definía a veces la adscripción étnica, contribuyera a asociar el voluntarismo liberal a una percepción incluyente de la nacionalidad.[65] En el caso de los indios es conveniente recordar también que la

Nacional de la Historia (Buenos Aires), vols. XX-XXII, 1946-1947; R. Levene, "San Martín y la libertad de los aborígenes de América", *Revista de Historia de América*, vol. XXXII, 1951; J. V. Lombardi, *The Decline and Abolition of Negro Slavery in Venezuela, 1820-1854*, Greenwood Press, Westport, Conn., 1971; J. Chassin y M. Dauzier, "L'image de l'indien dans l'ouvre de Bolivar", *Cahiers des Amériques Latines*, vols. 29-30, 1984, pp. 61-74; O. D. Lara, "La place de Simon Bolivar dans le procès de destruction du système esclavagiste aux Caraïbes", *Cahiers des Amériques Latines*, vols. 29-30, 1984, pp. 213-240; A. Yacou (comp.), *Bolívar et les peuples de Nuestra América*, Presses Universitaires de Bordeaux, París, 1990.

[63] Carlos María de Bustamante, *El indio mexicano, o Avisos al rey Fernando Séptimo para la pacificación de la América Septentrional*, Instituto Mexicano del Seguro Social, México, 1981, pp. 11-12.

[64] *Ibidem*, p. 61.

[65] Trabajos recientes demuestran que la convivencia interétnica en la Hispanoamérica colonial fue más fluida y compleja de lo que suele pensarse. Véase en este sentido el magnífico trabajo de C. Bernard y S. Gruzinski, *Histoire du Nouveau Monde. Les métissages*, Fayard, París, 1993. En una perspectiva semejante, véase C. M. Maclachlan y J. E. Rodríguez O., *The Forging of the Cosmic Race. A Reinterpretation of Colonial Mexico*, University of California Press, Berkeley-Los Ángeles-Londres, 1980; sigue manteniendo su

legitimación de la independencia como un acto de repulsa ante un gobierno tiránico, que perdía sus derechos al no estar orientado hacia "la felicidad de sus súbditos", había llevado a los criollos a señalar una identidad entre su situación de "víctimas de la tiranía" y la de los indígenas escarnecidos y esclavizados durante tres siglos. De tal manera, la afirmación hecha por De Paw de que la abyección de los indígenas se debía a su secular servidumbre, fue retomada por los independentistas para aplicarla a su propio caso. Por inversión, parece coherente que la imagen de patria como sinónimo de libertad se proyectara conjuntamente sobre criollos e indios.

En el imaginario de la emancipación, por ende, la nación aparecía como una construcción incluyente, en la que la heterogeneidad y la ausencia de cohesión que a ella se vinculaba, se irían esfumando paulatinamente por obra de unas benéficas instituciones y una educación orientada a la formación de ciudadanos. En otras palabras, la dimensión institucional de la nación se sobreimpondría a la cultural, neutralizando la fuerza centrípeta de la diversidad mediante la cohesión fundada en la identidad global de la "ciudadanía". Por otra parte, los cambios previstos no hacían referencia a la percepción de la diferencia racial, ni tampoco a las costumbres cotidianas, sino a aquellos elementos de sociabilidad tradicional que impidieran la construcción de repúblicas de ciudadanos propietarios y felices, es decir, "el modelo utilitarista del individuo industrioso e ilustrado que persigue sus propios intereses y cuya máxima fidelidad, como ciudadano virtuoso, sería al Estado civil".[66]

No se trata tampoco de que la percepción de la heterogeneidad se hubiese disociado mágicamente de la jerarquización, sino que, por un lado, las desigualdades no se atribuían a condiciones innatas irreversibles; por otro, se aspiraba a borrar la jerarquización de base étnica, limitándola a la dimensión social. Ya no debía haber indios, criollos, mulatos o mestizos, sino "pobres y ricos". Y ello afectaba no sólo a los indios de las comunidades, vinculados durante tres siglos a la vida colonial, sino a los considerados "bárbaros" o "salvajes", que habían de ser atraídos a la "vida social".

Con el correr de los años, esta imagen de la "nación cívica" iba a experimentar un cambio importante. En 1845, a sólo dos décadas de la consumación de la Independencia, el argentino Domingo Faustino Sar-

interés el libro ya clásico de M. Mörner, *Race Mixture in the History of Latin America*, Little, Brown, 1967. Por añadidura, es pertinente recordar aquí que la palabra *casta,* en la tradición española, tiene el sentido contrario que en la británica; no indica fronteras infranqueables sino "mezcla". La sociedad de castas hispanoamericana es, por ende, una sociedad fundada en la "mezcla étnica".

[66] Ch. A. Hale, *El liberalismo mexicano...*, p. 177.

miento publicó un libro que había de ejercer extraordinaria influencia en el ámbito hispanoamericano. En él —y a eso se debió posiblemente el gran éxito de la propuesta— Sarmiento recogía en una metáfora particularmente expresiva, una contradicción que ya estaba presente en el imaginario de las élites: *civilización o barbarie*. Civilización era lo urbano y lo europeo, ya fueran personas, ideas o sistemas sociales. Barbarie era el resto. La nación, para ser tal, debía borrar o destruir lo bárbaro que había en su seno. "De eso se trata: de ser o no salvaje".[67] Y para no ser salvaje, era necesario "civilizar".

Lo que subyace a esta enunciación, en principio, no es tanto la pérdida de la fe en la fuerza modificadora de las instituciones y la educación, sino en el automatismo y celeridad de su influencia. La "nación de ciudadanos" se veía obstaculizada en sus efectos por "la abyección de muchos siglos", así como por el carácter diferencial y el apego a sus costumbres de los elementos que era necesario "ciudadanizar".[68] A partir de esta concepción —que refleja una disminución del optimismo independentista— la nación cívica, que había sido imaginada como una construcción incluyente, da paso a la "nación civilizada", cuya imagen se irá asociando paulatinamente a la exclusión "necesaria" de los elementos que no se adapten a ella.

Los términos de la exclusión no fueron ni mucho menos uniformes. En primer lugar, en el imaginario liberal se fue imponiendo, como instrumento fundamental para la construcción de naciones orientadas al progreso, la conveniencia de atraer contingentes de inmigración europea; ya fuera española, como quería el mexicano Mora, o del norte de Europa, según el argentino Alberdi. Pero en todos los casos, expresa o implícitamente, la atracción de inmigrantes respondía a un mismo objetivo: la fusión de la población nativa con elementos capaces de aportar rasgos que el imaginario liberal asociaba a la configuración de la nación civilizada:[69]

[67] Domingo F. Sarmiento, *Facundo. Civilización y barbarie* (1845). Estamos utilizando la edición de Hyspamérica, Buenos Aires, 1982, p.15.

[68] José María Luis Mora, "México y sus revoluciones" (1836), en *Obras completas*, SEP, México, 1987, vol. 4, pp. 61-63.

[69] Hasta fechas recientes, la inmigración europea a Hispanoamérica ha sido estudiada preferentemente con enfoques demográficos, socioeconómicos o étnicos. No obstante, existe ya un creciente número de trabajos que abordan el tema desde la perspectiva del imaginario nacional. *Cf.* entre ellos, T. Halperin Donghi, "¿Para qué la inmigración? Ideología y política inmigratoria en la Argentina (1810-1914)", en él mismo, *El espejo de la historia. Problemas argentinos y perspectivas latinoamericanas*, Sudamericana, Buenos Aires, 1987, pp. 189-238; J.-P. Blancpain, "Intelligentsia Nationale e Immigration Européene au Chili de l'Indépendence à 1914", *Jahrbuch für Geschichte Lateinamerikas*, vol. 18, 1981, pp. 249-289; P. García Jordán, "Progreso, inmigración y libertad de cultos en Perú a mediados del siglo XIX", *Siglo XIX. Revista de Historia* (Monterrey), núm. 3, 1987, pp. 37-62; J. Bockser-Liverant, "Identidad e integración nacional. México frente a la inmigración

"Crucemos con ella [la inmigración de origen británico] nuestro pueblo oriental y poético de origen y le daremos la aptitud del progreso y de la libertad práctica",[70] afirmaba Alberdi. Más aún, consideraba éste que la inmigración era condición previa de la civilización: "Se hace este argumento: educando nuestras masas tendremos orden; teniendo orden, vendrá la población de fuera. Os diré que invertís el verdadero método de progreso. No tendréis orden, ni educación popular, sino por el influjo de masas introducidas con hábitos arraigados de ese orden y buena educación".[71]

Pero la inmigración no entrañaba sólo "civilizar las mentalidades": con un programa adecuado de colonización europea, afirmaba Mora, México realizaría la fusión completa de los indios y la total extinción de las castas: "Después de algunos años, no será posible señalar, ni aun por el color, que está materialmente a la vista, el origen de las personas".[72] Por ende, ya no se trataba únicamente de naciones de ciudadanos, sino de ciudadanos "blanqueados" en el color, y "europeizados" en la mentalidad y las costumbres.

Este concepto de "exclusión por fusión" convivió con perspectivas más drásticas. Hacia mediados de siglo, la paulatina proyección del poder central sobre las áreas periféricas daría paso, por primera vez, a la vinculación del concepto de "civilización" con el de "exterminio". Este último, surgido inicialmente en la década de 1840 como una alternativa extrema a la acción "civilizadora" —es decir, mencionado como posibilidad pero rechazado como opción deseable—,[73] se iría imponiendo paulatinamente en algunos sectores de las élites, como única solución a la pervivencia de la "barbarie" en el territorio nacional. Por las mismas fechas aparecen en los periódicos hispanoamericanos opiniones favorables a la política indígena aplicada por los Estados Unidos.[74]

judía", *Sixth Conference of the Latin American Jewish Association*, Maryland, 1991; M. Marcone, "El Perú y la inmigración europea en la segunda mitad del siglo XIX", *Histórica*, vol. XVI, núm. 1, 1992, pp. 63-68; M. Quijada, "De Perón a Alberdi, selectividad étnica y construcción nacional en la política inmigratoria argentina", *Revista de Indias*, vol. LII, núms. 195-196, 1992, pp. 867-888.

[70] Juan Bautista Alberdi, *Bases y puntos de partida para la organización política de la República Argentina* (1852), en *Proyecto y construcción de una nación (Argentina 1846-1880)*, Biblioteca Ayacucho, Caracas, 1980, p. 110.

[71] *Idem*, p. 93.

[72] J. M. L. Mora, "México y sus revoluciones", p. 123.

[73] Sobre el surgimiento de este concepto en México ante el temor producido por los levantamientos de tribus fronterizas y la Guerra de Castas, véase Ch. Hale, *El liberalismo mexicano*, pp. 244 y ss.

[74] Un periódico de Veracruz, por ejemplo, elogió la política india de los anglosajones porque por lo menos aseguraba la supervivencia de uno mismo, "que es la primera de las

Lo que subyacía a este cambio era el convencimiento creciente de que lo "bárbaro" no era "civilizable", porque las condiciones de la barbarie eran biológicamente innatas. Como afirmó *El Mercurio* de Chile durante la campaña de ocupación de la Araucanía, "El indio es enteramente incivilizable; todo lo ha gastado la naturaleza en desarrollar su cuerpo, mientras que su inteligencia ha quedado a la par de los animales de rapiña, cuyas cualidades posee en alto grado, no habiendo tenido jamás una emoción moral".

Por ello, agregaba en otro lugar,

> no se trata sólo de la adquisición de algún retazo insignificante de terreno, pues no le faltan terrenos a Chile; no se trata de la soberanía nominal sobre una horda de bárbaros, pues ésta siempre se ha pretendido tener; se trata de formar de las dos partes separadas de nuestra República un complejo ligado [...] en fin, se trata del triunfo de la civilización sobre la barbarie, de la humanidad sobre la bestialidad.[75]

El indio heroico de la Independencia, mito de la nacionalidad, se había convertido en una fiera carente de toda capacidad de civilización.

Ahora bien, ese concepto biologicista que contradecía las creencias previas sobre la potencial acción benéfica de las instituciones y la educación, no había surgido de los intereses económicos y/o políticos de los nuevos Estados. Sus raíces se hallaban en las corrientes del pensamiento europeo y norteamericano que desde principios de siglo venían consolidando la noción de una escala jerárquica "biológica" de las razas; convencimiento que tendió a desplazar del imaginario occidental la percepción ilustrada de la diferencia como fruto de las influencias del clima, ambiente o educación.[76] Pero estas concepciones, prestigiadas por su

leyes", y sostuvo "que el conflicto entre las razas era inevitable y que las disposiciones humanitarias no harían sino aplazar el día en que se saldaran cuentas" *(ibidem.*, pp. 244-245).

[75] *El Mercurio*, Santiago, 24 de mayo y 5 de julio de 1859, citado en J. Pinto Rodríguez, "Crisis económica y expansión territorial, la ocupación de la Araucanía en la segunda mitad del siglo XIX", *Estudios Sociales*, núm. 72, trimestre 2, 1992, pp. 85-126.

[76] La recepción del pensamiento racial europeo en Hispanoamérica, fundamental para la comprensión de los procesos de construcción nacional, ha sido hasta el momento muy poco atendido por la historiografía. Algunas excepciones son M.-D. Demélas, "El sentido de la historia a contrapelo, el darwinismo de Gabriel René Moreno (1836-1908)", *Historia Boliviana*, vol. IV, núm. 1, 1984, pp. 65-81; M. Monserrat, "La presencia evolucionista en el positivismo argentino", *Quipu, Revista Latinoamericana de Historia de las Ciencias y la Tecnología*, vol. 3, 1986, pp. 91-102; R. Moreno, "Mexico", en Th. F. Glick (comp.), *The Comparative Reception of Darwinism*, Chicago University Press, Chicago, pp. 346-374; R. Graham (comp.), *The Idea of Race in Latin America, 1870-1940*, University of Texas Press, Austin, 1990; N. L. Stepan, *The Hour of Eugenics. Race, Gender and Nation in Latin America*, Cornell University Press, Ithaca y Londres, 1991; E. A. Zimmerman, "Racial Ideas and Social Reform, Argentina, 1890-1916", *Hispanic American Historical Review*,

carácter de "pensamiento científico",[77] al actuar sobre el sustrato de antiguos prejuicios vinculados a formas tradicionales y jerárquicas de relaciones interétnicas, fueron adaptadas e instrumentalizadas en aras de aquellos intereses como factor múltiple de legitimación. De tal forma, la idea de una escala biológicamente determinista de las razas humanas sirvió para justificar la pervivencia de brutales prácticas de dominio, e incluso campañas genocidas, así como la relegación de amplias capas de la población a la categoría, pretendidamente inamovible, de "pueblo inconsciente", excluido de la identidad colectiva —y de los beneficios— de la nación.

Ahora bien, el enorme prestigio y significación que se concedía en Hispanoamérica a las corrientes intelectuales provenientes de Europa o del norte del continente, da la medida de su capacidad de imponerse al imaginario de las élites. Por ello, no es tanto su recepción y adopción por segmentos importantes de estas últimas lo que sorprende, sino el hecho de que esas ideas no consiguieran eliminar las argumentaciones contrarias; argumentaciones que rechazaban el carácter innato de las diferencias entre las razas, defendían la capacidad de la población "no blanca" para la "civilización", y denunciaban las condiciones de vida como la causa última de las diferencias entre los grupos humanos.[78]

vol. 72, núm. 1, pp. 23-46; M. Quijada, "Los 'Incas Arios' ". Para una reflexión general, véase del mismo autor, "En torno al pensamiento racial en Hispanoamérica, una reflexión bibliográfica", *Estudios Interdisciplinarios de América Latina y el Caribe*, vol. 3, núm. 1, 1992, pp. 110-129.

[77] Sobre la construcción de este paradigma por el pensamiento científico, y su consolidación en el imaginario occidental hacia mediados del siglo XIX, existe una extensa bibliografía. Véanse, entre otros, R. Horseman, *Race and Manifest Destiny. The Origins of American Racial Anglo-Saxonism*, Harvard University Press, Cambridge, Massachussets, 1981; G. L. Mosse, *Toward the Final Solution. A History of European Racism*, Howard Fertig, Nueva York, 1978; W. Stanton, *The Leopard's Spots. Scientific Attitudes Toward Race in America, 1815-1859*, The University of Chicago Press, Chicago, 1969; G. M. Fredrickson, *The Black Image in the White Mind. The Debate on Afro-American Character and Destiny, 1817-1914*, Harper Torchbooks, Nueva York, 1971; J. S. Haller, *Outcasts from Evolution. Scientific Attitudes of Racial Inferiority, 1859-1900*, University of Illinois Press, Urbana, 1971; N. Stepan, *The idea of Race in Science, Great Britain, 1800-1960*, The Macmillan Press, Londres, 1982; M. Banton, *Racial Theories*, Cambridge University Press, Londres-Nueva York, 1987.

[78] La convivencia e interacción de ambas concepciones ha sido puesta de manifiesto en numerosos trabajos de investigación. Véase, por ejemplo, M. González Navarro, "Las ideas raciales de los Científicos, 1890-1910", *Historia Mexicana*, 4, 1988, pp. 565-583; T. G. Powell, "Mexican Intellectuals and the Indian Question, 1876-1911", *Hispanic American Historical Review*, 48, 1968, pp. 19-36; M. S. Stabb, "Indigenism and Racism in Mexican Thought, 1857-1911", *Journal of Inter-American Studies*, 1, 1959, pp. 405-423; A. Flores Galindo, "República sin ciudadanos", en *Buscando un Inca, identidad y utopía en los Andes*, Lima, 1988, pp. 257-286; J. Tamayo, *Historia del indigenismo cusqueño*, Instituto Nacional de Cultura, Lima, 1980; L. E. Tord, *El indio en los ensayistas peruanos 1848-*

En resumen, desde mediados del siglo XIX se impuso mayoritariamente la imagen de una nación "civilizada", que mantenía la primacía de la dimensión institucional y territorial, vinculada al concepto de una cohesión cultural fundada en la exclusión de los elementos no asimilables y biológicamente "inferiores". Pero esta imagen convivió con conceptualizaciones que rechazaban la posibilidad de esa construcción excluyente, y que reclamaban la constitución de un tejido social unificado sobre la base del derecho de toda la población a participar de los beneficios de la nación.

Esta última imagen, tímida y minoritaria durante varias décadas, se haría más insistente hacia finales de siglo y sobre todo al iniciarse el siguiente, cuando se multiplicaron las alusiones públicas a los dudosos éxitos alcanzados en la construcción de las respectivas naciones. Dos elementos fundamentales son señalables en este proceso: por primera vez se estableció una diferencia entre la construcción del Estado (que en ciertos países, como México y Argentina, era unívocamente considerada como exitosa), y la de la nación, sobre cuya realización dudosa arreciaron las voces críticas. Y, en estrecha vinculación a lo anterior, se fue afianzando en el imaginario de las élites —o de un segmento creciente de ellas— el retorno al ideal de una nación incluyente.

Pero los fundamentos de la inclusión no eran ya los que poblaran el imaginario liberal de las primeras décadas del siglo. No se trataba de una "nación de ciudadanos", configurada naturalmente por influjo de la renovación institucional y una educación de contenido cívico, sino de una comunidad amalgamada en la unidad de los ideales y por la afirmación de una personalidad colectiva homogénea. Esa construcción volvía a asociarse a la meta siempre ansiada del progreso, porque —se afirmaba ahora— la nación con mayores probabilidades de engrandecimiento no era "la más rica", sino la que tenía "un ideal colectivo más intenso".[79] De tal manera, la imagen inicial de una nación integrada por individuos industriosos, cohesionados en su lealtad al Estado civil, se desplazaba a la de una comunidad en la que lo individual se subsumía en lo colectivo, y la unificación de las lealtades se vinculaba a la homogenización de los universos simbólicos.

Entre la "nación cívica" y la "nación homogénea" existían, por ende, diferencias conceptuales y visiones distintas sobre los instrumentos idó-

1940, Editoriales Unidas, Lima, 1978; J. Pinto Rodríguez, "Crisis económica"; J.-P. Blancpain y M. Quijada, "De Perón a Alberdi..."

[79] Víctor Andrés Belaunde, "Los factores psíquicos de la desviación de la conciencia nacional" (1917), en *Obras completas. Meditaciones peruanas* (vol. II), edición de la Comisión Nacional del Centenario, Lima, 1987, p. 156.

neos para la realización de la comunidad imaginada. Los procesos no eran automáticos ni naturales, sino que precisaban de la intervención consciente de las instituciones. No bastaba con la integración política, ni siquiera con la social; era imprescindible alcanzar la integración cultural plena. Además de la extensión efectiva de los derechos cívicos —aspiración incumplida del imaginario independentista— la nación homogénea se fundaba en una educación orientada a configurar una "cultura social" que borrara la heterogeneidad y unificara los universos simbólicos; en la reivindicación de la tradición; en la revalorización de lo propio frente a lo ajeno, y de lo específico frente a lo universal.[80]

En la imagen de la "nación homogénea" confluían así las tres dimensiones de la nación —cultural, institucional, territorial— mediante la desaparición de la heterogeneidad en un "yo" colectivo, en un mismo y único "espíritu nacional", en el que se integrara el conjunto de la población sujeta a un mismo gobierno y habitando un mismo territorio. Con ello, el proyecto de "etnización de la *polity*" alcanzaba su expresión más acabada.

Pero, como ocurrió a todo lo largo del siglo XIX, una cosa eran los programas, y otra las realizaciones. La "nación homogénea" no logró borrar del imaginario de las élites a la "nación civilizada", como ésta no lo hizo tampoco con la "nación cívica". La nación seguiría siendo un proyecto inacabado que, hasta el día de hoy, se renueva en cada generación, reflejando las interacciones de viejas y nuevas ideas, de aspiraciones no cumplidas y esperanzas inéditas, de prejuicios seculares y ansias de transformación.

[80] La imagen de "nación homogénea" comenzó a configurarse a finales del siglo XIX, pero su traducción en acciones prácticas de política y de gobierno no alcanzaría una dimensión significativa hasta las primeras décadas del XX. Para un análisis más detallado de este periodo, centrado en los casos comparados de México, Perú y Argentina, véase mi trabajo "La reformulación de la nación, 1900-1930", capítulo 24 de la obra colectiva compilada por A. Annino, L. Castro Leyva y F.-X. Guerra, *De los imperios a las naciones. Iberoamérica*, Ibercaja, Zaragoza, 1994. Desde distintas perspectivas han analizado algunos aspectos de este proceso, entre otros, M.-D. Demélas, "El sentido...", y *Nationalisme sans nation? La Bolivie aux XIXe-XXe siècles*, CNRS, París 1980; J. Deustua y J. L. Renique, *Intelectuales, indigenismo y descentralismo en el Perú, 1897-1931*, Centro de Estudios Rurales Andinos Bartolomé de Las Casas, Cuzco, 1984; A. Basave Benítez, *México mestizo. Análisis del nacionalismo mexicano en torno a la mestizofilia de Andrés Molina Enríquez*, Fondo de Cultura Económica, México, 1992; M. M. Marzal, *Historia de la antropología indigenista, México y Perú*, Anthropos, Barcelona, 1993; A. Lempérière, "D'une centenaire de l'Independence à l'autre (1910-1921), L'invention de la mémoire culturelle du Mexique contemporaine", en *Mémoires en devenir...;* D. Quattrocchi-Woisson, *Un nationalisme de déracinés...*; M. Irurozqui Victoriano, "¿Qué hacer con el indio? Un análisis de las obras de Franz Tamayo y Alcides Arguedas", *Revista de Indias*, vol. LII, núms. 195-196, 1992, pp. 559-588.

X. DE LA REPÚBLICA CORPORATIVA A LA NACIÓN MODERNA. MÉXICO (1821-1860)*

ANNICK LEMPÉRIÈRE
Universidad de Poitiers

LOS LÍDERES Y PUBLICISTAS MEXICANOS de la época de la Independencia no vacilaron en llamar al nuevo país, desde el principio, *nación*. Si entendemos por *nación* el concepto de entidad soberana, asociado a las concepciones iusnaturalistas de la asociación política, que se difundió en el mundo occidental a partir de la segunda mitad del siglo XVIII, la palabra era legítima. A principios del siglo XIX, en México, al igual que en el resto del orbe occidental, *nación* "valoriza[ba] sobre todo los conceptos de unidad política e independencia" y remitía ante todo a un contenido político.[1] *Nación* significaba que el territorio de la Nueva España y sus habitantes, al separarse de su metrópoli, se volvían un ente soberano, con lo cual iban a ocupar un lugar destacado en el concierto de las "naciones civilizadas". Sin embargo, como fenómeno histórico concreto, la nación mexicana era todavía una realidad virtual, un proyecto por definir y construir. Por lo tanto, la tarea más urgente era "constituirse".

El tema de la construcción nacional es inmenso y puede ser abordado desde múltiples puntos de vista. Este ensayo se propone ilustrar y explicar algunas de las dificultades encontradas por los mexicanos a la hora de "constituirse" como nación. Admitamos de entrada que no existe un modelo único de "nación moderna", sino que las entidades políticas del mundo occidental se construyeron como tales, desde finales del siglo XVIII, por medio de procesos históricos propios y particulares, más o menos largos y complicados según los casos. Subrayemos también, con la gran mayoría de los historiadores actuales, que antes de la Independencia no se asomó en la Nueva España una sola idea nacionalista ni se formó

* Este ensayo es la versión corregida y ampliada de "¿Nación moderna o república barroca? México 1823-1857", en François-Xavier Guerra y M. Quijada (coords.), *Imaginar la nación. Cuadernos de Historia Latinoamericana* (AHILA), núm. 2, LIT Hamburgo, 1994, pp. 135-177. Se apoya en una investigación llevada a cabo en el archivo del ex ayuntamiento de la ciudad de México (AHACM, ramo Festividades) y en el Archivo General de la Nación (AGN, ramo Gobernación).

[1] E. Hobsbawm, *Nations et nationalisme depuis 1780. Programme, mythe, réalité*, Gallimard, París, 1992, p. 29.

algo que se pareciera a una nación preparada de antemano a la separación de la península. Lo cierto es que las élites políticas de la recién nacida "nación mexicana" podían inspirarse en varios modelos concretos de nación. Contaban además con referentes políticos y jurídicos coherentes heredados de su integración durante tres siglos en la monarquía española, más con los preceptos novedosos transmitidos por el experimento gaditano. La "nación" heredaba también una estructura sociopolítica de antiguo régimen que la guerra de insurgencia, la revolución liberal española y el movimiento de Iguala habían dejado casi intacta, aunque materialmente empobrecida.

El problema político planteado por el acceso a la independencia fue de lo más banal. ¿Qué forma de gobierno, qué régimen político eran más apropiados a las peculiaridades del territorio y de sus habitantes? Pero, lejos de desembocar en el vértigo de la tábula rasa, la independencia se interpretó en el Plan de Iguala como la consecuencia de un proceso de maduración que permitía a la entidad novohispana autonomizarse de la madre patria. Otra interpretación veía en la independencia la posibilidad de recuperar los derechos perdidos por culpa del despotismo español. Hasta el año de 1824 incluido, las energías nacionales fueron absorbidas por la búsqueda del texto constitucional más conforme con lo que se pensaba sería la "Constitución histórica" de México. De ahí que se tratara no solamente de redactar una carta definitoria de los diferentes poderes y de sus relaciones, sino también de plasmar en un texto jurídico el sistema de gobierno que fuera más análogo a las costumbres en el sentido amplio de la palabra —la religión en primer lugar; la herencia jurídica de leyes y derechos, usos y costumbres, en segundo lugar—.

Aunque a nuestra manera de ver el proceso de formación política de la nación no se acabó sino al final de la Revolución, en 1920, limitaremos el estudio al periodo que corre de la Independencia en 1821 a la promulgación de las Leyes de Reforma, que en 1859-1860 radicalizaron al extremo la Constitución de 1857. Durante este periodo, que llamaremos por comodidad la "primera república" (aunque conozca varias Constituciones) se enfrentaron varios proyectos de nación en distintas versiones del republicanismo, que a su vez derivaban de hibridaciones entre el constitucionalismo histórico propio de la Nueva España y el liberalismo gaditano. Éste, si se interpretaban al pie de la letra sus preceptos constitucionales, proponía una forma de gobierno y de sociedad ajena y hostil a la organización corporativa todavía vigente en 1821. Mientras que se preocupaba poco por el contenido concreto de la idea y del sentimiento nacional,[2]

[2] Hobsbawm, *Nations...*, p. 61.

vehiculaba una concepción contractualista de la asociación política, basada en una antropología individualista, que se mostró capaz de disolver al cabo de varias décadas los fundamentos del antiguo régimen político y jurídico.

Es así como al proyecto de una república de corte tradicional (comunitaria y católica) se opuso en el México de la primera mitad del siglo XIX la propuesta de una república liberal que se asemejaba al ideal nacional heredado del iusnaturalismo y de la Revolución francesa. En la primera parte de este ensayo examinaremos más detenidamente las diversas propuestas de Constitución política de la nación. En seguida, ilustraremos este proceso mediante el estudio de las ceremonias públicas que se llevaron a cabo durante el periodo.

Hoy en día, los historiadores saben que las festividades públicas constituyen valiosas representaciones de las formas y concepciones del poder y de los vínculos políticos. Aquí las aprovecharemos también como un observatorio cómodo de las relaciones entabladas concretamente entre los protagonistas de los distintos proyectos de nación. Lejos de considerarlas una parte anecdótica del quehacer político, las autoridades, lo mismo que los ciudadanos comunes y corrientes, dieron al ceremonial público una amplitud y un desarrollo que podemos calificar de inflacionario. A las celebraciones religiosas conocidas de tiempo inmemorial se añadieron, después de la Independencia, numerosas ceremonias políticas así como fiestas nacionales conmemorativas. Mientras que las primeras, llevadas a cabo por actores tradicionales, ocupaban la mayor parte del calendario y del espacio público, mediante las segundas los gobernantes buscaron colmar el déficit permanente de legitimidad padecido por los gobiernos independientes. En cuanto a las fiestas conmemorativas, constituían una de las modalidades de la participación ciudadana en los asuntos públicos y exaltaban los datos relevantes de la breve historia nacional. Durante muchos años las fiestas nacionales y las ceremonias políticas no pudieron prescindir de la santificación tradicionalmente conferida por la liturgia católica. Como veremos, las transformaciones sufridas por el ceremonial público a lo largo del periodo acompañan constantemente el complicado y nada lineal tránsito de la república corporativa a la nueva nación liberal moderna.

Vida y muerte de una república corporativa

Nación, Imperio, República

En 1821 los fundadores de la nueva nación podían inspirarse en tres modelos nacionales recientes. Primero estaba la ya difunta "nación española", que en el siglo XVIII había venido a designar el conjunto imperial de pueblos y comunidades políticas que reconocían la soberanía del Rey Católico a cambio de la garantía otorgada a sus derechos y privilegios históricos, y del que la Nueva España había formado parte. El segundo modelo era la nación francesa nacida en 1789: una entidad basada en principios contractualistas, soberana en el sentido que la soberanía era la del pueblo, el cual se componía de individuos-ciudadanos libremente asociados. Esta nación rechazaba la legitimidad dinástica y, al reconocer la libertad de conciencia y de culto, integraba en la ciudadanía a individuos cuyo credo religioso no era el católico. Últimamente la Constitución de Cádiz había propuesto un nuevo modelo de "nación española" que hacía del antiguo Imperio una nación "una e indivisible" de corte francés, en la cual las cortes constituirían el centro político de todo el conjunto y ejercerían la soberanía a nombre del pueblo. Los liberales gaditanos hicieron una concesión de gran alcance a la constitución histórica del Imperio al mantener el catolicismo como la única religión tolerada RECONOCIDA y protegida por la nación.

En septiembre de 1821 se hablaba indistintamente de "Nación mexicana" o de "Imperio mexicano". *Imperio* halagaba el orgullo criollo al equiparar a México con España pero también remitía al *Imperium:* a un conjunto de referentes tales como la facultad de mando, la *maiestas* o soberanía, la jurisdicción. La palabra realzaba el prestigio de una comunidad política que nacía sin que sus fundadores hubiesen proyectado establecer en ella una forma de gobierno distinta de la de la metrópoli. Los mexicanos no rechazaban la legitimidad dinástica pero el "Imperio mexicano" fue desdeñado por los príncipes Borbones a quienes lo habían ofrecido. Fue así como se transformó en un régimen político encabezado por el héroe de Iguala, Agustín de Iturbide, autoproclamado emperador.

El Imperio iturbidista no llegó a tener una Constitución propia. Los textos que lo regían, la Constitución de Cádiz de 1812 y el Plan de Iguala, le conferían el carácter de una monarquía católica moderada basada en la separación de poderes y el respeto de los derechos individuales. En la práctica, Iturbide se opuso al congreso constituyente sobre la cuestión de decidir en quién —entre el pueblo, el Congreso o el emperador—

residía la soberanía y quién debía ejercerla. Por varias razones adicionales, entre las cuales destaca la acusación de "centralismo", llegó a ser considerado como un déspota y logró reunir en su contra a los jefes militares y a las diputaciones provinciales. Estas asambleas, al encabezar en las provincias la rebelión contra el régimen, la transformaron en la primavera de 1823 en un movimiento republicano y federalista extremadamente descentralizado que venció, por muchos años, cualquier intento por reconstituir una autoridad central respetada y obedecida.

Empezó entonces un largo episodio republicano durante el cual fueron tejiéndose complejas relaciones entre las instituciones y concepciones públicas legadas por la monarquía española, el liberalismo y el republicanismo. Si bien regía en México en 1823 la primera gran Constitución liberal del siglo XIX, la de Cádiz, el antiguo régimen jurídico, religioso y político estaba, por lo demás, completamente intacto. Esto constituía el principal obstáculo a la vigencia de la carta gaditana tal y como la habían ideado sus autores liberales. Por lo tanto, predominó una lucha entre dos proyectos distintos de república. Uno, expresado por los ideales del liberalismo más avanzado, fue durante más de 10 años victoriosamente suplantado por el otro que se apoyaba en la estructura corporativa propia de la sociedad novohispana. La complejidad de la historia política de México se debe, entre otras razones, al hecho de que conoció no el desarrollo complicado de un solo proyecto, sino una solución de continuidad entre dos republicanismos que la tradicional oposición entre liberales y conservadores no explica satisfactoriamente.

La república corporativa triunfante

Cuando el 4 de octubre de 1824 se promulgó la primera Constitución de México independiente, nació por primera y última vez en la historia del mundo hispánico una república corporativa perfecta. Su perfección residía tanto en la coherencia de sus instituciones federales como en la amalgama lograda entre dos sustancias *a priori* incompatibles: la herencia jurídico-religiosa de la Monarquía católica, por un lado, y la dote del liberalismo gaditano, por el otro. Esta idea puede ser desarrollada desde tres puntos de vista complementarios.

En primer lugar, cabe subrayar la espontaneidad con que fue adoptada la forma republicana de gobierno, sólo dos años después de haberse planeado el establecimiento de una monarquía borbona en México. Tal agilidad en el cambio encubre, en realidad, una gran ambigüedad. Descansa, en efecto, en la existencia de una antigua tradición republicana, propia no sólo de la Nueva España sino de todo el Imperio español. En aquella tradición, *república* no designaba el régimen político, sino el cuerpo político, la comunidad, independientemente de su forma de gobierno. Se llamaba frecuentemente al conjunto de la Monarquía, *República* o *Cuerpo político.* Además, cualquier territorio de la monarquía que fuera mínimamente reconocido por las leyes (como el reino de Nueva España) era designado por las palabras *reino, república* o *cuerpo político.* Recordemos también que desde el siglo XVI, si bien los juristas distinguían entre "la república de españoles" y "la república de indios", la existencia concreta de cada una fue siempre plural: cualquier ciudad o villa era "república", cualquier pueblo de indios, también.[3]

En tales condiciones, cuando se frustró la esperanza de establecer una monarquía constitucional en México, el régimen republicano se impuso inmediatamente como la única opción posible. La mayoría de los constituyentes de 1823-1824, aunque se referían de manera obsesiva a la constitución federalista norteamericana,[4] se inspiraron espontáneamente en un republicanismo *sui generis* que siempre había sido parte integrante del ideario monárquico. Ahora bien, las instituciones que lo impulsaron, ayuntamientos y diputaciones provinciales, constituían el aspecto más vivo de la vigencia de la Constitución de Cádiz en México. Sin embargo, la idea republicana estaba cargada de antemano de toda una cultura de gobierno que debía poco al espíritu liberal gaditano, pero que éste iba a actualizar inesperadamente. Con eso llegamos al segundo punto.

En la época de la monarquía, en el caso de las ciudades y de los pueblos, la idea de república entrañaba la de gobierno propio mediante autoridades consideradas representativas de la comunidad. El gobierno de los cuerpos políticos por sí mismos se encontraba sólo en este nivel, ya que en América la Corona no fomentó jamás formas de gobierno colegiado ni representativo permanentes, como las que existieron en las provincias vascongadas o en el Principado de Asturias, que formaba un "cuerpo de provincia". En la Nueva España la creación de las intendencias dio existencia a entidades provinciales, pero sin conferirles, evidentemente, ninguna representación política. En cambio, con el tí-

[3] Esa tradición republicana no le debía nada, obviamente, al humanismo cívico analizado por Pocock *(The Machiavelian Moment*, Princeton University Press, Princeton, 1975). Es más útil y apropiado en este caso referirse al derecho medieval de las corporaciones, tal como lo analiza Brian Tierney, *Religion et droit dans le développement de la pensée constitutionnelle (1150-1650),* PUF, París, 1993.

[4] *Cf.* Actas constitucionales mexicanas (1821-1824), *Diario de las sesiones del Congreso Constituyente de la federación mexicana,* tomos VIII y IX, Universidad Nacional Autónoma de México, México, 1980.

tulo de "gobierno interior de los pueblos", la Constitución de Cádiz universalizó la existencia de dos niveles de gobierno local: el de los ayuntamientos de los pueblos y el de las diputaciones provinciales. En 1823 fueron las provincias encabezadas por sus diputaciones (o por juntas improvisadas en los territorios que pretendían obtener semejante privilegio) las que congregaron la "voluntad de los pueblos" (o sea de sus ayuntamientos) en torno a la idea de república federal. Luego se llamaron "Estados libres y soberanos" y, como nos consta en muchos documentos de época, "cuerpos políticos".

Los constituyentes gaditanos habían planeado algo completamente distinto. Querían instaurar una nación unitaria, representada exclusivamente en las cortes, y descentralizada en una serie de instancias administrativas jerarquizadas (diputaciones provinciales y jefes políticos, ayuntamientos). Sin quererlo, los liberales peninsulares dieron a la sociedad novohispana, con la Constitución de Cádiz, la oportunidad no de constituirse en nación de ciudadanos sino de perfeccionar sus estructuras corporativas y representativas tradicionales.[5] Ignorando deliberadamente la distinción entre administración y gobierno, los mexicanos rebelados contra la centralización iturbidista consideraron esas instancias de elección como colegios representativos; también interpretaron a las nuevas entidades territoriales, las provincias, en los términos consuetudinarios de "cuerpos políticos" y de "pequeñas repúblicas". La voluntad de constituirse como "Estados libres y soberanos" remitía claramente, en 1823-1824, a la antigua reivindicación criolla del derecho al autogobierno. El conocimiento de las "leyes y costumbres del país" por "los naturales de la tierra", la proximidad de la administración de justicia, tales eran, según los portavoces de las provincias, las ventajas de un sistema de gobierno descentralizado al extremo.

Que las provincias-Estados se concibieran como cuerpos políticos en el sentido más orgánico y tomista de la palabra, es algo de lo que podemos dar algunos ejemplos. El asunto es muy claro cuando se discute, en el congreso constituyente, la conveniencia de admitir algún territorio a la categoría de Estado. Los criterios eran los mismos que cuando se trataba de erigir una ciudad en el siglo XVI: ¿el territorio tenía o no suficientes recursos, tanto materiales como intelectuales y espirituales, para desarrollarse de manera autónoma y cubrir los gastos de un gobierno propio? La ciudad y provincia de Aguascalientes no argumentaría de mane-

[5] *Cf.* el capítulo de A. Annino, en este volumen, sobre la "revolución de los municipios" permitida por la Constitución de Cádiz. Sobre los vínculos teóricos existentes entre los orígenes del pensamiento constitucional y las estructuras jurídicas de los cuerpos, *cf.* B. Tierney, *Religion et droit.*

ra distinta en 1835 a favor de su separación de Zacatecas.[6] En 1824 el caso de Tlaxcala fue especialmente complicado porque la provincia estaba dividida entre una porción de ayuntamientos deseosos de constituir un Estado, y otra porción contraria al proyecto. La propuesta de consultar la "voluntad de los pueblos" mediante la auscultación del sentir de los ayuntamientos y de los partidos expresaba una concepción corporativa del territorio, no una concepción individualista de la ciudadanía.[7]

Cuando el panfletista Lizardi emitía críticas hacia el régimen recién fundado en su "constitución política de una república imaginaria", el contexto concreto de su imaginada república no era la nación, sino el espacio de una ciudad muy parecida a la de México.[8] En la década de 1820 el marco territorial de la idea republicana presentaba una notable elasticidad. En lugar de parecerse a una pirámide de niveles administrativos uniformes, la república federal de 1823-1824 se asemejaba a una matrioshka: figuraba un encajamiento de repúblicas o cuerpos políticos, desde los más pequeños (los pueblos) al más grande (la nación). Era perfectamente corporativa en el sentido de que dotaba a los ex vasallos novohispanos de una estructura representativa y gubernativa en la que hubieran podido soñar en tiempos de la monarquía: una estructura preabsolutista y preestatalista.

Tal perfección tenía poco que ver con el gobierno republicano moderno ejemplificado en aquel entonces por el régimen norteamericano. Uno de los publicistas más originales del periodo, Francisco Maldonado, después de publicar su proyecto constitucional por primera vez en 1821, lo daba nuevamente a la luz pública en 1823 sin cambiar una palabra, declarando ingenuamente que el tipo de régimen, fuera monárquico o republicano, no modificaba en nada la coherencia de sus proposiciones. Su obra proyectaba una organización corporativa que presentaba la lógica de encajamiento que sería la de 1824; baste citar el artículo 1 del capítulo I, "De la organización del cuerpo político": "Para formar de todos los ciudadanos un cuerpo político estrechamente unido y bien ordenado [...] ningún medio se presenta desde luego más obvio, natu-

[6] "Representación del I. Ayuntamiento y vecindario de la ciudad de Aguascalientes, sobre separarse del Estado de Zacatecas...", en Jesús Gómez Serrano, *Documentos para la historia del liberalismo en Aguascalientes, 1835-1876*, Instituto Cultural de Aguascalientes, Aguascalientes, 1992.

[7] Actas constitucionales. En el mismo debate, el diputado Zavala se opone sin éxito a la consulta de la "voluntad de los pueblos" a nombre de la lógica del número (voto de los individuos).

[8] "Las conversaciones entre el payo y el sacristán", t. II, núm. 16-24, mayo-junio de 1825, en José Joaquín Fernández de Lizardi, *El Pensador Mexicano*, estudio preliminar, selección y notas de Agustín Yáñez, Universidad Nacional Autónoma de México, México, 5ª ed., 1992, pp. 146-149.

ral y sencillo [...] que el de dividirlos en corporaciones político-militares [...]". Proponía no sólo asambleas municipales, cantonales, etc., sino también una organización por cuerpos profesionales en el interior de los pueblos y ciudades.[9]

Esto nos lleva al tercer punto. Dentro de las repúblicas urbanas, la sociedad novohispana estaba organizada en una multitud de corporaciones, civiles y religiosas (cabildos eclesiásticos, universidades, consulados de mercaderes, cofradías, órdenes religiosas, hospitales, montepíos...) que desempeñaban funciones públicas numerosas e imprescindibles. Estas instituciones corporativas se sostenían y cumplían sus obligaciones gracias a la administración de bienes que consistían en capitales o en fincas rústicas y urbanas. Algunas tenían privilegios importantes, tales como una jurisdicción. El afán desamortizador y anticorporativo de los liberales peninsulares de 1810-1814 y de 1820-1821 no logró concretizar jurídicamente ninguna disposición importante, salvo el proyecto de desamortizar las tierras colectivas de los pueblos, que quedó plasmado en una ley. Por lo tanto, en el momento de fundarse la república federal, la estructura corporativa propia de la sociedad de antiguo régimen quedaba ilesa. La salud pública, la beneficencia, la educación primaria y universitaria, sin hablar de las funciones espirituales propiamente dichas, seguían dependiendo exclusivamente de instituciones corporativas tradicionales. La estructura corporativa de gobierno (los "cuerpos políticos") se complementaba por una organización idéntica en los servicios públicos. Así, lo "público" en aquel entonces no se identificaba, ni mucho menos, con lo "nacional".

¿Cómo explicar el optimismo y el entusiasmo político de los mexicanos, en los años 1825 y 1826, sino porque pensaban haber encontrado, con la república recién nacida, las instituciones más conformes a sus aspiraciones? El republicanismo plasmado en la Constitución de 1824 hacía de la nueva nación un "cuerpo político" que conservaba sus "usos y costumbres" formados de tiempo inmemorial. Tal herencia implicaba el reconocimiento de la identidad católica de la república. Aunque el problema de la tolerancia religiosa se planteara desde 1823 (siempre fuera de los recintos parlamentarios), el difundido concepto organicista y unanimista del cuerpo político no podía admitir que el pueblo dejara de ser exclusivamente católico. Así, entre los deberes del ciudadano, el primero era "profesar la religión católica, apostólica, romana como la única del Estado" (además de "respetar las autoridades legítimamente establecidas", "no ofender a sus semejantes", "cooperar al bien general de la na-

[9] [Francisco Severo Maldonado], "Contrato de asociación para la República de los Estados Unidos del Anáhuac", Guadalajara, 1823 (Biblioteca Condumex).

ción"). Como lo revela el estudio del ceremonial público, la conservación de la catolicidad pública en el régimen republicano correspondía a una verdadera necesidad. En efecto, los pueblos y los cuerpos que los representaban no concebían que la asociación política, aunque pactada voluntariamente por los mismos pueblos, no fuera bendecida por el poder espiritual e insertada en el ordenamiento de la ley divina, natural y eclesiástica. La catolicidad era, pues, parte integrante de la cosa pública.

Las debilidades de la nación corporativa

El consenso de 1824 no podía ser sino efímero. Pasados unos breves años felices, la república corporativa entró en un periodo de inestabilidad gubernativa, de conflictos ideológicos y de guerras civiles. El sistema federal desapareció entre 1835 y 1846, y de nuevo entre 1853 y 1855 para renacer bajo una forma renovada, nítidamente anti-corporativa, en la Constitución de 1857. Fue hacia mediados de la década de 1830 cuando la cultura republicana de viejo cuño empezó a dar señales inequívocas de ocaso. Las leyes constitucionales de 1836, centralistas a medias pero mucho más marcadamente liberales que la Constitución de 1824, son uno de los síntomas de la aceleración de la crisis. Tanto desde el punto de vista institucional como de las representaciones públicas, el federalismo corporativo emprendió un combate de retaguardia. A partir del pronunciamiento de Ayutla (1854), ya no pudo resistir al empuje de un liberalismo que, después de sobrevivir durante varias décadas bajo una forma gaditana degradada, maduró hasta emprender exitosamente la revolución jurídica y social que llevó el nombre de *Reforma*. Este nuevo sistema en el cual el federalismo formaba sólo una parte del programa liberal, logró imponerse en 1860 al cabo de una sangrienta guerra civil.

¿Por qué se reveló la república corporativa como un régimen no viable? Una primera serie de explicaciones está en las debilidades propias del sistema de 1823-1824. Primero, la constitución de la república corporativa llevó muy pronto a la situación siguiente: más pequeño era el cuerpo político, más concreta y efectiva era la autoridad de su gobierno. Durante toda la primera república el gobierno más débil, menos provisto de recursos y menos obedecido fue el gobierno general de la nación. Según una lógica propia del federalismo extremo y radical que prevaleció en México en 1823 bajo la presión de los pueblos, el Ejecutivo federal quedó paralizado por la amplitud de los poderes del congreso y la parquedad de sus propias atribuciones.[10]

[10] Es posible que esta disposición constitucional se deba a la idea según la cual el con-

Consecuentemente, otro factor contribuía a disminuir la autoridad y el prestigio del gobierno general, congreso incluido: se trata de la concepción de la soberanía prevaleciente entre los actores políticos de la época. La mayoría de ellos concibió no una soberanía "una e indivisible" —atribución *exclusiva* de la Nación en su conjunto, ejercida por la asamblea o el gobierno nacional—, sino una soberanía distribuida entre todos los cuerpos políticos de la república.[11] Según la constitución, el gobierno general ejercía cierta jurisdicción sobre los Estados. Mas cada Estado recelaba de cualquier tentativa, por parte del gobierno general, de intervenir en su "gobierno interior" e "invadir" sus prerrogativas, fuera en caso de conspiración, de amenaza exterior o de desobediencia. En tales condiciones, la república federal se asemejaba a una verdadera confederación. Así la llamaban, por lo demás, los representantes políticos de los Estados.

Mientras tanto, la multiplicación de los cuerpos políticos a todos los niveles se producía lógicamente en el momento mismo en que había desaparecido la autoridad capaz de ordenar sus relaciones y resolver sus conflictos. Ahora bien, tal multiplicación implicaba la aparición de conflictos, fuera por las atribuciones jurisdiccionales, por el acceso a los recursos (fiscales, entre otros), por agravios electorales o simplemente por rivalidades de poder entre las élites. Uno de los dramas de la primera república fue que provocó, efectivamente, un recurso inflacionario a todas las formas disponibles de expresión de agravios y conflictos, por parte tanto de los cuerpos (políticos, religiosos y civiles) como de los individuos. En lugar de dirigirse a la autoridad indiscutible de un soberano, se dirigían a autoridades cuya legitimidad era raras veces reconocida al mismo tiempo por el conjunto de la nación, o más modestamente por todos los contrincantes.

En fin, la república corporativa padecía un mal que fue diagnosticado por uno de sus más acérrimos enemigos como el "espíritu de cuerpo",[12] o sea la exagerada lealtad hacia las corporaciones, fueran civiles o religiosas, lealtad que según el doctor Mora era contraria al patriotismo y a la moral pública propios de la ciudadanía republicana. Lo mismo hubiera podido decirse de los cuerpos políticos que conformaban la nación: los sucesos del año 1846, cuando el restablecimiento de la Constitución del 24 coincidió con la invasión norteamericana, ofrecen sobradas pruebas

junto del cuerpo político (representado por un cuerpo colegiado) tenía una autoridad superior a la cabeza del cuerpo sola, B. Tierney, *Religion et droit.*

[11] Actas constitucionales.

[12] "El *espíritu de cuerpo* difundido por todas las clases de la sociedad, y que debilita notablemente o destruye el *espíritu nacional*", J. M. L. Mora, "Revista política", en *Obras completas*, vol. 2, pp. 370 ss.

de que el sentimiento nacional no podía todavía competir exitosamente con el egoísmo sagrado de las comunidades estatales y pueblerinas.[13] Tal fragmentación de la identidad comunitaria facilitaba, por lo demás, las empresas políticas de todos los que actuaban al mismo tiempo dentro y fuera del sistema constitucional y del liberalismo: los caudillos que, apoyándose en una autoridad de tipo carismático que prescindía del "esprit de corps" y fomentaba las lealtades personales, recurrían también a la legitimidad de la elección popular y a la invocación de la voluntad del pueblo.

Las armas disolventes del liberalismo

El triunfo del republicanismo corporativo y católico fue contemporáneo del florecimiento de algo que apenas tuvo cabida en tiempos de la monarquía reformista: un verdadero movimiento ilustrado. Fueron unas Luces pluralistas, que iban desde un liberalismo católico muy bien caracterizado por un periódico como *El Farol* de Puebla,[14] hasta el iusnaturalismo racionalista, pasando por el anticlericalismo de los masones (fueran clérigos o civiles) y por la insistencia en el papel de la economía política, de la educación y de las ciencias útiles en los futuros progresos de la república. Decía José María Luis Mora que "la adopción del sistema federativo ha sido el último, el más fuerte y poderoso impulso que ha recibido la Ilustración nacional [...]. En todos [los Estados] se han establecido imprentas, periódicos, escuelas de primeras letras, bibliotecas, gabinetes de lectura, y en muchos de ellos colegios para la enseñanza de las ciencias [...]".[15]

Tanto los ideales de la Ilustración científica como los postulados filosóficos del liberalismo iban conformando una nueva "cultura pública" que, aunque muy minoritaria a principios de los años 1820, se difundió poco a poco y fomentó, como lo esperaba el doctor Mora, la atenuación de los particularismos y el sentimiento de pertenecer a una comunidad más grande que la pequeña villa o la parroquia. Los exponentes de estos principios tuvieron que librar una larga batalla para primero salvarlos, y luego imponerlos sobre la coherencia política y moral del sistema corporativo. Pese a su optimismo, Mora no dejaba de constatar que la herencia viva de lo que él llamaba el "despotismo" español —los

[13] *Cf.* Josefina Zoraida Vázquez (coord.), *México al tiempo de su guerra con Estados Unidos (1846-1848),* Fondo de Cultura Económica/Colegio de México, México, 1998.

[14] *El Farol*, noviembre de 1821-julio de 1822 (Hemeroteca Nacional).

[15] J. M. L. Mora, *México y sus revoluciones*, t. I, Porrúa, México, 1965, pp. 84-85.

fueros, las corporaciones, la intolerancia religiosa— era absolutamente ajena a los principios de una república liberal y de una nación moderna. Si bien el liberalismo político *stricto sensu* (elecciones, representación) cabía sin dificultad dentro del ideario corporativo del antiguo régimen porque creaba o consolidaba libertades de viejo cuño, en cambio la antropología individualista que lo sostenía no podía convivir sin adaptaciones con la concepción tomista, digámoslo así, propia del republicanismo corporativo.

Estas consideraciones equivalen a preguntarnos cómo el liberalismo gaditano sobrevivió a su inmersión concreta en una nación que era, al fin y al cabo, prerrevolucionaria. Al hablar de la multiplicación de los focos de Ilustración a la sombra del federalismo, Mora apuntaba, con razón, hacia la importancia del "factor tiempo" en las transformaciones de la cultura pública. Lo que a la larga aseguró el triunfo del liberalismo fue que trajo consigo no sólo libertades tradicionales (autogobierno, sobre todo), sino también formas de libertad hasta entonces desconocidas, que al mismo tiempo fueron recibidas con suma desconfianza y utilizadas sin freno por *todos* los actores (individuales y colectivos) de la vida política, social y religiosa. Tales libertades, la de imprenta y la de reunión y asociación, por ser fundamentalmente anticorporativas, abrieron camino a la moderna idea de nación y de ciudadanía.

La libertad de prensa y la invocación de la "opinión pública" (la cual, no siempre "ilustrada", era pluralista e indisciplinada) se oponían al "espíritu público" de antaño, una mezcla de piedad cristiana, obediencia y lealtad hacia las autoridades. Aunque el contenido de los panfletos no fuera siempre novedoso y subversivo, la imprenta daba una dimensión pública y nacional a disputas hasta la fecha pueblerinas, que se volvían asuntos ideológicos de trascendencia más abstracta y más impactante. La república corporativa fue desde el principio el blanco de las críticas y ofensivas ideológicas de publicistas y hombres políticos deseosos de promover hasta sus últimas consecuencias los principios filosóficos y jurídicos del liberalismo. La sola existencia de debates sobre la tolerancia religiosa, de discusiones sobre el origen (natural o contractual) de la sociedad o sobre la naturaleza de las leyes imperantes en la república,[16] constituía otra irreparable grieta en los cimientos del federalismo corporativo.

[16] *Cf.* Annick Lempérière, "Reflexiones sobre los orígenes de la terminología política del liberalismo", en B. Connaughton, C. Iliades, S. Pérez Toledo (comps.), *Construcción de la legitimidad política en México: sujetos, discurso y conducta política en el siglo* XIX, UAM-Iztapalapa/Colegio de México/Colegio de Michoacán/Instituto de Investigaciones Históricas de la Universidad Nacional Autónoma de México, México, 1999.

Desde 1823 se perfilaba un republicanismo apoyado exclusivamente en el potencial revolucionario del liberalismo de Cádiz, una vez librado de la hipoteca monárquica. Consecuente con sus principios, pregonaba una república en la cual no tuvieran cabida los fueros de los cuerpos privilegiados sino, junto a la libertad de conciencia y de cultos, la igualdad ante la ley. Según los exponentes de este republicanismo, el sistema republicano debía encontrar en sí mismo, y sólo en sí mismo y en el respeto de sus principios, su propia legitimidad. Por ello no llamamos "católica" a aquella república para evitar una confusión con la "monarquía católica" analizada por David Brading.[17] Los principios liberales abrogaban la necesidad de la religión como lazo sagrado entre los ciudadanos. Si se admitía la "soberanía del pueblo" y la idea de que la nación era una creación artificial puramente humana, la religión dejaba de ser "una parte esencial de la identidad nacional" tal como lo había sido en tiempos de la monarquía española.[18] Desde el inicio de la experiencia republicana se formaron grupos de políticos y publicistas, muchos de ellos agrupados en las logias yorkinas,[19] cuyo programa consistía, lógicamente, en la abolición de la identidad católica de la república y de la nación. Con eso la religión pública se había transformado en un tema polémico y estaba amenazada con volverse un asunto puramente privado, algo inimaginable en tiempos de la monarquía.

Con el éxito del pronunciamiento de Ayutla vino la decisión de redactar una nueva Constitución, que bajo el nombre de liberal y federalista tenía poco que ver con la de 1824. El texto de 1857 consagraba la desincorporación del federalismo, el cual dejaba de ser el disfraz de una confederación de Estados soberanos y de una república corporativa para convertirse en la organización política de una nación. La transformación se lograba mediante una serie de disposiciones entre las cuales sobresalen el énfasis puesto en la ciudadanía democrática y la inclusión de la Ley Lerdo de junio de 1856, que mandaba desamortizar los bienes de *todas* las corporaciones, tanto civiles (pueblos y ayuntamientos) como eclesiásticas y caritativas (conventos, cofradías, obras pías, hospitales, colegios...). Por fin la deliberada omisión de la mención del catolicismo como religión pública y exclusiva de la nación, aniquilaba el

[17] David Brading, *Orbe indiano. De la Monarquía católica a la república criolla, 1492-1867*, Fondo de Cultura Económica, México, 1991.

[18] Sobre la dificultad de conjugar republicanismo y catolicismo exclusivo, *cf.* F.-X. Guerra, *Modernidad e independencias. Ensayos sobre las revoluciones hispánicas*, Mapfre, Madrid, 1992, p. 165.

[19] R. M. Martínez de Codes, "El impacto de la masonería en la legislación reformista de la primera generación de liberales en México", *El liberalismo en México. Cuadernos de Historia Latinoamericana* (AHILA), núm. 1, 1993, pp. 79-101.

fundamento teológico del corporativismo político. El federalismo que empezó en 1823 dando vida a una república "representativa y popular" que era ante todo católica y corporativa, acababa en 1860 por ilustrar un régimen liberal fundado en los derechos individuales y en la neutralidad de la esfera pública en materia de religión.

Durante 10 años más, pasando por una guerra civil y una intervención imperialista, los mexicanos tuvieron que combatir para conquistar su libertad nacional, aceptarse como nación y fundar una república que fue bautizada, con optimismo retrospectivo, como "restaurada". Hizo falta una década adicional para lograr la paz civil.

Dejemos ahora la palabra y el escenario a los republicanos mexicanos, quienes durante 40 años, entre los oros del barroco y los cañonazos de la guerra civil y extranjera, festejaron la suerte de ser libres e imploraron misericordia por las desdichas del mal gobierno, mediante ceremonias públicas que movilizaron a la gran mayoría de los habitantes de la nación mexicana.

Festividades barrocas

La religión católica como única del Estado encabeza todas las Constituciones mexicanas, federalistas o centralistas, desde la de 1824 hasta la de 1847. En la Constitución de 1857 se suprimió, después de debates acalorados en el congreso constituyente,[20] toda referencia a la religión, pero no se logró, sin embargo, incluir el artículo 15 del proyecto constitucional, que preveía la instauración de la libertad de cultos. A pesar de ello, la Constitución fue decretada "en el nombre de Dios y con la autoridad del pueblo mexicano", y fue promulgada además el 5 de febrero, día de San Felipe de Jesús, santo patrono de la ciudad de México. Hasta la Reforma no se pudo pensar, constitucionalmente hablando, en una república neutral desde el punto de vista religioso. El calendario oficial era congruente con los principios constitucionales. El decreto del 4 de diciembre de 1824, por ejemplo, declaraba "fiestas religiosas nacionales" el Jueves y Viernes santos, Corpus Christi y el 12 de diciembre (día de la Virgen de Guadalupe), distinguiéndolas claramente de las "fiestas cívicas": 16 de septiembre y 4 de octubre (día de la Constitución del 24).[21] A pesar de no figurar en el calendario oficial, las demás grandes fiestas católicas siguieron siendo celebradas, tanto por los fieles como por las autoridades, a lo largo del periodo.

[20] *Cf.* F. Zarco, *Crónica del Congreso extraordinario constituyente* (1856-1857), El Colegio de México, México, 1957, pp. 319 ss.

[21] Decreto del Congreso núm. 117, AGN, Gobernación s/s, vol. 69, exp. 10.

Pero no se celebraban solamente fiestas fijas decretadas en el calendario oficial. Los momentos políticos más significativos —promulgación de una nueva Constitución, llegada al poder de un nuevo gobernante, terminación de una guerra civil,[22] algún evento en las relaciones exteriores (como, por ejemplo, el reconocimiento de la independencia por Inglaterra en 1824)— daban lugar a ceremonias públicas que culminaban siempre con un Te Deum en la iglesia principal o en la catedral y una misa de acción de gracias. Un decreto publicado por bando y dirigido a todos los poderes de la república ordenaba la celebración del asunto, de modo que las iniciativas festivas de las autoridades federales o centrales daban lugar a ceremonias en todos los Estados y pueblos.[23] Según el mecanismo propio de la religión de Estado, las autoridades civiles asistían a ceremonias de carácter marcadamente religioso, cuya organización recaía en parte sobre las instituciones eclesiásticas. El federalismo multiplicaba, además, el número de oportunidades festivas. A finales de los años veinte, por ejemplo, se celebró la publicación de la constitución estatal en cada una de las entidades federales.

La religión católica seguía cumpliendo su papel tradicional de lazo político. Cualquier suceso que determinara un cambio político de importancia (pronunciamiento, nuevos gobernantes, nueva Constitución...) daba lugar a un juramento. Las formas en que debía prestarse el juramento se señalaban en un decreto promulgado por el supremo gobierno: convocación de autoridades políticas, cuerpos judiciales y administrativos, órdenes religiosas, instituciones diversas; plazo dentro del cual debía tener lugar la ceremonia; fórmula del juramento; objetos necesarios para su cumplimiento. La autoridad divina presidía el acta de juramento, pues los participantes se ubicaban frente a una imagen de Cristo y delante de los Evangelios. La fórmula del juramento, heredada de la monarquía, era invariable.[24]

Los juramentos se cumplían puntualmente en todos los lugares de la República. Tal vez no tengamos una imagen más exacta y completa de la nación mexicana en su conjunto que la que nos proporcionan los legajos conservados en el Archivo General de la Nación, donde se encuentran

[22] *Cf.*, por ejemplo, "Dispone el Supremo Gobierno la [festividad] que debe verificarse en el Santuario de Nuestra Señora de Guadalupe en el domingo 26 de enero en acción de gracias por el restablecimiento de la paz y el orden público conseguido por los esfuerzos nacionales el 6 de diciembre de 1844", AHACM, Fiestas religiosas, vol. 1066, exp. 15.

[23] 23 de junio de 1824, AGN, Gobernación s/s, vol. 69, exp. 10.

[24] Así se decía en 1835: "*¿Jurais ante Dios obedecer, observar y hacer observar las bases constitucionales sancionadas por el actual Congreso General?* Y habiendo contestado unánimes *Sí juro,* les dije, *si así lo hiciereis, Dios os premie, y si no, os lo demande*", "Actas de juramentos de las bases constitucionales, 1835-1836", Oaxaca, Oficinas de la Aduana, 14 de noviembre de 1835, AGN, Gobernación legajo 154 (cursivas en el original).

las actas de las ceremonias de juramento redactadas en cada pueblo, villa o ciudad.[25] Si muchas veces el redactor del acta no hacía más que repetir fríamente los requisitos expuestos en el decreto para describir la ceremonia, en algunas ocasiones se tomaba el trabajo de dar cuenta del "regocijo público", no siempre convencional o fingido al parecer.[26] Los clérigos desempeñaban un papel central en tales ceremonias; porque sabía algo de retórica y porque su deber era pregonar la obediencia, el cura se encargaba de dictar el sentido de la ceremonia mediante un sermón o un discurso al mismo tiempo explicativo y propagandístico.

Incluso la Constitución de 1857, a pesar de no mencionar la religión católica, dio lugar a un juramento que se cumplió con el mismo ceremonial de siempre, incluidos los Evangelios. Como el juramento ligaba y empeñaba la fe, hubo actitudes contrastadas, desde la negativa opuesta por una parte del clero y los fieles a jurar la Constitución, hasta la respuesta matizada de algunos, que juraron por ejemplo "cumplir con la constitución en todo aquello que no se oponga al libre ejercicio de la Religión Católica Apostólica Romana".[27]

Junto a ello encontramos en 1857 situaciones en las cuales el juramento desemboca en la celebración de una verdadera fiesta cívica.[28] Los rasgos barrocos ("lujosa ceremonia religiosa", "pompa" del Te Deum y de la misa de acción de gracias) se combinan con ingredientes —bandera nacional, paseo cívico, música militar y oración patriótica— que le confieren a la ceremonia tradicional rasgos que la asemejan a los festejos del 16 de septiembre.[29] La hibridación de los lenguajes simbólicos,

[25] En las ciudades más importantes donde se concentraban varios niveles de autoridad y distintos cuerpos administrativos, donde había conventos y colegios, el juramento se hacía en cada una de las referidas instituciones, y cada una redactaba por su cuenta el acta de la ceremonia.

[26] Así en Villalta de San Ildefonso, cabecera de distrito del departamento de Oaxaca, en 1843: "Concluido este acto religioso, se anunció al público con un repique a vuelo, solemnizándose por este vecindario con entusiasmo y demostraciones de júvilo [sic], a continuación la comitiva se dirigió en unión del señor prefecto a la casa de su habitación, en donde después de haberles felicitado su Señoría por los nuevos compromisos contraídos con la Patria a virtud del juramento que acaban de prestar se disolvió la reunión", ("Juramentos de obediencia de los Estados", Villalta de San Ildefonso, Oax., 17 de enero de 1843, AGN, Gobernación legajo 191-A, exp. 5). En la misma fecha, el acta mandada por el pueblo de Metepec (departamento de México) reproduce *in extenso* el largo discurso pronunciado después del juramento, en el salón municipal, por el cura del lugar: llamamiento, entre cívico y religioso, a la obediencia y lealtad hacia las nuevas autoridades y la Constitución ("Juramentos de obediencia de los Estados"), Metepec, México, 1° de enero de 1843, AGN, Gobernación legajo 191, exp. 1.

[27] "Juramentos a la Constitución de 1857", Fresnillo, Zacatecas, AGN, Gobernación legajo 160-A, exp. 4.

[28] Tal es el caso en el "Juramento a la Constitución de 1857", Chacaltianguiz, Veracruz, 27 de abril de 1857, AGN, Gobernación legajo 160-A, exp. 3.

[29] *Cf. infra*, "La invención de una tradición..."

rasgo propio de la primera república todavía vigente en 1857, recuerda la unanimidad que se dio en los primeros meses de la revolución del 48 en Francia, cuando los párrocos bendecían los árboles de la libertad. El liberalismo podía aún comulgar, en ciertos casos locales, con el unanimismo propio de un "espíritu público" más corporativo y parroquial que verdaderamente "nacional". Esto se acaba con la guerra de Tres Años.

El presidente de la república tenía que prestar en el congreso el juramento de respetar y hacer cumplir la Constitución y las leyes, y no faltaban publicistas para recordarle que el juramento era la expresión de un pacto, delante de Dios y del pueblo, entre los gobernantes y gobernados.[30] Durante todo el periodo los gobernantes, sea cual fuere su ubicación política o ideológica, son quienes promueven esta mezcla constante entre el campo político y el religioso. La inestabilidad política crónica ofrece sin cesar oportunidades de utilizar la liturgia religiosa para santificar un poder siempre frágil y poco seguro de su legitimidad. De ahí la inflación del ceremonial mencionada al principio.

"Espíritu de cuerpo" *vs.* identidad nacional

A finales de la década de 1820, en un contexto de auge de las logias yorkinas y de afirmación de un programa liberal radical que militaba en favor de la abolición de los privilegios de la Iglesia y de la libertad religiosa,[31] no debe extrañar que la afirmación de la catolicidad formara parte de los argumentos empleados en las luchas políticas del momento. Se puede captar la capacidad de reacción militante de las corporaciones mediante la escenificación de la catolicidad en el espacio urbano, al ver cómo el ayuntamiento de la ciudad de México se empeñaba en celebrar la fiesta de san Felipe de Jesús, el 5 de febrero de 1827 "con la solemnidad, decencia y decoro que corresponde a un acto religioso digno de unos republicanos católicos e ilustrados...",[32] o de qué manera, para la procesión del Viernes Santo del mismo año 1827, buscaba la cooperación de la Archicofradía de la Santa Veracruz para que la ceremonia tuviera lugar con "el decoro y devoción posible".

Tales datos señalan el papel que desempeñaban los ayuntamientos

[30] *Felicitación de un ciudadano mexicano al Exmo. Sr. General Benemérito de la Patria D. Antonio López de Santa Anna, por haber prestado el juramento de presidente de la república ante el Congreso general el día 4 de junio de 1844,* Imprenta de J. M. Lara, México, 1844, pp. 3-7.

[31] R. M. Martínez de Codes, "El impacto de la masonería...", *op. cit.*

[32] Archivo Histórico del Ayuntamiento de la Ciudad de México (AHACM), Fiestas religiosas, vol. 1066, exp. 6, 4 de febrero de 1827.

y otras corporaciones (conventos, cofradías, cabildos eclesiásticos) en la economía festiva pública. Señalan también otra dimensión de la competencia entre los dos proyectos de república. La religión católica, aun siendo la de una monarquía universalista, fue siempre también el motivo de expresiones particularistas de identidad, porque se apoyaba en la existencia de toda una red de santuarios e innumerables santos patronos urbanos y parroquiales. Esta red de particularismos, sostenida por el conjunto de las corporaciones, tanto religiosas como municipales, fue lo que quedó como "identidad" después de la desaparición del Imperio español. Estas múltiples identidades religiosas locales se oponían, por el simple hecho de seguir existiendo, al concepto homogeneizante e igualitario de la nación republicana liberal. Por lo tanto, la lucha de los radicales contra las corporaciones estaba enraizada en la voluntad de crear una *cosa pública* que fuera verdaderamente nacional, que reuniera a un conjunto de individuos ciudadanos iguales y provistos de la misma identidad patriótica. En este sentido, el problema de la instauración de una república verdaderamente liberal se identificaba forzosamente con el de crear una nación moderna individualista capaz de forjar lealtades colectivas más amplias.

Cada ciudad, villa o pueblo conservaba su identidad propia no sólo gracias a su gobierno sino también mediante el culto a sus santos patronos y demás devociones particulares que llevaban a cabo cofradías y conventos, ayudados por el ayuntamiento. Tales actividades se costeaban, como ya dijimos, gracias a la posesión de bienes. Con ellos los cuerpos públicos eran capaces de sostener unos gastos ceremoniales que en aquella época de permanente escasez financiera el gobierno federal no podía siempre asumir. La preponderancia de las corporaciones en la estructura política de las repúblicas urbanas tenía una consecuencia adicional: una configuración del espacio urbano más acorde con las fiestas barrocas que con las ceremonias cívicas. La cuestión se plantea en todas las ciudades, pero adquiere un peculiar relieve en la ciudad de México, por ser ésta la capital de la república, sede de los poderes supremos de la nación. La lógica propia del espacio urbano de México se oponía fuertemente a la expresión de la identidad republicana moderna, lo mismo que la lógica corporativa (o el "espíritu de cuerpo") conducía el ayuntamiento a oponerse constantemente al gobernador del distrito.

En 1824, cuando se abrió en el congreso constituyente el debate sobre la elección de una capital federal, el ayuntamiento trató de oponerse a que fuera elegida la ciudad de México.[33] En efecto, el poder de la en-

[33] H. de Gortari, *La ciudad de México y el Distrito Federal: una historia compartida*, México, 1988.

tidad como corporación autónoma, como unidad política soberana completa estaba en juego, así como su predominio sobre el territorio urbano que se presentaba como un espacio simbólico sacralizado, con su catedral, sus templos y sus santos patronos. El prestigio y la autoridad de la ciudad se sostenían con las rentas que le proporcionaban sus bienes, una parte de las cuales se destinaba a gastos religiosos y festivos. La identidad propia de la ciudad se afirmaba mediante una serie de patronatos religiosos y compromisos contraídos "de tiempo inmemorial" con conventos y cofradías.[34] Si bien esta situación no era propia sólo de la capital de la república, el problema se volvía más agudo porque el ayuntamiento de la ciudad de México y las distintas corporaciones que intervenían en las festividades públicas se enfrentaban directamente con las autoridades supremas de la nación en lo concerniente al ceremonial.

Observamos, en efecto, la existencia de una densa red horizontal de iniciativas festivas, de las cuales el gobierno federal estaba en gran parte excluido. Esta red asociaba al clero (el de la catedral y los conventos) a las cofradías y al ayuntamiento. El gobierno (o, en el caso de los Estados o departamentos, las autoridades locales) distaba mucho de monopolizar la actividad festiva. Como lo demuestra su abundante archivo de "festividades", el ayuntamiento de México se encargaba, con el clero y las cofradías, de organizar las numerosas fiestas religiosas, fueran nacionales o de los santos patronos de la ciudad. En todos los casos, las corporaciones tradicionales ocupaban el lugar más destacado.

Así el ayuntamiento cumplía el papel de patrono de celebraciones de índole nacional, íntimamente amalgamadas con el conjunto de fiestas celebradas en y por la ciudad. Nombraba cada año al orador eclesiástico encargado de pronunciar el sermón en el santuario de Guadalupe el 12 de diciembre. Invitaba formalmente, por medio de cartas, a los miembros de las distintas comunidades y cofradías para que participaran en las procesiones. Proporcionaba cantidades de dinero más o menos importantes para la cera de las iluminaciones, franqueaba la vela o "toldo" que protegía la trayectoria de las procesiones más majestuosas, como la de Corpus. A pesar de sus crecidas dificultades hacendísticas, gastó en 1851 la respetable suma de 11 650 pesos en la compra de una vela nueva de 1 650 varas de largo para remplazar a la antigua, "completamente rota", que había sido adquirida en 1826.[35] Cabe añadir que

[34] Hablamos de las ceremonias religiosas a las cuales asisten los miembros del ayuntamiento "por convenio o concordia con algunas distinguidas corporaciones", *cf.* "Ceremoniales. La ciudad de Guatemala pide un testimonio autorizado del ceremonial que se usa en las asistencias de tabla general", AHACM, Festividades diversas, vol. 1058, exp. 1, 1819.

[35] AHACM, Fiestas religiosas, vol. 1066, exp. 44, 1851.

los conventos, cuando celebraban la fiesta del santo cuya imagen custodiaban, desplegaban tesoros de suntuosidad de la cual dan testimonio con suma complacencia las fuentes literarias y las memorias de la época.[36] Las fiestas de la ciudad competían no sin éxito, como veremos más adelante, con las pocas fiestas cívicas celebradas en aquel entonces.

En cuanto al espacio urbano dentro del cual se escenificaban las ceremonias públicas, éste ofrecía un aspecto más congruente con una república católica que con la liberal moderna. El espacio todavía barroco de las ciudades mexicanas de la primera mitad del siglo XIX y en especial el de la ciudad de México, lejos de ser un "espacio neutral",[37] era al contrario orientado, sacralizado y jerarquizado.[38] Orientado en torno a la Plaza Mayor, sede de los máximos poderes políticos y religiosos, el espacio público era jerarquizado según una escala de valores sagrados. Pensamos, por ejemplo, en el triángulo formado por la Plaza Mayor, el convento de Santo Domingo en el norte y el convento de San Francisco en el suroeste, este último, enorme conjunto formado por los edificios conventuales, la iglesia y las cinco capillas que dominaban el acceso al centro de la ciudad. La traza heredada del siglo XVI y la jerarquización de los lugares sagrados determinaban tanto la trayectoria de las procesiones religiosas como la de los paseos cívicos del 16 de septiembre. La traslación de las imágenes de santos importantes, las procesiones de tiempos de Pascua o de Corpus, o bien el traslado de los restos de héroes (como sucede con los de Iturbide en 1838), casi siempre salían de San Francisco o de Santo Domingo (tal era el caso de la procesión de Viernes Santo), para dirigirse hacia la Catedral.

"LA INVENCIÓN DE UNA TRADICIÓN":[39] LAS FIESTAS CÍVICAS Y SUS AMBIGÜEDADES

Las festividades religiosas públicas fueron, durante toda la primera república, muchísimo más numerosas que las fiestas cívicas. Sin embargo, desde los primeros tiempos de la república las autoridades civiles

[36] *Cf.*, entre los testimonios extranjeros, marquesa Calderón de la Barca, *La vida en México* (1839-1842), 2 vols., Eds. Hispano-Mexicanas, México, 1945.

[37] Sobre espacio neutral, "sin cualidades", abstracto y uniforme, apropiado a la escenificación de principios también abstractos como la Libertad o la Igualdad, *cf.* Mona Ozouf, *La fête révolutionnaire, 1789-1799,* Gallimard, París, 1976, col. Folio, pp. 207 ss.

[38] Esto no es propio de la ciudad de México, sino de todas las ciudades hispanoamericanas, *cf.* G. M. Viñuales *et al.*, *L'Amérique Latine inconnue,* Ed. Fleurus-Tardy, París, 1993.

[39] Referencia a E. Hobsbawm y T. Ranger (comps.), *The Invention of Tradition*, Cambridge University Press, Cambridge, 1983.

hicieron esfuerzos, no siempre malogrados, para dar vida a las fiestas cívicas que preveían los decretos o que se inventaban según las urgencias políticas del momento. Fueron creando las bases de un espacio cívico autónomo, más o menos libertado de la sujeción corporativa, en el cual se podía escenificar una identidad republicana más conforme a los ideales del liberalismo y del patriotismo cívico. El proceso, sin embargo, encontró serios obstáculos.

Dentro de un espacio y un calendario saturados de celebraciones y edificios religiosos, ¿cuál era la "visibilidad" de las ceremonias propiamente cívicas? ¿Cómo podían las autoridades escenificar las fiestas cívicas indispensables para crear y nutrir el sentimiento colectivo de pertenencia a la nación republicana, y distinguirlas claramente de las ceremonias religiosas consuetudinarias? De la misma manera que en 1857 la ceremonia del juramento constitucional podía derivar en una fiesta cívica, la celebración del 16 de septiembre podía muy bien tomar los rasgos de una "jura del rey". Tal fue el caso en la pequeña ciudad de Colima, en 1856, según el acta mandada al ministro de Gobernación.[40] Aquí se habla del "paseo del pendón" (podemos suponer que se trata de la bandera nacional) y de la colocación del "retrato del héroe de Dolores" en el portal de la plaza mayor, de "la misa y el Te Deum que se cantaron en la iglesia parroquial". Cuarenta y cinco años después de la Independencia la memoria de las fiestas monárquicas era todavía viva.

Sin embargo, no faltaron innovaciones y tentativas para conferirles a las fiestas cívicas alguna especificidad. Desde principios de la era republicana en la ciudad de México las fiestas de la Independencia revistieron características más marcadamente cívicas y profanas, si bien el componente religioso no desapareció. Los esfuerzos de los gobernantes, y también de los ciudadanos más involucrados en el militantismo político se manifestaron de varias maneras.

Ya mencionamos la creación en el calendario oficial de fiestas cívicas relacionadas con acontecimientos nacionales. Si fueron pocas al principio (16 de septiembre y 4 de octubre), el calendario se fue enriqueciendo con el tiempo. En la administración del general Bustamante, y al parecer por su voluntad, se celebró el 27 de septiembre para conmemorar la entrada de Iturbide y del Ejército Trigarante en la ciudad de México. Durante las administraciones de Santa Anna se festejó también el 11 se septiembre, día de la victoria mexicana sobre las fuerzas españolas en Tampico en 1829.[41] Fuera del calendario fijo, se crearon otras opor-

[40] Festividades, AGN, Gobernación legajo 1039, exp. 2, 19 de septiembre de 1856.

[41] Festividades diversas, AHACM, vol. 1058, exp. 6, 1842, y AGN, Gobernación legajo 1039, exp. 4, 1854.

tunidades de celebraciones cívicas, como entradas militares y festejo del acceso al poder del presidente de la república. Veremos más adelante cuál fue el papel de los caudillos militares en este ramo.

La novedad más destacada en el campo de las festividades cívicas fue la creación de instituciones independientes de las corporaciones tradicionales, es decir, las juntas patrióticas. Estas instituciones aparecen en las principales ciudades a mediados de la década de 1820.

Las juntas patrióticas "del glorioso grito de Dolores" estaban formadas, aunque no siempre, por un grupo de ciudadanos voluntarios que se encargaban de preparar las fiestas del 15-16 de septiembre, así como la del 27 de septiembre en las épocas en que tenía lugar. En la ciudad de México los ciudadanos que deseaban formar parte de la junta debían registrarse a finales de junio en un cuaderno abierto al efecto en un lugar público (a menudo en la universidad). Los ciudadanos presentes en la primera reunión del mes de julio elegían al presidente, vicepresidente, tesorero y dos secretarios y nombraban al orador que iba a pronunciar el discurso cívico del día 16. Según el reglamento de 1831, el número de ciudadanos de la junta no podía ser inferior a 200. La junta se renovaba anualmente y reunía al conjunto de sus miembros todos los martes desde principios del mes de julio hasta finales de septiembre. Elegía cada año una comisión permanente de nueve miembros que se encargaba de gestionar a lo largo del año los asuntos pendientes, las cuentas y la correspondencia de la junta.[42]

Según esta primera aproximación, las juntas patrióticas desempeñaban las mismas funciones que las corporaciones religiosas tradicionales, es decir, la organización de la fiesta principal del calendario cívico. Sus tareas, en efecto, tenían mucho en común con las de estas corporaciones. De la misma manera que los frailes pedían limosnas en las vísperas de la fiesta del santo al que le rendían culto, una comisión especial se encargaba, por ejemplo, de recoger suscripciones entre simples ciudadanos, empleados públicos, diputados y senadores; los fondos estaban destinados a conferir el mayor lustre posible a las ceremonias (iluminaciones y fuegos, templetes y músicas), y también a financiar las "obras de beneficencia" de la junta patriótica en favor de las viudas y huérfanos de los insurgentes. De la misma manera, las comisiones de las Juntas tenían relaciones estrechas con el ayuntamiento en las semanas que precedían el evento para arreglar todos los detalles materiales de la fes-

[42] *Proyecto de reglamento para gobierno de la Junta Patriótica del grito glorioso de Dolores presentado a la Junta del año de 1831 por la comisión permanente*, Imprenta del Águila, México, 1831 (B. N., México, caja fuerte, Col. Lafragua).

tividad: lugares de encuentro de las comitivas, trayectoria del paseo cívico, iluminaciones, etcétera.

Pero hasta aquí las semejanzas. Conviene señalar, aunque parezca obvio, que las juntas patrióticas no poseían ningún bien propio que les permitiera financiar por sí mismas las festividades. Además, y sobre todo, la actuación de la junta patriótica se oponía radicalmente a la economía festiva tradicional, en primer lugar porque no participaba, al menos en la ciudad de México, de la red horizontal de iniciativas que mencionamos antes. No solamente la junta capitalina daba cuenta al gobierno de sus actividades; también recibía, en más de una ocasión, sugerencias u órdenes que emanaban directamente del "Supremo Gobierno". Con la junta patriótica se había creado una estructura vertical de iniciativas festivas en la que no tomaban parte las antiguas corporaciones.[43] En 1837 la junta patriótica, en la cual se encontraban numerosos oficiales del ejército, era presidida por Bustamante, presidente de la república.[44] En 1844, después de haber sido disuelta autoritariamente la del año anterior, la junta se encontraba compuesta de sólo cuatro miembros, el prefecto del Centro, dos regidores y el secretario del ayuntamiento, todos designados por el general Santa Anna.[45] Dicho de otra manera, con la junta patriótica el gobierno tenía a su disposición un instrumento para imponer su propia concepción de la festividad cívica, aunque no en todas las épocas su intervención fuera tan autoritaria como en la de Santa Anna. Superfluo es añadir que en estas condiciones la junta patriótica estaba expuesta a toda clase de inestabilidad en su funcionamiento y composición, además del hecho de ser renovada anualmente. El gobierno indicaba cuáles eran sus deseos y contribuía a los gastos. Una de las primeras decisiones del gobierno del general Álvarez fue restablecer en sus funciones a la junta que había sido abrogada por Santa Anna en 1853 y de atribuirle un presupuesto de 4 000 pesos anuales.[46]

Instrumento del gobierno, la junta patriótica lo era también de las facciones y, a pesar de ser abierta, según su reglamento, a toda clase de ciudadanos, reflejaba más bien la situación que guardaba la correlación de fuerzas políticas en cada momento. También reflejaba las nuevas

[43] Las relaciones de la junta patriótica con el ayuntamiento, según los archivos de este último, solían ser un tanto difíciles. Los regidores no siempre veían de buen ojo la competencia que se les hacía en la organización de la fiesta cívica. Año tras año, alegaban la falta de fondos para cooperar con mínimas cantidades al costo de la fiesta.

[44] AHACM, Festividades 15 y 27 de sept., vol. 1067, exp. 13, 26 de julio de 1837.

[45] *Ibidem,* exp. 18, 3 de agosto de 1844.

[46] Oficio del Ministro de Gobernación, AGN, Gobernación legajo 1039, exp. 4, 17 de agosto de 1855.

modalidades del quehacer político y de formación de jóvenes militantes liberales. En 1849 podemos observar hasta dónde estaba involucrada la junta en la contienda política e ideológica. En aquel año de aguda crisis moral consecutiva al tratado de Guadalupe Hidalgo y de exasperación de la oposición entre conservadores y liberales,[47] la junta se convirtió en uno de los órganos de estos últimos. En su nuevo reglamento afirmaba resueltamente su carácter democrático o "popular".[48] La lista de los donativos recogidos por los miembros de la comisión de recaudación, publicada en *El Siglo XIX,* nos permite ver que la actuación de la junta llegaba hasta capas sociales bastante modestas de la ciudad. Aparece en la lista toda la gama del pequeño comercio, de los estanquillos (de los cuales los 90 donadores son mujeres), hasta los vendedores de los mercados. En cada caso los recaudadores de la junta están entre los miembros del gremio.[49] Estos datos nos hacen pensar que hubo, por lo menos en el año de 1849, cierta movilización popular en torno a los temas patrióticos sugeridos por la junta liberal. Al mismo tiempo, la lista era el reflejo de la red de espacios y lugares de sociabilidad en los cuales la facción liberal encontraba su base social más firme. Aparte de los diputados, senadores, empleados públicos y militares, los mayores donadores estaban entre los impresores, los dueños de cafés, las librerías y las empresas de litografía.

Las características de la fiesta del 16 de septiembre reflejan las paradojas inherentes a la creación de un *ritual* cívico. Dado el estatuto de la religión católica, era normal la celebración de una misa y un Te Deum ese mismo día. También lo era, en la lógica de la fiesta, la búsqueda de signos distintivos. Si al principio la oración cívica tuvo lugar en la puerta principal del Palacio Nacional, muy cerca de la Catedral y de la diputación, pronto se ubicó en la Alameda, un parque de paseo situado al oeste del "espacio sagrado" y creado por el virrey Branciforte en tiempos de la Ilustración. La Alameda ofrecía este "espacio neutral", en el cual tenían lugar diversiones populares a lo largo del día 16, con música militar, "globos aerostáticos", fuegos artificiales. El "paseo cívico", que reunía una comitiva de autoridades civiles y empleados públicos, se dirigía de la Plaza Mayor a la Alameda, adornada a menudo de templetes alegóricos, donde se escuchaban la oración cívica e himnos patrióti-

[47] *Cf.* Ch. A. Hale, *El liberalismo en México en la época de Mora (1823-1852),* Siglo XIX, México, 1972.

[48] *Reglamento de la Junta Patriótica de México*, Imprenta de Luis González, 1849 (AGN, Gobernación legajo 1039, exp. 4).

[49] "Junta Patriótica de México. Sesión extraordinaria del día 27 de agosto de 1849", *El Siglo XIX,* viernes 14 de septiembre de 1849, p. 302. La publicación de la lista de donativos en *El Siglo XIX* permitía, obviamente, controlar la honestidad de los recaudadores.

cos. Pero el paseo, que se denominaba más a menudo "procesión", llevaba en sí una ambigüedad, puesto que se producía bajo el toldo utilizado para la fiesta de Corpus Christi. Según los testimonios de la época, el paseo presentaba un aspecto más bien triste y sin brillo, lo que quiere decir que no soportaba la comparación con las espléndidas procesiones religiosas. Aunque el uso del toldo creaba la confusión con estas últimas, no bastaba para realzar su prestigio.

Habría que añadir a estas consideraciones la pobreza de los símbolos patrióticos y republicanos usados en aquellas ceremonias. Sin embargo, hubo ocasiones y periodos en los cuales se desplegaron esfuerzos para llenar ese vacío.

Aquí tocamos el último punto de este ensayo, o sea, el papel cumplido por los caudillos en el desarrollo de ceremonias políticas más brillantes, más secularizadas y en suma más decididamente republicanas. El general Santa Anna fue uno de los gobernantes que más hicieron por engrandecer las fiestas republicanas y dar lustre y autonomía al ceremonial militar. En la época en la que la junta patriótica fue compuesta por él mismo, se multiplicaron las iniciativas. En 1844 encargó al Ateneo Mexicano la organización de un concurso para recompensar a quienes hubiesen compuesto la mejor música y escrito la mejor letra de un himno nacional, que todavía no existía. Se mandó también confeccionar un pabellón nacional para darle el lugar de honor en el paseo cívico.[50]

El mismo año, poco antes de perder la silla presidencial, Santa Anna proclamaba en uno de sus numerosos folletos de propaganda personal: "La existencia de la República está identificada con la mía, y nunca he podido imaginar que desaparezca".[51] Durante su última dictadura, no abandonó la expresión *República Mexicana* aunque se hiciera llamar Alteza Serenísima. La personalización del poder que llevaba consigo la actuación de los caudillos militares permitió, paradójicamente, ensanchar el espacio ceremonial secularizado que no lograban conseguir por sí mismas las fiestas del calendario oficial. Fértil en guerras civiles, la década de los cuarenta vio desarrollarse el ceremonial militar con una amplitud desconocida en tiempos del México colonial. Entradas y desfiles militares, tan criticados por su costo, cumplieron una función de transición hacia la escenificación de los poderes y la identidad republicana. A su vez, estas manifestaciones ostentaban ambigüedades. Desde la entrada de Santa Anna en la ciudad de México, en octubre de 1841,

[50] AHACM, Festividades 15 y 27 de sept., vol. 1067, exp. 18 (agosto-septiembre de 1844).

[51] *Manifiesto del Exmo. Señor Benemérito de la Patria y Presidente Constitucional de la República Don Antonio López de Santa Anna,* Imprenta de Vicente G. Torres, México, 1844, p. 4.

luego del triunfo político obtenido con las Bases de Tacubaya,[52] los caudillos militares compitieron siempre para conseguir el mayor prestigio con el lujo de sus desfiles y entradas. A fuerza de "despilfarro", como se le reprochaba a menudo a la corporación militar, el ceremonial militar fue el único que pudo competir eficazmente con la liturgia religiosa.

La paradoja y la ambigüedad residen en que, en este campo, la principal fuente de inspiración de los caudillos está en las ceremonias desarrolladas en tiempos de Iturbide. Desde este punto de vista, la rehabilitación del Libertador, ocurrida en 1838 con la traslación de sus restos mortales a la ciudad de México, marcó un viraje decisivo.[53] A partir de entonces, las entradas militares más triunfales en la capital siguieron el modelo y la misma trayectoria de la entrada de Iturbide encabezando el Ejército Trigarante, el 27 de septiembre de 1821. Tal vez no sea atrevido pensar que la república centralista que se trató de establecer entre 1836 y 1846 necesitaba remitirse a la figura de Iturbide, quien había tratado también de hacer de la nación una entidad unificada en torno a una autoridad centralizada.

No obstante, desde el punto de vista del ceremonial no hubo diferencia alguna entre la actuación de Santa Anna durante su última dictadura y la de Comonfort cuando sustituyó a Álvarez en la presidencia de la república en diciembre de 1855. La personalización del poder y la secularización del ceremonial público en tiempos de Comonfort fueron similares a lo que eran durante la dictadura de Santa Anna. Sin duda se buscaba una equiparación, en el espectáculo público, entre los esplendores del dictador vencido y los de los triunfadores liberales. Más allá, sin embargo, la semejanza entre los respectivos ordenamientos ceremoniales simbolizaba el cambio que estaba ocurriendo en la definición del federalismo mexicano. La vuelta triunfal de Comonfort a la capital en abril de 1856, después de su campaña contra Puebla, sublevada por los conservadores, dio lugar a ceremonias durante las cuales, obviamente, se quiso subrayar la dimensión cívica, republicana y nacional de la actuación de Comonfort, y su inspiración en la gesta de Iturbide como Libertador y fundador de la nación. En el proyecto de desfile (el cual

[52] Además de la evidente polarización de la ceremonia entera hacia la persona de Santa Anna (hubo "repique general a vuelo", después de "39 días de silencio", y una multitud de personas contemplando el desfile desde balcones y azoteas), se advierte la jerarquización del protocolo, que somete al triunfador el Ayuntamiento y los representantes de la Iglesia y el brillo del desfile de una tropa de 10 000 hombres en las calles, *El Siglo XIX*, núm. 2, sábado 9 de octubre de 1841, p. 4.

[53] *Cf. Descripción de la solemnidad fúnebre con que se honraron las cenizas del héroe de Iguala don Agustín de Iturbide en septiembre de 1838. La escribió por orden del Gobierno Don José Ramón Pacheco, y se publica por disposición del Exmo. Señor Presidente, General Don José Joaquín Herrera,* Imprenta de Ignacio Cumplido, México, 1849, p. 24.

siguió puntualmente la trayectoria del Ejército Trigarante), se preveía una plataforma con

> una tienda de campaña [...] terminada por el pabellón nacional [...]. Sobre la tienda de campaña se pondrá este mote: Gloria y fama imperecedera al pacificador. En los demás grupos de banderas se inscribirá: Al valor - Al honor - A la paz - A la generosidad - A la república - A la unión - Al Ejército - A la Guardia Nacional - A la Independencia - A la integridad de la República - A la libertad - Al orden.[54]

Al caudillo militar ya no le hacía falta la sanción divina ni la sacralización religiosa. Conseguía su legitimidad y la confianza de la "nación" por sus propias virtudes y la fuerza de sus armas, que garantizaban la vuelta del orden y la instauración de la paz. El caudillo no era el producto electo del constitucionalismo liberal (el orden constitucional estaba suspendido por la revolución de Ayutla), pero tampoco se presentaba como la cabeza providencial de un cuerpo político; era el intermediario por el cual la nación volvía a constituirse sobre las bases de un federalismo secularizado.

Así, a finales de la república, los militares tejían lazos estrechos con el republicanismo liberal, aún inspirándose en la actuación ceremonial iturbidista. Las celebraciones militares lograron superar el esplendor de las fiestas religiosas. Al contrario, con Juárez en la presidencia, Iturbide desapareció de las referencias memoriales de la república. Juárez, siempre vestido y representado con el traje negro de burgués austero, fue como el emblema vivo de la identidad republicana moderna. Desde la época de la Guerra de Tres Años se suprimió también el tratamiento de "Excelencia" para el presidente de la República, así como las demás distinciones en los títulos de las autoridades: de ese momento en adelante, todos serían "ciudadanos".

Desamortización y triunfo de la república liberal

Siempre se interpretaron las Leyes de Reforma en México, en especial la del 26 de junio de 1856 (Ley Lerdo), que disponía la venta de los bienes raíces de las corporaciones municipales, de la Iglesia y de las cofradías, como una respuesta a la necesidad de quitar trabas al desarrollo de la economía mexicana y de fomentar la creación de una ciudadanía de propietarios. En la interpretación clásica, que fue la de los mismos liberales

[54] AHACM, Festividades diversas, vol. 1058, exp. 9 (abril de 1856).

empezando por Mora, con la desamortización se trataba de permitir el crecimiento económico mediante la puesta en circulación de multitud de bienes de manos muertas, y también de crear ciudadanos autónomos con intereses que defender, o sea, propietarios privados. Desde esta perspectiva económica, siempre pareció natural la asociación en la misma ley (la de Lerdo) de los bienes de la Iglesia con los de los ayuntamientos y pueblos rurales. A esta interpretación económica se añade una más, esta vez política, que presenta a la ley del 7 de julio de 1859 como una radicalización de la Ley Lerdo. Al final de la Guerra de Tres Años, en efecto, los liberales promulgaron en Veracruz la ley de nacionalización de todos los bienes del clero, que suprimía también las órdenes religiosas, cofradías, archicofradías y demás asociaciones de la misma índole, a manera de represalias en contra de la militancia política de la Iglesia al lado de los conservadores en la contienda civil. Con la confiscación de los bienes de la Iglesia y de las corporaciones religiosas se conseguía acabar con una de las fuentes de financiamiento de los conservadores.

A nuestro parecer, a pesar de la veracidad de estas interpretaciones desde el punto de vista de la actuación "literal" de los liberales, hay otra razón, de naturaleza simbólica y cultural, pero no menos importante, para explicar la pugnacidad de los liberales en contra de los bienes corporativos. En la interpretación económica y política se olvida que la posesión de estos bienes, según el punto de vista de sus mismos propietarios, no tenía fines "temporales", sino que permitía cumplir con las obligaciones y deberes religiosos de las corporaciones; estas obligaciones tendían a ser "servicios públicos", dentro de los cuales el culto, las procesiones, las fiestas de los santos, los novenarios, etc., tenían, por supuesto, el primer lugar. Los bienes de las corporaciones municipales cumplían también funciones públicas. La posesión de estos bienes y el cumplimiento de estas funciones públicas otorgaba a las corporaciones, tanto civiles como religiosas, la posibilidad efectiva de ocupar y dominar el espacio público concreto de las ciudades, villas, etc. Si los bienes corporativos eran la fuente de algún poder, dicho poder, a fin de cuentas, era más cultural y simbólico que puramente político o económico; sin embargo permitía, eso sí, movilizar según modalidades consuetudinarias a una parte de la sociedad. Tales movilizaciones conducían a la ocupación del espacio público en provecho de la catolicidad más que en favor del republicanismo cívico. Por lo tanto, la desamortización de todos los bienes corporativos puso a disposición de las autoridades representantes de la nación, supremo gobierno y gobiernos de los estados, un espacio republicano del cual tuvieran el uso exclusivo: un espacio neutral desde el punto de vista religioso, liberado de la competencia con otras fuentes de legitimidad, de sacralización y de identidad, disponible para la presencia exclusiva de los símbolos de la identidad nacional y republicana. Siguiendo esta línea de interpretación, la expropiación de los bienes corporativos fue, para la parte más tradicional de la sociedad, una expropiación de su espacio cultural. Esta dimensión cultural podría explicar por qué fue tan enconada la Guerra de Tres Años, verdadera guerra civil-religiosa, que vio oponerse a los progresos de una cultura cívica, profana y secularizada —de cuya existencia encontramos varios testimonios en las fuentes citadas—, una cultura pública tradicional, encarnada en las corporaciones, que tenía todavía muchísimo vigor cinco décadas después de la independencia.

Sin esta dimensión cultural no se comprende a cabalidad por qué se quisieron suprimir los bienes de *todas* las corporaciones, religiosas y municipales. La ley que abrogaba los recursos de que disponían estas entidades para ocupar el espacio público ponía fin también a la existencia de aquella red horizontal de iniciativas festivas que describimos, y hacía del Estado el único *maître de ceremonies* de la república. Con razones sólo políticas y económicas, ¿por qué se habrían prohibido, por ejemplo, las procesiones religiosas en las calles? Que los símbolos hayan tenido mucha importancia en la actuación de los liberales lo demuestra otro decreto de 1859 en Veracruz, que por cierto no era de lo más urgente desde el punto de vista político y militar, puesto que fijaba el nuevo calendario oficial. El decreto hablaba solamente de "días festivos", en la lista de los cuales se confundían fiestas religiosas y fiestas cívicas. El artículo tercero derogaba "todas las leyes [...] por las cuales había de concurrir el cuerpo oficial a las funciones públicas de las iglesias".[55] Estas disposiciones ceremoniales iban a consagrar *visiblemente* la separación entre la Iglesia y el Estado.

Con la legislación de Veracruz, la Ley Lerdo y su contrapartida en los Estados se consiguió crear en toda la República este espacio neutral y amnésico que era necesario para desplegar, sin competencia, la identidad republicana. En todas partes se expropiaron los conventos; muchos fueron destruidos o convertidos en edificios públicos (bibliotecas públicas, colegios, etc.) o privados. Se liberaron así superficies inmensas, pero, sobre todo, se logró la desacralización del espacio urbano. Así se realizó también uno de los deseos más caros de los republicanos liberales: la escenificación de la supremacía absoluta de los poderes civiles sobre el poder espiritual.

En fin, la desincorporación que entrañaba la desamortización iba a la

[55] Veracruz, 11 de octubre de 1859, AGN, Gobernación legajo 1039, exp. 6, núm. 16.

par con la transformación sufrida por el federalismo dentro del republicanismo mexicano. Aunque se declaraban todavía "libres y soberanos", los Estados ya no eran las corporaciones políticas que había pretendido formar una autoridad conjunta superior a la del gobierno federal. En 1857 la Constitución federal era la que declaraba los derechos del hombre y del ciudadano y fijaba las condiciones para integrar la ciudadanía. El presidente de la República dejaba de ser designado por las legislaturas estatales para ser electo ahora por el sufragio de los ciudadanos. El poder de intervención del gobierno general en los Estados se afirmaba claramente. Así desaparecía el encajamiento de repúblicas y corporaciones que había sido característico del federalismo de 1824. En otros términos, como lo expresa Hobsbawm, la lógica de la nación liberal, la "nación como progreso", implicaba la asimilación de las pequeñas comunidades.[56] La larga lucha de los pueblos rurales por conservar sus bienes colectivos señala sin embargo que fue muy difícil hacer concordar en todas partes la legalidad republicana liberal con la cultura pública tradicional, vigente aunque vencida en el campo político.

[56] Hobsbawm, *Nations...*, p. 56.

XI. ESTADO Y ACTORES COLECTIVOS. EL CASO DE LOS ANDES

MARIE-DANIELLE DEMÉLAS
Universidad de París III

LA DICOTOMÍA SUGERIDA por el título de este capítulo representa un marco de reflexión cómodo, aunque sean necesarios algunos comentarios. Por un lado, el Estado y sus representantes, defensores de una modernidad fundada en el individuo; por otro, colectividades de todo tipo —clanes, corporaciones, barrios, cofradías, provincias, grupos étnicos...— que desean preservar su cohesión, sus fueros y su visión del mundo aunque sea a costa de rebeliones o de guerras civiles. Sin embargo, a pesar de la claridad y la simplicidad aparentes de este modelo, nos parece delicado definir aquello que llamaremos *Estado,* en los Andes, y qué grupos humanos designaremos con el término *actores colectivos.*

En la Independencia, desde el momento en que hubieron desaparecido los representantes de Madrid, ¿a qué podríamos llamar *Estado?* Hacia 1825, una burocracia de letrados que seguían un plan de carrera que se desarrollaba a lo largo de un extenso periodo de tiempo, que pertenecían a un conjunto imperial y que eran conscientes de ello, fue remplazada por una administración endeble, improvisada e inestable, cuyas debilidades son todavía visibles hoy en día.

Además, el debilitamiento del marco y de las funciones administrativas del Estado estuvo unido, en las provincias, a una privatización del poder, absoluta o relativa.[1] Esta tendencia existía ya antes del nacimiento de las nuevas repúblicas —el fenómeno había movilizado anteriormente los esfuerzos de los funcionarios españoles— pero tendió a acrecentarse en las zonas no controladas por los mandatarios de la capital y reconquistadas por los *gamonales, coroneles* y otros caciques.

Así pues, emplearemos con prudencia la palabra *Estado,* puesto que la línea de demarcación que separaba a estos funcionarios de los grupos que se oponían a éste, es muy poco precisa. ¿Cómo definir estas fuerzas sociales y delimitar sus competencias?

[1] Un potentado local podía actuar con el consentimiento tácito de los representantes del Estado que se liberaban así de funciones administrativas y de justicia que no alcanzaban a ejercer. Por otra parte, podía llegar a constituir, desde la provincia que dominaba, una especie de Estado dentro del Estado.

A propósito de los actores colectivos, es necesario recordar que son sucesivas políticas y miradas exteriores quienes los constituyen. Un mismo individuo, sometido a múltiples dependencias, acabará engrosando las filas de diversos actores colectivos, de acciones igualmente variadas. Miembro de una cofradía, se posicionará al lado del clero contra las ofensas de un gobierno liberal, pero, a escala local, defenderá las prerrogativas de los laicos contra el cura; peón de una hacienda, se aliará a las acciones antifiscales llevadas a cabo por las comunidades indias, pero su dependencia con relación a un patrón lo obligará a participar en el ataque y la usurpación de tierras de esas mismas comunidades. ¿Quién fija el lazo principal que integrará a estos actores en tal o cual conjunto, si no es la coyuntura a la cual se enfrentan y la mirada del historiador que determina el relato en el cual sus acciones cobrarán sentido?

Según el momento, las etapas de la vida, de la carrera, el lugar donde ésta se ejerce (la capital o la región de origen), etc., un mismo individuo pertenecerá a una u otra categoría. Cuando un *gamonal* o un *coronel,* sólidamente implantado en su región, es nombrado prefecto de ésta, ¿qué sucede? Representante del Estado y miembro de un grupo regional con intereses enteramente diferentes de los de la capital, ¿cómo se divide entre estos imperativos inconciliables? ¿Se investirá de la autoridad que le confiere su cargo para aplastar a sus rivales locales?, ¿utilizará su base regional al servicio de una carrera o de un proyecto nacional?, ¿logrará llevar un juego de báscula o equilibrio entre estas exigencias contradictorias? Es probable que no descuidará *a priori* ninguna de estas estrategias a su alcance.

Finalmente, parece que la dicotomía Estado/actores colectivos se manifiesta de la mejor manera —a la manera de un tipo ideal— cuando la clase política defiende un proyecto de sociedad liberal y, al no tomar en cuenta sino al individuo-ciudadano, acomete desde ese mismo instante la destrucción de las estructuras colectivas heredadas del antiguo régimen. Sin embargo, las necesidades de funcionamiento de un Estado moderno sirven de base a esta oposición en la mayor parte de los casos, sea cual sea la afinidad que cultive la clase política con los principios liberales: el Estado intentará reducir toda potencia competidora, incluso si el ejercicio del poder estuviera confiado a los defensores de una concepción "holista" de la sociedad. Se comprueba así que, a despecho de la debilidad de lo que sucedió en la administración española, los círculos que alternaron en el poder no cuestionaron los principios de la modernidad política.

Esta constancia no obedecía sin embargo a un esquema evolutivo simple: a lo largo del siglo XIX, no se observa una evolución lineal en beneficio de una concepción moderna del Estado. Entre éste y las fuerzas colectivas todavía poderosas se establecieron juegos de alianzas y de enfrentamientos complejos que no presagiaban el triunfo definitivo de la modernidad política. En los Andes, el campesinado indio, todavía mayoritario en un buen número de provincias, representaba la fuerza más activa.

De las revueltas campesinas a las guerrillas modernas

Antes de entrar de lleno en nuestro asunto, analicemos un primer punto de comparación: la Gran Rebelión que, entre 1780 y 1782, se extendió a la mayor parte de las provincias andinas.[2] ¿Hasta qué punto podemos decir que existía una relación entre esta revuelta campesina y las guerras civiles que comenzaron 30 años más tarde en las mismas provincias? No se trata aquí de resucitar el mito de Túpac Amaru II, precursor de la emancipación y fundador de la nación peruana, sino de saber si existen lazos entre estos dos grandes momentos de confusión, y de subrayar los aspectos que aproximan la guerra de la Independencia[3] a una revuelta campesina andina. Retendré para mi demostración tres episodios muy diferentes: la breve revuelta de la provincia de Huánuco que se desarrolló durante el carnaval de 1812;[4] la importante rebelión de Cuzco que se propuso la extensión de la guerra a todo el sur de los Andes, desde agosto de 1814 hasta abril de 1815; y la guerrilla que fue protagonizada durante 14 años (1811-1825), en las provincias de Sicasia y de Hayopaya (Alto Perú), por algunos centenares de hombres apoyados por las comunidades indígenas de la región de los Valles.[5]

[2] La Gran Rebelión se llevó a cabo por fuerzas dispares, y a veces rivales. A propósito de la revuelta campesina mejor conocida, encabezada por Túpac Amaru y localizada principalmente en las provincias de Cuzco, consultése la síntesis de S. O'Phelan, *Un siglo de rebeliones anticoloniales. Perú y Bolivia, 1700-1783,* Cuzco, 1988. Por lo que respecta a las fuerzas aymaras del Alto Perú, encabezadas por Túpac Catari, véase la obra pionera de M. E. del Valle de Siles, *Historia de la rebelión de Túpac Catari, 1781-1782,* La Paz, 1990.

[3] La que fue llevada a cabo por los habitantes de los Andes, desde 1809, y no la que fue conducida por ejércitos foráneos, venidos del Río de la Plata o de Colombia.

[4] Para un estudio en profundidad de este episodio de las guerras de Independencia, recomiendo la lectura de la tesis que le ha dedicado J. Chassin (CREDAL, París).

[5] En lo sucesivo utilizaré este término, con mayúscula (los Valles), para designar la región comprendida entre el altiplano y la cuenca de Cochabamba.

La ciudad y el campo, vecinos y comunidades rurales

Recientes descubrimientos demuestran la composición abigarrada de estos movimientos. Considerados hasta hace poco tiempo como sublevaciones compuestas casi exclusivamente por indios, las rebeliones andinas reunían igualmente habitantes de las ciudades y del campo, criollos y mestizos. Y las acciones que éstas llevaban a cabo exigían una movilización general: las comunidades marchaban a la guerra con sus familias y rebaños; en las ciudades rebeldes, toda la población era movilizada para el combate.

Este hecho está perfectamente ilustrado por nuestro primer ejemplo. Entre el final del mes de febrero y el mes de abril de 1812, la región de Huánuco, en el centro del Perú, fue sacudida por una sublevación que, según algunas estimaciones extremadamente variables, habría movilizado a entre 1 400 y 10 000 indios. Huánuco era la única ciudad importante de la provincia, donde vivían las principales autoridades y donde se almacenaban las mercancías que más tarde serían repartidas en el campo. Mientras tanto los notables, divididos en dos facciones rivales, estaban dispuestos a servirse de fuerzas exteriores para abatir a sus adversarios; además de esto, los campos de los alrededores, empobrecidos en beneficio de unos cuantos habitantes de la ciudad, habían sufrido malas cosechas el año anterior.

En octubre de 1812, una visita del intendente de Tarma a los pueblos indios del distrito reveló que ninguno poseía ni fondos de reserva ni recursos para pagar a un maestro de escuela. Con ocasión de una inspección precedente, los bienes comunales que suplían anteriormente estos gastos habían sido vendidos en pública subasta, en beneficio del fisco. Despojadas de sus bienes recientemente, la reacción de las comunidades se hizo más viva si cabe.

La iniciativa de la sublevación vino sin embargo de la ciudad. El antagonismo que oponía a los criollos a las gentes de la metrópoli estuvo en el origen de los llamamientos que incitaban a los indios a invadir la ciudad y a saquear los bienes de los ricos.[6] Las comunidades de las provincias de Huánuco y de Huamalíes se unieron para apoderarse de Huánuco, donde eligieron como general a un criollo, hijo de un regidor, Domingo Berrospi, y después a un regidor: Juan José del Castillo.

[6] Igual que en el resto de los Andes, cuando uno se atreve a hablar de la disputa entre criollos y gentes de la metrópoli, la división es menos evidente si el hecho se observa más detenidamente. Las dos facciones presentes estaban compuestas en su mayoría de criollos. Una se beneficiaba de ciertas alianzas con los administradores venidos de la metrópoli, mientras que la otra se veía privada del acceso a jugosos beneficios por las maniobras de su rival.

En 1814, siguiendo el ejemplo de Huánuco, Cuzco, en rebelión contra las autoridades de la metrópoli, lanza igualmente una llamada de socorro a los indios. La rebelión que se produjo representaba una compleja mezcla: criollos y mestizos de la ciudad, indios del campo y nobles quechuas de los barrios indígenas de la ciudad se unieron a ésta; la rebelión atrajo incluso a los partidarios de la Constitución de Cádiz, convertidos a la revolución tras sentirse decepcionados, y su adversario, antiguo colaborador de las tropas realistas contra Túpac Amaru II, el brigadier y cacique don Mateo Pumacahua que, a la cabeza de un ejército indio, se puso al servicio de la revolución; todo esto dirigido por un pequeño notable, oficial de las milicias de Abancay, José Angulo.

La insurrección tuvo por consiguiente tres componentes, con frecuencia en desacuerdo: los constitucionalistas que deseaban fundar una sociedad liberal, moderna y laica que destruiría las comunidades indias y sometería a una Iglesia demasiado influyente; en el lado opuesto, las tropas encabezadas por Pumacahua que se lanzaban a una guerra xenófoba, en nombre de las fuerzas tradicionales, comunitarias y rurales. En el poder, el círculo que sostenía y aconsejaba al caudillo José Angulo intentaba conciliar el espíritu modernizador con las tradiciones cristianas y andinas.

Más confusa aún se presenta la situación del Alto Perú, territorio deseado tanto por el virrey del Perú como por los revolucionarios del Río de la Plata. El primer cuerpo expedicionario argentino que emprendió la "liberación" de la Audiencia de Charcas provocó, desde 1810, la formación de tropas irregulares, emplazadas bajo la dirección de notables criollos independentistas, y que reunían fuerzas heteróclitas: aristócratas, vecinos de los pueblos, mestizos, comunidades indias... La participación masiva de estas últimas, que acometieron el sitio de La Paz, tal y como habían hecho las tropas de Túpac Catari 30 años antes, hicieron creer que la revolución no era sino una revuelta campesina. Los argentinos vencidos se replegaron hacia las provincias de Salta y de Tucumán; la guerrilla se propuso entonces subsistir contando únicamente con sus fuerzas, esa curiosa mezcla de notables ajenos a la provincia,[7] de mestizos apegados a sus pueblos, de hombres sin filia-

[7] El primer comandante en jefe, designado por Buenos Aires, fue don José Buenaventura Zárate, hijo del marqués de Montemira, rico aristócrata limeño que tenía algunas haciendas en los Valles; don Santiago Fajardo, un notable chileno, ejerció igualmente durante algún tiempo el mando de la guerrilla. Castelli nombró a estos oficiales de las tropas irregulares desde su llegada al Alto Perú: los simpatizantes de Buenos Aires eran ya conocidos, signo de la existencia de una red política que sobrepasaba los límites de las audiencias. Es menos seguro que los argentinos conocieran la participación de los Valles en la revuelta de Túpac Catari.

ción conocida (tanto de origen indio como mestizo) y de *ayllus*. Desde 1815 hasta 1822 las provincias de los Valles, controladas por estos hombres, se convirtieron en *republiquetas* autónomas, al mismo tiempo que no cesaban de reivindicar el ejemplo y la legitimidad conferida por la revolución argentina.

Inscripción en un marco político más amplio

En Huánuco los rebeldes se valían también de Buenos Aires, pero de forma bastante alejada de la retórica política del momento. El poder real y el orden establecidos desde hace tres siglos estaban en juego, pero la rebeldía no estaba destinada a abolir los efectos de la conquista. Los indios sublevados pretendían obedecer a un "rey Castel" quien, después de la victoria, habría sido nombrado Inca, o habría designado a un Inca para reinar en el Perú; pero el título de "rey Castel" designaba a Juan José Castelli, plenipotenciario que representaba en los Andes a la junta de Buenos Aires. La rebelión de las comunidades de Huánuco, menos aislada y arcaica de lo que pudiéramos creer, se inscribía así en el marco de la guerra continental y se identificaba con su polo más moderno, el del Río de la Plata.

De esta manera, la revuelta se situaba en una estrategia continental en relación con la revolución que se desarrollaba entonces en España.[8] Los proyectos independentistas de Buenos Aires habían encontrado un medio para mezclarse con los sueños de liberación de las comunidades despojadas, y el "jacobino" Castelli prestaba su nombre a un rey, un inca cuya venida preparaban los campesinos sublevados. "Carlos León había dicho a la comunidad que Castillo de Huánuco, que era de la misma casta que Castel de Buenos Aires, le había advertido que el Rey Coronado llegaría pronto de Buenos Aires".[9]

Los revolucionarios que intentaban dominar la acción de las comunidades, sin duda aconsejados por los clérigos, principales mediadores entre la república de los indios y la de los españoles, habían mezclado a sabiendas la idea de revolución y de independencia con la del retorno del Inca.

En Cuzco, el golpe que dio el poder, en agosto de 1814, a José Angulo

[8] A propósito del proceso revolucionario que afecta al conjunto del mundo hispánico, véase M.-D. Demélas y F.-X. Guerra, "La révolution de Cadix", *La Pensée Politique,* París, 1993, núm. 1, pp. 154-177, y "Un processus révolutionnaire méconnu: les premières élections démocratiques de l'univers hispanique, 1808-1810", *Caravelle. Cahiers du monde hispanique et luso-brésilien,* Tolosa, 1993, núm. 60, pp. 5-57.

[9] CDIP, t. III, vol. 5, p. 130.

y a su camarilla, compuesta principalmente por clérigos, se apoyó, del mismo modo, sobre unas fuerzas, unas imágenes y unas esperanzas populares muy diferentes de los proyectos modernizadores del absolutismo o de los defensores de la Constitución de Cádiz. Angulo y sus consejeros acariciaban el proyecto de dar a Cuzco el rango de capital de América por medio de una guerra santa. La ciudad rebelde escribió al virrey: "Después de los días de esfuerzo por los cuales ha de pasar la purificación de las Américas, comenzarán siglos de oro que Europa nunca ha conocido y que jamás conocerá".[10]

Purificación —preferentemente por medio del hierro y del fuego—, edad de oro: perfectos estereotipos milenaristas.

Un mes y medio después de la insurrección, el canónigo Francisco Carrascón y Solá presentaba a los fieles los grandes rasgos de este programa. En un primer momento se trataba de realizar una "santa y universal insurrección" a fin de reconstituir el imperio del Perú; después, Cuzco, designado por la Providencia y la naturaleza para asegurar la unión entre los dos polos de Buenos Aires y de Lima, recuperaría su antiguo esplendor y su papel de capital central de un imperio; alrededor de este núcleo se establecería una federación representada por unas cortes.[11]

Con el fin de realizar esta quimera, la ciudad formó tres ejércitos que partieron a la conquista, en el norte de Huamanga, en el sur de Puno y de La Paz y en el oeste de Arequipa. Iniciada el 3 de agosto, la revolución de Cuzco dominaba dos meses más tarde Huamanga, Puno, La Paz, Moquegua y Arequipa, y los insurrectos habían llegado a hacer imposible el contacto entre las tropas realistas y su base limeña, y se veían en condiciones de asegurar en posición de fuerza su unión con los ejércitos de Buenos Aires.

Clero y creencias sincréticas

Estos ejemplos sugieren que las fuerzas comunitarias basaban su revuelta sobre representaciones y creencias mixtas que el clero conocía y a menudo fomentaba.

En Huánuco, la mayor parte de los clérigos de la ciudad había apoyado la rebelión. La investigación posterior reveló que los religiosos que predicaban la cuaresma en los pueblos indios habían servido de inter-

[10] CDIP, t. III, vol. 6, p. 168, *Mensaje de la ciudad del Cuzco al virrey,* 17 de septiembre de 1814.

[11] *Ibidem,* vol. 7, pp. 552-553.

mediarios entre el campo y los círculos que en la ciudad planeaban una sublevación. La iglesia de Huánuco, especialmente a través de la orden de los agustinos que tuvo un papel de gran importancia, estaba en relación con el mundo indio tanto por sus orígenes como por los mitos que fomentaba.[12] Uno de los principales inculpados, fray Villavicensio, era un *cholo* que había ejercido la profesión de arriero antes de entrar en la orden.[13] Y es precisamente en el seno del clero donde la propaganda incaica había tenido gran repercusión desde el final del siglo XVIII. La ingenuidad de los clérigos que abrían las puertas de la ciudad a los saqueadores se ajustaba a las ilusiones indigenistas de las élites ilustradas del momento: los independentistas se erigían en redentores de la clase humillada.

En Cuzco, en 1780 es el obispo monseñor Moscoso quien forja las imágenes y las metáforas que sirvieron en el combate y quien da al nombre de Túpac Amaru (Serpiente Resplandeciente) la significación simbólica que lo sitúa en un marco de referencias cristianas —la de una criatura satánica—. En 1814, es el canónigo Carrascón quien desempeña el papel de fabricante de emblemas y de lemas. Al poder, le ofrecía imágenes (al rey Carlos IV, en 1802, un mapa sembrado de símbolos que representaba la riqueza del Perú; al caudillo José Angulo, en 1814, un retrato). Este mismo canónigo forja los materiales del discurso que transformaba a Angulo en un mesías, a Cuzco en una ciudad santa y a la causa de la Independencia en un combate querido por Dios. En el registro de creencias indias, él invoca sin nombrarlos a los *Apus* para atraer sobre la causa que él defiende la protección de los antepasados.[14]

En el Alto Perú, las justificaciones de la guerra de Independencia son formuladas por los clérigos, quienes se valían de todos los medios a su alcance, pero en un registro más secular que en las otras provincias andinas, extrayendo sus referencias tanto de las fuentes escolásticas como del *Contrato social*. Uno de ellos, el cura Vargas, capellán de las primeras guerrillas de los Valles, utilizaba antiguas doctrinas sobre la legitimidad del poder cristiano.[15] Otro, capellán de la guerrilla del co-

[12] El proyecto del retorno de un Inca al trono del Perú tiene probablemente sus orígenes en los proyectos de criollos, de jesuitas y, más tarde, de intelectuales. El artículo de O. Harris ("Phaxsima y qullqi. Los poderes y significados del dinero en el Norte de Potosí", en O. Harris, B. Larson y E. Tandeter (comps.), *La participación en los mercados surandinos. Estrategias y reproducción social, siglos XVI-XX*, CERES, La Paz, 1987) sugiere que el campesinado indio no siempre ha percibido la solución de continuidad entre el rey y el inca.

[13] CDIP, t. III, vol. 4, p. 220.

[14] CDIP, t. III, vol. 7, pp. 552-553.

[15] J. S. Vargas, *Diario de un comandante de la guerra de la Independencia, 1814-1825*, México, 1982, p. 9. "Esa es causa justísima, la que van defendiendo los porteños (que co-

ronel Arenales, al tratar de los principios del absolutismo transformaba, de manera un tanto irónica, una glosa del *Contrato social* en sermón (lib. I, cap. III: "Todo poder viene de Dios, lo reconozco; pero toda enfermedad viene de Él también. ¿Quiere esto decir que esté prohibido llamar a un médico?").

Este discurso de legitimación se dirigía a unas sociedades que no habían abandonado ciertos ritos y creencias que la guerra reactiva. La investigación realizada después de la represión de la rebelión de Huánuco reveló que sus excesos habían sido acompañados de ritos (notablemente de sacrificios) precristianos. Por sólo citar un ejemplo: antes de partir al combate, las comunidades de Chuquis y de Marias ofrecieron un sacrificio propiciatorio, un *capac hucha* ("ofrenda de gran valor"), que necesitaba una víctima, a menudo humana, que había de ser enterrada viva. Más tarde, los acusados pretendieron que se habían deshecho de una bruja, a fin de conferir a su acto una interpretación posible en un contexto cristiano.

En el seno de la guerrilla de los Valles se manifestaba un recurso idéntico a las muertes por sacrificio. Es así que un personaje que las comunidades habían juzgado hostil sufrió la misma muerte que los adivinos reservaban a las llamas, cuyo corazón arrancaban con el fin de leer el futuro en este órgano.[16] De forma más general, la práctica de sacrificios mortales está documentada por el número de ejecuciones ordenadas por el comandante de la guerrilla y cuya realización estaba encomendada a los indios, quienes actuaban siempre del mismo modo: "a palos, lanzazos y pedradas".

Las comunidades en guerra preservaban una visión del mundo según la cual coexistían el mundo de Dios y el de los *diablos* dotados de poderes ambiguos. Los diablos (con estos términos se clasificaba, al mismo tiempo a los antepasados, a la *Pachamama,* al *tío* de las minas, etc.), que pertenecen al dominio del caos, siempre hambrientos, a los cuales hay que dar de comer, que pueden tanto atraer la prosperidad como rechazarla, participaban a su modo en los momentos decisivos de la guerra.[17]

noicendo bien todos sus derechos había él abrazado este sistema), que Dios los ha de proteger siempre porque el rey de España no era nuestro legítimo soberano: Así es que se puede defender a toda costa la libertad de la Patria del gobierno español, porque estamos impuestos por Dios y la misma naturaleza a defender nuestra libertad porque a la fuerza no más estamos gobernados por un partido que no tiene la más mínima acción para ello".

[16] J. S. Vargas, *Diario...,* p. 31. H. Urbano analiza un ejemplo contemporáneo de esta forma de sacrificio, ejecutado en la persona de uno de los colaboradores peruanos de G. Dumezil ("Pachamama o la madre devoradora. El sacrificio de Kilku Warak'a alias Alencastre", *Andes et méso-Amérique. Culture et société, Etudes en hommage à Pierre Duviols,* Aix-en-Provence, 1991, vol. II, pp. 781-790.

[17] Retomo aquí las interpretaciones propuestas por T. Bouysse y O. Harris, "Pacha, en

El orden político debía asimismo encontrar su puesto en este universo. Esto podía ser logrado con la mediación de un hombre a la vez jefe y director, el caudillo.[18]

La aparición del caudillo

En Cuzco, el personaje de José Angulo se inscribía en un marco de referencias bíblicas: todos los sermones lo presentaban como un nuevo Moisés, un nuevo José, un Judas Macabeo, puesto a la cabeza de la revolución por la "Divina Providencia".

Con el fin de adaptarse a esta imagen, Angulo pretendía gozar de un rango más modesto del que en realidad detentaba. Oficial principal de una provincia donde se encontraba en buena posición, formando con sus familiares una red de influencias bien implantada en la región, Angulo se asemejaba a un *gamonal* que hubiera triunfado, un prototipo de caudillo; sin embargo, él mismo y sus partidarios señalaron con énfasis la humildad de sus orígenes. Se trataba de un intento de encarnar un mito, el de redentor, a la manera de Moisés o José, designados por Dios entre los débiles para gobernar al pueblo elegido.

La construcción simbólica orquestada por la Iglesia de Cuzco alrededor de Angulo se apoyaba más bien en una retórica cristiana y barroca que sobre el sincretismo que prevalecía en las provincias andinas y que tanto satisfacía al cacique Pumacahua. Aunque esto pueda parecer extraño, el testimonio de los sublevados muestra que entre los indios existía una continuidad entre Túpac Amaru y su vencedor. Las imágenes de estos adversarios enlazadas en forma de un puma y de una serpiente emplumada tanto en los frescos de la iglesia de Chincheros[19] como sobre un cuadro de la recolección de Urquillos, se habían superpuesto, 30 años más tarde, en virtud de un proceso de condensación que se verifica a menudo en los mitos políticos. Para los indios, la historia se repetía y, pocos días después de que hubiera sido colgado, algunos de ellos atribuían a Pumacahua el suplicio de Túpac Amaru, que había muerto descuartizado.[20] Sin duda es necesario atribuir a esta doble dimensión de la figura de Pumacahua el hecho de que su gloria eclipsase muy pronto la del jefe supremo de la revolución de Cuzco, José Angulo.

torno al pensamiento aymará", en T. Bouysse, O. Harris, T. Platt, V. Cereceda, *Tres reflexiones sobre el pensamiento aymará,* La Paz, 1987.

[18] A propósito de la aparición del caudillo, véase mi artículo "Genèse et figures du caudillo", en *Social Anthropology. Journal of the European Association of Social Anthropologists*, París-Cambridge, 1994, vol. II, núm. 2.

[19] Reproducidas por T. Gisbert, *Iconografía.*

[20] CDIP, t. III, vol. 6, p. 580.

En Huánuco la insurrección eligió como general no a un indio sino a un criollo, no a un soldado sino a un viejo de 76 años de razón vacilante: el regidor Juan José del Castillo, cuya manía era buscar tesoros escondidos en las *huacas.*[21] Como consecuencia de unas fiebres contraídas en 1781,[22]

> en la ciudad, se le tomó por un loco; llevaba siempre un pañuelo sobre la cabeza con el sombrero por encima, y se quejaba sin cesar diciendo que escuchaba ruidos. Su locura era tal que solamente se ocupaba de minas, y había enterrado toda su fortuna en la prospección de montes estériles de los cuales no sacaba sino piedras brutas que él llamaba grandeza.[23]

Según otro testigo, "había acometido una serie de excavaciones en un cerro que designó con el nombre de Templo del Sol y aseguraba que ahí había enterrados 60 millones correspondientes al tesoro de los incas".[24]

El desarrollo de la insurrección demostró que Juan José del Castillo no poseía ninguna de la cualidades que hubieran podido hacer de él un buen general. ¿Por qué los indios lo habían elegido para este puesto en sustitución de Domingo Berrospi, el joven oficial que había avivado la revuelta? Sin duda porque se identificaba doblemente con los "incas". En primer lugar por su manía de buscar tesoros, que lo acercaba a lugares sagrados —las piedras, los *apus,* las ruinas, las *huacas*—. Pero también en razón de su apellido: "Se decía de Castel que era el Inca…;[25] los insurrectos preparaban la venida del "rey Castel", Juan José Castelli, ¿qué nombre más parecido al del *porteño* que el de Juan José del Castillo?

El ejemplo del caudillo Eusebio Lira, primer comandante de la guerrilla de los Valles revela también la dimensión mítica que debía adquirir un dirigente de estas insurrecciones dotadas de un fuerte componente indígena. Originario de Santiago de Mohosa, aparece por primera vez frente a su cronista con los rasgos de un caballero, y es por medio del rayo —como corresponde a la imagen de Santiago—. Después de haber escapado "milagrosamente" a los realistas, estando cercano el día de san Juan, tras haber prendido fuego a los rastrojos, Lira atribuye su protección a una de las vírgenes de esta zona minera, la Virgen de Icoya. Lira muere finalmente, algún tiempo después de haber consagrado su sangre a la patria en una ceremonia solemne.

21 CDIP, t. III, vol. 4, p. 133.
22 *Ibidem,* p. 125.
23 *Ibidem,* p. 128.
24 *Ibidem,* pp. 129-130.
25 *Ibidem*, p. 495.

Es por la mediación de este tipo de personaje, el caudillo —criatura nueva, surgida del sistema político moderno[26] que sabía conjugar con creencias sincréticas y con redes sociales de tipo antiguo reforzando un poder regional—, que se afirmaba la alianza entre comunidades y guerrilleros.

La mediación personal

El ejemplo de la guerrilla de los Valles será suficiente para ilustrar este aspecto.

A partir de 1811, la resistencia a las fuerzas realistas sólo pudo continuar apoyándose en las comunidades, que ofrecían los víveres, las cabalgaduras, el forraje, los rastreadores, los mensajeros, los cultivadores y recolectores de coca, la cual constituía la principal fuente de ingresos de la guerrilla.

Los *comuneros* acosan a los soldados del rey, se encargan de las ejecuciones de prisioneros que no merecen ser fusilados, y forman cuerpos especiales en el seno de la organización militar de la guerrilla. Con la excepción de periodos difíciles durante los cuales los guerrilleros están obligados a pelear solos —algo que ellos consideran una catástrofe—,[27] en cada combate, la guerrilla utiliza guerrilleros equipados con fusiles que constituyen una fuerza regular que no excedía, en los primeros años, algunas decenas de hombres, y la *indiada,* formada de varios centenares de miembros de las comunidades a veces hasta 2 000 o 3 000 equipados con armas primitivas: garrotes, lanzas y hondas.

Existían también, cosa menos conocida, tropas semipermanentes —¿una especie de milicia india?—, algunas de las cuales a caballo, armadas con lanzas, *bolas* y algunos fusiles, se colocaban bajo las órdenes de capitanes indios que tenían rango de oficiales en el seno de la guerrilla.

Parece que existió una doble jerarquía —la de los oficiales blancos y mestizos, que debían una obediencia más o menos bien aceptada al comandante en jefe, y la de los oficiales indios, que se sometían a su propio comandante en jefe, don Andrés Simón, quien seguía las órdenes del comandante de la guerrilla.

La manera según la cual las comunidades se integraban en la guerrilla pasaba por relaciones estrechas y directas con el comandante en

[26] Un aspecto importante de este arquetipo, dejado de lado en el reciente trabajo de J. Lynch *(Caudillos in Spanish America, 1800-1850,* Oxford, 1992), que hace hincapié más bien en lo que separa al caudillo de los constitucionalistas.

[27] J. S. Vargas, *Diario de un comandante de la guerra de la Independencia, 1814-1825,* p. 85, y de manera aún más explícita en la p. 88.

jefe. La muerte trágica de Eusebio Lira, víctima de una conjura urdida por algunos de sus oficiales, ilustra esta articulación particular.

Primer acto: la mañana del 15 de diciembre de 1817, Lira muere a causa de una bala en la espalda disparada por uno de sus hombres. A lo largo de la noche durante la cual agoniza, un oficial bien visto por los dirigentes de Buenos Aires, don Santiago Fajardo, se hace del mando. Desde el momento en que la noticia de la muerte de Lira se extiende —en dos días—, los representantes de las comunidades más próximas se acercan al pueblo de Palca, donde los guerrilleros han establecido sus cuarteles, para clamar venganza por este asesinato.[28]

Algunos días más tarde, las comunidades poco satisfechas con las explicaciones que han sido dadas, intentan atacar a los guerrilleros. Su miedo de los fusiles y su torpeza táctica los hacen perder la ventaja del número. Vuelven vencidas a su territorio, pero antes uno de sus dirigentes recuerda la deuda de los guerrilleros para con las comunidades:

> A todos ellos [Fajardo] dándoles a algunos un puñado de coca, a algunos panes, así exhortándoles con cariño les dice en que no se mezclasen ellos de cosas que no les conviene. Todavía entonces un capitán Mariano Santa María, de Charapaya, le dice a Fajardo: —¿Por qué no nos conviene meternos y saber la causa de la muerte del finado comandante Lira? Estas armas que tienen los soldados que usted va mandando por ahora, ¿no nos cuestan nuestro trabajo, nuestros desvelos, nuestra sangre y nuestras propias vidas?[29]

(Quizá convenga subrayar que el cronista de esta historia, el tambor mayor José Santos Vargas, no era indio, y se situaba en el campo de los criollos cuando un conflicto estallaba entre la guerrilla y las comunidades.)

Segundo acto: las comunidades que representaban una veintena de pueblos eligen una junta de cinco representantes encargados de negociar con el nuevo comandante una redistribución del poder a su favor; reclaman el derecho de designar al comandante de la guerrilla y de dirigir la lucha ellas mismas.

> Dijeron estos cinco [...] que los pueblos eran los que debían nombrar al jefe que debe gobernar; que para el caso estaban reunidos veinte pueblos; que si no admitiesen, que vean lo que harían; que ellos [los indios] no hacen más que cumplir con sus deberes, y que los hacen a ellos [los oficiales] responsables de las resultas que hubiese ante Dios, ante la patria y ante los jefes de la superioridad de Buenos Aires.[30]

[28] J. S. Vargas, *Diario...*, p. 199.
[29] *Ibidem,* p. 201.
[30] *Ibidem,* pp. 202-203.

GRÁFICA I. *Estructura de la guerrilla de los Valles en 1816*

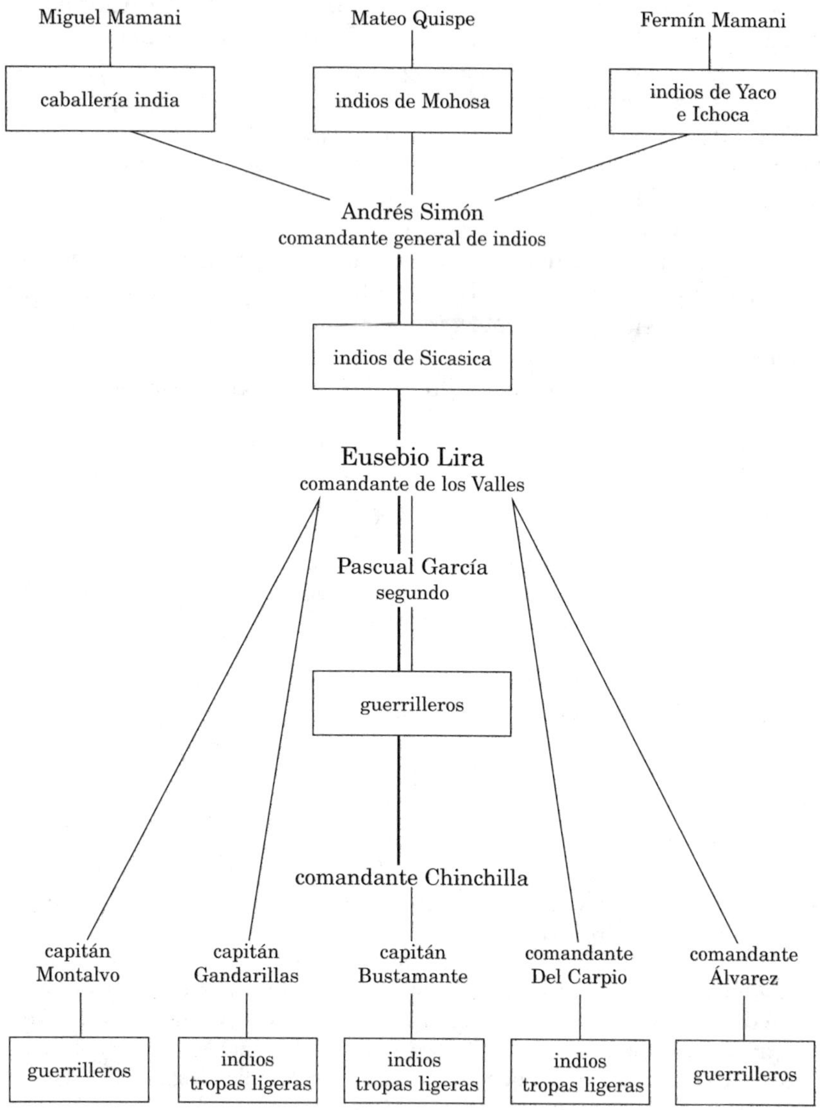

FUENTE: J. S. Vargas, *Diario…, op. cit.*

En pocos días la muerte del comandante Lira había roto el equilibrio que fundaba las relaciones establecidas desde hacía varios años entre los insurrectos y los pueblos de los Valles. Los indios consideraban el asesinato del comandante como la ruptura de un pacto establecido con los guerrilleros y reclamaban una renegociación del contrato en su favor. Lo que estaba en juego era considerable: ¿la guerra de Independencia sería llevada a cabo a partir de entonces por campesinos indios o, por el contrario, seguiría siendo asunto de soldados mestizos y oficiales criollos?

A pesar de todo, las comunidades no pretendían actuar por su cuenta: sus dirigentes reivindicaban la causa patriótica y protegían sus iniciativas bajo la autoridad de Buenos Aires.

Último acto: debilitados por una segunda derrota frente a las fuerzas regulares de la guerrilla, los caciques son convocados el 26 de diciembre, con los oficiales de la guerrilla, por el comandante Fajardo para designar al comandante en jefe —en total 80 individuos—. El comandante Santiago Fajardo es reelegido (por escrutinio escrito y secreto), pero la asamblea (de la cual no conocemos la proporción respectiva de caciques y de oficiales), le impone como segundo al líder de sus oponentes, el comandante Chinchilla, un dirigente de tropas formadas principalmente por indios.

Epílogo: tres meses más tarde, después de haber infringido una derrota militar a los partidarios de Fajardo, y ejecutados sumarísimamente los responsables de la muerte del comandante Lira, José Manuel Chinchilla se hace elegir por aclamación de los indios comandante en jefe de los Valles sin que los oficiales ni la tropa tengan nada que decir.[31]

El derrapaje xenófobo

Nos queda todavía por evocar un último aspecto de la participación india en las luchas políticas que fundan la república: su xenofobia, que se vuelve a menudo contra sus aliados, mestizos y criollos.

En Huánuco, las comunidades escaparon muy rápidamente a todo control y después de haber saqueado una parte de la ciudad se ensañaron con el campo, pues decretaban querer "cortar la cabeza a todos los *mistis*". ¿Eran conscientes las comunidades de la importancia de sus combates y del papel que les había sido asignado en la guerra continental? Esto es poco seguro. El levantamiento de Huánuco reflejaría

[31] J. S. Vargas, *Diario…*, p. 225.

más bien una desviación bastante frecuente en este tipo de insurrecciones: instigados por los criollos y los mestizos, clérigos y propietarios, las comunidades pasan a la acción, pero rápidamente se separan de sus imprudentes aliados para perseguir sus propios objetivos.

Los mismos ejemplos de xenofobia se encuentran en las tropas de Pumacahua, y en los soldados aymaraes de la guerrilla, quienes ejecutan a uno de sus oficiales blancos porque no hablaba aymará. El dirigente de estos asesinos, Mariano Santa María, era el mismo que había recordado poco después de la muerte de Lira la importancia de las comunidades en la guerra de guerrillas (véase *supra).*

A través de los ejemplos de las sublevaciones de Huánuco y de Cuzco, así como de la guerrilla de las provincias de Sicasica y de Hayopaya —a pesar de que sin duda existan muchas otras—, parece claro que al adoptar los modos de movilización, de combate, y las reivindicaciones propias de las revueltas campesinas indias, las comunidades han sostenido y hecho posibles las sublevaciones independentistas autóctonas. Y si los ejemplos de Huánuco y de Cuzco no permiten saber qué grado de conciencia los rebeldes indios poseían de las consecuencias políticas de su compromiso, el caso de la guerrilla de Sicasica y de Hayopaya demuestra hasta qué punto las comunidades podían evolucionar con facilidad en un registro político que muchos estudios tienden a juzgar como específicamente criollo. Sin embargo, este conglomerado que reunía fuerzas e individuos de una gran diversidad en un marco político muy amplio, apoyado sobre creencias sincréticas fomentadas por un clero muy activo, no podía existir sino por mediación de un dirigente, criollo o mestizo, jefe carismático dispuesto a abandonar a sus aliados si sus intereses así lo requerían. Estas constantes se mantienen a lo largo de todo el siglo XIX.

La supervivencia de las comunidades andinas bajo la República

Las repúblicas andinas han sido fundadas sobre la mano de obra y los recursos económicos indios. Mientras que el tributo alimentaba las arcas dos veces por año —por San Juan y por Navidad—, lo esencial de las bases materiales de los nuevos Estados dependía también de los indios: el cultivo de cereales y de papas, el abastecimiento de ganado, la producción de lana y la confección de bayeta, una parte importante del comercio realizado entre el altiplano boliviano y peruano, y la producción del adobe, el material más empleado en las construcciones de las tierras altas...

Todo representante del Estado o de la Iglesia podía exigir de los indios servicios gratuitos. De esta manera se construían las carreteras, se levantaban los edificios públicos y los templos y se aseguraba el servicio de correos. Sin la ayuda de las comunidades, el ejército hubiera estado privado de intendencia: éstas se encargaban del transporte del material de guerra, alimentaban a la tropa y a las monturas, procuraban leña para el fuego, confeccionaban la tela de los uniformes y fabricaban las sandalias de los soldados; la mayor parte de las veces no recibían ninguna indemnización a cambio de estas actividades.

Así, las comunidades indias aseguraban, como en el pasado, las bases de existencia del nuevo Estado, pero sus relaciones con éste se inscribían en un marco nuevo que había sido delimitado por las constituciones republicanas. En las sociedades mayoritariamente indias, la instalación de regímenes democráticos debía por lo tanto apoyarse en cierta concepción de la ciudadanía de los indios. Si se admitía que podían ser considerados como ciudadanos de pleno derecho, ¿cómo justificar la desigualdad de su estatuto? Si se rechazaba su ciudadanía ¿cómo motivar este atentado al radicalismo democrático? Y si se corría el riesgo de abolir todas las diferencias entre la élite y el pueblo, ¿cómo evitar que los indios dependientes no constituyeran, bajo la presión de su patrón, un electorado cautivo?

Un buen número de dirigentes se negó a resolver estas contradicciones. Tal es el caso del mariscal Santa Cruz Calamana, hijo de un oficial español y de una cacica aymará, que funda el derecho boliviano en el código napoleónico y "reindianiza" la población boliviana con el fin de asentar los beneficios del Estado sobre el tributo, obligando a todos los usufructuarios de tierras colectivas —pequeños blancos y mestizos— a figurar en los registros como indios.

En ciertas provincias, las comunidades agrupaban a veces a la mayor parte de la población: ¿qué suerte debía reservar el Estado moderno a estas estructuras colectivas en un sistema que solamente reconocía al individuo? De ser preservadas contradirían los fundamentos mismos de la república; en caso de ser abolidas, su desaparición forzada podía provocar revueltas peligrosas.

Esto nos demuestra que las relaciones mantenidas entre el Estado y las comunidades se desarrollaban en dos registros diferentes: el de la ciudadanía y el del estatuto de las tierras indias, codiciadas por los hacendados. La primera cuestión recibió respuestas variadas según el país; las diferentes Constituciones del Perú acordaron el derecho de voto a los indios hasta 1896, mientras que en Ecuador y en Bolivia sólo se le reconocía a una pequeña parte de la población un derecho del cual estaban privados los indios y una gran parte de los mestizos. En el primer caso, el voto indio funcionaba a veces como un electorado cautivo, pero la curiosa manera según la cual, en el Perú, una mayoría resultaba de elecciones a menudo irregulares relativiza la importancia que pudiéramos acordar a este punto.[32] En el segundo caso, los indios excluidos eran a pesar de todo llamados a votar, en función de las coyunturas regionales. Los textos constitucionales tenían menos importancia que las prácticas. Estas manipulaciones manifestaban que el elemento más importante no era el derecho de voto de los indios sino sus propiedades colectivas.[33] Si la voluntad de los dirigentes se inclina mayoritariamente a favor de su destrucción, la resistencia a la que se enfrentan sus proyectos, variada según las provincias, da lugar a resultados desiguales.

Evolución de las comunidades

Comprobamos una gran diversidad de situaciones en función de las disparidades establecidas respecto de los periodos de larga duración, pero también profundos cambios provocados por la Gran Rebelión y las guerras de Independencia, así como una serie de políticas voluntaristas y contradictorias realizadas por los primeros dirigentes, entre los cuales algunos se proponían "reindianizar" el país (Santa Cruz en Bolivia), pero que en su mayor parte tenían la intención de destruir las estructuras comunitarias, bien en beneficio de la hacienda, bien en vista de una reforma agraria y de la creación de un pequeño campesinado propietario (Bolívar).

Al final del siglo XIX, en el departamento de La Paz, un pequeño número de *originarios* formaba la armadura de cada comunidad, de tal manera que, cuando éstos se decidían a vender, aquélla desaparecía; al disponer de la mayor parte de las tierras no sometidas a las obligaciones colectivas, eran, en una buena parte de los casos, los únicos que podían acceder a ecosistemas complementarios que explotaban por medio del control de una mano de obra familiar numerosa.

Entre estos *originarios* y los indios sin tierra existía una infinidad de matices. En un solo registro de venta de tierras de comunidades bolivianas para el año 1883 podemos contar al menos 12 categorías de ven-

[32] M.-D. Demélas, *L'invention du politique. Bolivie, Perou, Equateur au XIXe siècle*, ERC, París, 1992, pp. 459-462.

[33] A propósito del tributo indígena como garantía del "pacto" establecido entre las comunidades y el Estado para garantizar sus tierras, véase T. Platt, *Estado boliviano y ayllu andino: tierra y tributo en el Norte de Potosí*, Lima, 1982.

dedores, cada una correspondiente a un modo diferente de acceso a la tierra.

Por otra parte, cercadas por las haciendas, las comunidades conocían fuertes diferencias internas que se agravaban. Asimismo, la crisis iniciada en 1880, que provoca la desaparición de numerosas comunidades, no tuvo las mismas consecuencias para todos sus miembros. Algunos de los más desfavorecidos se vieron obligados a partir y se convirtieron en vagos a los que a veces se veía atravesar la frontera del Perú para buscar allí los recursos de los cuales habían sido privados en Bolivia, mientras que una gran mayoría pasaba como *colonos* al servicio de un comprador.

Pero algunos realizaron los proyectos de los liberales al formar un pequeño campesinado propietario. En 1893 el catastro del departamento de La Paz censaba un número de 287 fincas en el cantón de Laja: una comunidad, 41 haciendas y 245 *sayañas* constituidas a partir de las tierras de los originarios. En este cantón no todos los compradores fueron criollos o mestizos, habitantes de Laja o de La Paz. Por sólo citar un ejemplo: entre febrero y octubre de 1882, un indio de la comunidad Ollatanca, Ramón Llasaguanca, compró por su cuenta las tierras de otros 12 miembros de su *ayllu*.

De esta manera, a lo largo del siglo XIX, las comunidades se compusieron no únicamente de indios, sino también de mestizos, éstas soportaron la presión amenazadora de las haciendas, se convirtieron en comunidades cautivas y se aliaron cada vez con más frecuencia con los peones de las haciendas.

Puesto que las dimensiones de este estudio no nos permiten realizar un análisis de conjunto de las luchas acometidas por las comunidades andinas para preservar sus tierras, nos limitaremos al periodo de crisis que produjo la Guerra del Pacífico (1879-1883) en Perú y en Bolivia.

Guerra nacional y resistencia comunitaria

Dos ejemplos pueden ilustrar la diversidad de resultados obtenidos por las comunidades indias en oposición a los proyectos liberales en Perú. El primero subraya sus debilidades; el segundo demuestra cómo, gracias a su participación directa en los debates políticos nacionales, las comunidades podían llevar a cabo con éxito sus proyectos de autonomía.

En los años que preceden a la Guerra del Pacífico (1879-1883), el sur andino estaba en efervescencia. Los conflictos locales se entremezclaban con la lucha nacional del momento, que oponía los caudillistas a los civilistas, estos últimos desprestigiados por 15 años de gestión sin escrúpulos y debilitados por el final de la prosperidad provocada por las ventas de guano. Las tropas de las cuales se servían los "partidos" en presencia eran en gran parte las que les procuraban las alianzas acordadas con las comunidades andinas pero, entre estas últimas, únicamente aquellas que habían preservado sus tierras lograron sacar algún beneficio de los enfrentamientos civiles.

En los departamentos de Cuzco y de Arequipa, las haciendas habían adquirido un peso considerable a lo largo del siglo XIX, y numerosas comunidades vivían bajo una dependencia que había aumentado con el desarrollo de la producción de lana para el mercado inglés.[34] Los ganaderos indios estaban así comprometidos con acreedores que eran a la vez agentes comerciales a los cuales entregaban el producto del esquilado en pago de deudas de usura. Además, puesto que la relación de fuerzas les era desfavorable, los *comuneros* del sur peruano debían más servicios al Estado que los del centro.

La Guerra del Pacífico empeoró su condición. El gobierno provisional establecido en Arequipa hizo enrolar a los hombres, a pesar de que continuaba exigiendo el pago del tributo, mientras que el abastecimiento del ejército y su alimentación eran obtenidos de los recursos de las comunidades. Su supervivencia, que era ya precaria resultó a menudo imposible. Para pagar sus deudas, los comuneros comenzaron a vender sus terrenos a los negociantes de los cuales dependían; así, a partir de 1882, se constituyeron nuevas haciendas a expensas de las comunidades.[35]

La situación de las comunidades de la sierra central era más favorable. Los trabajos de F. Mallón[36] y de N. Manrique, cuyas primeras investigaciones han renovado el conocimiento de las comunidades del valle del Mantaro[37] aportan elementos de comparación valiosos para comprender qué sucedió con estas comunidades en dicha coyuntura problemática.

En 1881, cuando la burguesía limeña proyectaba sin demasiadas reticencias una colaboración posible con el ocupante chileno, este último hubo de realizar expediciones militares en el interior, con el fin de romper la resistencia que había organizado el general Cáceres con el apoyo de las comunidades de la sierra central.

[34] A. Flores analiza este fenómeno en *Arequipa y el sur andino, siglos XVIII-XX,* Horizonte, Lima, 1977.

[35] N. Manrique, *Yawar Mayu. Sociedades terratenientes serranas, 1879 1910,* IFEA-DESCO, Cuzco, 1988, pp. 117 y ss.

[36] F. Mallon, *The Defense of Community in Peru's Central Highlands: Peasants Struggle and Capitalist Transition, 1860-1940,* Princeton University Press, Princeton, 1983.

[37] N. Manrique, *Campesinado y nación. Las guerrillas indígenas en la guerra con Chile,* CIC, Lima, 1981, y *Mercado interno y región, la sierra central, 1820-1930,* DESCO, Lima, 1987.

Replegado sobre una de las zonas más accidentadas de los Andes, Cáceres organiza montoneras que no cesan su actividad hasta julio de 1884. Privadas de equipamiento moderno, estas fuerzas, formaban batallones de honderos, de lanzadores de bloques de piedra *(galgueros)* que sorprendían al adversario desde la cima de los desfiladeros, y de rejoneros. A pesar de la debilidad de estas fuerzas, el ejército chileno debió movilizar 3 200 hombres para acabar con este obstáculo.

Después de dos años de una resistencia brillante, Cáceres puso fin a su empresa, falto de apoyo por parte del gobierno refugiado en Arequipa. Pero las comunidades habían comenzado ya a actuar por su cuenta. Éstas se habían apropiado de armas de fuego y habían aprendido a servirse de ellas: confiscaron las tierras y el ganado de los hacendados que colaboraban con el ocupante. Poco antes de su rendición, el caudillo Cáceres no estaba ya en condición de imponer su autoridad a sus aliados indios, quienes —aún librando batallas contra los chilenos— seguían sus propios objetivos. La región cayó en su poder. Veinte años más tarde, en 1902, el ministro del interior realizaba el balance de su acción:

> Desde la época en que las fuerzas de Chile ocuparon nuestros departamentos del centro, las comunidades de Comas en la provincia de Jauja y Parihuanca en la de Huancayo, explotando el desconcierto social y político de esos pueblos y la inestabilidad de las autoridades peruanas en el departamento de Junín, asumieron una actitud independiente, designando ellas mismas sus funciones políticas, judiciales y municipales. No sólo hicieron esto, sino que se apropiaron desde entonces de algunos fundos de dominio particular, cuyos ganados permutaban con rifles y municiones que les ofrecían especuladores venidos de la costa.
>
> De esta manera, aquellos distritos quedaron perfectamente armados, imponiéndose a los funcionarios de Junín, que pretendían arrebatarles esos elementos; y el poder efectivo de dichas comunidades llegó a tal punto de que derrotaron a la considerable fuerza chilena que el coronel Canto destacó sobre ellas.
>
> Durante 20 años, la Constitución y las leyes no fueron cumplidas en aquellos abruptos territorios, los propietarios de las haciendas detentadas tuvieron que resignarse al despojo de que eran víctimas.[38]

La resistencia a la ocupación chilena había ofrecido así a las comunidades del centro de los Andes la ocasión de imponerse a los propietarios y de administrarse sin tener en cuenta las autoridades designadas por la capital.

[38] *El Peruano,* 1° de agosto de 1902, núm. 25, p. 194, citado por N. Manrique (*Yawar Mayu. Sociedades terratenientes serranas, 1879-1910,* p. 188).

Las comunidades bolivianas en la guerra civil de 1899[39]

En Bolivia, las comunidades del altiplano, desposeídas de sus tierras por medio de ventas forzosas a partir de 1881, conocieron un destino similar al de los comuneros de Arequipa y de Cuzco. Sin embargo, una vez vendidas, acometieron una resistencia de larga duración, comparable a la que demostraban, en el mismo momento, las comunidades del centro de Perú. La originalidad boliviana estaba en la utilización, por las comunidades y en su propio beneficio, de los conflictos políticos criollos, y en su capacidad de organización.

A partir de 1866, el dictador Melgarejo decretó su abolición. En dos años, las comunidades del altiplano fueron desposeídas de sus bienes pero resistieron: centenares de comuneros pierden la vida en el intento.[40] Sin embargo, los adversarios del régimen, tras haber formado una coalición, se ponen de acuerdo con los dirigentes indios y anuncian, en diciembre de 1870, que en caso de victoria, los *ayllus* recuperarían sus bienes. Éstos adoptan desde entonces una doble estrategia: al servicio de la oposición combaten a las tropas del presidente Melgarejo, pero, para asegurar sus garantías, procuran ocupar sus tierras incluso antes del final de la ofensiva. Vencido el tirano, la nueva asamblea se ve obligada a ratificar los hechos; las tierras son devueltas a las comunidades, no gracias al Estado o a los vencedores de la sublevación, sino en virtud de una superioridad impuesta por las comunidades que se han unido a la revuelta con la finalidad de recuperar sus bienes.

Se trata de un escenario idéntico al que comienza en 1880 cuando la usurpación de las tierras de las comunidades fue llevada a cabo de modo precipitado, con el pretexto de acometer la modernización de un país cuya derrota frente a Chile había subrayado el retraso.

La Convención, que estableció las bases de un régimen estable durante 50 años, emprendió la destrucción de los *ayllus* para formar ciudadanos. Las leyes votadas en octubre de 1880, que se presentaban como

[39] Para más detalles sobre este importante episodio de la historia boliviana, véanse mis artículos "Darwinismo a la criolla: el darwinismo social en Bolivia, 1880-1910", *Historia Boliviana,* Cochabamba, I/I, 1981, pp. 55-82, y "Jacqueries indiennes, politique créole. La guerre civile de 1899", en *Caravelle, Cahiers du monde hispanique et luso-brésilien,* Tolosa, 1985, núm. 44, pp. 91-111. Otro ensayo de interpretación de las rebeliones indígenas del siglo XIX en Bolivia se encuentra en T. Platt, "The Andean Experience of Bolivian Liberalism: Roots of Rebellion in 19th Century Chayanta (Potosí)", en S. Stern (comp.), *Resistance, Rebellion and Consciousness in the Andean Peasant World, 18th-19th Centuries,* Wisconsin, 1987.

[40] Estas ventas todavía son un misterio. La fuente más segura, los archivos notariales del departamento de La Paz, no se ha encontrado. Incluso ha desaparecido el informe del ministro de Economía presentado en la cámara, en Oruro, en 1870.

una reforma a la vez fiscal y agraria, suprimieron el tributo, remplazado, de una vez por todas, por un impuesto fundado sobre la propiedad y pagado por todos; poco después se aumentaba la antigua tasa en 20%. Por otra parte, la supresión del derecho consuetudinario en beneficio del derecho romano obligaba a establecer un catastro a partir de la *revisita* de las tierras y del reparto (previo pago) de títulos de propiedad individuales después de la repartición de las tierras indivisas.

El Estado no poseía entonces los medios para acometer una reforma similar: ¿cómo realizar el catastro del país si no se disponía de la administración necesaria? Mantener el proyecto significaba dar libre curso a los abusos de los potentados locales que se protegerían detrás de la nueva ley para usurpar las tierras; pretender ofrecer al indio la dignidad del individuo propietario representaba, de hecho, impulsarlo directamente a la servidumbre.

Además, la voluntad de repartir las tierras se producía en una coyuntura particularmente problemática: desde 1871, nadie sabía cómo establecer los derechos y limitar los terrenos. Las comunidades despojadas en la década de 1860 habían recuperado sus tierras, a veces de manera incompleta, pero a veces también habiéndose extendido a expensas de haciendas o de otros *ayllus* a los cuales les oponían conflictos de delimitación seculares.

Los registros notariales demuestran que el grueso de las ventas tuvo lugar entre 1881 y 1883; después de esta fecha, los compradores no hicieron otra cosa que ampliar sus terrenos comprando parcelas. Los precios de venta eran a menudo muy bajos, siempre inferiores al cálculo que se había hecho con ocasión de la revisita. Los compradores justificaban esta anomalía por el hecho de que ellos se comprometían a pagar el tributo en lugar de los indígenas; muy pocos lo hicieron.

¿Cómo se lograron estas ventas precipitadas? Observamos ventas comparables en el sur peruano y en el altiplano boliviano, pero las causas son diferentes: en el departamento de La Paz, los *comuneros* no parecen haber cedido sus tierras a sus acreedores. Denunciaron abusos a las autoridades subalternas, o expoliaciones cometidas por vecinos, y a menudo hicieron saber que habían sido víctimas de ventas negociadas sin su consentimiento, entre un patrón y un falso *curaca*. Puesto que la propiedad no estaba dividida, eran las autoridades indias, como representantes de la comunidad, quienes tomaban posesión de la tierra siguiendo viejos ritos hispánicos. El recurso a tales arbitrios demuestra tanto la seguridad y la fuerza de los *gamonales* de la región como la debilidad coyuntural de las comunidades.[41]

[41] Los años 1878-1880 habían sido catastróficos. El primer año, una sequía excepcional

Toda forma de rechazo sirvió para oponerse a las consecuencias de las leyes de 1880. La variedad de los medios utilizados por los *comuneros* fue extrema: el recuerdo del respeto debido a las leyes consuetudinarias alternaba con los levantamientos, las negociaciones sucedían a los enfrentamientos, y todo eso en niveles diferentes; la resistencia se manifestaba dentro de un *ayllu* absorbido por una hacienda, pero también a la escala del cantón y, más tarde, de todo el altiplano, en relación a veces con las comunidades del Perú.[42] Las comunidades recordaban a los defensores del sistema republicano los méritos del antiguo régimen: nunca antes se habían mostrado con tanta profusión los títulos coloniales como a finales del siglo XIX.

Las comunidades que todavía subsistían pasaron a atacar las haciendas; aquellas cuya autonomía había terminado, se negaban a reconocer a su patrón, al cual se le impide penetrar en sus tierras, o bien —aquellas que estaban menos unidas o situadas cerca de un batallón de línea— limitaban su amotinamiento a no efectuar más servicios gratuitos.

Tan pronto como estos recalcitrantes parecen dispersos, los *ayllus* se reúnen para tratar con la administración o la justicia. Puede suceder incluso que una comunidad actúe sola, pero más frecuentemente son los *comuneros* de un cantón quienes plantean la misma queja. Aisladamente, niegan la repartición de los ejidos o atacan el derecho del comprador;[43] cuando se trata de provincias enteras, las comunidades piden la suspensión de las operaciones de revisita o la anulación del aumento del tributo.

En todo caso, más valía resistir por la fuerza que conformarse con la ley: las comunidades que no conseguían entenderse sobre la repartición de sus tierras corrían el riesgo de que éstas fueran vendidas en pública subasta. De este modo, los *comuneros* de Mohoza, cuya ferocidad a lo largo de un episodio de la guerra civil los hizo célebres en 1900, pudieron evitar lo peor, prohibiendo la llegada a sus tierras de los revisitadores. Desde 1882, presentan una denuncia colectiva en nombre de

había causado una grave penuria. El año siguiente los campos se reponían apenas de la epidemia que había resultado de la escasez, cuando las heladas destruyeron las cosechas. Entonces sobrevino la guerra del Pacífico.

[42] No se deben subrayar solamente los actos de violencia perpetrados por antiguos *comuneros* (ataques a haciendas, asesinato del patrón, abigeato, pillaje). Las acciones legales tuvieron una importancia similar, y es probable que los indios representasen en este caso los principales clientes de la justicia. Además, un buen número de hacendados exageraron el estado de agitación del campo con el fin de obtener el envío de un batallón a la capital de su cantón, lo que hubiera vuelto más dóciles a sus peones.

[43] O rechazan reconocer su autoridad. Solamente en el cantón de Achacachi, en 1893, 744 *colonos* fueron considerados rebeldes sobre un total de 1 465; es decir, más de la mitad.

1 133 *forasteros* y de 205 *yanacona,* y únicamente después de 10 años de obstinación y de recurso a la fuerza pública, la administración logrará llevar a cabo la indispensable *revisita.* Al oponerse al establecimiento del catastro y al no pagar el tributo, Mohoza ahorró 66 900 pesos —el equivalente de dos o tres valiosas haciendas—.

Otros siguieron su ejemplo y las exenciones se multiplicaron de tal manera que el prefecto se vio obligado a reconocer, en 1891: "No hemos avanzado ni un solo paso en el camino del progreso".[44] Dos años más tarde este mismo prefecto concluye:

> Disminución de las rentas fiscales, detrimento del servicio público, tumultos y perturbaciones del orden, amenazas de levantamiento, por un lado; y por el otro, ninguno de los beneficios que se propusieron los legisladores en favor de la raza indígena: he aquí por lo general el resultado de las revisitas en el departamento de La Paz.[45]

Desde 1883, la resistencia de los *comuneros* despojados de sus bienes adquirió una amplitud tal que las directivas ministeriales ordenaron frenar las operaciones de *revisita,* condición previa a la reforma fiscal y a las ventas.

Entre 1883 y 1899 los enfrentamientos entre comunidades rebeldes y fuerzas del orden se multiplican. A principios del mes de mayo de 1896, dos días después de las elecciones presidenciales que había perdido el general Pando, candidato liberal, los indios acampados en las alturas rodean la ciudad de La Paz, y sólo se retiran después de breves combates contra la tropa. En diciembre de 1898, un partido mayoritario en La Paz, que se bautiza liberal y federal, el del general Pando, declara la lucha abierta para arrancar el poder a los conservadores originarios del sur.

Es entonces cuando la rebelión india, preparada desde hace tiempo, se une a la revolución de los liberales, que también esperaban su hora desde hacía 20 años. En La Paz se construye una red de barricadas: "Esto se ha hecho metódicamente —escribe el encargado de negocios francés— y con orden, puesto que el elemento indio [...] había sido reunido y organizado en cuerpos de zapadores desde hace varios meses".[46]

El general Pando alardea, rodeado de exploradores aymaraes: "¡Viva Pando! ¡Viva la Federación! ¡Viva la propiedad comunal!"[47] El eje de la guerra civil conducía de La Paz a Sucre: las rutas de las tierras altas

[44] *Informe del prefecto de La Paz,* La Paz, imp. El Comercio, 1891.

[45] *Informe del prefecto de La Paz,* La Paz, imp. El Comercio, 1894, p. 4.

[46] Archives du Ministère des Affaires Étrangères, AMAE, *Bolivie, politique intérieure, dossier général,* t. 1 (1894-1899), despacho del 28 de diciembre de 1898, f. 123 v.

[47] *Idem,* despacho del 1° de febrero de 1899, f. 155 v.

son controladas por compañías de indios utilizadas como servicio de información. Éstas impiden el aprovisionamiento de las tropas conservadoras y les presentan combate. Cuando el Estado federal de La Paz es dirigido por un triunvirato criollo, los *comuneros* son dirigidos por tres "Willka", y las comunidades de Peñas proclaman su autonomía de *republiqueta* indígena.

Pero poco después —a finales de enero de 1899— la inquietud se instala en el campo de los criollos: los federales y los indios, ¿quién sirve a quién? El coronel Adams, abastecedor de armas del partido federal, es atacado: "Esto demuestra algo que no puede tranquilizar a nadie: los indígenas del altiplano, sublevados, se decía, contra la invasión de los sudistas, no distinguen ya entre amigos y enemigos".[48]

Algunos días más tarde, la sociedad minera de Corocoro era saqueada.[49] En la iglesia de su pueblo, las comunidades de Ayo-Ayo masacran a soldados conservadores, y las de Mohoza eliminan a un escuadrón federal.[50] El general Pando quiere romper; en marzo, escribe: "La raza india ha declarado la guerra, *motu proprio,* a la raza blanca".[51]

El 10 de abril, las tropas de Pando ganan una batalla decisiva contra los conservadores; el 13, la junta que reúne a los vencedores transmite una circular a las autoridades provinciales con el fin de enviar a los indios a sus hogares. Hacia mitades de mayo, un batallón Illimaní es suficiente para capturar y conducir a La Paz a los autores de la masacre de Mohoza, "noventa indígenas aymaras de 120 que habían partido del lugar de captura —puesto que se había fusilado a lo largo del camino aquellos que no podían andar".[52]

Dos semanas antes, los principales jefes de la insurrección habían sido capturados. La república de los indios se encontraba así deshecha con una sorprendente facilidad pero, a pesar de todo, se había conseguido un logro: las esferas criolla e india habían estado unidas durante un tiempo para vencer a los conservadores. Los jefes electos por la sociedad india habían defendido la causa de las comunidades colocándose al lado de los políticos criollos.

¿Qué autonomía se puede reconocer a las tropas indias formadas por estos *comuneros,* quienes en 1899 se comprometieron al servicio de la causa federal? Los liberales parecen haber servido a las comunidades, a

[48] AMAE, *Bolivie...,* despacho del 29 de enero de 1899, f. 143 v.

[49] *Ibidem,* despacho del 31 de enero de 1899, f. 151 v.

[50] El balance de la masacre de Mohoza se eleva a 16 vecinos y 130 soldados. Archivo Histórico de La Paz (AHLP), *Proceso de Mohoza,* cuerpo núm. 8, p. 24, debates del 24 de julio de 1901.

[51] *Ibidem.*

[52] AMAE, *Bolivie...,* despacho del 19 de mayo de 1899, f. 192 v.

pesar suyo, al conferir una unidad y una dirección a algo que no parecía sino una serie de revueltas desordenadas. Sin embargo, parece que las comunidades se habían dotado de una organización y de unos objetivos propios *mucho antes del levantamiento federal.*

Los responsables más conocidos de la insurrección de 1899 aparecen, 20 años antes, como *hilacatas* o *apoderados* de un *ayllu,* o, en menor medida, de una *parcialidad,* y se convierten con el paso de los años en representantes de todos los *ayllus* de una comunidad, y más tarde representan a las comunidades de todo un cantón.[53] Durante la guerra civil son nombrados generales, coroneles o gobernadores. Uno de ellos, Juan Lero, se nombra incluso presidente de la república de Peñas, su provincia, y organiza con este título el juicio y ejecución del corregidor de Peñas[54] como hacía más de un siglo, Túpac Amaru II había juzgado y condenado al corregidor Arriaga.

¿Qué representaban estos hombres en su comunidad de origen? Diez años antes de la guerra civil, las autoridades investigaron sobre los que eran sospechosos de crear problemas: ningún gran nombre de la sociedad india aparece en los informes. Los caciques querían en primer lugar preservar o engrandecer su patrimonio. En el siglo XIX, las comunidades se encontraban envueltas en una serie de procesos contra sus *curaca* por las mismas razones por las que ellas se quejaban contra las autoridades abusivas o los aldeanos usurpadores. Los viejos linajes de la aristocracia aymará se habían enriquecido y "criollizado": los huarachi, criales, cusicanqui, siñani y otros eran hacendados, corregidores, subprefectos o diputados.

Aquellos a quienes las autoridades perseguían eran a menudo hombres del *común de indios,* aun oscuros vagos. Un informe del archivo histórico de La Paz indica que en 1889 estos futuros jefes de la insurrección general eran ya conocidos como *apoderados* de las comunidades, en contacto los unos con los otros y acusados de conjuración, algo de lo que se defendían con habilidad. Este documento —una denuncia colectiva— revela asimismo que estos hombres estaban organizados jerárquicamente y reconocían la autoridad de una sola persona que los representaba. Se trataba de Feliciano Espinosa, un *originario* de los suburbios de La Paz (San Pedro), cuyo corregidor informaba: "El que se titula

[53] Utilizo aquí la definición de los términos empleada en el altiplano boliviano. En el departamento de La Paz, una comunidad se compone de varios *ayllus,* dividido cada uno en *parcialidades.*

[54] R. Condargo Morales, *Zárate, el "temible" Willka. Historia de la rebelión indígena de 1899,* La Paz, 1983. Esta segunda edición de un trabajo pionero, aparecido en 1967, se apoya en ciertos documentos excepcionales: el autor ha podido tener acceso a los archivos personales del general Pando.

apoderado es un individuo que no merece confianza por ser un individuo vago, sin oficio también conocido. Constantemente, dicen, les exige dinero bajo el nombre de derrama, haciéndoles consentir que las representaciones que había hecho ante las autoridades estaban muy avanzadas".[55]

El anterior corregidor había hecho detener en flagrante delito de conspiración a "un indígena llamado Villca, al representante Espinosa, así como a muchos otros", y, en 1888, el partido liberal había intentado provocar un levantamiento en Huaicho en el cual había estado implicado Espinosa. Habría logrado entonces malversar el importe del tributo del cantón de Cohoni, haciendo creer que "estaba ya vencido el gobierno por el famoso caudillo de Guaycho, el famoso Chambi".[56] Once años antes del estallido de la guerra federal, el partido liberal había así insinuado una primera insurrección con el apoyo indio, pero es al jefe de las comunidades a quien Feliciano Espinosa atribuía la victoria decisiva, prefigurando la "desviación" de 1899.

A lo largo de la misma investigación, el subprefecto precisa que Feliciano Espinosa había llamado la atención de las autoridades desde hacía cuatro años "por sus prédicas instantes a la raza indígena". Cuatro años antes, cuando ya las denuncias masivas de las comunidades habían comenzado, Feliciano Espinosa había pedido al prefecto una copia de las actas de composición efectuada para sus propiedades "en tiempos de la colonia". Se le respondió que un empleado había substraído el registro que contenía esos documentos.

Sin tierra y sin empleo, Espinosa había venido a menos desde hacía poco tiempo; en días más felices, había aprendido a leer y a escribir, y sus cartas demuestran ingenio. Pasado 1890 se pierde su rastro, y fue Pablo Zárate Willka quien tomó su papel —sin que sepamos cómo se efectuó la elección de este nuevo dirigente—.

Estos hombres parecen así haber constituido una organización paralela a la de las comunidades. A pesar de algunos trabajos que ya han comenzado, conocemos todavía mal las jerarquías que estructuraban la sociedad india en el siglo XIX. La larga preparación de la insurrección suponía una doble jerarquía: la de los *hilacatas* en regla con los cargos de la comunidad, unos mediadores, y la de *los apoderados* que, al contrario que los primeros, no poseían ninguna justificación legal y no permanecían en su lugar de origen. Esta hipótesis explica las reticencias, y a menudo la hostilidad, de la primera jerarquía con relación a la segun-

[55] AHLP, *Expedientes Prefectura,* 1890, f. 45 de un informe no catalogado. Documento fechado el 16 de diciembre de 1889 en La Paz y firmado por C. Rodríguez.

[56] *Ibidem.*

da; asimismo explica la insistencia de las autoridades criollas en recordar que los hombres con quienes éstas tenían que tratar no eran los legítimos representantes de la comunidad (y de ahí se concluía que éstos sólo se representaban ellos mismos); este acto subraya, finalmente, que el levantamiento masivo no fue general. A partir de esto, se atisban ciertas razones del fracaso final.

Según los documentos que publica R. Condarco Morales en la obra que dedica a Pablo Zárate Willka, es evidente que no todos los dirigentes de la insurrección indígena perseguían los mismos objetivos. Algunos habrían defendido una política nacional, sin referencia a las quimeras del Tahuantinsuyu: un Estado republicano, democrático, pluriétnico, pero en el que cada componente de la nación habría figurado como tal y en donde habrían desaparecido los mediadores, mestizos o criollos, tan influyentes al final del siglo XIX. Es precisamente esto lo que podemos deducir de las proclamaciones de Zárate Willka o de los interrogatorios de los inculpados de Mohoza que declaraban que los maestros de escuela y los curas deberían ser indios y que los habitantes de los pueblos deberían adoptar una vestimenta indígena. Este proyecto preservaba la forma republicana, pero basados en una sociedad cercana a la del antiguo régimen, donde cada grupo étnico, concebido como un *estamento* —el indio y el blanco—, habría dispuesto de una representación y poseído ciertas garantías (notablemente en lo que atañe a la propiedad comunitaria).

Los dirigentes indios de la insurrección se colocaban en la intersección de las reivindicaciones tradicionales de una revuelta campesina y de los principios de una sociedad liberal. Exigían el respeto de la legislación indígena y rechazaban implícitamente las Leyes de Indias; los mismos hombres reivindicaban sin embargo el orden moderno: "conocemos finalmente que sólo en aquel caso reinarán la igualdad, el progreso".[57] Pero de igual manera manifestaban otra tendencia que continuaba en el mismo espíritu de las revueltas que habían estallado en el siglo XVI: la idea de exterminación de los blancos.

Los líderes indios se dividían así entre un proyecto de sociedad donde habrían estado representadas las diversas castas que formaban la nación, y la voluntad de masacre racial, de reconquista de las tierras usurpadas después de la exterminación de los blancos. En el partido liberal, las oposiciones estaban igualmente marcadas: el general Pando, quien a pesar de sus relaciones estrechas con los dirigentes indios quería eliminarlos de la escena política, se oponía a la "indianería del

[57] AHLP, *Expedientes Prefectura,* 1890, doc. cit.

palacio"[58] que proponía la participación de los indios en la vida nacional.

Es así que no podemos entender la vida política andina si la percibimos como un universo dual, separando sociedad india y sociedad criolla, cuando el arte político consistía, en este caso, en combinar redes de parentesco y de clientela con las cuales se mezclaban los compromisos partidarios. De esta manera se establecieron lazos entre el partido liberal y las tropas indias, y así se explica tal capacidad de movilización política en una sociedad donde el país legal era tan reducido.

Conclusiones

Este estudio hubiera podido prolongarse más allá de 1900, integrando en este esquema las revueltas andinas de los años 1920-1930 y asimismo la participación de las comunidades en la revolución nacional de 1952, y los enfrentamientos del campesinado de la cuenca de Cochabamba durante los primeros gobiernos del MNR. La intervención masiva de estos actores colectivos en la vida política de los Estados andinos no termina sino con la urbanización de los tres últimos decenios.

Así pues, me contentaré con realizar un rápido balance de algunas certezas y de las numerosas incógnitas que oscurecen la relación entre el Estado y los actores colectivos.

A diferencia del prejuicio que pretende alejar a las comunidades indias de la escena política, el estudio de algunos momentos claves de la historia republicana andina demuestra que, en este caso, el juego político estaba constituido por las relaciones complejas —de alianza y de lucha— mantenidas por las comunidades campesinas y la clase política.

En Perú, las relaciones establecidas entre el Estado y las regiones, entre el gobierno en el poder y sus adversarios implicaban una estrategia de cerco: si el poder residía en Lima, los candidatos a la presidencia debían ganar la capital partiendo de las provincias. Y una de las fuerzas provinciales esenciales con las cuales un candidato en el poder debía contar estaba constituida por las comunidades indias. Esta es la conclusión que se impone tras el estudio de los graves problemas políticos que ha marcado, en Perú, el final del siglo XIX.

La supervivencia o la desaparición de las comunidades ponía en juego todo el funcionamiento político de los Andes. La existencia de comunidades todavía poderosas, aliadas a veces entre sí por acuerdos de larga

[58] Según el encargado de negocios francés (AMAE, *Bolivie*..., despacho de 19 de mayo de 1899, f. 192).

duración, permitía que un caudillo dispusiera inmediatamente de una fuerza unificada cuyo apoyo obtenía por medio de un pacto establecido con los dirigentes de los *ayllus*.

Las comunidades intervenían desde entonces en la esfera política con el objeto de defender unas posiciones socioeconómicas, pero respetando las reglas específicas del juego político, especialmente la alternancia de negociaciones y de enfrentamientos, y escogiendo como correa de transmisión, portavoz o marco de referencia, una fracción criolla de oposición.

Es sin embargo difícil conocer los proyectos de los actores colectivos. (De ahí la multiplicidad de interpretaciones posibles.) Los ejemplos inéditos que he citado —particularmente el de las comunidades que sostenían la guerrilla de Hayopaya durante la guerra de independencia, y el de las comunidades del altiplano boliviano al final del siglo XIX— sugieren una acción mucho más consciente, una visión más política de la participación de los autores colectivos de lo que habíamos podido creer hasta ahora. Revuelta campesina no significa necesariamente movimiento espontáneo, impulsivo, a corto término y de escasas expectativas.

Una vez establecida no solamente la participación de las comunidades sino también su papel esencial en la vida política de los países andinos, queda por dilucidar por qué canales —por qué intermediarios— se efectuaba esta participación.

Sabemos muy poco sobre las jerarquías reales de las comunidades, y de su evolución. La guerra civil boliviana revela que, entre 1880 y 1900, una jerarquía paralela se superponía en el altiplano a la jerarquía oficial. ¿Era esto nuevo?, ¿y quiénes eran estos capitanes indios que dirigían las tropas semipermanentes en el seno de la guerrilla casi un siglo antes? ¿Eran dirigentes conocidos?, ¿tipos marginales?, ¿individuos en vía de *cholificación?*

Ignoramos todavía más acerca de cómo estos hombres se aliaban a los miembros de la clase política. Las formas de la vida política imponían el recurso a los representantes y a los mediadores —dirigentes criollos o mestizos con quienes las comunidades establecían relaciones estrechas y se confundían a veces con caudillos carismáticos—. (En este último elemento podemos sospechar la intervención de clérigos que elaboraban la imagen del hombre providencial, como el canónigo Carrascón había diseñado la de José Angulo, en Cuzco, en 1814-1815.) Queda todavía por comprender por medio de qué tipo de relaciones, a través de qué hombres y de qué prácticas se anudaban las alianzas entre partidos y comunidades. Y quizá podamos emitir la hipótesis de que la aureola mítica que se formaba a menudo alrededor de los dirigentes era debida en parte a una influencia indígena. La participación consciente de las comunidades en la vida política nacional no implicaba que éstas estuvieran influenciadas por una visión secularizada del mundo.

Si el papel del clero y de sus técnicas de reelaboración de las creencias parece más discreto al final del siglo XIX, puede que se deba al hecho de no haber encontrado buenos documentos: los tribunales de la década de 1900 (que han suministrado una buena parte de nuestra documentación sobre estas insurrecciones) no compartían las mismas creencias que los de 1800, y prefirieron sacar de las teorías darwinianas una serie de conclusiones con respecto a la inferioridad racial de los acusados, antes que interrogarse sobre su visión del mundo. Algunos detalles, sin embargo, revelan que el clero había desempeñado un cierto papel en la insurrección boliviana. El cura de Mohosa, Jacinto Escobar, fue acusado de complicidad con los asesinos del escuadrón federal y uno de los acusados le atribuyó las siguientes palabras pronunciadas al final de la masacre: "Todo fue castigo del Tata Santiago".[59] El santo patrón del pueblo de Santiago de Mohosa, quien con anterioridad había prestado su influencia al caudillo Eusebio Lira, continuaba actuando como protector de las acciones guerreras de las comunidades del cantón.

Finalmente, subrayemos que la república fundaba en los conflictos que establecía con los actores colectivos gran parte de su existencia. La presencia y la vitalidad de las comunidades han dado una identidad al conjunto de intereses y de relaciones que atañían al poder; ya que los actores colectivos existían y se enfrentaban a todo lo que les parecía que amenazaba su estatuto, sus bienes y su visión del mundo; la intervención del Estado, por otra parte tan débil, podía manifestarse incluso en el campo.

[59] AHLP, *Proceso de Mohosa.*

XII. EL ESTADO LIBERAL Y LAS CORPORACIONES EN MÉXICO (1821-1859)

Andrés Lira
El Colegio de México

Ideas y términos de la época

En el *Proyecto de Constitución ... del imperio mexicano* (1822) atribuido a Miguel Guridi Alcocer (1763-1828), se considera a la nación como fundamento y objeto del Estado. He aquí los dos primeros artículos:

> 1. La Nación Mexicana es la sociedad que resulta del conjunto y reunión de los habitantes del Territorio de México.
> 2. Esta sociedad es la autoridad suprema o soberana del Estado, de la que participan como miembros de ella, todos los ciudadanos que la componen, y a la que sin distinción se sujeta cada uno como súbdito, por ser inferior a ella.[1]

No cabe mayor claridad en ese proyecto, y sería interesante seguirlo para advertir el equilibrio de conceptos e intenciones de aquella generación de publicistas. Pero el asunto y época de este capítulo nos llevan a un autor de generación posterior, José María Luis Mora (1794-1850), a quien le tocó ver cómo se desvirtuaba el clarísimo concepto de nación por obra de súbditos que no se sujetaron como individuos a la nueva sociedad.

Al mediar el periodo que nos ocupa, Mora publicó su *Revista política de las diversas administraciones que la República Mexicana ha tenido hasta el año de 1837*.[2] El relato de los acontecimientos es sistemático. Partiendo de 1820, Mora presenta las fuerzas que hicieron fracasar el proyecto liberal de 1833 y 1834 e impusieron la república central en 1835. Los personajes individuales se presentan como agentes o como seguidores de actores colectivos que sobreponen sus intereses al del orden político general, es decir, de los cuerpos sociales que absorbían los derechos naturales del hombre.

[1] Manuel Calvillo, *La consumación de la Independencia y la instauración de la República Federal,* 2 vols., Departamento del Distrito Federal, México (obra conmemorativa de la Fundación de la República Federal y del Distrito Federal), pp. 13-54, la cita en la p. 29.

[2] José María Luis Mora, *Obras sueltas,* París, 1837; cito por la ed. Porrúa, México, 1963, pp. 5-172.

Mora destacó al clero y a la milicia, cuyos privilegios se habían impuesto de manera irracional en la legislación igualitaria de la época. Estas corporaciones provenían del pasado y sus promotores formaron el partido del *retroceso,* como oposición al del *progreso,* que trató de abatir los privilegios de cuerpos sociales que, si bien eran necesarios, no tenían por qué sobreponerse a la sociedad a la que supuestamente debían servir.

Alrededor de esos cuerpos destacaron otros, como las logias masónicas, sociedades secretas que se unían por espíritu de partido favoreciendo a los del retroceso —los del rito escocés— y atacándolos sin resultado positivo alguno para el progreso —las logias yorkinas—.

Finalmente, sin peso propio pero sí importante por su adhesión al partido del retroceso, estaban los promotores de los "restos de la raza azteca", reivindicadores de mermados patrimonios y supuestos privilegios de los indígenas, amenazados por el orden igualitario. Personajes como Juan de Dios Rodríguez Puebla, rector del Colegio de San Gregorio (institución dedicada a la educación de los indios) y partidario del progreso al principio, se puso en los momentos más críticos de parte del *retroceso,* porque vio que así aseguraba la exclusividad de los indígenas como alumnos y profesores de su claustro.

Como quiera que sea, para Mora fueron dos los principales actores colectivos, el clero y la milicia, puesto que sus instituciones —así las destacaba— se impusieron a las constituciones y a la legislación modernas. Los indígenas, por más que se rebelaran y se opusieran a los proyectos de la sociedad nacional, no alcanzaron para él ni para otros autores de su tiempo —como Lucas Alamán y Lorenzo de Zavala, por ejemplo— papel protagónico; eran más bien obstáculos o tropiezos a la acción política y administrativa de diversos regímenes, que, si bien encarnaban en rivales políticos, tenían la misma intención: una sociedad y una economía política.[3]

Sin embargo, el número y la entidad de esos tropiezos crecieron después de los años en que Mora publicó su análisis; los indios alcanzaron en los escritos de la siguiente generación un lugar como elemento problemático;[4]

[3] José Miranda, 1978, *Las ideas y las instituciones políticas mexicanas. Primera parte, 1521-1820,* 2a. ed., pról. y notas de Andrés Lira, Universidad Nacional Autónoma de México, México; Charles A. Hale, *El liberalismo mexicano en la época de Mora, 1821-1853,* trad. de Sergio Fernández Bravo y Francisco González Aramburu, Siglo XXI Editores, México, 1972, cap. 7, pp. 221-254; Andrés Lira, *Comunidades indígenas frente a la ciudad de México, Tenochtitlan y Tlatelolco, sus pueblos y barrios, 1812-1919,* El Colegio de México, El Colegio de Michoacán, Consejo Nacional de Ciencia y Tecnología, México, 1983, pp. 183-189.

[4] Mariano Otero, "Varios mexicanos", en *Obras,* recopilación, selección, comentarios y

y en desesperados intentos de lograr el orden de una nación que se disolvía por guerras intestinas, se llegó a pensar en la recuperación de ciertos medios administrativos del Estado borbónico, en que se había dado sitio a las corporaciones. Esto ocurrió en 1854 y 1855, hacia el final del periodo que tratamos; y es tiempo de ir atrás para entender el desenlace.

El control de la sociedad y los fueros de las corporaciones

Durante el último tercio del siglo XVIII y primera década del XIX, el Estado borbónico endureció el control sobre las corporaciones eclesiásticas, sobre los ayuntamientos de las villas y ciudades de españoles y sobre las repúblicas y las comunidades de los pueblos de indios. Hubo una redefinición del espacio político, que se expresó en la *Real Ordenanza... de intendentes de ejército y provincia* de 1786. Paralelamente y como parte de ese proceso, se establecieron las milicias y se dio forma a un ejército regular, cuyos jefes habrían de tener un papel protagónico en la administración y en la política.[5]

La acción del Estado borbónico contra los privilegios del clero es evidente. A un hecho tan drástico como la expulsión de los jesuitas de todos los dominios españoles en 1767, sigue en Nueva España la visita de José de Gálvez, con lo que se pone en marcha una fiscalización verdaderamente agresiva de los bienes del clero. La convivencia de un episcopado y un clero medio y bajo descontento se logra gracias a los beneficios de un crecimiento económico y al acomodo de la política en los cauces del regalismo. Pero la situación llega al límite cuando por real cédula del 25 de octubre de 1795 es abolido el fuero personal del clero, sujetando a la justicia real a los sacerdotes en caso de delitos graves. La implantación de esa medida en Nueva España fue ocasión de representaciones, entre las que destaca la que escribió en 1799 Manuel Abad y Queipo, por disposición del entonces obispo de Michoacán, Antonio de San Miguel.

La obra es un análisis de la sociedad novohispana y un argumento sobre la necesidad de mantener los privilegios del clero, agente más efectivo de la autoridad real, sin cuyo concurso no podría mantenerse la constitución monárquica y se caería en la republicana y sus excesos,

estudio preliminar de Jesús Reyes Heroles, 2 vols., Editorial Porrúa, México, vol. 1, pp. 115-137, esp. pp. 116-120.

[5] Manuel Miranda, *Las ideas,* pp. 143-190. Real Ordenanza (1786), 1984; Christon I. Archer, *El ejército en el México borbónico, 1760-1810,* trad. Carlos Valdés, México, Fondo de Cultura Económica, México, 1983; Josefa Vega, *La institución militar en Michoacán en el último cuarto del siglo XVIII,* Zamora, El Colegio de Michoacán-Gobierno del Estado de Michoacán, 1986.

como ocurría en Francia.[6] Abad y Queipo anunciaba el peligro del levantamiento de un bajo clero descontento, lo que vino a ocurrir en 1810, luego de otras acciones confiscatorias que afectaron a personajes del clero medio y bajo.[7]

Los años sesenta del siglo XVIII son los del establecimiento de las milicias, base del ejército regular que ganaría, para contrarrestar la oposición de la sociedad en tiempos de paz conflictiva y guerra abierta máximos, privilegios en la escala de la burocracia del Estado borbónico. Se ve esto, entre otras cosas tan evidentes como el fuero, en el régimen hacendario donde los montepíos militares o patrimonios constituidos con impuestos de tasa progresiva (la mayoría de los impuestos eran en la época de tasa regresiva) tuvieron fluida administración para atender a los militares y a sus familiares.[8]

El papel del ejército en la guerra de independencia le dio, naturalmente, el primer lugar y de allí a la política el paso estaba dado. La exaltación de Agustín de Iturbide, en 1821, como autor de la independencia por obra de un arreglo que detiene el derramamiento de sangre de hermanos, y luego al trono del Imperio mexicano, como caudillo de una sociedad militarizada en sus mandos, resulta comprensible.[9]

El clero y el ejército, en cuanto corporaciones antaño constituidas y afirmadas en las lides políticas de la independencia, podían exigir respeto a sus fueros en la nueva nación independiente; se las veía en los escenarios públicos y reclamarían su importancia y, sobre todo, los intereses de sus miembros como parte de cuerpos sociales. Por eso los críticos de la sociedad los tuvieron presentes desde el primer momento.

Por lo que respecta a los pueblos de indios y sus comunidades, hay que advertir que llegan como actores bien dispuestos, aunque con menos elementos y oportunidades; pero se los irán proporcionando echando mano de recursos también afirmados por el antiguo orden.

[6] Manuel Abad y Queipo, "Representación sobre la inmunidad personal del clero, reducida por las leyes del Nuevo Código, en la cual se propuso al Rey el asunto de diferentes leyes, que establecidas, harían la base principal de un gobierno liberal y benéfico para las Américas y la Metrópoli", en Mora *Obras sueltas*, pp. 175-213, esp. parágrafos 1-24. En este último alude a Montesquieu *(Del espíritu de las leyes,* cap. IV del libro I), sin completar la referencia en que advierte que el clero ha desempeñado en la constitución monárquica de España el papel fundamental, debido a la falta de una nobleza capaz de enfrentar y limitar el poder del monarca.

[7] Nancy Farris, *Crown and Clergy in Colonial Mexico. The Crissis of Ecclesiastical Privilege, 1759-1821,* University of London Press, 1968.

[8] Fabián Fonseca y Carlos de Urrutia, *Historia general de Real Hacienda,* 6 vols., Imprenta de Vicente García Torres, México, 1845-1853; reimpresión facsimilar, Secretaría de Hacienda y Crédito Público, México, tomo VI, pp. 5-197.

[9] Timothy E. Anna, *El imperio de Iturbide,* trad. Adriana Sandoval, Consejo Nacional para la Cultura y las Artes-Alianza Editorial, México, pp. 13-99.

Efectivamente, en los años que van de 1768 a 1810 se ejerce un mayor control sobre las comunidades de los pueblos de indios, sometiéndolas a un orden general. En 1768 José de Gálvez dispuso una *Instrucción formada para la visita y reconocimiento de propios y arbitrios y bienes de comunidad* de ciudades, villas y lugares de españoles y de pueblos de indios, cuyo control había corrido hasta entonces por separado. La consideración conjunta de propios y arbitrios en poblaciones españolas y de bienes de comunidad de los pueblos de indios se afirmó en los artículos de la *Ordenanza de Intendentes* de 1786 relativos a la administración local.[10] Sobre esa base se hicieron reglamentos uniformes para la administración de los bienes de muchas comunidades de Nueva España y se hizo más ostensible a los ojos de la administración pública el papel que tenían las comunidades, base material y sustento de las repúblicas de los pueblos, en el orden general de la sociedad y de la economía.[11] Las comunidades eran sustento de las repúblicas puesto que de sus fondos se sacaba lo indispensable para mantener su orden interno y defender sus límites frente al exterior. Gastos del culto religioso (desde construcción y reparación de templos, hasta el pago de servicios y administración de sacramentos y, sobre todo y con esto, fiestas de santos patronos y del día de muertos), escuelas que al menos desde la década de 1770 debía tener cada pueblo; socorros ante desastres y satisfacción de necesidades públicas, pago de agentes en los frecuentísimos pleitos judiciales para defensa de las tierras de las comunidades y sueldos de las autoridades, salían de las cajas de comunidad, nutridas con aportaciones que pagaba anualmente cada indio tributario y en buena proporción —cuantiosa en muchos casos— por caudales provenientes de las rentas de sus tierras y réditos de capitales que aprovechaban los españoles.[12]

También fue ostensible el abuso de la Real Hacienda, que desde los siglos anteriores venía despojando a las comunidades y haciendo, en sucesivas disposiciones legales, propósitos de enmienda, sin conseguirla. Y llegó a extremos en los tiempos de la reorganización cuando incluyó a las comunidades de Nueva España como accionistas del Banco de San Carlos.[13]

[10] Fonseca y Urrutia, *Historial General,* t. v, pp. 253-257 y 299-313.

[11] Véase Alberto López Guerrero, Alicia de Campo Heym, Carmen Molina Ruiz y Edith Vera Vallés, *Índice del Ramo de Bienes de Comunidad,* Archivo General de la Nación, México, 1979.

[12] Zavala y Miranda, "Instituciones indígenas de la colonia", *La política indigenista en México,* 2ª. ed., Instituto Nacional Indigenista-Secretaría de Educación Pública, México, 1973, vol. I, pp. 43-206; "Las cajas de comunidad [en Nueva España]", *Diálogos,* núm. 108, noviembre-diciembre de 1982, pp. 11-14.

[13] Calderón Quijano, *El Banco de San Carlos y las comunidades de indios de Nueva España,* Banco de España-Escuela de Estudios Hispanoamericanos, Sevilla, 1963. Son

Sin embargo, ese orden administrativo fortaleció a las comunidades. Las autoridades españolas procuraron la reivindicación de tierras, cobro de rentas y créditos a favor de los pueblos; los indígenas se adaptaron a las exigencias de un proceso racionalizador y burocrático que no iba a detenerse y consiguieron mantener la vida de sus pueblos al margen y dedicar los productos que lograban rescatar de aquella administración voraz —por lo demás interesada en mantenerlos en orden—, para gastarlos en muchas cosas que a los ojos de extraños eran excesivas e irracionales, pero en las que los pueblos manifestaban y realizaban su identidad.

En ese proceso se agilizaron los medios de defensa y los indígenas acudieron con más frecuencia al juzgado general de indios, instancia que tuvo similares en lugares fuera de la jurisdicción de la Audiencia de México, y que, quiérase que no, fue una especie de fuero.[14]

En fin, ocurrió algo muy interesante cuando lo vemos en comparación con lo que pasaba en España, pues mientras en la península muchas de las tierras de comunidades agrarias entraron al comercio y se convirtieron en propiedad individual —siguiendo los dictados de las ideas de ilustrados que luego avalaría, naturalmente, el liberalismo—, en Nueva España las de las comunidades de indios se vincularon y se confirmaron como patrimonios colectivos de los pueblos, como bienes de comunidad.[15]

Así pues, por la vía más de la resistencia que de la acción administrativa y de la protesta política, los indios se irían manifestando contra el Estado liberal. Por la evidencia de su protagonismo político, a los autores de la época se les impuso la presencia del clero y la milicia. Vale la pena destacar a los indígenas teniendo en cuenta la diversidad de lugares y de momentos en los que actuaron.

En efecto, densas poblaciones de indígenas organizadas en los barrios de las llamadas *parcialidades* de indios se agrupaban en ciudades importantes del centro y del interior, como la de México, Puebla, Valladolid (Morelia a partir de 1828), Querétaro y en otras, y en diferentes villas.

interesantes los comentarios de Antonio Alzate, recogidos por Roberto Moreno de los Arcos, "Notas de Alzate a la *Historia antigua de Clavijero*", *Estudios de Cultura Náhuatl,* vol. x, 1972, Universidad Nacional Autónoma de México, México, 1972, pp. 359-392; la cita en la p. 382. Alzate llama la atención sobre la injusticia cometida con los pueblos indígenas, pues aunque se publicaban testimonios de los rendimientos de las acciones del Banco de San Carlos y sonaba "por suya la propiedad", los indios carecían de recursos aun para los gastos más indispensables.

[14] Woodrow Borah, *Justice by Insurance. The General Indian Court of Colonial Mexico and the Legal Aides of the Half-Real,* University of California Press, Berkeley, Los Angeles, Londres, 1983, pp. 227-255 y 329-384.

[15] Sobre España, véase Francisco Tomás y Valiente, *El marco político de la desamortización en España,* Editorial Ariel, Barcelona, 1983, pp. 12-47.

Las relaciones entre la población "española" y los barrios de indígenas fueron muchas veces conflictivas; los ayuntamientos de las ciudades y villas reclamaban tierras y recursos que los indígenas defendían por considerarlos bienes de sus comunidades. Hubo también grandes núcleos indígenas que definieron el carácter de regiones, como la ciudad de Tlaxcala, cuya presencia se advierte en la geopolítica actual (Tlaxcala es el estado más pequeño de la República mexicana); núcleos menores, que conviven en áreas amplias o reducidas, a las que imponen una organización administrativa peculiar aún hoy día, como ocurre en los estados de Oaxaca, Puebla, México, Morelos y Michoacán, cuya característica es el mayor número de municipios, consecuente con el de pueblos que han disputado tierras en luchas ancestrales, por más que dentro de los municipios, entre poblados menores, se sigan dando esas luchas de comunidades agrarias. Poblaciones indígenas dispersas en territorios más o menos extensos señalaron límites conflictivos a grandes propietarios cuando la ambición de recursos, hasta entonces compartidos, llevó a los hacendados a impedir el uso del agua, la recolección y la pesca que venían practicando los indígenas. Tal es el caso de los pueblos de la ciénega de Chapala en los actuales estados de Jalisco y Michoacán y el de los pueblos de Cuernavaca y Cuautla, en el actual Morelos.

Aparte y obedeciendo a otros motivos, según veremos, las tribus bárbaras, en el norte del país, y los mayas en Yucatán impusieron su presencia como enemigos.

Como quiera que sea, la diversidad espacio-temporal no alteró la concepción política individualista del Estado-nación, que impuso la necesidad de *eliminar a las comunidades para integrar a los indígenas en la sociedad mexicana.*

El Estado liberal

La actividad de los pueblos indígenas —que en el liberalismo se verán reducidos a los límites de sus comunidades como realidad material visible hasta el extremo de identificarlos con el problema de la tierra—,[16] comienza y se desarrolla como resistencia a medidas de carácter "administrativo" y de gobierno local, que son las que afectan su cotidianidad.

Primero, en el ámbito urbano, contra la *Constitución Política de la Monarquía Española de 1812,* en cuyo artículo 310 se disponía la erección de ayuntamientos constitucionales en las poblaciones de mil o más

[16] Hale, *El liberalismo...,* pp. 22-254; Lira, *Comunidades indígenas...,* pp. 229-231.

almas. En algunas repúblicas de indios se procedió a la elección ya en 1813, no sin reparos de las autoridades españolas, como ocurrió en Ixtacalco, cerca de la ciudad de México, caso que tenemos bien documentado y que puede servir de indicio para imaginar lo ocurrido en otras poblaciones en que las "gentes de razón", es decir los no indios, vieron con preocupación cómo las autoridades indígenas se adueñaban del flamante ayuntamiento constitucional que iba a ser la autoridad común debido a la instauración del régimen de igualdad.[17]

Pero eso duró poco, en 1814 la Constitución fue abolida y se ordenó la reinstauración de las repúblicas de indios separadas de los ayuntamientos de españoles. El problema se precipitó a partir de 1820, cuando se reinstauró la Constitución y se procedió a elecciones de ayuntamientos en diversos lugares y, como ocurrió en la capital, a impedir a los indígenas de las parcialidades, o jurisdicciones propias y separadas por ser de barrios de indios, la administración de sus bienes.

Un testimonio del 19 de julio de 1820 nos da el tono de la cuestión; es un escrito del gobernador de la parcialidad de Santiago Tlatelolco, en el norte de la ciudad de México, dirigido a Juan Ruiz de Apodaca, jefe político superior de la Nueva España, en que reclamando contra la intromisión del ayuntamiento de la ciudad le dice:

> Aunque por el nuevo sistema de cosas queda suprimida la parcialidad, quedan siempre los naturales y conservan todos sus bienes para atender con ellos los objetos propios a que están destinados, con la sola diferencia de que antes era bajo la jurisdicción de Vuestra Excelencia y en el día bajo la Junta Provincial que luego se instale.[18]

El breve espacio del que disponemos me impide entrar en explicaciones, pero como el texto es claro, sólo cuidaré de señalar el reclamo de la permanencia de los naturales y la conservación de sus bienes ante la situación que planteaba la abolición del orden estamental, es decir, de la diferencia entre indios y no indios, por la supuesta unidad de la nación española.

Eso ocurría en la ciudad de México, pero es indudable que en regiones lejanas se presentaron problemas cuando se trató de erigir ayuntamientos constitucionales. En el ramo de Ayuntamientos del Archivo General de la Nación abundan los testimonios formales en que las autoridades distritales dan fe de la elección e instalación de los nuevos ayuntamientos. Algunos coincidieron con las cabeceras de las repúbli-

[17] Lira, *Comunidades indígenas...*, pp. 56-61.
[18] *Ibidem*, pp. 23-62.

cas de indios y es probable que haya habido pocas dificultades; pero habrá que hacer estudios para advertir la realidad del problema. Los pocos trabajos que hemos logrado ver —y creo que no hay muchos más— muestran desajustes, protestas y peticiones de los indígenas que llegan hasta los primeros congresos constitucionales, pues luego de la Independencia siguió vigente —como en otros ramos de la administración— el régimen municipal de las Cortes de Cádiz.[19]

El asunto no era sólo el cambio de una forma de gobierno y de administración de los recursos de las comunidades; pues su composición se había alterado, desde 1810, con la abolición de los tributos —cuyo cobro implicaba la existencia y permanencia de cargos en los pueblos, que iban más allá de lo meramente fiscal— y de servicios —que exigían organizaciones paralelas—. Esas medidas se reforzaron con el decreto del 9 de noviembre de 1812 en que se insistió en la abolición de las mitas y servicios personales y en otras medidas en favor de los indios, como la dotación de tierras a los casados y a los mayores de 25 años, tomando las tierras de lugares inmediatos a los pueblos y respetando las de sus comunidades; éstas sólo podían repartirse en caso de que fueran cuantiosas y dejando siempre la mitad como tierras de uso común.[20]

El orden de las comunidades no podía mantenerse en un sistema que consideraba la propiedad privada como motor del bienestar individual y del que resultaría, necesariamente, el general. Críticos de medidas extremas, como Manuel Abad y Queipo en 1799 frente a la abolición del fuero personal del clero y la consolidación de vales reales en 1804,[21] habían recomendado la desvinculación de las tierras de las comunidades y el libre avecinamiento de no indios en sus pueblos.[22]

[19] Sobre la Mixteca véase Rodolfo Pastor, *Campesinos y reformas: La Mixteca, 1700-1856,* El Colegio de México, México, pp. 421-427; sobre Yucatán véase Güémez, *La comunidad indígena ante los proyectos republicanos en Yucatán, 1824-1847,* tesis de maestría, El Colegio de Michoacán, Zamora, 1992. Algunas noticias sobre el estado de Veracruz, en Aguirre Beltrán, *Formas de gobierno indígena,* Instituto Nacional Indigenista, México, 1981, p. 60. Problemas provocados por el orden municipal de la Constitución española se resolvieron en el Primer Congreso Constituyente Mexicano. Véase *Actas Constitucionales Mexicanas (1821-1824),* 9 vols., edición 1980, facsimilar con introducciones por José Barragán Barragán, Universidad Nacional Autónoma de México, Instituto de Investigaciones Jurídicas, México, 1980, t. II, pp. 35, 39, 270, 285 y 301.

[20] Manuel Dublán y José María Lozano, *Legislación mexicana o colección completa de las disposiciones expedidas desde la independencia de la República Mexicana*, 58 vols., México, 1876-1912; vols. 1 a 6, 1876; vol. 7, 1877.

[21] Abad y Queipo, "Representación sobre la inmunidad...", "Representación a nombre de los labradores y comerciantes en que se demuestran con claridad los gravísimos inconvenientes de que se ejecute en las Américas la Real Cédula de 26 de diciembre de 1804, sobre enajenación de bienes raíces y cobro de capitales de capellanías y obras pías para la consolidación de vales", en Mora, *Obras sueltas,* pp. 214-230.

[22] *Ibidem,* párrafo 100.

El régimen constitucional español lo dispuso así (aunque tratando de moderar el alcance de las medidas, pues sólo se autorizó la venta de la mitad de las tierras de comunidad cuando fueran muy extensas) y en el México independiente ese régimen se continuó y se llevó más lejos.

En efecto, los congresos constituyentes y legislativos de la primera república federal y de los estados dictaron disposiciones para repartir entre los naturales las tierras de los pueblos. Entre 1824 y 1828 se ordenaron distribuciones de tierras de los pueblos a los padres de familia. Hubo reglamentaciones más o menos precisas, y por más que se avanzó, como se ve en testimonios notariales y en buen número de resoluciones judiciales y gubernativas a demandas ocasionadas por pleitos en los repartos, éstos se obstaculizaron por la oposición de los mismos pueblos, y por la complicación de derechos que diversas personas como arrendatarios y acreedores decían tener sobre las tierras vendidas o adjudicadas.

Poco se ha hecho en verdad sobre este tema, pues es necesario seguir la historia de pueblos y comunidades de ámbitos determinados. Tenemos noticias generales sobre Michoacán y Jalisco[23] y más precisas sobre Oaxaca y el Distrito Federal.[24] Pero es claro que el proceso de apropiación individual de la tierra se había extendido por todo el país alterando el orden tradicional en las regiones de antiguos pueblos de indígenas.

Así parece por los indicios de radicalización del ambiente. En 1829 la disputa sobre la rectoría del Colegio de San Gregorio, en la capital, hizo ver que había promotores de instancias y de manifiestos públicos que se decían representantes de más de cien pueblos de indios de diversas partes del país.[25]

Las autoridades, por su parte, trataban de conciliar intereses y daban respuestas más retóricas que consecuentes con las demandas de los pueblos. En el caso del Colegio de San Gregorio, por ejemplo, sostuvieron el nombramiento de Juan de Dios Rodríguez Puebla como rector, y en el de las reclamaciones de los barrios de la ciudad dieron largas a las demandas sobre propiedades de comunidades de las "extinguidas" parcialidades de indios de San Juan Tenochtitlan y Santiago Tlatelolco; hasta que, por fin, en 1835, bajo el régimen centralista que se estaba

[23] Moisés Franco, "La desamortización de bienes de comunidades indígenas en Michoacán", en Pedro Carrasco *et al., La sociedad indígena en el centro y occidente de México,* El Colegio de Michoacán, Zamora, 1986, pp. 169-188; y Robert J. Knowlton, "La individuación de la propiedad corporativa civil en el siglo XIX. Notas sobre Jalisco", *Historia Mexicana,* vol. XXVIII, núm. 1, julio-septiembre de 1978, 109, pp. 24-61.

[24] Pastor, *Campesinos..., op. cit.;* Lira, *Comunidades indígenas..., op. cit.*

[25] Lira, *Comunidades indígenas...,* pp. 82-85. Las pp. 39 a 43 de esas páginas contienen referencias a expedientes del Archivo General de la Nación, en los que hay impresos y manuscritos firmados por esos personajes.

instaurando en la República (y que habría de durar con cambios hasta 1846), se restableció la administración de las parcialidades, que funcionó, no sin dificultades, pero eficientemente, hasta 1849, reivindicando tierras y cobrando rentas de no poca consideración en un ambiente empobrecido. Después ese orden continuó y fue en buena medida el instrumento conciliador del que se valieron los liberales del tiempo de la Reforma —es decir, de 1856 en adelante— para realizar la desamortización de las tierras de los pueblos.

La desamortización marca el inicio de otro momento en la historia de México, pero no llega a disolver las comunidades ni logra integrar a los indígenas a la sociedad nacional individualista. Las *guerras de castas,* como se llamó a los levantamientos de indígenas en los años cuarenta, se hicieron mal endémico, y aún en los años de relativa paz como fueron los dos últimos decenios del siglo XIX y primeros lustros del XX, se señalaba como promotores de guerras de castas a los procuradores de pueblos de indios que se oponían a la aplicación de medidas desamortizadoras.

Pero volvamos a los mediados del siglo XIX para recuperar el hilo del proceso. Yucatán y la Sierra Gorda (Guanajuato, Querétaro y San Luis Potosí) fueron escenarios de las guerras más sonadas. En la sierra se hablaba de un plan destructor del orden y de la propiedad; y de lugares distantes, como la sierra de Puebla, hubo noticias alarmantes, donde en 1848, decía el diario conservador *El Universal,* había una sociedad filantrópica que proponía el comunismo, doctrina nada nueva entre los naturales de la región, al decir del periodista.[26]

Como ésas, se presentaron noticias de otros movimientos que se acercaban a la capital y la ponían en estado de alarma en momentos muy difíciles, durante la guerra con Estados Unidos y después de la salida de las tropas norteamericanas, que permanecieron en la misma capital desde septiembre de 1847 hasta mediados de 1848.

La guerra con los Estados Unidos dejó a México una indemnización de 15 millones de pesos (que se consumió, a medida que se fue recibiendo, en el pago de deudas vencidas y urgencias del día) y la mutilación de más de la mitad del territorio; también reflexiones sobre la historia del país independiente y de los fracasos del sistema federal, considerado por los conservadores causante de la desintegración y del desastre del país. El sistema federal, reinstaurado en 1846, rigió hasta 1853, cuando

[26] *El Universal,* 28 de noviembre de 1848. Véanse J. L. Ramos, J. Chávez, A. Escobar, C. Sheridan, R. Tranquilino y Rojas Rabiela (coords.), *El indio en la prensa mexicana del siglo XIX: catálogo de noticias,* 3 vols., Centro de Investigaciones y Estudios Superiores en Antropología Social-Secretaría de Educación Pública, México, 1987, vol. III, p. 2; Moisés González Navarro, *Anatomía del poder en México (1848-1853),* El Colegio de México, México, pp. 28-67.

se estableció un prospecto —pues no alcanzó a promulgarse la Constitución prometida en unas bases para la administración de la república— de régimen central y dictatorial, a cuya cabeza se colocó al hombre imprescindible, Antonio López de Santa Anna. Ese régimen trató de enfrentar los problemas que planteaban los indígenas mediante un sistema de reivindicación de "terrenos de origen comunal" bajo un estricto control a cargo de "subintendentes" y con la intervención de los curas de las jurisdicciones. Se volvían los ojos a medios que funcionaron durante el dominio español, como instancias sumarias que proveían a los pueblos despojados de oportunidad para recuperar sus tierras.[27]

Eran en realidad intentos desesperados para atraerse a pueblos levantados que se sumaban a caudillos seguidores de los liberales en pugnas políticas. Pero lo cierto es que fuera cual fuera el bando político, al proceso de apropiación individual de la tierra nadie estaba dispuesto a ponerle un límite en favor de las comunidades. Para los hombres públicos, conservadores o liberales, la propiedad comunal de los indígenas era un obstáculo al progreso de la economía-política (desde hacía tiempo no se concebía otra); el que los pueblos mantuvieran sus patrimonios aparte, fuera de los propios de los ayuntamientos y vinculados en *comunidades* se debía "a una extraña anomalía", como dijo Lucas Alamán refiriéndose a las parcialidades de San Juan Tenochtitlan y Santiago Tlatelolco al mediar el siglo XIX.[28]

Por ese entonces, fuera de los lugares en que se peleaba contra los indígenas en "guerras de castas", aquí y allá las autoridades de diversos niveles y jurisdicciones luchaban contra pueblos de indios en juzgados y en los terrenos invadidos. Incluso las autoridades municipales de lugares tan próximos a la capital, como las de la Villa de Guadalupe, anunciaban que de un momento a otro ocurriría lo mismo que en Yucatán y en la Sierra Gorda, pues era manifiesta la actitud levantisca de los pueblos. Habrá que leer informes para darse cuenta de la tensión en la que se vivía.

La situación cobró perfiles verdaderamente dramáticos cuando, sobre las noticias de levantamientos de pueblos que se consideraban bien integrados al orden del país, se empezaron a acumular las de los indios bárbaros que asolaban los estados del norte y aun los del "interior", pues pasando de los fronterizos seguían por Durango y Zacatecas y llegaban hasta Jalisco y San Luis Potosí.

A juzgar por datos que proporcionan los periódicos de la capital, la presencia de los bárbaros en el interior fue esporádica durante la primera

[27] Dublán y Lozano, *Legislación mexicana...*, vol. VIII, núm. 4304 y núm. 3401.
[28] Lira, *Comunidades indígenas...*, pp. 211-219.

década del siglo;[29] se fue haciendo más frecuente después de la Independencia con la aparición de "comitivas de indios amigos" que pasaban a la capital a manifestar su adhesión a los nuevos gobiernos y a arreglar cuestiones que confiaban resolver en instancias centrales, siguiendo una costumbre de tiempos atrás.[30] Luego se vio como un problema heredado —al igual que otros— del dominio español.

Una circular de la Secretaría de Guerra, del 8 de enero de 1835, dictada en tiempos del entonces —segunda de muchas veces— presidente de la República, Antonio López de Santa Anna, contiene razonamientos muy interesantes para conciliar dentro de la patria constituida en nación libre y soberana a colectividades de mexicanos que en la realidad eran vistos como naciones bárbaras. Vale la pena transcribir aunque sea unos párrafos:

> [...] Al constituirse nuestra patria en nación libre y soberana, recibió como triste herencia del gobierno español [una] porción de mexicanos, que nacidos en estado de barbarie, desconociendo todos los principios de la civilización, reducen sus costumbres a satisfacer las necesidades animales por los medios de la fuerza y del exterminio. Estos grupos de hombres selváticos habitan en los Estados de Chihuahua, Oriente y Occidente, llaman la atención de todos los amigos de la humanidad, y han sido muchas veces objeto del cuidado del Supremo Gobierno [...].

Sigue dando cuenta de esos cuidados y de las limitaciones del erario y de la suerte de las poblaciones asoladas por los bárbaros, para recomendar el trato adecuado, puesto

> [...] que los apaches y cuantos individuos pertenecen a las reuniones conocidas con el nombre de naciones bárbaras que habitan nuestro territorio, son mexicanos porque nacieron y viven en la República, y no pueden ni podían tener dentro de él un gobierno independiente del general, que los constituyese en el rango de sociedades reconocidas.
>
> El estado de barbarie en que yacen les impide conocer los deberes universales y los que les pertenecen como mexicanos. Así es, que el presidente quiere y reencarga a V. E. [Gobernador del Estado y Comandante Militar] mucho que prefiera los medios de dulzura y de prudencia para reducirlos a la vida social, extinguiendo esas hordas destructoras, y haciéndolos vivir en poblaciones, bajo la inspección de las autoridades que han establecido las leyes [...].[31]

[29] *Diario de México*, 26 de diciembre de 1807 y 1º de febrero de 1808. Véase Ramos, Chávez, Escobar, Sheridan, Tranquilino y Rojas Rabiela, *El indio en la prensa...*, vol. I, pp. 7 y 8.
[30] Dublán y Lozano, *Legislación mexicana...*, vol. II, núm. 836.
[31] Dublán y Lozano, *Legislación mexicana...*, vol. III, núm. 1498.

Luego venía, naturalmente, el plan de campaña militar, según medidas para el restablecimiento de compañías presidiales en aquel inmenso septentrión abandonado a su suerte desde la Independencia. Allá hubo intentos de coalición entre los estados y ayudas esporádicas del centro; pero lo único efectivo fue la organización para la propia defensa de aquellas sociedades de rancheros, poco o nada identificadas con una nación como la del México independiente. Pero esto es asunto de otras historias y tenemos que dejarlo.

Siguiendo con la nuestra, hallamos que la década de los años cuarenta vio crecer el mal. Levantamientos de indios sedentarios en el interior e incursiones de "mangas" de indios bárbaros llevaron a pesimistas reflexiones. *El Universal,* a partir de 1848, advirtió en sus editoriales que el mal se debía al abandono de la religión y del orden militar que en épocas anteriores se había tenido en el país; es decir, las causas del deterioro provenían de la desorganización desatada por la guerra de Independencia y la anarquía del sistema federal.

Su rival, *El Monitor Republicano,* contratacaba advirtiendo que la miseria y los abusos que padecían los indígenas eran los motivos de sus levantamientos y decía que la argumentación de *El Universal* era en realidad un alegato en favor de la monarquía, propuesta por los personajes que estaban detrás del periódico.[32]

Lo cierto es que había una desorganización general, que se manifestó en los análisis de la sociedad mexicana que hicieron liberales y conservadores después de la guerra con los Estados Unidos. Un grupo de liberales, amparado bajo el nombre de *Varios Mexicanos* concluyó pesimistamente afirmando que en México no había nación; que las "clases" o cuerpos privilegiados —clero y ejército—, lejos de asumir el papel directivo en la defensa, habían dado la espalda al enemigo extranjero en los momentos más difíciles dejando al país abandonado a su suerte.[33] La prescripción resultaba evidente: había que constituir a la nación destruyendo los privilegios de esas clases y dando a sus miembros el lugar que les correspondía como parte de ella para que cumplieran con la misión que les estaba encomendada en el orden social y político.

Por su parte, los conservadores argumentaron que la caótica situación se debía a la destrucción de los elementos propios de la nación, que en nombre del progreso habían llevado a cabo diversos grupos. En primer

[32] Véase, por ejemplo, *El Universal,* 29 de junio de 1852, y *El Monitor Republicano,* 3 de septiembre de 1849 y 15 de agosto de 1852, como más ilustrativas de una discusión que se extiende y ramifica siguiendo diversos temas. Noticias sobre los años 1848 en adelante se registran en Ramos, Chávez, Escobar, Sheridan, Tranquilino y Rojas Rabiela, *El indio en la prensa...,* vols. I y III.

[33] Otero, "Varios mexicanos", en *Obras,* pp. 116-137.

lugar, se había debilitado el sentimiento religioso siendo que la religión católica era el único lazo que unía a los mexicanos, pues al atacar al clero se había atentado contra los principales agentes del culto. La falta de un verdadero ejército regular, compuesto de personal selecto y disciplinado era el otro factor negativo, ya que las intrigas y revoluciones habían hecho de la clase armada un cuerpo de conspiradores. Por otro lado, el sistema electoral y la multiplicación de puestos que el federalismo había traído consigo favorecían la formación de grupos de aventureros, que, sin ningún interés propio y sin sentido de la responsabilidad —debido al anonimato propio de los congresos y cuerpos deliberantes—, veían en los puestos públicos medios para colocarse y para hacerse de fortuna. De ahí la falta de seguridad de la propiedad, debida a la falta de una verdadera representación de propietarios y de empresarios en los congresos.[34]

La situación se radicalizó a partir de 1848 y el desorden se hizo más evidente. Tanto los liberales de diversos grupos como los conservadores trataron de atraer a la figura militar capaz de lograr el orden, condición indispensable para discutir la posible organización del país. Antonio López de Santa Anna fue llamado y cortejado por los agentes de esos grupos y se le hizo regresar del destierro al que se había condenado después de abandonar la capital cuando entraba el ejército norteamericano en 1847. Regresó en 1853 y lo ganó para su causa el partido conservador, en nombre del cual y considerándolo "voz abreviada de la nación", le escribió Lucas Alamán una carta en la que exponía un sencillo plan de gobierno: restablecer al culto católico su esplendor, asegurando al clero sus derechos; organizar el ejército regular sin tolerar milicias estatales o cualquier otro cuerpo; borrar todo lo que pudiera recordar el federalismo y las elecciones populares de autoridades nacionales y aun locales.[35]

El programa no llegó a realizarse. Lucas Alamán, cabeza del partido conservador, murió al poco tiempo, el 2 de junio de 1853. Pero aunque hubiera vivido más, resulta difícil imaginar la posibilidad de controlar la situación, comenzando por la que imponía la personalidad de Santa Anna, pues por más que hubo un plan inspirado en elementos tradicionales y en el moderno sistema administrativo francés (tema que habrá

[34] Lucas Alamán, *Historia de Méjico,* Jus, México, 5 tomos; *Obras,* de D. Lucas Alamán, tt. I-V; t. V, pp. 547-598.

[35] Francisco de Paula Arrangoiz, *México desde 1808 hasta 1867,* pról. Martín Quirarte, Editorial Porrúa, México, pp. 421-423; González Navarro, *Anatomía del poder,* y Carmen Vázquez Mantecón, *Santa Anna y la encrucijada del Estado. La dictadura (1853-1855),* Fondo de Cultura Económica, México, 1986. Las anteriores son las obras que tratan respectivamente de la sociedad que llama a Santa Anna al poder y del desenlace de la dictadura.

que estudiar con cuidado), las urgencias del erario, los levantamientos en diversas partes del país y las consecuentes medidas represoras desvirtuaron los propósitos de racionalidad que inspiraron a Alamán y a otros colaboradores como el secretario de Justicia, Teodosio Lares. Las aprehensiones y destierros se multiplicaron y se hicieron más evidentes la prepotencia de la clase militar, la exageración del papel del clero y el ceremonial ridículo que patentizó la impertinencia de los fueros.

Así se explica el fracaso de ese orden centralizado, émulo en muchos aspectos del régimen de intendencias, con el cual se pretendió atender —según apuntamos arriba— demandas de pueblos despojados y proveer de educación técnica —pues hubo planes de escuelas de agricultura y para la implantación de un moderno sistema de educación media—. La modernización se prometía bajo un orden de autoridad que rescataba los fueros y otros elementos tradicionales, y esto fue lo que vieron los opositores. Por ello la oposición liberal se consideró como la lucha contra los privilegios del clero y los del ejército y contra la propiedad de las corporaciones. Éstos eran los reclamos más evidentes cuando cayó Santa Anna en 1855.

La Reforma y la conformación de los actores colectivos, 1856-1859

De las llamadas Leyes de Reforma, la primera es la de Administración de Justicia y Orgánica de los Tribunales Federales, del 23 de noviembre de 1855, conocida como Ley Juárez (por ser obra del entonces secretario de Justicia, Benito Juárez), que abolió el fuero de los eclesiásticos y de los militares en casos de delitos del fuero común. La ley era moderada, pues dejó intactas las jurisdicciones eclesiástica y militar en asuntos de esas materias, y esto fue lo que se le reprochó a su autor años después, una vez aplacado el escándalo que suscitó la oposición de los obispos. La gran aportación de esta ley es el predominio del Ejecutivo en la organización y control del Poder Judicial, como lo ha hecho notar recientemente Linda Arnold.[36]

De mayor alcance en el orden político y social fue la ley del 25 de junio de 1856, en la que se dispuso la desamortización de las fincas rústicas

[36] Dublán y Lozano, *Legislación mexicana...*, núms. 4572 y 4581; Francisco Bulnes, *Juárez y las revoluciones de Ayutla y de Reforma,* Antigua Imprenta de Murguía, México, 1905; Linda Arnold, "La política de la justicia: los vencedores de Ayutla y la Suprema Corte Mexicana", *Historia Mexicana,* vol. XXXIX, núm. 2, octubre-diciembre de 1989, pp. 441-473.

y urbanas de las corporaciones civiles y eclesiásticas, conocida como Ley Lerdo por ser obra del secretario de Hacienda, Miguel Lerdo de Tejada.

Se ordenaba la adjudicación de las propiedades de las corporaciones a los arrendatarios y censatarios, quienes debían pagar el precio en plazos razonables, considerando que la renta canon anual correspondía a 6% del valor del bien. La medida iba dirigida a las corporaciones eclesiásticas, más que a las comunidades de indígenas, que inevitablemente se vieron afectadas.

En efecto, en el artículo 3º se disponía que "Bajo el nombre de corporaciones se comprenden todas las comunidades religiosas de ambos sexos, cofradías y archicofradías, congregaciones, hermandades, parroquias, ayuntamientos, colegios y, en general, todo establecimiento o fundación que tenga carácter de duración perpetua e indefinida". Este último periodo se aplicaba perfectamente a las comunidades de indígenas, cuya característica era precisamente la duración perpetua e indefinida, y permitía salvar a las asociaciones y a las sociedades mercantiles, constituidas para realizar fines concretos en tiempos determinados. La diferencia entre este tipo de sociedades y las comunidades había sido vista por José María Luis Mora muchos años antes, cuando advirtió que en las primeras quedaban a salvo los derechos naturales del hombre, pues cada socio concurría voluntariamente con su aportación para formar el patrimonio y podía retirarlo en cuanto quisiera conforme a un plan definido, mientras que las comunidades, dado su carácter de intemporalidad e imprecisión, se sobreponían a los individuos ahogando sus derechos.[37]

En 1856 se fue más lejos, en el artículo 25 (que pasaría a ser parte del 27 de la Constitución de 1857) se estableció: "Desde ahora en adelante ninguna corporación civil o eclesiástica, cualquiera que sea su carácter, denominación u objeto, tendrá capacidad legal para adquirir en propiedad o administrar por sí bienes raíces...", con la sola excepción de aquellos destinados inmediatamente al objeto de su institución, como los edificios de los colegios, los ejidos de las poblaciones, en el caso de los ayuntamientos y otros, según lo dispuesto en el artículo 8º. Pese a su rigor, la ley tenía elementos de intención conciliadora, pues se trataba de alterar lo menos posible la situación en perjuicio de los intereses; así, se daba preferencia y facilidades a los actuales arrendatarios y censatarios de los bienes, se estableció que los réditos producto de los capitales resultantes de las operaciones de adjudicación o venta deberían seguirse aplicando a los objetos a los que se destinaban las ren-

[37] Mora, *Obras sueltas,* pp. 57-60 y 305.

tas de las fincas (artículo 35), y se permitió que las sumas recibidas por las corporaciones como pago del precio de los bienes desamortizados o por cualquier otro concepto se invirtieran en acciones de empresas agrícolas, industriales o mercantiles, sin poder adquirir o administrar por esto propiedad raíz (artículo 26).

Pero esas limitaciones y posibilidades en la aplicación de la ley quedaron al arbitrio de autoridades locales; hubo abusos resultado de la ambición de especuladores y, aun sin que mediara la voracidad, la simple aplicación en ciertos pueblos perjudicó a los habitantes que hasta entonces habían vivido en terrenos de las comunidades, pues tuvieron que dividirlos y pagar derechos. Esas injusticias cometidas con los "labradores pobres", como se llamó a los indígenas, fueron atendidas en un sinnúmero de disposiciones administrativas y en resoluciones judiciales, excluyendo a los adjudicatarios de terrenos cuyo valor resultara menor de 200 pesos del pago de alcabala y protegiendo a vecinos pobres, a sacerdotes encargados de parroquias o de capillas en poblados cuando se vieron amagados por los especuladores; pero a la postre la aplicación de la ley del 25 de junio resultó aplastante, confirmándose así los presagios que hicieron los diputados José María del Castillo Velasco, Ponciano Arriaga e Isidro Olvera en el Congreso de 1856, al anunciarse y al discutirse la ley de desamortización. Los tres propusieron en su momento una legislación y un articulado dentro de la misma Constitución para evitar los abusos en perjuicio de los pueblos de indígenas, a los que veían como víctimas propicias de una legislación conciliadora, cierto —y cabe advertir que los tres eran partidarios del principio de distribución y circulación de la tierra—, pero inconsecuente con el medio en el que se iba a aplicar.[38]

El curso que siguió la aplicación de la ley fue muy diverso, pues las diferencias de tiempos, lugares y modalidades son notables en las diversas partes del territorio. Trataremos de dar una idea de las características más acusadas siguiendo los pocos estudios con los que contamos.

El secretario de Hacienda Miguel Lerdo de Tejada procuró mostrar el éxito alcanzado en la aplicación de la ley, para contrarrestar la oposición que había aun dentro del gobierno. Destacó sus logros en la *Memoria ... de la Hacienda Pública* correspondiente a 1856, impresa a principios de 1857. Lo que advertimos, particularmente en el documento 149, es la utilización de la contabilidad y de los archivos de las corporaciones. Las operaciones de desamortización se hicieron, cuando las

[38] Zarco, *Historia del Congreso Extraordinario Constituyente [1856-1857]*, estudio preliminar de Antonio Martínez Báez e índice de Manuel Calvillo, El Colegio de México, México, 1956, pp. 362-365, 387-404, 423-435 y 690-697.

había, sobre la base de esas evidencias, lo que permitió calcular el precio de los bienes considerando la renta anual como 6% del valor. Esto ocurrió con buena parte de las fincas urbanas de la Iglesia y con bienes de comunidades de indígenas cercanos a las ciudades, que se arrendaban cumpliendo formalidades; pero en los de pueblos alejados de cuyos bienes no había constancias escritas, las adjudicaciones y operaciones de venta se hicieron fijando arbitrariamente los precios; los "repartos" de solares y de tierras entre los mismos indígenas fueron ocasión de conflictos que obligaron a posponer la aplicación de la ley. En los estados de Michoacán y Veracruz, por ejemplo, se hicieron muy tarde, ya en pleno porfiriato, aplicando más bien leyes locales complementarias de la Ley Lerdo (a veces, como en el caso de Michoacán, anteriores a ésta), que sí se aplicó a las corporaciones eclesiásticas. La oposición del clero se complicó, como bien sabemos, con la guerra civil llamada de Reforma, y en los momentos más difíciles, el 12 de julio de 1859, el presidente Juárez promulgó la ley por la cual se disponía la nacionalización de los bienes eclesiásticos.

El proceso de aplicación de esas leyes es muy complicado y cubre periodos de la historia que quedan fuera de los límites de este trabajo. Hay que señalar, así sea de paso, que las comunidades de indígenas presentaron una resistencia obstinada. En muchas en las que se hicieron repartos de tierras, se armaron "condueñazgos" y con formas distintas se siguió el régimen comunal, según lo registraron funcionarios ya en pleno porfiriato y lo comprobarían los constituyentes de 1916, al considerar los condueñazgos, rancherías, pueblos, comunidades y otras formas de propiedad comunal en el régimen agrario. La verdad es que las comunidades de indígenas ofrecieron la resistencia más obstinada por las vías de hecho y mediante un uso estratégico de la ley, de lo cual hay abundantísimas evidencias en los archivos mexicanos; se comportaron como hábiles agentes colectivos con los cuales tuvieron que lidiar y siguen lidiando los regímenes mexicanos.[39]

Pero los liberales de la Reforma cuidaron más del clero y del ejército. Al primero lo atacaron de frente; al segundo lo toleraron, pues era el aliado indispensable en aquella sociedad convulsa, agitada por la reac-

[39] La bibliografía sobre el tema es aplastante. Una exposición breve e inteligente sigue siendo la de José Miranda, "Importancia de los cambios experimentados por los pueblos indígenas desde la conquista", en *Homenaje a Pablo Martínez del Río en el* XXV *aniversario de los orígenes americanos,* Instituto Nacional de Antropología e Historia, México, recogido en *Vida colonial y albores de la independencia,* Secretaría de Educación Pública, México, pp. 168-181; y del mismo autor, "La propiedad comunal de la tierra y la cohesión social de los pueblos indígenas mexicanos", *Cuadernos Americanos,* vol. XXV, núm. 6 (149), noviembre-diciembre de 1966, recogido en *idem,* pp. 54-73.

ción del clero y por los levantamientos de indios.[40] El enemigo visible en la superficie política era el clero y contra él se dirigieron los ataques ideológicos más elaborados. No les faltaba razón a los intérpretes de la época cuando, respondiendo a las acusaciones de irreligiosos que se hacían a los gobiernos liberales, acudieron al ejemplo de los monarcas españoles. Felipe II, Carlos III y Carlos IV, monarcas católicos, tuvieron que vérselas con una Iglesia fuerte y dictaron medidas verdaderamente confiscatorias para realizar la *reforma social,* como la llamó Manuel Payno; es decir, para hacer volver a la sociedad los bienes que la Iglesia había sustraído del comercio estancándolos en manos muertas, al principio con móviles útiles y legítimos y luego con perjuicio de pueblos y de particulares.

Así lo veía en su conciliadora versión Manuel Payno, recordando el papel de la Iglesia como bastión contra la crueldad de los conquistadores y pobladores españoles y contra la arbitrariedad de los monarcas absolutos. El cumplimiento de esa misión protectora justificó el crecimiento de las fortunas de corporaciones eclesiásticas; pero pasado el tiempo y habiéndose logrado el establecimiento de gobiernos nacionales, verdaderamente liberales y constituidos por los elementos mismos de la sociedad, había llegado el momento de volver a ésta lo que con absurdos e injustos privilegios se mantenía aparte en perjuicio de la nación.[41]

[40] En la colección de Dublán y Lozano que hemos venido citando es evidente el predominio de la legislación relativa a la organización del ejército, los problemas de deserción, y los conflictos con la sociedad se perciben claramente. Hay un proceso de anarquía y violencia al que corresponde, naturalmente, la organización y desorganización militar como parte de la historia política y social, campo de estudio que da para muchos temas.

[41] Manuel Payno, "Introducción: apuntes sobre la reforma social en España y México", vol. 1, *Colección de las leyes, decretos y providencias relativas a la desamortización eclesiástica, a la nacionalización de los bienes de corporaciones y a la reforma de la legislación civil que tenía relación con el culto y con la Iglesia,* 2 vols., Imprenta de S. Abadiano, México, pp. I-CIII.

XIII. PUEBLOS, LIBERALISMO Y NACIÓN EN MÉXICO

ANTONIO ANNINO
Universidad de Florencia

UNO DE LOS PRINCIPIOS BÁSICOS del liberalismo fue siempre el de la ciudadanía, es decir una nueva idea de pertenencia a una identidad colectiva común (la nación) junto a derechos "universales" como la propiedad, la igualdad ante la ley, la seguridad y el sufragio, entre otros. Estos principios entraron tempranamente en México, en la época de Cádiz, sin embargo sus rumbos fueron condicionados desde el primer momento por un uso muy peculiar. El hecho se debió al protagonismo de los pueblos, a la crisis del Imperio español y a lo que podríamos definir como una "brecha" que las primeras constituciones, empezando por la gaditana, dejaron abierta y que las comunidades locales supieron aprovechar hasta lograr monopolizar los requisitos para definir quién era ciudadano y quién no. Este proceso nos revela una paradoja del liberalismo mexicano: desde el primer momento la difusión de la ciudadanía moderna consolidó las sociedades locales más que las centrales, restando legitimidad a los nuevos gobiernos.

El desliz de la ciudadanía hacia las comunidades territoriales no fue una "herencia colonial" directa sino que se gestó en el corto periodo de su crisis, precisamente por efecto de la aplicación en Nueva España de la Constitución de Cádiz en 1812. Es también cierto que si miramos al mundo de las comunidades las evidencias muestran que los pueblos conservaron su memoria y sus costumbres en un esfuerzo constante para reproducir sus identidades frente a los nuevos desafíos. Un dato sin embargo insuficiente. Las investigaciones de los últimos 20 años nos han mostrado en qué medida las empresas de supervivencia colectiva de los pueblos mesoamericanos fueron posibles desde la conquista gracias a intercambios culturales, políticas de la memoria y a un complejo tejido de estrategias materiales e inmateriales que cambiaron las traumatizadas identidades prehispánicas, al mismo tiempo que lograron construir una autonomía cultural en el contexto colonial. Después de la quiebra del Imperio español las empresas de supervivencia siguieron con el objeto de conservar las autonomías en el marco de las nuevas repúblicas liberales, pero tuvieron que enfrentarse con un desafío más radical: la igualdad jurídica y sus formas de organización política. Un desafío que amenazó directamente a las comunidades en cuanto sujetos sociales, culturales e históricos. La historia de la ciudadanía liberal en México está estrechamente vinculada a esta otra historia, mucho más oscura y difícil de estudiar por la falta y la dispersión de las fuentes.

Desliz de la nueva ciudadanía

La brecha constitucional que los pueblos abrieron en la época gaditana fue una nueva etapa de este proceso plurisecular. Aquí tenemos que buscar los primeros elementos del desliz que se consumó en México tras el encuentro entre ciudadanía y pueblos. Hay que enfatizar que la carta española se aplicó en Nueva España con mucha más determinación de lo que se ha pensado. Se trató de un desesperado intento por parte de las autoridades coloniales, de contrarrestar la crisis del imperio, y una de las consecuencias fue la entrada de las comunidades en el mundo del constitucionalismo moderno. Las comunidades forzaron las normas con sus prácticas, abriendo una brecha que los gobiernos republicanos intentaron cerrar sin mucho éxito por varias décadas. Sin embargo, hay que subrayar que la brecha no fue del todo arbitraria: la constitución gaditana tenía asimetrías en su proyecto que facilitaron la estrategia de los pueblos. Quizás la más evidente fue la asimetría entre la idea de soberanía y la de territorio. La primera fue concebida a la francesa, es decir abstracta, única, homologante, sin ninguna concesión a la tradición histórica de un imperio que, a fin de cuentas, siempre fue una federación de reinos bajo un mismo monarca y por tanto con una fortísima tradición de autonomías territoriales. La segunda, en cambio, fue diferente de la que se formalizó definitivamente con la Revolución de 1789. La idea gaditana de territorio expresada en la Constitución no tuvo nada de geométrica como en Francia (departamentos, cantones, etcétera). El detalle es sólo aparentemente secundario. Un proyecto de territorio a la francesa presuponía una idea "racional" de cómo se debía construir la nueva representación política y en particular, apuntaba a la fuerza potencial de los números para consolidar el nexo entre ciudadanía y soberanía: requisitos numéricos seguros para medir la diferencia entre ciudadano activo y pasivo, entre votantes y electos, entre ciudadanos y no ciudadanos, entre votantes y electores de segundo grado, etcétera. Cada una de estas estrategias numéricas presuponía la capacidad del Estado para controlar la información acerca de las sociedades locales, un recurso que el Estado francés ya tenía antes de la Revolución y que por cierto potenció a lo largo del siglo XIX para lograr la nacionalización plena de la ciudadanía.

El Imperio español nunca tuvo esta capacidad a pesar del intento tardío del final del siglo XVIII, cuando por primera vez fue levantado un censo en América. Fue un esfuerzo no sólo tardío sino que en lo básico no se alejó de las prácticas de información del pasado: cada dato fue negociado entre los funcionarios y las jerarquías locales, tanto indígenas como eclesiásticas. Cualquier intento estatal de calcular directamente las medidas demográficas de un territorio y de una comunidad local se hubiera considerado un atentado a la libertad colectiva. En Europa esta frontera social y cultural fue superada, es cierto, pero el hecho se debió a las guerras continuas que a lo largo de tres siglos, desde el XVI hasta el XVIII, debilitaron potentemente las autonomías de las comunidades campesinas frente al Estado absoluto. Así que el México de los pueblos nos muestra en los albores del liberalismo qué tan crucial podía ser medir la población para cualquier proyecto moderno de cambiar las relaciones entre Estado y sociedad. La definición de ciudadanía en Cádiz expresó muy bien esta encrucijada. Ni la fiscalidad, ni la propiedad identificaron al nuevo ciudadano, ni tampoco se adoptó la distinción entre ciudadanía activa y pasiva. La abstracción a la francesa, tan potente cuando se reivindicó una soberanía igual y por encima de todos los súbditos, se rindió a la fuerza del territorio y de las culturas locales: el ciudadano de Cádiz y luego de la República Mexicana fue el *vecino,* el antiguo habitante de las ciudades ibéricas y americanas. Sin duda esta figura antes de 1812 tenía algo en común con el *bourgeois* francés prerrevolucionario y con el *householder* inglés de la época *wigh.* Sin embargo en 1812, cuando la primera ciudadanía liberal se vincula a la vecindad de la tradición hispánica, las técnicas jurídicas de identificación quedaron ausentes del texto constitucional: ninguna edad, ninguna renta, quizás un solar *(afincado),* seguramente tener familia, pero sí, por encima de cualquier otro requisito, gozar del respeto de la comunidad de pertenencia por tener un "modo honesto de vivir".[1]

Las consecuencias de esta vinculación entre antigua y nueva ciudadanía fueron trascendentes para el futuro de México, porque al constitucionalizarse el tradicional principio de notoriedad social (el "modo honesto de vivir"), Cádiz transformó la comunidad local en la fuente de los derechos políticos. Y hubo más: espectacularmente los constituyen-

[1] La única indicación oficial de la idea que en la época gaditana se tenía de lo que era un vecino-ciudadano se encuentra en un documento del Consejo de Estado madrileño fechado el 28 de abril de 1820, donde se afirma que los americanos con derecho de voto eran dos millones de "padres de familia". Archivo General de Indias, Indiferente General, exp. 1523.

tes extendieron la vecindad a los indígenas. Decisión sin duda extraordinaria para la época, pero sin ninguna deuda con el jacobinismo y con su vocación universalista de la igualdad. Negros y castas quedaron excluidos de cualquier derecho, mientras que la entrada del indio en el mundo liberal no fue cuestionada en Cádiz ni por los *serviles* (como fueron llamados los partidarios del absolutismo). La explicación de esta unanimidad está en el hecho de que la ruptura doctrinaria acerca del indio no se consumó en 1812 sino antes, en los años de Carlos III, cuando el jansenismo español socavó el esquema teológico de la escuela de Salamanca (siglo XVI). El indígena del final del siglo XVIII ya no era "miserable" en lo espiritual sino en lo material. Los reformistas borbónicos vieron en la pobreza india un escollo para la producción de la riqueza agrícola. Así que el indio americano logró el estatus de ciudadano liberal porque fisiócratas y jansenistas le habían otorgado treinta años antes el estatus de *Homo aeconomicus.*

Sin embargo, más allá del racionalismo ilustrado gaditano, la lógica de la igualdad ciudadana otorgada al indígena no dejó de tener una carga potencialmente desestabilizante para el nuevo orden. Si también el indio era un vecino-ciudadano, entonces su comunidad y su territorio se transformaron en una fuente de derechos constitucionales, al igual que los demás pueblos no indígenas. Empezamos así a vislumbrar el contorno de la brecha constitucional que las comunidades mexicanas forzaron cuando la Constitución cruzó el Atlántico. Es el voto, principal atributo de la soberanía, el que nos ayuda a medir el tamaño originario de la brecha y luego su amplificación en Nueva España. Cádiz no hizo distinción entre ciudadano activo y pasivo ni introdujo la obligación de preparar antes de una elección la lista de los votantes. El poder de averiguar los requisitos de quiénes tenían derecho a votar por ser vecinos se volvió así el momento estratégico de los procesos electorales, porque al reconocer la vecindad se otorgaba automáticamente la ciudadanía. En la construcción de la nueva representación política la carta gaditana abrió definitivamente la brecha: las juntas electorales de la parroquia tuvieron el poder absoluto constitucional de averiguar los requisitos de los votantes-ciudadanos. Absoluto por inapelable, y por tanto fuera de la jurisdicción del Estado. No acaso la circunscripción electoral fue la parroquia, es decir la institución agregativa básica de las sociedades hispánicas.

¿Cómo vincular esta ciudadanía votante, tan lejana del Estado central, a la idea abstracta de soberanía, garante del nuevo espíritu de igualdad de la nación española? Para contestar, hay que analizar la forma de voto y su mecanismo. Los constituyentes gaditanos optaron por el voto indirecto, que en aquel entonces se utilizaba en Francia y en Estados Unidos. Sin embargo, los niveles de voto gaditano fueron extraordinariamente más numerosos que en los demás países. La carta española implantó nada menos que cuatro niveles: los vecinos, los compromisarios de parroquia, los electores de partido y los de provincia. En Francia y en los Estados Unidos había sólo el nivel de los electores intermedios sin distinción de requisitos, mientras que la Constitución de Cádiz y la carta de la primera República Mexicana dibujaron una jerarquía de votantes y de votados: si la junta parroquial estaba abierta a todos los vecinos, fueran o no alfabetizados porque el voto era cantado, en las juntas de partido o de provincia se votaba en secreto, con rituales que presuponían la alfabetización de los votantes, y para ser elegido a Cortes se necesitaba una renta. El número y la tipología de los electores a lo largo del proceso sugieren que se quiso implantar una jerarquía de ciudadanías diferentes con el objetivo de neutralizar la fuerza de las comunidades territoriales. No hay que olvidar que hasta 1857 en México las comunidades y los pueblos conservaron sus personalidades jurídicas frente a los gobiernos. Lo que podríamos definir como la "intensidad" de la ciudadanía liberal, se construyó verticalmente a lo largo del proceso electoral desde la parroquia hasta la cumbre de la provincia, donde se consumaba el acto más importante: la delegación de la soberanía a la asamblea representativa de la Nación. Sin embargo, a esta verticalidad jerárquica de ciudadanías diferentes se contrapuso lo que podríamos llamar la ciudadanía horizontal del vecino-comunero, cuya pertenencia a la nación era sin duda débil frente a su pertenencia al pueblo, que siguió existiendo en cuanto entidad autónoma y corporativa.

Esta brecha potencial no fue percibida por el constituyente de Cádiz ni por el mexicano de 1824. En la lógica del constitucionalismo de la época, la asimetría entre soberanía y territorio tendría que ser minimizada por una frontera que nunca resistió al impacto de la sociedad mexicana a lo largo del siglo XIX: la diferencia entre el voto político y el voto administrativo por los ayuntamientos. Sólo las elecciones para las Cortes y luego para los congresos federales debían ser políticas, las de los ayuntamientos tenían un carácter administrativo, en el sentido de que estos organismos locales tenían supuestamente que ocuparse del "gobierno interior de los pueblos", tal como la limpieza de las calles, las escuelas, etc., y no tener en absoluto naturaleza política. Sin embargo, esto no fue así. En pocos años, entre 1812-1814 y 1820-1823, la difusión masiva de los nuevos ayuntamientos constitucionales en las áreas rurales, no sólo hizo evidente la brecha sino que la abrió a tal punto que la nueva ciudadanía quedó monopolizada por estas instituciones locales. La coyuntura política tuvo un gran peso. Las autoridades coloniales eran antiliberales, pero entendieron muy bien que la carta gaditana podía jugar un papel estratégico en la lucha contra los insurgentes al legalizar en el nuevo orden las antiguas aspiraciones autonomistas de pueblos, villas y ciudades. Así que México vivió su primera experiencia liberal en la agonía de la colonia bajo el liderazgo del Estado español y no de las élites criollas. He aquí un desfase cronológico entre liberalismo e independencia que condicionó el camino hacia la Nación: la república no padeció la "herencia colonial", no tuvo que luchar para difundir el constitucionalismo liberal en una sociedad cerrada en sí misma alrededor de sus valores "antimodernos". El verdadero desafío para los nuevos gobiernos fue la herencia de la crisis colonial, la necesidad (para gobernar) de quitar el control de la ciudadanía liberal a los pueblos organizados alrededor de los municipios constitucionales desde antes de la Independencia.

¿Cómo se dio concretamente este monopolio de las comunidades a lo largo de la crisis del virreinato? La primera explicación la encontramos en el fracaso de la reforma judicial que se intentó en la época gaditana. En el régimen colonial, el ejercicio de la justicia a nivel local fue concentrado durante tres siglos en las manos de unos jueces, los alcaldes mayores, y al final del siglo XVIII de los subdelegados y de los intendentes, cada uno de ellos administrando las así dichas "cuatros causas": militar, fiscal, civil y criminal. En 1812 Cádiz decretó una reforma: los antiguos jueces se quedaban con las dos primeras, mientras que los nuevos jueces de paz iban a administrar las segundas. Se trataba en la perspectiva liberal de implementar a nivel local el principio de la división de los poderes. Sin embargo, esta reforma no se concretó por la crisis política y la falta de recursos. Al quitar las Cortes dos de las cuatro causas a los subdelegados, se creó un vacío jurisdiccional que fue llenado por los nuevos ayuntamientos. El proceso fue trascendente: en pocos años una parte importantísima de las funciones del Estado pasó a los cabildos electivos rurales. Para tener una idea de lo que sucedió es suficiente recordar que antes de Cádiz, la Nueva España tenía un centenar de cabildos. En 1821 casi mil y no hay que olvidar que en el nuevo régimen constitucional todos los cabildos eran iguales. Y si miramos a la distribución territorial de los nuevos ayuntamientos, vemos que su número se incrementa en las áreas indígenas: tan sólo Oaxaca en 1821 tenía alrededor de 200. Muchas antiguas repúblicas de indios se transformaron en ayuntamientos. Quizás sea éste el dato más interesante porque nos muestra con toda evidencia cómo un tipo de cultura local se apoderó de la ciudadanía liberal. Cabe recordar que no todos los pueblos eran iguales entre sí: a lo largo de tres siglos el territorio colonial se estructuró con base en las relaciones entre pueblos-cabeceras y pueblos-sujetos, dependiendo esta jerarquía de muchos factores, aunque es interesante resaltar que una cabecera india siempre fue un agente fiscal y de justicia. La implantación del principio de igualdad entre los nuevos ayuntamientos desencadenó muchos conflictos entre un sinnúmero de cabeceras y sus sujetos. El municipio proporcionaba ventajas, como romper las relaciones tributarias y de servicios hacia caciques y gobernadores de las cabeceras.

La llegada del constitucionalismo liberal no dejó a las comunidades en una actitud indiferente o pasiva, hubo una interacción muy fuerte con la carta gaditana: por una parte cambió el perfil del proyecto constitucional y por la otra, muchas jerarquías territoriales se transformaron radicalmente. La nueva ciudadanía protagonizó muchos cambios en las sociedades locales, siguiendo patrones por cierto muy ajenos al imaginario de los constituyentes, pero el hecho no quita trascendencia al proceso y nos ayuda a entender los dilemas de la gobernabilidad republicana. Los pueblos indígenas eligieron, por ejemplo, más regidores de los que hubiera permitido el número de habitantes en obsequio a una norma de la tradición: en las cofradías, en los consejos de los ancianos, cuando se trataba de tomar decisiones importantes, cada uno de los pueblos de un territorio debía tener un representante. La "proporcionalidad" indígena no se fundaba sobre el mero número de habitantes sino de los pueblos que participaban en una alianza o en un gobierno común. El peso de las costumbres fue así muy fuerte en las prácticas de la ciudadanía y del voto. Valga un ejemplo: en el Valle de Toluca entre 1820 y 1824 se desencadenó una serie de conflictos entre comunidades indígenas porque las antiguas cabeceras se opusieron a que sus sujetos se transformaran en municipios. La argumentación fue que "parroquia" y "pueblo" identificaban según la Constitución una misma unidad territorial y que por tanto el único municipio legítimo era aquél donde se encontraba la iglesia principal. Por supuesto, esta argumentación carecía de fundamento, pero nos muestra los posibles juegos que alrededor de la idea de ciudadanía se podían desencadenar identificando la parroquia-eclesiástica con la parroquia-circunscripción.

A menudo los documentos nos informan que cada regidor electo ejercía justicia en su propio lugar de pertenencia, lo cual no era previsto por las constituciones. Este fenómeno se dio en forma masiva y no fue impulsado por los grupos criollos encumbrados. Lo que hemos llamado el desliz de la ciudadanía fue un proceso completamente llevado a cabo por los pueblos. El desarrollo de la ciudadanía liberal provocó así una doble ruptura, la del viejo y la del nuevo orden.

Y hubo más. Cádiz y la primera constitución republicana de México suprimieron las repúblicas de indios coloniales, pero esta decisión puso en grave peligro el futuro de las comunidades. El municipio liberal fue el instrumento empleado por los pueblos para defenderse de la amenazante igualdad liberal. El control sobre la justicia por parte de los ayuntamientos reubicó el mundo de los pueblos en el marco constitucional sin rupturas dramáticas y con una legitimidad que nadie cuestionó hasta las leyes de Reforma. Este aspecto constituye sin duda un elemento básico del primer liberalismo mexicano. Uno de los objetivos más importantes de los nuevos ayuntamientos fue amparar las tierras comunitarias, minimizando así la eficacia de las leyes en favor de la parcelización agraria. Como siempre, el problema de la tierra fue la médula de todos los dilemas. El de los pueblos fue sin duda un liberalismo corporativo, pero el punto históricamente relevante es el extremo dinamismo interno de este mundo pueblerino. El desliz se reprodujo constantemente después de la Independencia, mantuvo una fractura entre el nuevo Estado y los territorios comunitarios y dio origen a prácticas políticas muy peculiares en el nuevo contexto republicano.

El pacto monárquico y la norma republicana

Los pueblos-ayuntamientos que produjo la primera experiencia liberal en México, la gaditana, siguieron autodefiniéndose "soberanos" después de 1821 como si el Estado no existiera. Lo que llama la atención es la existencia de un idioma común a lo largo del territorio mexicano, lo cual nos indica la permanencia a nivel popular de un imaginario arraigado en la tradición constitucional de la monarquía católica. Es bien sabido que la idea de soberanía hispánica pertenecía a la gran tradición monarcómana, según la cual la legitimidad del rey se fundaba sobre un pacto con sus reinos, un pacto de obligaciones recíprocas fundado en la justicia, es decir en la garantía perpetua de los derechos y privilegios de los reinos frente al rey. La famosa fórmula "se acata y no se cumple", tan vituperada como síntoma de una patológica corrupción americana a lo largo de la época virreinal, tenía en realidad otro sentido. En primer lugar no se inventó en América, formaba parte desde el siglo XII del derecho vasco, incorporado en el siglo XIV al castellano y luego exportado a las Indias. En segundo lugar, su sentido era precisamente el de garantizar el pacto de obligaciones recíprocas: el rey no podía atentar contra los derechos y fueros de sus reinos y si una ley lo intentaba, entonces los mismos jueces tenían que suspender su aplicación. Una de las implicaciones de esta tradición fue que la justicia se consideró siempre negociable porque se practicaba entre dos voluntades igualmente legítimas, el rey y los súbditos de sus reinos. Para entender el nivel de socialización de estos valores en una sociedad de antiguo régimen como la novohispana, cabe sólo recordar que la justicia con sus cuatro causas abarcaba la totalidad de la vida cotidiana de las comunidades. No es extraño por lo tanto, que el fundamento pactista de la monarquía católica fuese parte integrante de la cultura colectiva de los pueblos y que sobreviviese en la república fortalecido por los itinerarios de la nueva ciudadanía liberal.

Sin embargo, la cultura pactista se quedó también en las élites, enlazándose en formas muy complejas con el liberalismo de la época gaditana y con el de las primeras décadas republicanas.

Tanto fray Servando Teresa de Mier como Lucas Alamán, han encontrado justamente en la petición del cabildo de México de convocar a una junta de ciudades en 1808, la primera manifestación revolucionaria de Nueva España. El fracaso de este proyecto por la conjura de los comerciantes peninsulares que derrumbaron al virrey Iturrigaray, no le resta importancia al proyecto: a través del recurso del principio de la retroversión de la soberanía al reino de Nueva España, el cabildo propuso de hecho la convocatoria a los Estados Generales, la misma institución que en la Europa del antiguo régimen limitó por siglos la autoridad de los reyes.[2] Al definir como "pura doctrina liberal" la propuesta del cabildo capitalino, la Audiencia dio muestra de entender muy bien la carga explosiva de la iniciativa: lo que se estaba gestionando era efectivamente la representación territorial de Nueva España sin un rey en el trono. El equilibrio entre los poderes se habría vuelto en favor de los territorios si la propuesta hubiera tenido éxito, al igual que lo que pasó en el Río de la Plata o en Venezuela.

La misma disyuntiva se dio en los debates entre americanos y peninsulares en las Cortes de Cádiz, una excelente muestra de cómo la crisis

[2] Como es bien sabido, la crisis de la Monarquía hispánica fue desencadenada por la cesión ilegítima de la corona a Napoleón por parte de la familia real en 1808. Ilegítima porque según todas las doctrinas regalistas occidentales un rey no podía por su voluntad deshacerse de sus reinos, que le habían sido encomendados por Dios. Sólo tras una guerra o una alianza matrimonial un reino podía cambiar de dinastía. Frente a la crisis de ilegitimidad, la reacción de los territorios hispánicos fue unánime entre 1808 y 1810: la soberanía del rey debía recaer en los reinos. La idea era que al constituirse la Monarquía los reinos habían cedido voluntariamente su soberanía al rey y por lo tanto, frente a una sucesión ilegítima, los reinos tenían derecho a reapropiarse de la misma. Es cierto, como apuntó gran parte de la historiografía, que esta idea era parte integrante de la neoescolástica española, aunque hay que agregar que nunca lo fue en forma exclusiva. También las doctrinas regalistas protestantes del siglo XVII compartieron este principio.

imperial se desarrolló a lo largo de dos proyectos institucionales: la transformación constitucional del régimen monárquico centralista impulsada por los liberales españoles, y el fortalecimiento en un sentido autonomista de los poderes territoriales, de hecho un federalismo monárquico, impulsado por los americanos. Ya en 1811 durante el debate sobre el proyecto de Constitución, los representantes americanos presentaron sin éxito al subcomité de Asuntos de Ultramar un proyecto de imperio de estados autónomos, constituidos por Juntas provinciales cuyas facultades eran las de decidir en materia de libertad de comercio y crédito internacional. En el mismo año, los cuatro representantes americanos que participaron en la comisión encargada de redactar el proyecto constitucional, sostuvieron que la Constitución no debería considerarse obligatoria antes de ser aceptada por las asambleas provinciales. Lo relevante para nuestro tema es la argumentación: el derecho de la "nación" a aceptar libremente la Constitución e incluso modificarla porque la "voluntad nacional" tenía por fundamento un pacto entre soberanías territoriales, "independientes" unas de las otras y todas frente a la autoridad central. He aquí el fundamento del federalismo mexicano: se hablaba de "pacto social" como pensando en Rousseau, sin embargo los protagonistas no eran entidades individuales sino colectivas: los territorios. Los pueblos municipios no tenían que ir muy lejos para reivindicar sus soberanías tras la aplicación de la Constitución. Así que ya antes de la independencia se perfiló la encrucijada del federalismo mexicano que iba a dominar el siglo XIX: ¿federalismo de estados o federalismo de municipios?

Tampoco los proyectos de los insurgentes se alejaron de esta visión que privilegiaba el poder de los territorios. Lucas Alamán cita una carta de José María Morelos a Ignacio López Rayón fechada el 7 de diciembre de 1812 en la cual se hace referencia a la cuestión institucional en estos términos: "hasta ahora no había recibido los elementos constitucionales; los he visto, y con poca diferencia son los mismos que conferenciamos con el señor Hidalgo".[3] El proyecto preveía la exclusividad de la religión católica, con un tribunal de la fe para protegerla y un reglamento conforme al espíritu de la disciplina eclesiástica. Se reconocía la soberanía del monarca español, afirmando no obstante que provenía del pueblo, con una clara radicalización de la tradición monarcómana, y su ejercicio se delegaba a una Junta o Consejo Supremo Americano, constituida por cinco miembros nombrados por los representantes de

[3] Lucas Alamán, *Historia de México desde los primeros movimientos que prepararon su independencia en el año 1808 hasta la época presente,* vol. III, Imprenta de J. M. Lara, México, 1849-1852, p. 509.

las provincias. Una vez conquistada la capital se preveía la instalación de un Congreso, renovable cada tres años por el voto de los ayuntamientos, "recayendo la elección en las personas más honradas y de propiedad de las capitales y pueblos de los respectivos distritos". Sin embargo, tal asamblea no disponía de facultades legislativas en materias tan importantes como la guerra, la deuda externa y otras; de ellas se habría ocupado un Consejo de Estado compuesto por altos oficiales y presidido por un "protector nacional" nombrado por el Consejo mismo. Esta figura habría tenido la facultad de proponer las leyes al Congreso, cuyo parecer habría sido, sin embargo, consultivo, quedando reservada a la Junta el poder de decidir en esta materia.

Aunque el proyecto nunca fue aplicado, es de suma relevancia para entender aspectos cruciales de la marcha de la sociedad mexicana hacia el liberalismo. El proyecto reafirmaba el principio de la representación territorial de los cabildos y provincias, en sintonía con las aspiraciones autonomistas de los criollos moderados. Sin embargo, la fuerza de los territorios fue limitada drásticamente por el hecho de que la soberanía, aun cuando formalmente era reconocida en la Corona, residía en el ejército y en sus organismos directivos, máxime en el Protector.[4]

Un cambio notable en la visión de los insurgentes fue la Constitución de Apatzingán por la influencia de Cádiz. La carta insurgente no fue redactada por Morelos sino por el grupo de civiles que lo obligaron a renunciar al cargo de generalísimo y al papel de protector. Se podría decir que estos eventos prefiguraron la dificultad futura de encontrar un punto de equilibrio entre soberanía y representación territorial. Es en esta perspectiva que tenemos que evaluar los puntos en común que presentan los proyectos de las fuerzas que se enfrentaron a lo largo de la sangrienta guerra civil entre 1810 y 1820. Esto, porque el Plan de Iguala fue una síntesis de todos los elementos y los dilemas que conformaron la visión pactista criolla. En primer lugar, porque la campaña del Ejército Trigarante fue en lo fundamental una campaña política que desde los territorios periféricos hacia el centro capitalino, logró en pocos meses conseguir el apoyo de los nuevos municipios constitucionales. El pacto de la Independencia se hizo entre estos cuerpos territoriales y el ejército, dejando al margen a las diputaciones provinciales. En segundo lugar, porque lo que en los documentos de la época se llamó "el sistema de Iguala" transfirió la soberanía al ejército, quedando Iturbide como protector, es decir, en el mismo papel institucional previsto por el primer proyecto insurgente. Y por último, porque la lectura de las Actas de la

[4] Véase sobre este punto Anna Macías, *Génesis del gobierno constitucional en México: 1808-1820,* Sepsetentas, México, 1973.

Junta Soberana nombrada por Iturbide de acuerdo con el Tratado de Córdoba, demuestra que las relaciones entre los órganos de gobierno funcionaron sobre el modelo de protectorado, desencadenando una serie de tensiones que causarían la quiebra del efímero Imperio iturbidista.[5] Iturbide desde el primer momento reivindicó la facultad de intervenir personalmente en las labores de la Junta, al proponer y hacer aprobar las leyes con el argumento de que el Ejército Trigarante había jurado sostener al gobierno, y que un acto tal le confería inclusive la facultad de modificar la Constitución de Cádiz todavía vigente tras la Independencia.

La situación que se creó con la instalación del Congreso Constituyente fue ambigua. La asamblea tenía la tarea de redactar una carta constitucional, cuyos principios y régimen político (monárquico) ya habían sido fijados por el Plan de Iguala legitimado por los municipios. Al mismo tiempo Iturbide, para ser reconocido como regente, tuvo que jurar respetar la soberanía del Congreso cuya legitimidad no derivaba de las elecciones sino del Plan de Iguala. El protector-regente siguió reivindicando el poder de iniciativa legislativa en contra de un Congreso que había ya reivindicado, al instalarse, la soberanía "absoluta". Las tensiones entre los dos cuerpos del Pacto de Iguala, ejército y municipios, llevaron antes a la transformación del protector en emperador y luego a su derrocamiento.

Es quizá interesante llamar la atención sobre un dato: el paso de la monarquía a la república no fue traumático. El consenso generalizado hacia el Plan de Iguala se transformó en dos años en consenso hacia la República. Posiblemente la explicación se encuentre en el hecho, aparentemente contradictorio, de que la solución republicana permitía consolidar la vertiente territorial del antiguo pacto monárquico entre rey y reinos, ahora entre gobierno central y territorios. La primera república federal fue un intento no logrado de institucionalizar las tres soberanías que se habían ido conformando a lo largo de la crisis imperial: la de la nación, la de las provincias y la de los municipios.

Es cierto, como siempre se ha enfatizado, que a lo largo de la primera parte del siglo los conflictos entre la soberanía de la federación y la de los estados fueron constantes, lo cual legitima la sospecha de que en México rigió de hecho un régimen confederado. No obstante, esta visión es incompleta. No se ha prestado atención a los conflictos entre los municipios y las entidades "superiores". Los municipios electivos fueron las primeras instituciones liberales, se crearon antes de la indepen-

[5] *Actas de las sesiones de la Junta Soberana Gubernativa. Cuestiones de derecho público tratadas en la Junta Provincial Gubernativa,* Imprenta del Palacio, México, 1822.

dencia y junto al Ejército Trigarante garantizaron el Plan de Iguala. En el imaginario colectivo tuvieron una legitimidad muy por encima de las instituciones que les siguieron. Lo muestra muy claramente la dinámica de los levantamientos republicanos, fenómenos ni tan "militaristas" ni tan "ilegales" como se ha dicho por mucho tiempo. Si se mira la documentación de archivo, es fácil averiguar cómo la legitimidad de un levantamiento no venía del ejército o de una de sus partes, sino principalmente de las actas de adhesión de unos cuantos municipios; estas actas eran documentos oficiales redactados en asambleas públicas, firmados por notarios, con procedimientos estrictamente formalizados. El levantamiento era pues un acto fuertemente institucionalizado por medio del cual unos cuerpos electivos (los municipios) rompían el pacto de subordinación al gobierno (federal o estatal) y apoyaban a otros cuerpos (del ejército) recuperando sus soberanías. La dinámica de los levantamientos, desde su proclamación hasta las actas de adhesión, y al final la convocatoria a un Congreso Constituyente, muestran claramente que, ya fueran los gobiernos federales o centralistas, la lucha política se encauzaba en un patrón de luchas entre soberanías diferentes.

Es evidente que la dinámica de la república mexicana no podía ser la de la Francia de la burguesía triunfante o la de la joven república norteamericana. En esta república de antiguo régimen el liberalismo cumple la función de legitimar las expectativas de lucha de actores tan distintos como los comerciantes, las comunidades indígenas o grupos militares. Nadie queda excluido de esta legitimidad y éste es quizás el punto más importante para entender el consenso popular hacia la república. Es igualmente evidente y explicable que en esta república el problema de la gobernabilidad sea un problema muy difícil de resolver por el mismo proceso que la originó: porque los gobiernos centrales no heredaron la soberanía directamente de la monarquía, como en Francia o en Estados Unidos, sino que la recibieron de los herederos legítimos, es decir, de los cuerpos territoriales que siempre se sintieron libres de romper los vínculos de subordinación.

El dilema republicano de la gobernabilidad fue vivido dramáticamente por los grupos dirigentes. No cabe duda que por décadas la cuestión institucional dominó la cultura y el pensar de la clase dominante. Del padre Mier a Lucas Alamán, de José María Luis Mora a Lorenzo de Zavala y a Melchor Ocampo, no se encuentra un intelectual prestigioso que no haya ubicado el problema de la gobernabilidad en el centro de sus reflexiones, siendo igualmente fácil constatar la atención continua de todas las fuerzas políticas al discurso normativo. Sin embargo, lo que queda por investigar a fondo es la concepción de la ley que siguió vigente en la sociedad, problema que remite directamente a la fuerza de la tradición pactista monárquica en el régimen republicano.

Quizás un estudio de fuentes secundarias como la folletería y la prensa, nos daría más luces acerca de las relaciones entre una y otro, tal como las percibieron los actores de la época. Por ejemplo, un escrito del 18 de diciembre de 1835, al comentar un plan de Nicolás Bravo en contra del gobierno, se planteaba estas interrogantes:

1. ¿La administración presente es obra de la Constitución federal por el tiempo y modo con que fue erigida o sólo un efecto enunciado por el convenio de Zavaleta?
2. ¿Este convenio era conforme en todo a la Constitución o se infringía con él ésta?
3. La infracción, si la hubo, ¿fue total o parcial?
4. En caso de infracción es claro que había diferencias, y entonces ¿a quién pues debíamos respetar? ¿En dónde estaba inhibida la voluntad nacional, en la ley o en el convenio?
5. ¿Éste obliga en todas sus partes y a todos?
6. ¿Se ha cumplido por todos en su totalidad?
7. ¿Las infracciones de la Constitución justifican los levantamientos o insurrecciones?[6]

¿De dónde deriva esta concepción de la soberanía delegada por unos cuerpos a un caudillo y practicada por él en formas tan definidas e idénticas en el tiempo como para ser consideradas por los mismos contemporáneos en calidad de fuentes constitucionales? Tal vez, para intentar bosquejar una respuesta a esta interrogante, sea necesario volver a la crisis del virreinato. Las diferencias políticas entre Juan Francisco Azcárate y Ledesma, el líder criollo del ayuntamiento de la capital en 1808 y José María Morelos, líder de la insurgencia tras la muerte de Hidalgo, son por supuesto notables, pero sus proyectos se asentaban sobre la misma idea de soberanía, retrovertida por el forzoso vacío de la Corona. La noción de "estado de necesidad natural", utilizado por ambos para definir el estatus jurídico de la Nueva España sin rey, era parte de la cultura católica jusnaturalista desde la Edad Media (ya regresaremos sobre el punto), y la encontramos tanto en los debates de las Cortes de Cádiz como en las declaraciones de las juntas de todo el imperio. Sin embargo, encontramos la misma concepción en uno de los documentos insurgentes más importantes, la Declaración de Independencia de Chilpancingo (6 de noviembre de 1813) en la cual se declaró que la asamblea

[6] *Unas preguntas sobre un convenio,* Colección Lafragua, 534, México, 1835.

"por las presentes circunstancias de la Europa, ha recobrado el ejercicio de la soberanía usurpada y en tal concepto queda rota para siempre y disuelta la dependencia del trono español".[7]

En 1811, en el debate gaditano acerca del artículo 3º del proyecto constitucional, allí donde se decía que la soberanía residía "esencialmente en la Nación" —con clara referencia al famoso adverbio de Sieyés, que en 1789 transformó a los Estados Generales en Asamblea Nacional con poder constituyente—, el diputado mexicano Juridi y Alcocer junto con otros americanos propuso modificar el dictamen del artículo, sustituyendo el adverbio *esencialmente* por *radicalmente u originalmente,* "de manera que exprese que la nación no dejará de ser nación por que la deposite en una persona o en un cuerpo moral".[8] Los dos adverbios de los americanos eran parte del idioma pactista monarcómano y nos indican con toda claridad que la idea criolla de nación preveía una entidad ya existente de por sí, independiente de los gobiernos, muy lejana de la idea de nación como algo que se construye a partir de los gobiernos, idea que sí está presente en José María Luis Mora, líder intelectual de los liberales de los años treinta, pero que no fue nunca compartida por la mayoría de la clase política de la época.

El Plan de Veracruz de 1823 es el primer documento posterior a la Independencia que retoma la teoría del estado de necesidad para legitimar un levantamiento en contra de un gobierno. Miremos. La argumentación de la invalidez del nombramiento de Iturbide como emperador se debe a que el acto no fue del Congreso; por esta razón "la nación se queda libre y además, con su actual emancipación, se halla al presente en su estado natural" y, por lo tanto, siendo "independiente, soberana, libre y en estado natural", tiene plena facultad para "constituirse" por medio de un Congreso.[9]

La distinción entre *nación en estado natural* y *nación constituida* fue empleada por los diputados americanos en Cádiz, incluso para reafirmar el derecho a aceptar o no la Constitución. Esta distinción conceptual vuelve a aparecer en todos los planes principales de la primera mitad del siglo XIX. Después del Plan de Veracruz, volvemos a hallarla en el Plan de Perote de Santa Anna en 1828, en el denominado de Conciliación de Nicolás Bravo contra el Congreso liberal de 1833, en el de Cuernavaca de 1834, en el levantamiento de San Luis Potosí de diciembre de 1845, en el de la Ciudadela de 1846. Se trata de planes liberales, cen-

[7] Macías, *Génesis del gobierno...,* p. 129.

[8] *Diario de Sesiones de las Cortes Generales y Extraordinarias,* Imprenta de J. A. García, Madrid, 1870-1874, vol. 2, núm. 330, p. 1714.

[9] *Plan de Veracruz,* Colección Lafragua, 1525.

tralistas y federalistas, lo que demuestra que el conflicto político se desarrollaba en el marco de una cultura política compartida por todos los grupos políticos.

El dualismo entre "natural" y "constituido" nos explica porqué la realización de un plan necesitó siempre de un nuevo Congreso o de una nueva Constitución, a pesar de que la clase parlamentaria presenta a lo largo de las primeras décadas republicanas, una buena tasa de continuidad.[10] El acto de *constituirse* en nación no fue nunca un acto completamente soberano de un Congreso Constituyente, porque la nación ya existía *en estado natural* y se expresaba a través de sus cuerpos representativos territoriales, los que ponían al Constituyente un mandato político vinculante: institucionalizar un nuevo pacto cuyos principios habían sido ya fijados en un plan. En el Archivo de Notarías de Morelia se conservan escrituras notariales que tienen por objeto la elección de los diputados a los congresos constituyentes de 1824, 1841 y 1846. La fórmula sobre la cual los electores de segundo grado definen el mandato parlamentario es la siguiente:

> [...] en consecuencia otorgan a cada uno poderes amplísimos para que constituyan la Nación Mexicana del modo que entienden ser más conforme a la felicidad general, y especialmente, para que dicten leyes sobre todos los ramos de la administración pública que sean de su competencia y tengan por objeto el interés general afirmando las bases, religión, independencia, y unión que deben ser inalterables, así como la forma de república representativa, popular, según lo proclamado en el artículo primero del plan del cuatro de agosto [...][11]

Cabe señalar que los tres documentos se refieren a elecciones para asambleas constituyentes políticamente distintas: federalista la primera, liberal-moderada la segunda y centralista la tercera. Entre el *pactismo* monárquico y la norma republicana no hay exclusión sino interdependencia. Éste fue uno de los elementos más peculiares del primer liberalismo mexicano.

Sincretismos políticos liberales

En la primera mitad del siglo XIX 30% de la población mexicana era indígena. ¿Qué pasó entre el liberalismo y estos ciudadanos, entre la

[10] Sobre este punto véase Cecilia Noriega Helio, "Los grupos parlamentarios en los congresos mexicanos, 1810 y 1857. Notas para su estudio", en Beatriz Rojas (coord.), *El poder y el dinero. Grupos y regiones en el siglo XIX,* Instituto Mora, México, 1994, pp. 93-119.

[11] Archivo de Notarías de Morelia, Fondo Indiferente, exp. 356.

idea de Nación abstracta y los sentidos de pertenencias comunitarias? Las comunidades mexicanas aceptaron formar parte de la nueva nación, pero al reinterpretar las cartas constitucionales para defender sus intereses acabaron imaginando muchas veces otras naciones mexicanas, cuya identidad procedía de versiones actualizadas del pasado. En términos generales, estas versiones utilizaron un procedimiento de yuxtaposición de valores al igual que en la época virreinal. Este sincretismo nuevo entre pueblos y liberalismo no está muy estudiado, así que por el momento no tenemos una sólida cronología. Parece, sin embargo, que el fenómeno se dio en forma cíclica según los escenarios creados por las coyunturas agrarias y políticas nacionales. Lo que sí vale la pena destacar es que la cronología de las protestas violentas y la de las legales no parece ser muy diferente. Evidentemente las comunidades utilizaron las dos vías a la vez, o según les conviniera, escogieron una de ellas. Entre las vías legales hubo en la época republicana, además de los pleitos judiciales, un recurso constitucional que por su naturaleza pertenecía a la memoria de los pueblos: el derecho de petición. Perteneciente a la milenaria historia de las monarquías europeas, este derecho permaneció en el constitucionalismo moderno depurado de cualquier elemento de privilegio exclusivo. Todas las constituciones mexicanas lo contemplaron expresamente y los pueblos siguieron utilizándolo, como en los tres siglos de la colonia, para "representarse" frente a los nuevos poderes.

En los años treinta y cuarenta una oleada de peticiones de pueblos en defensa de sus tierras inundó tanto a los congresos estatales como a los centrales. Fue tal la cantidad de peticiones que los congresistas tuvieron que discutir seriamente, aunque sin éxito, sobre cómo limitar el fenómeno. Una nueva oleada se dio tras la guerra de Reforma y la caída de Maximiliano. Esta enorme masa documental constituye una excelente fuente para estudiar el sincretismo entre pueblos y liberalismo. Ahora queremos presentar una de estas peticiones con la advertencia de que está fechada en 1877 y formalmente no coincide con nuestra cronología. Sin embargo, consideramos que precisamente por pertenecer al segundo liberalismo, el de la Reforma, este documento es aún más representativo de lo que pudo haber sido en la primera época, cuando sin duda alguna las comunidades se mantuvieron muy activas en el escenario político nacional. En segundo lugar, no hay que olvidar que el tiempo de las comunidades fue siempre diferente del tiempo de la política oficial. Por último, consideramos que el sincretismo de este documento expresa muy bien una visión de las relaciones entre comunidades y liberalismo que no tienen fronteras cronológicas definidas, precisamente por los elementos culturales que lo caracterizan.

Es muy posible que la redacción del documento estuviese a cargo de un abogado o de un intelectual relacionado con los pueblos. El detalle es secundario; desde la época virreinal los procuradores de los pueblos solían ser letrados, muchas veces nacidos en la ciudad. Lo que sí vale la pena subrayar de entrada es que precisamente la posibilidad de que el autor no perteneciera a los pueblos y que fuera un letrado, nos indica el grado de difusión en la época republicana de prácticas y vínculos personales típicos del pasado virreinal. El segundo dato que nos sirve de guía para la lectura es el propio título: *Defensa del derecho territorial patrio elevada por el pueblo mexicano al Congreso General de la Nación pidiendo la reconquista de la propiedad territorial para que nuevamente sea distribuida entre todos los ciudadanos habitantes de la República por medio de leyes agrarias y la organización general del trabajo, por la serie de leyes protectoras con los fondos que se han de crear en un banco de Avíos.*[12]

El documento está suscrito por los "ciudadanos" de 56 pueblos-ayuntamientos del estado de Guanajuato, cuyos nombres y apellidos se encuentran al final de las 25 hojas del texto. Sin embargo, estos pueblos pretenden hablar en nombre del "pueblo mexicano" para plantear la necesidad de que el Congreso apruebe una serie de medidas para la "reconquista de la propiedad territorial" porque, como afirma el título, lo que se quiere defender es el "derecho territorial patrio". Es evidente que no se trata de una petición cualquiera de pueblos afectados por el despojo que unas cuantas haciendas hicieron de las tierras comunales. El pleito existe y a él se hace referencia en el texto, pero no constituye el tema central que pretende ser de alcance nacional. ¿De qué derecho y de qué patria hablan estos pueblos de Guanajuato? De un México indígena que no quiere ser antihispánico pero que reivindica por medio de la constitución liberal la soberanía sobre su territorio, no para gobernarlo sino para "organizar bien los intereses reconquistados de la propiedad" tras la independencia, intereses que los gobiernos republicanos no han cuidado

> desviándose de aquella primera idea marcada por nuestros primeros libertadores para afianzar nuestra gloriosa emancipación, juntamente con los derechos y bienes que de ella podía haber emanado, en que sin duda uno de los principales era la mejoría y civilización de todos los habitantes de nuestra hermosa patria.

Las medidas propuestas no son importantes para nuestro tema, mucho más relevante es la relación entre la tierra como "territorio", la idea de

[12] Este documento se encuentra conservado en el acervo histórico de CONDUMEX, sin clasificación. Todas las citas que siguen se refieren a este texto.

"patria nación" y la Constitución. ¿Cómo justifican estos pueblos el concepto de una "indisputable propiedad que ha tenido el pueblo mexicano sobre su suelo"? Por lo general, pueblos y comunidades defendieron sus tierras a lo largo de los siglos, tanto en los pleitos judiciales como en las rebeliones, reivindicando los títulos otorgados por la Corona. En la petición de Guanajuato estas referencias no son importantes. La legitimidad que se presenta es de orden constitucional e histórico. Los pueblos reivindican el cumplimiento de los derechos individuales en cuanto a propiedad y seguridad, pero el referente es otra nación, no la de los liberales sino la de los indígenas, y es una nación histórica que por su naturaleza tiene precisamente un "derecho territorial" previo a las constituciones. El esquema imaginario de esta nación indígena es bastante complejo, porque intenta enlazar principios modernos con mitos e idiomas políticos antiguos. Es en todo evidente que la palabra "nación" está empleada en el sentido moderno, como entidad monista, de manera que los indígenas aparecen sin distinción alguna de grupos o de idiomas. La nación indígena se considera como una entre las demás de la época y no quiere negar "la valiosa ventaja que prescribe el procedimiento y modo legal para hacer uso de aquel derecho de que nos hallamos investidos, al par que los demás hombres de otras naciones civilizadas, para que con la razón y el derecho mostremos a quien corresponda nuestras penalidades y sufrimientos, aviando con esta conducta de aquella odiosa calificación con que indebidamente siempre se ha querido degradar nuestra raza, nivelando nuestros justos y sencillos actos al puro hecho de inculto salvaje y del indomable bruto".

El discurso sobre la paridad de las naciones lleva a compartir la imagen totalmente negativa de la Colonia, propia de los liberales, pero con un matiz radicalmente distinto: la nulidad de los títulos de las haciendas se origina "por medio de la conquista en las Américas con notorio ultraje del derecho: antes de esta época los habitantes de ellas hablan revestidos con legítimos y originarios títulos, por haber sido este suelo su señalada patria, y su pacífica y larga posesión, nadie con pruebas evidentes les podía haber puesto en duda".

El primer elemento histórico que define la patria-nación indígena es por tanto la legitimidad de los títulos de ocupación del suelo antes de la conquista española. Como es bien sabido, ésta fue una de las argumentaciones que Francisco de Vitoria utilizó desde su cátedra de Salamanca en el siglo xv para anular la legitimidad de la conquista y defender la de la evangelización, único título que justificaba la colonización de América. Más radicales aún, y más conocidas entre los indios desde siempre, fueron las ideas de Bartolomé de Las Casas, cuya memoria reivindica el texto al recordar "la práctica detestable de la encomienda" y la lucha del obispo de Chiapas en defensa de los "principios eternos del catolicismo". A partir de la cita de Las Casas el texto hace un recorrido sintético pero muy preciso de las principales medidas que afectaron a la nación indígena a lo largo de la Colonia, desde las composiciones de tierras, las reducciones, las leyes sobre dotación de tierras, entre otras.

Antes de seguir con el segundo elemento histórico que conforma la idea de nación indígena, vale la pena detenerse sobre la imagen que el texto ofrece del siglo XIX, empezando por la Independencia. Cabe destacar aquí tres puntos: la evaluación positiva de los decretos de las Cortes de Cádiz sobre la ciudadanía, la referencia al decreto de Hidalgo del 5 de diciembre de 1810 sobre las tierras indígenas y, por último, la interpretación de los hechos que en 1821 desembocaron en la Independencia:

> Los españoles más tarde lo entendieron así: pues muchos de estos ricos extranjeros aceptaron la independencia, para conservar en el mismo estado estos intereses, pasándose al lado de los independientes, traicionando su patria. Tan que fue así, que casi ellos mismos impulsaron a que se pusiera enfrente de la revolución el general español Iturbide, con el fin de respetar la propiedad ... Sensible es decirlo, pero es la verdad. Nuestras autoridades olvidaron el derecho de *postliminium* con que recobró América, entre la que se numera la Nación Mexicana, sus derechos con su independencia: en el hecho mismo de respetar indebidamente una propiedad viciosa y llena de nulidad.[13]

Es interesante resaltar la atribución a Iturbide de la calificación de "español a la colonial", es decir, blanco. El punto sin embargo, absolutamente central para nuestro tema, es la referencia al principio del *postliminium* porque nos indica que la idea de nación indígena-mexicana tiene sus fundamentos doctrinarios y de ahí históricos, en el *jus gentium* (derecho de gentes) de la tradición jusnaturalista-católica, tal como se fue adaptando a la Nueva España en los siglos XVI y XVII. Es bien sabido que el *jus gentium* fue una estructura jurídico-conceptual que, desde la patrística hasta la escolástica y la neoescolástica, sirvió para decidir si un territorio conquistado, al tener antes de la conquista la naturaleza de un reino, quedaba dueño de sus derechos o no. En este marco, el principio del *postliminium* reconocía, al ser aplicado, el derecho

[13] Este derecho forma parte del *jus gentium* clásico griego-romano y se refiere a la condición de esclavitud civil temporal adquirida por efecto de una guerra. Al recuperar su libertad el ex esclavo tenía derecho a recuperar también sus derechos anteriores al cautiverio. Acerca de la tradición del *jus gentium* y de su evolución en la época moderna véanse la obra de Karl Schmit, *Der Nomos der herre,* trad. castellana *El nomos de la Tierra,* Instituto de Derecho Público, Madrid, 1982.

de los cautivos de guerra a recuperar su estatus jurídico originario una vez liberados.

Estas cuestiones fueron centrales en el famoso debate sobre la naturaleza del indio americano tras la conquista. Valgan tres citas: cuando Bartolomé de Las Casas disputó con Juan Sepúlveda en Valladolid en 1550-1551, negó la teoría de la guerra justa afirmando que los indígenas "tienen bastante policía para que por esta razón de barbaridad no se le pueda hacer guerra".[14] Vasco de Quiroga en el *De debellandis indis* de 1553 afirmó rotundamente: "Tampoco obsta lo que se argüía en contrario de que, pues los dichos príncipes de Indias afirman haber obtenido por el Derecho de Gentes sus sedes y principados, no deben ser molestados ni por el Papa ni por el Emperador, y menos por los mencionados Reyes de España".[15] Torquemada no por casualidad en los primeros años del siglo XV tituló su obra *Monarquía indiana.* "Siendo una de las condiciones de las Leyes, vivir en Pueblos y repúblicas formadas, claro consta, que estas Naciones Indianas la tuvieron, como la demás Gente del Mundo".[16] En el siglo XV los teólogos apelaron al *jus gentium* para solucionar el gran problema de los títulos legítimos de la conquista.[17] En pleno siglo XIX, el autor o los autores de la petición de los pueblos de Guanajuato apelaron al *jus gentium* para dar otro sentido a la Independencia de México y así legitimar otra idea de nación. Basándose en el principio del *postliminium,* con la Independencia la nación mexicana de los indígenas salió de su cautiverio y recobró su libertad, una libertad que tenía antes de la conquista: "los habitantes de las mismas

[14] *Obras completas de Bartolomé de las Casas,* ed. de Paulino Castañeda, vol. 5, Sevilla, 1992, p. 324.

[15] Vasco de Quiroga, *De debellandis indis,* trad. al castellano, Pátzcuaro, 1953.

[16] Juan de Torquemada, *Monarquía Indiana,* Porrúa, México, 1982, p. 3.

[17] El término *jus gentium,* remonta a la antigüedad clásica. Permaneció en el vocabulario político hasta el siglo XIX, cuando fue paulatinamente sustituido por el término "derecho internacional". A diferencia de este último, que trató de formalizar un conjunto sistemático de reglas para las relaciones entre los Estados, el *jus gentium* es anterior al Estado moderno y su materia fueron más bien las relaciones consuetudinarias entre un sinnúmero de sujetos diferentes entre sí porque pertenecían a diferentes *polis,* es decir, a sociedades que se consideraban "extranjera" la una a la otra. Por su naturaleza consuetudinaria, el *jus gentium* nunca tuvo códigos pero sí una continua tratadística que redefinió constantemente sus principios básicos, en particular los de la guerra y la paz. Uno de estos fue elaborado en la Edad Media y trata de la "causa justa" que legitimaba una guerra entre príncipes cristianos o entre unos de estos y los "infieles". Sólo el papa de Roma tenía derecho a decidir acerca de la "causa justa" de una guerra y así fue con la conquista de América, como muestran las Bulas Alejandrinas, que la legitimaron sólo en base al mandato de evangelización puesto que los americanos no eran ni cristianos ni "infieles". De ahí surgió el problema, nada sencillo, de la definición de lo que eran los americanos, cuestión que ocupó, entre otros, a la escuela teológica de Salamanca y en particular a su teólogo más preeminente, Francisco de Vitoria. Sobre este punto véase Anthony Padgen, *The Fall of Natural Man,* Cambridge University Press, Cambridge, 1982.

Américas, cuyas naciones occidentales conquistadoras, apenas ejercieron su soberanía sobre ellas 300 años, al fin éstas proclamaron su independencia, reconquistaron su libertad, porque es país de libres, con títulos justos y con el derecho de patria".

¿Es acaso esta patria la de las civilizaciones antiguas de México? Sí y no. Ya subrayamos que el concepto empleado tiene una naturaleza moderna: una colectividad más un territorio y unos lazos comunes. La nación perfilada en el documento tiene cara liberal y un cuerpo indígena mítico: el del catolicismo evangelizador novohispano. Se dice con palabras modernas: "A nosotros pues nos toca el derecho de defender y probar que el suelo de este continente nos pertenece por el mismo derecho de propiedad y dominio que los pueblos de las demás naciones". Pero a las pocas líneas nos encontramos con que:

> Nos asiste la fe de creer aquel dato de la Biblia que refiere al Génesis, cap. 10, v. 30, al numerar los nombres de los trece hijos de Jectam, hermano de Faleg, de la descendencia de Sem, de donde sin duda procedemos... Así pues, a poco tiempo de la confusión de idiomas, multiplicada la numerosa descendencia de las Indias Orientales, pasaron a poblar las Indias Occidentales... y recordamos con noble orgullo los nombres de los siete jefes que partieron desde Sennaar... estos fueron los fundadores de las populosas ciudades en el otro continente: y sus inmediatos sucesores fueron los que les tocó en suerte de haber fundado en el nuevo las fundaciones primitivas de Axoco de los Xilancas... en Xalisco con parte de los descendientes de los Toltecas con sus gefes Ehecatl y Cohuatl, tomando posesión rumbo a Ecatepetl los Olmecas con su Gefe Apopocanub... Hacia Oaxaca los Zapotecas...

Estas líneas tan aparentemente arbitrarias y míticas si las miramos con los ojos de un liberal doctrinario del siglo XIX, tienen raíces nada ilusorias. Remontan a la cultura del Apocalipsis de los grandes cronistas franciscanos del siglo XVI, de fray Toribio de Motolinía, de Jerónimo de Mendieta y de tantos que vincularon a los indios a la visión apocalíptica. Según la tradición, una parte de las tribus de Israel no volvieron del exilio en Asiria. Dado que no se habían encontrado rastros de estas tribus en Asia, algunos franciscanos explicaron así el misterioso origen de los Indios de América haciendo de estos pueblos, hasta entonces desconocidos, los descendientes de las tribus perdidas. Otra interpretación veía en estos mismos indios a los descendientes de los judíos que en el 71 de nuestra era huyeron de la destrucción de Jerusalem por Vespasiano y Tito.

La memoria de estas interpretaciones no estaba perdida en el México del siglo XIX. Frescos de los conventos, como la famosa capilla de Juan

Gerson en Tecamachalco, recordaban diariamente a los devotos indígenas los grandes ciclos del imaginario sincrético de la evangelización.[18] Es también posible que estas referencias tengan una justificación en nuestro texto: legitimar más el uso del *jus gentium* para reivindicar la existencia de un Derecho Territorial Patrio previo a la Constitución liberal. Una manera de crear lo que técnicamente se diría una "fuente de derecho" a partir de la cual reinterpretar la carta fundamental mexicana.

Este documento es sólo uno de los tantos que los pueblos enviaron a los gobiernos republicanos a lo largo del siglo. No olvidemos que se trataba de ciudadanos con derecho de voto, pueblos que gozaban de todos los derechos y que los utilizaron para defenderse del Estado. El documento no corresponde seguramente a un modelo, pero sí a prácticas del imaginario que, aunque daban productos diferentes, seguían el mismo camino sincrético.

La cuestión católica

El sincretismo nos lleva a la cuestión católica. No nos estamos refiriendo al problema de las relaciones entre Estado e Iglesia que es bien conocido. Hay otra cara del problema mucho más profunda y compleja: el hecho de que la sociedad mexicana no estaba secularizada. Documentos como los que acabamos de analizar muestran muy claramente que la visión del mundo y de la política que tenían los pueblos no sólo continuaba siendo muy religiosa, sino que seguía las pautas de una religiosidad muy específica, la que se consolidó en el siglo XVII y que se define como "barroca". El de los pueblos siguió siendo un catolicismo diferente al de las élites, un catolicismo que no aceptaba la autonomía de los valores y que en muchos rasgos reproducía aquella tradición de prácticas colectivas que en la última época borbónica, los ilustrados habían intentado reformar sin mucho éxito. Recordemos que en 1794 la Academia de Historia de Madrid atacó el culto de la Guadalupana, juzgándolo una "fábula" y una devoción "fácil e indiscreta". Aunque el ataque no tuvo relevancia en México, las altas jerarquías eclesiásticas sí hicieron lo posible por reprimir la continua proliferación de cultos locales, de milagros que no se sabía si lo eran o no; en fin, hicieron un esfuerzo por contener y disciplinar aquel margen de tolerancia, aquel espacio mal ordenado que desde el final del siglo XVI había caracterizado a la cultura barroca.

[18] Sobre las memorias indígenas desde la Colonia hasta la posindependencia véase Serge Gruzinski, *La guerra de las imágenes. De Cristóbal Colón a "Blade Runner" (1492-2019),* Fondo de Cultura Económica, México, 1994, y *El águila y la sibila: frescos indios de México,* M. Moleiro Editor, Barcelona, 1994.

En las postrimerías de la época imperial la percepción ilustrada modificó la imagen de la sociedad: en pocos años Nueva España pareció llena de barbarismos, de rincones sucios, de descuido, de irracionalidad y de libertinaje espiritual. Las cartas de los subdelegados, de los intendentes y las obsesivas pastorales de los obispos, el de México y el de Puebla en particular, son asombrosas si sólo las comparamos con los documentos de la década anterior a 1790: de improviso el abatimiento, esa degeneración social que hasta aquel entonces había explicado la "pereza" indígena, fue utilizado en contra de toda la sociedad.

Este divorcio entre devoción popular y altas jerarquías posiblemente no se logró consumar en su totalidad. A fin de cuentas el temor de provocar tumultos fue un potente límite. Y es también posible que la insurgencia con su llamada a las devociones populares, empezando por la de Guadalupe, haya abierto una nueva brecha para el resurgimiento de los "barbarismos". Es cierto que la guerra civil de 1810 se transformó en una "guerra de imágenes" con la de Guadalupe de una parte y la Virgen de los Remedios por la otra.

No es difícil imaginar que la movilización de los pueblos en favor y en contra de la insurgencia reactivó las tradicionales prácticas de devoción, fortaleciendo junto a la autonomía política la fuerza sagrada de los territorios comunitarios. Y sin embargo, las relaciones entre las varias formas de religiosidad no lograron otra vez enfrentarse en forma absoluta. Cádiz jugó un papel de legitimización también en este campo tan crucial para la identidad del primer liberalismo mexicano. Al fin y al cabo los constituyentes gaditanos no propusieron una imagen secularizante de la carta. Si nos fijamos en las estrategias de las imágenes y de los rituales que las Cortes planificaron para la difusión del texto, resulta evidente que no se inventó ningún rito o representación colectiva de nuevo tipo, como hizo por ejemplo la Francia revolucionaria. La única novedad fue que los pueblos y las ciudades tuvieron que titular la plaza principal como "Plaza de la Constitución".

No es que no hubiera cambios: la difusión de folletos, catecismos, libros en contra del "despotismo" y en favor de la Constitución fue notable. Sin embargo, el discurso escrito resultó ajeno al discurso visual, así que el cambio de idioma político no superó el ámbito urbano y si es que llegó a los pueblos, quedó encapsulado en el imaginario local, por la fuerza de éste y por la legitimidad que le otorgaron los ritos de juramento y de "publicación" de la Constitución. Las dos actas se planearon en las Cortes y al igual que los artículos sobre la ciudadanía y las elecciones, nos ayudan a entender por cuál vía los pueblos entraron en el mundo del primer liberalismo sin perder su religiosidad tradicional.

En Cádiz se destruyeron muchos privilegios pero no se atacó la clásica idea del jusnaturalismo católico según la cual la sociedad era un conjunto de "cuerpos naturales" que no necesitaban del Estado para existir. Quizás un liberal europeo de la época no hacía distinción entre cuerpos y privilegios, pero un liberal español la tomaba mucho en cuenta: los privilegios cabían dentro de la esfera política pero los cuerpos no, ya que eran parte de la sociedad "natural", la misma que encontramos en los planes de los levantamientos.

Las ordenanzas de las Cortes así como las del Constituyente de 1824 no dejan dudas: la Constitución tenía que ser jurada por los "cuerpos": abogados, médicos, artesanos, universitarios, milicias, oficinas administrativas y por supuesto, los pueblos. Y así se hizo a lo largo de la primera parte del siglo. Los relatos nos muestran que el juramento mantuvo una forma absolutamente religiosa, en nada diferente del pasado: al centro del escenario el texto constitucional estuvo expuesto en una mesa con el crucifijo y al lado un evangelio. Ningún nuevo símbolo. Sin embargo, tampoco hay que subestimar los detalles. Un juramento en aquel entonces era una cosa muy seria porque involucraba las relaciones de poder y de pertenencia colectiva. Sus formas nos ayudan a entender cómo se percibía y cómo se imaginaban estos vínculos fundamentales. Por estas razones no hay duda de que la forma de juramento a la Constitución no se alejó de las que existieron por tres siglos a lo largo y ancho de la Monarquía católica. La relación entre nación y constitución se quedó en la esfera de lo sagrado católico y no transitó a la esfera de lo secular.

Este aspecto se percibe más claramente si miramos los ritos de la publicación, que constituyó el marco ceremonial de los juramentos. Los ritos no fueron absolutamente idénticos en todos los lugares, pero tuvieron mucho en común. No cabe duda, por ejemplo, que los pueblos adoptaron el modelo de las fiestas de los santos patronos. Las publicaciones de las cartas fundamentales se celebraban a lo largo de tres días de festejos, con procesiones de santos, tianguis (los mercados indígenas donde las comunidades intercambiaban los productos), repiques de campanas, cohetes, pelea de gallos y desfiles varios. En fin, leyendo las cartas que los funcionarios locales o los mismos ayuntamientos enviaban a las autoridades para relatar el cumplimiento de las ordenanzas, encontramos ese mundo de devociones y de sociabilidad que los ilustrados borbónicos habían tachado de "paganismo".[19] Este resurgimiento o esta continuidad del imaginario religioso pueblerino, nos dice que el constitucionalismo liberal fue sin duda alguna una gran novedad para las comunidades,

[19] La documentación de archivo acerca de este fenómeno es muy amplia. Una excelente muestra se encuentra en el Archivo General de la Nación, ramo Historia, vols. 403 y 404.

pero no tanto como para romper el mundo de los valores que habían reproducido hasta entonces los vínculos de las identidades colectivas con la vida cotidiana.

Las mismas Cortes de Cádiz vincularon la Constitución con lo sagrado, no sólo a través del juramento sino también por medio de la misa: un decreto ordenó que el cura párroco de cada lugar ilustrase con un sermón después del evangelio la "bondad" del "sabio código" y así se hizo en todos los pueblos, pero se añadió algo más: la procesión del texto que fue el momento cumbre de su publicación. Al terminar la misa, una copia del texto se llevaba en un baldaquín sobre los hombros como si fuera el santísimo y recorría los barrios, las iglesias y conventos. En la procesión los vecinos-ciudadanos seguían repartidos en cuerpos: los eclesiásticos, el subdelegado y los jefes de las milicias, los "vecinos respetables", el "cuerpo" de los notables indígenas y después toda la vecindad agrupada en sus cofradías, cada una con el estandarte de su santo patrono.[20] No es por tanto difícil imaginar que los pueblos hayan percibido el constitucionalismo liberal como un cambio que se insertaba en los códigos de comunicación simbólica locales, y que por ello no rompía con las culturas colectivas.

Sin embargo, ya hemos señalado que estas culturas eran muy sensibles a la justicia y a sus prácticas, y que para las comunidades las bases de la justicia se encontraban en una relación contractualista con el rey. Hay que preguntarse ahora en qué medida la continuidad de la dimensión religiosa, fortalecida por el desliz de la ciudadanía, perpetuó en la república la misma visión contractualista entre pueblos y poder, o mejor dicho entre pueblos y esta entidad tan abstracta y misteriosa que era la nueva idea de nación. Porque es cierto que tenemos que esperar hasta el segundo liberalismo, el de la Reforma, para asistir en México al desarrollo masivo de las fiestas cívicas que intentaron difundir valores secularizadores. A lo largo del primer liberalismo existió una gran difusión de catecismos cívicos, de folletos, de periódicos, pero podemos dudar acerca del alcance de este material, de este idioma escrito, hijo de la libertad de expresión, que no se vinculó en forma sistemática con el idioma visual de los pueblos, hijo de otra y más antigua libertad, la del barroco popular novohispano.

Las mismas actitudes e idioma de las élites reforzaron este lazo entre antiguas y nuevas libertades. Al fin y al cabo el texto fundador de la república, es decir el *Plan de la Constitución Política de la Nación Mexicana* del 16 de mayo de 1823, afirmó que el primer deber de los ciuda-

[20] AGN, ramo Historia, vols. 403 y 404, doc. cit.

danos es "profesar la religión católica, apostólica, romana como la única del estado" y así se quedó en los textos hasta 1857. Y durante todo el primer liberalismo son los mismos gobernantes, sea cual fuere su ubicación política o ideológica, quienes promovieron una mezcla constante entre el campo político y el religioso. Quizá sea también posible que la crónica inestabilidad política creó sin cesar nuevas oportunidades para los gobiernos y sus adversarios de utilizar lo sagrado para santificar un poder siempre frágil y poco seguro de su legitimidad.[21]

Regresamos por un momento al desliz de la ciudadanía, porque las formas de difusión del primer constitucionalismo nos señalan un dato significativo: la llegada del liberalismo a los pueblos no fue percibida como una ruptura, como si fuera una segunda conquista que acababa con las identidades colectivas. Los fundamentos comunitarios de la ciudadanía y del voto, el control de los requisitos de acceso a la arena política delegado por las constituciones a las comunidades, estos capítulos de por sí cruciales y que el sistema electoral indirecto intentó neutralizar sin mucho éxito, lograron una legitimidad propia y ajena al espíritu de las mismas constituciones, porque su difusión dependió al fin y al cabo de los códigos territoriales y no estatales. Así que el problema histórico de las "distancias" entre la norma y su actuación existe pero no hay que dramatizarlo por dos razones: la primera es que los pueblos fueron legalmente los agentes sociales del liberalismo, y la segunda es que el problema no tiene su matiz en el conflicto entre una visión secularizada (la de las élites) y otra no secularizada (la de los pueblos), sino en los dilemas irresueltos del catolicismo novohispano, en las tensiones entre las diferentes maneras de concebir las relaciones entre Estado y sociedad.

Y sin embargo, este universo católico tan dividido entre "ilustrados" y "barrocos" conservó una concepción de la sociedad que vinculó entre sí a todas las posibles tensiones o conflictos, haciendo aún más problemática la solución de los dilemas. Esta concepción siguió la trayectoria del jusnaturalismo católico del siglo XVI, tal como fue redefinido por la gran escuela neoescolástica de Salamanca, y que los jesuitas exportaron y consolidaron en América en el siglo XVII. La vertiente jesuítica tiene puntos en común con el jusnaturalismo protestante de la misma época, el de Hugo de Grotio y Samuel Pufendorf. Compartía el antirregalismo, la idea de soberanía compartida entre rey y reinos y por tanto, el principio de la limitación del "poderío absoluto" de la Corona, aunque,

[21] Esta reflexión en Annick Lempérière, "¿Nación moderna o república barroca? México 1823-1857", en François-Xavier Guerra (coord.), *Imaginar la nación,* Cuadernos de Historia Latinoamericana, Münster-Hamburg, AHILA, 1994, p. 150.

y por encima de todo, reprodujo una visión opuesta a la del jusnaturalismo pesimista de Hobbes porque teorizó siempre que la sociedad organizada en cuerpos es una entidad natural e ilimitada, mientras que el Estado es una entidad limitada y artificial, no necesaria para conseguir los fines morales de los individuos. Aquí encontramos el referente fundamental de aquel adverbio "originariamente" que Juridi y Alcocer defendió en Cádiz, un adverbio que lo decía todo acerca de la soberanía y del Estado: la nación no deja de ser nación soberana aun sin gobierno.

Coyunturas seculares opuestas hicieron además que este jusnaturalismo católico que moldeó al primer liberalismo no tuviera que vivir el drama lockeano del conflicto entre *nation and representation* que en las dos primeras décadas del siglo XVIII, durante la así dicha "dictadura parlamentaria" inglesa, preparó el camino doctrinario de la revolución en las colonias norteamericanas. Así que al llegar el constitucionalismo moderno con Cádiz y luego con la República, esta concepción totalizante de la política estaba todavía en pleno auge, a pesar de los intentos borbónicos de consolidar en Nueva España el regalismo tras la expulsión de los jesuitas que, huelga recordarlo, desencadenó una oleada de rebeliones populares.

En este sentido, el desliz de la ciudadanía liberal siguió las pautas no sólo de la Constitución sino también de esta tradición jusnaturalista a favor completamente de la "natural" autonomía de los territorios organizados. Hecho más significativo si recordamos que según esta tradición la ciudad con su cabildo era una entidad "natural" que no pertenecía al Estado. Quizás lo que estamos comentando parezca algo forzado porque supone que una doctrina de nivel teológico tan "alto" pudo ser manejada por actores sociales tan "bajos" como los pueblos. Y sin embargo, el documento de los 54 pueblos-ayuntamientos de Guanajuato muestra que sí fue posible. No hay que olvidar que la memoria de los pueblos se fundaba en el hecho de que a lo largo de tres siglos, en América el discurso de la fidelidad monárquica fue monopolio exclusivo de la Iglesia que lo difundió a todos los niveles de la sociedad. Los pueblos no conocían desde luego los fundamentos teológicos del principio de la limitación del "poderío absoluto" del rey, pero sí conocían sus efectos prácticos en el campo de la justicia, como muestran las fuentes de archivo estudiadas por muchos historiadores, y como muestra con igual fuerza la masiva transferencia de jurisdicciones impulsada por el desliz de la ciudadanía liberal.

El tránsito de la fidelidad monárquica a la republicana no fue fácil. Los pueblos con sus municipios nacieron antes que la república, en el marco de un régimen monárquico constitucional que favoreció la independencia de Iguala. A fin de cuentas, a pesar de su declaración de Independencia en 1810, ni Hidalgo ni Morelos emplearon nunca la palabra "república". Los pueblos-ayuntamientos se aprovecharon de la carta gaditana y de la guerra civil para apropiarse de sus territorios y para proclamarse "soberanos". Por tanto ¿porqué bajo la república tenían que renunciar a su "independencia" y supeditarse a una nueva y supuestamente absoluta soberanía, sólo porque se votaba por unos congresos lejanos? ¿De quién era la república? ¿De todos los ciudadanos de la nación nueva, esta entidad tan abstracta como la soberanía absoluta, o de los ciudadanos reales que con sus municipios controlaban el territorio y podían hasta apoyar o hacer caer los gobiernos? ¿Entonces dónde se ubicaba la legitimidad política?

Estos dilemas estuvieron encapsulados a lo largo de toda la primera parte del siglo en un ambiguo idioma que a menudo hablaba de soberanía del "pueblo" y de los "pueblos". Constituciones, planes políticos, folletos, periódicos, representaciones y demás reprodujeron constantemente esta doble idea de la soberanía. Es difícil explicar porqué la clase dirigente legitimó la existencia de dos ciudadanías, la nacional y la local, la de los municipios, los pueblos, las comunidades. Es posible que los grupos que competían por el poder siguieran manejando esta duplicidad porque la "soberanía de los pueblos" tenía una fuerte legitimidad histórica, formaba parte del idioma imperial. Otra vez nos cruzamos con la fuerza de la tradición jusnaturalista-católica y su idea de comunidad "natural", titular de derechos inalienables. Por último se debe mencionar un dato lingüístico de larga duración: todas las constituciones mexicanas, inclusive la de 1917, afirman que la soberanía reside esencial y originariamente en la nación (o en el pueblo)".

Conclusión

La dicotomía entre "sociedad natural" y "sociedad constituida" es un eje conceptual de todos los jusnaturalismos occidentales. En el mundo hispánico este dualismo se radicalizó al extremo por dos razones: porque la tradición católica en todas sus variantes enfatizó la naturaleza totalmente positiva de la sociedad natural, y porque fue la Iglesia y no el Estado quien hasta la quiebra del imperio predicó la fidelidad a la Corona. Esta notable singularidad del mundo hispánico, más aún en México, hizo que tras la Independencia, la república liberal tuviera por mucho tiempo dos fuentes de legitimidad: los pueblos y los congresos constituyentes, o sea los dos actores que encarnaban uno lo "natural" y el otro lo "constituido". Los pueblos, y sobre todo las comunidades indígenas, interpretaron las libertades liberales como un reconocimiento de sus antiguas libertades, es decir, de sus antiguos derechos sobre el territorio. Sin embargo, este imaginario pueblerino no tenía continuidad directa con el pasado colonial: las "tradiciones" invocadas algo tenían pero los mecanismos para defenderlas, no. Fueron las constituciones liberales y sus prácticas las que definieron nuevos códigos de identificación colectiva. El más importante fue el proceso electoral para los ayuntamientos de los pueblos. ¿En qué sentido? En primer lugar, porque permitió a muchísimas comunidades administrar sus bienes por medio de los municipios, bienes que formaban parte de la identidad comunitaria. En segundo, porque el voto dio a los pueblos un perfil institucional nuevo, el liberal-representativo, que redefinió el imaginario contractualista. En tercer lugar, porque, por lo menos hasta el Porfiriato, los pueblos-municipios permanecieron dueños de sus prácticas de culto, lo cual muestra que las comunidades pudieron reproducir en el orden republicano su propia autonomía religiosa.

El desarrollo del liberalismo en México proporcionó espacios y recursos políticos a un conjunto extremadamente diversificado de actores, más allá de los idearios oficiales, cultos y europeizantes. Las élites tuvieron siempre una percepción muy clara de este fenómeno y no fueron pocos los que en la primera época lo vivieron dramáticamente hasta caer en una visión pesimista de México y de su futuro. Este pesimismo ocultó el perfil del Jano bifronte mexicano, es decir, las dos caras del liberalismo: el de las élites que buscaron un modelo de desarrollo y de estabilidad política y el de los pueblos, que encontraron en algunos principios liberales los recursos para defenderse del proyecto liberal oficial que siempre fue anticomunitario. Los imaginarios políticos de los pueblos fueron por cierto distintos de los de las élites; sin embargo, la diferencia nada quita a la relevancia histórica del fenómeno, más bien obliga a revisar muchos estereotipos, como por ejemplo la contraposición entre la ciudad, supuestamente más moderna en lo político, y el campo, más atrasado, o entre "centro" y "periferia" en el sentido de las "fracturas" que desafiaron la construcción del estado nacional. El caso mexicano nos muestra que la difusión temprana del liberalismo creó una doble fractura centro-periferia: entre la capital y las demás ciudades de las provincias, pero también entre éstas y los pueblos.

La fuerza de este Jano bifronte, con una cara hacia los pueblos con sus memorias y la otra hacia las élites y su futuro, será tan fuerte que nunca será oficialmente cuestionada por ningún gobierno, y es por tanto correcto hablar de la existencia en México de un "liberalismo popular".[22] El punto es que este tipo de liberalismo no nace con la Guerra de Reforma, como se ha planteado, sino con el constitucionalismo gaditano, esto es, antes de la Independencia. Los gobiernos republicanos hicieron desde el primer momento muchos esfuerzos para quitar la "soberanía" a los pueblos, tal como lo muestran las innumerables leyes orgánicas municipales de los estados de la nueva federación, pero el éxito fue nulo. La prueba más notable fue la primera Ley de desamortización de Lerdo de Tejada en 1856. Al definir a las corporaciones que comprendía la Ley, junto a los conventos, los hospitales, las cofradías, las hermandades, los bienes de comunidades y de la Iglesia, el artículo 6º del texto incluyó a los ayuntamientos constitucionales. Formalmente se trata de una aberración jurídica que no tiene precedente en ningún país de la época, porque el artículo equiparó a una institución liberal electiva y constitucional, el ayuntamiento, con corporaciones del antiguo régimen que con sus fueros y privilegios particulares habían negado hasta entonces la soberanía única de la nación. Sin embargo, el legislador tuvo que reconocer que lo que había pasado en los años de Cádiz se había consolidado en la república: los nuevos ayuntamientos constitucionales controlaban las tierras de los pueblos y limitaban el desarrollo de una sociedad de propietarios individuales, tal como la soñaban los liberales.

El escenario de la Reforma resulta así más complejo de lo que ha planteado la imagen oficial: no sólo la Iglesia buscó y defendió a toda costa su independencia frente al nuevo poder civil del estado liberal, también los pueblos hicieron lo mismo a su manera. La primera lo perdió todo tras una sangrienta lucha civil, los segundos no es cierto que perdieron. Los liberales pudieron destruir a la Iglesia pero no a los pueblos porque sin éstos no hubieran ganado la guerra. Las leyes de Reforma quitaron muchos recursos jurídicos a los pueblos, pero no lograron modificar la naturaleza del Jano liberal: sólo un pacto, más o menos declarado, entre sus dos caras permitiría gobernar al país, tal como lo entendieron Benito Juárez y Porfirio Díaz. El dilema gaditano, ¿dónde está la soberanía?, quedó en buena medida irresuelto en la sociedad mexicana, en el sentido de que la gobernabilidad del país dependió a lo largo del siglo de una relación contractual, pactista, entre Estado y pueblos.

Sin duda alguna, la solución al problema de la gobernabilidad fue difícil por las guerras civiles y por lo que normalmente se define como "inestabilidad política", pero por debajo de los acontecimientos más dramá-

[22] Véase Guy Thompson, *Popular Aspects of Liberalism in Mexico.*

ticos se movía siempre una fuerza silenciosa y tenaz, la de los pueblos con sus ayuntamientos. Este movimiento lento y constante de la sociedad "baja", autónoma del Estado pero bien ubicada en el marco constitucional, se cruzó continuamente con los movimientos acelerados de la sociedad "alta" y pesó siempre en los equilibrios entre las facciones que se disputaron el poder.

Falta todavía mucha investigación para tener una idea clara de cómo se desarrolló este fenómeno, aunque un dato parece incuestionable: el baricentro del espacio político mexicano a lo largo del siglo XIX estuvo en las áreas rurales y no en las urbanas, como en la época colonial. Es cuestionable que esta "ruralización" de la política mexicana se explique por el poder de las haciendas. En primer lugar, porque la centralidad política del latifundio se dio en la segunda mitad del siglo XIX y no antes y, en segundo, porque la "ruralización" fue una ruptura abrupta e imprevista del espacio político nacional. Es sencillamente impensable explicar este dato con el creciente peso económico de las haciendas, fenómeno que se llevó unas décadas.

La ruptura fue un proceso político y los protagonistas fueron los pueblos y los ayuntamientos liberales, tan es así que en 1821 la Nueva España era muy diferente de la de 1808, cuando empezó la crisis de la Monarquía. En 1821 la Nueva España borbónica no existía ya. Muchos protagonistas percibieron claramente el cambio, y quizá uno de los testigos más elocuentes fue el general Gómez Pedraza, quien combatió contra los insurgentes al mando de Iturbide. Al publicar sus memorias en 1831, Gómez Pedraza cuenta que el plan originario de Iturbide era promover un golpe militar en la ciudad de México. Sin embargo, anota Pedraza, "le hice ver a Iturbide lo indigesto del plan y concluí diciéndole que, en mi opinión, el movimiento debería comenzar de la circunferencia al centro y que la ocupación de la capital sería el último paso de la empresa". En 1808 con un golpe en la capital los españoles controlaron al país, en tanto que en 1821 este esquema no pareció viable a pesar de la ventaja militar y política.

No sabemos si el relato de Pedraza es cierto, pero sí sabemos que la independencia de México se hizo con una campaña más política que militar "de la circunferencia al centro", y que desde aquel entonces hasta la misma Revolución mexicana, cualquier cambio político o de régimen se dio de acuerdo con esta estrategia territorial.

Cuarta Parte

LA CONSTRUCCIÓN DE LOS IMAGINARIOS

XIV. MITOS Y SIMBOLOGÍAS NACIONALES EN LOS PAÍSES DEL CONO SUR

José Emilio Burucúa
y Fabián Alejandro Campagne
Universidad de Buenos Aires

Desde fines de la década de 1970 ha preocupado a los historiadores europeos y americanos el conjunto de las operaciones políticas y culturales que condujeron a la formación de los Estados-naciones modernos. Entre los primeros, Tilly, Gellner y Hobsbawm[1] han estudiado los procesos de construcción de esas entidades sociales complejas, tanto en los aspectos que podríamos llamar materiales, cuanto en sus rasgos jurídico-políticos y en sus caracteres ideológicos. Hobsbawm ha insistido últimamente en el carácter dual de las naciones, así entendidas a la manera de artificios o inventos, pues ellas serían el resultado no sólo de acciones emprendidas por las élites sino, al mismo tiempo, de la aceptación realizada "desde abajo", "en términos de los sobreentendidos, esperanzas, necesidades, anhelos e intereses de la gente común".[2] A todo esto, figuras principales de la historiografía francesa —Vovelle, Ozouf, Agulhon, Nora, Le Goff, Le Roy Ladurie y otros— han producido una obra de gran aliento, consagrada a explicar y describir la experiencia moderna de la república y de la nación como un *topos* esencial del imaginario colectivo.[3] En Latinoamérica, Halperin Donghi,[4] Góngora, Oszlak y Chiaramonte han examinado las particularidades de los procedimientos de ingeniería social y política que dieron lugar a la formación de los Estados de raíz ibérica en el Nuevo Mundo.[5] Pero notemos que

[1] Charles Tilly, *The Formation of National States in Western Europe,* Princeton University Press, Princeton, 1975; Ernst Gellner, *Nations and Nationalism,* Oxford University Press, Oxford, 1983; Eric Hobsbawm, *Nations and Nationalism since 1780. Programme, Myth, Reality,* Cambridge University Press, Cambridge, 1991.

[2] Eric Hobsbawm, *Nations and Nationalism,* pp. 10-11.

[3] Pierre Nora (dir.), *Les lieux de mémoire,* 4 vols., Gallimard, París, 1984-1986; vol. I: *La République,* vols. II-IV: *La Nation.*

[4] Tulio Halperin Donghi, *Argentina. De la Revolución de Independencia a la Confederación Rosista,* Paidós, Buenos Aires, 1987 (volumen 3 de la *Historia argentina,* publicada por Paidós); *Revolución y guerra. Formación de una élite dirigente en la Argentina criolla,* Siglo XXI, Buenos Aires, 1979.

[5] Oscar Oszlak, *La formación del estado argentino,* Editorial de Belgrano, Buenos

Góngora y Chiaramonte han subrayado sobre todo el estudio de los problemas ideológicos, por ejemplo la elaboración de estructuras de significado y de mitos en torno a la noción de la nacionalidad; ambos son tributarios en este sentido de una genealogía de obras cuyo mayor exponente historiográfico ha sido el libro de redacción colectiva, dirigido por el mismo Hobsbawm y por Ranger, acerca de la "invención de la tradición".[6] A decir verdad, esa línea de investigación parece deber mucho a la perspectiva antropológica desde la cual Geertz examinó en 1973 las relaciones entre nacionalismo y cultura en los nuevos Estados africanos,[7] y de la que también se habría desprendido un interesante trabajo de Hayward y Dumbuya sobre el uso de símbolos como forma de legitimación política en el África contemporánea.[8] Sin embargo, tras estos aportes de la antropología, descubrimos otra referencia teórica más remota, pero de enorme interés: la concepción sociológica de Max Weber sobre la naturaleza de las comunidades políticas. Weber intuyó la centralidad de la producción cultural en el nacimiento y despliegue de los Estados modernos, en pasajes donde sintetizó en *passant* la problemática de lo que hoy denominamos el imaginario nacional.[9]

Ahora digamos, por último, que la obra personal más reciente de Agulhon ha penetrado profundamente en la faz de la *poiesis* cultural de las naciones, al presentar el caso arquetípico de la creación de una imaginería republicana en Francia alrededor del mito e icono de *Marianne;*[10] sus búsquedas están vinculadas, por la definición del objeto y por los métodos, con el horizonte de la escuela warburguiana, citada ocasionalmente pero de seguro muy tenida en cuenta también por Hobsbawm a la hora de extrapolar y ensayar recursos para la indagación de los mitos culturales en la era industrial.[11] También de este lado del Atlántico

Aires, 1985: Mario Góngora, *Ensayo histórico sobre la noción de Estado en Chile en los siglos XIX y XX,* Ed. Universitaria, Santiago de Chile, 1986; José Carlos Chiaramonte, "El mito de los orígenes en la historiografía latinoamericana", *Cuadernos del Instituto Ravignani,* núm. 2, Facultad de Filosofía y Letras, Universidad de Buenos Aires, Buenos Aires, octubre de 1991.

[6] Eric Hobsbawm y Terence Ranger, *The Invention of Tradition,* Cambridge University Press, Cambridge, 1983.

[7] Clifford Geertz, *La interpretación de las culturas,* Gedisa, Barcelona, 1990, parte IV, pp. 171-284.

[8] Fred Hayward y Ahmed Dumbuya, "Political Legitimacy, Political Symbols and National Leadership in West Africa", *Journal of Modern African Studies,* Cambridge University Press, Cambridge, vol. 21, núm. 4, 1983.

[9] Max Weber, *Economía y sociedad. Esbozo de sociología comprensiva,* Fondo de Cultura Económica, México, 1964, p. 682.

[10] Maurice Agulhon, *Marianne au combat: limagerie et la symbolique républicaines de 1789 à 1880,* Flammarion, París, 1989; *Marianne au pouvoir. L'imagerie et la symbolique républicaines de 1880 à nos jours,* Flammarion, París, 1989.

[11] E. Hobsbawm y T. Ranger, *The Invention...,* p. 4.

se ha terminado una obra equiparable a la de Agulhon, la que Murilo de Carvalho ha hecho conocer en su bello libro sobre el imaginario republicano brasileño, un modelo por cierto en este tipo de estudios.[12] Tales son, en síntesis, las vertientes teóricas que han de servirnos para nuestros propios hallazgos en torno a los mitos y símbolos nacionales en las repúblicas del cono sur de América a partir de la independencia.

Es posible distinguir, desde un comienzo, tres grandes etapas en la historia de los *corpora* simbólicos asociados al surgimiento y a la consolidación de las naciones americanas de que estamos tratando:

1) Un primer periodo, que se extendió de 1810 a 1830 aproximadamente, coincide con la época de las luchas por la independencia y de los primeros ensayos de organización política de Estados nuevos. Las élites criollas actuaron con claridad y rapidez para crear un mundo de símbolos y tejer una red de ideas que sustituyesen al ya secular sistema de signos y formas de la monarquía borbónica. Los revolucionarios concibieron un programa cultural que solía iniciarse con la transformación de las fiestas urbanas y de las imágenes alegóricas del poder, pero que culminaba invariablemente en la adopción de grandes emblemas para las nuevas identidades sociales y políticas que la propia guerra contra la metrópoli engendraba: banderas, escudos, canciones patrióticas.[13] Si bien tales identidades apelaban sin cesar al calificativo de *nacional,* este mismo concepto podía aludir a contenidos diferentes: confundirse con la noción de "americano", perfilarse ya como un sentimiento de dependencia respecto de los estados que esbozaban sus primeras constituciones,[14] o bien ceñirse a la idea de una comunidad más pequeña, mejor reconocible por parte de los nuevos "ciudadanos", que era precisamente la vieja ciudad y su *hinterland,* la provincia o el departamento.[15] De todas maneras, aunque el texto escrito de la legislación y de una historiografía incipiente tuvo un papel considerable ya en esta primera etapa de la producción mítico-simbólica, es posible que el matiz predo-

[12] José Murilo de Carvalho, *A formação das almas. O imaginàrio da República no Brasil,* Companhia das Letras, São Paulo, 1990.

[13] Para un análisis del papel central de la guerra en la formación de una conciencia nacional chilena y su relación tangencial con la creación de símbolos, véase Mario Góngora, *Ensayo…,* pp. 38-39.

[14] Véase al respecto el sutil estudio de Hans Vogel, "New Citizens for a New Nation: Naturalization in Early Independent Argentina", *Hispanic American Historical Review,* núm. 71, 1991, pp. 107-131.

[15] Sobre este último aspecto, véase el ya citado trabajo de José Carlos Chiaramonte, en especial la segunda parte, dedicada al mito de los orígenes en la historiografía argentina, pp. 18-39, o bien el trabajo del mismo autor "Formas de identidad en el Río de la Plata luego de 1810", en *Boletín del Instituto de Historia Argentina y Americana Dr. Emilio Ravignani,* 3ª serie, núm 1, primer semestre de 1989, pp. 71-92.

minante haya sido entonces metafórico, emblemático e icónico. (Aclaremos que, mientras asignamos a la palabra *símbolo* un sentido muy general, entendemos por *emblema* un conglomerado heterogéneo de representaciones figurativas y literarias, en proporciones variables, destinado a evocar sintéticamente un complejo de creencias, nociones y sentimientos.)

2) La segunda época, desde 1830 hasta 1860, no descuidó los ejercicios de invención de imágenes o enseñas ni el uso de colores distintivos en un horizonte político marcado por la lucha de partidos. Pero, al parecer, la definición de las peculiaridades nacionales, cuyo origen no sólo se advertía en las diferencias de los procesos de emancipación sino que se hacía remontar a evoluciones dispares ya verificadas desde los tiempos coloniales, se basó en el despliegue de una nueva conciencia histórica, empeñada en ser lúcida y raciocinante. Páginas excepcionales de la literatura historiográfica y política del subcontinente construyeron una autopercepción inédita, robustecida y proyectada hacia la larga duración por la calidad artística y expresiva de esas mismas obras. Sin embargo, tales discursos, a pesar de su compromiso con la lógica y la transparencia argumental, no dejaron de alimentar los mitos esbozados ni de generar otros nuevos; de modo que resulta válido hablar de una corriente reflexiva, crítica y racional, que confluyó con la metafórica e icónica, prevaleciente en el ciclo anterior, a la hora de levantarse el imaginario social de las naciones en ciernes.

3) La larga etapa que abarcó de la década de 1860 del siglo XIX hasta la segunda década del siglo XX ha de considerarse el tiempo culminante en la formación del sistema ideológico-simbólico de las naciones sudamericanas que estudiamos. Por un lado, la historiografía alcanzaba una madurez equiparable a la de las culturas europeas. Pero, de nuevo, el ejercicio de un pensamiento que se pretendía racional y crítico no sólo se aplicó a la dilucidación científica del pasado, sino que también alimentó la actividad mitopoiética, la cual, por otro lado, se mostraba especialmente fértil en la recreación artística del espacio urbano. En efecto, la planificación de nuevas avenidas y trazas en las capitales apuntó, por ejemplo, a relacionar las perspectivas y los significados de los edificios recién erigidos donde funcionaban los poderes de los Estados-nación reorganizados. La historia hubo de ser leída en los textos literarios y, a la par, en una trama figurativa e iconográfica que, mediante los monumentos (columnas, estatuas, conjuntos escultóricos, tumbas, grandes ciclos decorativos de pintura histórica), se insertaba en el tejido material de la ciudad, al aire libre, en sus cementerios, o dentro de sus palacios públicos. El mundo mental colectivo exhibía una riqueza y una coherencia tales que bien podía pensarse que, en sus líneas mayores, la construcción de las naciones sudamericanas estaba concluida.

La etapa emblemática y poética

La creación de los grandes símbolos, tradicionalmente asociados al ejercicio de la soberanía, no fue un proceso simple ni rápido. Los escudos, banderas e himnos sufrieron retoques, cambios, adecuaciones a nuevos intereses políticos durante décadas. Incluso en el caso argentino, en el que todo parecía haber sido resuelto por la asamblea del año 1813 o a lo sumo por el Congreso constituyente en 1818, la discusión erudita e historiográfica y el restablecimiento de relaciones cordiales con España impusieron algunas transformaciones de los emblemas nacionales en los tiempos de la república consolidada. Los debates en torno a las cuestiones heráldicas y poéticas que planteaba el corpus simbólico de las naciones eran, en realidad, transposiciones metafóricas de los conflictos suscitados por los temas fundamentales de la organización estatal: independencia, Constitución, reforma social, régimen político, relaciones interamericanas, ideologías prevalecientes en los sistemas educativos y culturales construidos desde las estructuras de poder. Algo que se percibe como un elemento común en la emblemática de los países del cono sur es la presencia de signos tomados de la tradición europea, sea de los repertorios antiguos del lenguaje político cifrado, sea de las más recientes formas que habían inventado y hecho circular las revoluciones modernas. Pero, salvo el extraño ejemplo del Paraguay, donde sólo el modelo europeo parece haberse tenido en cuenta, todos los demás países buscaron, con mayor o menor intensidad según veremos enseguida, establecer por medio de sus símbolos mayores, una relación con el mundo americano prehispánico y mostrarse así como los herederos culturales del pasado indígena.

Analicemos en primer lugar el conjunto de los escudos y sus distintas versiones. Las armas argentinas fueron diseñadas por el peruano Antonio Isidro de Castro, quien intervino también en la confección del primer blasón chileno, y adoptadas por la Asamblea del año XIII.[16] La pica y el gorro frigio procedían de la emblemática revolucionaria francesa;

[16] Para la historia pormenorizada de los símbolos nacionales argentinos, véase Dardo Corvalán Mendilharsu, "Los símbolos patrios", en Academia Nacional de la Historia, *Historia de la nación argentina,* El Ateneo, Buenos Aires, 1962, vol. VI, 1ª sección, pp. 245-347. Algunas consideraciones recientes pueden encontrarse en José Burucua *et al.,* "Influencia de los tipos iconográficos de la Revolución francesa en los países del Plata", Cahiers des Amériques Latines, núm. 10, 1990, pp. 147-158.

las manos entrelazadas derivaban quizás de la tradición holandesa,[17] y los laureles, por supuesto, se relacionaban con una milenaria metáfora de la victoria. Tan sólo el sol es posible que aludiera probablemente a la mitología americana, al linaje incaico de Inti. Mientras tanto, en Chile, hubo algunos vaivenes: un primer escudo de 1812 presentaba una columna dórica, un orbe con el mapa de América, una palma y una lanza cruzadas; a este objeto autóctono se agregaban las figuras de un hombre y de una mujer, vestidos de indios, separados por la columna.[18] En 1819, después de declarada la independencia, el gobierno chileno eludió las referencias al pasado aborigen, al menos en el blasón, y las remplazó por una inscripción que invocaba a la libertad y por tres estrellas de cinco puntas, símbolos europeos corrientes de las ciudades (Santiago, Concepción y Coquimbo en este caso).[19] Pero, en 1832, durante la primera presidencia del régimen portaliano, por iniciativa del propio Prieto, se reinstalaron signos inequívocos de lo mítico y lo real americano en el escudo: se conservó una única estrella, que ya no fue leída como una referencia a Santiago, sino como "blasón que [los] aborígenes ostentaron siempre en sus pendones", se colocaron dos animales cordilleranos, el huemul y el cóndor, a ambos lados del campo, y éste lució los colores azul y encarnado que, junto al blanco de la estrella, completaron los tres tonos de las banderolas colocadas por Ercilla sobre los pechos de los araucanos muertos en combate.[20]

No ha de extrañarnos esta irrupción de la poesía de Ercilla en la producción simbólica de Chile, país que ya desde el siglo XVIII solía indagar en los problemas de su identidad y encontrar respuestas para ellos en la existencia de una obra artística e intelectual que se organizaba alrededor de *La Araucana,* considerada el poema épico "nacional".[21] Un cierto araucanismo patriótico despuntó en la cultura chilena de finales del antiguo régimen y se abrió paso con firmeza, más tarde, como una parte fundamental de la ideología revolucionaria.[22] Finalmente, la ins-

[17] Véase al respecto nuestro trabajo "El modelo holandés en la Revolución del Río de la Plata", en *The Netherlands and the Americas,* Universidad de Leiden, 1994.

[18] En este orden de cosas, ya en 1796 la ciudad de Talca había solicitado al rey la autorización para usar un escudo con la figura de Lautaro, claro que herido y en derrota durante la batalla de Mataquito. Véase Néstor Meza Villalobos, *La conciencia política chilena durante la monarquía,* Facultad de Filosofía y Educación, Universidad de Chile, Santiago, 1958, pp. 258-259.

[19] Véase Dardo Corvalán M., "Los símbolos...", pp. 309-310.

[20] Alonso de Ercilla, *La Araucana,* canto XII.

[21] Hernán Díaz Arrieta, reseña de la Historia Cultural de Chile, introducción a Vicente Pérez Rosales, *Recuerdos del pasado (1814-1860),* Colección Panamericana, núm. 11, Jackson, Buenos Aires, 1946, pp. VII-X.

[22] Véase sobre todo Simon Collier, *Ideas and Politics of Chilean Independence, 1808-1833,* Cambridge University Press, Cambridge 1967, pp. 27-28.

cripción "Por la razón o la fuerza", que se grabó en el escudo definitivo de Chile, sería tal vez el único eslabón del conjunto que posee un sentido europeo. Se trata de un lema que se inscribe en la vieja tópica de los retóricos y moralistas sobre las relaciones entre fuerza y razón.

Las armas de Bolivia también tuvieron sus avatares entre 1825, fecha de una primera creación, y el año 1888 en que una ley fijó las características de los símbolos nacionales del país. De todas maneras, los elementos de raíz europea y de significado americano se presentaron, con una fuerza equivalente, en las variantes sucesivas. Siempre las estrellas representaron las ciudades capitales de las provincias o departamentos y apareció el gorro frigio de la libertad; siempre las figuras de una alpaca, de la palmera o del árbol del pan, y la silueta del cerro de Potosí abrieron un horizonte americano de sentido, subrayado por un cóndor en actitud de emprender el vuelo en la versión final. El hacha de los lictores asoma también, como contrapunto de la pica y del gorro frigio, en el escudo definitivo: su diseño no permite abrigar dudas de que se trata de un haz de fasces pero, sin embargo, una interpretación corriente ha insistido en ver allí el perfil de un hacha incaica.[23] Ocurre como si el pasado prehispánico actuase a modo de una fuerza de gravedad mítica, tanto para el trabajo de elaboración de los símbolos, asumido por las élites, cuanto para la lectura que la opinión del común termina imponiendo.

En el Uruguay, un escudo de la época de Artigas tomó el tema del sol naciente y una mano sosteniendo la balanza de la justicia; el óvalo estaba rodeado por el mote "Con libertad no ofendo ni temo", coronado por la inscripción "Provincia oriental" y un penacho de plumas. El símbolo solar y la alusión a la "provincia" señalan una relación heráldica e institucional con la Argentina, matizada por esa "libertad" del mote que no era sino autonomía federal. En 1829, tras la independencia del país resuelta por el tratado de paz celebrado entre Argentina y Brasil, la asamblea constituyente aprobó un escudo nacional que, al sol y a la balanza, sumaba un caballo, símbolo de fuerza, un buey, símbolo de abundancia, y la imagen del cerro de Montevideo. Esta intrusión del paisaje local no alcanzaba para equilibrar la prevalencia de la emblemática europea.

Ahora bien, el Paraguay ha sido un caso extraordinario por la total ausencia de una iconografía y de una tópica americanas en sus tres grandes símbolos. El escudo de los tiempos del dictador Francia exhibía una estrella entre ramas de olivo y de palma; nuevamente el astro de cinco puntas era la metáfora de una ciudad —Asunción— donde había

[23] Simon Collier, *Ideas and…*, pp. 212-217; OEA, *Banderas y escudos de las repúblicas americanas,* Buenos Aires, s. f., p. 2.

nacido el Estado. El Congreso General Extraordinario, celebrado en 1842 después de la muerte del Supremo, conservó ese blasón pero creó uno paralelo, destinado a la ceca de las medallas y monedas, donde se desplegaba una simbología puramente europea, con figuras antiguas y revolucionarias: un león aparecía sentado bajo la pica y el gorro frigio de la tradición francesa.

De esta manera, los escudos de las naciones americanas que estudiamos oscilaron entre dos polos emblemáticos, uno europeo de antigua prosapia o de flamante invención revolucionaria, y otro americano que se creaba para la ocasión a partir del paisaje, se enraizaba en un pasado prehispánico o bien se desprendía de una tradición cultural vivida ya como propia y exclusiva del país. En el arco de las posibles combinaciones, los casos paraguayo y chileno resultaban extremos: el primero, porque el elemento americano nunca se hizo presente; el segundo, porque la componente libertaria revolucionaria había desaparecido (a menos que alguien pudiera leer la tricromía en términos de una coincidencia buscada con los colores de la Revolución francesa, a la manera de una traslación de significado, pero en sentido inverso, semejante a la que hemos señalado para el hacha del escudo boliviano); es probable que el carácter conservador y oligárquico del régimen portaliano haya sido decisivo a la hora de eliminar las citas simbólicas de la política europea moderna. Por otra parte, podemos pensar que aquellos países donde el pasado indígena abarcaba grandes civilizaciones o culturas robustas que habían hecho frente al conquistador español, tendían a hacer prevalecer los vínculos simbólicos con ese tiempo y con la tierra americana (Chile, Bolivia), mientras que las nuevas naciones que no podían reivindicar una historia semejante cultivaban sobre todo la heráldica iluminista y revolucionaria europea (Argentina, Uruguay). De cualquier modo, el Paraguay, con su poderosa tradición guaranítica actualizada sin cesar en el uso de la lengua y su rechazo de metáforas del mundo indígena, sigue siendo un enigma simbólico.

En cuanto a las banderas, sus formas y colores también se agitaron en el mar de dudas que había afectado a los escudos. Las Provincias Unidas del Río de la Plata presentaron el proceso más lineal en apariencia, pero más rico en vacilaciones de fondo.[24] En febrero de 1812, el Triunvirato dispuso la creación de una escarapela blanca y celeste, a instancias del general Belgrano. Al parecer, esos colores habían sido utilizados ya por los revolucionarios radicales del llamado Club de Marco, more-

[24] Para mayores detalles, véase el ya citado trabajo de Corvalán Mendilaharsu, la muy buena síntesis de Ricardo O. Jacob, "Los colores nacionales", en *Todo es Historia,* Buenos Aires, núm. 300, junio-julio de 1992, pp. 8-37.

nistas y "jacobinos", desde los primeros meses de 1811,[25] y habían pasado a las cocardas que, en 1812, usaban los miembros de la Sociedad Patriótica, grupo heredero de aquel Club y el más convencido de la necesidad de proclamar la independencia y realizar los actos simbólicos consecuentes. A partir de los colores blanco y celeste, Belgrano mandó confeccionar una bandera y enarbolarla a orillas del Paraná. En su comunicación al Triunvirato, Belgrano no dejaba dudas acerca de sus propósitos: "[...] mi deseo de que estas provincias se cuenten como una de las Naciones del Globo, me estimuló a ponerla".[26]

El gobierno juzgó, sin embargo, que el jefe del ejército del norte había ido demasiado lejos; algo alarmados, los triunviros exigieron a Belgrano que se abstuviese de adelantarse a las decisiones del gobierno "en materia de tanta importancia".[27] El asunto nos revela que aquellos ademanes simbólicos exigidos por los radicales eran considerados gestos decisivos. Y el tema de la bandera había de marcar un punto de no retorno, puesto que la Asamblea del año XIII, tan resuelta a producir señales de su camino hacia la independencia, desde declararse explícitamente "soberana" hasta cambiar las armas del rey por su sello, adoptar un himno de las provincias y acuñar moneda con sus blasones, se mostró en cambio renuente a la hora de aprobar la enseña, toleró su uso popular durante las fiestas y celebraciones cívicas, pero las insignias reales siguieron tremolando en el mástil del fuerte de Buenos Aires hasta la caída del director Alvear y de la propia Asamblea en abril de 1815. Los símbolos nuevos eran asimilados, por tirios y troyanos, a la intención de erigir un nuevo Estado nacional. El gobernador español de Montevideo, ciudad sitiada por varios ejércitos revolucionarios, escribía en octubre de 1813 al gabinete metropolitano: "Los rebeldes de Buenos Aires han enarbolado un pabellón con dos listas azul celeste a las orillas y una blanca en medio, y han acuñado moneda con el lema de 'Provincias del Río de la Plata en Unión, y Libertad'. Así se han quitado de una vez la máscara con que cubrieron su bastardía desde el principio de la insurrección [...]".[28]

Palabras equivalentes a éstas aparecen en una carta del general San

[25] Ignacio Núñez, uno de los jóvenes jacobinos, relató en sus *Noticias Históricas,* que al presidente Saavedra le fue denunciado se hacían invitaciones para una reunión armada empleando personas que se distinguían con una escarapela blanca y celeste, y cuya reunión debía tener lugar en el café llamado entonces de Marco.

[26] Archivo General de la Nación, *La bandera nacional. Su origen. Documentos Buenos Aires,* s.f.

[27] *Ibidem.*

[28] Cit. por Juan Canter, "La Asamblea General Constituyente", en Academia..., *Historia...,* vol. VI, 1a. sección, pp. 153-154.

Martín, enviada desde Mendoza en abril de 1816 al diputado Godoy Cruz, quien asistía a las sesiones del Congreso de las Provincias Unidas en Tucumán: "¡Hasta cuándo esperamos declarar nuestra independencia! No le parece a usted una cosa bien ridícula, acuñar moneda, tener el pabellón y cucarda nacional y por último hacer la guerra al soberano de quien en el día se cree dependemos. ¿Qué nos falta más para decirlo?"[29]

Aquel Congreso, que proclamó por fin la independencia en 1816 y sancionó la primera Constitución nacional en 1819, completó en 1818, por otra parte, la bandera de uso corriente desde el 1812, incorporándole un sol dorado en el centro. Quizá la idea, expuesta por Belgrano ante el congreso, de instaurar una monarquía legítima en el Plata y coronar a un descendiente de los incas, haya influido en la incorporación de esa heráldica solar.

En Chile, la presencia de un cónsul norteamericano, Joel R. Poinsett, a partir de 1812, resultó decisiva para la adopción de una bandera nacional. El diplomático habría convencido a José Miguel Carrera de la necesidad de enarbolar una enseña, lo cual se hizo justamente el día 4 de julio de 1812, durante los festejos organizados en conmemoración de la independencia de los Estados Unidos. Esa primera bandera tuvo tres franjas: azul, blanca y amarilla.[30] El mismo Poinsett recomendó que, a partir de ella, se compusiese una escarapela tricolor de uso obligatorio. El 30 de julio se ordenó a los jefes de los tribunales y oficinas del Estado que no pagasen sueldos al empleado público que no llevara en su sombrero esa cocarda.[31] Luego de la época de la Patria Vieja, aquella bandera reapareció en las fiestas del 25 de mayo de 1817, en ocasión del homenaje que el pueblo de Santiago tributó a las tropas argentinas libertadoras. Pero, fuese porque sus colores se asociaban a la figura política del general Carrera, fuese porque el amarillo se consideraba un resabio español, incompatible con la proclamación inminente de la independencia, lo cierto es que, inspirándose tal vez en los versos de Ercilla citados a propósito del escudo, el ministro de guerra propuso cambiar la franja amarilla por una roja, modificar el diseño de la bandera e introducir la estrella de cinco puntas que la leyenda atribuía a los estandartes araucanos. El gobierno aceptó: la nueva insignia presidió la jura de la independencia el 12 de febrero de 1818.[32]

[29] Museo Mitre, Comisión Nacional del Centenario, *Documentos del Archivo de San Martín,* Buenos Aires, 1910, tomo v, p. 534.

[30] Diego Barros Arana, *Historia general de Chile,* Rafael Javer, Santiago, 1884-1889, t. VIII, p. 569.

[31] Francisco Encina, *Resumen de la historia de Chile,* Zig-Zag, Santiago, 1956, vol. 1, pp. 534-535.

[32] *Ibidem,* p. 653.

La primera bandera boliviana, aprobada por el congreso de Chuquisaca que declaró la independencia de las provincias altoperuanas en 1825, parece haber tenido dos franjas verdes y una punzó en el medio, con cinco óvalos verdes formados por ramas de laurel y olivo que encerraban, cada uno, una estrella de oro, símbolos de aquellas cinco provincias fundadoras de la nueva nación. Tras algunas modificaciones, la bandera quedó fijada por una ley de julio de 1888 en las tres franjas que conocemos: roja, oro y verde, colores emblemáticos de los reinos animal, mineral y vegetal. Esta irrupción metafórica de la naturaleza tiene su paralelo en las figuras del escudo, producto de una misma operación que ha hecho del paisaje americano el centro de gravedad simbólica pero que, paradójicamente, ha eludido la referencia explícita a la historia indígena tan rica del Alto Perú. Sólo el sol del blasón y el oro de la bandera podrían leerse como alusiones algo elípticas a un pasado incaico que tampoco es del todo boliviano. Los orígenes de la enseña paraguaya son algo oscuros; un paño tricolor —azul, encarnado y amarillo— se cree que fue enarbolado ya en las jornadas revolucionarias de 1811. Pero, según parece en 1814, al recibirse la noticia de que la Restauración de los Borbones había prohibido el uso de la tricolor revolucionaria en Francia y resuelto volver al estandarte blanco de la dinastía, el doctor Francia se declaró heredero de los colores del pabellón revolucionario francés debido a las resonancias de su apellido y a su confesada admiración por la persona de Bonaparte. A partir de entonces, las banderas exhibieron muchas veces franjas verticales sin que desapareciese la disposición horizontal. Dos años después de la muerte del dictador, en 1842, el congreso general extraordinario se pronunció por la última alternativa.

En la Banda Oriental del Uruguay, el general Artigas enarboló en los tiempos del sitio de Montevideo y más tarde, hasta que la invasión portuguesa lo obligó a refugiarse en el Paraguay, una enseña igual a la común a todas las provincias argentinas, pero atravesada diagonalmente por una faja roja.[33] Muy pronto, el rojo pasó a ser el color emblemático de la idea federal que el caudillo defendía como principio organizador de una nación nueva en el Plata.

La persistencia simbólica de los colores blanco y celeste en la divisa oriental, aun en las épocas de las peores relaciones entre Artigas y el Directorio de las Provincias Unidas, tal vez sea una nueva prueba de que la política artiguista era el núcleo de un plan revolucionario diferente al de la élite de Buenos Aires, pero que competía con éste para definir, sobre bases sociales y constitucionales distintas, la organización de

[33] Cit. por José Luis Busaniche, *Historia argentina,* Solar-Hachette, Buenos Aires, 1969, p. 352.

un mismo Estado-nación en ciernes.[34] Por otra parte, las provincias del litoral argentino —Corrientes, Entre Ríos y Santa Fe—, bajo la égida artiguista y partidarias del sistema federal, también crearon enseñas propias con los colores de la bandera de Belgrano y aquel rojo simbólico de la Federación, durante los años 1815 y 1820-1822.[35]

En el periodo de la lucha contra la ocupación brasileña, los orientales usaron una insignia tricolor (celeste, blanca y roja punzó en bandas horizontales) con el lema "Libertad o muerte" en la franja central. Extrañamente, al producirse la independencia del Uruguay como resultado del acuerdo de paz entre la Argentina y el Brasil en 1828, la asamblea constituyente uruguaya volvió a los dos colores argentinos y al mayor símbolo heráldico de su bandera, el sol, claro que disponiéndolos de distinta forma, en nueve franjas horizontales (una por departamento) de blanco y celeste alternados, y reservando un cuadro blanco en la parte superior del lado del asta para colocar el sol. Ocurría como si perviviese el recuerdo de una identidad nacional común a una y a otra orillas del Plata.[36]

Nuestro análisis de las banderas nos lleva entonces a conclusiones semejantes a las que extrajimos del estudio de los escudos. Chile aparece nuevamente situado sobre el polo simbólico americano, entroncando su lucha por la independencia con el pasado araucano; Bolivia realza sus vínculos con el paisaje y la naturaleza. Argentina y Uruguay, mientras tanto, insisten en el compromiso entre lo americano (el sol) y lo europeo (el blanco y el celeste procederían de los colores de la orden de Carlos III, o del manto de la Inmaculada bajo cuya advocación se había colocado el Consulado de Buenos Aires, o bien de la referencia heráldica al Río de la Plata que ya hemos señalado, mas siempre el origen y la manipulación de esos tonos derivan claramente de la tradición emblemática renacentista y barroca). Paraguay, otra vez, se muestra puramente europeo y revolucionario.

El examen de los himnos confirma asombrosamente la polaridad simbólica que descubrimos en los escudos y las banderas, pero nos brinda además una serie de *topoi* explícitos sobre los cuales se erigieron la retórica y la mitología de las nuevas naciones. Los poetas, hombres de élite educados en la preceptiva y en la erudición neoclásicas, cumplieron un papel central en este proceso; por las vías de la educación formal en

[34] Tulio Halperin Donghi, *Revolución y guerra. Formación de una élite dirigente en la Argentina criolla,* Siglo XXI, México, 1979, pp. 279-315, 316-338.

[35] Ricardo O. Jacob, "Los colores nacionales", pp. 24-27.

[36] *El libro del Centenario del Uruguay, 1825-1925,* Capurro, Montevideo, 1925, pp. 327-328.

las escuelas y, más que nada, de las fiestas cívicas, las canciones patrióticas se difundieron muy pronto entre las capas populares, beneficiadas por melodías que los músicos retocaron varias veces hasta hacerlas pegadizas y cantables.

Nuevamente el caso argentino es el más prematuro y va asociado a la acción legislativa de la Asamblea del año XIII. Ya en 1811, los exaltados del Club de Marco entonaban unas estrofas atribuidas a Esteban de Luca, en las cuales dominaba un sentimiento americanista enteramente revolucionario.[37]

En 1812, el cabildo de Buenos Aires aprobó una marcha escrita por fray Cayetano Rodríguez en cuya letra el entusiasmo americano se eclipsaba tras un patriotismo restringido al "nombre argentino". Según parece, los miembros de la Sociedad Patriótica entonaban al mismo tiempo unos versos más inflamados y americanistas que había compuesto Vicente López y Planes, autor, en 1807, de un popular *Poema Heroico,* a los defensores de Buenos Aires.[38] En marzo de 1813, la Asamblea constituyente resolvió encargar a López y Planes que redactase una versión definitiva de aquellos versos, cosa que finalmente sucedió, de modo que el cuerpo legislativo pudo convertir ese texto, puesto en música por Blas Parera, en la "única marcha patriótica" de las Provincias Unidas. El himno así fijado desde 1813 despliega un contrapunto de ideas: el "grito sagrado" de la libertad alterna con la "noble igualdad"; el influjo de Marte se suma al "ardor" de los huesos del Inca quien, desde su tumba, asiste a la renovación del "antiguo esplendor"; las apelaciones al "argentino", sea al "valiente" soldado, al "brazo" o al "gran pueblo" que llevan ese nombre, se insertan entre los recuerdos de los ataques que los tiranos, comparados con fieras, leones y tigres, han desencadenado contra todos los americanos en México, Quito, la "triste" Caracas, Potosí, Cochabamba y La Paz. Para rescatar a esos pueblos "bañados en sangre", las Provincias Unidas se han lanzado al combate, Buenos Aires al frente de ellas. De manera que "la nueva y gloriosa Nación" que el himno celebra es, para el poeta, una entidad política cuyo ámbito de soberanía tiende a coincidir con la jurisdicción del antiguo Virreinato del Plata y cuya dirección ha asumido el grupo revolucionario de Buenos Aires. La canción aprobada por la Asamblea hubo de difundirse con notable rapidez entre el pueblo de la capital y de las provincias porque, en 1817, el norteamericano Henry Brackenridge lo escuchó

[37] *La Lira Argentina,* selección y notas por Fernando Rosemberg, Centro Editor de América Latina, Buenos Aires, 1967, p. 15.

[38] *La literatura virreinal,* selección por Bernardo Canal Feijoo, Centro Editor de América Latina, Buenos Aires, 1967, pp. 101-106.

cantar espontáneamente durante un viaje en bergantín de Montevideo a Buenos Aires y anotó a propósito del asunto: "[...] Es innecesario hablar de la influencia de la música nacional y de las canciones nacionales; se diría casi que no puede haber ninguna nación sin ellas [...]".[39]

También los dirigentes criollos tenían ideas muy claras al respecto, como lo demuestra la circular que el general San Martín, gobernador de Mendoza, había redactado para los maestros de escuela de la provincia en octubre de 1815: "[...] A cuyo fin, y para excitar este espíritu en los niños, como en el común de las gentes, cumplirá Ud. exactamente desde la semana actual la superior orden relativa a que todos los jueves se presenten las escuelas en la Plaza mayor a entonar la canción nacional".[40]

El Chile de la Patria Vieja conoció varias canciones patrióticas, pero ninguna debió de alcanzar un consenso general puesto que, inmediatamente después de Chacabuco, los santiagueños recurrieron al himno argentino para celebrar a San Martín y expresar su regocijo.[41] En 1819, por encargo del director O'Higgins, Bernardo de Vera y Pintado escribió el texto de la canción nacional. Abundan en él las exhortaciones dirigidas a los "ciudadanos", sinónimo de "chilenos" y, por supuesto, las variaciones del gran tema de la oposición entre los combatientes de la libertad y el tirano español, comparado con las fieras del mismo modo que en el poema de López y Planes. El pasado indígena es exaltado en varios pasajes: la "sangre de Arauco" ha firmado la carta de la emancipación; el coraje de Lautaro, Colocolo y Rengo, héroes de la resistencia araucana del siglo XVI y personajes de Ercilla, resucita en el valor de los luchadores del presente. Y he aquí un elemento *sui generis* de este primer himno chileno: la inclusión de la naturaleza entre los caracteres idiosincráticos de la nacionalidad, un rasgo que Collier ha señalado como muy importante en la formación de la ideología independentista y revolucionaria de Chile.[42] La letra creada por Vera fue cantada sucesivamente con varias melodías: la música del himno argentino, los arreglos de una canción española que realizó el maestro peruano Ravanete, una partitura del chileno Manuel Robles y otra del español Ramón Carnicer.[43] Pero ocurrió que, en los años cuarenta, durante el régimen portaliano, algunos residentes peninsulares en Chile protestaron contra la violencia antiespañola de ciertas expresiones del himno. El gobierno

[39] Henry M. Brackenribge, *Viaje a América del Sur*, Hyspamérica, Buenos Aires, 1988, vol. 1, p. 211.

[40] *Ibidem*, p. 273, nota del traductor (Carlos Aldao).

[41] Vicente Pérez Rosales, *Recuerdos del pasado...*, pp. 43-44.

[42] *Ibidem*, pp. 25-27, 184-186.

[43] Para todos estos detalles, véase Francisco Encina, *Resumen...*, tomo III, apéndice IV, pp. 1965-1978.

de Bulnes no perdió esta ocasión para rehacer el texto de acuerdo con los dictados de la política hegemónica —conservadora, oligárquica, "pelucona"— y encargó la tarea a Eusebio Lillo. En 1847, el joven poeta sometió el resultado de sus trabajos a Andrés Bello, quien en esa época desempeñaba el rectorado de la Universidad de Chile y era ya considerado la gloria máxima de las letras hispanoamericanas. Bello aprobó todo el poema menos la letra del coro, pues había en ella una cita sobre los "tiranos" que, según juzgó don Andrés, podía ser interpretada por la juventud opositora como una referencia al "gobierno interior" de Chile. Se resolvió, por eso, conservar el coro de la versión de Vera y Pintado y remplazar todo el resto del himno nacional por la composición de Lillo: la voz *tirano* alterna con la de *déspota audaz,* los españoles no son más fieras sino *hijos del Cid* y a la guerra ha sucedido la reconciliación: "Ha cesado la lucha sangrienta; / ya es hermano el que ayer invasor". Sin embargo, el pasado indígena sigue vislumbrándose en "el altivo araucano" que ha dejado al chileno la herencia de su valor.

En 1826, la asamblea constituyente de Bolivia aprobó en Chuquisaca el himno nacional, escrito por José Sanjinés. No hay en él imagen o tropo algunos dedicados a la tradición prehispánica y al paisaje americano. El texto del poema gira en torno a la figura del héroe, Bolívar, quien aparece allí como triple numen de la guerra, de la libertad y de la paz dichosa que se avecina.

La canción nacional del Uruguay fue entonada, por primera vez, durante las fiestas del aniversario de la Constitución en 1833. Compuso su letra el poeta Francisco Acuña de Figueroa, un intelectual interesante que fue director de la Biblioteca Nacional en Montevideo. El himno uruguayo es quizá el más cargado de erudición clásica de cuantos hemos considerado. Los españoles son también aquí tiranos a la par que "feudales campeones del Cid". La evocación del pasado indígena es fuerte y remota a la vez, siguiendo el ejemplo del himno argentino; se abre la tumba de Atahualpa, surge su cadáver del sepulcro para clamar venganza y, en la enseña de los patriotas, brilla el sol, "de los Incas el Dios inmortal".

Por tercera vez, el caso del Paraguay se ubica en el extremo europeo del espectro simbólico. En 1853, el oriental Acuña de Figueroa fue convocado por el gobierno de Carlos Antonio López para redactar el himno paraguayo. El poeta, que había suscitado naturalmente la aparición del inca en la canción de su país, ha de haber recibido instrucciones en Asunción de no dejarse llevar por semejante retórica. Ni un solo verso de la canción paraguaya encierra la menor cita sobre el pasado aborigen; su mundo simbólico es réplica del de la tradición revolucionaria francesa.

Libertad, igualdad, república, bajo la sombra propicia del gorro frigio, se oponen al "vil feudalismo" de los tiranos. El Paraguay ha sido una "nueva Roma", gobernada al principio por dos émulos de Rómulo y Remo —Yegros y el doctor Francia—, luego por un "Héroe grandioso" cuyo nombre no se menciona pero que evidentemente es el primero de los López. Advirtamos que, en este punto, la singularidad paraguaya va más allá de una reiteración del polo simbólico europeo; la fecha del encargo y de la aprobación del himno resulta, por cierto, muy tardía. La razón del retraso podría deberse a la desconfianza y hostilidad que el doctor Francia demostró, durante todo su gobierno, hacia los festejos públicos.

Claro está, la fiesta cívica servía para enraizar todos los grandes símbolos "nacionales", los colores de las banderas, los emblemas particulares de los escudos, en la imaginación de la gente común. No sólo hubo de ser la fiesta un recurso de formación de los espíritus, manejado por las élites, sino también una posibilidad de presión popular o de manifestación de la disidencia, que solían mantenerse, no obstante, dentro de los carriles simbólicos (ya daremos un ejemplo significativo de tales expresiones). Quizá fuese este aspecto imprevisible de la fiesta, resistente a la regimentación planificada desde el poder, lo que había despertado los temores del doctor Francia respecto de las ceremonias, al punto de que la independencia del país parece haberse conmemorado muy pocas veces entre la instalación de la dictadura perpetua y la muerte del Supremo.[44] Mas el doctor Francia prefería cultivar la memoria de su propia persona y del poder discrecional que emanaba de ella, para lo cual decretaba, en el día de su cumpleaños, la libertad de muchos presos.[45] El Supremo ensayaba, por otra parte, dejar una huella indeleble de sí en el paisaje de Asunción, ordenando la demolición de edificios (generalmente los de familias caídas en desgracia) para adecuar la traza de la ciudad a sus admirados modelos franceses de urbanismo.[46]

Este excurso pretendía explicar el retraso del himno paraguayo, pero nos ha llevado a un terreno de la creación simbólica en nuestro primer periodo, hacia el cual confluyen todas las otras operaciones emblemáticas que hemos descrito: la fiesta cívica.[47]

Durante el antiguo régimen, prevalecieron los festejos públicos de

[44] Julio César Chávez, *El supremo dictador. Biografía de José Gaspar de Francia*, Difusam, Buenos Aires, 1942, p. 343.

[45] *Ibidem,* p. 347.

[46] Véanse las Cartas sobre el Paraguay de los hermanos Robertson, publicadas en R. de Lafuente Machain, *La Asunción de antaño,* Sebastián de Amorrortu, Buenos Aires, 1942, pp. 113 y ss. Los resultados de la furia geométrica del doctor Francia fueron catastróficos. Buena parte de Asunción quedó en ruinas.

[47] Tulio Halperin Donghi, *Revolución...,* pp. 172-176.

carácter religioso, que se celebraban el día del santo patrono de la ciudad, en las fechas tradicionales del calendario sacro alrededor de la Navidad, de la Semana Santa y en la jornada especial del Corpus Christi, tan importante para la liturgia contrarreformista católica. Hubo también algunas conmemoraciones y festividades que podríamos llamar políticas, funerales de reyes y reinas. El acto central de estas pompas solía ser el paseo del pendón real que realizaba el alférez del cabildo a caballo, delante de la multitud. La supresión de esta ceremonia, ordenada por el gobierno revolucionario de Buenos Aires en 1811, fue precedida por la institución regular de un recordatorio festivo para el 25 de mayo, aniversario de la instalación de la primera junta que, en 1810, había derrocado al virrey del Río de la Plata.[48] La autoridad central ordenó sin tapujos a las juntas provinciales que, en sus respectivas jurisdicciones, se procediese también a la conmemoración de la fecha.[49]

Ese mismo año de 1811, el cabildo porteño decidió levantar una pirámide conmemorativa de la reconquista y defensa de Buenos Aires durante las invasiones inglesas de 1806-1807 y de los hechos revolucionarios del 10, en la Plaza Mayor frente a la catedral. El monumento, que se pensó al principio como una construcción efímera, se proyectó finalmente en material "firme" de mampostería y debía adornarse con el escudo de armas de la ciudad. La Junta Grande aprobó el proyecto pero resolvió eliminar toda referencia a los episodios ligados a las invasiones inglesas y sustituir el blasón de la ciudad por la inscripción "25 de mayo de 1810". El monumento y la fiesta de su inauguración asumieron así un carácter nacional.

Sin embargo, algunos detalles de esas ceremonias revelan aspectos de una puja político-simbólica entre el gobierno, dominado todavía por los moderados, y los grupos radicales, que se habían hecho fuertes en los barrios donde se efectuaron festejos paralelos a los oficiales de la Plaza Mayor. E incluso en torno a las ceremonias centrales existió un debate que enfrentó a Saavedra, el presidente de la Junta, con los vecinos del barrio al norte de la catedral. Éstos querían que los asistentes gritasen " ¡Viva la libertad!", y luego "¡Muera la tiranía!", a lo cual Saavedra se opuso exigiendo que las aclamaciones se limitasen a un "¡Viva la libertad

[48] Para todo lo concerniente a fiestas y monumentos, nos remitimos al trabajo de investigación llevado a cabo por el equipo que coordinó uno de nosotros y que actuó en el programa dirigido por el profesor José Carlos Chiaramonte en el Instituto Ravignani, Facultad de Filosofía y Letras (Universidad de Buenos Aires): *Historia de los monumentos: un capítulo en el proceso de creación de la nación argentina (1810-1920)* (sus autores fueron J. E. Burucúa, M. T. Espantoso, M. F. Galesio, M. G. Renard, M. C. Serventi, A. van Deurs).

[49] Senado de la Nación, *Biblioteca de Mayo,* Buenos Aires, 1968, t. XIX: *Antecedentes-Documentos Políticos y Legislativos,* primera parte, pp. 16813-16814.

civil!"; "como para excluir toda idea de independencia", según comentó Ignacio Núñez, uno de los jóvenes radicales.[50]

Las dudas de la Junta también se pusieron en evidencia en ciertas contradicciones del programa festivo, porque la coreografía desarrollaba una danza de parejas combinadas de "españoles" y "americanos", "los primeros con sus antiguos vestidos cortos a la romana" y "los segundos con plumas de colores en la cintura y en la cabeza como los indios".[51] "Tal vez se quisiera significar de esta suerte que la nueva política aspiraba a una conciliación entre la metrópoli y los pueblos americanos, exaltados ambos mediante la alusión a la gloria de su antigüedad. Pero, al mismo tiempo, el baile culminaba en la liberación de un caudillo indígena, cubierto con un manto "en señal de su más alta dignidad" y cargado de grillos y cadenas que se hacían trizas al final del acto.[52]

Los gobiernos sucesivos de Buenos Aires organizaron sus actos públicos más importantes siempre alrededor de la pirámide de Mayo: juras de la independencia y de las constituciones, aclamaciones a los vencedores en las batallas de la revolución o de las guerras civiles, funerales (como el de Dorrego, "mártir" del partido federal, en 1829)[53] y también ejecuciones (como las de los asesinos de Quiroga en 1837). El poder en turno adornó el monumento en tales ocasiones con emblemas que expresaban sintéticamente los principios de la política oficial, intentando siempre establecer una continuidad de significado entre los hechos actuales y los acontecimientos fundacionales de los tiempos de la Independencia. El dictador Rosas sería uno de los gobernantes más hábiles y ocupados en este tipo de operaciones.[54] No obstante, es bueno notar que algunas veces el pueblo impuso espontáneamente sus propios puntos de vista en materia de lemas y de festejos políticos. El historiador boliviano Gabriel René Moreno ha conservado los testimonios de los arrebatos americanistas de las multitudes cuando llegó a Buenos Aires la noticia de la victoria de Ayacucho a fines de enero de 1825.[55] La ciudad entera salió a celebrar el hecho "enloquecida". El gobernador Las Heras confesó haber tenido "que tirar un decreto para reglamentar el delirio"; él mismo recordaba que se había sacado el retrato de Bolívar en proce-

[50] Ignacio Núñez, *Noticias Históricas de la República* , en Senado *Biblioteca.*, t. I, p. 483.

[51] *Ibidem,* p. 480.

[52] *Ibidem,* p. 483.

[53] John Murray Foerbes, *Once años en Buenos Aires, 1820-1831. Las crónicas diplomáticas de...*, de F. A. Espil, Emecé, Buenos Aires, 1956, p. 569.

[54] Rómulo Zabala, *Historia de la Pirámide de Mayo,* Academia Nacional de la Historia, Buenos Aires, 1962, pp. 43-55.

[55] Gabriel René Moreno, *Ayacucho en Buenos Aires y prevaricación de Rivadavia,* Madrid, América, s. f.

sión en una noche toledana cuando soplaba el pampero. La gente se arremolinaba en los cafés para escuchar a los oradores improvisados que inventaban los pormenores de la batalla, y luego se agrupaba en bandas de música y coros para cantar el himno por las calles. He aquí que la algarabía cívica se extendió hasta mediados de febrero y estuvo a punto de confundirse con los excesos del carnaval. El gobierno y la policía decidieron entonces poner coto a los excesos, aduciendo que nunca había parecido más justo prohibir el juego de agua y huevos y otras "barbaridades" carnavalescas. Se dictó un decreto en tal sentido, aunque quedó estipulado que todos los ciudadanos tenían libertad para demostrar sus sentimientos patrióticos, "sin más límites que los que establece la dignidad de un pueblo civilizado". "Ganó Ayacucho. No que Carnaval fuese muerto por su adversario, pero apareció agonizante".[56] Esta frase de René Moreno nos remite al viejísimo *topos* de la lucha festiva que Bruegel representó en su maravilloso cuadro del Kunshistorisches Museum de Viena.[57] También en América del Sur la cultura popular lidiaba con las presiones de la cultura de los poderosos en el terreno de lo lúdico, imponiendo muchas veces la algarada, la alegría colectiva, el desenfreno, con los que la muchedumbre podía afirmar sus anhelos políticos, su necesidad desbordante de existencia y de vida.[58]

Insistir sobre otros ejemplos de fiestas cívicas en los países del cono sur resultaría reiterativo; sin embargo, ciertos casos merecen atención porque enriquecen el horizonte de los significados y de las intenciones. Tal fue, por caso, la celebración del 25 de mayo de 1816 en Montevideo, que coincidió con la apertura de la Biblioteca Pública de esa ciudad.[59] Fue notable en esa oportunidad el carácter internacionalista y marcadamente liberal que se imprimió a los festejos. Los arcos de triunfo de la plaza estaban adornados por las banderas de Inglaterra, Francia (¿la tricolor quizá?), los Estados Unidos, todavía la de Portugal (en su carácter de nación neutral) y la blanquiceleste con la faja roja de la provincia.

[56] Gabriel René Moreno, *Ayacucho*..., p. 47.

[57] *El combate entre el Carnaval y la Cuaresma.*

[58] Véase la clásica obra de Peter Burke, *Popular Culture in Early Modern Europe, 1500-1800,* Londres, 1978, y Jacques Heers, *Carnavales y fiestas de locos,* Península, Barcelona, 1988. Para el estudio de un caso de cultura carnavalesca en América del Sur, véase el excelente libro de José Pedro Barran, *Historia de la sensibilidad en Uruguay,* Ediciones de la Banda Oriental, Montevideo, 1989-1990, t. I: *La cultura bárbara (1800-1860),* pp. 107-129.

[59] *Biblioteca de Impresos Raros Americanos,* Universidad de la República, Facultad de Humanidades y Ciencias, Instituto de Investigaciones Históricas, 1951, t. II: *Descripción de las fiestas cívicas celebradas en Montevideo, mayo de 1816 y Oración inaugural pronunciada por Larrañaga en la apertura de la Biblioteca Pública de Montevideo, 1816.*

La fachada del cabildo lucía un "árbol de la Libertad", rematado por un gorro tricolor. Una danza de 17 niños, "vestidos a la indiana", reforzó la vertiente simbólica americana. Por último, en el acto de inauguración de la biblioteca, un coro cantó al "numen sacro" que erigía el "altar de Minerva" y luego se explayó en el *locus* del "siglo ilustrado" que disipaba las "sombras" fomentadas por la opresión del despotismo. Esta tópica de la civilización, que veremos reaparecer en el centro del mundo simbólico durante nuestro segundo gran periodo, fue el tema principal de la *Oración* que leyó Dámaso Larrañaga, primer director designado de la librería. Su idea de una comunidad de la cultura y de las luces encontraba una metáfora en las felices coincidencias del mes de mayo, celebrado ya por los romanos como un tiempo de entusiasmo y florecimiento, época festiva, en cuanto era revolucionaria, para tantas naciones modernas: Francia recordaba la apertura de los Estados Generales un 5 de mayo, los Estados Unidos su federación el día 20, las Provincias Unidas por supuesto ese 25 que se estaba conmemorando, la propia España había de guardar la memoria de su glorioso 2 de mayo de 1808 e Inglaterra (en este punto Larrañaga forzaba realmente la historia si quería trazar los hitos de un linaje revolucionario) celebraba el 29 la restauración de Carlos II. La mención exhaustiva de las obras que contenía la biblioteca culminaba el discurso sobre la continuidad cultural y política que había mostrado la historia de la Ilustración en Europa y América. Una última observación requiere la historia chilena, porque allí los españoles otorgaron, en los años de la reconquista del reino (octubre de 1814-febrero de 1817), un papel preponderante al combate simbólico volcado en las fiestas, ámbito donde también la oposición al régimen restaurado exteriorizó la única resistencia posible. Los realistas celebraron festejos aparatosos en todo Chile después de su victoria en Rancagua.[60] El general Osorio quiso conseguir la mayor popularidad posible para sus fastos, sobre todo para los que rodeaban al reinstaurado paseo del pendón real. Organizó así dispendiosamente marchas, desfiles de bandas de música, corridas de toros, jineteadas, fuegos de artificio, repiques y salvas de artillería, amparado además en una orden de Fernando VII (promulgada el 20 de abril de 1816) que establecía en todos sus dominios las fiestas de aquel paseo del estandarte, por ser "solemnidades antiguas, destinadas a inspirar en el corazón de sus vasallos los sentimientos de que deben estar poseídos respecto de su real persona".[61] Los vecinos que se negasen a asistir serían multados. Los revolucionarios de corazón, no obstante, se resistieron a presentarse. Osorio respondió

[60] Diego Barros Arana, *Historia general de Chile,* t. IX, pp. 617-618,
[61] Cit. por D. Barros Arana, *Historia general de Chile,* t. X, p. 283.

con una amenaza de destierro en una circular enviada por el jefe de policía al domicilio de los recalcitrantes.[62]

Cuando la noticia de Chacabuco llegó a Santiago, el pueblo de todas las clases se lanzó a las calles y armó una fiesta espontánea que duró hasta el ingreso del ejército libertador en la ciudad.

Como síntesis final de la etapa emblemática y poética, digamos que, hacia 1830, los trabajos y desvelos de élites y pueblo en la contienda simbólica ya habían cristalizado en dos mitos genéricos y compartidos por casi todas las nuevas naciones sudamericanas (entendemos aquí por "mitos" los lugares comunes por donde suelen transitar y expresarse las actitudes colectivas o las emociones sentidas en sociedad, esos sitios retóricos que pueden servir como parte de un lenguaje y de un discurso sobre los que se asienta el mecanismo de identidad de los grupos humanos). Aquellos dos grandes *topoi* eran el mito revolucionario universal y el mito americano indígena. El primero se apoyaba en la idea de que la revolución de la independencia no era sino un capítulo de una empresa que abarcaba al mundo entero, que había comenzado en la Holanda del siglo XVI y en la Inglaterra del siglo XVII, que se había definido claramente liberal en los Estados Unidos de 1776-1787 y en la Francia de 1789-1795, que de seguro había adquirido una dimensión planetaria con la gesta hispanoamericana y que habría de continuar hasta que abarcase el mundo entero. El mito americano recuperaba para la conciencia de los nuevos ciudadanos el pasado de los pueblos indígenas que habían vivido en libertad hasta la llegada de los conquistadores españoles, y creaba una continuidad absolutamente imaginaria entre las naciones nuevas y aquellas sociedades y protoestados prehispánicos. Recordemos que la élite paraguaya ignoró o tal vez desdeñó este mito, arrastrada primero por la intransigencia rusoniana del doctor Francia, convencida luego por el arrebato modernizador de los López. Observemos que ambos complejos míticos sustentaban más bien sentimientos americanistas amplios que nacionales acotados, aun cuando también sucedía que en la tradición revolucionaria de cuño europeo despuntase bastante nítida la figura de la nación a la manera de una comunidad política viviente y antropomorfizada.

A decir verdad, entre el pueblo llano, la idea del ámbito físico y humano que abarcaban las comunidades nacionales, a las que la presión de las élites e incluso quizá algún impulso propio procuraban adscribirlo, no era demasiado distinta de los espacios jurisdiccionales que finalmente asumieron las naciones nuevas. Es posible que los chilenos

[62] Barros Arana, *Historia...*, p. 284.

fuesen quienes más claras tenían las cosas en ese sentido y que a tal estado de conciencia se acercaran también los paraguayos, los uruguayos y los bolivianos, en este orden. Los argentinos parecían ser quienes abrigaban aún las mayores dudas respecto de su identidad nacional, dominados como estaban (y lo estarían hasta 1853) por la inmediatez de sus vastos y, en algunos casos, bien organizados estados provinciales. De cualquier manera, en todas partes la poesía neoclásica y sus temas predilectos desempeñaron un papel fundamental en la formación de una sensibilidad y una experiencia comunes entre los ciudadanos de los Estados-naciones, desprendidos del finiquitado Imperio español en América.

Interesa señalar que, ya en época tan temprana como esta que terminamos de analizar, surgieron algunos mitos "populares" sobre héroes "marginales" de la independencia, niños y mujeres sobre todo que habían dado muestras de coraje a la altura de los más excelsos varones: las leyendas del tamborcito de Tacuari (una suerte de Bara sudamericano), de María y sus hijas, enfermeras de los patriotas en el desastre de Ayohuma, de las mujeres que sublevaron a Cochabamba en 1812, organizaron la resistencia y padecieron la represión feroz del realista Goyeneche. Por supuesto, los historiadores de periodos posteriores tomaron estos episodios y les encontraron, con mayor o menor fortuna, un asidero en acontecimientos reales. Mitre, por ejemplo, dio consistencia al mito del pequeño soldado tambor en el combate de Tacuari. Pero no creemos equivocarnos si suponemos que la transmisión y la persistencia de tales historias debieron mucho a las vigilias de las tropas y de los gauchos, a la tradición oral del pueblo.

La etapa crítica e historiográfica

La creación emblemática de este periodo fue muy limitada; paradójicamente, en aquellos lugares donde habían sido alcanzados un consenso y una madurez aceptables acerca de los símbolos mayores de las naciones en formación, este tipo de *poiesis* quedó confinado al ámbito de la más inmediata, superficial y a menudo violenta contienda de partidos. El Río de la Plata exhibió los mayores extremos de encarnizamiento en la lucha civil y también los peores excesos en materia de regimentación de distintivos y enseñas. En la Banda Oriental, por ejemplo, cuando en 1836 estalló la rivalidad entre Rivera y Oribe, éste impuso por decreto el uso de una cinta blanca con la inscripción "Defensor de las leyes" en los sombreros. Rivera replicó imponiendo una cinta roja, "colorada", y así nacieron los distintivos con los cuales aún hoy se nombra a los partidos políticos tradicionales del Uruguay.

Del otro lado del Plata, en 1835, al ser investido de la suma del poder público en la provincia de Buenos Aires, el gobernador Rosas transformó al rojo de los federales en el color oficial, presente en los uniformes militares, en las obleas de los documentos, en la vestimenta de los hombres y de las mujeres, en la pintura de las fachadas y del interior de las casas.[63] La divisa punzó fue tenida por "señal de fidelidad a la causa del orden, de la tranquilidad y del bienestar de los hijos de esta tierra, bajo el sistema federal, y un testimonio y confesión pública del triunfo de esta sagrada causa en toda la extensión de la República, y un signo de confraternidad entre los argentinos".[64]

Los maestros habían de cuidar especialmente que sus alumnos la usasen en la escuela, ya que "cuando desde la infancia se acostumbra a los niños a la observancia de las leyes de su país y por ello al respeto debido a autoridades, esta impresión, quedándoles grabada de un modo indeleble, la patria puede contar con ciudadanos útiles y celosos defensores de sus derechos". Muy pronto, la figura del dictador fue ensalzada en un himno, redactado por Rivera Indarte, que llegaba a imitar los tropos de la canción nacional:

¿No los ves como ledos conspiran?
Cual aguzan su oculto puñal?
Cual meditan la ruina y escarnio
Del intrépido y buen federal?

Pero esta coacción simbólica, que algún parentesco tenía con la ejercida por las élites revolucionarias en los tiempos de la Independencia, sería considerada por los enemigos de Rosas, quienes se proclamaban precisamente los herederos auténticos de la revolución emancipadora, como manifestación ridícula, retrógrada, intolerable y feroz, todo ello a la vez, de un despotismo restaurado, remedo del antiguo régimen.[65] La nueva actividad mitopoiética había de instalarse entonces en el marco de un pensamiento reflexivo, fundarse en la lucidez del discurso, ha-

[63] Ya durante su primer gobierno, en 1831 y 1832, Rosas había impuesto el uso de la divisa punzó a los escolares y a los empleados públicos de la provincia.

[64] Citado en Manuel Gálvez, *Vida de don Juan Manuel de Rosas,* Senado de la Nación, Buenos Aires, 1991, p. 216. Para otros "excesos simbólicos", como las procesiones y la colocación del retrato de Rosas en los altares, véase John Lynch, *Juan Manuel de Rosas,* Hyspamérica, Buenos Aires, 1986, pp. 176-177.

[65] Domingo Faustino Sarmiento, *Facundo o civilización y barbarie,* Centro Editor de América Latina, Buenos Aires, 1967, pp. 210-212.

cerse literatura transparente para aquellos que, a la hora de continuar la construcción social e intelectual de las naciones, aspirasen a superar la esfera de una facultad imaginativa demasiado adherida a los sentidos y, por eso mismo, posible de caer en el emocionalismo irracional de las pasiones.

Por supuesto, la poesía fue el primer peldaño en el camino hacia aquel lenguaje raciocinante y descubridor de la realidad americana, sobre cuya descripción sistemática (y casi científica en términos de una sociología histórica a la manera de Tocqueville o Quinet, al comienzo, y de Comte, más tarde)[66] habría de fundarse el proyecto político de las naciones nuevas, organizadas, abiertas e integradas al orbe de la civilización euroatlántica. En ese horizonte, descuella la obra lírica del venezolano Andrés Bello; aunque escrita fuera de nuestra área de estudio, ella tuvo gran importancia para estos países meridionales, desde el momento en que su autor se radicó en Chile (1829) y pasó a ser allí el rector de la recién creada universidad en 1842. Tanto su *Alocución a la poesía* de 1823 como la *Silva a la agricultura de la zona tórrida* de 1826 se transformaron, a partir de la década de 1830 sobre todo, en un corpus que funcionó a modo de manifiesto poético para los intelectuales del subcontinente. En la pieza de 1823, Bello instaba a una poesía antropomórfica a visitar América y equilibrar en estas tierras el predominio de la filosofía "ambiciosa", "que la virtud a cálculo somete", pero dudaba aún acerca de cuál sería su fin, si cantar a los horrores y glorias de la guerra o bien a las maravillas de la naturaleza, "las mieses, los rebaños", "el rico suelo", "la cándida miel", los frutos únicos del Nuevo Mundo.[67] La *Silva* ha resuelto este dilema: la herencia del hombre americano es la tierra, de por sí feraz, que ha de fructificar gracias al trabajo pacífico de la agricultura. Sólo al ser alimentadas por esta "nodriza de las gentes", las nuevas naciones podrán dejar atrás el espanto de las batallas ("Saciadas duermen ya de sangre ibera / las sombras de Atahualpa y Moctezuma.") y protagonizar el florecimiento de la libertad.[68]

Pero, en realidad, apenas iniciados los ejercicios literarios en torno a la naturaleza, los primeros poetas sudamericanos se percataron de que había una vastedad, una inconmensurabilidad tales en el paisaje al cual ellos cantaban, que las laudes y los trabajos propuestos por Bello debieron de aparecérseles como puntos de un programa futuro. En

[66] Véase Natalio R. Botana, *La tradición republicana. Alberdi, Sarmiento y las ideas políticas de su tiempo,* Sudamericana, Buenos Aires, 1991; Ricaurte Soler, *El positivismo argentino,* Paidós, Buenos Aires, 1968.

[67] *Antología de prosistas y poetas latinoamericanos. De la revolución al Romanticismo,* selección por S. Zanetti, Centro Editor de América Latina, Buenos Aires, 1969, pp. 91-98.

[68] *Ibidem,* p. 109.

aquel momento, las cordilleras, las llanuras inmensas se convirtieron, para ellos, en los *topoi* con mayores posibilidades épicas y líricas. Por encima de todos, el *locus* de la pampa dio pie a la descripción literal y metafórica del infinito inabarcable, que determinaba sin remedio, como una fuerza irresistible, el temperamento de los pueblos y las sociedades en contacto con ella. En su poema *El ombú,* presentado al certamen literario que organizaron los exiliados argentinos en Montevideo para los festejos del 25 de mayo de 1841, Luis Domínguez se detenía en el tropo del "piélago verde, / donde la vista se pierde / sin tener dónde posar", "planicie misteriosa / todavía para el hombre".[69] El gran Echeverría había colocado, ya en 1837, la metáfora marina de "la pampa desierta, / donde el cristiano atrevido / jamás estampa la huella",[70] en los primeros versos de su celebrada *La cautiva.*

Otra creación literaria de Echeverría, escrita al comienzo de su exilio montevideano, el cuento *El matadero,* de 1840, que el autor quería fuese tornada por descripción realista del estado social y político no sólo de Buenos Aires sino de toda la "federación rosina",[71] vinculó por fin la misma potencia desbordada de la naturaleza a la inercia tenaz de las supersticiones y creencias sobre las que se alzaba el despotismo. El derrame de las aguas del Plata alrededor de Buenos Aires provee el marco y las circunstancias para la tragedia que es materia del relato.[72]

De esta prosa de ficción, casi periodística, el mismo Echeverría desembocó en los ensayos histórico-programáticos de la *Ojeada retrospectiva* y del *Dogma socialista,* editados juntos en Montevideo en 1846. Al preguntarse sobre las causas de la lucha civil argentina, nuestro poeta, ahora hecho filósofo político, señaló la ausencia de un sentimiento compartido de la "Patria" (escrita con mayúscula) en "pueblos como los nuestros, separados por inmensos desiertos, acostumbrados al aislamiento, y casi sin vínculos materiales ni morales de existencia común".[73]

> La patria para el correntino es Corrientes, para el cordobés Córdoba, para el tucumano Tucumán, para el porteño Buenos Aires, para el gaucho el pago en que nació. La vida e intereses comunes que envuelve el sentimiento racional de la Patria es una abstracción *[sic]* incomprensible para ellos, y no pueden ver la unidad de la República simbolizada en su nombre.[74]

[69] *Poesía de la Argentina. De Tejada a Lugones,* selección y notas a cargo de José Isaacson, Eudeba, Buenos Aires, 1964, pp. 48-51.

[70] Esteban Echeverría, *La cautiva, El matadero y otros escritos,* selección por Noé Jitrik, Centro Editor de América Latina, Buenos Aires, 1967, p. 10.

[71] *Ibidem,* p. 80.

[72] *Ibidem,* p. 64.

[73] Esteban Echeverría, *Dogma socialista,* El Ateneo, Buenos Aires, 1947, pp. 118-119.

[74] *Ibidem,* p. 119.

La única forma de recrear *"un credo, una bandera* y *un programa",*[75] de "educar, inocular creencias en la conciencia del pueblo"[76] sin aquella superficialidad letal para la causa de la república, era la asociación reflexiva y lúcida de los pensadores y escritores alrededor de ciertos conceptos elementales y sencillos, a los cuales Echeverría llamaba precisamente "palabras simbólicas". Estas ideas-fuerza, presentadas casi a la manera de las "empresas" que la cultura del Renacimiento y del Barroco había preparado para instrucción de los príncipes y hombres de Estado,[77] constituían los capítulos del *Dogma socialista,* los emblemas políticos que, desde nuestra perspectiva, podemos considerar semillas de otros tantos mitos colectivos de las naciones sudamericanas: asociación, progreso, fraternidad, igualdad, libertad, Dios, honor, sacrificio, independencia, emancipación, organización democrática. De todos ellos, el progreso y la democracia ocupaban el centro de la escena, unidos en un *topos* más abarcador, el mito histórico de Mayo como acto fundador y determinación del destino, y explicados "racionalmente", no "para los doctores, que todo lo saben", sino "para el pueblo, para nuestro pueblo".[78]

Estos pasajes nos han trasladado desde el mito romántico del paisaje o de la naturaleza, plasmadores del espíritu en los hombres y en las sociedades, hasta el otro mito romántico e historicista del *Volkgeist,* de las potencias que un pueblo ya posee en el acto inicial de su nacimiento a la vida política y que luego se despliegan inexorablemente en su desarrollo. "Hacer obrar —escribe Echeverría— a un pueblo en contra de *las condiciones peculiares de su ser como pueblo libre,* es malgastar su actividad, es desviarlo del progreso, encaminarlo al retroceso".[79]

Claro que el *Volkgeist* particular de todos los pueblos americanos, y no sólo del argentino, se identifica con el mito iluminista del progreso, el cual es para América "la *ley de su ser".* De manera que, habiendo partido de Hugo *("Ils vont. L'espace est grand")*[80] nuestro poeta-filósofo terminó aunando a Condorcet y Saint-Simon con Herder y Fichte. Parecería que siguió para ello el modelo ofrecido por Pierre Leroux en *La humanidad, su principio y su porvenir.*[81] Pero, quizás, porque su muerte prematura en 1851, todavía en el exilio, le impidió asistir a la etapa orga-

[75] Esteban Echeverría, *Dogma socialista,* p. 92. (Cursivas en el original.)

[76] *Ibidem,* p. 116.

[77] Véase por ejemplo Diego Saavedra Fajardo, *Las empresas políticas o Idea de un príncipe político-cristiano representada en cien empresas,* Bouret, París, s. f.

[78] Esteban Echeverría, *op. cit.,* p. 93.

[79] *Ibidem,* p. 93.

[80] Citado por Echeverría al comienzo de *La cautiva.*

[81] Esteban Echeverría, "Filosofía social. Sentido filosófico de la Revolución de Febrero en Francia", en *Dogma socialista,* pp. 239-254.

nizativa de la nación-Estado para la cual había construido un sistema ideológico, lo cierto es que Echeverría culminó su edificio intelectual en una reedición amplificada del mito revolucionario. Su texto *Filosofía social* fue un saludo a las jornadas de febrero de 1848 en París, alborada de una redención para la clase proletaria, forma nueva y "postrera de la esclavitud del hombre por la propiedad".[82]

Un "paralelismo histórico entre la Francia y la República Argentina" se le presentaba a Echeverría como posible; vulgarizada y "al alcance de todos", esa pieza podría ser una buena clave para el ingreso de las naciones sudamericanas en la era de la libertad y del progreso modernos.[83]

Este itinerario poético-racional y mítico-simbólico a la par, que hemos descrito, reproduce con notables semejanzas el perfil de los caminos que siguieron otros pensadores en el Río de la Plata y en Chile. El caso de Sarmiento, exiliado en Santiago y viajero por Europa y los Estados Unidos en la década de 1840, nos proporciona una de las versiones más espléndidas de una explicación histórica, social y antropológica, basada en el mito de los condicionamientos naturales. Su libro *Facundo o Civilización y Barbarie,* publicado en Chile en 1845, parte de una descripción del "aspecto físico de la República Argentina y caracteres, hábitos e ideas que engendra". "[...] El mal que aqueja a la República Argentina es la extensión: el desierto la rodea por todas partes, y se le insinúa en las entrañas [...]".[84]

En ese espacio sin medidas, los salvajes, las fieras y las alimañas acechan a los viajeros y a las poblaciones. Una situación de perpetua inseguridad ha moldeado así el carácter argentino imprimiéndole resignación frente a la muerte violenta, lo cual permite comprender la indiferencia con la que esos hombres matan y mueren. El gaucho es el personaje que tal estado de cosas engendra, un ser enérgico y altivo a la par que fácilmente sumiso ante el más diestro y el más fuerte, un hombre libre a la vez que un bárbaro.

Las pocas y frágiles ciudades que existían en medio de esa vastedad hicieron la revolución para instalar sociedades nuevas, inspiradas en las luces de Europa, sobre la tierra americana. Pero las campañas, lanzadas primero al combate contra los españoles, fueron finalmente incontenibles, absorbieron y dominaron a las ciudades, enseñoreando en ellas a sus caudillos. Facundo se yergue como el arquetipo de esos hombres. Sarmiento usa una cita de Alix para dibujar sintéticamente su perfil:

[82] Esteban Echeverría, *Dogma socialista,* p. 246.

[83] *Ibidem,* pp. 253-254. Véase Tulio Halperin Donghi, *Una nación para el desierto argentino,* Centro Editor de América Latina, Buenos Aires, 1982, p. 33.

[84] Domingo Faustino Sarmiento, *Facundo,* pp. 22-23.

"Es el hombre de la Naturaleza que no ha aprendido aún a contener o a disfrazar sus pasiones, que las muestra en toda su energía, entregándose a toda su impetuosidad".[85]

Sarmiento resucita la antigua ciencia de la fisonomía con el objeto de retratar mejor el carácter radicalmente natural y felino de su personaje: "[...] le llamaron *Tigre de los Llanos,* y no le sentaba mal esta denominación, a fe. La frenología y la anatomía comparada han demostrado, en efecto, las relaciones que existen en las formas exteriores y las disposiciones morales, entre la fisonomía del hombre y de algunos animales, a quienes se asemeja en su carácter".[86]

"Facundo es un tipo de la barbarie primitiva", sentencia por fin nuestro autor, con lo que se completa la operación mitopoiética que sintetiza la historia argentina en la dicotomía trágica de la civilización y la barbarie. Pero Sarmiento remata su obra destilando de una faceta de ese símbolo bifronte otro mito de enorme fortuna en América: la efigie monstruosa del tirano, que es acabamiento y sublimación de la figura del bárbaro. Rosas, heredero y complemento de Quiroga. Lo que en el caudillo riojano "era sólo instinto, iniciación, tendencia, convirtióse en Rosas en sistema, efecto y fin".

Lógicamente, la conclusión del discurso de Sarmiento fluyó hacia un programa de gobierno futuro algunos de cuyos principios coincidían con los desarrollados por Echeverría en su *Dogma* —cultivo crítico y difusión popular del saber europeo, sistema constitucional como garantía de las libertades, incorporación de América a la civilización del progreso—, pero para lograr el despliegue de las fuerzas productivas de las nuevas naciones el sanjuanino exaltaba la apertura económica y, sobre todo, el fomento de una inmigración de gente laboriosa que derrotaría al desierto. Otro argentino exiliado en Chile, Juan Bautista Alberdi, confluyó en esta postura junto a Sarmiento. Alberdi escribía: "[...] concluir con el desierto, con las distancias, con el aislamiento material, con la nulidad industrial, que hacen existir al caudillo como su resultado lógico y normal".[87]

Sin embargo, Alberdi criticaba en la misma carta el mito de la dicotomía civilización-barbarie e insistía en que, a partir de 1810, todas las campañas habían dejado de ser realistas; de ellas había salido el poder efectivo que desalojó a los españoles de América y de ellas saldría la nueva autoridad americana. Cualquier política que apuntase a la or-

[85] Domingo F. Sarmiento, *Facundo,* p. 84.

[86] *Ibidem,* p. 75.

[87] Juan Bautista Alberdi, *Cartas quillotanas* (3ª), en *El ensayo romántico,* selec. por Adolfo Prieto, Centro Editor de América Latina, Buenos Aires, 1967, p. 78.

ganización y progreso de las naciones emancipadas debía buscar en el campo "la palanca que hace mover este mundo despoblado".

Volvamos todavía al *topos* del bárbaro tirano. Si bien "el romance" escrito por Sarmiento había dado una versión poderosa del asunto, la ficción novelesca, el género de las memorias y, en mucho menor medida, el anecdotario popular, contribuyeron a trazar el retrato de aquel personaje simbólico que tendría un destino excepcional en la literatura del siglo XX. (Basta pensar en el *Tirano Banderas* de Ramón del Valle Inclán, *El Señor Presidente* de Miguel Angel Asturias, *El otoño del patriarca* de Gabriel García Márquez o *Yo, el Supremo* de Augusto Roa Bastos.) El mismo Rosas, que había sido el blanco real de Sarmiento detrás de la figura de Facundo, fue un protagonista directo y no menor de *Amalia,* la novela de amor y política que el exiliado porteño José Mármol comenzó a publicar en Montevideo en 1851. Un diálogo entre Rosas y sus íntimos, en el que se incluye un episodio de humillación de su hija Manuelita, es la escena donde el tirano aparece por primera vez contradictorio, enigmático y feroz.[88] Entretanto, el general José María Paz dedicó varios pasajes de sus *Memorias* a describir, por supuesto, a Quiroga, su enemigo de tantas batallas, a Estanislao López, el caudillo federal de Santa Fe, y a comparar a éste con Rosas. "Ambos, gauchos; ambos, tiranos; ambos, indiferentes por las desgracias de la humanidad", sentenciaba Paz.[89] Pero la figura de Quiroga parecía tener ya entonces un aura mítica, semejante a la de los héroes antiguos. Paz recordaba a un paisano de la campaña cordobesa que proclamaba la invencibilidad de Facundo en la guerra, el juego y el amor.

> Quiroga era tenido por un hombre inspirado; tenía espíritus familiares que penetraban en todas partes y obedecían sus mandatos; tenía un célebre *caballo moro* [...] que, a semejanza de la cierva de Sertorio, le revelaba las cosas más ocultas y le daba los más saludables consejos; tenía escuadrones de hombres que, cuando los ordenaba, se convertían en fieras, y otros mil absurdos de ese género.[90]

La realidad paraguaya no se quedaba a la zaga de la argentina en el momento de poner a disposición de los literatos un modelo de tirano. Allí estaba el doctor Francia con sus crueldades excéntricas, pero sobre él escribieron algunos extranjeros como los hermanos Robertson, co-

[88] José Mármol, *Amalia,* Centro Editor de América Latina, Buenos Aires, 1967, t. I, pp. 53-54 y 65.

[89] José María Paz, *Memorias,* selec. por M. Cavilliotti, Centro Editor de América Latina, Buenos Aires, 1967, p. 95.

[90] *Ibidem,* pp. 85-86.

merciantes ingleses que publicaron en su país dos volúmenes de *Cartas sobre el Paraguay* (1838) y un libro llamado *El reino de terror del Dr. Francia (1839).* Ahora bien, el Supremo eludía, gracias a sus ademanes europeizantes, el calificativo de "bárbaro", pero no evitaba la sátira de los Robertson cuando se hablaba acerca de sus proyectos urbanísticos. El doctor Francia era llamado un "autoritario sabelotodo", *Jack-all-the-trades,* que había resuelto proceder, "sin piedad y sin remordimiento", a la reforma de Asunción, "una ciudad destinada a ser la más hermosa e importante del nuevo mundo". La ironía de los ingleses recreó en este punto el *locus* mítico del tirano que sólo encuentra limites a su demasía al enfrentarse con la naturaleza:

> [...] no obstante el Congreso no había sido capaz de conferirle el poder de combatir a los elementos, de cambiar el curso de la naturaleza o de hacer surgir, a su gesto, las aguas de la tierra seca. [...] Una tormenta tropical de una noche, frecuentemente barrió los trabajos en los cuales quinientos hombres habían estado empeñados durante un mes.[91]

Por su parte, Uruguay disponía en su horizonte mítico del estereotipo de Rosas, delineado en buena parte por los refugiados argentinos en Montevideo. Algunas figuras de la historia uruguaya posterior, no obstante, fueron aproximadas al *topos* del tirano: el general César Díaz, lugarteniente de Venancio Flores, y luego Máximo Santos.

En Bolivia, el personaje adecuado al modelo también fue tardío. Se trataba del "bárbaro" general Mariano Melgarejo, presidente del país entre 1865 y 1870, cuyo recuerdo fue sostenido por un cúmulo de historias pintorescas y estrafalarias, aparentemente transmitidas por una memoria oral. El pueblo contaba que ora Melgarejo había matado a Belzú a quemarropa y alzádose con la presidencia; ora había dictado una carta al Padre Eterno y la había entregado a un condenado a muerte que oficiaría de correo; ora había permanecido sobrio los días del carnaval de 1866, en medio del beneplácito de "la sociedad ilustrada y sensata de La Paz", hasta que, el martes gordo, no pudiendo con su genio, se había emborrachado y, en un típico y arcaico gesto de inversión social, había decretado que, hasta la mañana siguiente, quedaba abolido todo tratamiento de *excelencia* o de *usted,* pues el carnaval era "la fiesta de la democracia".[92]

La historia chilena es atípica en este punto, pues la tradición corriente no ha representado con la silueta de un tirano a ninguno de los

[91] J. P. y G. P. Robertson, *El reino de terror del Dr. Francia,* pp. 124-125.

[92] Tomás O'Connor d'Harlach, *El general Melgarejo. Hechos y dichos de este hombre célebre,* Juventud, La Paz, 1989, pp. 66-67 y *passim.*

personajes que ocuparon posiciones de poder en el país, desde los tiempos de la Independencia y hasta dos décadas atrás. Excepto, según creemos, en el caso de Francisco Bilbao, el joven de la generación romántica de 1842, autor del explosivo ensayo *La sociabilidad chilena,* que le valió una condena por blasfemias en su patria y un primer destierro; alumno de Quinet en Francia, fundador de la Sociedad de la Igualdad junto a los liberales Lastarria y Errázuriz, conjurado en la revolución de 1851, y desterrado por segunda vez y hasta su muerte, ocurrida en Buenos Aires en 1865.[93] Pues Bilbao percibió en el Chile independiente una perpetua traición del espíritu revolucionario y en el régimen portaliano, más que nada, una dictadura "intermitente" bajo disfraces constitucionales.

Ahora bien, en sus últimos trabajos, escritos durante su segunda expatriación en Francia y en Buenos Aires, Bilbao extendió el *locus* de la dictadura a toda la América hispánica y propuso al mismo tiempo soluciones federativas, que abarcaban la totalidad del continente. Las ocasiones de tales obras fueron la Guerra de los Filibusteros en Nicaragua (1856-1857)[94] y la invasión francesa a México en 1862.[95] ¿Por qué América era, en toda su extensión, víctima habitual de la dictadura? Porque ella encerraba en su realidad más íntima tres causas fatales del despotismo: la primera, física, era otra vez el desierto; la segunda, intelectual, era la contradicción entre el principio político de las naciones (la república) y el dogma religioso predominante (el catolicismo), pues éste exigía obediencia ciega a los dictados de la clerecía y aquél se apoyaba, en cambio, en el ejercicio libre de la crítica; la tercera causa, de orden moral, estaba encadenada a la segunda y era la influencia del catolicismo sobre la política, presión que conducía por fuerza a la dictadura maquiavélica y jesuítica, reproduciendo el sistema europeo.

Bilbao creyó que la ruptura de este cerco sólo podía sobrevenir por medio de una crítica racionalista de la religión que reencontrase en ésta su núcleo verdadero, el espíritu, para ponerlo al servicio de la construcción de una república igualitaria y fraterna. No ha de asombrarnos el comprobar que estos razonamientos reproducían investigaciones y hallazgos de los radicales de la Reforma en el siglo XVI, ya que Bilbao frecuentó el magisterio y la obra de Michelet, a quien apasionaron esos recorridos de ciertos espíritus libres del Renacimiento. Mas la origina-

[93] Pedro Pablo Figueroa, *Historia de Francisco Bilbao, su vida y sus obras. Estudio analítico e ilustrativo de introducción a la edición completa de sus publicaciones en forma de libros, de cartas y de artículos de periódicos,* Impr. de El Correo, Santiago, 1898.

[94] Francisco Bilbao, *Iniciativa de la América. Idea de un Congreso Federal de las Repúblicas,* D'Aubusson y Kugelmann, París, 1856.

[95] Francisco Bilbao, *La América en peligro,* Bernheim y Boneo, Buenos Aires, 1862.

lidad del chileno residió en que, para él, las naciones americanas eran las herederas principales del mito revolucionario de la modernidad, brotado de la disidencia religiosa, exaltado y traicionado por las convulsiones de Europa.[96]

Así es que, hacia el fin de nuestro segundo periodo de creación mitopoiética en los países del cono sur, debió de existir una sensibilidad abierta a reelaboraciones entusiastas de todos los símbolos de la libertad revolucionaria entre ciertos sectores radicalizados de las élites y en franjas muy amplias de la gente común, tal como lo sugiere un hecho de la historia artística de la Argentina que acaeció por esos años. Tras la caída de Rosas y la secesión del Estado bonaerense del resto de la Confederación, la flamante municipalidad de Buenos Aires encaró reformas del único monumento existente en la ciudad, aquella pirámide erigida frente a la catedral en 1811. Los cambios consistieron en colocar cuatro estatuas de mampostería a su alrededor —alegorías del comercio, la agricultura, las artes y las ciencias— más una quinta ubicada en el tope de la pirámide, que simbolizaba la libertad: era la clásica mujer vestida a la antigua, tocada por un gorro frigio, llevando una pica y un escudo que, en este caso particular, exhibía el blasón nacional de la Asamblea del año XIII. Todas estas esculturas eran obras del maestro francés Joseph Dubourdieu, un liberal escapado de la Francia de Napoleón III. Los arreglos fueron bastante criticados y se adujeron razones de gusto, pero la general aprobación del público hizo que la alegoría de la libertad quedase en la cima de la pirámide para siempre. Y no sólo eso, sino que probablemente porque sostenía con su mano izquierda el escudo nacional, la imaginación popular realizó muy pronto una fusión entre la idea de la libertad y la de la república, de manera que la estatua de Dubourdieu pasó a ser el símbolo por antonomasia de la nación argentina hasta nuestros días.[97] Es muy posible que esta demostración de la penetrabilidad y del peso ideológicos de un monumento, portador de sentidos comprensibles y esperados por la gente común, haya significado para las élites una toma de conciencia que las impulsó a definir la parte del león de sus futuras operaciones emblemáticas en términos precisamente urbanísticos y monumentales.

Notemos de paso que otros países sudamericanos ensayaron crear su figura tópica de la nación a partir de alguna variante de la *Marianne* criolla que tanto éxito tuvo entre los argentinos. La Columna de la Paz, por ejemplo, erigida en la plaza Cagancha de Montevideo en 1867 para celebrar el acuerdo de los partidos de 1865, fue rematada por la estatua

[96] Francisco Bilbao, *La América en peligro,* p. 9.
[97] Para otros detalles, véase J. E. Burucúa *et al.*, "Influencia...", pp. 150-153.

en bronce de una mujer con gorro frigio que blande una espada y enarbola la bandera uruguaya. El escultor de este monumento, José Livi, estaba muy relacionado con el ambiente artístico argentino y es probable que de allí tomase la idea de esa simbiosis libertad-república para representar a la nación oriental. De todas maneras, el símbolo no prosperó; los uruguayos prefirieron la figura de una joven con la cabeza descubierta, acompañada por la bandera y, sobre todo, por el libro de la Constitución.[98]

En síntesis, nuestra segunda etapa, dominada por el ejercicio de una meditación literaria crítica de pretensiones racionales y científicas, que se organizaba sobre los géneros del ensayo historiográfico y sociológico, enriqueció el *mundus symbolicus* heredado de los tiempos de la Independencia con una nueva tópica: el mito romántico del paisaje inconmensurable (casi una variante del sublime físico kantiano), fundamento de un *Volkgeist* común a las naciones sudamericanas; el mito trágico del conflicto entre la civilización y la barbarie; el mito del tirano o de la dictadura inevitable. Al mismo tiempo, los complejos míticos de la revolución y del pasado indígena rehabilitado por los nuevos regímenes no fueron abandonados: el primero se hizo incluso más denso porque se incorporó a una trama amplia de procesos en el pasado (todas las luchas por las libertades políticas y de conciencia en la historia europea) y de movimientos emancipadores en el presente (las revoluciones del 48, el liberalismo latinoamericano que se batía contra la reacción conservadora desde Chile hasta México); el mito indígena sufrió, por su lado, un eclipse en el Río de la Plata, pero continuó firme en Chile donde mereció la apología de Lastarría quien, en la búsqueda de las vertientes formadoras del "carácter nacional" chileno, reivindicó las tendencias hacia la libertad y el amor por ella para el legado araucano y reservó las inclinaciones al fanatismo y la intolerancia para la herencia española.[99]

A decir verdad, todos estos *loci* del discurso, de la retórica y de la imaginación parecían reforzar la tendencia de las mentes hacia la idea de una comunidad social y política panamericana; sin embargo, en el desarrollo concreto del pensamiento en torno a aquellos mitos, una reflexión sutil y crítica distinguía y discriminaba, a cada paso, las particularidades de los territorios. De este modo, la propia mitopoiesis de una realidad americana global contribuía a definir sociológica e históricamente los caracteres peculiares de cada nación-Estado.

[98] J. E. Burucúa *et al.*, "Influencia...", *op. cit.*

[99] J. V. Lastarría, "Investigaciones sobre la influencia social de la conquista y del sistema colonial de los españoles en Chile", en *Obras completas,* vol. VIII: *Estudios históricos,* primera serie, Impr. Barcelona, Santiago, 1909, pp. 123-126.

La etapa monumental

El calificativo que hemos dado a este periodo parece limitado en exceso, por cuanto la historiografía, el ensayo, la literatura poética y novelesca no dejaron de ser entonces piezas maestras de un trabajo de creación simbólica que no cesó en ninguno de los frentes de la cultura. (Hasta la emblemática propiamente dicha volvió a intervenir en ese campo, aunque de manera muy esporádica, cuando el gobierno argentino decidió, en 1900, limitar el canto habitual del himno a ocho versos que no tuvieran metáforas consideradas denigratorias para España; las nuevas relaciones con la "madre patria", como comenzaba a llamarse a la antigua metrópoli, y la presencia de cientos de miles de inmigrantes españoles en el Plata imponían esa modificación.) Los historiadores de finales del siglo perfeccionaron, a la altura de los modelos europeos, sus herramientas heurísticas y escribieron obras monumentales de erudición y de estilo. La polémica entre Bartolomé Mitre y Vicente Fidel López en la Argentina sobrevive en estos días nuestros que han vuelto a plantear la discusión sobre los orígenes políticos de la nación.[100] La *Historia de Belgrano* de Mitre, la *Historia general de Chile* de Diego Barros Arana, los estudios de Gabriel René Moreno sobre los *Últimos días coloniales en el Alto Perú* y sus colosales *Bibliotecas* boliviana y peruana, obras todas completadas alrededor de la década de 1880, del siglo XIX, consolidaron el concepto de que ciertas diferencias y particularismos, muy fuertes ya en tiempos del dominio español, determinaron la fragmentación política del espacio americano y la consecuente organización de las naciones-Estados que conocemos. Las novelas históricas y de costumbres inventaron personajes de ficción que muy pronto se convirtieron en arquetipos nacionales, como el gaucho joven de *Ismael,* casi un niño, que Acevedo Díaz imaginó participando en las huestes de Artigas. O bien pintaron atmósferas sociales que la posteridad tuvo por los frescos más verosímiles de una época y de un conflicto, como sucedió con la pintura de la ciudad de Santiago, convulsionada por las jornadas revolucionarias de 1851, que Blest Gana compuso en su *Martín Rivas* a partir de las fórmulas románticas y realistas de Hugo en *Los miserables.* El ensayo, entre el positivismo del argentino Carlos Octavio Bunge y el "arielismo" —una suerte de espiritualismo laico— del uruguayo Rodó, replanteó la cuestión de los determinantes y del destino de la cultura hispanoamericana: el mito de la dicotomía civilización-barbarie

[100] Para un estudio reciente de estos debates, véase Natalio Botana, *La libertad política.*

se transmutó en el mito de los enfrentamientos entre el progreso y la raza, aunque debamos subrayar que las valoraciones de esos términos estuvieron muy lejos del consenso; claro está, positivistas y arielistas discutían sobre las vías materiales y espirituales del progreso y diferían en su apreciación acerca de las cualidades de las razas. Pero los arielistas terminaban por reconocerse a sí mismos también como "modernistas", vale decir, hijos de una modernidad dinámica y expansiva. Entretanto, la poesía argentina desligaba la figura del gaucho de la relación de cuasiidentidad con la barbarie donde la había colocado Sarmiento y hacía de aquélla la sustancia de un mito nuevo: el *topos* del paisano, hijo de la tierra, jinete libre, hombre espontáneo, honesto y valiente, víctima de la injusticia, del despotismo de los funcionarios nombrados por el gobierno de las ciudades, mártir de una tradición aniquilada por el progreso que habían importado los forasteros e inmigrantes. *Juan Moreira, Martín Fierro, Santos Vega,* compusieron el modelo antropológico nacional del criollismo, un movimiento de raíces populares y campestres que ganó en los años setenta y ochenta del siglo XIX los ambientes literarios y artísticos de Buenos Aires,[101] y que por fin se volcó a la política al abrirse paso el nacionalismo no tanto como un partido sino como una tendencia difusa de acción práctica e ideológica en los años veinte. Con el *Tabaré* de Zorrilla de San Martín, la poesía del otro lado del Plata recuperaba el mito indígena aunque, en lugar del Atahualpa del himno, iba al rescate del aborigen local, del charrúa extinguido que había perdurado gracias al mestizaje en los soldados criollos de Artigas (Zorrilla escribió también una *Epopeya de Artigas)* y que sobrevivía en los caracteres psicológicos del uruguayo moderno.

Referirnos a todos estos temas nos llevaría a internarnos en una historia social de las letras y del pensamiento, empresa para la que no estamos habilitados y que excede los límites de un capítulo en una obra colectiva. Nos permitimos por eso dejar apenas señalados algunos hitos y ocuparnos en adelante sólo de la actividad mitopoiética que se realizó en los grandes espacios públicos de las ciudades, mediante transformaciones en la planta y en el relieve urbanos, y tendiendo una red de monumentos a partir de la cual las élites formaron y nutrieron una memoria colectiva. De ahí que hayamos llamado *monumental* a esta última etapa de nuestro análisis. En cierto modo, el calificativo conservaría su validez si quisiéramos abarcar con él los aspectos historiográficos y literarios que reseñamos en el apartado anterior, pues los grandes relatos de la historia y de la ficción fueron también *monumenta* en el sentido gené-

[101] Adolfo Prieto, *El discurso criollista en la formación de la Argentina moderna,* Sudamericana, Buenos Aires, 1988.

rico de todo aquello que es capaz de suscitar un recuerdo; fueron los equivalentes en las naciones americanas modernas de los *monumenta rerum gestarum* de que hablaba Cicerón para señalar la totalidad de la cultura antigua y la herencia inmaterial de Roma.

Antes que cualesquiera otras ciudades de la región, Buenos Aires y Santiago iniciaron el proceso de transformación sistemática que habría de romper definitivamente con su aspecto de poblaciones coloniales y convertirlas en urbes modernas "a la europea". De la década de 1860 proceden las primeras esculturas de bronce, colocadas en paseos públicos en una y otra de esas capitales. En 1860 se erigió una estatua de Diego Portales, hecha por el artista francés J. J. Perraud, frente al Palacio de la Moneda en Santiago; antes que a la Patria Vieja, a O'Higgins o al movimiento emancipador, el régimen portaliano se homenajeaba y se remitía a sí mismo como punto de partida de la nacionalidad. Sólo en la década de 1870, tras el retorno de los liberales al poder y el nombramiento de Vicuña Mackenna como intendente de Santiago, la ciudad tuvo sus monumentos a los hombres de los tiempos de la Independencia: O'Higgins en primer lugar (1872), Freire, Carrera.

Del otro lado de la cordillera, en cambio, a instancias del futuro presidente Mitre, los porteños conmemoraron a San Martín y al espíritu de la revolución americana. En 1862, sobre la barranca del Retiro, se inauguró la estatua ecuestre de ese guerrero de la independencia, una obra encargada al francés Louis Joseph Daumas. Mitre habló en la ocasión y presentó al personaje como libertador, héroe del pasado, modelo del futuro, síntesis de virtudes cívicas y morales cuyo recuerdo había de iluminar la política práctica del presente, dirigida a lograr la unión nacional definitiva.[102] El programa gubernativo de una iconografía monumental para Buenos Aires continuó luego en el proyecto de la estatua ecuestre de Belgrano, inaugurada en 1873 por Sarmiento, el sucesor de Mitre en la presidencia. El sanjuanino dedicó entonces su discurso a reflexionar sobre el significado de la bandera creada por Belgrano, la cual fue presentada como un símbolo más bien de la nación futura que de la historia acontecida.[103] El tercer monumento cívico de Buenos Aires se erigió en 1878 para honrar a un extranjero, el italiano Giuseppe Mazzini. Se trataba, en realidad, de una muestra del agradecimiento de la colectividad inmigrante italiana a la hospitalidad argentina; pero si la opinión de los partidos y de la prensa había saludado unánime las

[102] Bartolomé Mitre, *Arengas,* Biblioteca de "La Nación", Buenos Aires, 1902.

[103] Adolfo Luis Ribera, "La escultura", en Academia Nacional de Bellas Artes, *Historia general del arte en la Argentina,* t. IV, Instituto Salesiano de Artes Gráficas, Buenos Aires, 1985, pp. 174-182.

inauguraciones de las estatuas de San Martín y de Belgrano, en este caso hubo una polémica encendida que enfrentó a los católicos y a los liberales. Los primeros se sentían insultados porque se rendía tributo a un enemigo manifiesto del papado. Los liberales aprovechaban para exponer su credo laico de fraternidad universal. Y así lo hizo finalmente el propio ministro de instrucción pública de la nación, José María Gutiérrez, cuando descubrió el monumento y dijo que, por su emplazamiento tan próximo al puerto, la figura marmórea de Mazzini, un "pensador nacido en otro hemisferio", simbolizaría para los inmigrantes la generosidad de una tierra abierta a todas las influencias benéficas del mundo.[104]

En 1880, por fin, el gobierno argentino organizó la más grande ceremonia del siglo, la repatriación de los restos del general San Martín y la inauguración de su mausoleo en la catedral de Buenos Aires. Ya en 1877, el presidente Avellaneda se había preguntado públicamente dónde estaba el sepulcro del prócer para ir "en piadosa romería a rendirle honores fúnebres en el aniversario de sus batallas".[105] En 1879, el ministro plenipotenciario ante el gobierno de Francia, Mariano Balcarce, había encargado al escultor Carrière Belleuse la realización de aquella tumba monumental y había nombrado un comité de expertos franceses para que supervisaran los aspectos estéticos y simbólicos de la obra. Los peritos aconsejaron que las alegorías de las tres repúblicas liberadas por San Martín (Argentina, Chile y Perú) representaran en sus atributos "el carácter de los climas y de las razas" de esas naciones. Balcarce corrigió la sugerencia y ordenó al escultor tallar las tres figuras de mujer con sus cabezas cubiertas por el gorro frigio; de este modo se simbolizaban, según el ministro, "mejor las tres repúblicas, en el estado de civilización, de libertad y de progreso en que se encuentran, que no lo estarían si fueran representadas con alegorías referentes al tiempo de la conquista de los españoles".[106] Las intenciones emblemáticas estaban claras: al rechazo del pasado hispánico colonial se correspondía una exaltación de la libertad y de la forma republicana que era, al mismo tiempo, un precipitado de la historia revolucionaria y un horizonte del porvenir.

Ya hemos dicho que el acceso de Vicuña Mackenna a la intendencia de Santiago inició una época de reformas urbanas importantísimas.

[104] *La Prensa,* 19 de marzo de 1878.

[105] Citado en Óscar F. Haedo, "El mausoleo de San Martín", *La Nación,* 13 de agosto de 1978.

[106] Citado en J. M. Bedoya, "El mausoleo de San Martín: nuevos aportes para su historia", *Boletín del Instituto Histórico de la Ciudad de Buenos Aires,* año II, núm. 5, 1981, pp. 19-27.

En realidad, el historiador y alcalde retomó algunos proyectos de O'Higgins, quien ya en julio de 1818 había ordenado la construcción de la Alameda o avenida de las Delicias para que sirviera de gran eje de expansión de la ciudad en la dirección este-oeste. Vicuña completó el paseo y organizó en su extremo oriental un gran jardín sobre las faldas del cerro Santa Lucía, promontorio que él mismo compró de su peculio y donó al municipio completamente reformado. El cerro había servido de cementerio de disidentes, suicidas y excomulgados. Por eso, Vicuña hizo poner allí una placa recordatoria de los "expatriados del Cielo y de la Tierra" y transformó el lugar en un parque con fuentes, arboledas, monumentos a otras urbes de América, las estatuas del fundador de Santiago, Pedro de Valdivia, y de su primer obispo.[107] Mientras tanto, las calles perpendiculares a la Alameda cambiaron sus viejos nombres coloniales por los de próceres y batallas de la independencia.[108]

El equivalente de Vicuña en Buenos Aires fue Torcuato de Alvear quien, en la década de 1880, cambió la fisonomía de la ciudad del Plata derribando la recova que estaba frente al cabildo, con lo cual creó un espacio abierto unificado que abarcó dos manzanas completas y unificó la perspectiva de la plaza principal. Alrededor de ésta aparecieron congregadas las construcciones más significativas en la historia de la ciudad y del país: la catedral, el cabildo donde se había destituido al último virrey español, el fuerte que había sido residencia de los gobiernos coloniales, nacionales o provinciales y que se estaba transformando por etapas en la Casa Rosada, sede de la presidencia de la república hasta nuestros días. Alvear proyectó abrir una gran avenida desde la plaza y hacia el oeste, que habría de terminar en el edificio de un nuevo palacio legislativo. Después de arduos debates, en los que se discutió a fondo la prerrogativa estatal de la expropiación por causas de utilidad pública, el congreso aceptó la propuesta del intendente de Buenos Aires. Más de 15 años de trabajo consumió la apertura de esa avenida, llamada "de Mayo", y otros tantos llevó la construcción del palacio para el poder legislativo. Todo el conjunto estuvo terminado en las vísperas de las grandes fiestas, organizadas con motivo del centenario de la revolución en 1910.[109]

De igual manera que Santiago, Buenos Aires tuvo su parque público desde el momento en que el presidente Sarmiento resolvió dar ese destino a los jardines de la antigua residencia de Rosas en el paraje conocido

[107] Francisco Encina, Ensayo, t. II, pp, 1322-1329; E. C. Eberhardt, *Album-Guía del cerro Santa Lucía,* Santiago, 1910.

[108] B. Vicuña Mackenna, *Una peregrinación a través de las calles de Santiago,* Miranda, Santiago, 1902.

[109] Ramón Gutiérrez, *Arquitectura y urbanismo en Hispanoamérica,* Cátedra, Madrid, 1983, pp. 529-532.

como Palermo. Allí mismo se instalaron el zoológico y el huerto botánico. A fines de siglo, el arquitecto paisajista francés, Carlos Thays, rediseñó la totalidad del parque sobre la base de un programa de plantación de especies europeas y americanas, que se pretendió fuera un símbolo del encuentro de razas y culturas en el Nuevo Mundo. Y en el centro de ese vasto jardín, se levantó en el año 1900 una estatua de Sarmiento, especialmente encargada a Auguste Rodin. Eduardo Schiaffino, director del Museo de Bellas Artes, había insistido en que no otro sino Rodin, el Miguel Ángel de la modernidad, el maestro de un nuevo *pathos* conseguido mediante el trabajo arduo de las superficies y el juego de la luz, era el artista adecuado para representar el gigantismo de aquel hombre de pensamiento y de acción, transido por el conflicto que él mismo había sintetizado en su célebre dicotomía civilización-barbarie. Pero la figura fundida en bronce por Rodin recreó la energía de Sarmiento con tal intensidad y trascendió a tal punto el parecido, que el monumento terminó produciendo un sentimiento de rechazo en la opinión argentina. Sin embargo, la alegoría del pedestal fue aceptada porque encerraba un sentido más unívoco: Apolo, el dios de la luz, vencía a la serpiente Python, símbolo de las tinieblas y de la ignorancia. La representación mitológica diluía las ambigüedades y sublimaba al civilizador, al maestro que, por encima de otras identidades, las élites y la gente común, en una situación de convergencia cultural infrecuente, querían ver ensalzados en Sarmiento.[110]

El mito de la dicotomía civilización-barbarie se partió en sus componentes, desde la década de 1880 en adelante, cuando el régimen institucional argentino se mostró consolidado. La civilización pasó a ser más bien sinónimo del progreso y del bienestar, simbolizados por los atributos de la labranza, del comercio, de la industria, que acompañaron profusamente a las alegorías monumentales de la nación republicana. Mientras tanto, la barbarie se confundió con el mito de la tiranía, el cual, ya a mediados del siglo XIX, había comenzado a diseñarse a partir de ella. Claro que ese mito no era representable en imágenes; se aludía a él sólo mediante el discurso verbal en los actos de homenaje a quienes habían combatido a Rosas, el tirano por antonomasia. Los historiadores inspiraban esas operaciones y precisaban su significado. Cuando en 1887, por ejemplo, fue inaugurada en Buenos Aires la estatua de Lavalle, el propio Mitre habló para reivindicar en la lucha contra Rosas la continuación de los esfuerzos de la independencia por construir una nación sobre la base del respeto a las libertades políticas. Lavalle había

[110] Julio Imbert, "Naturaleza y arte. Parque 3 de Febrero", en Manrique Zago (comp.), *Buenos Aires y sus esculturas,* Buenos Aires, 1981, pp. 128-157.

vislumbrado, según Mitre, el horizonte alcanzado por las presidencias constitucionales posteriores a 1860. "Lavalle —decía el orador— es la personificación en mármol del porteño poseído de espíritu nacional."[111] El general Mitre retrataba, en realidad, una prefiguración idealizada de sí mismo.

Nadie tuvo dudas acerca del sentido de la celebración del Centenario de 1810: se trataba de festejar el primer siglo de existencia de toda la nación argentina por sobre el aniversario de la revolución de Buenos Aires. Los tres poderes del Estado federal, el municipio porteño, las asociaciones de vecinos, que usaron el sistema de la "suscripción popular", y las colectividades de inmigrantes, que dispusieron del apoyo de los gobiernos extranjeros, compitieron para colocar, como hitos en el espacio de la ciudad, los monumentos que habían de afirmar la memoria colectiva alrededor de los próceres, las instituciones, las ideas políticas, los movimientos de las gentes llegadas al país desde todas partes del mundo. Se proyectó emplazar un monumento a la Independencia en la Plaza de Mayo y se exhibieron las maquetas presentadas al concurso convocado con ese fin. Más de 400 000 personas visitaron la exposición; finalmente el gobierno resolvió erigir un enorme conjunto arquitectónico y escultórico en homenaje a los congresos constituyentes argentinos frente al palacio legislativo.[112] Los recordatorios de las colectividades fueron particularmente imponentes y contribuyeron a reforzar el mito de la inmigración, entendida como el factor humano fundamental en el proceso de desarrollo de la riqueza nacional. Esta noción hubo de encontrar resistencias entre ciertos grupos de la élite. La "preocupación por el problema de la nacionalidad" había aflorado en los ambientes de la cultura oficial al fin de los años ochenta,[113] pero con el nuevo siglo creció la sensación de un riesgo firme de que la imaginada identidad argentina, surgida de las guerras de la independencia y de las luchas por la organización constitucional, se fragmentase hasta perderse en la dispersión de múltiples caracteres nacionales, importados por los inmigrantes. *La restauración nacionalista,* un ensayo de Ricardo Rojas publicado en 1909, presentó estos puntos de vista con bastante éxito en los círculos intelectuales y políticos. Incluso algunos sectores de la educación sistemática fueron ganados por los sentimien-

[111] Bartolomé Mitre, *Obras completas,* Buenos Aires, 1960, vol. XVII, t. II: *Discursos,* p. 326.

[112] Julio E. Payro, "La escultura", en Academia Nacional de Bellas Artes, *Historia general del arte en la Argentina*, t. VI, Buenos Aires, 1988, pp. 203-217.

[113] Véase al respecto el artículo de Lilia A. Bertoni, "Construir la nacionalidad: héroes, estatuas y fiestas patrias, 1887-1891", *Boletín del Instituto de Historia Argentina y Americana Dr. Emilio Ravignani,* núm. 5, pp. 77-111.

tos de alarma.[114] Rojas pensaba que la búsqueda de las raíces del alma argentina debía de ser ampliada al pasado hispánico colonial; la intención tuvo su correspondencia en el plano urbanístico, pues la misma Ley del Centenario, que previó todos los detalles de los festejos y homenajes, ordenó la construcción de un monumento a España que exaltara a la madre patria como potencia civilizadora. Lo cierto es que esta empresa, inédita en el horizonte mitopoiético de la nación republicana, encontró resistencias, pues de otro modo no podría explicarse el hecho de que Arturo Dresco, el escultor encargado de la obra desde 1910, hubiese de aguardar hasta 1936 para verla inaugurada, en un contexto político conservador más permeable a un tradicionalismo que se había hecho marcadamente hispanófilo y clerical.[115]

Ahora bien, Buenos Aires ha tenido un sitio peculiar que ha funcionado como un organismo simbólico nacional a lo largo de toda la vida independiente, una especie de imagen refleja, en la idealidad de la trascendencia, de esa ciudad que es también, por sí misma, una síntesis emblemática del país entero. Nos referimos al cementerio de La Recoleta, inaugurado en 1822, donde la escultura funeraria ha multiplicado los retratos de los héroes, las alegorías de las ideas y valores, las representaciones de los fastos, de las batallas, de los debates, al punto de construir un verdadero teatro de la historia a la manera de los gabinetes de la memoria que imaginaron algunos pensadores fantasiosos del Renacimiento.[116] Y si bien La Recoleta ha sido el espejo del imaginario de las élites, también el pueblo lo ha hecho suyo, porque allí descansan dos, por lo menos, de sus más grandes figuras míticas, el socialista Alfredo Palacios y Evita Perón.

Tal vez nos hemos detenido mucho en Buenos Aires, pero el hecho se justifica por cuanto que esa ciudad ha reunido en su historia la totalidad de los hechos típicos —urbanísticos, sociales y simbólicos— que podemos encontrar en las otras capitales del cono sur. Sobre Santiago de Chile, algo hemos dicho ya, pero agreguemos que las colectividades extranjeras colocaron en esa ciudad varios mojones monumentales en los que se entretejieron los mitos del progreso, de la inmigración y de la idiosincrasia nacional; la colonia alemana regaló la Fuente del Trabajo y del Progreso, Francia el Monumento al Arte, ambas obras en el Parque Forestal, y la colonia italiana donó un recordatorio a la raza

[114] A pesar de sus enfoques algo exaltados, es interesante consultar sobre el tema el libro de Carlos Escudé, *El fracaso del proyecto argentino. Educación e ideología,* Instituto Torcuato di Tella-Conicet, Buenos Aires, 1990.

[115] M. T. Espantoso, M. F. Galesio, M. Renard, M. C. Serventi y A. van Deurs, *Los monumentos, los centenarios y la cuestión de la identidad,* inédito.

[116] Frances A. Yates, *El arte de la memoria,* Taurus, Madrid, 1974.

chilena. Respecto de Sucre, la capital boliviana, señalemos el contrapunto entre el cementerio monumental, que es una pequeña Recoleta, y el conjunto de la Plaza 25 de Mayo (formado por la casa dieciochesca de la universidad jesuítica donde se declaró la independencia, la fachada cargada de alegorías y blasones del ex palacio de los presidentes, y la estatua colosal, fundida en bronce e instalada en 1909, del fundador de la república). Y acerca de Montevideo, advirtamos la centralidad física, institucional y simbólica que el palacio legislativo, levantado entre 1906 y 1925, ha asumido para los habitantes de esa ciudad.

Al finalizar nuestro itinerario, parecería que las naciones americanas cumplieron, al cabo de un siglo desde la guerra de la independencia, la máxima que enunció Sarmiento en sus *Recuerdos de provincia:* "[...] los pueblos cultos [...] por los libros, los monumentos y la enseñanza, conservan las máximas de los grandes maestros [...]".[117]

Cabría preguntarse si acaso se ha cumplido el anhelo carnavalesco y reparador que el sanjuanino dejó expresado en una humorada de aquellos mismos *Recuerdos:*

> ¡Oh, vosotros, compañeros de gloria en aquel día memorable! ¡Oh, vos, *Piojito,* si vivierais! *Barrilito, Velita, Chuña, Gaucho y Capotito,* os saludo aún desde el destierro en el momento de hacer justicia al ínclito valor de que hicisteis prueba! Es lástima que no se os levante un monumento en el puente aquél para perpetuar vuestra memoria.[118]

[117] Domingo F. Sarmiento, *Recuerdos de provincia,* Salvat, Estella (Navarra), 1970, p. 95.
[118] *Ibidem,* p. 121.

XV. EL "ESPEJO ROTO" DE LA COLOMBIA BOLIVARIANA (1820-1850)

GEORGES LOMNÉ
Universidad de Marne la Vallée

Sobre la puerta de la izquierda (de la Catedral) estaba representada la imagen de S. E. en tres fracciones de un espejo roto, y al pie la siguiente sextilla:

Cual el padre del día reflejada
Pinta su hermosa imagen por doquiera,
Y natura se ve regenerada
Con el próvido influjo de alma esfera;
A cada parte de Colombia unida
La imagen de Bolívar da la vida.

[Relación de las Exequias hechas en Bogotá al Excmo. Señor Simón Bolívar, Padre y Libertador de Colombia, Lima, José Masías, 1831.]*

EN 1829, LA "DEDICATORIA A LA NACIÓN COLOMBIANA" que introduce la *Meditación primera* del cartagenero Juan García del Río asienta bien la condición para que se verifique un porvenir dichoso: "es necesario que todos sacrifiquemos nuetros resentimientos en el altar del Olvido, y depongamos todo encono al pie de la hermosa estatua de la Patria".[1] El publicista intuye así el derrumbamiento de la "ilusión ilustrada"[2] de Simón Bolívar por su incapacidad de fomentar una "comunidad del olvido" tal como iría a formularla Ernest Renan a finales del siglo:

* BNCB, Quijano 39 (6). Las abreviaciones que se utilizarán aquí son: AGNCB: Archivo General de la Nación, Colombia, Bogotá; AGNVC: Archivo General de la Nación, Venezuela, Caracas; AHBCEQ: Archivo Histórico del Banco Central del Ecuador, Quito; AMAEP: Archivo del Ministerio de Asuntos Exteriores, París; AMQ: Archivo Municipal, Quito; BBCEQ: Biblioteca del Banco Central del Ecuador, Quito; BNCB: Biblioteca Nacional de Colombia, Bogotá; HNC: Hemeroteca Nacional Caracas; HNLAAB: Hemeroteca Nacional Luis Ángel Arango, Bogotá.

[1] Juan García del Río, *Meditaciones colombianas* (1829), 3ª. edición, Editorial Incunables, Bogotá, 1985, p. 32.

[2] Luis Castro Leyva, *La Gran Colombia. Una ilusión ilustrada*, Monte Ávila Editores, Caracas, 1984, 159 pp.

la esencia de una nación reside en que todos los individuos tengan muchas cosas en común, pero también que todos se hayan olvidado de un mayor número de cosas. No sabe ningún ciudadano francés si es burgundo, alano, taifal o visigodo. Todo ciudadano francés debe haberse olvidado de la *Saint Barthélemy* y de las masacres del *Midi* en el siglo dieciocho.[3]

No apunta otra cosa el mariscal Sucre, en 1822, cuando alienta a los diputados quiteños a que "sea olvidado todo espíritu de partido y de interés propio", en favor del "pacto de conciencia" que cada unidad territorial debería tener para con la "república entera".[4]

Si como escribe Lucien Sfez, "la simbólica no es más que un remedio, se podría decir incluso un placebo, a la crisis de la representación política",[5] mejor se entiende el continuo afán de los independentistas en inventar unas operaciones e imágenes simbólicas que permitan asentar el nuevo orden nacional-republicano en una sociedad que carece todavía de una auténtica esfera pública moderna. Así le toca a la "administración del símbolo" instaurar una nueva comunión, de carácter soberano y patriótico, que se sustituya a la fidelidad de gremios y sujetos hacia un Señor natural, rey de ambos hemisferios. Mas el análisis no deja de tener una dificultad: ¿cómo fue posible la rápida individuación de varias naciones a partir de un mito independentista común y unitario? Al discutir sobre la oposición de la Unidad y de la Pluralidad, Aristóteles llegaba a distinguir la "diferencia" de la "alteridad".[6] Al rechazar la unidad de la Monarquía, el esfuerzo de los patriotas más radicales consistió en afirmar la alteridad de España, o sea la ausencia de un "género" común con América. Luego, las naciones que surgieron de la disgregación de la Colombia bolivariana irían a plantearse entre sí como diferentes dentro de un mismo género, en "contrariedad"[7] las unas con las otras.

Primero trataremos de enseñar cómo la heráldica de estas tres naciones ha podido evolucionar hasta mediados de siglo, pasando de un mero afán de diferenciación emblemática con la Colombia bolivariana al registro semiótico del Progreso y de la identidad corográfica. Indagaremos luego cómo el esfuerzo de individuación nacional se expresó de manera contigua mediante la narrativa histórica, de la poesía patriótica y de los himnos conformando un "relato de la nación" que vino a respaldar las imágenes icónicas. En fin, plantearemos el problema esencial de la metamorfosis de los dispositivos de

[3] Ernest Renan, *Qu'est-ce qu'une Nation?* (1882), reed. Presses Pocket, París, 1992, p. 42.
[4] Antonio José de Sucre, *De mi propia mano*, Biblioteca Ayacucho, Caracas, 1981, pp.79-80.
[5] Lucien Sfez, *La symbolique politique,* Q. S. J.? núm. 2400, PUF, París, 1988, p. 6.
[6] Aristóteles, *Metafísica*, libro X, 3.
[7] *Idem*, libro X, 4.

memoria para ubicar dentro de este periodo el discreto surgir de la celebración de la epifanía republicana, la fiesta nacional, y la veta del mito bolivariano como expresión de la añoranza por la unidad perdida de la patria americana.

La entropía del signo heráldico

El 26 de enero de 1834, con motivo del mensaje que solía dirigirse al Parlamento en la sesión de apertura, el presidente de la República venezolana, José Antonio Páez, expresó su satisfacción por haber ratificado pocos meses antes un tratado preliminar de comercio con el "Rey de los Franceses".[8] La emoción llega al máximo seis días más tarde, cuando se conoce la noticia de que la *Atalanta,* fragata francesa de guerra, acaba de disparar un cañonazo, en alta mar, a poco trecho de Cartagena, contra la goleta mercante *Aurora* "a pesar de haber izado (ésta) la bandera *venezolana".*[9] El origen de la equivocación se descubrirá pronto. En ausencia de un escudo destinado a diferenciarlos, los colores nacionales son rigurosamente idénticos a los de la Nueva Granada, ¡país vecino, sumido por entonces en grave litigio de orden diplomático con Francia! Un año más tarde, en el Ecuador, el ejército "Convencional" de Juan José Flores y el ejército "Restaurador" de José Félix Valdivieso se enfrentarían con suma violencia, en la llanura de Miñarica, enarbolando ambos la bandera del arco iris.[10] Es muy claro entonces que la disgregación de la República de Colombia, patente en el plan político, no se manifiesta con tanta claridad en el terreno de las representaciones simbólicas...

En dicho asunto, la culpa la tienen en primer lugar los miembros del Congreso Constituyente ecuatoriano que se reunieron en Riobamba. El decreto del 27 de septiembre de 1830 firmado por Juan José Flores estipula lo siguiente:

> ART. 1°: "Se usará en adelante de las Armas de Colombia en campo azul celeste, con el agregado de un Sol en la equinoccial sobre las fases, y un lema que diga: El Ecuador en Colombia".[11]

[8] Francisco González Guinán, *Historia contemporánea de Venezuela*, Ediciones de la Presidencia de la República de Venezuela, Caracas, 1954, t. II, pp. 281-283.

[9] *Expediente del Despacho de Hacienda y Relaciones Exteriores dirigido al Senado*, 31 de enero de 1834 (AGNVC). Facsímil en Francisco Alejandro Vargas, *El escudo de armas de la República,* ed. Centauro, Caracas, 1981.

[10] Véase el famoso cuadro que se encuentra hoy en el Archivo Flores de la Pontificia Universidad Católica del Ecuador, en Quito.

[11] J. Ricardo Barrera, "Pabellones y escudos de la República del Ecuador", *Museo Histórico,* 20, Quito, 1954, pp. 140 y 141.

El 14 de octubre de aquel mismo año, sus homólogos venezolanos reunidos en Valencia adoptan una postura de parecida índole:

> ART. 1°. "El escudo de Armas para el Estado de Venezuela, será desde la publicación de este decreto, el mismo de Colombia, con la diferencia que en campo de oro, las cornucopias serán vueltas para abajo, y en la parte inferior de la orla llevará la inscripción ESTADO DE VENEZUELA.[12]

Un año más tarde, los representantes neogranadinos, por su parte, sólo aportan una modificación onomástica:

> ART. 4: "No se hará novedad en las armas, bandera y cuño establecidos por las leyes de la República de Colombia [...] En las inscripciones y sellos, excepto los de la moneda, donde antes decía *República de Colombia*, se sustituirá ahora la siguiente: *Colombia-Estado de la Nueva Granada*".[13]

En este contexto, nos parece lícito comprobar cómo, en cada uno de los tres países, prevalece una verdadera inercia de la heráldica inventada durante el Congreso de Cúcuta en 1821.[14] Resulta paradójico ver cómo esta heráldica, dominada por el icono de las fasces de lictor se relaciona con una simbólica de la Unión, en adelante algo obsoleta.

Remediar, mediante un proyecto de ley, la ambigüedad de esta situación de carácter provisional, es la tarea a la que los diputados neogranadinos, anticipándose a todos los demás, intentan dedicarse a partir del mes de diciembre de 1833. Tras haber sido enmendado, el proyecto no se llevará a cabo hasta mayo de 1834. Estas variaciones introducen una auténtica ruptura con el horizonte simbólico anterior.[15] La necesidad de tener un distintivo de igual tipo se advierte, con mayor intensidad aún, en Caracas, a raíz del mencionado incidente naval. Así, desde el 16 de abril del mismo año, el senado venezolano vota un proyecto de ley con miras a adoptar una bandera propia dos años antes de que la Cámara de representantes someta el asunto a discusión y que —¿acaso como merecida venganza?— por considerarse tal escudo de un estilo francés exageradamente alegórico, sea rechazado en favor de otro más realista y de corte enteramente británico.[16] El Ecuador no va a la zaga en esta cla-

[12] *Cuerpo de Leyes de Venezuela*, Valentín Espinal, Caracas, 1851, p. 75.

[13] Enrique Ortega Ricaurte, *Heráldica nacional*, Imp. del Banco de la República, Bogotá, 1954, p. 90. En adelante designaremos este corpus documental con las iniciales del autor: E. O. R.

[14] Véase la Ley del 4 de octubre: *Acta 191a, Sesión extraordinaria de la noche del 4 de octubre de 1821*, en *Congreso de Cúcuta, 1821, Libro de Actas*, Banco de la República, Bogotá, 1971, pp. 647-649.

[15] E. O. R., pp. 93-110.

[16] El diplomático inglés sir Robert Ker Porter cuenta en su diario cómo don Manuel

se de medidas: la Convención de Cuenca, nacida de la "Revolución marcista" promulga un decreto, el 6 de noviembre de 1845, según el cual "se restablece la nacionalidad ecuatoriana".[17] La derrota de Flores, interpretada como la del "Partido del Extranjero" permite, en este caso, una ruptura más radical que en cualquier otra parte.

Desde entonces, la semiótica del Progreso rivaliza con la de la Emancipación. Cabe observar, por ejemplo, que en virtud de una modificación, el genio de la Paz sustituye al de la Libertad, que debía figurar en el escudo previsto en el proyecto neogranadino de 1833: el casco adornado de plumas tricolores —en que el verde remplaza el azul de la bandera mirandina— da paso a una corona de espigas de trigo y, en la mano derecha, se cambia la lanza con gorro frigio por el "libro de la Constitución".[18] Estas modificaciones parece que dan renovado brío al argumento del diputado colombiano Bernardino Tobar, inquieto, según había declarado doce años antes en una sesión del Congreso de Cúcuta, por

> haber observado que en el modelo de las armas, presentado por la Comisión, estaban simbolizadas la independencia, la abundancia y el valor, pero no la libertad [...] y que esto daría motivo a la crítica de los pueblos, quienes dirían que sólo queríamos ser independientes y no libres, llevando camino de este modo hacia una monarquía.

Fue entonces cuando Vicente Azuero le contestó que la Libertad "estaba representada en las faces, cuyo símbolo era propio de una República, como que en la romana eran la insignia de los cónsules".[19] Puesto que ahora las fasces de lictor ya no correspondían al gusto de los legisladores de la Nueva Granada ¿sería dejada de lado la Libertad? El Presidente Santander procura que se hagan cambios profundos en el proyecto. La ley del 9 de mayo de 1834 excluye los genios de la Justicia y de la Paz y restablece, en el corazón del escudo, "un gorro rojo enastado en una lanza como símbolos de la Libertad[20] en lugar del "caballo de pla-

Felipe Tovar le rogó el favor "not a little flattering to me" de dibujar un boceto del escudo de armas. Véase *Sir Robert Ker Porter's Caracas Diary 1825-1842,* ed. por Walter Dupouy, Editorial Arte, Caracas, 1966, pp. 912-915.

[17] J. Ricardo Barrera, "Pabellones y...", p.143

[18] E. O. R., pp. 98 y 102.

[19] *Acta 182a Sesión del día 28 de septiembre de 1821,* en *Congreso de Cúcuta,* p. 607.

[20] *Recopilación de leyes de la Nueva Granada,* por Lino de Pombo, Bogotá, Imp. de Zollo Salazar, 1845, p. 24. Véase también: AMAEP, correspondencia política, Colombia, vol. 11, ff. 314-316 y ff. 394-395. *Oficios de Le Moyne al Duque de Broglie,* Bogotá, 14 de mayo de 1834 y Bogotá, 10 de junio de 1834.

ta" inicialmente deseado por el Senado con el fin de simbolizar "la independencia de la República".[21]

Un mes antes, en Caracas, otros senadores habían propuesto incluir ¡un "caballo de oro como símbolo de la Independencia" en el cuartel derecho del escudo de Venezuela![22] No se trata de una mera analogía dictada por las circunstancias: en este proyecto del 17 de abril de 1834 el caballo pisaba un cetro quebrado. Así se veían reunidos en una misma alegoría dos de los cuarteles de un famoso escudo colombiano.[23] La "Comisión especial" encabezada por Felipe de Tovar y Antonio Febres Cordero juzga en abril de 1836 que semejante representación no venía a cuento: "[...] la propiedad exigía que se le asignase un color natural y se propone blanco, un caballo de oro es un ente imaginario [...]" y que es preciso que se restablezca su carácter ¡indómito para que represente con exactitud la idea que se desea [...]" Asimismo, se decide suprimir el arco y la flecha previstos en el cuartel izquierdo "[...] que en el día son armas exclusivas de pueblos salvajes" y optan por "la espada y la lanza que hacen tan temibles a nuestros guerreros y pueden denotar el triunfo de pueblos cultos y civilizados". Por último, con objeto de representar la Unión, se escoge un "manojo de mieses atado" en vez de rayos del sol naciente, los cuales son acusados de formar "sistemas separados e independientes unos de otros".[24] De este modo, la utopía independentista nutrida con metáforas de la Leyenda negra, de la India-Libertad y de la Irrupción del día, cede algún terreno a la ideología del Progreso y a sus símbolos, de comprensión más inmediata...

El manojo de espigas de trigo del escudo venezolano además de ir explícitamente en este sentido recordaba, según debía, "la fecundidad del suelo de Venezuela y la fuente de su prosperidad". La alegoría clási-

[21] E. O. R., p. 94, *Proyecto de ley que designa las armas y pabellón de la República,* 24 de diciembre de 1833.

[22] *Proyecto de ley fijando el escudo de armas de Venezuela*, 17 de abril de 1834, facsímil en Vargas, *El escudo de armas, op. cit.*

[23] Este escudo consta en numerosos documentos de la época —orla de cobre del cinturón de gala de Pedro de Herrán (Casa-Museo del 20 de julio, primera sala del segundo piso, Bogotá); loza azul *(idem,* sala Bolívar) o lienzo regalado al Libertador por las Damas de Lima en 1823 (Quinta de Bolívar, Bogotá)— sin que se pueda comprobar el Decreto que lo ordenó. Tal como se ve en la Quinta, aparece dividido en tres cuarteles. En el superior, en campo azul, tres estrellas de seis puntas que simbolizan las secciones de Colombia: Venezuela, Nueva Granada y Departamento del Sur. En la parte inferior, el cuartel derecho enseña un caballo indómito blanco en campo de gules, y el cuartel izquierdo un cetro roto, en campo de oro. Lo cubre un águila de alas abiertas y lleva abajo el famoso lema de los revolucionarios franceses: "Ser libres o morir".

[24] *Expediente dirigido a la Honorable Cámara de Representantes*, 12 de abril de 1836, facsímil en Vargas, *El escudo de armas, op. cit.* Véase también: AMAEP, *Correspondencia política, Colombia,* vol. 13, ff. 98-99, *Oficio de La Palun al Duque de Broglie*, Caracas, 25 de abril de 1836.

ca de las cornucopias no bastaba para identificar el progreso material de las naciones tal como lo definía la Economía política moderna. Se puede experimentar una impresión del mismo tipo mediante la observación del escudo ecuatoriano escogido en 1845 por el Triunvirato marcista: en lugar preferente figura un barco de vapor, el *Guayas,* "que tenga por mástil un caduceo como símbolo de la navegación y del comercio, que son la fuente de la prosperidad del Ecuador".[25] Se trata, en realidad, de una versión retocada del escudo efímero aprobado por Flores en 1843 durante la Convención nacional de Quito. Una variación notable introducida por Olmedo: la inclusión del libro de la Constitución y del caballo —¿con carácter demasiado venezolano?— que figuraban dentro del cuartel central, desaparece en beneficio del barco que, en adelante, llega a ocupar un sitio preponderante. Es probable que fuera instigador de esta medida Rocafuerte, por aquel entonces Presidente de la Junta.[26] Las fasces de lictor reaparecen con timidez al pie del escudo "como insignia de la dignidad republicana". Obviamente, de esta manera se desea poner de relieve no sólo la voluntad civilista del nuevo gobierno, frente al odiado caudillismo de inspiración extranjera, sino también el progreso comercial cuya extensión se debe principalmente, al menos así se supone, a Guayaquil.

Esta preocupación reaparece de manera insistente en los escudos sucesivos de la República neogranadina por medio de la decisión de incluir el Istmo de Panamá "esta preciosa garganta que está llamada a ser el emporio del comercio de ambos mundos".[27] La ley del 9 de mayo de 1834 decía que "forma una parte integrante de la República..." Observamos aquí la aparición de un nuevo registro: el deseo de identificarse con un territorio específico. Una vez más, el mejor ejemplo lo ofrece el escudo ecuatoriano de 1845: el Chimborazo figura nominalmente en la parte inferior derecha y no bajo forma de volcán anónimo, como en 1843. De hecho, el Istmo de Panamá y el Chimborazo ya adornaban, en 1815, el escudo de las Provincias Unidas de la Nueva Granada. En realidad, éste se impone como paradigma heráldico si se considera que, por otra parte, el cóndor aparecía por vez primera.[28]

[25] J. Ricardo Barrera, "Pabellones y...", p. 143.

[26] Sobre el afán que puso Rocafuerte en construir este barco véase nuestro trabajo: "A l'école de l'esprit du siècle: Vicente Rocafuerte (1820-1847)", en *L'Amérique Latine et les modèles européens* (Annick Lempérière, Georges Lomné, Frédéric Martínez, y Denis Rolland [dir.]) Éditions l'Harmattan, junio de 1998, pp. 197-240.

[27] E. O. R., p. 94, *Proyecto de ley que designa las armas y pabellón de la República,* 24 de diciembre de 1833.

[28] E. O. R., pp. 50-52, *Ley sobre el escudo*, 14 de julio de 1815. El cóndor —en posición de alzar el vuelo y con atributos copiados nítidamente del "Great Seal" de los Estados Unidos— había sido escogido ya por el Congreso Constituyente de Venezuela, en 1812,

A priori, no existía mejor emblema dentro del género animal para expresar la incipiente identidad de las naciones andinas. Sin embargo, durante largo tiempo, el águila le disputó ese título en virtud de una tradición heráldica fuertemente arraigada y de la fortuna reciente que acababa de conocer en la América del Norte.[29] Durante la Patria Boba, los Cundinamarqueses habían conservado como emblema de su República el que adornaba las armas de Santafé, ¡permutando la corona por un gorro frigio![30] La Federación, vencedora de Cundinamarca, en 1815, prefiere el cóndor, de vocación más continental. Cinco años después, en enero de 1820, éste se impone de nuevo, investido esta vez con los atributos del águila de Cundinamarca —"una granada y una espada en las garras"— en el escudo que el General Santander crea por propia iniciativa para la República de la Nueva Granada...[31] ¡La hibridación se había consumado! El debate no volvió a recrudecerse hasta diciembre de 1833 cuando los senadores bogotanos propusieron reintegrar un águila en el escudo nacional... Santander se negó a aceptarlo y la ley del 9 de mayo de 1834 restableció el cóndor en sus derechos.

Varios años más tarde, el Ecuador experimentó parecidas incertidumbres. En julio de 1836, el Presidente Rocafuerte había decretado la acuñación de nuevas monedas en las cuales figuraba un cóndor encaramado en el Pichincha. Ahora bien, en septiembre de 1842, ratificando una iniciativa de la Casa de la Moneda de Quito, el Presidente Flores mandó incorporar un águila en los "cuartillos de un real".[32] Un ejemplo, *inter alia*, de una inercia de las representaciones que respaldó a tiempo el auge del mito napoleónico. Pero el esfuerzo que exigió el hecho de imponer una nueva simbólica, se debió también a numerosos impedimentos materiales existentes. El Ejecutivo caraqueño que se afanaba en propagar tanto la descripción como la imagen del escudo previsto por la ley del 20 de abril de 1836[33] se vió obligado a prorrogar la utilización del antiguo papel sellado ¡mientras no hubiera recibido del extranjero las

para simbolizar la Libertad, y denegado, casi en seguida, por preferirse el escudo de la India dibujado por Miranda.

[29] Véase Jean Béranger, "Origine et développement de la symbolique nationale aux Etats-Unis d'Amérique 1775-1815" en *L'imaginaire de la Nation (1792-1992)*, bajo la dirección de Claude-Gilbert Dubois, Burdeos, PUB, 1991, pp. 301-311.

[30] E. O. R., pp. 37-39, *Orden del Serenísimo Colegio Electoral designando las armas y bandera de Cundinamarca*, 7 de agosto de 1813.

[31] E. O. R., pp. 61-62, *Decreto* que designa "Nuevas armas para la República", 10 de enero de 1820.

[32] Eugenio García, "Numismática ecuatoriana. Las monedas de un cuarto de 1842 y de 1843", *Cuadernos de Historia y Arqueología*, núms. 4 y 5, Guayaquil, 1952, pp. 65-78.

[33] AGNVC, Secretaría del Interior y Justicia (en adelante: SIJ), 1836, tomos CXXXII y CXLIII.

matrices del nuevo...![34] En Angostura o en Cumaná, la carencia de instrucciones acerca de su financiación demora la introducción en los edificios públicos de las nuevas armas de la República.[35]

La heráldica de los tres Estados reúne así maravillosamente ciertos emblemas que mantienen una relación de orden mimético con respecto a la historia natural nacional —se podría hablar de un registro "especular", o "icónico"[36] de lo imaginario— con otros emblemas, de carácter abstracto —el registro "simbólico" de lo imaginario— que hacen referencia a la "invención política".[37] Ambos planos también vuelven a encontrarse en el "relato de la Nación".

La individuación de los orígenes

Es bien conocido el aserto de Ernest Renan según el cual el "principio de las naciones" descansa sobre dos fundamentos indisociables: "Tener glorias comunes en el pasado, una voluntad común en el presente".[38]

A primera vista, puede considerarse, que la Colombia independentista no tenía otra salida sino la de celebrar las glorias de un pasado de interpretación exclusivamente prehispánica. La "incasicomanía" de Bolívar o de Sucre, las tragedias de José Fernández Madrid o de Luis Vargas Tejada[39] parecen seguir la corriente de esa "ilusión especular" —esa identificación abusiva de las imágenes— que confunde un criollo independentista con un "indio-arqueológico.[40] Esta manía llevada a su paroxismo bajo la pluma de Olmedo en *La victoria de Junín* impulsa al

[34] AGNVC, SIJ, 1836, tomo CXXXII, doc. 15. De igual modo, el lema "República del Ecuador" no apareció en el papel sellado de este país hasta 1835. (Decreto de la Convención de Ambato, 10 de agosto de 1835, AHBCEQ, ref. 40/124, folio 215.)

[35] AGNVC, SIJ, 1836, t. CL, doc. 26 y 41.

[36] *Cf.* Claude Gilbert Dubois, "L'imaginaire historique et ses manifestations dans l'historiographie du XVIe siècle" en Coloquio del Instituto Colegial Europeo publicado por *Storia de la Storiografia,* núm. 14, Klett-Cotta, Milán, 1988, pp. 68-95.

[37] Marie-Danielle Demélas, *L'invention politique. Bolivie, Equateur, Pérou au XIXe siècle*, ERC, París, 1992, 620 páginas.

[38] Ernest Renan, *Q'est-ce qu'une Nation?,* pp. 54-55.

[39] En 1827, José Fernandez Madrid publicó su *Guatimoc o Guatimocín. Tragedia en 5 actos*, Impr. de J. Pinard, París, 1827, 4 h., 100 pp.; BNCB: Quijano 269 (10). La suma sobriedad de esta tragedia en versos quería realzar la virtud patriótica de aquel mártir mexicano de la Conquista. El Libertador, poco aficionado a los artífices del "nuevo sistema trágico italiano", la recibió sin embargo "con el mayor gusto, porque veo en él un momento de genio americano". Con un sentido más clásico de la escenificación, Luis Vargas Tejada produjo dos tragedias indigenistas: *Sugamuxi* en 1826 y, sobre todo, *Doraminta* en 1828, que trataba de la conquista de las Guayanas.

[40] *Cf.* Bernard Lavallé, "Bolivar et les indiens" en *Bolivar et les Peuples de Nuestra América,* PUB, Burdeos, 1990, pp. 101-110.

Libertador a denegarle su adhesión —paradoja consentida— recordando al poeta ecuatoriano la distancia que separa a los "hijos del sol" de los héroes de la gesta independentista, estos últimos "[...] extrangeros intrusos que, aunque vengadores de su sangre, siempre son descendientes de los que aniquilaron su imperio [...]"[41] El "invento de la Tradición" tiene, pues, sus límites... ¡que la Razón no desconoce! Mucho más que las obras sobre los Muiscas del canónigo Duquesne, fueron *Les Incas* de Marmontel y las numerosas versiones criollas de *Atala* —la de Simón Rodríguez o la de José Fernández Madrid entre otras—,[42] las obras que desempeñaron un papel clave en el desarrollo de ese anhelo por un pasado indígena idealizado. Éste se presenta entonces como un artificio romántico, consecuencia de una transposición de las categorías de la Ciudad antigua. El pueblo de referencia que invoca Bolívar, en realidad ¿no saca agua de una "fuente de virtud", cuyos "tres manantiales" van claramente designados: Atenas, Roma y Esparta?[43]

Después de apartados los oropeles de Atahualpa, un segundo "espejo historial" viene a ofrecerse naturalmente a los turiferarios del Pasado colombiano: el de la gesta fundadora. A diferencia del primero, éste autoriza una mimética docta —una tentativa de restitución absoluta de lo efectivo— que devuelve su sentido de origen a la función de imaginación. La *Historia de la Revolución de la República de Colombia*, publicada en 1827, constituye la ilustración más perfecta de ello. El autor José Manuel Restrepo se dedicó a una búsqueda rigurosa de la verdad. El haber asumido el cargo de ministro del Interior durante 8 años y 3 meses le permitió edificar un corpus de fuentes exhaustivo, como consecuencia de la idea de que "una historia escrita por gacetas sería la más inexacta".[44] A la hora de realizar esa tarea, se aprovechó del valioso apoyo del General Santander a quien se permitirá recomendar que "Sobre todo se debe encargar la verdad y la exactitud"[45] en las *Memorias* cuya redacción incumbe a los notables que sobrevivieron a los

[41] Carta de Bolívar a Olmedo, Cuzco, 12 de julio de 1825, en *Museo Histórico,* núm. 26, Quito, 1957, p. 83. La afición por esta obra fue desigual. Publicada en Guayaquil en 1825, no lo fue en Caracas hasta 1842. Además el tono de la suscripción emprendida por el periódico *El Venezolano* parece indicar con claridad que este texto era casi desconocido en el país.

[42] Pedro Grases, *Nuevos temas de bibliografía y cultura venezolanas,* Universidad de los Andes, Caracas, 1967, pp. 137-165.

[43] Discurso de Angostura, 15 de febrero de 1819, en Blanco y Azpurúa, *Documentos para la historia de la vida pública del Libertador*, reed. por la Presidencia de la República, Caracas, 1977, t. VI, p. 595.

[44] Carta de Restrepo a Santander, 26 de enero de 1820, en *Boletín de Historia y Antigüedades* núm. 26, 1905, p. 101.

[45] *Idem*, 26 de mayo de 1820, en *ibidem*, p. 111.

acontecimientos que se dispone a relatar. Ahora bien, esa "complicidad" que mantiene con los "actores de su historia" es la que paradójicamente confiere a la obra un criterio de "prisión historiográfica", de "epos patriótico".[46]

En contrapunto a ese monumento de la "epopeya magna", los Catecismos políticos son excelentes instrumentos para una pedagogía del ciudadano en un afán por poner los cimientos para una "voluntad común en el presente". El famoso compendio del Cura Juan Fernández de Sotomayor, que se reedita en 1820 hacía alarde de la determinación inquebrantable de los fundadores del nuevo "Pacto social" para restaurar un Catolicismo genuino que "no conoce ni la esclavitud ni las cadenas". La "Voluntad general" se manifestaba de la siguiente manera:

> [...] desde que fuimos declarados independientes entramos en el goce de los derechos del hombre libre y como tales hemos podido y debido formar una sociedad nueva y colocarnos en el rango y número de las demás naciones.[47]

Redactada dos años después, la definición de la Nación colombiana que se da en el segundo párrafo del *Catecismo político* de José Grau no es nada más que la transposición de un arquetipo francés de la feroz energía que anima al pueblo en armas luchando por la defensa de su libertad.[48]

A las Repúblicas nacidas del desmembramiento del Estado bolivariano les aquejan preocupaciones de otra clase. En lo que a éstas respecta, más les importa inventar una geografía identificadora que conservar las adquisiciones de una Modernidad política de cuya irreversible instalación nadie duda ya. Así, Venezuela fue el primer país que, desde el

[46] *Cf.* Germán Colmenares, "La Historia de la Revolución por José Manuel Restrepo: una prisión historiográfica", en *La Independencia. Ensayos de historia social,* Instituto Colombiano de Cultura, Bogotá, 1986, pp. 7-23.

[47] BNCB: Quijano 426 (1), *Catecismo o instrucción popular por el C. Dr. Juan Fernández de Sotomayor Cura Rector y Vicario Juez Eclesiástico de la valerosa ciudad de Mompox,* Imp. del Gobierno, Cartagena de Indias, 1814; reed. Bogotá, 1820.

[48] BNCB: Vergara 337, *Catecismo político. Arreglado a la Constitución de la República de Colombia, de 30 de Agosto de 1821. Para el uso de las Escuelas de Primeras Letras del Departamento del Orinoco. Dispuesto por el licenciado José Grau asesor de la intendencia del mismo departamento, y dedicado a la juventud cumanesa. Año de 1822. Impreso por orden del Supremo Gobierno para el uso de las Escuelas de Colombia*, Imp. de la República, por Nicomedes Lora, Bogotá: año de 1824, 56 (2) pp. Dice el autor al respecto: "[...] debo confesar injenuamente que teniendo á la vista los catecismos de otras naciones, he tomado literalmente de ellos las máximas análogas á mi intento, reduciéndose mi trabajo á solo arreglar las materias que comprehende, por la constitución de la República que actualmente nos rije, citando los artículos de ella en cada uno de los parrafos". Véase al respecto Nikita Harwich, "La Révolution française chez les premiers historiens vénézuéliens", en *Cahiers des Amériques Latines,* núm. 10, París, 1990, pp. 275-276.

Congreso de Valencia, solicitó la formación de una misión corográfica para hacer un inventario escrupuloso de sus recursos. La Nueva Granada quiso seguir el mismo camino desde 1839, pero la guerra civil y la escasez de medios financieros se lo impidieron hasta 1850.[49] Agustín Codazzi supo comunicar el ánimo de Caldas a cada una de estas empresas —de las cuales fue, sucesivamente, el maestro de obras— y la cosecha de informaciones provocada rebasó ampliamente los respectivos campos de las ciencias naturales y de la cartografía.

En efecto, el establecimiento de límites fronterizos que respetasen el principio del *Uti Possidetis Juris*[50] pronto supuso un conocimiento riguroso de las antiguas divisiones administrativas españolas y de sus modificaciones sucesivas. Codazzi así lo entendió, y ya desde el año 1839 propuso al Congreso venezolano agregar una parte histórica a sus trabajos. Rafael María Baralt a quien le fue encomendada esta tarea le dio dimensión de verdadera obra histórica hasta el extremo de que el primer tomo de su *Resumen de la Historia de Venezuela*, dedicado a la época colonial, le valió las felicitaciones de Berthelot por haber sabido describir con acierto una "identidad nacional".[51] La siguiente apreciación, sacada del capítulo XXII, intitulado "carácter nacional", podía considerarse, de alguna manera, la conclusión al panorama de tres siglos que acababa de trazar:

> Dos hechos al parecer contradictorios llaman desde luego la atención en las antiguas costumbres venezolanas: es a saber, la perfecta identidad de ellas con las de España en las clases principales de la sociedad, y la falta total de recuerdos comunes.[52]

El tomo IV de la *Geografía general para el uso de la juventud de Venezuela,* de Montenegro y Colón intitulado *Apuntes históricos* no había sido publicado con otro afán:

[49] Véase Gabriel y Olga Restrepo, "La Comisión Corográfica: el descubrimiento de una nación", en *Historia de Colombia*, Salvat, Bogotá, 1988, t. X, pp. 1171-1200.

[50] Este principio fue aludido por primera vez con motivo del tratado firmado el 23 de mayo de 1811, en Santafé, entre las representaciones de Venezuela y Cundinamarca. Véase también acerca del papel de la geografía en los primeros desarrollos de la historiografía venezolana, Nikita Harwich, "Le discours historiographique du Venezuela au XIXe siècle", en *Mémoires en devenir. Amérique latine, XVIe-XXe siècle,* Maison des Pays Ibériques, Burdeos, 1994, pp. 193-206.

[51] "Análisis del primer volumen de la Historia de Venezuela, hecho por M. S. Berthelot, secretario general de la Comisión central de la Sociedad de Geografía de París", en *El Venezolano,* núm. 61, 7 de agosto de 1841, p. 1, HNC, Microfilm PPP470002.

[52] Rafael María Baralt, *Obras completas,* Ed. de la Universidad del Zulia, Maracaibo, 1960, t. I, p. 514.

Atendida su actual constitución política convenía hacer más conocidas entre nuestros jóvenes no sólo sus riquezas y población, sino también las costumbres e historia de los pueblos de que se forman sus nuevos Estados [...].[53]

El hecho de interrogar el pasado colonial permitía, pues, justificar unas fronteras e inventar las premisas de un genio nacional cuya herencia española ya no estaba del todo excluida. Esto fue también el empeño de los primeros historiadores neogranadinos. Joaquín Acosta, sabio ecléctico y principal inspirador del proyecto corográfico de 1839, fue quien rompió más tajantemente con el discurso teleológico de Restrepo que únicamente consideraba la Colonia dentro de la perspectiva de "historiar la Independencia".[54] Su *Compendio histórico del descubrimiento y colonización de la Nueva Granada,* publicado en París en 1848, se termina con la muerte de Jiménez de Quesada y rinde homenaje al "valor, sufrimiento y heroicas calidades de los intrépidos castellanos".[55] Con menor rigor y meticulosidad en su enfoque que los de su ilustre contemporáneo, José Antonio de Plaza hizo publicar dos años más tarde una obra que tuvo sin embargo, el mérito de ser la primera en abarcar la totalidad del periodo colonial: *Memorias para la historia de la Nueva Granada*. El libro, muy anticlerical, fue del gusto de la administración progresista del General José Hilario López que, inmediatamente, lo elevó al rango de Historia oficial.[56] La amplitud de la polémica que suscitó la obra por parte de José María Groot veinte años más tarde[57] confirma, en todo caso, la importancia capital que revestía la apropiación de esta secuencia histórica en el proceso de individuación del genio nacional de los estados nacidos de la Colombia bolivariana.

Poco accesible para la mayoría, el género histórico no podía transmitir "el sentimiento de los sacrificios que uno consintió y de los que uno está dispuesto todavía a consentir" tan inmediatamente como por medio de un himno entonado en la Plaza Mayor durante una festividad

[53] Feliciano Montenegro y Colón, *Geografía general para el uso de la juventud de Venezuela,* Imprenta de Damiron y Dupouy Caracas (1833-1837), t. IV; reed. en *Historia de Venezuela,* Biblioteca de la Academia Nacional de la historia, Caracas 1960, t. I, p. 91.

[54] *Cf.* Bernardo Tovar Zambrano, *La Colonia en la historiografía colombiana,* La carreta, Bogotá, 1984, p. 62.

[55] Citado en *ibid.*, p. 67.

[56] En la forma de un *Compendio de la historia de la Nueva Granada,* Imprenta del Neogranadino, Bogotá, 1850, BNCB, Pineda, vol. 17 de la antigua sección Historia, pieza 6.

[57] En la introducción de su *Historia eclesiástica y civil de Nueva Granada* (1869), José Manuel Groot expresa claramente su empeño, desde 1856, en "restablecer la verdad histórica desfigurada y aún falsificada con respecto al estado eclesiástico" (t. I, p. XII de la reedición de 1889). Véase por ejemplo los ataques contra la interpretación de Plaza acerca de las ordenanzas del presidente González y del establecimiento de la alcabala en t. I, *ibid.*, pp. 202-203.

pública. Más aún cuando un canto patriótico hace referencia a un imaginario expresamente simbólico de figuras seductoras y fácilmente comprensibles: advenimiento de una era nueva, llamamiento a la unidad nacional o celebración de un hombre providencial.

"Saludemos la aurora del día" proclamaba el estribillo del proyecto de himno nacional escrito por José Joaquín Olmedo, en 1832, para la República del Ecuador. La Independencia, tanto aquí como en otros países, fue una "palingenesia del mundo",[58] que la metáfora de la irrupción del día traducía a la perfección. Ya en 1815, José María Salazar lo había evocado mediante estos cuatro versos en el primer himno neogranadino:

> Desde el día que en este hemisferio
> de la aurora la gloria brilló
> vivir libre juró nuestro pueblo,
> convertido de esclavo en señor.[59]

El sol naciente era el de la Regeneración política. ¿No era significativo que Gual y España, luego Miranda, lo hubiesen inscrito sucesivamente en sus banderas en oposición a la luna menguante de la Monarquía española? Nariño y sobre todo Bolívar fueron también sensibles a esa imagen tan atrayente del retroceso de las tinieblas del despotismo y de la superstición.[60] En cuanto fervorosos lectores de Rousseau, aspiraban a recuperar una historia anterior en la que la afirmación del ser —la virtud republicana— triunfase sobre el "boato imponente, el ardid engañador y todos los vicios que forman el séquito"[61] de las exterioridades imputables a la Monarquía. Esa Edad de oro era idealmente precolombina como ya hemos mencionado más arriba. La "Canción nacional" de Salazar podía, según lo dicho, continuar de la siguiente manera:

> Ya revive la patria querida
> De los Incas, los hijos del sol
> El imperio del gran Montezuma
> De los Zipas la antigua nación.

[58] *Cf.* Elise Marienstras, acerca de este mito fundador en los Estados Unidos, en *Nous, le peuple*, Gallimard, París, 1988, cap. XVIII.

[59] José María Salazar, "Canción nacional" (1815), *Correo de la Ciudad de Bogotá,* 162, 5 de septiembre de 1822.

[60] Tratamos de aludir a este tema en nuestro trabajo: "La Revolución francesa y la 'simbólica' de los ritos bolivarianos", *Historia Crítica,* 5, Universidad de los Andes, Bogotá, 1991, pp. 3-17.

[61] Rousseau, "Discours sur l'origine et les fondements de l'inégalité parmi les hommes", en *Oeuvres politiques*, Bordas, París, 1989, p. 61.

Una generación más tarde, la "leyenda negra" de España sigue viva pero, en cambio, la utopía social y el ardor guerrero dan paso al imperio de la Ley y al deseo de Paz civil. El General Flores reitera, tres veces: "Paz y Leyes" en el proyecto de himno, escrito de su propia mano, que publica en 1838.[62] José Caicedo Rojas relata que una mentalidad similar reinaba en Bogotá donde el actor español Francisco Villalba había popularizado, dos años antes, la estrofa de un himno patriótico "que hizo grande efecto y luego se repitió muchas veces":

Gloria eterna á la Nueva Granada
Que, formando una nueva nación,
Hoy levanta ya el templo sagrado
De las leyes, la paz y la unión.[63]

¡Para quien había vivido el desmembramiento de Colombia, el anhelo por la Unidad no procedía de una simple casualidad! "La Fuerza es la unión" proclama el himno venezolano desde 1811. Es interesante señalar que la redacción se llevó a cabo con una perspectiva continental:

Unida con lazos
Que el cielo formó
La América toda
Existe en Nación.

Posteriormente, los hombres destruirían la obra del cielo pero el himno quedó vigente en homenaje al martirio de su autor, Vicente Salías y, sobre todo, al de su compositor, Landaeta, fusilado por orden de Boves, con la partitura sediciosa, atada al cuello.[64] En los otros dos países, la "voz de la América unida" cantada por Salazar en 1815 se había callado y la de los Estados-Naciones podía dejarse oír. Así, por medio de la pluma de Flores:

Y la nueva nación de entre ruinas
Con orgullo se vió levantar
"ECUADOR", "ECUADOR", caro nombre;
Por doquiera se oyó resonar

[62] *Cf. Poesías del Jeneral Flores. En su retiro de la Elvira,* Imprenta de Gobierno, Quito, 1838. Véase al respecto P. Aurelio Espinosa Polit, *Reseña histórica del himno nacional ecuatoriano*, Talleres Gráficos Nacionales, Quito, 1943, p. 19.

[63] José Caicedo Rojas, *Recuerdos y apuntamientos ó cartas misceláneas*, Imprenta de Antonio M. Silvestre, Bogotá, 1891, p. 160.

[64] *Cf.* Francisco Alejandro Vargas, *Los símbolos sagrados de la nación venezolana*, ediciones Centauro, Caracas, 1981, pp. 135-143.

Se hace el elogio de un grito que, seguramente, fue lanzado por primera vez en 1828, en lo más recio de la guerra fratricida contra el Perú, un conflicto al cual el gobierno de Bogotá apenas supo dar el carácter nacional que convenía.[65]

"Un loco basta para alterar una nación", deploraba el Mariscal Sucre ante el Libertador, en 1827, a propósito de "la hidra de la discordia" que se apoderaba del Perú.[66] Muy a menudo, se compusieron himnos para tratar de infundir el sentimiento contrario: ¡el de un hombre providencial como principio de unidad! Bolívar fue uno de los primeros en ser honrado de este modo. Al himno dedicado *Al Padre de Colombia* escrito por José Fernández Madrid, en 1825,[67] hasta se le atribuyó el papel de "canción nacional", al lado de obras meramente musicales como las dos contradanzas *La Vencedora* y *La Libertadora* o, también, el himno de los combatientes de Ayacucho, *El Bambuco*.[68] En lo sucesivo, a los Caudillos nacionales se les premiaría con este tipo de celebraciones, de un estilo literario a veces rebuscado, tal como muestra este extracto de un Romance ecuatoriano con fecha del día de la declaración de Independencia, el 20 de mayo de 1830:

> Nación grande y poderosa
> tus aptitudes pesad,
> y verás que estás llamada
> a la dicha universal:
> vestida en tanto de FLORES
> salid y al mundo mostrad
> cuanto este adorno da aromas
> vehementes de heroicidad.[69]

LAS METAMORFOSIS DEL DISPOSITIVO DE MEMORIA REPUBLICANO

Al igual que los mitos nacionales, los emblemas constituyen otras tantas "figuras de curación" —según la acertada fórmula de Lucien Sfez[70]—

[65] Sucre, carta al Libertador, 6 de octubre de 1828, en *De mi propia mano,* Biblioteca Ayacucho, Caracas, 1981, p. 385.
[66] *Ibid.*, 20 de diciembre de 1827, en *ibid.*, p. 338.
[67] BNCB, Vergara, 17 (17): *Al Padre de Colombia y Libertador del Perú. Canción nacional*, Juan A. Calvo, Cartagena de Colombia, 1825, 15, 12 pp.
[68] Véase las partituras en el *Papel Periódico Ilustrado,* núms. 71 y 72, julio de 1884, en edición facsímil hecha por Carvajal, Cali, 1977, t. III, pp. 382 y 400.
[69] BBCEQ, Jijón y Caamaño, ref. núm. 593, "Canción ecuatoriana", en *Gaceta Oficial del Gobierno del Ecuador*, Imprenta de Gobierno, por Juan Campusano, núm. 125, 28 de diciembre de 1833.
[70] *Cf.* Lucien Sfez, *La politique symbolique,* PUF, París, reed. 1993, pp. 325-384.

que resultan de escasa eficacia en ausencia de un dispositivo que haga posible administrarlas. Ahora bien, si durante el periodo bolivariano se puede observar la permanencia del armazón tradicional que mantiene íntegro el dispositivo de la memoria,[71] en la época posterior parece triunfar la innovación.

José Caicedo Rojas ha relatado, en calidad de testigo privilegiado, la supervivencia durante los años 1825-1828 de la costumbre bogotana de los tan reñidos juegos teatrales entre el Colegio de San Bartolomé y el de Santo Tomás. Es interesante notar que en este caso, las obras que despiertan mayor entusiasmo son *Guatemocín* de José Fernández Madrid y *Atala* de Chateaubriand que Bolívar y Sucre se apresuran a presenciar... ¡Como fieles seguidores de la utopía americana![72] Sin embargo, fuera de los claustros es donde el fervor llegó a su expresión máxima. En Funza, en 1820, al reanudarse la celebración del 20 de julio, la primera representación en plaza pública de la tragedia de José María Domínguez Roche, *La Pola,* había tomado un cariz patético "porque hubo sollozos y lágrimas con maldiciones al viejo Sámano".[73] Lo ocurrido en Bogotá, en 1826, es aún más llamativo: frente al tablado de la Gallera vieja, la emoción del público se torna tan viva al conocer la noticia del suplicio que va a padecer la heroína, que uno de los actores se ve impulsado a declarar, en medio de la confusión más extrema: "Señores, no se puede fusilar a la Pola porque el público se opone".[74]

El año anterior, la celebración de la victoria de Ayacucho había sido motivo de exaltación del patriotismo americano de los colombianos. Así, en Barichara, se le confirió un relieve particular. En el tablado armado en el centro de la Plaza se representó una parodia edificante: varias ninfas simbolizando las jóvenes Repúblicas "arrojaron del teatro" a una "vieja decrépita que simbolizaba a la España" librando de su tiranía a "cuatro jovencitas prisioneras y enlutadas que manifestaban las Islas de Habana, Porto Rico y las Filipinas.[75] En Bogotá, según testimonia el coronel Hamilton,[76] las festividades tomaron un aspecto sumamente marcial,

[71] *Cf.* nuestro trabajo "Las ciudades de la Nueva Granada: teatro y objeto de los conflictos de la memoria política (1810-1830)", en *Anuario Colombiano de Historia Social y de la Cultura*, núm. 21, Universidad Nacional de Colombia, Bogotá, 1993, pp. 114-135.

[72] José Caicedo Rojas, *Recuerdos...*, pp.151-154.

[73] José Manuel Groot, *Historia eclesiástica...*, t. IV (1893), p. 105.

[74] José Caicedo Rojas, *op. cit.*, p. 156.

[75] AGNCB, Sección República, Fondo Historia Civil, t. VI, ff. 854-857.

[76] Coronel J. P. Hamilton, *Travels through the Interior Provinces of Columbia*, J. Murray, Londres, 1827, t. II, pp. 238-239: "On the 12th we had a grand military procession to celebrate the victory of Ayacucho. A handsome temple, on which was a figure of Fame blowing a trumpet, was erected in the center of the Grand Square, in front of my house. All the troops of the garnison were assembled, and fired a feu de joie, and received extra

lo que confirmaba la creciente dimensión de la conmemoración militar en el seno del espectáculo urbano. Por su lado, la *Gaceta de Colombia* se hizo eco profusamente

> del primer aniversario de una batalla que fue la aurora del hermoso sol de Ayacucho donde la gloria de BOLÍVAR y la de sus ilustres compañeros de armas llegó a su Zenit.[77]

La imagen del Libertador permitía mobilizar simultáneamente las tres figuras fundamentales del discurso independentista. ¿Acaso no era al mismo tiempo: *Sol Invictus* "que firme en su centro da vida al Universo",[78] "Padre de la Patria" y "Redentor de Colombia"? Desde entonces, el hecho de rendirle un culto propiciaba la adhesión al proyecto nacional colombiano. Ya en 1824, en Angostura, el aniversario de la San Simón da motivo a los alumnos para presentar un "certamen sobre el catecismo político", el cual, según dicen, "desempeñaron lúcidamente".[79] El año siguiente, la ciudad de Pasto, recientemente sometida por las armas a la república, se apresura a celebrar aquel a quien "estaba reservada la gloria de difundir las luces y virtudes cívicas separándonos del ominoso Yugo de la esclavitud".[80] Para los pueblos, el Libertador no sólo encarna la Regeneración política sino también "el lazo que los ligue a Colombia", según la fórmula de Sucre.[81] Ésa es la Unión que pretenden solemnizar las fiestas celebradas en honor de Bolívar en la Parroquia de San Pedro (Cantón de Santa Rosa de Osos; Antioquia), con motivo de la victoria de Tarquí: en los cuatro ángulos de la Plaza, unos jóvenes vestidos a la antigua simbolizan las tres Secciones de Colombia y el Perú y comulgan en la misma adoración del "Caudillo de la Nación Colombiana".[82]

rations and aguardiente. I admired exceedingly one of the military movements on this occasion. The different companies were formed in letters spelling Ayacucho, and each soldier had a cap filled with rose leaves; at the signal given every man assisted in forming the letters with the rose leaves, which were very legible, and had a pleasing effect; after which the soldiers hunahed lustily".

[77] *Gaceta de Colombia*, 200, 14 de agosto de 1825, en edición facsímil, Banco de la República, Bogotá, 1974, t. II.

[78] Así imaginó el Libertador al presidente de la república ideal, en su Constitución Boliviana de 1826. En Blanco y Azpurúa, *Documentos...*, t. X, p. 343.

[79] *Gaceta de Colombia*, 172, 30 de enero de 1825, *op. cit.*, t. II. Un interesante ramillete de los himnos y canciones con los cuales se le rindió culto al Libertador durante su gobierno se encuentra en José Eustaquio Machado, *Centón lírico*, Tip. Americana, Caracas, 1920, XXXV, 244 páginas.

[80] AGNCB: Sección República, Fondo Historia Civil: T. II, ff. 802-809.

[81] Sucre, *De mi propoia...*, carta del 6 de octubre de 1828.

[82] AGNCB: Sección República, Fondo Historia Civil: T.V., ff. 536-540.

El paralelo no carece de interés: en febrero de 1847, con objeto de recibir al General Páez, se erigieron en La Victoria dos arcos de triunfo adornados con alegorías y símbolos. En uno de ellos podía leerse: "Por la Providencia, el General Páez ha salvado a Venezuela"; en el segundo: "Eres el General más valiente de América y del siglo [...]"[83] Un opositor anónimo notaría más tarde

> el grande aparato con que se preparó la entrada de Páez en la capital el 7 de febrero de 1847, apareciendo como un hombre superior al Gobierno, al presidente electo y el único y exclusivo sostén de la patria y de las instituciones [...][84]

De igual manera, Vicente Rocafuerte fustigaba en el Ecuador el "lujo asiático" que, según él, había desplegado el general Flores durante las fiestas de Ibarra hasta colmar "la indignación general" que alentó la revolución Chihuahua del año de 1833.[85] ¡Por lo visto, el aparato barroco de la Gloria del Príncipe seguía inalterado! Lo sería incluso a favor de un proyecto que fuera "la espresión de la voluntad general" tal como sus inspiradores presentaron en enero de 1850 la suntuosa entrada pública del "ciudadano" Tomás Cipriano de Mosquera en Popayán.[86] He aquí tres buenos ejemplos de esas "amalgamas" que tanto agradan a Maurice Agulhon, y en las que "se combinan ideas nuevas con comportamientos arcaicos".[87] En otros casos, sin embargo, la memoria parece interrumpida. Para explicar la moderación del entusiasmo cartagenero con respecto a Santander en julio de 1832, el cónsul Barrot pone de relieve que a pesar de las numerosas fiestas que se le reservaron al General, "la extrema pobreza de este país paralizó, sin duda y en gran parte, la expresión del júbilo público".[88] Al argumento económico, cabe agregar el de las luchas intestinas y de la consecuente desorganización institucional. En Bogotá, en septiembre de 1835, la Entrada del nuevo Arzobispo José Manuel Mosquera "estuvo muy poco concurrida y de un aspecto

[83] Fernando González Guinán, *Historia...*, t. IV, pp. 265-266. Esta entrada tuvo lugar el 5 de febrero de 1847, camino a Caracas.

[84] BNCB: Pineda, 131 (7), *Apuntes para la historia*, de R.A., s. f., 64 pp. Dos de las piezas literarias —de corte virreinal— que fueron consagradas al "Ciudadano esclarecido" con ocasión de esta entrada triunfal se encuentran conservadas en: BNVC, ref. CAP9363. "Guirnalda poética de Páez", Imprenta de George Corser, Caracas, 1850, pp. 28-32.

[85] Vicente Rocafuerte, *A la Nación*, núm. 10, Lima, 1844. Véase en reed. por la Litografía e Imprenta de la Universidad de Guayaquil, 1983, p. 156.

[86] BNCB: Vergara, 8 (1), *Visita del jeneral Tomás Cipriano de Mosquera a Popayán*, Popayán, 30 de enero de 1850 (s.n.), 24 páginas.

[87] Maurice Agulhon, "Politiques, images, symboles dans la France post-révolutionnaire", *Histoire vagabonde*, Gallimard, París, 1988, p. 299.

[88] AMAEP, correspondencia política, Colombia, vol. 9, ff. 131-135. Oficio de Barrot al Conde Sebastiani, Cartagena, 6 de agosto de 1832.

miserable por falta del cabildo eclesiástico, que a ninguno convidó".[89] Puede suponerse que, en estas circunstancias, contribuyó mucho la ausencia de un protocolo republicano.[90] En Guayaquil, en 1851, el espectáculo urbano da paso a la apatía y, para colmo de la ironía, la práctica —nuevamente codificada— del Pronunciamiento llega fácilmente a pasar inadvertida al observador extranjero poco acostumbrado a los "signos exteriores de la revolución"...[91]

A pesar de todo, las Repúblicas decidieron dar brillo a la celebración de su epifanía: la Fiesta nacional. La retirada del Libertador de la escena política hizo posible, en un primer momento, que se prohibiera el calendario cívico vinculado a su persona y se redujese la importancia de la conmemoración militar de la gesta colombiana. Luego, a cada país le llegó el turno de lograr rápidamente un consenso acerca de las fechas que permitieran expresar de la mejor manera la individuación nacional. Por decreto del 16 de abril de 1834, Venezuela escogió por "grandes días nacionales" el 19 de abril y el 5 de julio, aniversarios respectivamente de la proclamación por la Municipalidad de Caracas, en 1810, de un "gobierno propio de los venezolanos" y de la declaración de "absoluta independencia".[92] La "encarnación" del "primer grito de Independencia" como fiesta nacional sufrió más demora en el Ecuador y en la Nueva Granada, debido al predominio de una serie de memorias urbanas en lucha con las de la Capital,[93] y, sobre todo, por el apego al calendario religioso que nunca había sido puesto en tela de juicio por la Transformación política como marco de un "tiempo común". El orden de precedencia de las fechas que convenía celebrar, ¿no había sido fijado por la Constitución del Estado de Quito ya en febrero de 1812?: "[...] el día segundo de Navidad, el Jueves Santo, el día de Corpus y el diez de Agosto aniversario de nuestra libertad [...][94] Varios años más tarde, la Co-

[89] José Manuel Restrepo, *Diario político y militar,* reed. de 1954, Imprenta Nacional, Bogotá, t. III, p. 34.

[90] Pedro M. Ibáñez, *Crónicas de Bogotá,* reed. de 1989, Academia de Historia y Tercer Mundo, Bogotá, t. IV, p. 444.

[91] Alexandre Holinski, *L'Equateur, scènes de la vie sud-américaine,* Amyot, París, 1861, pp. 34-36 y 60-61.

[92] *Cuerpo de leyes de Venezuela*, p. 133.

[93] Los cabildos de Guayaquil y de Cartagena nunca se privaron de decretar anualmente el festejo del 9 de octubre y del 11 de noviembre, como siendo las fechas respectivas de su emancipación. De igual manera, la ciudad de Cali pudo hacer notar que su "grito de independencia" era anterior al 20 de julio y los momposinos ¡que su declaración de Independencia absoluta de España precedía a la de Venezuela! Acerca de Cartagena, véase: HNLAAB, Impresos sueltos, pieza 986.111 F.85, *Función del aniversario de nuestra independencia*, Tipografía de los Herederos de Juan A. Calvo, Cartagena, 1837, 14 páginas.

[94] Artículo 53 de la dicha Constitución. Véase: "Constitución del Estado de Quito 1811-1812", en *Museo Histórico,* núms. 27-28, Quito, 1957, p. 102.

lombia bolivariana califica la primera de "Fiesta nacional". Los hechos saltan a la vista: como en los Estados Unidos de América, la causa independentista se aferra a cierto providencialismo[95] que impedirá, en lo sucesivo, un "reparto del tiempo"[96] demasiado radical. Sin embargo, en los almanaques neogranadinos de finales de los años 30,[97] la secularización del tiempo aparece notable como consecuencia directa de las decisiones vaticanas de reducir el número de días festivos. En esta época, el 20 de julio es meramente designado como aniversario de la Independencia de Bogotá y la fecha del 28 de octubre sigue oficialmente repudiada. Hace falta esperar el deseo de reconciliación que surgió en las postrimerías de la "Guerra de los Supremos", obviamente bajo el estandarte de la centralización, para que cristalizara en la Nueva Granada la ambición bogotana de una fiesta provincial que tuviera cariz nacional. Una Ordenanza del 4 de octubre de 1842 la decretó para "los días 20, 21 y 22 de julio de cada cuatro años, empezando por el de 1849".[98] En Quito, la celebración del 10 de Agosto no aparece en las Actas del cabildo secular hasta el año de 1837.[99] Rocafuerte así reporta a Flores el ambiente de "paz octaviana" que parecía augurar la reconciliación de los antiguos adversarios de Miñarica:

> Hemos tenido en celebración de la independencia unas fiestas muy alegres, todos se han devertido, se han disfrazado, los partidos se han mezclado y confundido unos con otros, juntos han bailado, cantado, bebido, sin que haya suscitado la menor disputa, ni se haya pronunciado una palabra descometida.[100]

Más modesta en su atuendo que el espectáculo barroco de la Gloria bolivariana, la fiesta nacional-republicana no está por lo tanto desprovista de parafernalia instrumental: "Banderas, cortinas, arcos, transparentes, tablados, serenatas, canciones, éstos son los negocios del 5" dice el periódico *El Venezolano,* en julio de 1842.[101] La celebración brinda la oportunidad de poner de relieve las primeras realizaciones de

[95] Véase Elise Marienstras, *Les mythes fondateurs de la nation américaine,* reed. Complexe, Bruselas, 1992, cap. 3.

[96] *Cf.* Mona Ozouf, *La fête révolutionnaire 1789-1799*, Gallimard, París, 1976, p.188.

[97] BNCB: Pineda, 50 (5), *Almanaque nacional o guia de forasteros de la Nueva Granada para el año 1838*, Impreso por J. A. Cualla, Bogotá, año de 1837, y BNCB, Pineda 5 (1), *Almanaque calculado para la Nueva Granada por el Dr. Benedicto Domínguez para el año de 1839*, 32 páginas.

[98] BNCB, Pineda, 371 (4), *20 de julio. Fiestas nacionales*, s. f., p. 4.

[99] AMQ, ref. 00145, *Acta del Consejo,* 28 de julio de 1837.

[100] Carta de Vicente Rocafuerte a Juan José Flores, Quito, 23 de agosto de 1837, en Vicente Rocafuerte, *Epistolario*, Banco Central del Ecuador, Quito, 1988, t. I, p. 317.

[101] *El Venezolano,* núm. 118, 5 de julio de 1842, *op. cit.,* p. 3. Acerca de estas últimas, véase, por ejemplo para Bogotá: BNCB: Pineda, 863 (2), *Canción nacional en memoria del*

nuevo género: la Pintura de Historia. El 19 de abril de 1836, el Concejo Municipal de Caracas hace desfilar el cuadro que Juan Lovera acaba de consagrar al "Tumulto del 19 de abril de 1810".[102] A veces, unas "Efigies inertes"[103] participan de esta pedagogía de la imagen. Por ejemplo, existe un testimonio de la presencia en Quito, en la Plaza de la Recoleta, desde 1841, de una estatua de la Libertad. Aparecía "apoyada en un escudo que llevaba grabada la fecha de 1830 y, con la mano derecha en alto, mostraba al pueblo el simbólico gorro frigio".[104] Los banquetes completan este dispositivo y dan motivo a innumerables brindis presidenciales en homenaje a la unidad nacional o a las buenas relaciones diplomáticas. Así por ejemplo, el "*meeting* francogranadino" del 26 de julio de 1849 en Bogotá, donde "corrían el vino, la cerveza i demás refrescantes con abundancia democrática con miras a celebrar el grande acto de nuestra emancipación política, i probablemente la estrecha i cordial union entre las dos Repúblicas de aquende i allende".[105]

Pero como lo señala Renan: "Si de recuerdos nacionales se trata, más valen los lutos que los triunfos puesto que imponen deberes; y demandan un esfuerzo en común". Los Funerales de las víctimas quiteñas del 2 de Agosto de 1810 habían constituido un caso ejemplar al respecto y, en adelante, se les hará referencia muy a menudo.[106] No obstante, el carácter sagrado de la República que conoció un auténtico esplendor en tiempos de las "Patrias Bobas",[107] no alcanzó plenamente su significado pedagógico sino a partir del continuo éxito de las Armas republicanas tras la victoria de Boyacá. El siguiente extracto de la Oración pronunciada en Quito, el 27 de mayo de 1822, por el Mercedario José Bravo así lo atestigua:

20 de julio de 1810, 1° de la Libertad, Imprenta de la Universidad, por Nicolás Gómez, año de 1836.

[102] Véase Carlos F. Duarte, *Juan Lovera, el pintor de los próceres,* ed. Arte, Caracas, 1985, pp.124-125.

[103] Maurice Agulhon, *Marianne au Pouvoir*, Flammarion, París, 1989, p. 147.

[104] Véase J. C. Navarro, "Epigrafía quiteña", *Boletín de la Sociedad Ecuatoriana de Estudios Históricos Americanos, 1919,* reed. Banco Central del Ecuador, Quito, 1987, t. II, p.188-189.

[105] BNCB, Pineda, 371 (4), p. 67.

[106] Celebradas en Caracas, como en Santafé, fueron la ocasión de fustigar de manera unánime la "crueldad" de los "caníbales" españoles. Véanse los documentos caraqueños al respecto en *Textos oficiales de la primera República de Venezuela,* Academia Nacional de la Historia, Caracas, 1959, t. II, pp. 11-15.

[107] Véase, por ejemplo, la descripción de la "Conducción triunfal del gran corazón del inmortal Girardot desde ciudad de Valencia hasta la capital de Caracas", en Gaceta extraordinaria, 14 de octubre de 1813, en *Gaceta de Caracas,* ed. facsímil, Academia Nacional de la Historia, Caracas, 1983, t. IV.

> Mas no importa que se obstinen (los Españoles), pues a la Patria le ha sucedido lo propio que al cristianismo en su cuna, que la sangre fecunda de cada uno de sus mártires, ha sido el germen de donde han brotado millares de atletas [...].[108]

Descuellan entre ellos, algunos oficiales prestigiosos como el Mayor Félix Soler cuyos restos mortales fueron dignamente honrados en Guayaquil en agosto de 1821,[109] o los héroes que entraron lisa y llanamente en la leyenda como el Teniente Calderón o el Mariscal Sucre.[110] Después de 1830, los paladines de la Nación sustituyeron a los de la Patria. Las Exequias hechas por la Ciudad de Valencia en febrero de 1833, a Miguel Peña —elevado al rango de fundador de la nacionalidad venezolana—[111] o las de José María del Castillo y Rada en Bogotá y Cartagena, dos años más tarde,[112] ilustran esta mutación en el sentido del rito. De igual manera, las Honras fúnebres rendidas al General Santander en junio de 1840 por la ciudad de Santa Marta brindan la oportunidad de invocar la clemencia de Dios para con la joven República:

> [...] haced que siempre la rodee en la religion, la fé , la piedad, el celo de tu gloria; i que la beneficiencia i los progresos de su felicidad sean el único imán que los atraigan [...].[113]

[108] "Oración gratulatoria, pronunciada en la catedral de Quito, el día 27 de mayo de 1822, por el Padre José Bravo, mercedario, con motivo de las capitulaciones firmadas el 25 de mayo del mismo año", *Museo Histórico,* 24, Quito, 1956, p. 133.

[109] AHBCEQ, ref. 32/180, *Decreto de la Junta de Gobierno de la Provincia de Guayaquil,* 21 de agosto de 1821.

[110] La primera mención de la acción heróica de Abdón Calderón en la batalla del Pichincha y de la posteridad debida a su memoria aparece en una carta de Sucre al ministro de la Guerra del 28 de mayo de 1822. Véase en Sucre, *op. cit.,* p. 70. Acerca del mariscal de Ayacucho, véase por ejemplo el relato de las honras fúnebres celebradas en varias Iglesias de la provincia de Boyacá, en AGNCB, Sección República, Fondo Historia Civil, t. II, ff. 54-59.

[111] Véase al respecto Lisandro Ruedas, "Al Señor Doctor Miguel Peña", discurso en el Colegio Nacional de Carabobo, 19-IX-1852. Fernando González Guinán lo publicó íntegro en *Historia...,* t. V, pp. 244-250.

[112] Véanse entre otros documentos, BNCB: Vergara, 38 (7), *El M. H. Sr. José María del Castillo y Rada delante de los hombres ilustrados.* Imprenta de la Universidad, por Nicolás Gómez, Bogotá, 1835, 3 pp., BNCB: Nueva Biblioteca Pineda, Biografías, 3. *Historia clínica de la enfermedad, muerte y exequias funerales del patriota y sabio señor José María del Castillo y Rada, escrita por el doctor José F. Merizalde,* Imp. de la Universidad, Bogotá, 1835; BNCB: Pineda, 313 (11), *Relación de las exequias funerales celebradas en Cartagena en honra del Benemérito Señor José María del Castillo y Rada,* Tipografía de los Herederos de Juan A. Calvo, Cartagena, 1835, 20 páginas.

[113] BNCB: Miscelánea (Sala J. A. S.), 684 (4), *Honores funebres tributados al Ilustre General Francisco de Paula Santander, por sus amigos de Santa Marta, en la noche del 26 i mañana del 27 de junio de 1840,* Imp. de Locarno i Guerrero, Santa Marta, 1840, 17 pp. Véase la última página.

La apoteosis más lograda se realizó dos años más tarde con motivo del regreso de las cenizas del Libertador. Todavía hoy, su significado no deja de ser aparentemente paradójico. Corrió abundante tinta cuando se comentó el tema de que, por parte de Páez, se trataba de una voluntad de poner remedio a los abusos de la leyenda negra, tocante al Libertador, leyenda que tomó consistencia y amplitud durante el Congreso de Valencia, de resultas de la acción llevada por los protagonistas del movimiento separatista con el cual estaba vinculado.[114] ¿No constituía una prueba de valor el hecho de incitar el Congreso, desde 1833, a decretar Honores públicos para aquel cuyo nombre "no puede pronunciarse sin admiración"?[115] Solamente a partir de 1840 empezó a recobrar su prestigio en Venezuela la memoria de Bolívar. José Manuel Restrepo apunta en su *Diario político y militar* acerca del renacimiento de la celebración pública del 28 de octubre en Caracas:

> Principia pues a restablecerse su gloria y a olvidarse sus defectos; 11 años han bastado para que se amortigüen las pasiones exaltadas en su patria contra un hombre a quien tanto debe la independencia de la América del Sur.[116]

Es imposible no quedar impresionado por las numerosas manifestaciones de una especie de "murmullo memorial" bolivariano de las cuales se hacen eco, con cierta complacencia, las columnas del periódico *El Venezolano*.[117] La vuelta de las cenizas constituyó la brillante cristalización de ese fenómeno. Su aspecto desconcertante se debe mayormente a la amalgama de los signos que se observan. ¡En la Urna cineraria de madera de rosa, hecha en Bogotá, figuraban, uno al lado de otro, el escudo de Colombia y los de las Repúblicas que la desmembraron! En la base del Túmulo, podían verse "las cinco Repúblicas llorosas y desoladas representadas bajo la forma de otras tantas bellezas indígenas" y al pie del Catafalco, "se veía el trofeo más digno de Bolívar: los pendones de

[114] *Cf.* Nicolas Perazzo, *El general José Antonio Páez y la memoria del Libertador*, Academia Nacional de la Historia, Caracas, 1984, 159 páginas.

[115] Mensaje de Páez al Congreso venezolano, 26 de enero de 1833, en José Antonio Páez, *Autobiografía,* 1869; reed. H. R. Elliot, Nueva York, 1946, t. II, p. 196.

[116] José Manuel Restrepo, *Diario político,* t .III, pp. 278-279. Véase al respecto BNCB: Pineda, 339 (3), *Reacción de la Opinión de Venezuela en favor de Bolívar* [...], Quito, enero 22 de 1842; reimpreso en la Imprenta de Alvarado, por Juan Pablo Sanz.

[117] El citado periódico apareció en agosto de 1840. En abril (núm. 44) y en mayo (núm. 46) de 1841 empezó a publicar discursos que alababan a Bolívar. En octubre de 1841 (núm. 70) parece expreso el anhelo de disponer de una estatua ecuestre del Libertador en la Plaza Mayor de Caracas. Luego, varios números se consagran a relatar las festividades del 28 de octubre del mismo año (núms. 73, 74, 75, 76, 85). El año de 1842 está consagrado en gran parte al debate relacionado con la vuelta de las cenizas.

Pizarro".[118] Los dos "espejos historiales" de la gesta independentista, por su presencia simbólica, devolvían al Libertador el reflejo de la difunta Colombia.

Epílogo : "El almacén de los estandartes"

En 1850, Manuel Ancizar, de paso por Boyacá con motivo de los trabajos de la Comisión corográfica, apuntaba que

> ningún monumento, ni una piedra siquiera, conmemora esta grande y benéfica función de armas: el antiguo puente, centro del conflicto, ha desaparecido; y el nuevo, en cuyas pilastras se tenía la idea de inscribir los nombres de los Libertadores, permanece raso y sin concluir [...].

Un testimonio severo acerca de un país que descuidaba, siempre a juicio del autor, "los trofeos de aquellas victorias, únicas dignas de recordación".[119] Acaso la Nueva Granada, muy a disgusto de José Manuel Restrepo, ¿no había llegado a abandonar el "Pabellón colombiano", en mayo de 1834 en favor de otro "que no se ha ilustrado por ningún triunfo"?[120] El Ecuador, a su vez, lo abandonó en 1845 en beneficio de la bandera bicolor de los Patriotas guayaquileños.[121]

Un folleto satírico que corría en Bogotá a mediados del siglo describe con suma ironía un "almacén de los estandartes" ubicado "en la carrera del siglo 19, calle 51". Al entrar en éste, el autor hecho cliente se veía atendido de la siguiente manera por un "jovencito" despierto y entendido: "¿Lo quiere Usted *à la dernière?*"[122] Y en un abrir de ojos, se le estaba poniendo a la vista el estandarte del *Socialismo* "¡Flamante!" pero "cortado exclusivamente para la Francia"; el de la *Democracia* "bastante usado, i aun así es de moda"; el de la *Relijión*; el de la *libertad*; de la *igualdad* y de los *principios*, éstos tres últimos "tan usados que estoi seguro no le acomodarán". Al final, el vendedor "como vacilando" enseñaba otro "más viejo; pero mui a la moda": el tricolor colombiano... *"¿No es fashionable?"*

[118] Fermín Toro, *Descripción de los honores fúnebres consagrados a los restos del Libertador Simón Bolívar*, Valentín Espinal, Caracas, 1843, pp. 33-34.

[119] Manuel Ancízar, *Peregrinación de Alpha* (1853); reed. en Bogotá, Banco Popular, 1984, t. II, p. 84.

[120] J. M. Restrepo, *Diario político,* T. II, p. 340.

[121] "El Tricolor Nacional Ecuatoriano. Historia-Significación-Origen", *Museo Histórico* núms. 39-40, Quito, 1961, pp. 37-58.

[122] BNCB, Quijano, 110 (8), *Sueño de un granadino*, Imprenta de "El Día", por José Ayarza, Bogotá: 1851, 63 pp. Atribuido al publicista liberal Cerveleón Pinzón. La ortografía francesa ha sido restablecida en la cita.

Umberto Eco lo ha señalado muy atinadamente: "El olvido no es el fruto de una cancelación sino de una superposición; no procede de una ausencia sino de una multiplicación de las presencias".[123] Por eso mismo la entropía de las imágenes traía consigo un "Arte de olvidar" que iría fomentando la discordia. Nuestros tres países, sin duda alguna, acabaron entendiéndolo así pues a finales del siglo todos enarbolaban, de nuevo, la "Bandera del arco iris"...

[123] Véase Umberto Eco, "Un art d'oublier est-il concevable?", *Traverses 40*, revista del Centro Pompidou, París, número de abril de 1987, pp. 125-135.

XVI. BRASIL. NACIONES IMAGINADAS

José Murilo de Carvalho
Instituto Universitario de Pesquisas
do Río de Janeiro

Desde 1822, fecha de la Independencia, hasta 1945, punto final de la gran transformación iniciada en 1930, por lo menos tres imágenes de la nación fueron construidas por las élites políticas e intelectuales. La primera podría ser caracterizada por la ausencia de pueblo, la segunda por la visión negativa del pueblo, la tercera por la visión paternalista del pueblo. En ninguna el pueblo forma parte de la construcción de la imagen nacional. Eran naciones apenas imaginadas.

Un país ficticio

Portugal se empeñó en una tarea de descubrimiento, conquista y colonización que excedía con mucho sus recursos económicos y humanos. Algunas consecuencias para el Brasil de este hecho fundamental fueron la debilidad del gobierno colonial, y la necesidad de dividir las capitanías para gobernar, y de depender del poder local privado para administrar la colonia. Como consecuencia, la colonia americana llegó al final de tres siglos de existencia sin constituir una unidad, excepto por la religión y por la lengua. Cuando las tropas del general Junot forzaron a la Corte portuguesa a abandonar Lisboa con destino a Río de Janeiro a finales de 1807, Brasil no existía ni política ni económica ni culturalmente. Existía un archipiélago de capitanías que, según Saint Hilaire, el botánico francés que recorrió buena parte del país en el inicio del siglo xix, ignoraban frecuentemente la existencia unas de otras. Como máximo, se había logrado una integración precaria de regiones.

Esta visión del Brasil colonial es la que comparte Capistrano de Abreu, el historiador que más atención prestó al proceso de poblamiento y colonización del interior del país y que, por tanto, estaba en mejores condiciones de evaluar su grado de integración económica, política y cultural. Resumiendo la situación de la colonia al final de los tres primeros siglos, Capistrano afirma que existían cinco grupos etnográficos, cinco regiones, que sentían por el portugués aversión o desprecio sin por ello apreciarse unos a otros de manera particular. Y con más claridad todavía: "Es incluso dudoso que sintiesen, ya no una conciencia nacional, sino al menos una conciencia de capitanía, aunque solieran tratarse de patricio y paisano".

Capistrano niega que existiera una sociedad en el sentido propio de la palabra. Las cuestiones públicas eran ignoradas; cuando mucho se sabía si había paz o guerra, según el testimonio de un viajante, T. Lindey. En cuanto a la independencia de la colonia, concluye Capistrano, apenas alguno que otro lector de libros extranjeros hablaba de esa posibilidad.[1]

Lectores de libros extranjeros eran, por ejemplo, los participantes en la conspiración de 1789. Especialmente de libros que hablaban de la independencia de América del Norte. Esos juristas y poetas que soñaron con la independencia de Minas Gerais, con una república según el modelo de los Estados Unidos de América del Norte, no hablaban de Brasil. Hablaban de América ("nosotros americanos") o hablaban de la "patria minera". Aunque habían buscado apoyo en las provincias vecinas, como Río de Janeiro y São Paulo, lo hicieron por razones estratégicas, no por un sentimiento de identidad colectiva. Lo argumentos de los conspiradores en defensa de la independencia se referían siempre al territorio de Minas Gerais y a sus recursos económicos.[2]

Lo mismo puede decirse de la mayor revuelta de la época colonial, la que proclamó la república en Pernambuco en 1817. Habiendo tenido lugar casi 10 años después de la transferencia de la Corte portuguesa, cuando el Brasil era ya sede de la monarquía y había sido promovido Reino Unido a Portugal y al Algarve, hubiera sido de esperar que revelase un mayor sentimiento de "brasilidad". No fue el caso. El Brasil no era una referencia importante para los rebeldes. *Patria* y *patriotas* eran palabras frecuentes en el vocabulario de los revoltosos, pero se trataba de patriotismo pernambucano y no brasileño. En la bandera, en los himnos, en las leyes de la nueva república de Pernambuco, no había referencia alguna a Brasil. Con ocasión de la entrega de la nueva bandera, Brasil aparece en uno o dos discursos pronunciados entonces apenas como "las provincias de este vasto continente", esto es, como un conjunto de unidades políticas próximas las unas a las otras por la continuidad geográfica.[3]

[1] Capistrano de Abreu, *Capítulos de historia colonial (1500-1800), e os caminhos Antigos e o Povoamento do Brasil,* Ed. de la Universidade de Brasilia, Brasilia, 1963, p. 228.

[2] Véase los *Autos de Devassa da Inconfidencia Mineira,* en las partes referentes a las narraciones de los acusados. Los Autos fueron publicados en varios volúmenes por la Biblioteca Nacional de Río de Janeiro, en 1936 y 1937.

[3] Véase Leonardo Dantas Silva (org.), *A República em Pernambuco,* Fundaj/Ed. Massangana, Recife, 1990.

Después de la Independencia se pueden encontrar todavía varios síntomas de ausencia de un sentido de identidad brasileña. En las Cortes de Lisboa, en 1821, un diputado de São Paulo, Diogo Feijó, futuro regente del Imperio, decía que él y sus colegas de la delegación no eran representantes de Brasil sino de la provincia de São Paulo. La revuelta pernambucana de 1824 contra la Constitución otorgada separó el nordeste del resto del país. En los textos de los revoltosos se traslucía un gran resentimiento contra el Emperador, la Corte y Río de Janeiro, y ninguna preocupación por mantener la unidad nacional. La palabra *patria* tenía todavía un sentido ambiguo, incluso después de la Independencia. Era usada muchas veces para designar a las provincias y no al Brasil. En 1828, el diputado Vasconcelos, hablando a sus conterráneos mineros, se refería a "nuestra patria", Minas Gerais, en oposición al "Imperio", que sería el Brasil.[4]

Una nación ficticia

Si la idea de Brasil no existía en el horizonte mental de los grupos locales y de la población en general, existía en la cabeza de los políticos que dirigían el proceso de independencia. Como consecuencia adicional de la escasez de recursos propios, Portugal fue obligado a incorporar a su burocracia elementos provenientes de las colonias, previamente adiestrados en la Universidad de Coimbra. Esas personas fueron un vínculo de continuidad entre la colonia y el nuevo país, conservando la monarquía como garantía de unidad política y de orden social.

El ejemplo paradigmático de ese tipo de político fue José Bonifácio de Andrada e Silva. Educado en Coimbra en leyes y ciencias naturales, recorrió Europa durante 10 años al servicio del gobierno portugués, ocupó altos puestos en la burocracia metropolitana, luchó en Portugal contra la invasión francesa y volvió a Brasil en vísperas de la Independencia. Antes de regresar, pronunció un discurso en la Academia de Ciencias de Lisboa hablando de su sueño de construir en América un gran Imperio. Toda su acción durante el proceso de independencia, del cual fue una de las principales figuras, se dirigió a ese fin. Por ello se echó atrás en su propuesta de abolición de la esclavitud, pues la medida hubiera llevado con toda seguridad a la fragmentación del país. Era el mismo ideal de Bolívar que se tornó viable en Brasil por la existencia de otros muchos políticos, procedentes de todas las provincias, con la misma postura de José Bonifácio. La mayoría de ellos no compartía la preocupación de

[4] Véase Bernardo Pereira de Vasconcelos, *Manifesto Político e Exposição de Principios*, Senado Federal, Brasilia, 1978, p. 35.

José Bonifácio por la cuestión de la esclavitud, pero apoyaba fuertemente el mantenimiento de la unidad del país. Para los intereses esclavistas, el mantenimiento de la unidad podía ser, a corto plazo, benéfico, puesto que evitaba posibles medidas abolicionistas en regiones de pequeña población esclava y preservaba el orden social.[5]

La decisión de mantener la monarquía fue reiterada en 1831, cuando el primer emperador fue forzado a la renuncia. Políticos, militares y el pueblo no vacilaron en aclamar a Pedro II, un niño de cinco años de edad, en las calles de Río de Janeiro. Pero durante el tiempo que duró la Regencia (1831-1840), las tendencias centrífugas se manifestaron con fuerza. Hubo revueltas en casi todas las provincias. En tres de ellas, Bahía, Pará y Río Grande do Sul, fue proclamada la independencia de la provincia. Incluso, después del comienzo del Segundo Reinado (1840), hubo tres revueltas en provincias importantes: São Paulo, Minas Gerais y Pernambuco. La revuelta de Pernambuco, en 1848, era hija del espíritu republicano de 1824. Sólo en 1850 puede decirse que el proceso de creación de un Estado nacional, centralizador y monárquico se había consolidado. A partir de unidades débilmente vinculadas se había construido un país.

Pero no se había construido todavía una nación. El sentimiento de identidad que pudiera existir se basaba más en factores negativos: en la oposición a los extranjeros. El nativismo antiportugués impregnó muchas, si no todas, las revueltas urbanas de la Regencia. Pero la identidad brasileña se definía ahí por la oposición al portugués y era un fenómeno local determinado por la fuerte presencia lusitana en el comercio y en las posiciones de poder, civiles y militares. El ser antiportugués no era suficiente para definir la identidad común del habitante de Río de Janeiro, de Recife y de Belém. Con más razón se puede decir lo mismo del sentimiento antiinglés que surgió a causa de la presión británica en favor de la abolición del tráfico de esclavos y alcanzó un punto crítico en la década de 1840 cuando Inglaterra decidió violar la soberanía brasileña para capturar navíos negreros. En relación con el nativismo antilusitano, el nativismo antiinglés tenía la desventaja de poder ser acusado de estar al servicio de una causa sin gloria. Más tarde, en 1860, el conflicto con Inglaterra llevó al rompimiento de relaciones diplomáticas, momento en el que la población de Río de Janeiro salió a las calles en manifestación de protesta.

En 1850 todavía había poco fundamento positivo para cimentar una identidad nacional. Gran parte de la población de 7.5 millones de habi-

[5] Sobre la élite política imperial, véase José Murilo de Carvalho, *A Construção da Ordem. A Elite Política Imperial,* Campus, Río de Janeiro, 1980.

tantes continuaba fuera de los mecanismos de participación política, ya sea por ser esclava (alrededor de 30%), o por no gozar de las garantías de los derechos civiles indispensables para la construcción del ciudadano. Se trataba de una población casi exclusivamente rural y analfabeta, aislada en la inmensa extensión territorial del país. Por ser precarias las comunicaciones, noticias importantes, como las de la propia Independencia y la abdicación de don Pedro I, tardaban tres meses en llegar a las capitales de provincias más distantes y más tiempo todavía para llegar al interior. El Brasil presentaba una cara externa: la de un país organizado según los modelos europeos, con una monarquía constitucional, un rey joven y culto, un congreso electo, partidos políticos, códigos legales avanzados, un poder judicial organizado nacionalmente. La cara interna estaba lejos de corresponder a esa imagen externa. La nación brasileña era todavía una ficción.

La imagen romántica del país

¿Cómo transformar esta construcción política en nación? ¿Cómo hacer que una población dispersa, mal unida por lealtades locales y provinciales, sienta que pertenece a una comunidad política llamada Brasil? ¿Cuál fue la estrategia de la élite imperial para conseguir este objetivo?

La monarquía era objeto de consenso entre esta élite. En su visión, la monarquía continuaba siendo el símbolo indispensable para mantener la unidad del país. Así ocurrió en 1831 con la abdicación, cuando fue aclamado don Pedro II; así ocurrió en 1840, cuando los liberales forzaron el coronamiento anticipado del joven emperador. Esta convicción de la élite tenía base popular. Si no había sentimiento de Brasil, tres siglos de colonia bajo un régimen monárquico habían dejado marcas profundas en la población. El sentimiento monárquico se manifestó en la población urbana de Río de Janeiro cuando la aclamación de Pedro I y de Pedro II. Entre la población rural, su expresión más clara se dio en la revuelta de los Cabanos (1832-1835), que tuvo lugar en los confines entre Pernambuco y Alagoas. Los rebeldes —pequeños propietarios, campesinos, indios, esclavos y algunos pocos señores de ingenio— reivindicaban la restauración de don Pedro I, que consideraban había sido ilegalmente destituido del poder por impías fuerzas jacobinas. Fue necesario enviarles al obispo de Olinda para intentar convencerlos de que Pedro I ya había muerto (1834) y de que Pedro II era el rey legítimo.

El monarquismo de las poblaciones rurales se manifestó varias veces, incluso después de la proclamación de la república. Es conocida la revuelta de Canudos en el interior de Bahía en la década de 1890. Aunque no tenía relación con políticos monárquicos como acusaban los republicanos, no hay duda en cuanto a los sentimientos monárquicos del líder, Antonio Conselheiro, y de sus seguidores. Como en la revuelta de los Cabanos, en ella se aunaban los sentimientos monárquicos y católicos en reacción contra la deposición del emperador, considerada como un acto de deslealtad política y de irreligiosidad. La república era la "ley del perro", esto es, la ley del demonio. Más de 20 años después de la proclamación de la república, otro movimiento mesiánico, esta vez en el sur del país, entre los estados de Paraná y Santa Catarina, dejó todavía más clara su convicción monárquica. El movimiento del Contestado, así llamado por haber ocurrido en una región disputada por los dos estados, lanzó un manifiesto monárquico y proclamó rey a un pequeño hacendado analfabeto. Como en el caso de Canudos, fue reprimido con violencia por las tropas del ejército. Los rebeldes, cuyo número fue calculado entre 5 000 y 12 000, tenían como libro sagrado *Carlomagno y los 12 pares de Francia.*

En el mismo Río de Janeiro republicano hay indicios de una persistente lealtad a los símbolos monárquicos. Un cronista de la ciudad, escribiendo a principios del siglo xx, atestiguó que entre la población pobre y marginal la monarquía continuaba viva. Al visitar la casa de detención verificó que casi todos los presos eran radicalmente monárquicos y que muchos llevaban tatuadas en el cuerpo las armas del Imperio. Como los rebeldes del Contestado, también leían libros de caballería. Carlomagno era ciertamente más popular entre ellos que el presidente de la república.[6]

El sentimiento monárquico de la población no significaba necesariamente sentimiento de "brasilidad". Se trataba más de fidelidad a la tradición monárquico-católica, de naturaleza religiosa y cultural, que de una fidelidad política. Para que se transformase en patriotismo era necesario que se vinculara a la figura del monarca como jefe de la nación. Lo que hubiera sido de esperar, entonces, por parte de la élite, hubiera sido una acción pedagógica, dirigida a la población para identificar a la monarquía con el emperador y a éste con la nación.

Lo sorprendente es que casi nada se hizo en este sentido. Ni la capital del país ni las capitales de las provincias presentaban monumentos que indicaran tal esfuerzo.

[6] Sobre Canudos, véase el clásico de Euclides da Cunha, *Os Sertões,* publicado por primera vez en 1902. Sobre el Contestado, véase Duglas Teixeira Monteiro, *Os Errantes do Novo Século,* Duas Cidades, São Paulo, 1978. El monarquismo de la población encarcelada de Río de Janeiro fue contado por João do Río, *A Alma Encantadora das Ruas,* Simões, Río de Janeiro, 1952.

El único marco escultural de importancia es la estatua de Pedro I, inaugurada en Río de Janeiro en 1862. La inauguración fue tumultuosa. Sectores divergentes de la élite, especialmente los de tendencia republicana, protestaron contra el hecho de que el monumento había sido colocado en el lugar donde había sido ejecutado el líder de los rebeldes de la conjuración minera de 1789. La imagen del que proclamó la independencia chocaba con la de uno de los precursores de la independencia: la del héroe monárquico con la del héroe republicano.

El simple uso de símbolos cívicos clásicos, como el himno y la bandera, no se hacía de manera eficiente. El himno nacional nunca tuvo letra fija. Las letras que se usaban tenían que ver con episodios concretos como la abdicación de Pedro I y la coronación de Pedro II. La ejecución del himno quedaba reducida a la música de Francisco Manuel da Silva. Su uso más espectacular y eficaz fue hecho por un extranjero, un republicano norteamericano, el pianista y compositor Louis Moreau Gottschalk. En visita a Río de Janeiro en 1868, aprovechando el ambiente emotivo causado por la guerra contra Paraguay, Gottschalk compuso una Marcha Solemne Brasileña, fantasía en torno al himno nacional. Para ejecutar la marcha, organizó un concierto gigantesco, como nunca se viera en la ciudad, empleando a casi todos los músicos disponibles, incluyendo bandas del Ejército, de la Marina y de la Guardia Nacional. El éxito fue estruendoso. Pero ni siquiera el gobierno se preocupó en darle una letra al himno.[7]

La educación primaria no fue tampoco utilizada como instrumento eficaz de socialización política. Excepto en la corte, era ella, desde 1834, atribución de las provincias y municipios. El gobierno central, a pesar de la gran centralización política y administrativa (los presidentes de provincia eran nombrados por el ministro del Imperio), no se preocupaba ni por definir el contenido de los currículos escolares ni por exigir cualquier tipo de educación cívica. Al final del siglo, después de la proclamación de la república, José Veríssimo, educador y crítico literario, hizo una crítica devastadora del sistema educativo acusándolo de no ser nacional, de no intentar formar ciudadanos. En la escuela brasileña, según sus palabras, el Brasil brillaba por su ausencia. No había ni concepción de patria ni educación moral ni cívica. Los libros de lectura empleados en la enseñanza del primer año no contenían temática nacional y eran muchas veces traducidos o publicados en Portugal, usando lenguajes extraños al hablar de los niños brasileños.

[7] La hazaña de Gottschalk está descrita en Francisco Curt Lange, *Vida y muerte de Louis Moreau Gottschalk en Río de Janeiro, 1869,* Universidad Nacional de Cuyo, Mendoza, 1951.

José Veríssimo ofrecía ejemplos de varios países, como Alemania, Francia y los Estados Unidos, que hacían de la educación un instrumento básico de la construcción nacional. Hubiera podido añadir el ejemplo más próximo de Argentina, que por la ley de 1884 había reformulado totalmente la educación primaria dándole un sentido democrático y nacionalizante. En Brasil, decía, ni siquiera la enseñanza de la geografía o de la historia tenían contenido nacional. En varios países la enseñanza de esas dos disciplinas fue parte importante del esfuerzo de construcción nacional durante el siglo XIX. Entre nosotros, en la escuela primaria, la enseñanza de la geografía se limitaba a hacer aprender de memoria los nombres geográficos europeos. El mejor texto de geografía brasileña era de un extranjero (Wappoeus). No había un curso superior de este tema. Ni siquiera la historia se libraba de estos defectos. La enseñanza primaria de la historia no pasaba de listas de reyes, gobernadores o acontecimientos. El único compendio nacional era el de Varnhagen, y no existía tampoco enseñanza superior de la historia.

Además de la ausencia de una política educativa volcada en la formación cívica, José Veríssimo se quejaba también de la escasez de museos, galerías de arte, fiestas nacionales, cantos patrióticos y especialmente el canto coral. No se celebraban las grandes fechas, ni siquiera la Independencia. Era general la apatía de la población con respecto a las grandes fechas nacionales.[8]

La preocupación de la élite imperial por el problema de la identidad nacional, se resumía en el intento de socializar o convencer a los sectores divergentes de la propia élite. Fue en el terreno de las instituciones elitistas donde se hicieron los mayores esfuerzos, comenzando por la enseñanza superior que, al contrario de la enseñanza elemental, siempre estuvo bajo el estricto control del gobierno, siguiendo la vieja tradición colonial portuguesa. Durante todo el periodo imperial, la educación superior se limitó a dos facultades de medicina, y dos de derecho, creadas antes de 1830. Además de ésas, fueron creadas dos escuelas de ingeniería, la Politécnica, en 1874, y la Escuela de Minas en 1876. Los planes de estudio de las escuelas de derecho particularmente, estaban controlados por el Congreso, pues de ellas salían casi todos los políticos imperiales.

La institución que más directamente se empeñó en difundir el conocimiento del país y que intentaba al mismo tiempo transmitir una iden-

[8] Véase José Veríssimo, *A Educação Nacional,* Francisco Alves, Río de Janeiro, 2ª ed., 1906 (primera edición de 1890). El texto de Varnhagen a que Veríssimo se refiere es la *História Geral do Brasil,* cuyo primer volumen salió en 1854 y el segundo en 1857. Sobre la relación entre la enseñanza de la geografía y la política, véase también Antonio Carlos Robert Moraes, "Notas sobre Identidade Nacional e Institucionalização da Geografía no Brasil", *Estudos Históricos,* 4, 8 (1991), pp. 166-176.

tidad particular, fue el Instituto Histórico y Geográfico Brasileño, creado en 1838. Compuesto por la flor y nata de la élite política e intelectual del país, tuvo el apoyo constante del poder público y el patrocinio personal del emperador que, con frecuencia, asistía a sus sesiones. A partir de 1849, el Instituto pasó a funcionar dentro del palacio imperial. Entre sus atribuciones estaban la colecta de documentos históricos y la enseñanza de la historia patria, para lo que contaba con filiales en las provincias. Promovía estudios, debates, expediciones científicas, concursos. Publicaba una revista que fue, sin duda, la principal publicación de historia, geografía y etnografía de todo el periodo imperial.[9]

De uno de los concursos promovidos por el Instituto surgió el texto que con mayor claridad definió la tarea del historiador brasileño. Irónicamente, el texto vencedor del concurso abierto en 1842 sobre cómo se debía escribir la historia de Brasil, fue escrito por el naturalista Karl Friedrich von Martius, natural de Baviera. Publicado por la revista del Instituto en 1845, titulado *Como se deve escrever a história do Brasil,* el texto proporciona los elementos fundamentales de una historiografía imperial: incorporación de las tres razas, con énfasis en el predominio de los portugueses sobre indígenas y africanos; atención a las particularidades regionales, teniendo siempre en cuenta la unidad del conjunto; defensa intransigente de la monarquía constitucional como garantía de la unidad del país; creencia en un destino de grandeza nacional.

La receta de Martius fue seguida por el principal historiador del siglo XIX, Francisco Adolfo de Varnhagen. La metahistoria de Varnhagen es la visión del país como fruto de la acción civilizadora de Portugal en América, acción continuada gracias a las instituciones adoptadas, particularmente a la monarquía constitucional. El contrapunto de dicho Brasil eran las repúblicas latinoamericanas, marcadas por la inestabilidad crónica, las guerras civiles, la fragmentación geográfica, la ausencia de libertades. La imagen negativa de las repúblicas vecinas fue usada desde la independencia como argumento en favor de la monarquía y de la centralización como únicas garantías posibles de estabilidad política, del orden social y de la propia civilización. Durante el periodo tumultuoso de la regencia, ante las revueltas que agitaron a varias provincias, miembros de la élite nacional, tanto los liberales como los conservadores, se ponían en guardia contra el futuro que amenazaba al país, con el ejemplo de las repúblicas latinoamericanas.

Existían, sin embargo, en el interior de la élite, imágenes divergentes

[9] Sobre el Instituto Histórico y Geográfico Brasileño y su papel, véase Manoel Luiz Salgado Guimarães, "Nação e Civilização nos Trópicos: o Instituto Histórico e Geográfico Brasileiro e o Projeto de uma História Nacional", *Estudos Históricos,* 1, 1 (1988), pp. 5-27.

del país. La continuidad de la tradición portuguesa y el mantenimiento de la dinastía de los Braganza daban a muchos la sensación de falta de una verdadera independencia, de un obstáculo a la formación de una auténtica identidad nacional. Un Brasil monárquico y portugués en la América republicana era embarazoso para muchos de los que no habían pasado por el proceso de socialización a que nos referimos antes. Portugal y la monarquía recordaban el dominio colonial; el peso, todavía en acción, de la presencia portuguesa en la economía, de la tradición absolutista, de la cultura retrógrada de la antigua metrópoli. La idea de América, un tanto abstracta al principio, se identificó poco a poco, y cada vez más, con los Estados Unidos. El jalón más importante del cambio fue tal vez el libro de Tavares Bastos, *A Provincia,* publicado en 1870, una declaración del amor al sistema político y a la cultura norteamericanos. La identificación de América con los Estados Unidos tiene también como consecuencia el rechazo de la tradición cultural ibérica, considerada como responsable del atraso del país. La primera batalla simbólica entre las dos visiones se dio con ocasión de la inauguración de la estatua de Pedro I. Afirmación de la versión oficial, la estatua fue cuestionada por los republicanos que consideraron una ofensa el que fuese colocada en el mismo sitio de la ejecución de Tiradentes, el precursor republicano de la independencia y gran admirador también de los Estados Unidos. La estatua fue acusada de ser una mentira de bronce, un homenaje a la tiranía.

La literatura encontró una vía intermedia entre las dos posturas. Sin rechazar la monarquía, el lado americano fue acentuado mediante el indianismo romántico. La obra de los románticos Domingos Gonçalves de Magalhães, un protegido de Pedro II, de Gonçalves Dias y, especialmente, de José de Alencar, hostil éste al emperador, intentó desarrollar el mito del indio como el símbolo por excelencia de la nación, como su representación más auténtica. Poemas como *Os Timbiras* de Gonçalves Dias, y novelas como *O Guaraní* e *Iracema,* de José de Alencar, transmitían una visión romántica del indio colocándolo en el centro de una imaginada identidad nacional. Era clara en la literatura de Alencar la influencia del romanticismo europeo y norteamericano, a través de Chateaubriand y Fenimore Cooper.

La representación del país como indio se tornó común durante el Imperio. La prensa ilustrada la adoptó por unanimidad. El estudio de la iconografía de las revistas ilustradas de Río de Janeiro durante la Guerra de Paraguay, periodo privilegiado para revelar las representaciones de la patria, muestra que raramente el emperador, o la Corona, eran presentados como símbolos nacionales. La nación era también raramente representada como india. Cuando lo era, se convertía en Brasilia en vez de Brasil. O era una entidad abstracta como la Concordia. El Brasil era indio y hombre. Tal vez la sociedad patriarcal no conseguía todavía visualizar una patria guerrera femenina al estilo de la Marianne francesa. La guerra había hecho famosas a dos mujeres, pero como enfermeras. Una de ellas, Jovita Feitosa, intentó luchar como soldado, pero no le fue permitido. Sin embargo, algunos caricaturistas dan al lector de hoy la impresión de una gran ambivalencia en cuanto al sexo de la patria. Incluso manteniendo al indio como símbolo, dibujaban la figura masculina con voluminosos senos que no parecían poder atribuirse a simples imperfecciones de diseño.[10]

La representación femenina de la patria es rica en significado, aunque de interpretación compleja. La República no tuvo duda en adoptar la representación femenina siguiendo la inspiración francesa. La mujer podía tener aspecto guerrero, como Atenas o Marianne, o maternal como la Clotilde de Vaux de los positivistas. Gilberto Freyre ve ahí una reacción al paternalismo imperial. Pero tal vez la explicación estaría en la influencia francesa y en el hecho de que la figura femenina también sirviese para representar la libertad, como en el famoso cuadro de Rudé, *La libertad guiando a los pueblos.* Los republicanos gustaban de representar a la república como la inauguración de la libertad en Brasil, como un inicio del gobierno del país por sí mismo. El Imperio, por otro lado, tal vez tuviese otras razones además de la figura masculina del emperador para representarse como hombre. La idea de Imperio envuelve grandeza, conquista, dominio. También, como vimos, la visión que la élite imperial tenía de su misión respondía más a la construcción de un país fuerte que a la construcción de una nación. Todo esto apuntaba en la dirección de una simbología masculina, de acuerdo con los estereotipos vigentes sobre los papeles sexuales.[11]

Un punto en torno al cual todos parecían estar de acuerdo como motivo de orgullo nacional era en la exaltación de la naturaleza. Heredera de la visión idílica transmitida por los descubridores y primeros viajeros, el uso de la naturaleza como fuente de nacionalismo está presente ya entre los autores coloniales. Los títulos de algunas de las primeras descripciones del país son reveladoras. El *Diálogo das Grandezas do*

[10] Sobre la iconografía de la guerra, me he basado en las investigaciones de Pedro Paulo Soares, al que estoy muy agradecido por permitirme usarlas antes de que publicase sus resultados. Véase Pedro Paulo Soares, "Imagens da Nação: os Jornais Ilustrados do Río de Janeiro durante os Anos da Guerra do Paraguai, 1865-1870", Río de Janeiro, mimeo.

[11] Sobre el uso de la simbología femenina por los republicanos brasileños, véase José Murilo de Carvalho, *A Formação das Almas. O Imaginário da República no Brasil,* Companhia das Letras, São Paulo, 1990, cap. 4.

Brasil, escrito por Ambrósio F. Brandáo, es de 1618; en 1711, André João Antonil publicó *Cultura e Opulência do Brasil.* El más conocido entre los autores que exaltaron las riquezas naturales del país es sin duda Sebastião da Rocha Pita, un bahiano que publicó en 1730 una *Historia da América Portuguesa.*

En el Brasil independiente, los románticos retomarán la tendencia "ufanista". Aunque de inspiración europea, pues en vísperas de la independencia Ferdinand Denis proponía el uso de la naturaleza tropical como fuente de originalidad y de inspiración para la poesía nacional, esta postura fue adoptada como instrumento de glorificación ya en el inicio del movimiento romántico, dirigido por Domingos Gonçalves de Magalhães.[12] Algunas de las poesías inspiradas por ese espíritu siguen siendo hasta hoy entre las más populares. Los mejores ejemplos son *Minha Terra* y *Canção do Exilio,* de Gonçalves Dias, declamadas hasta nuestros días en las escuelas primarias con ocasión de celebraciones patrióticas. En *Minha Terra,* el Brasil aparece como una tierra encantada, jardín de hadas, trono de belleza. En la *Canção do Exilio,* la tierra brasileña es exaltada sobre todas las demás por tener palmeras, aves más canoras, más estrellas, más flores, más vida, más amores.

Si había consenso para exaltar la naturaleza, el tamaño del territorio y su diversidad, ese consenso no existía con respecto a la población. A pesar de que Martius había recomendado al historiador de Brasil que destacara la mezcla de razas como una de las principales originalidades del país, a pesar de la precoz advertencia de José Bonifácio sobre la necesidad de integrar negros e indios en la nación, la vacilación duró tanto como la esclavitud. Aunque las teorías racistas no se habían difundido todavía en el país, tampoco se aceptaba sin ambigüedad la contribución positiva de la población negra, excepto para la economía del país. Los románticos dejaron de lado el tema. Cuando el negro era tema literario, lo era ante todo como símbolo de una causa humanitaria, el abolicionismo. Tal es, por ejemplo, el caso de Castro Alves, llamado el poeta de los esclavos. El negro aparece en sus poemas menos como una persona concreta que como la víctima de una institución odiosa que avergonzaba al país. Los sentimientos atribuidos a los negros son proyecciones de la cultura blanca. Otras novelas que escogen la temática del negro, por ejemplo *A Escrava Isaura* de Bernardo Guimarães y *Vitimas Algozes* de Joaquim Manuel de Macedo, son también principalmente propaganda abolicionista. El primero intenta impresionar a los lectores al mostrar

[12] Sobre las variadas visiones de la naturaleza americana, véase Roberto Ventura, *Estilo Tropical, Historia Cultural e Polêmicas Literárias no Brasil,* Companhia das Letras, São Paulo, 1991.

que una persona con apariencia de blanca es, en cambio, legalmente esclava. El segundo trata de asustar a los señores de esclavos pintando figuras siniestras de hechiceros negros urdiendo terribles venganzas. Se piensa en la esclavitud como en una institución bárbara que era preciso destruir, pero no en el negro como eventual ciudadano. Por el contrario, muchos abolicionistas, como Tavares Bastos y Joaquim Nabuco, tenían dudas en cuanto a la aptitud de la población negra para formar la base de una sociedad civilizada. Ambos recomendaban la inmigración de representantes de las razas del norte de Europa que consideraban fuertes y viriles.

A pesar de las dificultades en formar una imagen de nación que incorporase la realidad de la población, el Imperio vivió una experiencia colectiva que fue el factor más importante de la creación de identidad nacional desde la Independencia hasta 1930. Se trata de la guerra contra Paraguay. Ninguno de los acontecimientos políticos anteriores había afectado tan directa e intensamente una parte tan grande de la población. Ni la Independencia ni las guerras de la Regencia (todas ellas de carácter provincial) ni la mayoría de edad ni la guerra contra Rosas en 1852 (breve y con una participación limitada de tropas). La guerra contra el Paraguay duró cinco años (1865-1870), movilizó a la nación entera, utilizó cerca de 100 000 soldados, exigió grandes sacrificios materiales y muchas vidas humanas, y sacudió la vida de millares de familias.

En el inicio de la lucha, hubo genuino entusiasmo cívico y formación de batallones de voluntarios. Las primeras victorias causaron también entusiasmo nacional. Quizá, por vez primera, empezaba a aparecer en la población un sentido positivo de patria brasileña. La prensa reflejó claramente este cambio. La bandera nacional empezó a aparecer en las escenas de partida de batallones y de victorias en el campo de batalla. El emperador surgió como el líder de la nación empeñado en conseguir la colaboración de los dos partidos políticos. Comenzaron a crearse las figuras de los primeros héroes militares, como Caxias, Osório, Mena Barreto, Barroso.

Tres dibujos publicados en la prensa de la época son particularmente reveladores. En uno de ellos, en la *Semana Ilustrada* (1865), titulado "¡Brasileños! ¡A las armas!", el Brasil, representado por un indio sentado en el trono imperial y sosteniendo la bandera nacional, recibe el vasallaje de las provincias representadas por guerreros romanos. Las provincias se unen bajo el símbolo del Brasil en defensa de la patria común. En otro, también en la *Semana Ilustrada* (1867), la patria aparece bajo la forma de una india, bajo el nombre de "concordia", y tiene a sus pies las armas nacionales, reuniendo liberales y conservadores en torno a la causa nacional. Finalmente, el tercero, también en la *Semana Ilustrada* (1865), representa a un voluntario despidiéndose de su madre, que le entrega un escudo con las armas nacionales y le advierte, siguiendo el ejemplo de las madres espartanas, que debe volver trayendo su escudo o yaciente en él. Basado aparentemente en un episodio real (la madre es doña Bárbara, "la espartana de Minas Gerais"), el dibujo revela el resurgir de un fuerte civismo, de una realidad cívica que trasciende la lealtad doméstica. El texto que rodea el cuadro no deja ninguna duda; es un verso del himno de Independencia: "O dejar la patria libre o morir por el Brasil". Por primera vez, el clamor retórico de 1822 adquiría un realismo duro y potencialmente trágico.[13]

El surgimiento del sentimiento de patria está también atestado por la poesía popular que celebró varios episodios de la guerra. Muchos versos y canciones perduran hasta el día de hoy. Varias poesías, recogidas por Pedro Calmon, hablan de amor a la patria y del deber de defenderla, si es necesario con el sacrificio de la vida. Es común el tema del soldado despidiéndose de su madre, o de su familia, para ir a la guerra. De Paraná hay una poesía que dice "Mamá, soy brasileño / Y no he de sufrir". De Santos, São Paulo, hay otra más explícita: "Mamá, yo soy brasileño / Y la patria me llama / Para ser guerrillero". En Minas un soldado se despedía de su familia de manera estoica: "No quiero que en la lucha ninguno llore / La muerte de un soldado brasileño; / Nunca olviden que fue en pro de la patria / Que di mi suspiro postrero". Al mismo tiempo que aparece una jerarquía de lealtades, la patria por encima de la familia, hay en esas poesías, como había en los dibujos, cierta complicidad entre la madre y la patria. El hijo parte, pero con el consentimiento de la madre que reconoce la preeminencia de otra madre mayor, la "matria", como gustaban decir los positivistas. La aproximación entre la visión de patria y la poderosa imagen de la madre rompe el sesgo masculino de la figura del indio y comienza a transformar el país, el Imperio, en nación, en patria.[14]

El gobierno tampoco dejó de utilizar el tema de la guerra para promover el patriotismo. Encargó varios cuadros a los dos pintores más prestigiosos del momento, Pedro Américo y Vitor Meireles. Sus obras, *A batalha do Avaí* (Pedro Américo) y *Passagem de Humaitá y Batalha de Riachuelo* (Vitor Meireles), forman la primera ola de cuadros patrióticos. A Meireles se le encomendó también un gran cuadro de la batalla de los Guararapes, que terminó con la ocupación holandesa del nordeste en el siglo XVII, para tratar de vincular los dos episodios.

[13] Véase Pedro Paulo Soares, "Imagens da Nação...".

[14] Véase Pedro Calmon, *Historia do Brasil na Poesia do Povo,* A Noire, Río de Janeiro, s/f.

En busca de la nación

La abolición (1888) y la república (1889) provocarán cambios en la tentativa de construir y definir una nación. La campaña abolicionista fue el movimiento cívico de carácter nacional más importante, después de la experiencia de la guerra contra el Paraguay. La causa de la abolición era humanitaria pero era también nacional. A partir de la guerra, justificada como lucha de la civilización contra la barbarie, la esclavitud se convertía en una traba cada vez mayor. El enemigo se sirvió hábilmente de ella durante el conflicto para minar la lealtad de los numerosos ex esclavos que luchaban por el Brasil. Los periodistas de la Corte llamaban la atención sobre una cruel ironía: el liberto, ahora soldado brasileño, al volver de la guerra encontraba su familia todavía esclavizada. Abolir la esclavitud pasó a ser una cuestión de dignidad del país, una condición para ingresar y permanecer en el mundo civilizado. La abolición tiene otra consecuencia: obliga a tomar posición ante la población negra, la cual se ocultaba antes bajo la capa de los esclavos. Ahora todos los negros eran formalmente ciudadanos y era preciso afrontar la cuestión de una nación mestiza.

La república fue proclamada sin un movimiento nacional, sin participación popular. Pero los conflictos que seguirán a su proclamación y la necesidad de afirmarse como nueva forma de gobierno opuesta a la monarquía, contribuirán a renovar el debate en torno al problema nacional. Eliminada la dinastía portuguesa, el país quedaba abandonado a sí mismo y la pregunta sobre lo que era ese país se volvía más apremiante.

La primera batalla simbólica se libró en torno a la forma de gobierno. La república intentó cambiar los símbolos nacionales, crear nuevos héroes, establecer su mito de origen. Buena parte del esfuerzo fue en vano, dado que el nuevo régimen carecía de bautismo popular. El éxito se limitó a la creación del nuevo héroe, Tiradentes. Asimismo, el éxito se debió en buena parte al uso de la simbología religiosa ligada a Tiradentes, siempre presentado como un Cristo cívico. La imagen de Cristo tenía resonancias profundas en la población católica, lo que no ocurría con el nuevo régimen.[15]

Pero la república atacó en otros frentes. Su proclamación reforzó la corriente americanista que venía del Imperio. La identidad americana del país fue resaltada. En algunos casos, iba pareja con un odio profundo a las raíces portuguesas y a los portugueses en general. En Río de Janei-

[15] Sobre la transformación de Tiradentes en héroe republicano, véase José Murilo de Carvalho, *A Formação das Almas,* cap. 3.

ro, el jacobinismo antilusitano alcanzó grandes proporciones durante el gobierno del mariscal Floriano Peixoto (1891-1894). Uno de los principales representantes de esta postura fue el novelista Raúl Pompéia, fanático florianista. Para él, la dificultad que la república encontraba para consolidarse era debida a la presencia portuguesa en la prensa, en los negocios e incluso en la población de la ciudad. La historia del Brasil independiente se resumía en un largo esfuerzo para liberarse de la condición colonial. La Independencia y la República habían sido apenas victorias precarias. Para la constitución definitiva de la nación era todavía necesaria una revolución de carácter económico.[16] Otro representante del americanismo fue Manoel Bomfim. Más elaborado que Pompéia, publicó en 1905 un libro en el que desarrollaba una teoría para explicar la situación de América Latina, en la cual el Brasil no constituía una excepción. El factor explicativo del atraso era, según él, el parasitismo, metáfora que irá a buscar en la biología. Las metrópolis ibéricas parasitaban a las colonias que, después de la independencia, conservaban dentro de sí el germen parásito: el señor parasitaba al esclavo, los dominadores a los dominados, el Estado parasitaba al pueblo, el capital extranjero parasitaba a la nación. Para salir de este círculo de explotación, proponía una amplia difusión de la educación popular.[17]

Institucionalmente, el énfasis en América se reflejó en la copia servil de los Estados Unidos. El modelo de Constitución republicana de 1891 fue abiertamente la Constitución norteamericana. La diplomacia republicana también buscó un apoyo americano, que se concretó en la intervención en favor del gobierno de Floriano, cuando éste se vio en dificultades para contener una revuelta de tendencia restauradora. Los Estados Unidos eran vistos como la alternativa a la influencia europea en los campos político, económico y cultural. Eran la imagen de la libertad, de la iniciativa, de la riqueza, del progreso técnico; en fin, del nuevo mundo americano en oposición al viejo mundo decadente europeo.

Contra este norteamericanismo exacerbado, protestó un monárquico, Eduardo Prado, miembro de la élite social y económica de São Paulo. El libro de Prado, *A Ilusão Americana,* es un libelo contra los Estados Unidos, su política, su sociedad y su civilización. Su política siempre fue egoísta e imperialista en relación con América Latina; su sociedad se ba-

[16] Véase la introducción de Raúl Pompéia al libro de Rodrigo Octávio, *Festas Nacionais,* F. Briguiet y Cia., Río de Janeiro, 1893. El antilusitanismo de Pompéia aparece también en varias de sus crónicas escritas durante los primeros años de la República.

[17] De Manoel Bomfim, véase *A América Latina: Males de Origem, o Parasitismo Social e Evolução,* Garnier, Río de Janeiro/París, s/f (1905).

saba en la plutocracia; su cultura estaba fundada en el predominio de los valores materiales y en la violencia. El Brasil nada tenía en común con todo esto: no debemos copiar sino, para ser alguna cosa, ser nosotros mismos.[18]

En la posición de Prado estaba incluida la defensa de la monarquía y de las tradiciones ibéricas. Corresponde a otro monárquico producir el texto más característico de una visión autocongratulatoria del país, cuyo título *Porque me ufano de meu país,* generó la palabra *ufanismo,* expresión de la exaltación acrítica de los valores y tradiciones nacionales. A pesar de haber sido publicado en 1900, *Porque me ufano* fue escrito para celebrar el 4º centenario del viaje de Colón y tuvo un gran éxito, pasando a simbolizar el patriotismo basado en la exaltación de la grandeza territorial, en la belleza de la naturaleza, en las riquezas del suelo. Pero el libro era algo más que exaltación de la naturaleza. Seis de las 11 razones dadas por el autor en favor del ufanismo tenían que ver con la población (la fusión de las tres razas), el carácter nacional (pueblo bueno, pacífico, ordenado, sin prejuicios), y los hechos de nuestra historia. El Brasil, concluía el conde Afonso Celso, estaba destinado por Dios a un futuro de grandeza.

En todos estos autores, el problema de la raza no se presentaba, o mejor dicho, no era considerado importante para la constitución de la nacionalidad. Por el contrario, en la tradición de Martius, la mezcla de razas era considerada como una originalidad y como una ventaja. Otras corrientes, en cambio, bajo la influencia del pensamiento racista europeo, consideraban el mestizaje como una desventaja, o incluso como un obstáculo infranqueable para el progreso del país. La raza negra era inferior y los mulatos, conforme afirmaban Agassiz, Gobineau, Gustave Le Bon, eran productos degenerados. Agassiz había visitado el país y Gobineau vivió en él durante algún tiempo como embajador de Francia. Este último decía que la población del Brasil, a causa del mestizaje, desaparecería en 200 años.

Las posiciones iban desde la duda con respecto al mestizaje hasta la total negación del valor de la población negra y mestiza. En el primer caso están pensadores importantes como Sílvio Romero y Euclides da Cunha. Romero aceptaba al principio el mestizaje; posteriormente pasó a defender las posiciones de Gobineau. Da Cunha juzgaba severamente a los mestizos del litoral, a los que consideraba raquíticos y neurasténicos. Pero veía en la población de los *sertães* del interior la posible matriz de una raza sana. Más tarde, en la segunda década del siglo, Oliveira

[18] Véase Eduardo Prado, *A Ilusão Americana,* Escola Typ. Salesiana, São Paulo, 1902; primera edición, 1894.

Viana retomó de manera más elaborada la idea de la inferioridad de la raza negra.[19]

En general, estos autores admitían la posibilidad del mejoramiento de la población mediante su progresivo blanqueamiento. El fin de la trata de esclavos, la baja natalidad de la población negra y la gran inmigración europea que se desarrolló a partir de la última década del siglo XIX, favorecían el ideal de blanqueamiento. Otros, sin embargo, como Nina Rodrigues, médico e investigador, negaba cualquier valor a negros y mestizos, hasta el punto de proponer que fuesen tratados como civilmente incapaces.[20]

Tal vez por no existir acuerdo sobre la identidad de la nación, hubo en el inicio de la república una mayor preocupación por la construcción nacional a través de la educación y, especialmente, de la educación primaria. El ya citado libro de José Veríssimo, publicado después de la proclamación de la república, era una apasionada llamada en favor de la introducción de lo que llamaba educación nacional, esto es, una educación pública destinada a la formación del ciudadano, hacia la promoción del patriotismo. Después de mostrar la total ausencia de este tipo de educación, la ausencia del Brasil en la escuela primaria y también en la secundaria, Veríssimo propuso una reforma profunda en la enseñanza de la historia, de la geografía y de la educación femenina y la introducción de la educación física. Siguiendo el ejemplo de otros países, como Alemania, Francia, los Estados Unidos, propugnaba una educación formadora de ciudadanos.

La primera edición del libro es de 1890. En el prefacio de la segunda edición, de 1906, Veríssimo se mostraba totalmente decepcionado con lo que había realizado la República. La situación había empeorado en vez de mejorar y no había un solo estadista preocupado por la educación pública. En parte, la queja de Veríssimo puede explicarse por el hecho de que la Constitución de 1891 había dejado la educación primaria a cargo de los estados y municipios, y de no haberla considerado obligatoria, ni pública, como lo era durante el Imperio. Pero en el Distrito Federal, la enseñanza primaria corrió a cargo de la Unión. Ahí fue introducida la educación moral y cívica. Varios autores seguirán la sugerencia de Veríssimo de escribir libros brasileños con temática brasileña que sirvieran de texto básico de lectura. Estos libros ofrecen una excelente

[19] Las posiciones de Euclides da Cunha están en *Os Sertões.* Sobre las ideas de Silvio Romero con respecto a la raza, véase Roberto Ventura, *Estilo tropical,* cap. 2; de Oliveira Viana, véase *Evolução do Povo Brasileiro,* Monteiro Lobato & Co., São Paulo, 1923.

[20] Sobre la ideología del blanqueamiento, véase Thomas Skidmore, *Preto no Branco, Raça e Nacionalidade no Pensamento Brasileiro,* Paz e Terra, Río de Janeiro, 1976.

indicación de la idea de patria que se procuraba transmitir a la nueva generación.[21]

El propio Sílvio Romero publicó uno de esos libros en 1890.[22] Los factores raza y clima no son secundarios, sino irrelevantes. En la introducción, el novelista y educador Julio Ribeiro habla de reconstruir la patria con la biografía de sus hombres representativos y de lanzar las bases éticas del carácter nacional. Romero insiste en que los pueblos notables tuvieron siempre una misión que cumplir y que el Brasil también tiene la suya: ser la patria de los desheredados del mundo, una patria sin prejuicios de cualquier naturaleza, sin etnocentrismo, pero, al mismo tiempo, custodio de la cultura grecoibero-latina. Analiza los cuatro siglos de historia brasileña a partir del ejemplo de algunas figuras representativas de los valores centrales del liberalismo, del republicanismo, de la unidad nacional. El Imperio merece su aprecio en la medida en que luchó contra el caudillismo provincial y el del Plata. Y se dirige a los jóvenes con la frase "la patria somos nosotros".

Otro libro, de enorme éxito éste, fue el de Olavo Bilac y Manoel Bomfim, *Através do Brasil,* publicado en 1910, también como libro de lectura para las escuelas primarias. La visión de Brasil se amplía ahí enormemente. Tres niños, dos blancos y un mestizo, recorren el río São Francisco, "esencialmente, únicamente brasileño", y a lo largo del recorrido van siendo presentados al país, al mismo tiempo que éste nos es presentado. Hay paisajes, pero principalmente tipos humanos y sociales, actividades económicas, realizaciones técnicas, costumbres populares. Las dificultades son vencidas por la valentía de los niños y por la simpatía y apoyo de las personas con que se cruzan, entre las cuales figura una maternal anciana negra. El texto es el vehículo al mismo tiempo de los valores colectivos de la familia, de la patria, y los individuales del valor, de la bondad, de la generosidad.[23]

Olavo Bilac, el más festejado poeta de la *belle époque* carioca, elaboró varios textos de educación moral y cívica para los niños, solo o con otros autores. Uno de sus colaboradores era Coelho Neto, novelista muy popular. Juntos producirán, por ejemplo, *Contos Pátrios,* texto de educación

[21] Sobre la educación en la Primera República, véase Carlos Roberto Jamil Cury, *Cidadania Republicana e Educação: uma Questão Democrática no Governo Provisorio do Mal. Deodoro e no Congresso Constituinte de 1890-1891,* tesis de concurso para profesor titular, UFMG, 1991.

[22] Véase *A Historia Ensinada pela Biografia de seus Heróis (Livro para as Classes Primárias),* Livraria Clásica de Alves, Río de Janeiro, 1890.

[23] Véase Olavo Bilac y Manoel Bomfim, *Através do Brazil (Narrativa). Livro de leitura para o curso médio das escolas primárias,* Francisco Alves/Maiud, Río de Janeiro/París, 1917; primera edición de 1910.

moral y cívica, en el que Bilac se concentra en el aspecto cívico y Coelho Neto en el aspecto moral. Más tarde, en 1916, escribirían *A Pátria Brasileira,* también de educación moral y cívica para la escuela primaria. Coelho Neto produjo también por su cuenta textos de educación cívica, como *Viagem de una Família Brasileira ao Norte do Brasil,* en el que está presente la misma idea que *Através do Brasil* de Bilac y Bomifim. El cuarto centenario del viaje de Cabral dio lugar a concursos literarios. Uno de los resultados fue la novela de Xavier Marques, *Pindorama,* premiada por el Instituto Geográfico e Histórico de Bahía, en la que se defendía la versión portuguesa y católica de la conquista.[24]

El esfuerzo por producir una literatura patriótica para los niños, o por lo menos una literatura con lenguaje brasileño, accesible a los niños, movió también a los libreros. El editor Quaresma creó en 1894 una "Biblioteca infantil de la Librería del Pueblo" que editaba cuentos extranjeros adaptados y cuentos brasileños. En 1905 comenzó una de las más exitosas iniciativas editoriales en materia de literatura infantil, el almanaque *O Tico Tico,* que sobrevivió hasta 1956. Imitación al principio de publicaciones extranjeras, fue poco a poco nacionalizándose, especialmente cuando la guerra de 1914 dificultó la importación de material extranjero. Sus diseñadores, algunos de los cuales figuraban entre los mejores del país, crearán figuras de inspiración brasileña que se harán populares entre los niños de varias generaciones. Entre esas figuras descollaban Benjamín de Loureiro; Zé Macaco y Faustina de Storni; Jujuba de J. Carlos. Después de la guerra el almanaque acentuó los temas cívicos y publicó textos patrióticos de Bilac y Coelho Neto.[25]

Otro signo de este movimiento general en dirección de la nacionalización de la literatura infantil fue el uso del folclor. Sílvio Romero lo recuperó en el mundo letrado. Una educadora minera, Alexandrina de Magalhães Pinto, profesora de la Escuela Normal de Río de Janeiro, lo difundió entre los niños. Comenzando en 1907 con *As nossas Historias,* seguidas de *Os nossos Brinquedos,* de 1909, esta autora recuperó cuentos populares, artesanías y canciones y los transmitió al público infantil.[26]

Esta literatura revela la existencia de una preocupación por definir

[24] Véase Olavo Bilac y Henrique Coelho Neto, *Contos pátrios (para as crianças),* Francisco Alves, São Paulo, 28ª ed., 1932; de los mismos autores, *A Pátria Brasileira. Educação Moral e Cívica (para os Alunos das Escolas Primárias),* Francisco Alves, Río de Janeiro; *Pindorama,* de Xavier Marques, fue publicado por la Tip. Bahiana de Cincinnato Melchíades, en Bahía, 1900.

[25] Sobre la literatura infantil en el inicio del siglo, véase Laura Constancia Austregésilo de Athayde Sandroni, "A Literatura Infantil no Brasil de 1900 a 1910", en Brasil 1900-1910, Biblioteca Nacional, Río de Janeiro, vol. 2, 1980, pp. 107-122. Véase también Leonardo Arroyo, *Literatura infantil brasileira,* Melhoramentos, São Paulo, 1968.

[26] Sandroni, *op. cit.*

la identidad de la nación y por desarrollar entre la población infantil el sentimiento de patriotismo. El segundo objetivo era novedoso y no sería equivocado suponer que había sido provocado por la abolición de la esclavitud y de la proclamación de la República. Repudiada la figura paternal del rey; los hermanos necesitaban otros lazos para mantenerse unidos. Nada mejor que la madre patria para cumplir la misión. De ahí que la patria aparece ahora de manera más concreta, menos romántica, más próxima del Brasil real. Los textos muestran un Brasil que no es sólo ni predominantemente naturaleza. Las razas y el mestizaje son vistos siempre de manera positiva y, sobre todo, aparecen personas concretas, líderes ejemplares y personas comunes. La diversidad física y humana es asumida y presentada como una riqueza, se buscan en la historia de la patria ejemplos individuales y colectivos, acciones heroicas o patrióticas que puedan ser motivo de orgullo. Pero los valores patrióticos están todavía vinculados a virtudes privadas como el valor, la honestidad, la solidaridad, el trabajo honesto. La visión histórica vacila un poco en la apreciación del Imperio, dependiendo del mayor o menor republicanismo del autor. Pero, incluso entre los más republicanos, la tendencia predominante es la de ver la continuidad y admitir aspectos positivos en el Imperio, sobre todo su capacidad para mantener unido al país. Ésta es, por ejemplo, la posición de Sílvio Romero en su *Historia de Brasil.*

La imagen positiva del país, de su gente y de su historia, se limitaba a la literatura infantil. Entre las élites, sería considerada ingenua. El cientifismo influido por determinismos geográficos, climáticos y raciales, impedía todavía que un país tropical y mestizo pudiese ser considerado como un competidor serio en la carrera de la civilización. La población podía ser, a lo máximo, objeto de las campañas civilizadoras dirigidas por las élites. La república fue prolífica en campañas de esta naturaleza, especialmente dirigidas a las poblaciones del interior. Algunas de ellas utilizaron métodos nada civilizados. Contra los habitantes de los *sertões* de Canudos, considerados fanáticos, ignorantes y primitivos, se usaron cañones Krupp y las nuevas carabinas Mannlicher y Coblain. Algo bueno salió en esta lucha: el gran libro de Euclides da Cunha, *Os Sertões,* publicado en 1902, que reveló al país de manera dramática la realidad sertaneja, del hombre del interior. Este hombre, que aparecía ya de manera positiva y simpática, por ejemplo en *Viagem através do Brasil,* era un desconocido, víctima de estereotipos negativos de las élites del litoral.

Otras misiones civilizadoras fueron organizadas en la segunda década del siglo, capitaneadas por médicos especialistas en sanidad. Recorriendo vastas áreas del interior del nordeste y del norte del país, revelarán a una élite escandalizada un mundo de pobreza, devastado por las enfermedades. Otro jalón del descubrimiento del hombre del interior surge de esta experiencia: el panfleto de Monteiro Lobato, *O Jeca Tatu,* de 1918. Lobato, inicialmente racista, se dio cuenta de que la situación sanitaria de la población era más importante que factores raciales. El campesino no era así, sino que estaba así. El país era un vasto hospital que debía ser confiado a los cuidados de los especialistas en sanidad y de los científicos y no a los políticos.[27]

La Guerra Mundial sirvió de pretexto para una campaña patriótica dirigida por primera vez a los adultos. Fueron creadas ligas de defensa nacional que trataron de despertar interés por el servicio militar, las fiestas nacionales, los temas de seguridad, de geopolítica, de nacionalismo. Descollaron en este esfuerzo Olavo Bilac, Manoel Bomfim, Afonso Celso, nuestros ya conocidos autores de principios de siglo.[28] Paralelamente, otra corriente desafiaba al liberalismo de la República y propugnaba por una vuelta al estilo intervencionista del Estado característico del Imperio. El Brasil no constituía todavía una nación, decía el principal pensador de esa corriente, Alberto Torres. Era al Estado a quien le correspondía forjar la nación mediante una acción deliberada llevada a cabo por un gobierno fuerte.[29]

El jalón siguiente en el descubrimiento de Brasil fue el movimiento modernista inaugurado en São Paulo en 1922. Aunque de inspiración europea, algunos de los principales representantes del movimiento, especialmente Mário de Andrade, llegarán a entender que a la universalidad sólo se llega por el conocimiento del propio país. Los modernistas descubrirán el arte barroco brasileño del siglo XVIII y harán una nueva valorización simbólica del indio. Mário de Andrade se dedicó al descubrimiento del folclor, poco cultivado desde los tiempos de Sílvio Romero.[30]

Otra corriente reformista, todavía en la década de los veinte, contribuyó a modificar la visión de la acción del Estado en la formación de la nacionalidad. En varios estados de la federación, así como en el Distrito

[27] Uno de los líderes del movimiento sanitarista fue Belisário Pena. Su libro *Saneamento do Brasil,* publicado en 1918, influenció profundamente a Monteiro Lobato, que publicó en el mismo año el "Jeca Tatu", incluido en *Problema vital,* São Paulo, 1918. Sobre el movimiento sanitarista, véase Luís A. de Castro Santos, "O Pensamento Sanitarista na Primeira República", *Dados,* 28, 2 (1985), pp. 193-210.

[28] Sobre la nacionalización de la Primera República, véase Lúcia Lippi Oliveira, *A Questão Nacional na Primeira República,* Brasiliense, São Paulo, 1990.

[29] Véase Alberto Torres, *O problema Nacional Brasileiro. Introdução a um Programa de Organização Nacional,* Imprensa Nacional, Río de Janeiro, 1914.

[30] Sobre el problema de la identidad nacional en el modernismo, véase Eduardo Jardim de Moraes, *A Brasilidade Modernista,* Graal, Río de Janeiro, 1978.

Federal, surgirán movimientos de reforma educativa inspirados en experiencias europeas y norteamericanas. El más importante de los llamados pioneros de la nueva educación, Anísio Teixeira, discípulo de Dewey, insistía en la idea de que la educación era un derecho universal, instrumento de democratización de la sociedad y de la formación del ciudadano. Otro reformador, Lourenço Filho, atribuía a la nueva escuela el papel de nacionalizar a la población en un país en el que no había nación constituida. Según él, la nación tomaba conciencia de sí misma a través del movimiento que ellos iniciaban. La lucha por lo que vino a llamarse la escuela nueva entró en la década de 1930, teniendo que enfrentarse con la Iglesia, y con el integralismo. Era la primera vez, desde José Veríssimo, en que la educación básica, como instrumento de la construcción nacional, ocupaba el centro de discusión.[31]

Todo esto ocurría en el ámbito del pensamiento. La experiencia de la participación popular fue pobre durante la república. Las manifestaciones populares más importantes se produjeron contra el gobierno, e incluso contra el régimen. Los ejemplos principales fueron la revuelta de Canudos y la del Contestado, en el interior, y la revuelta contra la vacuna obligatoria en Río de Janeiro. En la década de 1920, hubo un renacimiento de esas manifestaciones, ahora con objetivos políticos más explícitos que culminarán en 1930 con un movimiento nacional de naturaleza civil y militar que acabó con la primera república. Aunque estrictamente hablando no mereciese el título de revolución por el cual fue conocido, el movimiento de los treinta inauguró un periodo de profundas modificaciones en la actitud y acción del gobierno federal que acabó también por redefinir las relaciones entre el gobierno y el pueblo, e incluso la visión del país.

El Estado descubre el pueblo

Si la proclamación de la Primera República se hizo sin el pueblo, en su derrumbamiento hubo participación nacional. En algunos estados la participación fue intensa. El periodo posrevolucionario, hasta 1937, fue agitado por revueltas militares, guerra civil, huelgas obreras, y movimientos políticos de izquierda y de derecha, organizados, por primera vez, con bases nacionales. En las principales ciudades surgirán manifes-

[31] Sobre los movimientos pedagógicos en las décadas de los veinte y los treinta, véase Lourenço Filho, *A Escola Nova,* São Paulo, 1927 y Fernando Azevedo, *A Cultura Brasileira,* IBGE, Río de Janeiro, 1943. Véase también Paulo Ghiraldelli Jr., *Pedagogía e Luta de Classes no Brasil (1930-1937),* Humanidades, São Paulo, 1991.

taciones de masa. Las elecciones presidenciales de 1937, fueron marcadas por los comicios y por el debate ideológico. Todo culminó con el golpe de 1937, que puso fin a la política de partidos e implantó un Estado autoritario de orientación populista. El poder de las oligarquías establecidas fue contenido y minado; el poder central se volvió intervencionista y pasó a dirigir la formación y la implantación de una política nacional.

Desde el punto de vista que aquí nos interesa, es importante señalar algunos cambios profundos en relación con el Estado liberal y con la política oligárquica de la primera república. Esos cambios, ya señalados en los años veinte, sólo fueron formulados con claridad y llevados a la práctica después de 1937. En primer lugar, el liberalismo político fue totalmente abandonado con el argumento de que despojaba al poder central de la capacidad de formular y dirigir una política nacional, de que obstaculizaba la acción del ejecutivo y, en fin, de que estaba desapareciendo en todo el mundo civilizado. También el federalismo fue acusado de transformar el país en un archipiélago de estados dominados por grupos oligárquicos sin visión nacional.

En segundo lugar, el régimen autoritario desarrolló una ideología según la cual Estado y nación constituían una unidad indisoluble que dispensaba de los mecanismos representativos. La base política de esa unidad era la figura del jefe del gobierno y su política nacionalista y antifederalista. Simbólicamente, esa nacionalización se manifestó por la quema de las banderas de los estados y por la introducción de la obligatoriedad de culto a la bandera y al himno nacional en las escuelas de todos los niveles.

El cambio más importante tuvo que ver con el uso político de la cultura. La falta de participación política fue compensada por una intensa actividad en el área cultural. La cultura pasó a sustituir a la representación política en el papel de ligar la política al pueblo. En la visión de uno de los ideólogos del régimen, el Estado era la concretización de una cultura.[32] El acento en la cultura se concretó en varios órganos estatales. El más importante fue el Departamento de Prensa y Propaganda (el DIP), creado en 1937, que poseía secciones encargadas de propaganda, radiodifusión, cine y teatro, turismo, prensa y servicios auxiliares. Paralelamente a la censura que ejercía, el DIP actuaba intensamente en la promoción de actividades culturales en todo el país, a través de la prensa, del teatro, de bibliotecas y, especialmente, del nuevo y revolucionario instrumento de comunicación que era la radio.

La Radio Nacional fue comprada por el gobierno en 1940 y se convir-

[32] Ésta es la visión de Almir Andrade. Sobre él, véase Lúcia Lippi Oliveira *et al.*, *Estado Novo: Ideología e Poder*, Zahar, Río de Janeiro, 1982, pp. 31-47.

tió en un eficacísimo medio de propaganda por sus programas políticos y culturales. Los mejores artistas fueron contratados y muchos intelectuales colaboraban también en programas de divulgación de la historia y de las tradiciones del país. La *Hora de Brasil,* programa de divulgación de las obras del gobierno, procuraba hacerse popular dando también la palabra a personas corrientes. Los concursos musicales hacían intervenir a los mejores cantantes de la época. El DIP procuraba también dar a la samba y al teatro popular un lenguaje y una temática compatibles con los objetivos del régimen. Data de esta época, por ejemplo, la exigencia de que en las escuelas de samba se utilicen temas nacionales.[33]

Otros órganos eran las revistas oficiales *Cultura Política* y *Ciência Política.* La primera estaba dirigida a los intelectuales que eran también cooptados por el Ministerio de Educación. Muchos intelectuales, incluso de izquierda, escribían en *Cultura Política* y trabajaban para el Ministerio de Educación. En la revista, los partidarios del régimen elaboraban su justificación teórica y los oposicionistas concentraban su colaboración en la discusión de temas culturales e históricos. En el Ministerio, los principales artistas del país construían edificios modernos, pintaban cuadros, organizaban corales. *Ciência Política* se dirigía a un público más amplio; era menos intelectual, más pragmática. En ella colaboraban intelectuales de menor prestigio, dedicados más a la simple propaganda del nuevo régimen que a discusiones teóricas.[34]

También el periódico *A Manhã,* portavoz del régimen, sirvió de instrumento en la campaña en favor de una nueva visión de la cultura, especialmente en la literatura. En la sección "Autores y libros", según Monica Velloso, se insistía en la necesidad de que la literatura abandonase el subjetivismo, el cosmopolitismo, la retórica ficticia. La literatura debía ser realista, reflejar las realidades del país, ser el espejo de la nación. La historia literaria del país fue revisada de acuerdo con este criterio, exaltando a los autores que lo aceptaban y criticando a los que de él se desviaban. En el último caso estaba el mayor narrador nacional, Machado de Assis, considerado inauténtico, desarraigado, cosmopolita, alienado. El modernismo tampoco escapaba a la crítica de esta visión na-

[33] Sobre el uso político de la cultura durante el Estado Nuevo, me basé principalmente en los trabajos de Monica Pimenta Velloso. Véase, por ejemplo, su capítulo "Cultura e Poder Político: uma Configuração do Campo Intelectual", en Oliveira *et al., Estado Novo,* pp. 71-108.

[34] Véase Velloso, "Cultura"; Sérgio Micelli, *Intelectuais e Classe Dirigente no Brasil (1920-1945),* Difel, São Paulo, 1979; y Simon Schwartzman, Helena Maria Bousquet Bomeny y Vanda Maria Ribeiro Costa, *Tempos de Capanema,* Edusp/Paz e Terra, São Paulo/Río de Janeiro, 1984.

turalista a causa de su cosmopolitismo, irreverencia y visión libresca (esto es, falsa) de la realidad. La nueva visión debía ser objetiva, sociológica, científica, alentar lo regional y lo popular, donde estaba el verdadero Brasil.[35]

Otra institución creada con el mismo espíritu de culto a la tradición fue el Servicio del Patrimonio Histórico y Artístico Nacional. Más que en cualquier otro campo, estaba ahí presente la idea de la continuidad nacional, de la construcción de una memoria que exalta el pasado y justifica el presente. El Servicio, confiado a un intelectual de prestigio, tuvo gran éxito y ha seguido funcionando hasta nuestros días, cambiando apenas de nombre.

La gran novedad en todo ese esfuerzo era la visión positiva del pueblo. El Brasil era el pueblo brasileño y a las élites correspondía extraer de ese pueblo y de su cultura la inspiración de brasilidad. Aunque, como vimos, habían existido entre los pensadores de la élite algunos que consideraban de manera positiva a la población mestiza, aunque el famoso libro de Gilberto Freire, *Casa Grande e Senzala,* publicado en 1933, hubiese tenido gran impacto en cuanto a la valoración del mestizaje, jamás un gobierno había adoptado como postura oficial la valoración de lo popular sobre lo erudito, la del pueblo sobre la élite. El modelo del Brasil no estaba ya ni en Europa ni en los Estados Unidos, ni tampoco en la canibalización de valores externos, como quería el modernista Oswald de Andrade. Ese modelo radicaba en nuestra propia historia, en nuestros héroes, en nuestra tradiciones, en nuestro patrimonio, en nuestro pueblo.

Este pensamiento fue seguido de acciones concretas. Un gran aliado del movimiento de los treinta, Pedro Ernesto, inició, como prefecto de Río de Janeiro, una política que después fue conocida como *populismo.* Haciendo por primera vez uso de la radio, multiplicó el electorado de la ciudad apelando a las poblaciones pobres de los barrios apartados y de las *favelas*. Construyó la primera escuela en una *favela,* mostrando a los pobres por vez primera que el poder público no era sólo la policía.[36]

Vargas acabó encarcelando a Pedro Ernesto, pero sin duda aprendió con él las técnicas de comunicación con el pueblo y las ventajas correspondientes. Aunque el discurso del Estado nuevo valorizaba al pueblo en

[35] Monica Pimenta Velloso, "A Literatura como Espelho da Nação", *Estudos Históricos,* 1, 2 (1988), pp. 239-263. Sobre el uso político de la cultura durante el Estado Nuevo, me basé principalmente en los trabajos de Monica Pimenta Velloso. Véase, por ejemplo, su capítulo "Cultura e Poder Político: uma Configuração do Campo Intelectual", en Oliveira *et al., Estado Novo,* pp. 71-108.

[36] Sobre el populismo de Pedro Ernesto, véase Michael L. Conniff, *Urban Politics in Brazil, The Rise of Populism, 1925-1945,* Pittsburgh University Press, Pittsburgh, 1981.

general, la acción política se dirigió a un sector particular de la población, a los obreros urbanos. A principios de la década de los cuarenta, se puso en marcha un gran proyecto de atracción de la clase obrera mediante el Ministerio de Trabajo. El proyecto tenía como puntos centrales la valoración del trabajo como actividad ennoblecedora del hombre y como principal virtud cívica. El trabajador pasaba a ser el ciudadano por excelencia en la democracia social que se implantaba. En un país en el que el legado de la esclavitud todavía contribuía a despreciar el trabajo, especialmente el trabajo manual del obrero, en el que reinaba el bachiller educado a la europea, la nueva predicación era revolucionaria, sobre todo por venir del gobierno.[37]

No se puede negar que el régimen del 37 redefinió la identidad nacional. Algunos puntos de esa definición estaban ya presentes en formulaciones anteriores, especialmente en la literatura cívica para niños, pero nunca de manera tan integrada y nunca como programa oficial de gobierno. Los puntos centrales de la nueva visión de Brasil pueden ser resumidos como sigue:

Se recuperó la visión imperial de continuidad de la historia del país. Fueron revalorizadas las raíces portuguesas, sobre todo en sus aspectos religiosos (católicos) y de tolerancia racial. El propio Imperio pasó a ser considerado de modo positivo como garante de la unidad nacional y como punto de equilibrio entre el poder central y los poderes locales. Sintomático de esa recuperación del Imperio fue escoger a Caxias como héroe militar nacional, en detrimento de los militares que habían proclamado la república. Caxias aparece en su papel de vencedor de los movimientos separatistas y principal garante de la unidad nacional. Un gran monumento le fue erigido en la capital del país en el lugar donde antes se encontraba la estatua de Benjamín Constant, principal ideólogo de los militares que proclamaran la república. Al mismo tiempo, el régimen se apropiaba también el héroe republicano por excelencia, Tiradentes. En 1942, fue construido un panteón a los participantes en la Inconfidência mineira de Ouro Preto. Domesticado, el héroe rebelde pasó a ser el símbolo popular de la nueva nacionalidad.

Se recuperó también la visión positiva del pueblo brasileño, negada por muchos hasta 1930. Siguiendo la tradición de algunos autores de principios de siglo, la raza negra y la mezcla de razas dejaron de ser consideradas como obstáculo al progreso. El elemento racial dejó de ser destacado, y no se permitió incluso el funcionamiento de movimien-

[37] Sobre la creación de una nueva identidad obrera, véase Angela de Castro Gomes, *A Invenção do Trabalhismo*, IUPERJ/Vértice, Río de Janeiro/São Paulo, 1988.

tos activistas negros. La inmigración extranjera pasó a ser vista como un peligro para las tradiciones nacionales. La naturaleza no dejó de ser ensalzada, pero en posición secundaria. El ufanismo de Afonso Celso era criticado por no incluir al hombre, precisamente el elemento más importante. Así como la naturaleza dejó de ser motivo central de orgullo, también el indio perdió su lugar como símbolo nacional. La imagen romántica del indio, todavía presente en el modernismo, no satisfacía a la búsqueda de lo concreto característica de la nueva visión.

Se hizo también un esfuerzo por definir mejor la psicología del hombre brasileño. En la línea de Eduardo Prado, de Afonso Celso, de José Veríssimo, Olavo Bilac, Coelho Neto, se presenta al brasileño como una persona fraternal, cooperativa, generosa, al mismo tiempo que honesta y trabajadora. El brasileño es el hombre de las relaciones primarias, familiares; es el hombre cordial en la expresión de Ribeiro Couto, retomada por Sérgio Buarque de Holanda. El acentuar los conflictos raciales o laborales no era compatible con este hombre cordial; esto es, no era brasileño. Todo debería resolverse por la cooperación y el entendimiento mutuos. La literatura infantil de esa época refleja esas posiciones, como puede verse, por ejemplo, en la obra de Viriato Correa.[38]

Siguiendo la tradición de la literatura cívica infantil del inicio del siglo, se pasó también a valorar las costumbres y las tradiciones populares regionales. La valoración cultural de lo regional era un contrapeso al énfasis en la centralización política y en el papel del Estado central. Se volvía al centralismo político imperial dentro de un federalismo cultural. La revista *Cultura Política* publicaba frecuentemente artículos sobre costumbres regionales, escritos a veces por intelectuales de izquierda, como Graciliano Ramos. Era una manera de atraer a los intelectuales sin forzarlos a defender el régimen.

Imagen otorgada

El avance que consiguieron los ideólogos del régimen autoritario fue grande con relación al Imperio y a la Primera república, al considerar de modo positivo la población y las tradiciones del país, al interpelar directamente al pueblo, especialmente en su segmento obrero, al hacer del hombre brasileño el centro de la identidad nacional. Pero siguió

[38] Véase, por ejemplo, Viriato Correa, *A Historia do Brasil para Crianças,* Cia. Editora Nacional, São Paulo, 2ª ed., 1934. Un caso aparte en la literatura infantil es el de Monteiro Lobato, que escapa al estilo patriota de los otros autores. Su literatura infantil merece estudio aparte por su riqueza y originalidad.

subsistiendo el hecho de que este pueblo no hablaba por sí mismo, no tenía voz propia, era ventrílocuo; su identidad y la identidad de la nación eran otorgadas por el régimen. Más aún, el régimen del 37, al mismo tiempo que interpelaba al pueblo, acallaba su voz al clausurar los partidos y movimientos políticos de izquierda y de derecha, al cerrar el Congreso nacional, al abolir todas las actividades políticas, al cancelar las elecciones en todos los niveles, al otorgar una Constitución autoritaria, al prohibir las huelgas obreras, al implantar el sindicalismo corporativo dependiente del Estado. La experiencia de participación del prefecto Pedro Ernesto fue interrumpida. Apenas fueron mantenidas sus técnicas de acercamiento a la población pobre de la ciudad. El rico aprendizaje de la participación que se había iniciado en 1930 se paralizó. Ni siquiera fue admitida una participación controlada al estilo nazi-fascista. Las manifestaciones colectivas se limitaban a paradas militares, fiestas cívicas, desfiles de 1º de Mayo. Se acallaba a la nación para hablar en su nombre.[39]

La eficacia de la propaganda del régimen fue innegable en lo que se refiere al movimiento obrero. Sus efectos fueron reales en la constitución del proletariado como actor colectivo, aunque dentro de una perspectiva paternalista y dependiente. En cuanto al resto, el rechazo de la participación y la ausencia de experiencias políticas colectivas, hicieron caer en el vacío los esfuerzos del gobierno. La participación de Brasil en la guerra fue marginal y se realizó lejos del país. No pudo nunca tener el impacto que tuvo la guerra contra Paraguay. Afectó a un sector reducido de las propias fuerzas armadas y no generó héroes, a pesar de la simpatía con que serán vistos los soldados que fueron a Italia, cariñosamente llamados los soldaditos. Melancólicamente, el principal símbolo generado por la guerra fue el creado en los estudios Disney en la figura de Zé Carioca, un papagayo tropical que personificaba al brasileño, sobre todo al carioca. Zé Carioca estaba siempre de buen humor, era medio granuja y resolvía todo con vivacidad. Contradecía en buena parte la imagen del brasileño trabajador y daba una visión caricaturesca de un país en perpetua fiesta. Lo más irónico era la propia figura del papagayo. De repente se revivía la imagen de la Tierra de los Papagayos de los cronistas del descubrimiento. La vieja imagen del paraíso tropical sin pueblo.

Aunque el Estado Nuevo había intentado aproximar la élite al pueblo, y su retórica había intentado proyectar una nación reconciliada con

[39] Sobre la oposición a la movilización política, véase Schwartzman, Bomeny y Costa, *Tempos de Capanema,* cap. 3.

la población y con las tradiciones nacionales, la nación que propugnaba era poco más que imaginada. No era ni imaginaria, si damos a este término el sentido de una construcción simbólica anclada en una comunidad de sentido, posible solamente en presencia de experiencias colectivas concretas.[40]

[40] Sobre el concepto de comunidad de sentido como premisa para la creación de un imaginario social, véase Bronislaw Baczko, *Les Imaginaires Sociaux. Mémoire et Espoirs Collectifs,* Payot, París, 1984.

Quinta Parte
LAS PEDAGOGÍAS CÍVICAS

XVII. LA HISTORIA PATRIA

Nikita Harwich Vallenilla
Université de Paris X

Educar al pueblo

Pese a las fuerzas políticas o sociales divergentes que podían existir en cada uno de los países surgidos a raíz de las guerras de emancipación iberoamericanas, había un punto clave en el que todos podían coincidir: era indispensable educar al "pueblo". Debía tratarse, con ello, de transmitir, además del conocimiento, las virtudes necesarias para que cada uno pudiese asumir plenamente su nueva función de ciudadano. Tal como lo señaló José Grau en las primeras páginas de su *Catecismo político,* publicado en Bogotá en 1821, la Independencia marcaba un antes y un después: el hito de unos nuevos orígenes, generadores a la vez de tradición y de identidad.

> P[regunta]: ¿Qué debe significar en adelante el nombre de colombiano?
> R[espuesta]: Hombre libre, valiente, generoso y justo hasta con sus enemigos, terror del despotismo, flagelo de tiranos, y amante y defensor de los derechos del hombre.[1]

Desde antaño se reconocía a la educación como un medio privilegiado para lograr la "ilustración de las almas". La propia Constitución de Cádiz, expedida en 1812, proponía el establecimiento "en todos los pueblos de la Monarquía" de "[...] escuelas de primeras letras, en las que se enseñará a los niños a leer, escribir y contar y el catecismo de la religión católica que comprenderá también una breve exposición de las obligaciones civiles".[2]

Pero ahora que la América española había cruzado el doble umbral de la modernidad política y de la nacionalidad, educar significaba tam-

[1] José Grau, *Catecismo político,* Bogotá, 1821, p. 6.
[2] Felipe Tena Ramírez, *Leyes fundamentales de México, 1808-1864,* Porrúa, México: 1964, p. 102; citado en Josefina Zoraida Vázquez, *Nacionalismo y educación en México,* El Colegio de México, México, 1975, p. 26.

bién crear los marcos de referencia que ayudarían a legitimar los cambios ocurridos. La instrucción cívica y la enseñanza de la historia pasarían a ser, entonces, los pilares de una anhelada renovación social.

"Que ignore el ciudadano la historia de su Patria no es compatible, ni con la civilización, ni con el patriotismo" advertía un aviso publicado en el diario caraqueño *El Venezolano* en septiembre de 1840.[3] Pero el despertar de la nacionalidad, aunado al deseo de crear una nueva conciencia política, indicaba desde el comienzo hacia dónde debía apuntar este conocimiento histórico. No se trataba meramente de informar, sino de formar: "Los verdaderos republicanos deben aleccionarse con la historia, porque sólo siendo ilustrados y virtuosos podrán ser verdaderos patriotas, laborando por lograr el prestigio y la soberanía de las instituciones democráticas, encaminadas a realizar el hermoso ideal de libertad, aspiración nobilísima de nuestros insignes libertadores", proclamaba un manual venezolano de 1858.[4] "Que figuren sucesos célebres de la historia sagrada y profana, antigua y moderna, especialmente americana, los cuales estén acordes con el sistema republicano", proponía en 1829 el proyecto de ley de educación del estado de Nuevo León, para concluir afirmando: "La moral debe presidir en todas partes".[5] Historia, ilustración, virtud: sagrada trinidad de esta moral cívica inculcada. ¿Pero inculcada dónde y cómo?

La respuesta a la primera pregunta parecería obvia: el aula escolar no podía sino constituir el recinto natural por excelencia para el ejercicio de esta pedagogía. ¿Hasta qué punto, sin embargo, lograba cumplir con su función? Ni el número de planteles existentes en cada país a todo lo largo del siglo XIX ni el número de alumnos que los frecuentaban lograban conferirle una difusión masiva al mensaje. Además —paradójicamente, dado el consenso generado en torno a su estudio— no será sino hasta bien entrada la segunda mitad del siglo XIX cuando se establezca, en forma obligatoria, la enseñanza de la historia patria dentro de los sistemas de educación primaria. Todavía en 1875, Justo Sierra se lamentaba en las columnas de *El Federalista* de la ciudad de México de que "el estudio de la historia del país [....] ningún pueblo de la tierra la ve con más culpable abandono que nosotros".[6]

Ello no quería decir que, durante las décadas anteriores, la materia

[3] *El Venezolano,* Caracas, lunes 7 de septiembre de 1840.

[4] Juan Esté, *Lecciones primarias de la historia de Venezuela dispuestas para los niños,* Imprenta de Tomás Antero, Caracas, 1858, pp. I-II.

[5] Plinio Ordóñez, *Historia de la educación pública en el estado de Nuevo León, 1592-1942,* Monterrey, 1942-1945, vol. I, p. 26; citado en Vázquez, *Nacionalismo...,* pp. 43-44.

[6] Justo Sierra, *Obras completas,* Universidad Nacional Autónoma de México, México, 1948, vol. VIII, pp. 13-47.

hubiese estado totalmente ausente de las aulas, pero su enseñanza procedía, por lo general, de iniciativas individuales dirigidas más bien —fenómeno curioso— hacia un público de niñas. Otro problema que también contribuyó a limitar, en un principio, la presencia sistemática de cursos de historia en los programas docentes era el de las fuentes de referencia: un corpus historiográfico que permitiera la posterior elaboración de manuales, pero cuya aceptación no siempre fue inmediata. Numerosos aspectos de la memoria colectiva que se intentaba forjar dieron, en efecto, origen a un largo debate sobre los verdaderos alcances de una historia que buscaba ofrecer un reflejo a la vez fiel y —sobre todo— consensual de los hechos presentados.

Legitimar los nuevos Estados

Los historiadores hispanoamericanos del siglo XIX, en su abrumadora mayoría, considerarían como una regla indispensable de conducta la afirmación formulada por su colega mexicano Lucas Alamán: "Es necesario que adoptemos el ropaje de filósofos, que buscan nada más que la verdad y emplean con vigor y sinceridad la crítica que permite hallarla".[7] Pero debido a que muchos de estos historiadores eran también actores de primer plano en las luchas políticas de sus respectivos países, semejante declaración de principios no siempre logró aplicarse. Como miembros de una élite directamente involucrada en el proceso creador de las nuevas nacionalidades, tenían plena conciencia de ser los portadores de un mensaje que sobrepasaba los límites de un mero relato. Tal como se lo escribía el general argentino Bartolomé Mitre a su colega chileno Diego Barros Arana: "estamos comprometidos en una obra común de que todos somos solidarios, y cuya unidad ha de revelar algún día la posteridad, si no por nuestro nombre, al menos por sus resultados".[8]

De ahí que una utilización de la documentación disponible no representaba sino el complemento de un testimonio, muchas veces personal, sobre los acontecimientos y sus protagonistas. Y todos estos historiadores, de una manera u otra, tuvieron que plantearse el problema de los orígenes de una identidad nacional de la cual se hacían los demiurgos.

El recurso de la historia debía explicar —y justificar sin lugar a dudas— el proceso que, a través de la guerra, había llevado no solamente

[7] Citado en Jack Ray Thomas, *Biographical Dictionary of Latin American Historians and Historiography,* Greenwood Press, Westport, 1978, Introducción, p. 27.

[8] Citado en Ricardo Donoso, *Barros Arana, educador, historiador y hombre público,* Santiago de Chile, 1931, p. 107.

a una independencia con respecto a la metrópoli peninsular, sino a la inevitable pluralidad de los actuales Estados. De ahí que otra preocupación prioritaria sería precisar las bases territoriales de una nacionalidad que era aún difícil definir de otra manera. Era claro el objetivo: cualquier proyecto político debía acompañarse de un censo, tan completo como fuese posible, de los recursos disponibles. Por otra parte, la necesidad de negociar trazados de fronteras con los Estados vecinos hacía imperativo un conocimiento de los límites geográficos que habría que reivindicar.

Sería, por lo tanto, con la geografía con lo que buscara definirse, en muchos casos, una identidad cuyas referencias históricas distaban aún de suscitar una valoración unánime. Para las élites que tenían ahora en sus manos los destinos futuros de cada país, la pregunta quedaba planteada: no se quería ya ser español, pero ¿cómo ser venezolano, colombiano o mexicano? En otras palabras, ¿cómo podría compaginarse el rechazo de un pasado inmediato, o a lo sumo reciente, con un discurso historiográfico a la vez consensual y que reflejase el desarrollo real de los hechos. No deja de ser significativo que las dos primeras "historias nacionales" escritas en Venezuela después de 1830 —la de Feliciano Montenegro y Colón y la de Rafael María Baralt— hayan sido concebidas inicialmente como los apéndices de unas obras de geografía o de estadística.

Factor aglutinante en cuanto al "consumo interno" de las comunidades cuya identidad proponía definir, esta historiografía decimonónica serviría también para conferir una legitimidad "hacia afuera", frente a la comunidad internacional. Más allá de las posibles limitaciones en cuanto a facilidades locales de imprenta, el hecho de que la primera edición de la *Historia de la Revolución en la República de Colombia* de José Manuel Restrepo (1827), del *Resumen de la historia de Venezuela* de Rafael María Baralt (1841) o del *Compendio histórico del descubrimiento y colonización de la Nueva Granada en el siglo decimosexto* de Joaquín Acosta (1848) se hubiese efectuado en París, muestra el empeño por atraer la atención hacia las jóvenes repúblicas de Hispanoamérica. Germán Colmenares lo señala acertadamente: "En muchas historias nacionales había implícito un reclamo publicitario, según el cual la excepcionalidad de la historia más reciente anunciaba el advenimiento de altísimos destinos".[9]

Al mismo tiempo, los acontecimientos de la emancipación hacían de la historia algo vivo: un proceso de transformaciones concretas, directamente palpables y observables. De ahí la desmedida importancia que

[9] Germán Colmenares, *Las convenciones contra la cultura. Ensayos sobre la historiografía hispanoamericana del siglo XIX,* Tercer Mundo, Bogotá, 1987, p. 20.

habrían de adquirir en la historiografía los episodios de una lucha que representaba una ruptura radical con el pasado. Habiendo hecho "tabla rasa" con ese pasado, la larga lucha de más de 10 años que había logrado alcanzar la independencia política podía entonces convertirse en la referencia esencial y prácticamente exclusiva de aquel "rico legado de recuerdos", de aquella "herencia de gloria y de pesares compartidos" que, según el clásico texto de Ernest Renan, contribuye a definir la base espiritual de una nación.[10]

Sin embargo, estos primeros intentos por consignar una memoria colectiva renovada no lograron, en su momento, el consenso que se esperaba. El *Resumen* de Baralt, por ejemplo, suscitó reacciones mayoritariamente negativas. Se le acusó de no ennegrecer lo suficiente el papel desempeñado por España durante los tres siglos de Colonia y tratar con demasiada ecuanimidad las acciones militares de las tropas realistas. El propio Baralt, quizá inconscientemente, reproducía, por lo demás, un doble discurso político: a la vez el de la tradición —un discurso de fidelidad— y el de la modernidad. Conceptos como "nación", "patria", "república", "pueblo" o "libertad" aparecían utilizados en unos contextos muy distintos dentro de la misma obra, según se referían al periodo colonial o a las décadas posteriores, contribuyendo así a crear una especie de equívoco en la mente de un lector desprevenido.[11]

En México, fuertes polémicas oponían quienes, como Carlos María de Bustamante, veían en las culturas indígenas la base histórica de la nación a quienes, como Lorenzo de Zavala, negaban todo el pasado en bloque, otorgándole a la Independencia carácter de principio fundador. En Colombia, los juicios anticlericales emitidos por José Antonio de Plaza en sus *Memorias para la historia de la Nueva Granada* (1850) suscitaron la respuesta de José Manuel Groot, a través de su *Historia eclesiástica y civil de la Nueva Granada* (1869) que oponía una valoración positiva de la labor de conquista y colonización.

Lejos de fijar criterios, el corpus historiográfico hispanoamericano de los dos primeros tercios del siglo XIX reproducía una serie de preguntas, tensiones y preocupaciones internas. Las obras publicadas por lo general no expresaban lo que las élites del momento querían escuchar. Tal como venía presentada en estos textos, la historia, particularmente la historia reciente de la independencia, en vez de ofrecer certezas

[10] Ernest Renan, *"Qu'est-ce qu'une nation?"*, Agora/Presses Pocket, París, 1992, pp. 54-55 (edición original, 1882).

[11] Véase Elena Plaza, "Historiografía y nacionalidad: el *Resumen de la historia de Venezuela* de Rafael María Baralt", *Tiempo y Espacio*, vol. VII, núm 13, Caracas, enero-junio de 1990, pp. 63-78.

inquebrantables, contribuía a sembrar dudas y, más grave aún, a fomentar cuestionamientos.

Paradójicamente, pese a las críticas formuladas, este corpus pronto pasó a formar la base principal de inspiración para los textos de enseñanza, aunque en una versión truncada que eliminaba cuidadosamente cualquier elemento de duda. Al ritualizarse, el relato adquiría la forma canónica de un imaginario colectivo.

Héroes y antihéroes

Amparado por el método catequístico de enseñanza, aplicado en forma casi universal en los diferentes planteles educativos, la versión pedagógica de la historia se reducía a una mera secuencia de acontecimientos, "sujeta a una camisa de fuerza cronológica"[12] y en donde cada episodio podía cobrar "el valor de una máxima o una sentencia".[13]

Se partía de una serie de postulados implícitos: las sociedades hispanoamericanas del momento —es decir, hacia la segunda mitad del siglo XIX— eran unas sociedades homogéneas que formaban una "gran familia" unida a través de su pasado, cuya reciente lucha por lograr la independencia política reflejaba ese grado de unión y aseguraba una marcha, inalterable y armoniosa, hacia un radiante porvenir.

La complejidad de los problemas surgidos, en su mayoría, a raíz de esa independencia no encontraba expresión alguna en los textos, cuyos límites cronológicos, por lo general, no traspasaban el umbral de la vida republicana, una vez concluida la contienda armada. Lo que, quizás, era comprensible en 1830 o 1850 lo era ya menos 30 o 40 años después. Pero se mantenía incólume la perentoria sentencia enunciada en 1852 por el pedagogo mexicano Epitacio de los Ríos: "el estudio de la minuciosa historia de esas épocas [las más contemporáneas] no es para los niños".[14]

Al mismo tiempo, los abusos del método catequístico convertían generalmente el relato en una secuencia de conceptos sin sentido o francamente absurdos. Los ejemplos abundan. En las *Lecciones sencillas de historia de México, política y aritmética azteca*, publicadas en México en 1882, bajo las iniciales E. R., aparece el siguiente diálogo:

[12] Colmenares, *Las convenciones...*, p. 25.

[13] *Ibidem*, p. 26.

[14] Epitacio de los Ríos, *Compendio de la historia de México desde antes de la conquista hasta los tiempos presentes, extractada de los mejores autores para instrucción de la juventud,* Imprenta de la Voz de la Religión, México, 1852, p. 231; citado en Vázquez, *Nacionalismo...*, p. 47.

— ¿Qué sucedió con el México antiguo?
— Acabó.
— ¿Y en su lugar?
— Fue mandado a construir el México moderno o conquistado, a cuya obra ayudaron los mismos aztecas.[15]

Por su parte, Rafael María Baralt, al caracterizar en su *Resumen de la historia de Venezuela* a la "tribu indiana" de los caribes del bajo Orinoco, utiliza los siguientes términos: "Eran hombres fuertes, de grande intrepidez y actividad, conquistadores y comerciantes."[16] Bajo el prisma simplificador del catecismo, la frase de Baralt quedaba ahora reducida a su mínima expresión:

"P[regunta]: ¿Quiénes eran los Caribes?
R[espuesta]: Una nación comerciante".[17]

De igual forma, Lope de Aguirre —villano absoluto de la Conquista en los manuales venezolanos—, descrito por Baralt como: "Hombre inquieto y sedicioso, de una ferocidad incomparable que rayaba en frenesí",[18] pasaba a ser, en el *Catecismo de Historia* de Antonia Esteller: "un vizcaíno inquieto y de una ferocidad incomparable".[19] El impacto sobre una mente infantil de estas sentencias queda ilustrado por la evocación que hace Mariano Picón Salas de la versión catequizada por Antonia Esteller referente a la personalidad del tirano Aguirre: "como un ser cubierto de horrendo pelo, de palabrotas blasfemas y extraño cuchillo de vengador, permanentemente desenvainado, imaginamos al cruento caudillo de la Conquista".[20]

Aunque no todos los manuales llegaban a tales extremos, el espíritu que guiaba la elaboración de estos textos pedagógicos seguía siendo, en palabras de Justo Sierra, el de fomentar "la religión cívica que une y unifica, destinada no a remplazar las otras [...] sino a crear una en el alma social".[21]

[15] E. R., *Lecciones sencillas de historia de México, política y aritmética azteca,* Antigua Imprenta de Murguía, México, 1882, p. I, citado en Vázquez, *Nacionalismo...,* p. 77.
[16] Rafael María Baralt, *Resumen de la historia de Venezuela,* Desclée de Brouwer, París/Bruges, 1939, t. I, p. 278.
[17] Antonia Esteller, *Catecismo de la historia de Venezuela,* Imprenta Editorial, Caracas, 1885, pp. 28-29.
[18] Baralt, *Resumen...,* p. 225.
[19] *Ibidem,* p. 16.
[20] Mariano Picón Salas, *Viaje al amanecer,* Editorial Pomaire, Barcelona-Caracas, 1980, p. 96.
[21] Sierra, *Obras completas,* t. V, p. 339; citado en Vázquez, *Nacionalismo...,* p. 118.

Esta "religión cívica" establecía su propio panteón dedicado a un culto en el cual las figuras del pasado adquirían la dimensión de héroes indiscutidos, padres tutelares de una "comunidad imaginada", para retomar la expresión de Benedict Anderson. La historia patria se reducía a una serie de acontecimientos clave: Conquista, Independencia y —en el caso específico de México— Reforma, obedeciendo, por lo demás, a unas determinadas categorías de valoración. "Ninguna enseñanza moral se desprende de la historia de los antiguos indígenas, y la debemos estudiar más bien como una curiosidad etnográfica, que no como un conocimiento útil" escribía en 1883 doña Soledad Acosta de Samper, quien agregaba: "... la civilización de que gozamos nos viene de Europa, y los españoles son los progenitores espirituales de toda la población. Así pues, a éstos debemos atender con preferencia, si deseamos conocer el carácter de nuestra civilización [la de Colombia en este caso]".[22]

Sus *Biografías de hombres ilustres o notables, relativas a la época de descubrimiento, conquista y colonización* incluían, además, un apéndice en el que se incorporaban al panteón de la historia nacional los nombres de "algunos perros que se hicieron famosos en la Conquista". Uno de los más conocidos, precisa la autora, "se llamaba Becerrillo [...] tan inteligente que distinguía los Indios mansos de los alzados".[23]

Menos categóricos en sus juicios, los manuales mexicanos, aun aquellos —después de las reformas educativas introducidas por Justo Sierra— que mostraban cierto aprecio por la cultura indígena, destacan en su relato el carácter bárbaro y sangriento de los sacrificios humanos perpetrados por los aztecas. Pero, al igual que los manuales venezolanos con la figura del cacique Guaicaipuro, Cuauhtémoc es el "valiente y esforzado guerrero" quien "no vaciló para defender a la patria". Su recuperación dentro del panteón cívico, sirve para reforzar una visión unitaria donde los vencedores y los vencidos de la Conquista se encuentran simbólicamente reconciliados por su contribución a una causa nacional común.

La historia podía transformarse así en certeza absoluta. Para un connotado manual venezolano, Cristóbal Colón, "inspirado por el cielo", había sido "escogido por la Providencia para bienestar y gloria del género humano".[24] En contraste, los conquistadores del territorio vene-

[22] Soledad Acosta de Samper, *Biografías de hombres ilustres o notables, relativas a la época de descubrimiento, conquista y colonización,* Bogotá, 1883, Introducción, p. 2.

[23] *Ibid.*, p. 443.

[24] Felipe Tejera, *Manual de historia de Venezuela para el uso de las escuelas y colegios,* Imprenta Federal, Caracas, 1875; introducción, capítulo I, párrafo 5.

zolano habían llevado "a todas partes el terror y la desolación".[25] La dominación española era rechazada sin vacilación:

> P[regunta]: ¿Era bueno el gobierno colonial?
> R[espuesta]: No, y a él se debía que el país estuviese despoblado, que no hubiese comunicaciones, que el pueblo fuese ignorante y dividido en clases.[26]

La Independencia pasaba a ser entonces la génesis de una epopeya que ponía en escena a personajes claramente diferenciados: por un lado, los héroes; por el otro, los malos. Entre los héroes, Bolívar, sobre todo en los manuales del último cuarto del siglo XIX, adquiría la dimensión de un superhombre "destinado por la Providencia a ser el Libertador de su Patria y de casi toda la América del Sur y a elevar su gloria a la mayor altura que registran los fastos de la historia humana".[27] Los malos, claro está, eran los españoles: "cobardes", "sanguinarios" o "asesinos". Era inapelable el contraste.

> P: ¿Cómo debemos juzgar entonces la lucha de nuestra independencia?
> R: Como la lucha titánica que emula y supera a las más heroicas que cuentan los pueblos.[28]

Funciones de la Historia

Auxiliar privilegiado de una consolidación efectiva o, mejor dicho, afectiva del patriotismo, la historia enseñada en la escuela consagraba un proceso de asimilación política y cultural en torno a un imaginario cuya aceptación pronto fue general. Algunas voces disidentes podían denunciar el carácter abiertamente mitológico de este universo cultural. El mexicano Francisco Bulnes en su polémico libro *Las grandes mentiras de nuestra historia*, publicado en 1901, podía preguntarse: "¿Se enseñan leyendas, fábulas y apologías de secta? Me desalienta y preocupa esta historia, forma y fondo del siglo XVIII".[29]

Por lo general, este debate quedaría relegado a los estratos superiores de reinterpretación y análisis de los procesos históricos nacionales

[25] Peoli, *op. cit.*, p. 34.
[26] Manuel María Urbaneja, *Catecismo de historia de Venezuela,* Imprenta de George Corser, Caracas, 1865, p. 70.
[27] Antonia Esteller, *Catecismo...*, p. 48.
[28] *Ibidem,* p. 55.
[29] Francisco Bulnes, *Las grandes mentiras de nuestra historia,* Editora Nacional, México, 1960, p. 2; citado en Vázquez, *Nacionalismo...*, p. 118.

—sobre todo a partir de las últimas décadas del siglo XIX— y no se reflejó en los textos escolares de enseñanza, abriendo así una creciente brecha entre la historia como materia de reflexión crítica y una tradición historiográfica que heredaba criterios y patrones fijados en el tiempo y repetidos a la manera de un credo. La "historia oficial" pasaba a ser la única verdaderamente patriótica y, por ende, aceptable.

¿Pero aceptable para quiénes? En términos de la población de cada país, las tasas de escolaridad a todo lo largo del siglo XIX permanecieron ínfimas. Si a ello se agrega el hecho de que la enseñanza de la historia nacional se sistematizó tardíamente, no es aventurado afirmar que su conocimiento formal se difundió, cuantitativamente hablando, entre una capa extremadamente limitada de las nuevas generaciones del siglo XIX, aun de aquellas que iban a la escuela. ¿Cómo pudieron entonces difundirse los postulados de un imaginario cuya vocación era precisamente la de ser un imaginario colectivo?

La respuesta a esta interrogante lleva a considerar la función pedagógica inherente a las manifestaciones populares de acción cívica. Las inauguraciones de estatuas o de monumentos públicos, las celebraciones conmemorativas de determinadas fechas, así como el entierro de alguna personalidad, además de servir como pretexto para un ceremonial más o menos elaborado, se encargaban también de transmitir un mensaje histórico que repetía fielmente la lección que sólo algunos aprendían en las aulas de clase. La coyuntura se prestaba particularmente a este tipo de acontecimiento. Génesis en cuanto a su alcance y epopeya, a la vez, en cuanto a su naturaleza, la Independencia había sido el campo de acción privilegiado para toda una generación, cuyos miembros más eminentes podían ahora postularse al rango de "padres fundadores" que distinguiría el título de "ilustre prócer". Su fallecimiento, inevitable tras el correr de los años, permitiría así marcar el siglo de toda una serie de ceremonias fúnebres con acentos conmemorativos. El muerto, objeto del homenaje póstumo, pasaría entonces a "encarnar", por así decirlo, ante los ojos de sus conciudadanos, el concepto un tanto vago y abstracto de "nación". Referencia identitaria por excelencia, los honores fúnebres rendidos podían autentificar la representación material de un pasado, ya que el difunto había sido una persona real. Pero, por otra parte, el poder de evocación y de propaganda intencional del ceremonial se encargarían también de fijar —a menudo mediante su reconstitución— los términos selectivos de un imaginario colectivo. Mucho más que el actor o el testigo de un pasado reciente, el difunto lograba de antemano alcanzar la categoría de héroe de un panteón cívico consensual.

El discurso de orden pasaba a ser entonces la pieza maestra de estas innumerables *Apoteosis* y *Coronas fúnebres* que eran publicadas después de cada ceremonia. Su objeto era edificar, fijar imágenes con la autoridad que pudieran conferirle las dotes de orador de quien lo pronunciaba. Así —un ejemplo entre muchos— el 14 de octubre de 1883, Jesús María Espíndola se dirigía a la población de La Asunción, en la isla de Margarita (Venezuela), con motivo de la inauguración de una plaza dedicada al prócer de la Independencia Francisco Esteban Gómez. Su evocación del cuadro histórico de los tres siglos de Colonia era elocuente: "Fue un tiempo, señores, en que la América gemía bajo el peso de la más horrible servidumbre. Toda la vasta extensión del continente era una ergástula donde no se oía sino el chasquido del látigo del rudo mayoral, el grito de agonía de una raza desgraciada y el ruido siniestro de las cadenas del esclavo".[30]

La independencia, por lo tanto, asumía la forma de una transformación radical: "el esclavo se hizo héroe, el siervo ciudadano, soldado el niño adolescente [....] trabóse la lucha encarnizada y tenaz, y fue teatro portentoso de homéricas hazañas esta tierra gloriosa".[31]

En cuanto al prócer objeto del homenaje, era nada menos que: "intrépido y esforzado como Aníbal, como Leónidas sagaz y estratégico, inmaculado como Arístides, padre y protector del pueblo como el primero de los Gracos".[32]

Aun quienes no supieran con precisión el significado de la palabra *ergástula,* o no tuviesen la menor idea de quiénes eran Aníbal, Leónidas o el primero de los Gracos, podían quedar debidamente edificados.

La exaltación de todas estas hazañas servía, además, al propósito de levantar una autoestima, tanto en el nivel local como en el nacional. Cada región debía tener su prócer y demostrar así haber contribuido a la formación de la patria común. Por otra parte, los conflictos o las tensiones del momento podían obviarse ante la referencia reiterada hacia un pasado, idealizado como una fuente inagotable de redención para los pecados del presente. Un ejemplo, entre muchos: el de las exequias, en Caracas, de Carlos Soublette.

Fallecido el 11 de febrero de 1870, a la avanzada edad de 80 años, el general Carlos Soublette había sido uno de los protagonistas de las guerras de Independencia y, hasta 1821, había acompañado a Bolívar durante las diferentes campañas que llevarían a la liberación definitiva

[30] Jesús María Espíndola, *Discurso de orden [...] en la plaza "Gómez" de La Asunción,* La Asunción, 1883, p. 2.
[31] *Ibidem,* pp. 2-3.
[32] *Ibid.*

del territorio venezolano. A partir de la creación de la nueva República de Colombia y, luego, con la secesión de Venezuela en 1830, su carrera militar le cedió el paso a una carrera política, que lo llevó a desempeñar la presidencia de la república entre 1843 y 1847. Su identificación con el partido conservador le valió, luego, un exilio de 10 años, entre 1848 y 1858. Su regreso al país coincidió con los inicios de la guerra civil, conocida con el nombre de Guerra Federal, en la cual se negó a participar, desempeñando brevemente las funciones de secretario de Estado. Retirado de la vida pública después del triunfo de los liberales en 1863, asumió nuevos cargos poco antes de su muerte, con motivo del golpe de Estado que, en 1868, trajo nuevamente al poder a una fracción de los conservadores que se había unido a una disidencia del movimiento liberal.[33]

Pese a sus méritos como "soldado de la independencia", Soublette encarnaba también los avatares de la tormentosa vida política de la Venezuela de la primera mitad del siglo XIX. Aunque había sido ex presidente de la república, un homenaje oficial —en momentos en que una guerra civil en ciernes amenazaba con tumbar el frágil gobierno de coalición que regía para entonces los destinos del país— no dejaba de ser algo delicado. Sus exequias se llevaron a cabo, por lo tanto, en términos de un llamado a la reconciliación de la memoria. Tal como lo evocaba un artículo del diario liberal caraqueño *La Opinión Nacional*, reproducido en la *Corona Fúnebre* correspondiente:

> La corona de la patria que forman los héroes de la Independencia y los varones ilustres como administradores probos y patriotas abnegados, se va deshojando poco a poco bajo el hálito implacable del tiempo; y de su antigua belleza no quedan ya sino algunas flores medio marchitas, pero magestuosas *[sic]* como las ruinas de un antiguo monumento. Desde Miranda hasta Bolívar [...] todos duermen en el sepulcro el sueño de la gloria. El último florón que ha caído de esa corona patria, es el general Carlos Soublette, muerto ayer [...] a la edad de ochenta años...[34]

Es en nombre de esta reconciliación de la memoria que se exaltarían entonces las virtudes del difunto: ¿Acaso no había sido, en recompensa de sus méritos, coronado de laureles por el propio Bolívar en 1819? ¿Acaso no había sido también un hombre de Estado tolerante, consciente de sus deberes y de una pulcra honestidad en su gestión de los

[33] Véase Juan Bautista Querales (comp.), *Estudios y discursos sobre el general Carlos Soublette,* Academia Nacional de la Historia, Caracas, 1977.

[34] Juan Bautista Querales (comp.), *Soublette y la prensa de la época,* Academia Nacional de la Historia, Caracas, 1979, p. 593.

dineros públicos? Sean cuales hubiesen sido sus orientaciones políticas, "sus manos nunca se mancharon con el peculado".[35] Su vida privada también había sido un modelo de austeridad. Y era entonces bajo el signo de esa misma austeridad que sus exequias debían de ser celebradas. Como lo destaca el relato de la ceremonia:

> La Iglesia Metropolitana [la catedral de Caracas] donde tuvieron lugar los oficios de inhumación, estaba convenientemente decorada de negro y con un aparato de buen gusto por su sencillez. El tránsito de la casa mortuoria al templo fue exornado, de querer espontáneo de los vecinos, con colgaduras de luto que hacían más grave el aspecto de la carrera. El séquito era numeroso y en él se hallaban representados todos los gremios sociales.[36]

Los distintos testimonios recogidos insisten en el carácter espontáneo de la participación popular en las exequias del ex presidente Soublette y se felicitan de que semejante espontaneidad constituya, de hecho, el reconocimiento implícito de una de las cualidades esenciales del difunto, que el discurso, pronunciado en el cementerio en el momento de la inhumación se complace en recalcar:

> Sólo a la verdadera virtud, a la santa honradez que baja al sepulcro ceñida con la blanca y humilde toga de la pobreza, es dado arrancar estos honores póstumos [...] esa admiración [...] que jamás pudo comprar la malhabida riqueza con su oro, ni la gloria falsa con su engañoso brillo. He aquí, ¡oh juventud! lo único digno de emulación y de la envidia de las almas que aspiran a figurar honrosamente en los anales de la patria. Venezuela ha probado en ocasiones tan memorables como la de hoy que no será nunca una gran colonia fenicia como Cartago, compuesta de mercaderes descorazonados, ni una Roma como la de Sexto Tarquino y Tulia; aquí hay un gran fondo de sentimiento moral que lucha con el interesado positivismo, y al fin triunfará en primero del segundo, porque es preciso creer en el dedo invisible de la Providencia.[37]

Los conflictos y las tensiones del momento podían así atenuarse, y hasta borrarse, ante las referencias de un pasado idealizado en términos de una fuente de redención para los pecados del presente. La repetida exaltación de la pobreza y honestidad del difunto serviría entonces de contrapunto a la práctica endémica de una corrupción que asociaba de manera casi inevitable el ejercicio de funciones públicas con las fuentes de la fortuna personal. Aun revestida de un carácter oficial, dada la

[35] Juan Bautista Querales, *Soublette y la prensa...*, p. 596.
[36] *Ibid.*, p. 607.
[37] *Ibid.*, pp. 608-609.

personalidad del difunto, semejante ceremonia quedaba implícitamente transformada en la manifestación colectiva de un culto hacia una personalidad histórica erigida en paradigma de conducta para la sociedad en su conjunto. El evento conllevaba también un doble mensaje: patriótico, por un lado, ya que le permitía a un numeroso público una aproximación directa al relato fundador de su propia historia patria; pero también político, puesto que la insistencia en cuanto a la relativa pobreza material de Soublette a su muerte servía, en cierta medida, la causa del partido conservador al cual había pertenecido y que compartía el poder en ese momento. No hay ceremonia enteramente inocente...

Indudablemente que el logro más acabado en cuanto a esta glorificación del héroe por medio del discurso y de la conmemoración ceremonial es el del culto venezolano a la figura de Simón Bolívar, virtualmente convertida en razón de ser de la nacionalidad. Esta conversión no fue inmediata, sino el resultado de una evolución a lo largo del siglo XIX. La repatriación de los restos del Libertador desde Santa Marta a Caracas, en 1842, constituyó una primera etapa que desembocaría, con los actos del centenario de su nacimiento en 1883, a una consagración definitiva.

La creación del imaginario nacional

Mediante la utilización del manual escolar o de la pieza oratoria, las pedagogías cívicas decimonónicas buscaron promover un proceso de asimilación política y cultural en torno a los conceptos de "patria" y de "pueblo". "La patria —escribía Justo Sierra— se compone del suelo en que nacimos, de todos los hijos de ese pueblo que viven ahora y de todos los mexicanos que han muerto."[38] Territorialidad y comunidad pasaban a ser los dos elementos clave que legitimaban la existencia de los nuevos Estados independientes y lograban "la fuerza cohesiva de la unidad nacional".[39] La nación no podía ser sino una sola.

Sin embargo, el consenso acerca de esa "unidad nacional" sí podía variar de un país a otro. En Venezuela y, en un menor grado en Colombia, pese a las vicisitudes políticas, una visión unitaria del pasado logró imponerse con relativa facilidad, siendo la Independencia el faro de referencia indiscutido. Por contraste, en México se hacía necesario conciliar dos tradiciones contrapuestas: la de los liberales y la de los conservadores. Así lo reconoce en 1916 Paulino Machorro Nar-

[38] Justo Sierra, *Obras completas,* vol. IX, p. 395; citado en Vázquez, *Nacionalismo...*, p. 119.

[39] Paulino Machorro Narváez, *La enseñanza en México,* Imprenta de Manuel León, México, 1916, p. 14; citado en Vázquez, *Nacionalismo...*, p. 147.

váez: "[...] mientras unos intentaban extraer la tradición histórica de la heroica y sobrehumana figura de Cuauhtémoc, otros cimentaban la nacionalidad en el general conquistador Hernán Cortés. Los partidarios de Hidalgo abominan de Iturbide [...]. Hasta la ortografía del nombre de la patria es una bandera de división de los espíritus. Unos escriben *Méjico* y otros *México*".[40]

El mismo Machorro agregaba: "La escuela no es para discutir los fundamentos históricos de la patria [...]. No queremos mentiras, pero exigimos respeto".[41] Los ideales de una pedagogía cívica efectiva debían asegurarle al ciudadano no solamente la certeza de sus orígenes, sino también la inalterabilidad de sus normas de conducta.

Más allá de la recuperación de una memoria colectiva, el discurso historiográfico del siglo XIX se encargaría de conformar los elementos de un imaginario. Mientras se recusaban las orientaciones propuestas por el corpus de obras sobre la historia nacional, algunos elementos de ese corpus serían adoptados por la crítica. En particular aquellos que tenían que ver con los modelos de referencia histórica de los cuales constantemente se sacaban a relucir renovadas correlaciones.

El primero de esos modelos era el de la Antigüedad clásica, aunque se trataba —claro— de una Antigüedad revisada y corregida con la finalidad de satisfacer unos propósitos específicos. Para poder así cumplir con su misión edificante, la historia se esmeraría en evocar el pasado nacional en términos de una mítica edad de oro donde la virtud y la sabiduría podían reinar de una manera soberana, mientras adoptaban el lenguaje de la epopeya. De ahí que, para el venezolano Juan Vicente González y todos sus epígonos de plaza pública, Bolívar sería a la vez el "Aquiles" o el "Ulises" de una nueva versión del poema homérico. Sus compañeros podían ser entonces, según lo ameritase el caso, unos "Ájax", unos "Néstores" o las modernas reencarnaciones de "Fabio [Cunctator]". El propio González justificaría esta posición, al escribir que: "Las épocas clásicas de Grecia y de Roma son el objeto de la constante emulación de todos los siglos".[42]

Otro objeto de emulación: la Revolución francesa, de la cual se deploraban los excesos sanguinarios pero cuyo ejemplo permitía asimilar las guerras y todo el proceso de la Independencia a una reivindicación "popular" en favor del Estado-nación. Los debates del Congreso Constituyente venezolano de 1811, descritos por Juan Vicente González, se

[40] Paulino Machorro Narváez, *La enseñanza...*, p. 59; citado en Vázquez, *Nacionalismo...*

[41] *Ibid.*, p. 133; citado en Vázquez, *Nacionalismo...*, p. 148.

[42] Juan Vicente González, "Al redactor de *El Monitor*", *El Heraldo*, 33, *Caracas,* 23 de julio de 1859.

convertían así en los de la Convención y los oradores de la asamblea criolla parecían ser las reencarnaciones de sus antecesores franceses de 1793. "Un hombre se levanta y usurpa la palabra; pero no es un hombre ese cíclope, con dos agujeros por ojos, afeado por la viruela, de cabeza enorme cubierta de erizadas cerdas, de ideas febriles servidas por una voz de trueno [...]."[43] No se trata aquí de Danton, sino de Felipe Fermín Paúl —Coto Paúl—, uno de los tribunos de la Sociedad Patriótica de 1811.

Juan Vicente González, por otra parte, insistía en el hecho de que las cualidades intrínsecas de los personajes de la historia se reflejaban imborrablemente en sus fisonomías. Así Bolívar tendría: "Ojos azules y color blanco, que ennegrecerán los rayos de la guerra, músculos de acero, mirada soberbia y terrible, las formas elegantes y varoniles del dios de las batallas [...]".[44]

En cambio, Francisco Rosete, uno de los jefes realistas españoles, sería: "Rechoncho, de una blancura sucia, de andar convulsivo, coronábale una calva innoble; dos ojos desiguales y saltados acechaban desde sus sienes, y arrojaba por los abismos de su pestilente boca amenazas y blasfemias".[45]

No puede haber patria sin independencia o sin libertad, pero tampoco podía haberla sin héroes. Estos últimos tenían el mérito de poder encarnar la nación a los ojos del ciudadano y, al mismo tiempo, de proporcionar un ejemplo a seguir. En efecto, la patria se confundía con el régimen republicano que salió de su seno y que debía ser un parangón de probidad y de virtud cívica.

Instrumento privilegiado de la construcción nacional, la historia serviría para consolidar el poder de quienes se habían preocupado por definir cuáles deberían ser sus parámetros. Al adoptar de antemano los arquetipos que proporcionaban las llamadas "nacionalidades satisfechas", según la expresión de Ruggiero Romano,[46] era posible entonces idealizar estas referencias mientras se adaptaban a un nuevo contexto. Que ese contexto fuera el de una "nacionalidad frustrada" —siempre de acuerdo con la expresión utilizada por Romano—[47] favorecía la

[43] Juan Vicente González, "Biografía de José Félix Ribas", en *Pensamiento Político Venezolano del Siglo* XIX, Publicaciones del Congreso de la República, Caracas, 1983, t. III, pp. 110-111.
[44] *Ibidem.*, p. 109.
[45] *Ibid.*, pp. 192-193.
[46] Ruggiero Romano, "Algunas consideraciones alrededor de nación, Estado (y libertad) en Europa y América Centro Meridional", en Antonio Annino *et al.*, *América Latina: del Estado colonial al Estado nación, 1750-1940,* Franco Angeli, Turín 1987, t. I, p. 4.
[47] *Ibid.*

construcción de un imaginario que se encargaría, con el tiempo, de legitimar un discurso mediante el cual los procesos de una historia real lograban confundirse con los mitos de una historia deseada.

Auxiliares privilegiados de la memoria nacional,[48] las ceremonias oficiales —exequias o conmemoraciones— se encargarían, a su vez, de difundir un mensaje, definido en términos de consenso, pero cuyos temas, reiteradamente repetidos, no dejarían también de abrigar cierta dosis de ambigüedad. La probidad, la austeridad de una honesta indigencia, la tolerancia, el espíritu de sacrificio encabezan la lista de virtudes que suelen adornar las figuras evocadas en esas oportunidades. Pero, además de un ejemplo a seguir, ¿no se trata al mismo tiempo, implícitamente, del reconocimiento de un fracaso, o al menos, de la manifestación inconsciente de una frustración colectiva? Aunque las naciones iberoamericanas, al igual que Venezuela, no se hubiesen transformado en "colonias fenicias" compuestas de "mercaderes descorazonados", el "dedo invisible de la Providencia" podía apuntar un índice acusador hacia comunidades donde la violencia, el sectarismo, la corrupción y el despilfarro estaban —y aún están— en el orden del día. La nación ideal quedaba —y aún queda— por construir, como si el Sísifo de la leyenda hubiese decidido rodar eternamente su roca por pendientes tropicales.

[48] Véase François Dosse, "Une histoire sociale de la mémoire", *Raison Présente*, núm. 128, París, 4° trimestre, 1998, pp. 5-24.

XVIII. LA CIUDADANÍA EXAMINADA: EL CONTROL ESTATAL DE LA EDUCACIÓN EN CHILE (1810-1870)

SOL SERRANO
Pontificia Universidad Católica

"¡DESPOJO, DESPOJO!", gritaron los doctores de la Universidad de San Felipe cuando leyeron por tercera vez el decreto del gobierno que la suprimía y la remplazaba por la Universidad de Chile en 1839.[1] Obedientemente hicieron entrega de lo último que les quedaba: el archivo, los muebles, el edificio... y el nombre. Era el embate final del conflicto entre un cuerpo colegiado y el "Estado nacional" en formación que intentaba reformar la realidad social, sus formas de organización y de representación, sus antiguas lealtades y se disponía, heredero como era de la Ilustración española y del reformismo borbónico, a ampliar sus atribuciones para nuevos fines: la formación del ciudadano y la formación de la nación.

Ambos eran el sustento del nuevo principio de legitimidad del orden político basado en la soberanía nacional y en la representatividad popular. El ejercicio de esa soberanía, en principio universal, requería para sus artífices, sin embargo, el uso recto de la razón y la formación de la virtud republicana. En la medida en que la Ilustración avanzara con la educación pública, entonces la ciudadanía se expandiría gradualmente.[2]

Por ello, el sistema educacional concebido en los albores de la República y forjado a lo largo del siglo XIX tenía una clara y definida estructuración social: la instrucción científica y literaria para los ciudadanos y la instrucción primaria para el pueblo. Ambas categorías se reunían en la regulación estatal destinada a formar un sistema nacional de educación.

Dentro del ideario revolucionario de la Independencia, tributario en tantos sentidos del ideario francés, sólo la educación pública podía encar-

[1] José Toribio Medina, *Historia de la Universidad de San Felipe,* Santiago, 1928, t. I, p. 376.

[2] François-Xavier Guerra, "La Revolución francesa y el mundo ibérico", en Cristián Gazmuri y Ricardo Krebs (comps.), *La Revolución francesa y Chile,* Ed. Universitaria, Santiago, 1990, pp. 335-355; Simón Collier, *Ideas y política en la Independencia chilena. 1808-1833,* Andrés Bello, Santiago, 1977.

nar el interés nacional.[3] Aunque no se oponía a la educación particular, consideraba que respondía a los intereses de algunos y no a construir una sociedad homogénea ligada por los mismos lazos de lealtad y de pertenencia que permitiera la construcción del orden social.[4] El Estado, por tanto, debía dar educación propia y, al mismo tiempo, regular con una normativa común tanto la educación pública como la privada.

Para describir el proceso por medio del cual el Estado centraliza sus funciones educacionales cercenando a instituciones tradicionales, hemos escogido el estudio de un instrumento paradigmático: el examen. Diversos autores han estudiado su importancia para el disciplinamiento de la sociedad y la configuración de una identidad individual.[5] En estas páginas queremos describir el uso del examen para uniformar la formación del ciudadano —primero en contra de un cuerpo colegiado, y más tarde en contra de la Iglesia— en un país como Chile, que fue una de las naciones del continente que menos conflictos internos tuvo en la organización de la nueva institucionalidad republicana.[6]

El Estado contra la corporación

La educación superior colonial, formada a comienzos del siglo XVII, estaba orientada a fines eclesiásticos. Dominicos y jesuitas obtuvieron, en la década de 1620, la autorización papal para establecer universidades pontificias que otorgaban grados académicos en filosofía, teología y derecho

[3] Véase Sol Serrano, "La Revolución francesa y la formación del sistema nacional de educación en Chile", *Cahier Des Ameriques Latines,* 10, IHEAL, París, 1990, pp. 237-262.

[4] Juan Egaña fue el pensador político que mejor articuló el concepto de "educación nacional" en la memoria enviada al Congreso en 1811 ("Reflexiones sobre el mejor sistema de educación que puede darse a la juventud de Chile. 1811", Archivo Nacional, Fondos Varios, p. 796); Mario Góngora, "El rasgo utópico en el pensamiento de Juan Egaña", en *Estudios de historia de las ideas y de historia social,* Ed. Universitarias de Valparaíso, Valparaíso, 1980, pp. 207-230.

[5] Michel Foucault, *Vigilar y castigar,* 8ª ed., Siglo XXI Editores, México, 1983; Michel Bouillé, *L'école, histoire d'une utopie?,* Ed. Rivages, París, 1988.

[6] Luego de un periodo de inestabilidad entre en 1810 y 1830, el Estado central consolidó su autoridad en el territorio y los conflictos fueron procesados institucionalmente sin romper el sistema político. Entre 1830 y 1891 todos los presidentes de la república terminaron su periodo constitucional. Ello contrasta con el caso de México, que desde la Independencia en 1821 hasta el establecimiento de la república liberal en 1867 estuvo cruzado por conflictos internos entre centralistas y federalistas o entre conservadores y liberales, consolidando su estabilidad política con Porfirio Díaz en 1876. En el Río de la Plata, el conflicto entre unitarios y federalistas retrasó la organización propiamente nacional de Argentina que se inició luego de la dictadura de Juan Manuel de Rosas, la promulgación de la Constitución de 1853 y el ascenso de Bartolomé Mitre como presidente de la república en 1862.

canónico a sus propios novicios.[7] Hacia mediados del siglo XVIII, la sociedad criolla había experimentado un importante desarrollo y le pareció necesario ampliar los objetivos de la educación religiosa hacia fines seglares.[8] Fue así como el cabildo de Santiago pidió autorización a la corona para establecer una universidad real. Fundada en 1738, la Universidad de San Felipe abrió sus aulas en 1756 para otorgar grados en filosofía, teología, leyes, matemáticas y medicina, grados sobre los cuales pasó a tener el derecho exclusivo.

Fiel a la monarquía, se identificaba plenamente con sus intereses y procuró "la mayor atención a que en esta Universidad se lean y enseñen las más seguras y sanas doctrinas" —como le señaló el claustro al gobernador en 1769— prohibiendo, luego de la expulsión de los jesuitas, cualquier referencia a autores como Suárez y Mariana y aun expurgando de la biblioteca de los expulsos que ella heredó a cualquier autor contrario a la teoría del derecho divino de los reyes.[9] Se mantuvo dentro de un esquema tradicional donde no penetraron las reformas de los estudios religiosos que el despotismo ilustrado introdujo en España y en América; el currículum y los métodos de enseñanza continuaron siendo escolásticos y la enseñanza en matemáticas y medicina fue más bien nominal.[10]

Ello no impidió que por diferentes vías el pensamiento educacional de la Ilustración, principalmente en lo relativo a la importancia de las ciencias útiles y su crítica a la escolástica, penetrara en algunos prominentes criollos que más tarde serían los ideólogos de la educación republicana.[11] Junto con el establecimiento del primer Congreso nacional en 1811 se presentaron tres proyectos para reorganizar la educación que se concretaron en 1813 con la fundación del Instituto Nacional —su solo nombre ya indica la influencia francesa—, el cual reunía a las princi-

[7] Rolando Mellafe *et al., Historia de la Universidad de Chile,* Ed. de la Universidad de Chile, 1992, pp. 21-27.

[8] Sobre las reformas borbónicas en Chile véase Jacques Barbier, *Reform and Politics in Bourbon Chile, 1755-1796,* University of Ottawa Press, Otawa, 1980.

[9] José Toribio Medina, *Historia…,* t. I, p. 133 y t. II, p. 122; Jaime Eyzaguirre, *Ideario y ruta de la emancipación chilena,* 3ª ed., Universitaria, Santiago, 1972, pp. 46-48.

[10] Entre 1757 y 1839 los alumnos que se inscribieron u obtuvieron grados en la Universidad de San Felipe fueron 620 en filosofía, 569 en teología, 526 en leyes, 40 en matemáticas y 38 en medicina. Medina, *Historia…,* t. II, Apéndice. Sobre los contenidos de la enseñanza, véase Mario Góngora, "Notas para la historia de la educación universitaria colonial en Chile", *Anuario de Estudios Americanos,* Sevilla, vol. 6, 1949, pp. 161-230; Mario Góngora, "Origin and Philosophy of the Hispanic American University", Joseph Maier y Richard W. Watherhead (comps.), *The Latin American University,* University of New Mexico Press, 1979.

[11] Julio César Jobet, *Doctrina y praxis de los educadores representativos chilenos,* Ed. Andrés Bello, Santiago, 1970.

pales instituciones públicas del periodo colonial, entre ellas el seminario y la universidad.[12] La critica que de ella hacían las nuevas autoridades era elocuente: sólo examinaba y daba grados; sus catedráticos rara vez enseñaban y no hacían ningún aporte original al saber. El Instituto Nacional debía formar

> no sólo eclesiásticos instruidos y virtuosos, estadistas profundos y magistrados honrados, sino sabios exactos que rectifiquen la ruda agricultura, den a las artes los primeros empujes, ilustren los talleres y rompan las entrañas de la tierra; juristas elocuentes que hagan la concordia civil; químicos que analicen la riqueza que, por desconocida, pisamos en el país de la laceria; botánicos que desenvuelvan las virtudes útiles de los preciosos vegetales que, desvirtuados, acarreamos a grandes costos y distancias; médicos bien elementados, que auxilien la naturaleza doliente; cirujanos educados en la disección, que alejen las incertidumbres de las operaciones; y ciudadanos virtuosos, dispuestos y útiles en todas las clases del estado.[13]

La formación del hombre nuevo que pretendía el pensamiento revolucionario en Europa y América, suponía del ciudadano más que una función política. Era, en realidad, quien poseía la capacidad transformadora del conocimiento para la perfectibilidad de la naturaleza humana y física. Para alcanzar semejantes objetivos, una universidad escasamente docente, realista y escolástica, parecía una rémora del pasado.

En los hechos, sin embargo, la nueva educación tuvo más lazos de continuidad con el pasado que lo que el discurso podía reconocer y aceptar. El rasgo utópico del pensamiento revolucionario no se tradujo, como en el caso francés, en una ruptura total que significaba remplazar de raíz la red educacional existente principalmente religiosa, sino en controlarla y transformarla paulatinamente. Ello se explica en parte por la pobreza de la red que se heredaba y las limitaciones del erario para suplantarla. Pero también se explica por un elemento distintivo del caso chileno: la persistencia del universo católico compartido en lo esencial por toda la clase dirigente criolla. De allí que no se suprimiera la enseñanza de los establecimientos religiosos en ninguno de sus niveles, sino que más bien se intentara controlarla por la vía administrativa.

Así, la universidad siguió existiendo con el privilegio exclusivo de tomar los exámenes conducentes a grados, pero sin alumnos y sin finan-

[12] Domingo Amunátegui Solar, *Los primeros años del Instituto Nacional,* Santiago, 1880.

[13] "Ordenanzas del Instituto Nacional...", en *Sesiones del Congreso Legislativo,* 1811, p. 296. En el mismo tomo se encuentran los proyectos presentados por Juan Egaña, Manuel de Salas y Camilo Henríquez.

ciamiento.[14] En 1823 el gobierno decretó que los exámenes debían rendirse en el Instituto. El Rector se quejó amargamente. "Es sensible decirlo —señalaba—, pero es preciso: la indebida predisposición contra todas las antiguas instituciones llevadas a los extremos del fanatismo, introdujo el desprecio de este cuerpo."[15] La universidad tomó después algunos exámenes, pero esta situación ya no era admisible a fines de la década de 1830, cuando se había establecido un gobierno estable bajo la hegemonía conservadora, se había dictado una Constitución que habría de durar casi un siglo, las arcas fiscales se saneaban y la administración se consolidaba. Manuel Montt, rector del Instituto en 1838 y más tarde ministro en la cartera de educación y del interior y presidente de la república por un decenio (1851-1861), emprendió la última batalla. La reforma de los estudios en que estaba empeñado no podía ser perturbada por una "corporación cuya crepitud aumenta cada día".[16] La universidad fue suprimida en 1839.

El conflicto específico en juego era quién controlaría los exámenes para optar por los grados conducentes a las profesiones. No era un conflicto administrativo menor. Los exámenes eran la llave para obligar a una sociedad fundamentalmente agraria —que otorgaba al conocimiento un escaso valor funcional, a la que sólo le interesaba, según denunciaban las autoridades educacionales, recibir un título en el tiempo más corto posible— a educarse en el conocimiento enciclopédico que suponía la civilización. Se aspiraba a formar una clase dirigente culta, versada en los conocimientos generales de las disciplinas humanistas y científicas y no sólo en la filosofía y en la teología. Las reformas para introducir el estudio de la literatura, de la geografía y de la historia, y de las matemáticas, no fueron bien recibidas por los alumnos.[17] ¿Cómo lograr, entonces, formar un ciudadano culto sino obligándolo a recibir esos conocimientos con base en la recompensa del premio final? Si los títulos profesionales, dominados abrumadoramente por la abogacía, podían obtenerse por otros medios, el Estado perdía su capacidad de imponer ese tipo de educación y hacerla homogénea. Era la formación de la clase

[14] El carácter realista de la Universidad de San Felipe quedó en evidencia cuando fue restaurada por la autoridad española entre 1814 y 1818, periodo en que las fuerzas patriotas fueron vencidas.

[15] Archivo Nacional de Chile, *Archivo del Ministerio del Interior,* vol. 51, f. 49, "Oficio del rector Juan Francisco Meneses al Ministro del Interior", 30 de abril de 1833.

[16] Archivo Nacional de Chile, *Archivo del Ministerio de Educación,* vol. 5, f. 51, "Oficio del rector Manuel Montt al Ministro de Instrucción Pública", 31 de octubre de 1838.

[17] Véase el artículo "Estudios a la ligera" en el periódico *El Semanario de Santiago,* 8 de septiembre de 1842. La oposición de los alumnos a las reformas es relatada por Diego Barros Arana, alumno del Instituto y luego un connotado historiador en *Un decenio de la historia de Chile 1841-1851*, Santiago, 1913.

dirigente la que estaba en juego y esa propia clase dirigente no puso en duda que el control educacional era un derecho y un deber del Estado. Ninguna voz se alzó para defender la permanencia de la universidad colonial.

El triunfo del Estado racionalizador

Entre 1830 y 1860 las dificultades del Estado chileno para llevar a cabo su proyecto educacional no fueron principalmente ideológicas. Tanto el conservadurismo en el poder, que se caracterizaba por sus rasgos autoritarios y su realismo, como el naciente liberalismo compartían un común sustrato ilustrado y republicano que le otorgaba a la educación una importancia primordial en el camino hacia la civilización. Compartían también la idea de que el Estado debía ser docente y que debía normar el conjunto de la educación. La Constitución de 1833 dictaba la creación de una superintendencia de educación. Esa misma Constitución fijaba a su vez los límites de ese consenso: la secularización de la sociedad. El Estado chileno era católico, y ello tampoco fue impugnado.[18]

En 1842 se fundó la Universidad de Chile, cuyo gran inspirador y primer rector fue Andrés Bello. Su concepto de universidad era tributario de la Ilustración escocesa, que se caracterizó por su moderación en la secularización del conocimiento y por su apertura a las ciencias naturales y a sus aplicaciones prácticas.[19] Este modelo ejerció gran influencia en los círculos utilitaristas ingleses —que Bello frecuentó durante su larga estadía en Londres—, quienes propiciaban una educación superior científica y profesional, opuesta al modelo de Oxford y Cambridge, y que se expresó en la fundación de la Universidad de Londres en 1826.[20] Si Bello recogió de la Ilustración escocesa el concepto de una universidad científica y humanista sustentada en el principio de la unidad entre ciencia y fe y de los utilitaristas recogió la importancia del conocimiento científico para el desarrollo industrial, en el concepto sobre el papel del Estado en la educación, la influencia francesa parece evidente.[21]

[18] Sobre el carácter liberal del pensamiento conservador de ese periodo véase Simón Collier, "Conservantismo chileno 1830-1860. Temas e imágenes", *Nueva Historia,* Londres, año 2, núm. 7, 1983.

[19] George Elder Davie, *The Democratic Intellect. Scotland and Her Universities in the Nineteenth Century,* University Press, Edimburgo, 1964; Harold Perkin, "The Academic Profession in the United Kingdom", en Burton Clark (comp.), *The Academic Profession,* University of California Press, 1987.

[20] E. G. West, *Education and The Industrial Revolution,* B. T. Batsford, Londres y Sydney, 1975.

[21] Véase Andrés Bello, "Discurso pronunciado por el Sr. Rector de la Universidad don Andrés Bello en la instalación de este cuerpo el día 17 de Septiembre de 1843", *Anales*

La unión de Estado y ciencia en Bello era fundamental para que el conocimiento se articulara socialmente y cumpliera el objetivo de formar ciudadanos. Heredero del pensamiento de Condorcet y de Talleyrand, Bello defendía una estructura jerárquica del conocimiento presidida por la ciencia que debía irradiar hacia el resto de la estructura educacional. El Estado debía crear esa articulación y la universidad debía ser la encargada de forjar una cultura nacional. Por ello, siguiendo el modelo de la universidad imperial francesa, la Universidad de Chile era superintendencia de educación y al igual que el Instituto de Francia, era una academia científica.

La jerarquía del saber determinaba la jerarquía de la estructura educacional férreamente dividida entre la educación científica-literaria y la educación primaria. Como señala Pierre Rosanvallon refiriéndose a Guizot y a la ley de instrucción primaria de 1833, esta jerarquía no respondía sólo a niveles del saber, sino que tenía también una función sociológica consistente en otorgar una educación apropiada y diferenciada de acuerdo con cada clase social. Uniformidad y universalidad eran conceptos que no debían ser confundidos.[22]

Tanto en el pensamiento como en la práctica educacional del periodo, la estructuración social del sistema educacional fue clara. Al comenzar la década de 1840 el ministro del ramo, Manuel Montt, lo especificaba al fundamentar la creación de nuevas instituciones: "Difundir estos conocimientos (científicos y literarios) es tan necesario como difundir los que da la instrucción primaria en la masa del pueblo, porque la instrucción debe adaptarse a las diferentes condiciones, y habilitar al hombre para vivir en el puesto que le ha cabido".[23] Su traducción institucional significó que el Instituto Nacional (o sus pálidos equivalentes, los liceos de provincia) formaba en los estudios generales y en las profesiones a la clase dirigente y proveía de profesores. Para los sectores populares estaban las escuelas, cuyos profesores se formaban en la Escuela Normal de Preceptores (1842), y la Escuela de Artes y Oficios (1849), destinada a la formación de mano de obra calificada. Por sobre ellas estaba la Uni-

de la Universidad de Chile, t. I, 1843-1844, pp. 139-152. Sobre la influencia escocesa en Bello, véase Iván Jáksic, *Academic Rebels in Chile, The Role of Philosophy in Higer Education and Politics,* State University of New York Press, Albany, 1989. El pensamiento educacional del periodo que está marcado por Guizot y por el estudio de Pierre Rosanvallon *(Le moment Guizot,* Gallimard, París, 1985), es extraordinariamente aplicable al caso chileno. Este aspecto se desarrolla en nuestro estudio *Universidad y nación. Chile en el siglo* XIX, Editorial Universitaria, Santiago de Chile, 1994.

[22] Rosanvallon, *Le moment...,* p. 244.

[23] Memoria del Ministro de Justicia, Culto e Instrucción Pública, *Sesiones del Congreso Legislativo,* t. XXX, 1842, p. 110.

versidad de Chile, que en cuanto academia científica alimentaba al sistema y en cuanto superintendencia lo dirigía y articulaba.[24]

Este esquema fue compartido en lo sustancial por los sectores ilustrados que políticamente se expresaban en el conservadurismo gobernante, llamado "pelucón", y el naciente liberalismo que reunía a los antiguos "pipiolos" del periodo de la Independencia con círculos juveniles de nuevo cuño, románticos y doctrinarios, que se oponían al autoritarismo pelucón.[25]

A partir de este consenso, las verdaderas dificultades de la universidad residían en aquello que Bronislaw Baczko ha denominado el conflicto entre el sueño pedagógico y la realidad social.[26] La escasez de recursos económicos y humanos para establecer una tradición científica principalmente en las ciencias naturales y, por otra parte, el valor que la clase dirigente, agraria, comercial y minera, le otorgaba al conocimiento eran barreras difíciles de salvar. Se trataba no sólo de formar nuevas profesiones como medicina e ingeniería y atacar el monopolio absoluto de la abogacía. Había también que formar a ese sector social en la cultura clásica, en el gusto, en la urbanidad. La clase dirigente no debía sólo serlo, sino también parecerlo y no lo parecía cuando no dominaba, por ejemplo, ni la gramática de su lengua. Ello le chocó profundamente a Andrés Bello, quien "se mortificaba grandemente al oír, en boca de las personas más encopetadas, una multitud de locuciones viciosas i de groseros barbarismos. Magnates había que pronunciaban y escribían *haiga, dentrar, sandiya...*"[27]

La gramática y la lengua formaban parte del programa de cambio cultural que debía ser el correlato del cambio político. La preocupación principal de Bello era homogeneizar la lengua castellana en América y revertir su carácter plebeyo, propio de una cultura oral. Publicó más de 48 artículos en la prensa chilena sobre la materia y en 1835 aparecieron sus *Principios de la ortología y métrica de la lengua castellana* y en

[24] Las cifras confirman que la educación primaria y la científica estaban escasamente vinculadas entre sí. En 1895 la educación pública estaba compuesta por 139 991 alumnos en la primaria, 11 524 en la secundaria y 1 190 en la superior, es decir, 8.2% y 0.85% en relación con la primaria, respectivamente. Carlos Humud, *El sector público chileno. 1830-1930,* Universidad de Chile, Santiago, 1969, p. 201.

[25] Domingo Faustino Sarmiento es un buen ejemplo de este consenso, pues siendo liberal trabajó activamente con los gobiernos conservadores en materias educacionales y fue el primer director de la Escuela Normal de Preceptores y académico de la universidad. Fue también la voz más crítica a la estructuración social del sistema educacional; él insistió mucho en que el deber prioritario del Estado era la educación primaria *(Educación común,* Santiago, 1856).

[26] Bronislaw Baczko, *Une education pour la democratie,* Garnier, París, 1982, p. 17.

[27] Así lo dice el editor de sus escritos después de su muerte. Miguel Luis Amunátegui Reyes, *Nuevos estudios sobre Andrés Bello,* Santiago, 1902, p. 127.

1847 su monumental *Gramática de la lengua castellana destinada al uso de los americanos.*[28] Sus proposiciones fueron objeto de polémica y Domingo E Sarmiento criticó su "clasicismo" reivindicando la relación entre lengua y cultura nacional. "La soberanía del pueblo tiene todo su valor y su predominio en el idioma: los gramáticos son como el senado conservador, creado para resistir a los embates populares".[29] Compartían, sin embargo, la necesidad de transitar de una cultura predominantemente oral a una cultura escrita homogénea por medio del sistema educacional y Sarmiento, como director de la Escuela Normal de Preceptores, publicó en 1845 su *Método de lectura gradual* que alcanzó la monumental suma de 56 ediciones.[30]

En lo quc se refiere a la educación científica-literaria, la universidad hizo un sistemático esfuerzo por contratar profesores extranjeros, traer laboratorios, becar alumnos a Europa, formar las nuevas profesiones y establecer un currículum humanista y científico con un orden lógico y gradual obligatorio.[31] La labor reglamentaria fue intensa y en ella los exámenes eran una pieza clave.[32] Los alumnos de provincia debían rendirlos frente a comisiones nombradas por la universidad, ante lo cual las autoridades regionales reclamaron insistentemente que sus liceos tuvieran exámenes válidos para frenar la migración de sus jóvenes hacia la capital, autorización que les fue gradualmente concedida.

Hacia 1860 el Estado había logrado establecer a lo largo del territorio una red colegial pública homogénea compuesta por 18 establecimientos que educaban a 2 223 alumnos.[33] Pero, al mismo tiempo, había 23 establecimientos de educación secundaria masculina particular con 1 600 alumnos.[34] Ante ellos, la universidad se encontraba en un dilema frente a dos principios: la libertad de enseñanza y la racionalización de

[28] Rodolfo Oroz, "Los estudios filológicos de Andrés Bello", en *Estudios sobre la vida y obra de Andrés Bello,* Ed. Universidad de Chile, Santiago, 1973, pp. 145-182.

[29] "La democracia", *El Mercurio,* 2 de enero de 1844; citado por Ana María Stuven, "Polémica y cultura política chilena, 1840-1850", en *Revista Historia,* Pontificia Universidad Católica de Chile, Santiago, núm. 25, 1990, p. 232.

[30] Carlos Stuardo, *El método de lectura gradual de Domingo F. Sarmiento. Datos para su historia y bibliografía,* Santiago, 1949. Alamiro de Ávila Martel, *Sarmiento en la Universidad de Chile,* Ed. Universidad de Chile, Santiago, 1988.

[31] Sobre la labor de la universidad en la instrucción superior, véase Iván Jáksic y Sol Serrano, "In the Service of the Nation: The Establishment and Consolidation of the Universidad de Chile, 1842-1879", *Hispanic American Historical Review,* vol. 70, núm. 1, 1990, pp. 139-171.

[32] Los dos documentos legales que construyeron la reglamentación inicial son "Ley Orgánica de la Universidad de Chile", *Anales de la Universidad de Chile,* t. I, 1843-1844, pp. 9 y ss., y "Reglamento del Consejo Universitario", *ibid.,* pp. 69-75.

[33] Carlos Humud, *El sector público chileno,* Universidad de Chile, Santiago, 1969, p. 201.

[34] Luis Galdames, *La Universidad de Chile,* Santiago, 1934, p. 66.

los estudios, que resolvió regulando los requisitos para la educación superior.

El Estado liberal en formación no aspiraba por ningún concepto a ocupar los espacios de la sociedad civil, sino a normarlos. No fue antagónico a la educación particular, la cual fomentó autorizando la instalación de distintas congregaciones religiosas.[35] Pero al tener el monopolio de los grados académicos para acceder a los títulos profesionales, según el principio de que debía defender el bien común y la calidad del servicio de las profesiones, el Estado controlaba la punta de la pirámide educacional y con ello el currículum mínimo de toda la secundaria. En los hechos, todos los alumnos de Santiago debían rendir sus exámenes en el Instituto Nacional, que tuvo el monopolio de la examinación secundaria.

Luego de dos décadas de funcionamiento de la superintendencia de educación, el Estado había logrado, por medio del examen, uniformar los contenidos y la organización de los estudios que debían formar a la clase dirigente en el conocimiento humanista y científico.[36] La historia fue la disciplina más relevante y polémica por su importancia para fortalecer la "lealtad del individuo con la nación", como lo decía un artículo de prensa en 1843.[37] La universidad fue escenario de uno de los más ricos debates historiográficos del siglo XIX latinoamericano protagonizado por Andrés Bello y José Victorino Lastarria entre la historia narrativa y la historia filosófica.[38] La reforma curricular de 1843 fortaleció el estudio de la historia universal —desde la antigua hasta la moderna y también la sagrada—, que abarcaba cinco años del programa. En 1857 se

[35] Los colegios particulares secundarios masculinos más importantes del siglo XIX fueron de dos congregaciones religiosas: los Padres Franceses de Valparaíso (1834) y de Santiago (1849) de los Sagrados Corazones y el San Ignacio (1856) de la Compañía de Jesús.

[36] El programa de estudios en el IN hacia 1855 era el siguiente: HUMANIDADES: 1ª clase: latín, gramática castellana, geografía y aritmética, catecismo y dibujo. 2ª clase: latín, gramática castellana, aritmética, historia antigua, catecismo y dibujo. 3ª clase: latín, gramática castellana, historia romana, álgebra, historia sagrada, francés, inglés. 4ª clase: latín, historia de la Edad Media, geometría, geografía, historia eclesiástica, francés, inglés. 5ª clase: latín, historia moderna, trigonometría, física. 6ª clase: filosofía, latín, literatura, historia moderna, matemáticas, fundamentos de la fe. MATEMÁTICAS 1º preparatoria: aritmética, gramática castellana, geografía, catecismo. 2ª preparatoria: álgebra, geometría, gramática castellana, historia antigua, catecismo, dibujo de paisaje. 1º científico: aritmética y álgebra, gramática castellana, historia romana, historia sagrada, francés, inglés, dibujo lineal. 2º científico: geometría y trigonometría, historia de la Edad Media, historia eclesiástica, francés. 3º científico: geometría analítica y secciones cónicas, literatura, historia moderna, cosmografía. Fuente: "Estado del Instituto Nacional", *Anales de la Universidad de Chile,* 12, 1855, pp. 242-257.

[37] *El Progreso,* 14 de febrero de 1843.

[38] Para un amplio panorama sobre los orígenes de la historiografía chilena y la enseñanza de la historia véase Allen Woll, *A Functional Pass. The Uses of History in Nineteenth Century Chile,* Louisiana State University Press, 1982.

aprobó el texto de Víctor Duruy, *Curso de historia universal,* traducido e impreso en el país, que hacia 1870 se usaba en los 13 liceos provinciales.[39] Los seminarios lo rehusaron porque interpretaba al cristianismo sólo como un hecho humano y no divino, y optaron por el texto del abate Drioux.[40] Las polémicas historiográficas francesas se reproducían en las aulas chilenas. Hacia mediados de la década de 1850 se estableció un curso de historia de Chile y de América basado en textos escritos por académicos de la universidad, connotados liberales.[41] Algún tiempo después, la Iglesia optó por su propio texto, que si bien difería de los anteriores en que le otorgaba un papel civilizador y pacificador a la Iglesia durante la Colonia, compartía la visión elogiosa y entusiasta de la formación de la República que se debía, a su juicio, a la permanencia del Estado católico.[42]

Durante el periodo fundacional del sistema nacional de educación, antes de que el conflicto entre la Iglesia y el Estado fuera el eje divisorio de la política chilena, el examen no fue concebido como un instrumento doctrinario de un grupo sobre otro, sino como un instrumento del Estado racionalizador en contra de la llamada "herencia colonial". Mientras esa racionalización no afectara el otro pilar del consenso —el catolicismo— el examen aparecía como un instrumento útil y necesario para formar al ciudadano. Pero, al igual que en Francia y en el resto del continente, ese conflicto tendría que llegar tarde o temprano. La originalidad del caso chileno, a nuestro juicio, es que llegó más tarde.[43]

El Estado contra la Iglesia

Desde la Independencia hasta mediados del siglo, las tensiones entre la Iglesia y el Estado provenían del regalismo y no de la laicización. La Constitución de 1833 había definido el marco al establecer que el Estado era católico y ejercía el derecho de patronato. Ello excluía dos polos: el

[39] Víctor Duruy, *Curso de historia universal,* Santiago, 1856.

[40] *La Revista Católica,* t. IX, 1858, p. 576.

[41] Los dos textos utilizados por los liceos en la segunda mitad del siglo XIX fueron Miguel Luis Amunátegui, *Compendio de la historia política y eclesiástica de Chile,* Santiago, 1856 y Diego Barros Arana, *Compendio elemental de historia de América,* Santiago, 1865.

[42] Esteban Muñoz Donoso, *Compendio de historia de América y Chile escrito para los seminarios y colegios católicos,* Santiago, 1875.

[43] Si se compara con México, por ejemplo, el conflicto político entre centralistas y federalistas en la década de 1830 era también un conflicto entre conservadores y liberales. Las reformas liberales de Gómez Farías en 1833 iban directamente en contra de la Iglesia y la Constitución de 1857 era marcadamente anticlerical. En cambio, en Chile, las luchas más fuertes contra la Iglesia se dieron en relación con las "leyes laicas" dictadas en la década de 1880 que laicizaron el bautismo, el matrimonio y las defunciones.

apoyo eclesiástico al régimen monárquico y la laicización del Estado. Dentro de ese marco, más consensual de lo que fue en la mayoría de los países del continente, hubo conflictos porque la Iglesia se negó a reconocerle al Estado republicano el derecho de patronato heredado de la monarquía española. Sin embargo, aceptó esa intervención intentando morigerarla sin entrar en conflictos abiertos.[44]

En el campo educacional, la Universidad de Chile, al igual que la universidad Imperial, se definió explícitamente como católica y en ambos casos, la universidad estableció su relación con la Iglesia sobre la base de la tradición galicana. Si en Francia esto era un arcaísmo, pues la Iglesia de la Restauración renació como ultramontana y muy pronto impugnó el monopolio universitario como un ataque a la propia Iglesia, en Chile también lo haría más tarde.[45]

Hasta la década de 1860, la Iglesia miraba a la universidad con benevolencia pues, como ya se vio, en cuanto superintendencia, debía velar por la educación religiosa y en cuanto academia, por la unidad entre ciencia y fe. El peligro para ella no estaba todavía en el Estado, empeñoso regalista, sino en la "opinión", es decir, en los nuevos círculos de jóvenes liberales que hacían suyo el ideario del 48 francés.[46] Por otra parte, en 1856, a raíz de un conflicto entre la Iglesia y el gobierno derivado de los fueros eclesiásticos, el partido conservador gobernante se dividió entre los regalistas que apoyaban al gobierno y los ultramontanos que apoyaban a la Iglesia y que se organizaron como partido político, de la misma manera en que lo hacían los liberales.

En 1860 ya se había configurado un sistema de partidos, y el liberalismo accedió al gobierno ese año, aliado con los conservadores ultramontanos unidos por su común antagonismo hacia un poder ejecutivo fuerte. Esa alianza duró hasta 1873, cuando el avance de las ideas liberales y el fortalecimiento de una Iglesia políticamente organizada, condujeron a que el eje divisorio de la política chilena fuera el conflicto entre Iglesia y Estado.

La ruptura de un universo católico compartido por la clase política puso en entredicho las facultades del Estado docente porque la educación dejó de ser entendida sólo como una lucha contra la ignorancia, contra los residuos del pasado, para entrar a formar parte de una lucha ideológica actual entre dos visiones del mundo que competían entre sí. El objeto es-

[44] Carlos Silva Cotapos, *Historia eclesiástica de Chile,* Santiago, 1925; Sergio Vergara, "Iglesia y Estado en Chile, 1750-1850", *Historia,* Instituto de Historia, Universidad Católica de Chile, núm. 20, 1985.

[45] Madeleine Compére, *Du collége au Lycée 1500-1850,* Gallimard, Julliard, 1985, p. 251.

[46] Cristián Gazmuri, *El "48" chileno,* Ed. Universitaria, Santiago, 1992.

pecífico del conflicto entre libertad de enseñanza y Estado docente fue precisamente el control de los exámenes. Para el sector clerical, éste era admisible siempre y cuando el Estado defendiera su catolicidad, pero, de no ser así, el Estado ejercía un monopolio que iba en contra del derecho natural de los padres a decidir la educación de sus hijos y en contra de la igualdad ante la ley que garantizaba el derecho positivo.[47] Esta argumentación tuvo distintas fuentes doctrinarias, pero lo interesante es que los conservadores, tanto en el Congreso como en la Universidad, no recurrieron a argumentos teológicos, sino a argumentos seculares y algunos se opusieron no sólo a la fiscalización estatal, sino a que hubiera educación pública en el nivel secundario y superior. Zorobabel Rodríguez, el más destacado entre ellos, sostenía que esa educación podía ser asumida por la iniciativa privada. Más aún, la sola existencia de la educación pública negaba la libertad de enseñanza, pues inhibía la libre competencia, y en los hechos significaba un subsidio de los pobres a los ricos.[48] La mayoría de los conservadores fueron menos radicales y justificaron la educación pública en un país atrasado, pero no la fiscalización.

Para el sector laico, compuesto por liberales y radicales, la educación era un servicio público como el ejército o la justicia. Toda la ciudadanía la financiaba porque la beneficiaba a toda ella. Sostenían que en Chile había libertad de enseñanza porque no había restricciones para el establecimiento de colegios particulares, no se imponía limitación a los programas, a los textos, a la duración o al orden de los estudios. Había una sola limitación: la comprobación de suficiencia, el examen que justificase el estudio. La ley no podía autorizar con su responsabilidad la circulación de moneda falsa.[49] Se agregó un nuevo argumento: el carácter democratizador de la educación pública como requisito de la estabilidad social. Si no fuera por ella, decía Miguel Luis Amunátegui, "la sociedad queda precisamente dividida en dos clases rivales: la de la gente instruida y la de la gente ignorante, la de los hombres de la civilización y la de los hombres de la barbarie, colocados frente a frente, lado a lado, en actitud amenazante..."[50]

Esta discusión, que apelaba a distintas concepciones sobre las relaciones entre Estado y sociedad civil, reflejaba la pluralidad que había

[47] Ricardo Krebs (comp.), *Catolicismo y laicismo. Las bases doctrinarias del conflicto entre la Iglesia y el Estado en Chile,* Ed. Nueva Universidad, Santiago, 1981.

[48] La argumentación más representativa de la polémica en el nivel político se encuentra en las discusiones en la Cámara de Diputados relativas a una nueva ley de instrucción secundaria y superior, que fue promulgada en 1879. Véase, *Sesiones del Congreso Legislativo,* Diputados, 1873 y 1874.

[49] *Sesiones del Congreso Legislativo,* Diputados, 1873, pp. 303 y ss.

[50] *Anales de la Universidad de Chile,* t. 42, 1873, p. 91.

adquirido la clase política chilena, pluralidad ideológica que llevaba por primera vez a cuestionar los límites de la acción del Estado en educación y la uniformidad para formar a su clase dirigente. Aunque los fundamentos teóricos de la polémica provenían de un común tronco liberal, lo que de verdad estaba en juego era la secularización del Estado. Y el Estado se enfrentaba ante un sector que si bien defendía una institución tradicional, lo hacía con argumentos modernos. Los conservadores eran también los hijos de ese ciudadano que se quiso formar desde la Independencia, eran una élite ya socializada en los principios republicanos. Una de sus críticas a los liberales era precisamente que no confiaban en la expresión libre de la sociedad y la coartaban administrativamente. No en vano, muchos conservadores habían sido alumnos del Instituto Nacional o habían rendido en él sus exámenes y habían estudiado economía política utilizando el texto de Juan Bautista Say. Ellos recurrieron al liberalismo clásico para defender sus derechos de católicos ante un Estado laico. El punto neurálgico de la polémica, el objeto de la disputa era el examen, y los conservadores perdieron, aunque no fueron perdedores netos. En 1871 asumió la presidencia de la república el liberal Federico Errázuriz apoyado por su partido y por los conservadores ultramontanos. La condición de aquel apoyo era enfrentar el problema educacional, y en 1873 se dictó un decreto que sancionaba la libertad de exámenes. La medida produjo una tremenda conmoción. La mayoría del consejo Universitario, donde residía la superintendencia, no compartía la medida, pero la acató como agencia estatal que era. Grupos de alumnos del Instituto Nacional atacaron la casa del ministro conservador que había dictado el decreto, la Cámara lo acusó constitucionalmente y finalmente el presidente de la república tuvo que derogar el decreto, romper con los conservadores y formar alianza con el extremo del liberalismo que era el Partido Radical.[51] El Partido Conservador, que era minoría, pasó a la oposición y la Iglesia ya no tuvo forma de atajar una legislación que laicizaría los cementerios, el matrimonio y el nacimiento.[52]

El Estado docente siguió incólume; los exámenes de religión dejaron de ser obligatorios para optar por los grados; el latín fue optativo. Sin

[51] Los dos actores que encarnaron la disputa fueron el ministro de Instrucción conservador Abdón Cifuentes y el rector del Instituto Nacional y miembro del Consejo Universitario, el liberal Diego Barros Arana. Ambos relataron su versión de los hechos en Abdón Cifuentes, *Memorias,* Ed. Nascimento, Santiago, 1936, y en Diego Barros Arana, *Mi destitución,* Santiago, 1873.

[52] Sobre la conformación de un sistema político plural y competitivo véase Arturo Valenzuela, *Political Brokers in Chile,* Duke University Press, Durham, 1977; Samuel Valenzuela, *Democratización vía reforma: la expansión del sufragio en Chile,* IDES, Buenos Aires, 1985, y Timothy Scully, *Los partidos de centro y la evolución política chilena,* CIEPLAN-Notre Dame, Santiago, 1992.

embargo, se liberalizó en algo el monopolio al permitirles a los colegios particulares que acreditaran un cierto nivel de calidad y autorizarlos para que rindieran los exámenes en sus recintos ante una comisión mixta.[53] El Estado liberal triunfaba nuevamente; sin embargo, ello no impidió la diversificación de la educación secundaria y superior chilena. En 1888 se fundó la Universidad Católica y en 1900 el número de establecimientos fiscales, sumados todos los niveles, era de 1 626 y el de los particulares era de 591.[54]

Es razonable concluir que hacia el último cuarto del siglo XIX, algunos conceptos básicos del proyecto educacional republicano habían logrado concretarse con éxito. Efectivamente se había formado una clase dirigente socializada en los principios políticos modernos que conducía un sistema institucional estable y efectivo y se había logrado imponer un disciplinamiento social basado en el principio nacional. Se había logrado quizá lo más importante en el paso de Colonia a República, que era institucionalizar los conflictos y la competencia por el poder dentro de la clase dirigente. La ciudadanía examinada había contribuido a crear esa homogeneidad básica que tanto se buscaba para la constitución de un orden estable.

Por cierto que la formación de un sistema nacional de educación es sólo uno entre muchos elementos del éxito relativo en la formación del Estado nacional chileno, pero es uno de ellos y cabe preguntarse por qué se pudo construir ese sistema en forma estable. Una de las explicaciones más poderosas a nuestro juicio, y aunque parezca paradójico, reside en que el conflicto religioso llegó cuando ese sistema ya se había formado en sus pilares fundamentales, fruto del consenso ilustrado de la clase dirigente sobre el papel del Estado en la educación. En otras palabras, continuidad y cambio, sociedad tradicional y élites modernas no se enfrentaron en forma radical. Fue un proceso gradual conducido por una clase dirigente conservadora que caminaba hacia los cambios sin ningún grupo alternativo que le exigiera realmente apurarlos y sin movimientos sociales que hicieran peligrar su nuevo orden. Cuando esa clase dirigente se hizo ideológicamente plural ante el conflicto religioso, la institucionalidad estatal pudo procesar esa pluralidad sin romperse.

El examen fue un poderoso instrumento para formar una ciudadanía restringida, culta y liberal destinada a conducir a una masa todavía campesina y mayoritariamente analfabeta que al siglo siguiente le cobraría la factura a la universalidad de su discurso liberal.

[53] Decreto 10 de enero de 1874, *Anales de la Universidad de Chile,* t. 46, 1874, p. 18-20.
[54] Carmen Criola y Osvaldo Sunkel, *Un siglo de historia económica de Chile 1830-1930,* Ed. Cultura Hispánica, Madrid, 1982, p. 143.

XIX. PEDAGOGÍA SOCIETARIA Y APRENDIZAJE DE LA NACIÓN EN EL RÍO DE LA PLATA

PILAR GONZÁLEZ BERNALDO
Universidad de París VII

AFIRMAR QUE LAS PRÁCTICAS ASOCIATIVAS modernas constituyen en el siglo XVIII-XIX uno de los instrumentos de pedagogía cívica no plantea hoy mayores objeciones. Los últimos 15 años han sido particularmente fructíferos en este tipo de análisis. Hemos visto así multiplicarse, especialmente en Francia, los estudios sobre "la sociabilidad moderna" y su relación con la irrupción de las sociedades de antiguo régimen en la "era democrática"; cuestión que también ha suscitado el debido interés de los hispanoamericanistas.[1] A pesar de los adelantos que la historiografía ha hecho en este campo, no existen aún trabajos que se pregunten sobre la especificidad de la pedagogía societaria, que todos reconocen como uno de los componentes de la modernidad política, en el proceso de construcción de las nuevas naciones.[2] Este "vacío" se explica por razones ligadas a las características del campo historiográfico de donde surgió el debate. Como acabamos de referirlo, la problemática de la sociabilidad moderna se desarrolla particularmente en torno a la controversia acerca de la naturaleza de la Revolución francesa. Es lógico entonces que la relación de estas nuevas prácticas con la construcción de nuevas naciones no fuera abordada, por la simple falta de pertinencia de esta cuestión dentro del proceso histórico francés. Pero al introducir

[1] Para un análisis de "la sociabilidad moderna" dentro de este proceso histórico y particularmente en torno al debate sobre la naturaleza de la Revolución francesa, véase A. Cochin, *Les sociétés de pensée et la Révolution en Bretagne (1788-1799),* París, 1925; *idem, L'esprit du Jacobinisme,* PUF, París, 1979; François, Furet, *Penser la Révolution Française,* Gallimard, París, 1978; Ran Halevi, *Les loges maçonniques dans la France d'Ancien Régime aux origines de la sociabilité démocratique,* A. Colin, París, 1984; Jean Boutier y Phillipe Boutry, "Les sociétés politiques en France de 1789 à l'an III: une machine?" *Revue d'histoire moderne et contemporaine,* t. XXXVI, enero-marzo de 1989, pp. 29-67. Debemos a François-Xavier Guerra la introducción de esta problemática en el área hispanoamericana. Véase de este autor, *Le Mexique De l'Ancien Régime á la Révolution,* Harmattan, París, 1985, 2 tomos (ed. española del Fondo de Cultura Económica, 1988), pp. 126-181, y más recientemente sobre la independencia *Modernidad e independencias,* Colección Mapfre, Madrid, 1992, 406 pp.

[2] Para la relación entre modernidad e independencias, véase particularmente el último aporte de François-Xavier Guerra, *Modernidad e Independencias...*

esta problemática en la historiografía hispanoamericana, se debe tener presente que aquí las mismas prácticas se inscriben en un proceso que, aunque análogo, comporta diferencias significativas, puesto que en Hispanoamérica la instauración de la nueva legitimidad política está directamente vinculada al problema de la necesaria creación con la nueva nación soberana.

El problema político que plantea la creación de las nuevas naciones en Hispanoamérica es doble: supone la adaptación del principio de soberanía a una noción moderna de nación que anule cualquier otro tipo de vocación soberana, pero para lograrlo es necesario que una de éstas se imponga como depositaria de la auténtica soberanía. Las sangrientas guerras civiles que atraviesan todo el siglo XIX son prueba de los problemas que acarrea resolver esta cuestión. A ello se suma la singular dificultad que presenta la definición histórico-cultural de las nuevas naciones en Hispanoamérica, y que ya en 1815 Simón Bolívar destaca como particular escollo de la revolución americana cuando declara que

> nosotros que apenas conservamos vestigios de lo que en otro tiempo fue, y que por otra parte no somos indios ni europeos, sino una especie media entre los legítimos propietarios del país y los usurpadores españoles; en suma siendo nosotros americanos por nacimiento y nuestros derechos los de Europa, tenemos que disputar éstos a los del país y que mantenernos en él contra la invasión de los invasores; así nos hallamos en el caso más extraordinario y complicado...[3]

El caso extraordinariamente complicado que evoca Simón Bolívar es el de una élite que se ve en la incapacidad de fundar la nación moderna sobre alguna entidad histórico-cultural que permita realizar la transferencia de legitimidad de la monarquía a la república. Los múltiples fracasos de instauración de una monarquía americana muestran asimismo los límites con que se topan aquellos que luego de la Independencia invocan a la nación americana prehispánica como objeto de soberanía. No es entonces superfluo preguntarse por la función específica que cumplen las prácticas de sociabilidad asociativa modernas, vinculadas con la instauración del espacio público y con la nueva práctica de la política, en un proceso que si bien se inscribe dentro del de la transición del antiguo régimen a la "era democrática", comporta un elemento propio: la necesidad de una creación previa de una nueva nación soberana. Sabe-

[3] *Cf.* Simón Bolivar, "Contestación de un americano meridional a un caballero de esta isla (Jamaica), Kingston, 6 de septiembre de 1815" en *Carta de Jamaica,* Ed. del Ministerio de Educación, Caracas, 1965.

mos que el movimiento asociativo, y más generalmente la sociabilidad moderna, tiene un papel de primera importancia en la difusión de la modernidad política, y por otro lado conocemos la relación que existe entre la modernidad y la nación moderna. Queda entonces por preguntarse sobre la relación entre sociabilidad y nación.

Por razones de espacio no podemos introducir aquí la problemática específica del estudio de la "sociabilidad" y de los diversos usos que de ella derivan y de los cuales da testimonio la importante y variada producción de la historiografía contemporánea.[4] En este trabajo utilizamos principalmente dos acepciones. La más corriente hoy en día, que liga la sociabilidad con la historia de las mentalidades, hace referencia a la sociabilidad como rasgo de la vida colectiva, y la acepción más filosófica del término, que viene del pensamiento de la Ilustración, y que fue la más utilizada en el siglo XIX por intelectuales como Sarmiento o Mitre: la sociabilidad como una virtud del hombre en sociedad, una virtud pública, republicana. De esta segunda acepción nace la idea de la relación que para estos hombres existía entre la sociabilidad y la definición de la comunidad política de pertenencia.[5]

Analizaremos aquí particularmente una de las formas de sociabilidad: la sociabilidad asociativa, estudiando la función que asume la pedagogía societaria en la sociedad rioplatense desde comienzos del siglo XIX hasta la definitiva unificación del territorio luego del reconocimiento del poder nacional por los diferentes estados provinciales. Aunque limitado a las prácticas formalizadas de sociabilidad, nuestro objetivo no es sin embargo el de estudiar las asociaciones en tanto que sustituto del aparato educativo institucional, sino abordar la función pedagógica de estas prácticas de sociabilidad. De modo tal que pasaremos por alto el examen detallado de cada una de estas asociaciones, incluso cuando sus objetivos fueran específicamente pedagógicos, para analizar las transformaciones de los comportamientos relacionales que estas prácticas

[4] Un análisis de las diferentes acepciones históricas y del variado empleo del término en la historiografía contemporánea en Maurice Agulhon, "La sociabilité, la sociologie et l'histoire", *L'Arc,* Revue trimestrielle Aix-en-Provence, núm. 64, 1976, pp. 76-84; *idem,* "La sociabilité est-elle objet d'Histoire?" en E., François, *Sociabilité et societé bourgeoise en France, en Allemagne et en Suisse (1750-1850)* (Actes du Colloque de Badhomburg), 1986, pp. 13-22. Una reciente revisión de la producción historiográfica europea en torno al concepto de "sociabilidad" puede verse en Jordi Canal i Morell, "El concepto de sociabilidad en la historiografía contemporánea (Francia, Italia y España)", *Siglo XIX* (Revista de Historia), segunda época, núm. 13, Instituto Mora, México, enero-junio de 1993, pp. 5-25.

[5] Para mayores precisiones sobre nuestra utilización del concepto de "sociabilidad", véase nuestro trabajo: *Civilité et politique aux origines de la nation argentine,* Publications de la Sorbonne, París, 1999.

inducen y a través de ellos de los nuevos valores y códigos de conducta que definen la pertenencia a la colectividad, deteniéndonos particularmente en la relación que ello tiene con el proceso de construcción de una nueva nación. Abordaremos el análisis en tres partes. Primero pondremos en evidencia las características de la función pedagógica que, desde el comienzo, estas prácticas están llamadas a cumplir. Luego analizaremos el papel de las pedagogías societarias en la creación de una representación contractual de la colectividad. Por último nos detendremos a analizar el proceso que lleva a las prácticas asociativas a convertirse en prácticas de pertenencia y la relación que ello tiene con el proceso de consolidación del Estado-nación en el Río de la Plata. El trabajo se inspira en parte de las conclusiones de una investigación anterior sobre la formación de la sociedad nacional en Argentina, que intentaba trazar las primeras líneas de interpretación de este fenómeno en el ámbito hispanoamericano.[6]

Las prácticas asociativas como instrumento de acción pedagógica

Durante el movimiento insurreccional de los cabildos americanos vemos surgir nuevas formas asociativas ligadas a la acción política de círculos reducidos de criollos que se identifican con la causa revolucionaria, como es el caso de las mentadas Sociedades Patrióticas de Caracas o de Buenos Aires o de las Logias Lautaro en el Río de la Plata, Chile o Perú. La historia del movimiento asociativo moderno o "democrático" no comienza sin embargo con estas formas de sociabilidad revolucionaria.[7] Su genealogía se inicia a comienzos del siglo XVIII europeo con la creación de las primeras logias masónicas, y otras sociedades ilustradas que se conocen con el nombre genérico de *sociétés de pensée.*[8] La cronología de la implantación y desarrollo de las diferentes formas asociativas modernas varía de una nación a otra, presentando algunas diferencias

[6] Por razones de espacio nos limitaremos a desarrollar aquí únicamente los principales argumentos, y remitimos al lector a nuestros trabajos de investigación que constituyen la fuente principal de este artículo. *Cf. La création d'une nation.*

[7] Para la definición de la "sociabilidad democrática", véase Ran Halevi, *Les Loges maçonniques*...

[8] Ciertos autores rastrean los primeros exponentes de sociabilidad moderna hasta mediados del siglo XVII. Véase, para estas cuestiones, Daniel Roche, *Le Siècle des Lumières en province. Académies et académiciens provinciaux (1680-1789),* Mouton, París, 1978; *idem, Les Républiques des lettres. Gens de culture de Lumières au XVIII siècle,* Fayard, París, 1988; y Maurice Agulhon, *Pénitents et francs-maçons de l'ancienne Provence,* Fayard, París, 1984, 454 pp.

significativas. Así, por ejemplo, en España e Indias españolas la masonería regular se implanta sólo a comienzos del siglo XIX mientras que Inglaterra y Francia ya contaban para mediados del siglo XVIII con un desarrollo considerable de logias masónicas en todo su territorio.[9] España e Hispanoamérica conocen en cambio un desarrollo significativo de Sociedades de Amigos del País y Sociedades Patrióticas de Amigos del País.[10] A fines de 1780 Veracruz, Lima y Santiago de Cuba cuentan con las suyas. Varias reales órdenes autorizarán nuevas creaciones en la década de 1790 en las ciudades de Santa Fe, La Habana, Guatemala y Quito.[11]

En Buenos Aires la primera referencia a la voluntad de crear una asociación de este tipo data de 1801, cuando un grupo de hombres ligados a la redacción del primer periódico editado en esta ciudad, *El Telégrafo Mercantil,* programan la creación de una Sociedad Patriótico-Literaria. Fecha tardía que coincide con la implantación también tardía de la primera imprenta y del desarrollo de la prensa periódica. Ello ilustra el lugar aún marginal en que se encuentra la ciudad de Buenos Aires respecto a los centros económicos y culturales del Imperio español en Indias, y ello a pesar de contar Buenos Aires con un importante grupo de comerciantes y contrabandistas más fácilmente asimilables a la noción de burguesía, grupo social al cual se asocia la instauración de un espacio público alimentado tanto por el desarrollo del movimiento asociativo moderno como por la difusión de la prensa periódica.[12] De ello podemos entonces deducir que la dinámica del desarrollo del movimiento asociativo "democrático" y la difusión de la prensa se inscriben en un primer momento dentro de la lógica de la sociedad colonial, inferencia

[9] En España la implantación de la masonería regular data de la invasión napoleónica y en América de los primeros gobiernos liberales posindependientes de la década de 1820. Para la masonería en España, véase Ferrer Benimelli, *La masonería española en el siglo XVIII,* Siglo XXI, Madrid, 1974; *idem, Masonería española contemporánea,* Siglo XXI, Madrid, 1980, 2 vols. Lamentablemente no existe un trabajo equivalente para Hispanoamerica, pero para la cuestión del origen de la masonería americana se puede también consultar a Ferrer Benimelli, "Bolívar y la masonería", *Revista de Indias,* vol. XLIII, Sevilla, julio-diciembre de 1983, núm. 172.

[10] Sobre las Sociedades de Amigos del País en España, véase el estudio clásico de Jean Serrailh, "Les Sociétés Economiques des Amis du Pays", en *L'Espagne éclairée de la seconde moitie du XVIII siècle,* Librairie C. Klincksieck, París, 1964, pp. 223-285; y, más recientemente, Mariano García Ruipérez, *Nuevas aportaciones al estudio de las sociedades económicas de Amigos del País,* Consejo Superior de Investigaciones Científicas, Madrid, 1988, p. 165.

[11] Para las Sociedades en América véase Robert J. Shafer, *The Economic Societies in the Spanish World 1763-1821,* Syracuse University Press, Syracuse, 1958.

[12] *Cf.* Jürgen Habermas, *L'espace public. Archéologie de la publicité comme dimension constitutive de la société bourgeoise,* ed. Payot, París, 1978, 324 pp.

que se ve confirmada en el Río de la Plata por la composición social de los miembros fundadores de esta sociedad.[13]

El desarrollo de las nuevas sociedades está entonces ligado a las reformas de los monarcas ilustrados. En toda América ellas fijaron sus objetivos en el intercambio de conocimientos y la promoción de la agricultura, la industria, el comercio y la navegación, sin por ello cuestionar el vínculo colonial.[14] Sin embargo al instituirse como principio de organización "la libre asociación de individuos que tengan un interés común" estas prácticas introducen nuevos elementos que contradicen el principio relacional sobre el cual se fundaba la sociedad colonial.[15]

No es entonces sorprendente comprobar que sobre la base de este nuevo universo relacional que introduce la noción de vínculo contractual en torno a intereses no estrictamente ligados a un cuerpo o estamento, veamos desarrollarse durante el proceso revolucionario americano nuevas formas de sociabilidad política ahora sí relacionadas con la voluntad de ruptura del vínculo colonial. Prácticamente en todas las ciudades en que constatamos la participación de las élites criollas en la insurrección vemos desarrollarse este tipo de sociedades políticas más o menos formalizadas, que son conocidas como clubes, sociedades patrióticas, logias o simplemente tertulias. Si la filiación no deja lugar a dudas, las diferencias con las sociedades ilustradas no son menos evidentes. Primero en cuanto a sus objetivos, pues se trata ahora de reuniones y asociaciones que se constituyen con un fin estrictamente político: el triunfo de la insurrección y la instauración de un nuevo orden político-institucional. No sólo cambian los fundamentos ideológicos de estos nuevos objetivos asociativos, sino que a través de ellas obra una importante transformación de la esfera de lo político, pues al introducir el debate político como fundamento de la relación se opera en ellas la metamorfosis del interés particular o corporativo en interés general y de la simple opinión en opinión general, instituyéndose el espacio público político a partir del cual se define el nuevo sujeto soberano.

El caso del Río de la Plata es en este punto instructivo. Así como verificamos un retraso de la modernidad introducida por el movimiento re-

[13] Para un desarrollo de estas cuestiones, véase nuestro trabajo "La Revolución francesa y la emergencia de nuevas prácticas de la política: la irrupción de la sociabilidad política en el Río de la Plata revolucionario (1810-1815) en Ricardo Krebs, Cristián Gazmuri, *La Revolución francesa y Chile,* Editorial Universitaria, Santiago, 1990, pp. 111-135.

[14] Véase por ejemplo, Eugenio Santa Cruz y Espejo, "Discurso sobre el establecimiento de una Sociedad Patriótica en Quito", en José Luis Romero (comp.), *Pensamiento político de la emancipación,* Biblioteca Ayacucho, Caracas, 1977, 324 pp.

[15] Para el caso porteño, véase "Carta de Barloldo Clak...", *Telégrafo Mercantil,* t. I, núm. 26, junio de 1801. Sobre estas cuestiones en general, véase F. X. Guerra, *Modernidad...,* pp. 92-102.

formista que en buena medida divulga en América la Ilustración católica, comprobamos igualmente un importante avance en lo que hace al desarrollo de la sociabilidad revolucionaria.[16] Ello sugiere que en este segundo punto intervienen distintos elementos que explican las nuevas diferencias en la cronología. Aspecto ligado a otro que hace a la especificidad de la insurrección rioplatense respecto de la suerte que corrieron movimientos similares en otras regiones del Imperio.

La argumentación más convincente para explicar el triunfo de la insurrección hace hincapié en el papel que desempeña en él un ejército de antemano ganado a la revolución.[17] La existencia de un ejército de origen miliciano, de base local y de componente mayoritariamente nativo e instituido, luego de las invasiones inglesas de 1806 y 1807, en órgano representativo de la sociedad, otorga sin lugar a dudas a la oficialidad criolla una base local de poder que le permite asegurar el triunfo de la insurrección. Ello explica indirectamente el desarrollo de la sociabilidad revolucionaria. Frente a un ejército identificado con la patria y la revolución, el pequeño grupo de jóvenes intelectuales criollos que se enfrentan a la oficialidad del ejército, buscará generar sus propias bases de poder a partir de unas prácticas y un discurso que hacen de la acción en el seno de la sociabilidad revolucionaria la creación de una moral cívica generadora de una nueva sociedad, en el marco de la cual única y exclusivamente podía expresarse la verdadera voluntad popular soberana.[18] De manera tal que la militancia revolucionaria se sirve de estas formas de sociabilidad política no sólo como forma de presión y control sobre el gobierno insurreccional, sino como órgano representativo de la soberanía del pueblo. La modernidad política de aquellas élites porteñas que contribuyen al triunfo del movimiento insurreccional es entonces consecuencia de un fenómeno ajeno a la dinámica de la sociedad colonial. El "jacobinismo" porteño no es el resultado de una importante tradición cultural que lleva a cierto sector de las élites de la reforma a

[16] Sobre la ilustración católica en Hispanoamérica, véase Mario Góngora, *Estudios de historia de las ideas y de historia social,* Ediciones Universitarias de Valparaíso, Valparaíso, 1980, pp. 71-158; David Brading, *Los orígenes del nacionalismo mexicano,* Secretaría de Educación Pública, México, 1973, 224 pp. Una revisión de este concepto en José Carlos Chiaramonte, "Ilustración y modernidad en el siglo XVIII hispanoamericano", en R. Krebs, C. Gazmuri, *La Revolución francesa y Chile,* Editorial Universitaria, Santiago, 1990, pp. 83-110.

[17] *Cf.* Tulio Halperin Donghi, *Reforma y disolución de los imperios ibéricos 1750-1850,* Alianza Editorial, Madrid, 1985, p. 125. Para la cuestión de la militarización véase del mismo autor, "Militarización revolucionaria en Buenos Aires, 1806-1815", en *El ocaso del orden colonial en Hispanoamérica,* Ed. Sudamericana, Buenos Aires, 1978.

[18] Véase nuestro trabajo "Producción de una nueva legitimidad: ejército y sociedades patrióticas en Buenos Aires entre 1810 y 1813", *Cahiers des Amériques Latines,* núm. 10, 1990, pp. 177-195.

la revolución, como tampoco puede explicarse simplemente por la difusión de las nuevas ideas que la apertura del puerto de Buenos Aires facilita. Éste se explica en buena medida por el hecho de que, a partir de 1806-1807, los viejos conflictos de la sociedad colonial deben resolverse dentro de la nueva dinámica local que se establece con la instauración de un nuevo canal de comunicación, al margen del "Estado imperial", entre la población y la oficialidad criolla. De manera tal que cuando estalla la crisis de la monarquía como consecuencia de la abdicación de Bayona, la dinámica local potencia el carácter representativo de la oficialidad, instalando el conflicto de los diferentes grupos de poder local también en la esfera de la política moderna.

Ello nos permite discernir la importancia que adquiere la función doctrinal-ideológica que se asignan estas asociaciones y que se sustenta en tres principios básicos que regulan los mecanismos de acción dentro del grupo y que se hacen extensivos a la sociedad en su conjunto. En primer término, la sociabilidad revolucionaria se presenta como el espacio de producción de un consenso de opinión que transforma la opinión pública emanada de la asociación en voluntad general, instituida como principio de autoridad opuesto a las autoridades tradicionales —no sólo la burocracia colonial sino aquellas que se presentan como alternativa a éstas: la familia, el ejército y la Iglesia—. Como expresión y guía de la opinión pública, la sociabilidad revolucionaria supone la adhesión unánime y militante de sus miembros.[19] La participación en estas formas de sociabilidad es asimismo concebida como praxis revolucionaria tanto en las prácticas discursivas como en la acción patriótica —guerrera o cívica— con que se identifican los miembros. De lo que resulta que estas prácticas funcionen como instrumento de acción pedagógica por medio de la cual el aprendizaje de la nueva moral cívica transforma la naturaleza del hombre esclavo en hombre virtuoso y libre.[20]

El origen claramente iniciático de este nuevo instrumento de pedagogía cívica debe buscarse tanto en el pensamiento de la Ilustración como en la fuerte impronta que tuvieron las sociedades de pensamiento y las logias masónicas en el movimiento asociativo moderno, heredero de una de las ideas recurrentes del pensamiento de la Ilustración: la regeneración del hombre y de la sociedad; aspecto que ahora permite hacer

[19] Como bien lo señalan Boutry y Boutier, las nuevas sociedades son lo opuesto a un partido político moderno puesto que, a diferencia de éstos, ellas pretenden la exclusividad. *Cf.* "Les sociétés politiques", por Jean Boutier, Philippe Boutry y Serge Bonin en *Atlas de la Révolution Française,* núm. 6, Editions de l'Ecole d'Hautes Etudes en Sciences Sociales, 1992, p. 10.

[20] Por razones de espacio no podemos ahondar en ejemplos. Para un análisis más detallado remitimos al lector a nuestros trabajos ya citados.

coincidir la sociedad con los fundamentos del poder político, condición indispensable para la instauración de las nuevas repúblicas. Del momento en que, como lo muestra Baczko, se opera en el nivel simbólico la fusión entre educación y democracia, las nuevas pedagogías cívicas van a estar imbuidas de esa doble finalidad: regenerar al hombre, formar al ciudadano.[21]

Indudablemente las referencias a "juntas de ciudadanos" fundadas en el principio de igualdad social y que diariamente eligen a sus autoridades, y donde todos tienen derecho a opinar y discutir sobre los negocios públicos, ofreció al mundo urbano porteño el primer espectáculo de prácticas democráticas. En estas asociaciones se hace el aprendizaje del discurso revolucionario y de las prácticas de igualdad, el aprendizaje de la opinión y del consenso; en suma, el aprendizaje del ejercicio de la soberanía. Es importante destacar que ésta se define menos por el derecho de sufragio que por el ejercicio de ciertas prácticas en el marco del ámbito asociativo. De manera tal que el movimiento asociativo moderno no sólo instaura la esfera pública, indispensable a todo gobierno republicano, sino que se instituye también en modelo de la nueva soberanía.

No se trata aquí de un aspecto exclusivo de las sociedades porteñas. Estas observaciones pueden ciertamente hacerse extensivas al resto de la sociabilidad revolucionaria en Hispanoamérica. Sin embargo, las características del proceso de Independencia en el Río de la Plata, recientemente invocadas, y las dificultades singulares que plantea aquí la organización nacional —ello se aplica, asimismo, a la situación imperante en el territorio del primitivo virreinato de Nueva Granada—, otorgan una función específica que deseamos descifrar aquí, particularmente en lo que se refiere a la relación entre la función pedagógica que se atribuye a las prácticas asociativas modernas y la construcción de nuevas identidades colectivas.

Retendremos sin embargo lo limitado de la primera experiencia, que concierne a un reducido círculo de miembros de las élites criollas. ¿Cómo comparar las 6 000 sociedades populares del año II en Francia, con la creación de una o dos sociedades patrióticas en algunas de las principales ciudades hispanoamericanas? Ello no impide que la conclusión a la que llegan los autores que analizan un fenómeno tan masivo como el francés no pueda hacerse extensiva al Río de la Plata y a Hispano-

[21] *Cf.* B. Baczko, *Une éducation pour la démocratie, textes et projets de l'époque révolutionnaire,* Garnier, París, 1982. Véase también, del mismo, autor "Former l'homme nouveau. Utopie et pédagogie pendant la Révolution française", *Libre,* núm. 8, París, 1980; y Mona Ozouf, *L'homme régénéré. Essais sur la Révolution française,* Gallimard, París, 1989.

américa.[22] La asociación hace al ciudadano tanto en Francia como en el Río de la Plata. La diferencia es que mientras que en Francia este proceso se confunde con el de la aculturación política de un amplio sector de la población, en el Río de la Plata el cambio cultural que supone la difusión de las nuevas prácticas concierne exclusivamente al mundo de las élites. Desde este punto de vista, la ciudadanía se ve aquí restringida no por el derecho de sufragio, del que prácticamente todos gozarán en el Río de la Plata y en buena parte de Hispanoamérica, sino por el ámbito restringido de difusión de una práctica que prefigura y sirve de vehículo a una nueva representación de la soberanía.[23]

La especificidad de la pedagogía societaria

Luego de estas primeras manifestaciones de sociabilidad política ligadas a los movimientos insurreccionales, advertimos desde la década de 1820, en el caso del Buenos Aires relacionado con la instauración del gobierno liberal de Rivadavia, un desarrollo significativo de asociaciones culturales. Ello no quiere decir que la red asociativa moderna no siga cumpliendo funciones estrictamente políticas como lo prueba la lucha entre yorkinos y escoceses durante la primera república mexicana,[24] pero comprobamos que luego de cerrado el proceso de Independencia y generalmente ligado a los gobiernos liberales —aunque no necesariamente como es el caso del Chile "pelucón" durante el gobierno de Manuel Bulnes— se desarrollan nuevas asociaciones culturales que tienden a ampliar su clientela de un sector restringido de la élite política al conjunto de la "gente decente".[25]

Un estudio detallado de este fenómeno en la ciudad de Buenos Aires muestra la importancia que tuvo el desarrollo de la sociabilidad, ligada a las prácticas asociativas socioculturales, en la creación y difusión de una representación contractual de la sociedad. Para comprender el al-

[22] *Cf. Atlas de la Révolution Française...*

[23] Para la cuestión del sufragio y de la participación política en el Río de la Plata véase Hilda Sábato, Elías Palti, "¿Quién votaba en Buenos Aires?: Práctica y teoría del sufragio, 1850-1880", *Desarrollo Económico,* vol. 30, núm. 119, octubre-diciembre de 1990, pp. 395-424; Hilda Sábato, "Citizenship, political participation, and the formation of the public sphere in Buenos Aires, 1850s-1880s", en *Past and Present,* 1992.

[24] *Cf.* Michel Costeloe, *La primera República Federal de México (1824-1835),* Fondo de Cultura Económica, México, 1975, 489 pp.

[25] Para el caso chileno, véase Cristián Gazmuri, *El 48 chileno. Igualitarios, reformistas, radicales, masones y bomberos,* Editorial Universitaria, Santiago, 1992, 276 pp.; para Colombia, Fabio Zambrano, "Las sociabilidades modernas en Nueva Granada 1820-1848", en *Cahiers des Amériques Latines,* núm. 10, París, 1990, pp. 197-203.

cance de estas prácticas en la definición de la nueva comunidad política es necesario comenzar con una presentación sucinta del proceso de difusión de las prácticas asociativas modernas en la ciudad de Buenos Aires durante la primera mitad del siglo XIX.[26]

La historia del movimiento asociativo moderno comienza en Buenos Aires con el proyecto de creación de la " Sociedad Patriótico-Literaria y Económica" de 1801. Entre este primer esbozo de asociación libre y el desarrollo del movimiento asociativo durante el gobierno liberal de Rivadavia (1821-1827) debemos señalar dos etapas intermedias. La primera se sitúa entre 1806 y 1807 cuando las tropas inglesas toman sucesivamente el puerto de Buenos Aires y el de Montevideo y ocupan sus ciudades durante casi un año. Entonces encontramos referencias a la implantación de logias militares inglesas que funcionan en ambas ciudades y que sabemos que tuvieron contactos con la población local.[27] La segunda etapa va de la insurrección de la ciudad de Buenos Aires hasta la declaración de la independencia en 1816. En estos años surgen las primeras asociaciones políticas cuya importancia ya hemos señalado. Debemos sin embargo esperar la instauración del nuevo orden liberal durante el gobierno de Rivadavia para encontrar un desarrollo significativo del movimiento asociativo moderno. Es entonces cuando vemos surgir junto a las sociedades patrióticas nuevas asociaciones socioculturales que conocerán un desarrollo similar en otras ciudades americanas, como es el caso de las sociedades literarias, las sociedades lancasterianas y las sociedades filarmónicas y las academias de canto y música,[28] estas últimas asociaciones de recreo cultural destinadas a asegurar a los amantes de la música profana las representaciones de los mejores repertorios líricos de la época.[29]

[26] Para un desarrollo de la cuestión véase nuestro trabajo *Civilité et Politique.*

[27] *Cf.* Manuel Belgrano, "Autobiografía" en *Memorias y autobiografías,* Museo Histórico Nacional, Buenos Aires, 1910, t. II, pp. 91-110; Tomás Guido, "Reseña histórica de los sucesos de Mayo", en *Memorias...*, t. I; Manuel Moreno, *Vida y memorias de Mariano Moreno,* Buenos Aires, 1918; "Informe de los oidores", en "La Revolución de Mayo juzgada por los oidores de la Real Audiencia de Buenos Aires (documento del archivo de Indias)", en *Revista del Derecho, Historia y Letras,* t. XLIII, año XV, Buenos Aires, 1912, pp. 325-347; Ignacio Núñez, *Noticias históricas de la República Argentina,* La Cultura Argentina, Buenos Aires, 1952, t. I, p. 97 (ed. original: Londres, 1825).

[28] La primera de ellas fue creada en Buenos Aires el 5 de febrero de 1821 bajo la iniciativa de Diego Thompson. Ella obtiene la aprobación del gobierno y el apoyo activo de la "intelectualidad" rivadaviana agrupada en la Sociedad Literaria y la Sociedad Valaper. Éstas se desarrollan simultáneamente en Chile y Colombia. *Cf.* Domingo Amunátegui Solar, *El sistema de Lancaster en Chile,* Santiago de Chile, 1895. Para Colombia, véase Fabio Zambrano, "Las sociabilidades modernas en Nueva Granada..."

[29] *Cf.* José Antonio Wilde, *Buenos Aires desde setenta años atrás,* Espasa Calpe, Buenos Aires, 1948. Según las memorias de Zapiola la sociedad filarmónica que aparece en la misma época en la ciudad de Santiago de Chile fue creada por uno de los miembros de la

El fracaso de la experiencia liberal no repercute directamente sobre el mundo asociativo, pues luego de la llegada al poder de la provincia del conservador Juan M. de Rosas aún se observa un desarrollo sostenido de dos tipos de formas asociativas: las asociaciones culturales que se expanden dentro del círculo de gente decente y las "naciones africanas" que tienen que ver con la población de origen africano. Las primeras son una clara manifestación de la tendencia recientemente evocada; las últimas, en cambio, combinan el principio contractual del movimiento asociativo moderno con vínculos de pertenencia étnica.[30] Existen sin embargo ciertas variaciones en la cronología de estos dos tipos asociativos: en un primer momento —entre los años 1829-1830— notamos un desarrollo importante de sociedades africanas y de asociaciones socioeconómicas que reúnen principalmente a los extranjeros de la ciudad. Luego, entre 1832 y 1838, predominan las formas socioculturales de la clase decente. Entre 1838 y 1839 el movimiento asociativo se polariza: por un lado, las sociedades africanas que manifiestan su apoyo al gobierno conocen un importante desarrollo hasta 1852, por el otro, las asociaciones culturales que van del lado de la oposición a Rosas desaparecen del universo relacional porteño desde 1839.

Con la instauración del nuevo gobierno liberal del flamante Estado de Buenos Aires, asistimos a una verdadera "explosión asociativa" que supone no sólo un mayor desarrollo de las modernas prácticas asociativas entre la gente decente, sino una ampliación del personal asociativo que integra ahora a sectores de "decencia" más dudosa. Entonces las prácticas asociativas de la gente decente, identificadas con la opinión liberal, se constituyen en modelo de la nueva sociabilidad urbana. La difusión de nuevas normas en la organización de los comportamientos relacionales de la sociedad no es obviamente lineal, ni supone la existencia de actores conscientes de las contradicciones formales e ideológicas de sus diferentes modos de relación.[31] La introducción de nuevos comportamientos relacionales, como la de todo objeto cultural, no hacen tabla rasa de las prácticas anteriores. Por otro lado, ellos son reapropiados, modificando a su vez las prácticas anteriores.[32]

asociación porteña, Juan C. Lafinur. *Cf.* José Zapiola, *Recuerdos de treinta años 1810-1840,* Guillermo Miranda, Santiago, 1902, 310 pp.; véanse pp. 59-61.

[30] Estas últimas se organizan según un reglamento impuesto por el gobierno liberal de Rivadavia. Para un desarrollo de esta cuestión, véase *Civilité et Politique,* pp. 105 ss.

[31] Como bien lo muestra M. Agulhon en su estudio sobre los penitentes y masones. *Cf.* Maurice Agulhon, *Pénitents et francs-maçons de l'ancienne Provence,* Fayard, París, 1984, 454 pp.

[32] La necesaria distinción formal entre tipo de formas y vínculos hace aún más evidente el carácter híbrido de toda práctica social. Ello no impide que exista un modelo

Dejemos de lado por el momento el problema de la inserción de estas nuevas prácticas en el universo relacional tradicional y detengámonos en la cuestión que hace a la especificidad de la función de estas prácticas en el proceso de construcción de las nuevas naciones. Para ello debemos recordar que estas nuevas prácticas relacionales organizan a la población urbana a partir de vínculos revocables sobre los cuales justamente se funda la definición de la nueva nación como una "asociación de personas e intereses". Nación y asociación suponen la idea de una sociedad contractual que se arraiga en un mismo imaginario social. Ello explica que las prácticas asociativas fueran vistas por estas élites culturales porteñas como una vía privilegiada de transformación de la sociedad tradicional en una sociedad fundada en el principio contractual de la relación y de la autoridad.

El papel particular que las élites liberales otorgan a la práctica asociativa como pedagogía cívica podemos también constatarlo en toda Hispanoamérica. En algunos casos la representación "asociacionista" de la sociedad viene ligada a una voluntad de ampliación del campo social de la esfera pública, como parece ser el caso en Chile, en Colombia o en Venezuela.[33] En otros, como en el Río de la Plata, la difusión del movimiento asociativo responde más a la voluntad de asegurar una nueva cohesión del cuerpo social que de fijar nuevos mecanismos de participación de la sociedad en la política. Pero ya se trate de la Joven Argentina, de la Sociedad de Igualdad en Chile, de las sociedades democráticas en Colombia o de las sociedades liberales en Venezuela, estos jóvenes, imbuidos del pensamiento del socialismo utópico francés, proponen la práctica asociativa como forma de aprendizaje de la cosa pública y de formación del ciudadano. Mediante la asociación, reza el Dogma de Mayo de la Joven Argentina, el hombre, sin hacer sacrificio absoluto de su individualidad, aprende a respetar los intereses de la colectividad, aprendizaje que hace de este individuo un ciudadano de la república.[34]

"puro" como componente ideal de las prácticas sociales. En el discurso de la época este modelo sirve de vehículo a nuevas representaciones de la sociedad.

[33] Para Chile véase además de Gazmuri, *El 48 chileno;* Luis Alberto Romero, *La sociedad de igualdad. Los artesanos de Santiago de Chile y sus primeras experiencias políticas,* Serie Historia, Instituto Torcuato Di Tella, Buenos Aires, 1978, 73 pp. Sobre las sociedades democráticas en Colombia véase Zambrano, *op. cit.* y David Sowl, "La teoría i la realidad: The Democratic Society of Artisans of Bogotá 1847-1854", *Hispanic American Historical Review,* vol. 67, núm 4, noviembre de 1987, pp. 611-630; para Venezuela algunas referencias en las clásicas historias de los partidos políticos.

[34] Encontramos una vez más la definición de la soberanía fuera del marco institucional del ejercicio de la práctica electoral. *Cf.* Esteban Echeverría, *Dogma socialista de la Asociación de Mayo,* Ed. Perrot, Buenos Aires, 1958, pp. 119-197 (ed. original, Montevideo, 1838).

Pero si estas prácticas asociativas —que a pesar del entusiasmo de la joven generación de la década de 1840 siguen circunscritas a un limitado sector del medio urbano decente— logran constituirse en el Río de la Plata en principal soporte de la representación moderna de la colectividad nacional es porque ellas rompen con la estructura comunitaria tradicional y con el imaginario social que les da sentido, ofreciendo una red relacional alternativa construida a partir de nuevos vínculos y valores que se arraigan en el nuevo imaginario social de la nación como conjunto de individuos libres e iguales, unidos por una unánime voluntad de constituirse en sociedad. La función que se atribuye a la práctica es así potenciada por el proceso histórico-social de transformación del universo relacional de la sociedad.

El estudio de la estructura de sociabilidad porteña permite poner de relieve este fenómeno. La observación de la implantación de las asociaciones en el espacio urbano pone en primer lugar de manifiesto la coexistencia durante la primera mitad del siglo XIX de dos modelos de ocupación del espacio que responden a dos representaciones de la comunidad.[35] Las tradicionales asociaciones religiosas como las cofradías y terceras órdenes se encuentran distribuidas de manera homogénea en todo el territorio urbano, mientras que las nuevas sociedades se localizan por zonas: las asociaciones socioculturales al sur de la ciudad, cerca de la Universidad y donde se concentran el mayor número de librerías y casas de edición; las asociaciones socioeconómicas al norte, cerca del puerto y del barrio de los extranjeros ligados al medio de los negocios; y las asociaciones mutualistas en el noreste de la ciudad, donde reside buena parte de los artesanos de origen extranjero que son los que primero integran estas asociaciones. Las formas tradicionales de sociabilidad que suponen vínculos primarios de relación se ubican en el marco de la tradicional comunidad de culto y de lugar (la parroquia) o de sangre (la familia), mientras que las nuevas formas asociativas tienden a una especialización que rompe con la organización espacial de la ciudad colonial.

Del club al salón, pasando por el teatro y los bailes públicos, las élites recorren la ciudad para encontrarse entre pares y satisfacer sus necesidades sociales. Para los sectores populares el mapa de la nueva sociabilidad es más impreciso porque es más débil la institucionalización de sus lugares de sociabilidad.[36] Lo que ha cambiado en el comporta-

[35] Para estas cuestiones véase nuestro estudio cartográfico en *Civilité et Politique,* documento 7, pp. 78-79.

[36] Sin embargo, incluso entre estos sectores constatamos también a partir de los años cincuenta una especialización de la organización sociocultural del espacio urbano.

miento social de los habitantes porteños es que ahora para ser sociable ya no basta con pasearse por la plaza parroquial, o participar en la reunión de la cofradía o aún asistir a las tertulias de alguna de las principales familias porteñas. Aquellos que quieren reunirse entre gente decente deben ir a la Plaza San Martín, pasearse por el Paseo Julio o por el nuevo muelle del puerto, frecuentar los salones de exposiciones y afiliarse a los clubes de moda o a alguna logia masónica. Los *trabajadores,* término que comienza a utilizarse hacia mediados de siglo para referirse a la tradicional "plebe" urbana, se encuentran preferentemente en los cafés y en las academias de baile. Vemos entonces cómo sobre la estructura urbana organizada como comunidad de parroquia surgen nuevas redes de sociabilidad organizadas según la extracción social y el tipo de prácticas culturales de sus miembros. Una supone vínculos primarios de comunidad de lugar; las otras, vínculos contractuales ligados a los intercambios y al consumo de ciertas formas de cultura (prensa, debates públicos, espectáculos culturales o simples actividades de recreo público).

La especificidad de cada zona de atracción provoca un desplazamiento de la población urbana para satisfacer sus diferentes necesidades de sociabilidad. Esta tendencia a la segregación social del espacio urbano está denotando un desplazamiento del grupo de referencia, fenómeno directamente ligado al nacimiento de una conciencia de clase.

Pero la nueva sociabilidad elabora también otro tipo de identidad colectiva, en apariencia contradictoria con las que acabamos de mencionar. En efecto, una vez roto el marco local de pertenencia, ¿cuál es el universo de interpretación de estas relaciones? Éste es el que suponen los nuevos vínculos de solidaridad y amistad construidos a partir de vínculos secundarios que ya no pueden inscribirse en el marco de la comunidad tradicional, pues el modelo de implantación de estas asociaciones muestra que ellas rompen con la estructura comunitaria tradicional. Los nuevos vínculos remiten ahora a una comunidad de valores político-culturales que tienen que ver con la representación nacional de la colectividad; ello sugiere que el nuevo imaginario social de la nación sería socialmente instituido a partir de la intensidad y la naturaleza de los intercambios sociales que se dan en buena medida en el marco de los vínculos de sociabilidad asociativa. Así, el fenómeno de segregación social del espacio urbano está directamente ligado a la difusión de un referente nacional de la colectividad, aspecto que a su vez explica la si-

Cf. nuestro trabajo "Las pulperías porteñas: historia de una expresión de sociabilidad popular en la ciudad de Buenos Aires durante la primera mitad del siglo XIX", *Siglo XIX Sociabilidad y Cultura* (revista de historia), segunda época, núm. 13, enero-junio de 1993, México, pp. 27-54.

multaneidad histórica que se verifica en Hispanoamérica entre el nacimiento de una conciencia de clase y la difusión de una conciencia nacional, ambos relacionados con el desarrollo del movimiento asociativo.

Podemos concluir de todo lo anterior que la especificidad de la pedagogía societaria en el proceso de construcción de las nuevas naciones proviene tanto de la previa institución de estas prácticas en importante instrumento de acción pedagógica, como de las transformaciones que éstas operan en la estructura relacional de la población porteña. Sin embargo, para comprender la particular función que cumplirá la pedagogía societaria en la creación de las nuevas naciones es necesario tener presente otro aspecto que se refiere a los nuevos imaginarios sociales: el de la transformación de la estructura emocional, y su relación con la nueva estructura sociopolítica.[37]

El aprendizaje de la nueva nación

En el Río de la Plata son las élites intelectuales urbanas, imbuidas en los principales ideales románticos de la nación ya no invocada desde una perspectiva estrictamente política sino cultural, quienes difunden los nuevos hábitos de consumo cultural que incentivan el desarrollo del movimiento asociativo moderno. Si estas prácticas han perdido el carácter militante de la primera época e incluso tienden a abandonar los objetivos políticos, siguen indicando el espacio social en que se instaura la esfera pública a partir de la cual se define la nueva comunidad política. La breve síntesis del proceso de transformación de la estructura relacional porteña nos muestra cómo el pasaje de la sociabilidad asociativa revolucionaria a la noción más general de sociabilidad sociocultural permite una ampliación de su clientela hacia un vasto sector de la gente decente, y cómo este modelo, una vez identificado con este sector, se difunde desde 1852 hacia otros sectores de la sociedad urbana.

El fenómeno de ampliación del personal asociativo y el abandono de los objetivos estrictamente políticos de las primeras asociaciones, a pesar de que se explica por el severo control que impone el régimen de Rosas a las primeras formas de sociabilidad política, también responde a una tendencia general del movimiento asociativo en Hispanoamérica. Así, hacia mediados del siglo XIX prácticamente todas las élites hispanoamericanas, y no exclusivamente aquellas que se identifican con el "partido" liberal, coinciden en que las prácticas asociativas deben servir de

[37] Para estas cuestiones véase Norbert Elias, *La civilisation des moeurs,* Calmann-Lévy, París, 1973.

marco a la organización de la vida colectiva. La divergencia se centra entonces en el tipo de prácticas que debe promoverse y en la función que se otorgará a la Iglesia en la definición de los nuevos valores comunitarios.[38] Pero existe cierto consenso en torno al carácter civilizador de algunos códigos relacionales que las prácticas asociativas difunden en la sociedad, a partir de un tipo particular de relación de sociabilidad que definimos como relación de civilidad.[39]

A partir de la década de 1850 los diferentes Estados hispanoamericanos se inclinan hacia un proasociacionismo, promovido o tolerado, como lo testimonia el importante desarrollo asociativo que entonces comienza a evidenciarse.[40] La relación que existe entre este fenómeno y el proceso de formación de los Estados nacionales no es obviamente la de una simple simultaneidad cronológica. Nos encontramos frente a dos fenómenos que se refieren a un mismo proceso histórico, como lo demuestra el caso rioplatense.

Para comprenderlo es necesario rastrear la genealogía de la idea de una práctica de "sociabilidad nacional" que constituye para las élites porteñas de la segunda mitad del siglo XIX uno de los fundamentos indudables de la identidad argentina como podemos inferirlo de la actitud del propio Bartolomé Mitre, quien juzga necesario añadir a su tercera edición de 1876-1877 de su *Historia de Belgrano* un primer capítulo

[38] Es el caso del conflicto entre la tendencia promasónica y provicentina de la dirigencia del Estado de Buenos Aires. *Cf.* Pilar González Bernaldo, "Masonería y política: el supuesto origen masónico de la organización nacional. (Análisis de un banco de datos sobre la pertenencia masónica de la clase política porteña durante el proceso de formación del Estado-Nación [1852-1862])", en J. A. Ferrer Benimeli (coord.), *Masonería española y América,* Centro de Estudios Históricos de la Masonería Española, Zaragoza, 1993, tomo 1, pp. 271-287.

[39] *Cf. Civilité et Politique.*

[40] El estudio del movimiento asociativo durante la segunda mitad del siglo XIX fue hasta el presente tema predilecto de los historiadores del movimiento obrero que ven en las primeras asociaciones de artesanos los orígenes de las organizaciones obreras y rara vez se detienen en el estudio del movimiento en su conjunto. Véase, por ejemplo, Gustavo Vargas Martínez, *Colombia 1854: Melo, los artesanos y el socialismo,* La Oveja Negra, 1972, 143 pp. J. L. Leal y J. Woldenberg, *Del Estado liberal a los inicios de la dictadura porfirista,* Siglo XXI, México, 1981; una interpretación semejante para toda América Latina la encontramos en Luis Godio, *Historia del movimiento obrero latinoamericano,* t. 1: "Anarquistas y socialistas 1850-1918", Ed. Nueva Imagen, México, 1980, pp. 31-51. Las tradicionales historias de los partidos políticos también tienden a buscar los orígenes de éstos en las primeras asociaciones políticas públicas o secretas, pero como en el primer caso poco se interesan en el estudio de estas prácticas. Existen pocos trabajos que analizan el movimiento asociativo latinoamericano desde una perspectiva político-cultural. Entre ellos se encuentran Gazmuri, *El 48 chileno;* Fabio Zambrano, "Las sociabilidades modernas", y para el Perú un investigador francés, Pascal Rivale, ha comenzado una investigación sobre "sociabilidad y modernidad a Pintura durante la segunda mitad del siglo XIX".

[41] *Cf.* Bartolomé Mitre, "Biografía de Belgrano" en José María Gutiérrez, *Galería de*

introductorio sobre "La sociabilidad argentina".[41] En éste, como bien lo subraya Natalio Botana, Mitre introduce la circunstancia que debe dar la clave de interpretación del pasado colonial, en vista a la construcción de una identidad nacional, que para Mitre no puede darse sino tras la previa afirmación de una tradición de igualdad autóctona que confirme la legitimidad republicana, sustancial a la plena soberanía de esa nacionalidad.[42] Esa primitiva democracia igualitaria que describe Mitre le sirve para definir la sociabilidad argentina dentro de los valores que constituyen la civilización occidental y que son para él uno de los fundamentos de la identidad nacional.[43]

Esta interpretación de la "sociabilidad nacional" encuentra su antecedente directo en la transformación de una forma asociativa identificada con la práctica político-cultural del letrado colonial —dentro de la cual en ciertos aspectos se inscribe la sociabilidad revolucionaria rioplatense— a una práctica que define ya no una función sino una "clase" social: la gente decente. En las nuevas asociaciones se definen, aprenden y difunden ciertos códigos que ya eran característicos de la gente decente, pero que ahora se adaptan a nuevas funciones de este grupo dentro del espacio público. Puesto que si se va a los nuevos salones de lectura para saciar una ancestral necesidad de sociabilidad, se deben observar en ellos nuevas reglas de civilidad: respetar los gustos literarios de los asistentes, guardar silencio pero saber igualmente entablar una conversación, respetando las reglas de urbanidad. Ya se trate de salones de lectura, salones literarios, sociedades de estudio, asociaciones filarmónicas, todas estas formas valoran las relaciones de civilidad/urbanidad que se convierten en sinónimo de sociabilidad culta. Cuando Vicente Fidel López evoca las reuniones del Salón Literario de Marcos Sastre, subraya la importancia que se otorgaba allí al respeto de ciertas reglas vinculadas a la utilización pública de la razón individual: "en el Salón se produjo poco, se leyó mucho, se conversó más… Jamás se conversaba allí de otra cosa que de intereses serios, los hábitos que cada socio podía tener al otro lado de las puertas de la calle eran en completo vedados para todos. Así lo establecía el reglamento".[44] López evoca claramente la división

celebridades argentinas, Buenos Aires, 1857 (3ª edición publicada bajo el título *Historia de Belgrano y de la Independencia argentina,* de 1876-1877).

[42] *Cf.* Natalio Botana, "El capítulo introductorio a la Historia de Belgrano" en *La libertad política y su historia,* Sudamericana, Buenos Aires, 1991, pp. 37-44. Véase del mismo autor, *La tradición republicana. Alberdi, Sarmiento y las ideas políticas de su tiempo,* Sudamericana, Buenos Aires, 1984.

[43] Mitre utiliza aquí la acepción más filosófica de la noción de sociabilidad, como virtud pública ligada al progreso de la civilización.

[44] *Cf.* Vicente Fidel López, *Autobiografía,* Buenos Aires, 1896; reprod. en *Evocaciones históricas,* El Ateneo, Buenos Aires, 1929, p. 55.

entre el espacio público y el privado que estas prácticas operan, así como también las nuevas reglas que rigen sus relaciones públicas.

En un primer momento el respeto de estos códigos sigue funcionando como mecanismo de distinción social entre "gente decente" y "plebe". Así, por ejemplo, en 1822 Rivadavia se limita a reglamentar la creación de sociedades africanas sin por ello exigirles que respeten los códigos que la decencia imponía a la élite en sus relaciones cotidianas. Veremos que la actitud de los liberales durante la segunda mitad del siglo XIX será muy diferente. Algo similar ocurre con la sociabilidad popular en las pulperías. Los disturbios sociales que ocasionan las reuniones en las pulperías son vistos como uno de los aspectos —ciertamente reprobables— que caracterizan a la sociabilidad de esos sectores y no como subversión de normas colectivas. Si las reuniones merecen un control constante de las autoridades no por ello se las prohíben. Por el contrario, la libertad que acompaña al gobierno liberal facilita la difusión de estas prácticas, que los liberales no consideran aún como contrarias a la sociedad nacional.

Durante el gobierno de Rosas se opera el viraje decisivo de la noción de civilidad como atributo de una clase social a la civilidad como cualidad de la colectividad. Entonces la ruptura entre los jóvenes liberales y Rosas, que lleva a estos primeros al camino del exilio, precipita en ellos el proceso de ruptura entre la noción de civilidad y la de autoridad. Ello lleva a la joven generación a definir los fundamentos de la vida colectiva a partir de sus propios hábitos relacionales, proscritos por Rosas, provocando un deslizamiento del sentido de civilidad hacia la noción de civilización.[45]

Aquí, la especificidad rioplatense reside en el hecho de que este fenómeno que remite a la estructura emocional adquiere una trascendencia política sorprendente, puesto que el conflicto político entre Rosas y la joven generación romántica pone en primer plano de la contienda los hábitos de sociabilidad que caracterizan a unos y a otros. El epíteto que Rosas utiliza para designar a los enemigos de la patria es el de "inmundos unitarios logistas", mientras que los unitarios vituperan a los "bárbaros federales". La relación entre opinión política y comportamientos relacionales se lleva hasta el ámbito de la sociabilidad más íntima. José Mármol escribe su *Amalia* para mostrar cómo la sensibilidad unitaria estaba directamente ligada a los valores republicanos y a la civilización.[46] Esteban Echeverría muestra en *El matadero* cómo las prácticas

[45] Véase nuestro trabajo "La scission entre la civilité et l'autorité", en *Civilité et Politique,* cap. 4.

[46] *Cf.* José Mármol, *Amalia,* Montevideo, 1851, citado por la ed. de Espasa-Calpe, Madrid, Colección Austral, 1978, 529 pp.

de los hombres que se identifican con el rosismo son insoportables para la sensibilidad de un hombre civilizado.[47] Este aspecto no pasa siquiera inadvertido para un viajero como el francés Delacour, quien deduce que, por la sensibilidad amorosa, las damas porteñas eran unitarias: "Ellas lamentan la ausencia de los jóvenes formados en la Universidad del gobierno de Rivadavia, esos 'doctores' con voz melosa, que saben hablar de amor, y hablando inspirarlo, bien diferentes en ello a esos federales de temer, que no hablan jamás de amor y se preocupan poco de inspirarlo, con tal de obtener la realidad, pues el resto no es más, según ellos, que un preludio inútil".[48]

Debemos a Domingo F. Sarmiento uno de los más ricos análisis sociológicos sobre la relación entre las formas de sociabilidad y los códigos y valores que deben definir la comunidad de pertenencia. En su *Civilización y barbarie, vida de Juan Facundo Quiroga,* Sarmiento distingue la comunidad sobre la cual Quiroga y Rosas fundan su poder de aquellas que producen las ciudades y que eran características de las sociedades civilizadas. El sanjuanino reconoce la existencia de una sociabilidad e incluso de asociaciones específicas de la sociedad rosista, pero cuyas características son las de fundarse sobre el predominio de la naturaleza. Dicho de otro modo, se trata de una sociabilidad en la que las relaciones de civilidad que caracterizan a la gente decente del mundo urbano están ausentes. Así, por ejemplo, define la sociabilidad en las pulperías, a las que califica de rosistas, como una "asociación artificial", pues el recreo no está aquí ligado con la utilización pública de la razón individual hacia un interés social, sino con la simple vagancia. "Con esta sociedad, pues, en que la cultura de espíritu es inútil o imposible, donde los negocios municipales no existen, donde el bien público es una palabra sin sentido, porque no hay público, el hombre dotado eminentemente se esfuerza por producirse, y adopta para ello los medios y los caminos que encuentra. El gaucho será un malhechor o un caudillo, según el rumbo que las cosas tomen..." Sarmiento llega aquí al punto central de su demostración. Ese tipo de sociabilidad, fundada en la naturaleza, produce un tipo específico de organización política, sobre la cual Rosas funda su poder: el caudillo y la montonera. Para Sarmiento este tipo de prácticas no pueden obviamente engendrar a los ciudadanos ni definir la pertenencia a la colectividad; la organización de la nación republicana no puede fundarse sino sobre los hábitos relacionales de la gente decente de la ciudad. Y es justamente en esas relaciones donde Sarmiento en-

[47] Esteban Echeverría, *El matadero* (1871), Capítulo, Buenos Aires, 1979.

[48] *Cf.* Adolphe Delacour, *Le Rio de la Plata, Buenos Aires, Montevideo,* extracto de la *Revue Indépendante,* Jicois, París, 1845, 144 pp.

cuentra el germen de una sociedad civil sobre la cual debía fundarse la nación como comunidad política de pertenencia.[49]

Llegamos así a la tercera etapa en que las relaciones de civilidad, ligadas a las prácticas asociativas, pasan a convertirse en un signo de civilización que debe marcar, para las élites porteñas, la pertenencia a la nueva comunidad política. A partir de 1852, clubes, asociaciones culturales, salones de exposiciones, nuevos espectáculos, academias de baile y otras formas espontáneas de sociabilidad animan una vida pública de una intensidad hasta entonces desconocida. Los habitantes de Buenos Aires retoman los viejos hábitos de sociabilidad dentro de los nuevos códigos de relación. Entonces, la difusión del modelo de "sociabilidad decente" o "sociabilidad culta" hacia otros sectores de la sociedad se convierte en uno de los mecanismos de interiorización de los nuevos códigos de pertenencia colectiva que se han convertido en elemento de identidad nacional.[50]

La mutación de las formas de sociabilidad popular urbana durante este periodo da una idea clara de este proceso. Hasta 1852 la sociabilidad espontánea tenía lugar fundamentalmente en las pulperías de parroquia y en las plazas-mercados de la ciudad. A partir de esta fecha, estas formas tienden también a desaparecer y con ellas ciertos hábitos de ocio popular o "vagancia" que ahora las élites asocian con la barbarie. La llegada de los liberales al gobierno de la ciudad y del Estado de Buenos Aires en 1852 marca el comienzo de la etapa final de este tipo de prácticas, contribuyendo ellos directa e indirectamente a este proceso. Indirectamente porque con la libertad de reunión y de asociación que ellos aclaman e instauran, las pulperías deben rivalizar con los nuevos lugares y formas de reunión que surgen en la ciudad de Buenos Aires. Contribuyen también directamente mediante un estricto control de estas reuniones que multiplica, a partir de 1853, los encarcelamientos por disturbios en las pulperías.[51] La prensa liberal se hace eco de esta aversión de la gente

[49] Si bien se trata aquí de un aspecto específico del proceso histórico rioplatense, notamos sin embargo que ello también responde a la particular inserción de estas prácticas en la esfera pública y al origen iniciático de su función pedagógica. La tendencia a la exclusividad, incluso cuando ésta concierne a la civilización, es un elemento presente en la primera etapa de desarrollo del movimiento asociativo moderno, que la coyuntura histórica puede potenciar de manera más o menos notoria.

[50] Este proceso estaba contenido en la misma noción de "gente decente", ya que este término designa tanto un lugar de la jerarquía social, ligado a la pureza de sangre, como las cualidades con que la sociedad identifica a esa clase. "Decencia" es a la vez un rasgo de clase y un valor social. Ello está indicando que esta clase ya hace figura de modelo. Para un análisis del concepto de "decencia" en una sociedad de antiguo régimen véase Yves Castan, *Honnêteté et relations sociales en Languedoc 1715-1780,* Plon, París, 1974, pp. 22-25.

[51] *AGN,* Índice General de Policía, 1851-1859, Sala X, 44.10.3.

decente hacia estas prácticas populares que "predisponían a la plebe hacia la delincuencia, la vagancia y el alcoholismo".[52] La solución del problema queda en manos de la flamante municipalidad creada por el Estado de Buenos Aires en 1854, que adopta entonces medidas draconianas. En 1857 la citada municipalidad limita, por el decreto del 18 de marzo, la autorización de la venta de alcohol a los cafés, los hoteles y las confiterías, y así confina a la pulpería al comercio de otros artículos de consumo.[53]

La prohibición de venta de alcohol en las pulperías no sólo iba contra el negocio de los pulperos, sino también con las prácticas socioculturales ligadas a la frecuentación de estos locales. La disminución de las pulperías urbanas llevó naturalmente a sus clientes hacia otro local que ofrecía servicios equivalentes: el café. Pero obviamente con el cambio de local sobrevino una transformación de la sociabilidad popular urbana que supuso una importante transformación cultural: tendencia al abandono de la guitarra y de toda la cultura a que las payadas iban asociadas e institución de nuevas prácticas de discusiones públicas que poco a poco van remplazando al cuchillo como método de resolución de los diferendos. Ello no supone que estos hábitos "bárbaros" hayan desaparecido de las prácticas de los sectores populares. La prensa denuncia en esta época los disturbios que tienen lugar en las academias de baile, reuniones donde reaparecen los cuchillos. Pero a una mayor voluntad de disciplinar la sociedad —que explica por ejemplo el severo control de las pulperías— se suma ahora una mayor difusión entre los sectores populares del modelo asociativo y de las prácticas que le eran asociadas, que funciona ahora como mecanismo de ascenso social.[54] Algunas asociaciones intentan copiar la práctica del "ocio decente", como lo testimonia la creación de ciertos clubes de recreo que reciben una clientela popular; otras buscan adaptarse a las necesidades específicas

[52] *Cf.* Diario *La Tribuna,* 15 de diciembre de 1853.

[53] Las medidas tuvieron sus efectos, y a largo plazo acabaron con las pulperías urbanas, sin lograr sin embargo la erradicación inmediata de las pulperías como lugar de encuentro y consumo de alcohol. En 1872 la municipalidad continúa aún dictando ordenanzas que prohíben la venta de licores en "almacén, pulpería o casa pública". *Cf.* República Argentina, *Digesto, ordenanzas, reglamentos, acuerdos, decretos, etc. de la Municipalidad de Buenos Aires,* 1873, pp. 29-30.

[54] El movimiento no es obviamente en sentido único. Si la imitación es uno de los mecanismos de difusión de las nuevas prácticas, la difusión puede contar con agentes más activos que los propios receptores. Así, por ejemplo, como lo demuestra magistralmente Tulio Halperin Donghi, *La vuelta de Martín Fierro* de José Hernández tiene un valor pedagógico innegable. En *La vuelta* el autor ha depurado al tipo que personifica al gaucho de sus aspectos más violentos e insoportables para una sensibilidad moderna, devolviendo así a sus lectores gauchos una imagen "domesticada" de sus propios códigos de conducta. *Cf.* Tulio Halperin Donghi, *José Hernández y sus dos mundos,* Editorial Sudamericana, Buenos Aires, 1985, pp. 280-319.

de los trabajadores, como lo demuestra la aparición y el desarrollo del mutualismo.[55]

La identificación de las formas civilizadas de sociabilidad con los códigos de conducta que se originan en relaciones de civilidad propias de las élites urbanas no sólo funciona como elemento de identidad colectiva, sino como soporte indispensable a la organización de un poder nacional, pues al asegurar los mecanismos de autocontrol, que evitan por ejemplo la resolución personal de los conflictos con el empleo del cuchillo, ellas le permiten garantizar al Estado el monopolio de la fuerza, asegurando así que éste centralice poder y coacción. El aprendizaje de la nación supone entonces la interiorización de códigos de conducta que "civilicen" a la sociedad, aspecto que ya en 1845 Sarmiento había señalado como indispensable a la erradicación del poder de los caudillos, y a éstos como principales responsables de la debilidad del poder nacional.

Ello facilita asimismo la solución del problema político mayor que les plantea la Independencia a las élites criollas: el de conciliar el nuevo principio de soberanía con la herencia del derecho de conquista, que debe otorgarles el predominio indiscutible en la dirección de las nuevas naciones. Con la identificación entre civilización y sociabilidad nacional, las élites pueden apoyar el proceso de consolidación del Estado reivindicando la nacionalidad argentina sin por ello cuestionar su poder, ya que el principio de nacionalidad que sirve de base a la nueva identidad colectiva está asociado a una serie de códigos relacionales que se identifican con las élites urbanas. La nueva nación Argentina se define en relación con su pertenencia a la civilización occidental, y ello no sólo en sus fundamentos políticos y filosóficos, sino también a partir de códigos relacionales que se identifican con la "sociabilidad nacional". La confirmación de la civilización como expresión de identidad nacional legitima la función civilizadora de estas élites, y las lleva a la conquista del territorio nacional, primero de los "bárbaros" caudillos rebeldes, luego de los "salvajes" indios insumisos. Durante el periodo de cruzada civilizadora que lleva al general Roca a conquistar las tierras patagónicas, Juan Bautista Alberdi recuerda a aquellos que aún sostienen el origen indígena de la nacionalidad que "esta opinión comprendió a los hispanoamericanos en la causa de los Incas, de los Araucanos y los Pampas y Gua-

[55] Sobre la noción de "ocio burgués" véase Centre de Recherches d'Histoire Sociale de l'Université de Picardie, *Oisiveté et loisir dans les sociétés occidentales au* XIX*éme siècle.* Colloque pluridisciplinaire, Amiens, 19-20 de noviembre de 1982, presentado por A. Daumard, Imp. F. Paillart, Abbeville, 1983; y los trabajos de Maurice Agulhon, particularmente *Le cercle dans la France bourgeoise 1810-1848. Etude d'une mutation de sociabilité,* Armand Colin, París, 1977. Para el desarrollo del movimiento mutualista, véase nuestro trabajo *La création d'un nation,* t. 2, pp. 453-463.

raníes. La revolución así tomada era una reacción salvaje, es decir indígena, lejos de ser un movimiento de civilización..."[56] Indudablemente para las élites urbanas porteñas la nueva nación supone la afirmación del carácter occidental y urbano de la soberanía, y por ende de su propio poder.

¿Se trata aún de una especificidad argentina? Para dar una respuesta concluyente sería necesario contar con investigaciones equivalentes para el resto de Iberoamérica. No es sin embargo insensato suponer que un desarrollo equivalente de similares formas asociativas en sociedades que enfrentan los mismos problemas responda a fenómenos análogos. En todo caso, no cabe duda de que la relación entre nación y civilización occidental, ya sea que se hubiera afirmado por medio de la pedagogía societaria o con otras formas de pedagogía cívica, es un elemento común en las primeras definiciones de las nuevas naciones en el siglo XIX hispanoamericano. Si tomamos por ejemplo el caso de México, donde la existencia de un sentimiento de nacionalidad mexicana antes de la Independencia es fácilmente perceptible, notamos que incluso aquellos hombres que reivindican el pasado indígena como componente esencial de la nacionalidad mexicana, lo hacen inscribiéndolo previamente dentro del proceso de civilización que caracteriza al mundo occidental, ya sea utilizando la relación entre el mundo antiguo y el mundo azteca como etapas análogas de la civilización, como lo hace Francisco J. Clavijero, o afirmando a través de la identificación de santo Tomás y Quetzalcóatl, la existencia de una evangelización anterior a la Conquista que confirma la occidentalización temprana del mundo indígena, como sostiene fray Servando Teresa de Mier, o ya sea estableciendo, como lo hace Carlos María de Bustamante, una analogía entre Cuauhtémoc y Moctezuma e Hidalgo y Morelos, mostrando con ello el antecedente indígena de la lucha por los nuevos valores de libertad e independencia.[57]

El estudio de la inserción de las nuevas prácticas y hábitos relacionales en la sociedad porteña nos permite destacar la función particular que desempeña la pedagogía societaria en una sociedad donde la transferencia de legitimidad monárquica a la legitimidad democrática plantea con fuerza la necesidad de la creación previa de una nueva nación como sujeto y objeto de soberanía. Las características de las prácticas asociativas modernas, cuya función pedagógica estaba vinculada a la

[56] "Del gobierno de Sud América, según las miras de su revolución fundamental", en *Escritos póstumos,* t. IV, p. 50.

[57] Para esta cuestión, véase David Brading, *Los orígenes del nacionalismo mexicano,* pp. 37-58.

necesidad de crear al nuevo ciudadano, constituyen por esta misma razón un ámbito privilegiado para prefigurar, definir y difundir la nueva representación de la colectividad.

El proceso que lleva a la sociabilidad moderna a convertirse en un importante soporte de la organización de la nueva nación se explica primero por el hecho de que estas prácticas introducen los vínculos revocables en el universo relacional comunitario, socavando la estructura de la sociedad tradicional. Al expandir los vínculos secundarios y contractuales, las asociaciones modernas contribuyen a la construcción de la nueva representación de la colectividad. Pero a ello se agrega el hecho de que con la difusión de estos nuevos vínculos se interioriza una serie de normas y códigos de conducta que hemos definido como relaciones de civilidad y que explican la función específica que cumple la pedagogía societaria en la construcción de la nueva nación, tanto mediante la pacificación de la sociedad como con la afirmación de la civilización occidental como expresión de identidad nacional. La difusión de las nuevas relaciones de sociabilidad que funcionan como manifestación de pertenencia a la colectividad forma entonces parte de la estrategia de las élites porteñas para asentar las bases de una nueva legitimidad política.

Ahora bien, si la confirmación de la filiación occidental de la nueva nación que el movimiento asociativo afianza, asegura el poder de las élites urbanas en ésta, la adopción del modelo occidental de nación plantea otros problemas. Pues mientras que en Europa occidental la afirmación de la soberanía nacional se funda en la existencia de una comunidad histórica —natural o voluntaria—, en el Nuevo Mundo la nueva legitimidad presupone la noción de ruptura. Esta contradicción original marca en buena medida las vicisitudes posteriores del nacionalismo hispanoamericano. Para la época que aquí nos ocupa, la resolución del problema extraordinariamente complicado que evocaba Simón Bolívar explica que las élites hispanoamericanas funden la nueva nación sobre la noción de comunidad político-cultural, e ilustra a su vez el papel sorprendente que tienen las prácticas socioculturales como expresión de pertenencia nacional.

Sexta Parte

CONSTITUCIÓN Y PRÁCTICAS POLÍTICAS

XX. PACTISMO Y CONSTITUCIONALISMO EN LOS ANDES

MARIE-DANIELLE DEMÉLAS
Universidad de París III

CUANDO LOS DIRIGENTES de los nuevos Estados instituyeron gobiernos fundados en la soberanía del pueblo y su representación, creyeron hacer tabla rasa con respecto al pasado para crear regímenes inéditos a partir de constituciones. Y no solamente regímenes, sino también sociedades, que la Independencia había hecho pasar de repente del estado de brutos a la humanidad, de la esclavitud a la libertad (y aquí no hago sino parafrasear un buen número de discursos). El ejemplo más significativo de estas creencias es el de la República Bolívar, que recibió de su héroe epónimo, el Libertador, una carta fundadora que debía definir "el modo de manejar hombres libres".[1]

No valía la pena retener ningún ejemplo del pasado inmediato; según su conveniencia, los legisladores podían dar forma a estas abstracciones —el Pueblo, el Gobierno, la Nación— en función de una visión del mundo racional y optimista. Sin embargo, si todavía quedaban por construirse las naciones, por definirse el pueblo y por formarse el gobierno, existían, quizá con mucho más vigor que antes, la *patria chica* y los *pueblos*, a lo que habría que añadir el caudillo, nuevo tipo de hombre que habían creado la guerra y la modernidad. Estas fuerzas concretas iban a poner a prueba la realidad de las constituciones que habían derrocado los antiguos poderes y habían cambiado los papeles de este drama. Las *prácticas* políticas, que se establecieron en poco tiempo, se encargaron de dar un sentido particular a las especulaciones y a los ejercicios de escuela.

Tan pronto como fueron instaurados, las Constituciones y los gobiernos se sucedieron a un ritmo rápido, eliminando cada vez a sus predecesores para establecer un nuevo punto de partida y una refundación. Esto no quiere decir que los actores colectivos quisieran destruir la obra constituyente de las élites; el principio de la Constitución, previo a toda comunidad política moderna, no era cuestionado. Cada revolución

[1] Simón Bolívar, *Discurso introductorio a la constitución de la República Bolívar,* 25 de mayo de 1826.

no pretendía volver a un estado político anterior, sino realizarse en nombre de una mejor Constitución, de tipo moderno, y sólo retenía un aspecto de la doble función de la cual sus creadores habían investido estos documentos que debían destruir el antiguo régimen y construir los tiempos modernos. Las Constituciones representaban igualmente una fundación y una ruptura: la voluntad de ruptura primó sobre la de fundación. Es esto precisamente lo que demuestra la inestabilidad precoz y recurrente de numerosas repúblicas. Es así que, en nombre del pueblo soberano, el texto sobre el cual había sido fundada la asociación política se cuestionaba a menudo; de la misma manera, se podían atribuir, sin transición, los epítetos de *hombre providencial* y más tarde de *tirano* al mismo presidente en el poder. Esta inestabilidad que, en ciertos Estados, se acentúa en el siglo xx, suscita las preguntas más devastadoras en lo que respecta a la ley, al pueblo y al príncipe, preguntas a las cuales este capítulo intentará aportar algunos elementos de respuesta.

Un pacto sacralizado y frágil

Es en nombre de la Constitución (o de una Constitución, ya que en esto consiste la diferencia entre los partidos en presencia) que se llevaban a cabo guerras civiles que culminaban con la sustitución de un texto por otro. ¿Cómo se podía sacralizar un documento tan frágil que era suficiente una sublevación para destruir su validez?

Las primeras constituciones, ya se trate del texto elaborado por las Cortes de Cádiz o de aquellas que fueron promulgadas por las juntas revolucionarias americanas, fueron presentadas como las bases de un orden nuevo, como unos documentos investidos de una visión y de una significación sacralizadas por su misma novedad y por las circunstancias excepcionales que habían dado lugar a su nacimiento. Ninguno de sus creadores tuvo la intención de rodearlas de un ceremonial laico (aunque, por supuesto, estuviera excluido privarlas de ceremonial): es así como se recurre a las formas religiosas tradicionales para dar a su promulgación la pompa necesaria. Citemos el ejemplo de la celebración que se desarrolla en Cuenca, en la audiencia de Quito, con ocasión de la adopción de la Constitución de Cádiz:

El 15 de septiembre de 1812, la ciudad recibe el texto de la Constitución, cuya publicación oficial es fijada para el 21 y la ceremonia oficial para el 27. Todas las corporaciones de la ciudad y de los pueblos indígenas de la provincia son convocados; el día anterior a la celebración transcurre en "iluminación, repiques generales y música en las galerías de las casas consistoriales donde se hallaba presente el retrato del Sor. Dn. Fernando Séptimo, con todo el adorno y magnificencia posible".[2]

Por la mañana, en presencia del pueblo reunido, el texto de la Constitución es llevado en procesión.

> Llevando el indicado Sor. Gor. interino desde su habitación la Constitución en las manos, y puesta al pecho, salió de esta forma todo el acompañamiento por las calles designadas con las tropas y música que se destinó, y seguía al tribunal referido, pasando todos por los arcos triunfales dispuestos a este fin en las mencionadas calles que se hallaban colgadas.

Pronuncia un discurso y después acomete la lectura del texto completo de la Constitución. Al final,

> se hicieron salvas de artillería y fusilería, prorrumpiendo el pueblo, que en extraordinario concurso se hallaba y había presenciado la publicación, en alegres y festivos vivas al congreso nacional, a su Rey y Señor natural, y al supremo consejo de regencia [...] ratificando con las mismas protestas de odio y venganza eterna contra los conspiradores que han roto los vínculos de la dulce dominación española.

La noche se acaba, como el día precedente, con luces, repique de campanas y música militar.

El juramento de la Constitución da lugar a las mismas festividades. En la catedral, donde se celebra un *Te Deum,* se arrojan flores y se sueltan palomas, antes de reunirse en la plaza de armas donde se había decorado la fuente a la cual se accedía por arcos de triunfo construidos por los vecinos. "[Esta Constitución] es, en una palabra, la vara y piedra angular de la gloria y felicidad de los territorios que logran la suerte de ser ceñidos con las fajas de la real diadema española", enuncia el archidiácono Pedro Antonio Fernández de Córdoba, quien compara la obra de las cortes a las Constituciones que "Zoroastro dio a los persas [...] To-Hi a los chinos, Orfeo, Minos y Cecrops a los griegos [...] Numa a los romanos y Manco Capac a los indios del Perú".

La fiesta se prolongó. El 4 de octubre se hizo prestar juramento a la parroquia india de San Blas, y como se había encontrado, por casualidad, un segundo ejemplar de la Constitución, las autoridades improvisaron otra ceremonia en la parroquia de San Sebastián. Una tras otra, las comunidades religiosas organizaron su ceremonia de obediencia, y el 13 de diciembre, el obispo de Cuenca se presentó en Guayaquil, pro-

[2] *Archivo de las Cortes,* Madrid *(ACM),* leg. 29, exp. 1.

visto de algunos ejemplares de la Constitución que todavía no habían llegado al puerto, donde organizó la jura del clero.

La procesión a lo largo de la cual el texto de la Constitución era llevado por el representante de la autoridad —a partir de entonces es de este documento de donde emana la legitimidad de la cual dimana el poder del gobernador, del subdelegado o del intendente— recordaban las procesiones del Corpus, pero las tropas ocupaban el lugar de los clérigos y el texto de la Constitución sustituía a la custodia, remplazando con creces la lectura de sus artículos a los sermones más largos.

La forma según la cual se desarrolla el juramento propiamente dicho acentúa el parecido de estas manifestaciones con las celebraciones católicas. Siempre que esto fue posible, la presencia del obispo subraya la dimensión religiosa del juramento pronunciado en la catedral. Con un ministro de Dios por garante del compromiso, el nuevo código político se inscribía en un orden religioso. El alto clero americano aprovechaba así la ocasión de recordar sus funciones de intermediario directo entre la divinidad y los hombres, mientras que la laicización de la vida política se anunciaba ambigua.

Por otra parte el conjunto del Pueblo soberano debía prestar juramento, pero respetando la estructura estamental del antiguo régimen: primero las autoridades y los notables, después las comunidades religiosas, las universidades, los cuerpos del ejército, las corporaciones, el común... La novedad se inscribía en un orden social tradicional. Por la vía de un juramento colectivo —juramento de fidelidad, compromiso de sometimiento a la nueva ley—, la Constitución se convertía así en un pacto de unión entre estamentos y entre provincias, que fundaba una nueva asociación política. La Constitución promulgada por el Estado de Quito, el 15 de febrero de 1812, se titulaba, muy apropiadamente, *Pacto solemne de sociedad y de unión acordado entre las ocho provincias que forman el Estado de Quito.*

Finalmente, en el momento de enunciación del pacto teatralizado de tal manera, la vida política abandonaba el dominio del pacto ficticio, del recuerdo mítico de una asamblea fundadora que había servido de premisa a las doctrinas neoescolásticas (Bartolomé de Las Casas escribía: "Toda subordinación de los hombres con respecto a un príncipe [...] ha debido comenzar por un pacto voluntario entre el gobernante y los gobernados").[3] A partir de entonces los términos del pacto debían ser enunciados solemnemente y el momento en el que el pacto tomaba efecto correspondía a un juramento sacralizado por un marco religioso (iglesia

[3] Bartolomé de Las Casas, "Quaestio de imperatoria vel regia potestate", en *Ouvres,* t. II, París, 1822, p. 64 (trad. de Llorente).

catedral), por una ceremonia (una misa consagrada al Espíritu Santo, un *Te Deum),* y por la presencia de clérigos, oficiantes y garantes al mismo tiempo.

Estas Constituciones que fueron tan fácilmente abolidas y remplazadas, no estaban por lo tanto desprovistas de significación; el juramento que les era debido significaba para cada cual un verdadero compromiso —compromiso en el marco de un estamento, de una provincia, con relación a otros estamentos o a otras provincias— del cual no podía liberarse sino argumentando la obligación, la ignorancia o un vicio de forma.[4] Como la eucaristía, que redimía a la cristiandad, el texto constitucional debía asegurar la redención del cuerpo político de la monarquía hispánica. Las creencias según las cuales L. Díez del Corral acreditaba el liberalismo español, se establecieron así en América incluso antes de la Independencia: "Para un liberal español, la constitución no es una determinada regulación fundamental de la vida política; es algo mucho más importante, una especie de 'reino de Dios' laico súbitamente aparecido sobre la tierra [...] que lleva en sí todos los bienes".[5]

¿Cómo explicar la fragilidad de estos textos, que no eran enunciados a la ligera, sino subrayando la dimensión mágica de la cual estaban investidas las Constituciones que debían crear todo a partir de nada?

Ninguna de las nuevas repúblicas aceptó la herencia, la sucesión o la continuidad; sólo concebían su fundación a partir de una tabla rasa, de un vacío a partir del cual los legisladores deberían establecer un orden político y social.[6] Los tres siglos de tiranía española debían ser abolidos; en cuanto al pasado incaico, si bien era valorado, no podía adaptarse al presente: era por lo tanto necesario crear todo, inventar todo. La amnesia era el modo según el cual los actores políticos de la Independencia habían concebido la legitimidad de los nuevos Estados. Estas premisas implicaban un regreso a la página en blanco siempre que el pueblo aboliera una constitución.

A la amnesia legitimadora se unía una concepción radical e individualista del pacto: puesto que éste comprometía realmente a cada hombre que prestaba juramento, no lo comprometía más que a él. Una

[4] *Cf.* el ejemplo de Guayaquil [1843-1845] citado antes.

[5] L. Díez del Corral, *El liberalismo doctrinario,* Madrid, 1945, p. 434; citado por A. Colomer Viadel, *Los liberales y el origen de la monarquía parlamentaría* en *España,* Madrid, 1988, p. 10.

[6] También se arrogaban poderes que anteriormente sólo el papado se había atribuido, *De nullo potest aliquid facere:* tal es la definición del papa como vice-Dios (E. Kantorowicz, *Mourir pour la patrie,* París, 1984, p. 43; traducción francesa de un artículo aparecido con el título "The Sovereignty of the Artist. A Note on Legal Maxims and Renaissance Theories of Art", en *De Artibus Opuscula XL. Essays in Honor of Erwin Panofsky,* Nueva York, 1961, pp. 267-279).

generación no podía por lo tanto fijar el futuro de otra, y privarla de esta libertad esencial. Como expresaba, ya desde 1811 un periódico mexicano: "Art. XIX. Un pueblo tiene siempre derecho de revisar, reformar, y mudar su constitución; una generación no puede sujetar las venideras a sus instituciones [...]".[7] En suma, el pacto constitucional sólo tenía valor fundador a condición de no ser durable.

Finalmente, una de las funciones de la Constitución —la que definía una forma de gobierno— había sido dejada de lado en beneficio de significaciones unanimistas y fundadoras. Fijar límites (separación de los tres poderes, garantías contra lo arbitrario y las intromisiones del ejecutivo, etc.), establecer nuevas modalidades administrativas, redefinir las funciones del Estado, todo aquello que hacía de la Constitución un código, tenía menos importancia que aquello que hacía de ella un pacto. La obsesión de la discordia, de la disolución del cuerpo político, justificaba esta preferencia que hacía problemático el gobierno de estos nuevos Estados.

Paradójicamente, la voluntad de ruptura, la aspiración de las élites a una novedad radical, permitió la reactivación de ciertos aspectos de la cultura política del antiguo régimen. Puesto que representaba un pacto antes de precisar las formas y los límites de un nuevo régimen, la Constitución creaba un espacio para la permanencia de una herencia pactista; enfrentados a la exigencia de una creación *ex nihilo,* los actores abordaron la tarea de hacer algo nuevo a partir de lo viejo. De esta manera, el funcionamiento de la vida política republicana, que se refería a textos que no habrían rechazado teóricos liberales, dio como resultado invenciones pragmáticas, producidas por una especie de compromiso entre prácticas antiguas y principios modernos.

El pronunciamiento como resurgimiento del pactismo

El pronunciamiento simula una disolución del cuerpo político y su *refundación* por medio de pactos libremente consentidos por las comunidades de base. Incluso cuando los observadores denuncian la comedia de los comicios populares y la ficción de democracia antigua que éstos reivindican, la voluntad de romper con el gobierno reproduce siempre, a diferentes escalas, el modo según el cual los nuevos Estados se habían

[7] *El Redactor General,* en un artículo titulado "Derechos del hombre". Citado por François-Xavier Guerra, *Modernidad e independencias,* Madrid, 1992, p. 312. Los autores de este tipo de afirmaciones jamás reflexionarán sobre esta extraña noción de "generación", que introduce rupturas imposibles en un proceso de reproducción continuo.

fundado. El gobierno, juzgado tiránico, es desposeído de sus derechos. En 1845, en nombre de los rebeldes de Guayaquil, el general Elizalde declara que "El general Flores arrebató a los pueblos[8] sus derechos políticos y se constituyó tirano usurpador"[9] [y] "manifestó a la asamblea que había terminado su autoridad por haber reasumido la provincia sus derechos políticos por medio de las armas".[10]

En Bolivia, la ciudad de Tarija utilizaba el mismo tono para pronunciarse, el 12 de octubre de 1847:

> Art. 1: Desde este momento y para siempre jamás, desconoce la autoridad del tiránico gobierno de José Ballivián.
>
> Art. 2: Proclama de su parte por presidente legal de la república a S. E. el general José Miguel de Velasco.[11]

A pesar del recurso ocasional a la fuerza, el deseo de legitimidad era real: los insurgentes intentan demostrar que no estaban sometidos a los compromisos que el gobierno les había exigido. Tras el anuncio de la ruptura, la asamblea de notables de Guayaquil, que pretende encarnar la *soberanía del pueblo,* redacta el texto del pronunciamiento: "Art. 14: no debemos considerarnos ligados por ningún lazo al gobierno actual, puesto que es notorio que ningún ciudadano ha prestado juramento a la última constitución a pesar de las invitaciones apremiantes del gobernador..."[12]

En efecto, dos años antes, en mayo de 1843, el pueblo de Guayaquil,[13] reunido en la catedral, había guardado silencio en el momento de jurar fidelidad al régimen. Se pueden citar otros ejemplos de juramento rechazado. En Bolivia, en 1847, un pronunciamiento reclama el regreso de la Constitución de 1839 y la sustitución del presidente Ballivián por Miguel de Velasco: "Esta misma constitución no ha sido bien conocida por el pueblo antes del juramento, y por lo mismo no puede estimarse como jurada".[14]

Finalmente, el pronunciamiento recordaba que, puesto que el dere-

[8] *Los pueblos:* el Pueblo de las Constituciones está, en Ecuador, formado por la asociación de las comunidades territorializadas.

[9] Notificado por el cónsul de Francia en Guayaquil, León Iturburu, Archivos del Ministerio de Asuntos Extranjeros, París (AMAE), *Correspondencia comercial de Guayaquil,* vol. 1, despacho del 14 de marzo de 1845, f. 211.

[10] *Ibidem,* f. 212.

[11] Archivo Nacional de Bolivia (ANB), MI, t. 123, núm. 49.

[12] El hecho es confirmado por un despacho del cónsul de Francia, Léonce Levrault, fechado el 4 de mayo de 1843 (AMAE, *loc. cit.,* ff. 141-141v.).

[13] Es decir, los notables.

[14] ANB, MI, t. 123, núm. 49, *acta* de La Paz, art. 8, 17 de diciembre de 1847.

cho a la insurrección formaba parte de los derechos naturales del hombre en sociedad, no había pueblo sin posible revuelta.

> Art. 16: Que siendo la resistencia a la opresión un derecho emanado de la asociación, una defensa natural,[15] un deber el más sagrado del hombre en sociedad, nada hay tan despreciable como un pueblo sin energía para defender sus derechos y correr los azares de la reconquista de la libertad, porque justifica el despotismo, pierde su calidad de pueblo y se convierte en un ser degradado de la especie humana.[16]

El masón Rocafuerte proponía incluso una legitimación cristiana de la insurrección:

> La justicia, dice San Agustín, tiene derecho para romper los injustos vínculos [...]. ¿Y qué vínculos más injustos que los que establece la nueva constitución, y ligan al pueblo ecuatoriano a la obediencia de sus advenedizos opresores, sostenidos por las bayonetas venezolanas? He aquí autorizado el derecho de insurrección por uno de los grandes luminares del cristianismo.[17]

Toda tentativa de apropiarse del poder era así precedida por una declaración: los oponentes debían pronunciarse solemnemente contra el gobierno en el poder, afirmar su rechazo a las autoridades por razones legítimas, y anunciar la toma de las armas en virtud del derecho a la insurrección del cual el pueblo soberano no se desprende jamás, puesto que éste lo ha constituido. Esta declaración preliminar, que se transformaba eventualmente en campaña de peticiones, se escribía sobre papel sellado, como cualquier documento oficial, o como un recurso a la justicia.

Es así como comienza, en 1898, la revolución liberal boliviana, que, después de seis meses de guerra civil, consigue suplantar a los conservadores establecidos en el poder desde hacía 20 años. El 12 de diciembre, los notables de La Paz hacen público el texto de su "pronunciamiento": ignoran el gobierno en el poder y proclaman el Estado federal de La Paz, dirigido por un triunvirato. Entre los primeros firmantes se encuentran los senadores, diputados y altos funcionarios del departamento. Su iniciativa es inmediatamente apoyada por el batallón Murillo —142 soldados de los cuales dependía el control de la ciudad—, después

[15] El presidente de la Corte suprema de Perú, Lorenzo de Vidaurre, llegó incluso a escribir: "Lo que a veces llamamos insurrección es una ley sagrada de la naturaleza que obliga a la preservación de uno mismo". *(Artículos constitucionales que son de agregarse a la Carta para afianzar nuestra libertad política,* imp. Masías, Lima, 1833, pp. 7-8).

[16] AMAE, *loc. cit.,* despacho del 14 de marzo de 1845, f. 211.

[17] V. Rocafuerte, *A la Nación,* Quito, 1908, núm. 5, p. 101.

por el obispo y por la corte superior.[18] Habiendo comenzado la revolución en regla —es decir, sobre el papel—, las operaciones militares, preparadas desde hacía tiempo, a partir de entonces podían efectuarse.

Uno se imagina a menudo un pronunciamiento en forma de una conspiración de algunos conjurados apoyados por tropas: es una imagen inexacta. El acto que reunía al pueblo de cada lugar de la república para decidir la ruptura y la renovación del contrato social no tenía nada de clandestino. Éste reproducía la estructura imaginaria del espacio nacional tradicional —una federación de pactos entre comunidades territorializadas—, y se inscribía en una red de sociabilidad y de fidelidades antiguas que no reclamaban el secreto.

En 1847, Bolivia conoce una serie de pronunciamientos hostiles al presidente José Ballivián y favorables a Miguel de Velasco.[19] Las ciudades de Tarija y de Sucre se pronuncian, y después envían una serie de cartas a las autoridades de los cantones para invitarlos a seguir su ejemplo. Entre octubre de 1847 y enero de 1848, con una sola excepción, todas las poblaciones consultadas los apoyan; en algunos casos, los vecinos se reúnen incluso varias veces para completar la lista de los firmantes.

Estas campañas no se concluían necesariamente con un golpe, sino que funcionaban a la manera de vastas consultas de la opinión pública y servían así como operaciones de movilización política. Así sucedió en Bolivia en 1850, cuando los *vecinos* de la capital se reunieron para manifestar su apoyo al presidente Belzu después de la tentativa de asesinato de la que había sido víctima.[20] Durante la Guerra del Pacífico, en 1879, se recogieron peticiones para protestar contra la agresión chilena y el derrotismo de las autoridades;[21] en 1880 fue para aprobar la confederación peruano-boliviana.[22] Bajo el gobierno conservador, entre 1884 y 1899, el partido liberal utilizó esta forma de movilización política con ocasión de numerosas campañas, orquestadas para manifestar la fuerza de su oposición.[23]

En Perú, la primera de estas peticiones se había producido ya desde el primer año de la Independencia y había reunido, en julio de 1822,

[18] AMAE, *Bolivie, politique intérieure, dossier général,* t. 1, despacho del 15 de diciembre de 1898, ff. 130-180.

[19] ANB, MI, t. 123, núm. 49, "Actas de los distintos pronunciamientos provinciales a favor del general José Miguel de Velasco".

[20] ANB, MI, t. 133, núm. 20, "Acta popular de la ilustre y heroica capital Sucre", 5 de octubre de 1850.

[21] *Ibidem,* t. 208, núm. 33 a.

[22] *Ibidem,* t. 210, núm. 44 a.

[23] *Ibidem,* t. 217, núm. 74.

más de mil firmas, dirigidas al general San Martín por los habitantes de Lima, que se quejaban de la "tiranía" que ejercía sobre ellos el ministro Monteagudo.[24] El impulso inicial se había dado: a partir de entonces, la república multiplicó este tipo de manifestaciones.

En 1864 estalla una serie de pronunciamientos dirigidos contra el general Pezet y contra el pacto que acababa de firmar con la escuadra española que había atacado las islas Chinchas. El 1º de marzo, en Arequipa, cerca de 10 000 personas firman una protesta. El movimiento progresa del sur del país hasta el norte, al ritmo de la llegada de las noticias: todo sucede como si cada ciudad fuese consultada sobre qué posición tomar ante la iniciativa de Arequipa. En cinco semanas, el "pronunciamiento" había llegado desde el extremo sur del país hasta el norte, y había afectado tanto a la costa como al interior.[25] En este caso, el pronunciamiento no llega a ser un golpe, sino que funciona como una consulta general, fuera de las reglas constitucionales.

Las peticiones ofrecían a los excluidos del sufragio la posibilidad de expresar su voluntad y de influir en la vida parlamentaria. En 1851, en Ecuador, las beatas utilizaron este medio para ejercer presión sobre la asamblea, a la cual reclamaban el retorno de los jesuitas.[26]

Un pronunciamiento podía traducirse en un movimiento nacional o simplemente limitarse a la ruptura del contrato social por una sola provincia o incluso por una sola población, como ilustra el ejemplo siguiente. El 12 de enero de 1889, un comicio popular reúne a los vecinos de Tapacarí (una rica población del departamento de Cochabamba) que redactan el acta siguiente:

> Art. 1. Considerando que los vecinos de una provincia son los únicos competentes para juzgar de la competencia de los ciudadanos quienes pueden desempeñar puestos públicos.
>
> Art. 2. Que el pueblo tapacareño como tiene conocida la incompetencia del ministro Don Enrique Borda no puede soportar ninguna imposición de un criminal actual corregidor Teófilo Gutiérrez.
>
> Art. 3. [...] Que los ciudadanos en defensa de sus derechos están llamados

[24] *Colección documental de la independencia del Perú* (CDIP, Lima, 1971-1977), t. I, vol. IX: "José Faustino Sánchez Carrión", Lima, 1974, pp. 72-73.

[25] J. G. Valdivia, *Las revoluciones de Arequipa,* Arequipa, 1958, t. II, p. 139.

[26] "Las mujeres forzaron a la Convención, provocando peticiones en todos los puntos de la república y firmando ellas mismas una petición, muy curiosa, donde se decía que la tolerancia es una doctrina impía y funesta para los Estados católicos. El día de la discusión, las mujeres invadieron la sala legislativa y animaron con el gesto, la mirada y la voz a los oradores favorables a los jesuitas, y lanzaron epítetos de judío, de herético y de ateo a la cara de algunos hombres del Estado que se oponían". (A. Holinski, *L'Equateur, scènes de la vie sud-américaine,* París, 1861, pp. 165-166).

a garantizar sus libertades mediante las armas [...] Que el pueblo tapacareño es el único capaz y competente para elegir las autoridades de su localidad. Que en caso de negativa de cambiar el corregidor digno joven Diógenes Céspedes y reemplazarlo en su lugar al criminal Teófilo Gutiérrez, el pueblo tapacareño está resuelto a sostener al insinuado joven y sus derechos mediante armas.[27]

Ningún documento nos permite saber si los vecinos obtuvieron satisfacción o si fue necesario ejecutar sus amenazas.

La petición de las mujeres exigiendo el regreso de los jesuitas a Ecuador, así como la declaración de los habitantes de Tapacarí resueltos a cambiar de corregidor, no parecen presentar ninguna relación con aquello que normalmente se entiende por *pronunciamiento;* sin embargo, los trámites eran los mismos. La actividad política se mostraba separada del círculo de intereses; lo que estaba en juego, en cada una de estas manifestaciones, era la concepción misma de la asociación que fundaba el Estado. El *reino* desaparecido con la monarquía hispánica, la comunidad perfecta (por utilizar la terminología de Francisco de Vitoria) que representaba el Estado, se había fragmentado en *pueblos,* incluso en *haciendas*. La frecuencia de los pronunciamientos manifestaba de esta manera la imposibilidad de dar un marco preciso a la comunidad política. El principio de la soberanía popular, tal y como lo comprendían los actores colectivos familiarizados con el pactismo[28] se materializaba entonces en el estallido del cuerpo político en múltiples instancias, todas ellas dotadas de una legitimidad idéntica.

Prácticas de la representación

Toda Constitución presuponía la existencia de un Pueblo: ¿cómo se había instaurado esta abstracción democrática y cómo había sido interpretada por unas sociedades cuyas representaciones se fundaban en los *pueblos?* ¿Qué tipo de representación podía, al mismo tiempo, corresponder a las formas de la modernidad y dar satisfacción a las comunidades territorializadas, entretejidas por lazos de todo tipo, legadas a la república por el antiguo régimen?

Tras haber preconizado, en los primeros años de la Independencia, la

[27] ANB, MI, t. 250, núm. 92.

[28] A propósito de la cuestión de la aparición y evolución del pactismo en las sociedades hispánicas, consúltense las actas del simposio *El pactismo en la historia de España,* Instituto de España, Madrid, 1980, especialmente la contribución de Luis Sánchez Agesta ("El pactismo en el siglo XIX").

concesión de la ciudadanía a la mayoría de los productores del país, las constituciones bolivianas se volvieron más restrictivas. En las elecciones presidenciales de 1844, solamente 1% de los hombres en edad de votar fueron llamados a las urnas, y los resultados parecen probar que este electorado reducido no poseía una gran libertad de elección: el hombre fuerte del momento, el general José Ballivián, obtuvo 98% de los votos.[29] En el siglo XX, el número de electores no sobrepasaba el del siglo precedente hasta que la Constitución salida de la revolución de 1952 instaura un sufragio más amplio. Además, la división de las circunscripciones acarreaba grandes desigualdades. Esta particularidad del sistema facilitaba la tarea de los caciques provinciales. De la misma manera que la inestabilidad se agravó, el país legal tendió a reducirse: en Bolivia, el primer siglo de Independencia no ha sido el menos democrático.

En Ecuador, la evolución fue comparable a la de Bolivia, mientras que en Perú, donde los indios conservaron, de manera más o menos regular, el derecho de voto hasta 1896, las estadísticas electorales —si fuera posible reconstruirlas— sólo reflejarían la importancia de las clientelas provinciales.

Pero, en este campo, un estudio cuantitativo no enriquecería sino de forma mediocre el conocimiento del funcionamiento de las democracias andinas: lo importante es la manera según la cual estas reglas eran reinterpretadas por los actores. ¿Qué forma tomaba a partir de ese momento el acto electoral? Si nos atenemos a las reglas consuetudinarias de la democracia, las elecciones andinas no atañían sino a una fracción muy minoritaria de la población. Ahora bien, de hecho, éstas afectaban, más o menos directamente, al conjunto del país.

La manera según la cual se efectuaba el voto adoptó rápidamente formas conocidas; incluso si las cabinas en los colegios electorales no fueron empleadas antes de la segunda mitad del siglo XX, el principio del secreto de voto se estableció desde el final de la década de 1830. Pero, también en este campo, la práctica era distinta de los reglamentos.

A lo largo del proceso electoral de los años 1813-1814, los procedimientos se habían adaptado sin rigidez a las condiciones locales. En las ciudades, cada cual preparaba un boletín escrito; en el campo analfabeto, el voto público había sido admitido, enunciado en voz alta o soplado al secretario. Una variedad idéntica se impuso en las primeras elecciones republicanas. En 1826, en Bolivia, los procesos verbales de elección indicaban cuál había sido la preferencia de cada elector:

[29] *Escrutinio general de sufragios para presidente constitucional de la República verificada por el congreso de 1844,* imp. Beeche, Sucre, 1844, 15 pp.

"Don José Matías Carrasco dio su voto por el gran mariscal de Ayacucho, Antonio José de Sucre",[30] y seguía la firma del elector. En 1835, los electores votaban aún en voz alta.[31] Más tarde, a partir del reglamento electoral de 1839, fueron instaladas cerca de las urnas mesas provistas de tinta, papel y de plumas, pero lo suficientemente lejos de los escrutadores como para preservar el secreto del sufragio. El reglamento electoral declaró nulo todo boletín firmado. Esta regla prevaleció durante un siglo.

En Ecuador y en Bolivia, el ejercicio del sufragio fue así limitado a la porción alfabetizada de la población masculina. Sin embargo, si las leyes electorales de estos dos Estados se oponían a las del Perú, que había aceptado el sufragio universal,[32] en la práctica era frecuente el recurso al electorado cautivo que constituían los indios para equilibrar las relaciones de fuerza entre los clanes. Cada cacique, cada patrón conducía a las urnas a sus dependientes, sin encontrar resistencia por parte de las autoridades.

¿Pero quién inducía a votar a este electorado cautivo? La primera experiencia democrática que había constituido la convocatoria de las cortes de Cádiz había dejado en suspenso algunos aspectos de la representación moderna: por desconfianza hacia los partidos, en quienes veían un factor de división o de disolución del cuerpo político, los constituyentes, a la búsqueda de una expresión unánime de la voluntad general, no habían permitido la organización de candidaturas. Los electores no debían ser influenciados por ninguno de aquellos a quienes acordaban sus votos. Esta prohibición, que impedía la modernización de la vida política, fue rápidamente levantada: se encontraron otros medios de expresar que el representante era la emanación directa de la voluntad general.

La organización de una candidatura debía por lo tanto acomodarse a unas reglas precisas, de tal manera que el hombre designado no estuviera obligado a solicitar votos y no fuera elegido según su propia conveniencia. Sus cualidades personales, su posición social y sus acciones anteriores habían persuadido al pueblo de que él sería su mejor representante y su defensor más eficaz; el "candidato", a pesar de sus reticencias, no podía sino inclinarse ante la voluntad colectiva que le imponía

[30] ANB, PL 174, Poderes, Diputados, 1828, extracto del proceso verbal de la elección presidencial que tuvo lugar en Cochabamba, el 25 de septiembre de 1826.

[31] ANB, MI t. 52, núm. 4, proceso verbal de las elecciones presidenciales de mayo de 1835.

[32] En 1878, la ley electoral peruana confirmaba el más amplio derecho al voto: "Para participar en las elecciones, hace falta saber leer y escribir, o ser cabeza de familia, o pagar una contribución cualquiera." AMAE, Correspondance politique, Pérou, t. 37, despacho del 10 de julio de 1878, f. 342.

una responsabilidad juzgada siempre demasiado pesada. Este simulacro de obligación recordaba la designación, por las sociedades tradicionales, de dirigentes elegidos en el seno de las élites, en tiempos de crisis.[33] Es esta lógica, y no un recurso al plebiscito, caro al cesarismo democrático, la que impregna las campañas organizadas en favor de Bolívar, en 1827-1828, en la Gran Colombia.[34]

Con el nombre moderno de *clubes* la estructura de apoyo de una candidatura, se inscribía en una red de fidelidades locales y de poderes establecidos hacía ya mucho tiempo. Cada club, que encarnaba al mismo tiempo al Pueblo y al *pueblo,* no admitía ningún debate, ninguna objeción; los hombres que reunía formaban el Pueblo unánime del cual sólo debía resultar una proclamación: la expresión de la voluntad general, a la escala del *pueblo,* en favor de un hombre que lo encarnaría. Incluso cuando la iniciativa del movimiento provenía de los notables de la capital, no podía evitar extenderse al mayor número de *pueblos* posibles, y la candidatura no se hacía efectiva hasta que hubieran sido reunidas todas las proclamaciones, redactadas con ocasión de estas asambleas locales y firmadas por todos los ciudadanos presentes. No se trataba ya de peticiones, sino de una forma de designación antigua que repetía —precediéndola— la elección moderna. Los clubes funcionaban así como los *cabildos abiertos* de antaño.

Cada unidad constituida de esta manera tenía la tarea de preservar la comunidad —que era siempre percibida como amenazada—, aún en peligro de desaparición. La reunión de los *vecinos* reflejaba la unión simbólica del Pueblo para la salvación de la patria.

El individuo designado se veía investido de un papel de redentor. En noviembre de 1924, el partido republicano boliviano escribía con ocasión de una campaña nacional de peticiones para obtener del senado una prórroga del mandato presidencial de Bautista Saavedra (habiendo sido prohibida por la Constitución la reelección inmediata): "Las pasiones y ambiciones que fermentan en el país amenazan anarquizarlo profundamente y como única medida salvadora en estos momentos de amenaza nacional y de reconstitución institucional encontramos la urgencia de prorrogar el mandato nacional por dos años más al doctor Bautista Saavedra [...]".[35]

[33] Una excelente descripción de este proceso viene dada por J. L. Phelan, a propósito de la designación de los jefes de los comuneros de Nueva Granada, en 1781 *(The People and The King: the Comunero Revolution in Colombia, 1781,* Londres, 1978).

[34] Véase el artículo que H. Tovar ha dedicado a esta campaña en *Estados y naciones en los Andes. Hacia una historia comparativa, Bolivia, Colombia, Ecuador, Perú,* Instituto de Estudios Peruanos-Institut Francais d'Etudes Andines, Lima, 1986.

[35] Documento que emana del Centro Obrero Republicano de Cochabamba, publicado

En una época todavía más reciente, el registro sagrado servía también para presentar la candidatura de José María Velasco Ibarra, cinco veces presidente de Ecuador, entre 1934 y 1972. A lo largo de su primera campaña, sus apoyos hicieron circular imágenes piadosas que llevaban en el reverso este lema:

> Virgen santísima mira a tu pueblo abatido, humillado, ultrajado...
> despierta la juventud.
> ayúdanos a ser patriotas.
> La religión está amenazada, la patria al borde del abismo. Para salvar la patria, ayudar a la religión, es necesario inscribirse para las próximas elecciones presidenciales.
> La sola persona que puede con la ayuda de Dios salvar el Ecuador es José María Velasco Ibarra.[36]

En 1876, el hombre fuerte de la república boliviana, el general Daza, emprende la presentación de su candidatura. Candidato potencial desde el mes de febrero se deja convencer, fingiendo resistir:

> Un gran número de mis conciudadanos me ha designado como candidato en las próximas elecciones para la Suprema Magistratura. Mientras esas manifestaciones no tomaron las proporciones de un partido verdaderamente nacional, me he abstenido de aceptarlas [...] Mas, aconsejado por distinguidos e ilustres personajes que me obligan a no abandonar a mis amigos, y que creen que la ley de las circunstancias ha hecho de mi candidatura una necesidad social, me he visto obligado a admitirla, sometiéndola al fallo de la voluntad nacional.[37]

Y dirigiéndose a sus partidarios: "acepto el sacrificio que me imponen las circunstancias y que la patria tiene derecho a exigirme".[38] El vocabulario convencional transformaba el ejercicio del poder supremo en devoción a la causa nacional: se suponía que el hombre providencial debía ofrecerse en sacrificio a la *res pública.*

en *El Heraldo* de Cochabamba, en noviembre de 1924 y aparecido en *Documentos para la historia del gobierno del Dr. Bautista Saavedra,* tip. "El Republicano", Cochabamba, s.f., p. 17.

[36] Campaña electoral de 1934, texto citado por R. Quintero, *El mito del populismo en Ecuador,* Quito, 1980, pp. 250-251.

[37] Carta de Hilarión Daza, dirigida, el 12 de febrero de 1876, al ministro de Relaciones Exteriores, y reproducida en el *Plan de gobierno que el ciudadano Hilarión Daza presenta a sus conciudadanos,* La Paz, 12 de febrero de 1876, imp. de "La Libertad", pp. 1-2.

[38] *Ibidem,* Proclamación del general Daza a sus conciudadanos, p. 4 [en el original, la frase citada ha sido impresa en pequeñas versales]. Véase, asimismo *Candidato para Presidente constitucional, Jeneral* [sic] *Hilarión Daza,* Sucre, 1875, imp. de P. España, 30 pp.

El 2 de mayo de 1875, se había fundado un club nacional en Sucre, con el fin de sostener la candidatura del general; de junio a octubre, asambleas idénticas se forman en el conjunto del departamento de Chuquisaca, y redactan cada una un acta de apoyo a la candidatura de Daza, que firman los vecinos —varios centenares en el caso de Sucre—, en mucho mayor número que los electores potenciales: otro detalle que manifiesta que no se concebía la vida política como limitada al país legal. Todas las actas son concebidas según este modelo:

> Los vecinos de esta villa, amantes siempre del orden y de la paz que son condiciones esenciales para la estabilidad y el progreso del país, están convencidos hasta la evidencia de que el único que puede suceder en mando supremo de la República al venerable Señor Don Tomás Frías es el general Hilarión Daza, por ser una necesidad urgente para la salvación[39] de la patria.[40]

Estos ritos de candidatura "forzada" se mantuvieron durante mucho tiempo. En 1925, cuando los partidos de tipo moderno están ya bien establecidos, el jefe del partido republicano boliviano, Daniel Salamanca, pretende todavía sentirse obligado por la *devotio* patriótica: "Valiosos centros del partido republicano genuino insisten en hacerme candidato para la elección presidencial próxima".[41]

Las candidaturas para las elecciones legislativas se organizaban según un modelo diferente: la problemática era menos dramática —no se trataba aquí de designar al salvador de la patria, sino al representante y defensor de los intereses de una provincia—. Sin embargo, aún en este caso, era inimaginable que la elección tradujera la competencia entre hombres, ideas e intereses diferentes en beneficio de una mayoría: incluso antes de la convocatoria a las urnas era necesario obtener la unanimidad.

En 1886, en Bolivia, unas legislativas parciales tienen lugar en la provincia de Larecaja (capital Sorata) para designar a un diputado y a un senador. En Tacacoma, el 17 de enero, una primera asamblea reúne 40 firmas en favor de Benedicto Goytia, un rico liberal de La Paz cuyos negocios le habían implantado sólidamente en los Valles de Larecaja. En Yani, el 20 de enero, se forma un club electoral. El documento de apoyo a la candidatura de Goytia toma la forma de un compromiso so-

[39] El término empleado aquí —salvación y no salud— pertenece al registro religioso.

[40] *Candidato para Presidente constitucional, Jeneral Hilarión Daza,* p. 25, Acta de la ciudad de Tomina.

[41] Telegrama dirigido por el senador Daniel Salamanca al ministro del Interior, Cochabamba, 12 de febrero de 1925, reproducido en *Documentos para la historia del gobierno del Dr. Bautista Saavedra,* p. 43.

lemne —una especie de promesa de voto— de los 36 vecinos presentes: "La presente acta que firmamos, compromentiéndonos llevar a las ánforas electorales el nombre del honrado ciudadano Don Benedicto Goytia".[42] El 2 de febrero, en Ilabaya, en la casa de Domingo Velasco, 52 individuos se pronuncian en favor de Goytia. El 14 de marzo, una reunión de 137 vecinos en el club liberal de Sorata finaliza con la redacción de un acta de fidelidad, y el 24, otros vecinos añaden su firma al documento. Cada vez, el nombre de firmantes de las actas de apoyo sobrepasa el de los electores potenciales: incluso aquellos que no eran electores se comprometen a permanecer fieles a Goytia.

El 15 de marzo, nueve conservadores de Esquivel suscriben un acta de adhesión. El 31 de marzo, el diario *El Comercio* publica el texto de un acuerdo establecido entre el partido constitucional y el partido demócrata, que han designado a Goytia como candidato común para la provincia de Larecaja, y el 6 de abril, *La Razón* anuncia que ha sido igualmente designado como candidato oficial por el partido liberal. El 15, en una circunscripción muy alejada, la del Mapiri, un documento reúne 128 firmas en su favor. Una unanimidad ejemplar se está estableciendo y reúne los partidos y los cantones más diversos.

Es hora para Goytia de dar a conocer su programa a la prensa: progreso económico, defensa del catolicismo, Goytia se dirige tanto a los liberales como a los conservadores en un momento en que la lucha entre los dos partidos se avivaba en torno a estas cuestiones.

Las elecciones se desarrollan el 12 de mayo en Sorata. Con 202 votos, Benedicto Goytia se convierte en diputado. El conjunto de las proclamas de apoyo había reunido 406 firmas: la diferencia no significa que Goytia hubiera sido abandonado por algunos de sus partidarios —obtuvo 79% de los votos—, sino que confirma que las asambleas de apoyo a una candidatura tenían como meta asociar a los no electores a la campaña electoral. La Constitución establecía una ciudadanía restringida que las prácticas no reconocían.

Después de la sanción del voto, quedaba todavía un último acto a efectuar para confirmar el lazo establecido entre el elegido y sus votantes: el 19 de junio, antes de la apertura de las sesiones parlamentarias, la junta municipal de Sorata dirige a su diputado un *voto de confianza.* Y, gracias a una suscripción, sus partidarios reúnen en un volumen las actas de fidelidad y de apoyo a las cuales la campaña había dado lugar y que ofrecieron, una vez editadas, a su representante.[43] Este tipo de

[42] *Recopilación dedicada al honorable señor Benedicto Goytia por los electores de Larecaja,* imp. de "La Razón", La Paz, 1886, p. 6.

[43] *Recopilación dedicada al honorable señor Benedicto Goytia por los electores de Larecaja.*

documento ha de ser considerado como una especie de poder con un cuaderno de instrucciones.

Ninguna de las actuaciones que acabo de describir —reuniones de vecinos hasta en la más pequeña población, redacción y firma de las actas de apoyo, compromisos escritos de fidelidad, voto de confianza después de la elección, publicación por los vecinos de una obra que testimonia se su apoyo y sus deseos— tenía existencia legal. Sin embargo, estas prácticas, inventadas rápidamente, fueron respetadas con mucha más fidelidad que los artículos constitucionales. Permitían inscribir la novedad de la representación democrática en las cadenas de clientelas locales y de antiguas fidelidades, y contra la atomización moderna recordar la unidad constitutiva de la sociedad: la asamblea de vecinos cuyas deliberaciones no pueden concluir sino con una unanimidad de la cual la elección es la manifestación *a posteriori*. Según las reglas que presidían las elecciones del antiguo régimen, el voto no era sino la sanción y el anuncio oficial de decisiones debatidas previamente en otros lugares y que debía traducir la unanimidad.

En el Perú la adopción del sufragio universal provoca la invención de prácticas desconocidas en los Estados vecinos. En las provincias en las cuales la mayor parte de los electores estaban sometidos a una minoría, el recuento de votos de cada candidato no tenía mucho sentido. Así, a partir de la segunda mitad del siglo XIX, se establece una práctica inédita, la de las designaciones múltiples. Un diplomático francés describe, en 1878, esta costumbre sorprendente:

> Toda asamblea electoral está presidida por un comité de siete miembros nombrados por los electores [...] Pero en el comité se encuentran casi siempre miembros que pertenecen a diferentes partidos. Aquellos que se sienten en minoría o que han sido desplazados por la fuerza —lo que sucede bastante a menudo—, se separan de sus colegas, van a establecerse a otra parte, crean una urna electoral y realizan un proceso verbal de elección. En Francia, un proceso verbal similar sería absolutamente nulo, aquí se ha establecido la costumbre de tenerlo en cuenta y el gobierno ha sido el primero que lo ha hecho valer. De esto se deduce que hay siempre en cada circunscripción dos y a veces tres o cuatro mandatarios, cada uno portador de un proceso verbal de elección revestido de todas las formalidades. Las cámaras no prestan generalmente ninguna atención a la manera según la cual la elección se ha desarrollado: la mayoría admite al candidato que le es simpático.[44]

Cada circunscripción enviaba así a la capital varios diputados cuyo número representaba las diferentes fracciones del Pueblo soberano y

[44] AMAE, *Correspondance politique, Pérou,* t. 37, despacho del 10 de julio de 1878, f. 344.

que reivindicaban todas la legitimidad democrática. Las circunscripciones adoptaban las formas de esta legitimidad a través de los poderes y de los procesos verbales con los cuales investían al elegido. El acto siguiente se desarrollaba en la cámara.

Mediante un juego de negociaciones de una sutilidad inaprehensible para nosotros, una mayoría se definía poco a poco en el parlamento, en función de la cual se efectuaba una elección entre todos los diputados potenciales enviados por las provincias. En 1876, un despacho enviado al ministerio de Asuntos Exteriores francés describía esta operación:

> En cuanto a la nueva asamblea, ésta no está todavía constituida y no puede ocuparse de ningún asunto antes de haber verificado sus poderes, operación que exige al menos dos meses de luchas encarnizadas, pues cada circunscripción envía tres diputados de opiniones diversas de los cuales dos deben ser eliminados por el partido dominante en la cámara. Una vez realizada esta depuración en masa, el congreso no representa ya sino un solo partido, el del gobierno, hasta el día en que, con la ayuda de las ambiciones y las rivalidades personales, la división consiga deslizarse en el seno mismo de un cuerpo anteriormente tan compacto.[45]

Conviene subrayar que, en el momento en el que comienza la verificación de los poderes de la asamblea, no existe todavía ninguna mayoría, pues ésta resultará del juego de eliminaciones. Las intervenciones exteriores a la cámara pueden inclinar la balanza en favor de un partido: es en la fuerza de Lima donde los representantes del interior se sienten vulnerables y poco hábiles. Reagrupamientos inesperados en el seno de la asamblea cambiarán de esta manera su composición. A fin de cuentas, ésta resultará de la combinación de intereses privados e internacionales, de las intrincadas redes de amistad, de parentela, de clientela, a veces de las intervenciones bolivianas, chilenas o ecuatorianas, pero también de la interacción de las ambiciones regionales contra la capital, etcétera.

Además, el parlamento debía realizar su elección no solamente entre diferentes diputados para un mismo escaño, sino que tenía también el poder de preferir un suplente a un elegido y a menudo prefería invalidar al diputado en beneficio del suplente, su enemigo íntimo. De la misma manera que en Ecuador o en Bolivia, donde el vicepresidente[46] del grupo presidencial se convertía en adversario del presidente al día siguiente de la elección, diputado y suplente formaban una pareja agonística.

[45] *Ibidem,* despacho del 13 de mayo de 1876, f. 89 v.

[46] En Bolivia, hasta 1920, existían dos vicepresidentes, lo que complicaba todavía más la situación.

En octubre de 1892, al modificar la ley electoral y prohibir la práctica de las designaciones múltiples, el congreso peruano reconoció la existencia de una práctica que lo debía todo al juego de las negociaciones tradicionales y muy poco a los principios de la representación democrática.[47]

La vida de las nuevas constituciones dependía de la interpretación que de ellas hicieran unas sociedades modeladas desde siglos por representaciones pactistas. Aceptaron los nuevos fundamentos de la vida política sin reticencias pero privilegiando ciertos aspectos. Aquello que hacía de las constituciones códigos fue con mucha frecuencia eclipsado en beneficio de su función de pacto. Y es cierto que la palabra *pacto* no ha sido nunca tan solicitada por el léxico político como después de la Independencia. ¿Era de la misma naturaleza el pacto que aliaba el príncipe a su reino y el que una Constitución establecía entre los ciudadanos?

En lugar de estar estructurada por un pacto entre dos contratantes, la vida política republicana lo estaba por medio de un pacto entre elementos diversos, que podían subdividirse hasta el infinito; un *pueblo* se había convertido así en un agente del pacto al mismo nivel que una provincia o que un *reino* de antaño. La Constitución, que sin embargo se decía unificadora, suscitaba una multitud de agentes, y, a fin de cuentas, se disgregaba ella misma en una multitud de pactos. La representación de un Pueblo soberano, subdividido en tantos *pueblos* de naturaleza diversa estallaba de la misma manera y la práctica de las designaciones múltiples de diputados para un solo puesto, invención que los observadores europeos en Perú juzgaban aberrante y "folclórica", no hacía sino empujar esta lógica de la legitimidad de lo múltiple hasta sus consecuencias extremas.

[47] "A partir de ahora no podrá emanar del voto de cada colegio sino una sola elección, lo que pone fin a los abusos realizados por las mayorías parlamentarias cuando debían elegir, para la validación final, entre tres o cuatro elegidos, que reivindicaban todos a mismo título el mandato de sus electores, como sucedía a menudo". (AMAE, *Correspondance politique, Pérou,* t. 65, despacho del 27 de octubre de 1892, ff. 136-136v.)

XXI. LA EXPERIENCIA DEL IMPERIO DEL BRASIL*

Ilmar Rohloff de Mattos
Universidad Pontificia Católica de Río de Janeiro
y Universidad Federal Fluminense

"¡Queremos la Constitución; no queremos la Revolución!"

La afirmación con la que Evaristo da Veiga concluía la edición del periódico *Aurora Fluminense* del día 7 de abril de 1831 —día de la abdicación de Don Pedro I, primer emperador del Brasil— era algo más que una síntesis de las intenciones, propuestas y proyectos del periodista y librero de Minas Gerais, establecido en la capital del Imperio y protagonista destacado de los hechos que habían precipitado el final del Primer reinado (1822-1831): era también la síntesis de las intenciones, propuestas y proyectos de muchos otros —frecuentadores o no de la librería de Evaristo da Veiga en la calle de los Pescadores número 49, "punto de reunión diaria de los más distinguidos jefes liberales"—,[1] los cuales después de vivir intensamente los años de la emancipación política, emprendían ahora la construcción del Estado imperial.

Revolución y Constitución

En efecto, a todos interesaba cada vez más definir con precisión el carácter y el alcance de una revolución —la revolución de la independencia— que había cambiado sus vidas de modo tan significativo.

Si la entendían como el inicio de un tiempo nuevo, a la manera de los revolucionarios franceses, la identificaban con los acontecimientos del 7 de septiembre de 1822, reafirmados con ocasión de la abdicación. La revolución tendía a asumir así el carácter de una lucha "nativista", oponiendo brasileños a portugueses.

Si la entendían como una restauración, en asociación al movimiento cíclico de los astros, la revolución había tenido lugar para confirmar in-

* Traducción de Margarida de Souza Neves.

[1] Joaquim Manuel de Macedo, *Anno bibliográphico brazileiro,* Río de Janeiro, 1876-1880.

tereses y privilegios de naturaleza económica, financiera, social y política creados en el periodo de estancia de la familia real portuguesa en Río de Janeiro (1808-1821). La administración del príncipe don Juan en Río de Janeiro, en la medida en que favoreció una íntima articulación entre negocios y política, hizo posible un acercamiento singular entre los antiguos colonizadores —comerciantes y funcionarios del reino— y los antiguos colonos —los propietarios de esclavos y de tierras— en el área centro-sur de la Colonia, acercamiento del que resultaron la dilución de las diferencias entre ambos grupos y la propuesta de fundación de un Imperio americano.[2] Ese acercamiento terminaría no sólo por diferenciar la emancipación política de la colonia portuguesa en el conjunto de la emancipación de las colonias ibéricas en América, sino también por imprimirle el carácter de "una guerra civil entre portugueses",[3] es decir, entre aquel conjunto de intereses que tenían sus raíces en Río de Janeiro, favorables a un Imperio, y los que se mantenían unidos a la antigua metrópoli, favorables a la recolonización del Brasil.

Pasados tres años, al insistir en la cámara de los diputados sobre la necesidad de "parar el carro de la revolución", Bernardo Pereira de Vasconcelos, también de Minas Gerais, hacía algo más que sencillamente subrayar la afirmación de Evaristo da Veiga. Afirmaba, de forma contundente, comprender la revolución como un movimiento animado por intenciones, propuestas y proyectos distintos al cual, sin embargo, era posible imprimir una dirección. Cumplía, pues, impedir que la revolución siguiese su trayectoria bajo la dirección de ideas de corte democrático y republicano, siempre posibles de asociación a principios igualitarios y actitudes antilusitanas. Cumplía igualmente retirarla de la Calle, espacio siempre identificado con el desorden y la anarquía, en claro contraste con los espacios de la Casa (o sea, de la propiedad) y del Estado, siempre asociados a las nociones de orden y gobierno. Cumplía, además, evitar que volviese a ser utilizada por intereses absolutistas y recolonizadores.

Como hombres de su tiempo, Evaristo da Veiga y Bernardo Pereira de Vasconcelos sabían ser hijos de la revolución, en cualquiera de sus significados. Sabían también que podían dirigir su trayectoria, e incluso detenerla. Como hombres de su tiempo, Vasconcelos y Evaristo veían en la Constitución un instrumento privilegiado para hacerlo.

[2] Sobre el tema, *cf.* Maria Odila Silva Dias, "A interiorização da metrópole (1808-1852)", en *1822. Dimensões,* org. por C. Guilherme Mota, São Paulo, 1972, e I. R. de Mattos, *O tempo Saquarema,* São Paulo, 1987.

[3] *Cf.* Sergio Buarque de Holanda, "A herança colonial: sua desagregação", en *História Geral da Civilização Brasileira*, t. II, vol, 1, São Paulo, 1965.

"¡Queremos la Constitución!" Es decir: la misma Carta otorgada, el 25 de marzo de 1824, por el primer emperador que afirmaba en su preámbulo gobernar el Imperio de Brasil "por la gracia de Dios y la unánime aclamación de los pueblos". La misma Constitución que, inspirada en la Carta francesa de 1814, interpretaba de modo particular el "pouvoir royal" del jurista Benjamin Constant, transmutándolo en poder moderador, y parecía seguir el pensamiento de Royer Collard sobre la responsabilidad del ministerio ante el rey y no ante la Cámara. El mismo texto que definía la forma de gobierno nacional como monárquico-hereditaria, constitucional y representativa.

La afirmación del valor de la Constitución hacía posible, de inmediato, reafirmar una inclusión:

Los que entonces emprendían la construcción del Estado imperial —una empresa que, en el fondo y en lo esencial, terminaba por crear a sus propios creadores— subrayarán a cada paso que la condición monárquica y el carácter hereditario hacían posible la inclusión del Imperio de Brasil en el concierto de las "Naciones civilizadas", representadas sobre todo por Inglaterra y Francia, protagonistas de la "doble revolución europea".[4] Esto porque la forma monárquica simbolizaba la unidad y la fuerza nacionales, la estabilidad de la vida al interior del Estado y de sus relaciones internacionales, así como el principio de acción directora homogéneo y armonioso. El carácter hereditario, a su vez, alejaba del Imperio de Brasil los males que conllevaban las monarquías vitalicias o electivas y los gobiernos provisionales.[5] En el pensamiento de esos dirigentes, estas características de la forma de gobierno nacional permitían a los ciudadanos del Imperio de Brasil reconocerse y ser reconocidos como miembros de una comunidad animada por la idea de progreso: el "mundo civilizado". A diferencia de los fundadores de la joven república norteamericana, celosos de su aislacionismo, ellos no deberían perder de vista la pluralidad de naciones y Estados —referidos, no cabe duda, a una previa unidad cultural—, condición misma para la obtención de un lugar en ella, en términos de igualdad. No dejaban, sin embargo, esos dirigentes de poner de manifiesto también las diferencias: la singularidad de una monarquía constitucional en el Nuevo Mundo, en la que las instituciones no habían alcanzado todavía la perfección de las de las naciones de Europa, pero que se distinguían por el modo pacífico en el que habían sido erigidas. En este juego de semejanzas y diferencias, que tenía como objetivo una inclusión, resultaba, con fre-

[4] *Cf.* E. Hobsbawm, *Las revoluciones burguesas,* Madrid, 1964.

[5] *Cf.* J. A. Pimenta Bueno, *Direito público brasileiro e análise da Constituição do Império,* Brasilia, 1987.

cuencia, una exageración: el Imperio del Brasil en el centro del "mundo civilizado", no sólo con relación a las jóvenes repúblicas de la América hispana, sino también a las naciones del Viejo Mundo.

Por otra parte, la afirmación del valor constitucional era la posibilidad de establecer un límite:

En los días que se siguieron inmediatamente a la abdicación, esos dirigentes no podían dejar de mirar hacia el pasado, de recordar las prácticas del Estado absolutista portugués y, en cierta medida, del mismo don Pedro I. De modo semejante a lo que entonces ocurría en las "Naciones civilizadas", la Constitución se convertía en el principal mecanismo jurídico-político para limitar el poder del Estado, mediante la separación entre "poder" y "derecho", puesto que el derecho deja de ser entendido como una manifestación del poder para convertirse en la forma de limitarlo.[6] Ahora bien, al establecer de esta manera una frontera entre el área de la vida privada y la de la autoridad pública —la libertad moderna, en la definición de Benjamin Constant—[7] se hace posible, más adelante, establecer una relación específica entre el gobierno del Estado y el gobierno de la Casa, ofreciendo así un papel destacado a esos dirigentes, y en especial al más importante de ellos: el emperador, titular del Poder Moderador.

La afirmación del texto constitucional abría una tercera posibilidad, al poner en evidencia el carácter representativo del gobierno en el Imperio: subraya una jerarquía y una exclusión, rechazando así los principios democráticos e igualitarios casi siempre anclados en una concepción antigua de libertad.[8] En ese Imperio que contaba con cerca de 5.2 millones de habitantes en el momento en que Evaristo da Veiga editaba el periódico *Aurora Fluminense,* los que eran blancos, libres y propietarios de esclavos constituían la "buena sociedad". Era justamente una conjunción particular de estos atributos —el fenotipo, la libertad y la propiedad— la que permitía a la buena sociedad distinguirse, tanto de aquellos a quienes llamaba de "pueblo más o menos bajo" —es decir, los que sólo eran propietarios de sus personas y no necesariamente eran blancos— como de la masa de los esclavos. Era también la conjunción de estos atributos la que fundaba el "sentimiento aristocrático" que caracterizaba a la sociedad imperial.[9] Queda por destacar también que esta conjunción de condiciones sociales y matrices raciales no sólo jerarquizaba los grandes estratos de la sociedad imperial, sino que, al privilegiar el atri-

[6] Carl Schmitt, *Teoría de la Constitución,* Madrid, 1934.

[7] *Apud* Celso Lafer, *Ensaios sobre a liberdade,* São Paulo, 1980.

[8] *Ibidem.*

[9] F. de Paula Ferreira de Rezende, *Minhas recordações,* São Paulo, 1944.

buto de la propiedad, establecía también grados y definía papeles dentro de la "buena sociedad".

Otra característica definía, además, a la buena sociedad: la competencia para gobernar. Es decir, la competencia para "bien regir" o "dirigir física o moralmente", como definía el autor de un diccionario,[10] tanto a sí misma como al conjunto de la sociedad. En los tiempos que entonces corrían, la competencia para gobernar al Estado —"dando leyes y haciéndolas ejecutar"— tendía a suplantar la competencia para gobernar la Casa. Ahora bien, la competencia para gobernar que se atribuía a sí misma, tenía como complemento la competencia para trabajar, que la buena sociedad atribuía a la masa de los esclavos, considerados cada vez más como "enemigos irreconciliables". Como no tenían competencia para gobernar, ni estaban ubicados en el mundo del trabajo, los que pertenecían al "pueblo más o menos bajo", componían, en las representaciones elaboradas por la buena sociedad, el "desorden".

El texto constitucional consagraba estas jerarquías y exclusiones. Al privilegiar el atributo *libertad* más que el de la nacionalidad hacía posible la definición de aquellos que pertenecían a la *sociedad civil,* los *ciudadanos,* excluyendo de la misma los *no ciudadanos,* los esclavos, incluso los nacidos en el Imperio, y los extranjeros. El privilegio del atributo *propiedad* definía, a su vez a la *sociedad política,* los *ciudadanos activos,* es decir, "la parte más importante de la nacionalidad", "aquellos que en el interior del todo de la nacionalidad reúnen las capacidades y habilitaciones que la ley constitucional exige".[11]

La identificación de los ciudadanos activos —los dotados de "capacidades y habilitaciones"— no sólo establecía una distinción en relación con los ciudadanos pasivos y con los no ciudadanos: abría también espacio para formulaciones y representaciones distintas con respecto al gobierno y a la sociedad.

En un primer aspecto, en la medida en que existen ligados al gobierno del Estado, cuya importancia no cesaba de aumentar, los ciudadanos activos serían representados como *el pueblo,* entendido éste de forma semejante al "pópulo florentino" ("ciudadanos económicamente activos") y al pueblo de la república holandesa ("hombres honestos, trabajadores y responsables"), mientras se representaba como *plebe* a los que pertenecían al "pueblo más o menos bajo", prácticamente desprovistos de derechos.

Por otro lado, en la medida en que el pensamiento conservador se iba imponiendo al ideario liberal y que una concepción cualitativa de la libertad iba superando a las concepciones moderna y antigua de libertad,

[10] Antonio de Moraes e Silva, *Dicionário da Língua Portuguesa,* 2a. ed., Lisboa, 1813.
[11] J. A. Pimenta Bueno, *Direito publico.*

marcadamente cuantitativas,[12] se tendía a trasladar la noción de desigualdad natural entre los hombres a la sociedad, presentada como el espacio de una desigualdad natural que atribuye a cada individuo un lugar y un papel distintos. Por eso, la distinción entre ciudadanos activos y ciudadanos pasivos adquiere el contenido de una naturalización de la distinción entre sociedad política y sociedad civil, en la cual la primera es el espacio natural donde los ciudadanos legitiman el monopolio de la responsabilidad por el soberano, y la segunda el espacio naturalizado ocupado por meros súbditos. Por fin, se legitimaba la desigualdad dentro de los ciudadanos activos o sea, del Pueblo mediante la discriminación entre votantes y electores, la jerarquización de las relaciones entre el ejecutivo y la cámara de los diputados y, sobre todo, por el hecho de reservar la cúspide de la pirámide de la organización y de la vida política al emperador: frente a él, todos aparecen como súbditos.

La construcción del Estado imperial

A mediados del siglo XIX, la obra de construcción del Estado imperial parecía estar acabada.

El esfuerzo de los *dirigentes imperiales* por la institución de un orden legal, por la creación de una burocracia, por el ejercicio de una jurisdicción compulsoria sobre el territorio, por el monopolio de la utilización legítima de la fuerza, características que, según algunos autores,[13] definen al Estado moderno, era expresión de una obra cuya conclusión se vislumbraba también con el fin de las revueltas y rebeliones provinciales y con el relativo control de las insurrecciones negras. Desde entonces la Corona, es decir, las fuerzas políticas y sociales predominantes en el Estado imperial, en el conjunto de los intereses dominantes bajo el Imperio, reivindicaba para sí un nuevo monopolio, y lo ejercía efectivamente —el del *Imperium,* radicalmente distinto de aquellos monopolios que definían los antiguos colonizadores y colonos—. La figura del emperador, siempre presentado como un "Monarca ilustrado", simbolizaba a su vez la conclusión de una obra. El Imperio de Brasil vivía, para sus contemporáneos, el momento de su apogeo. Este mismo punto de vista será, en seguida, adoptado por los historiadores.[14]

[12] *Cf.* Karl Mannheim, "O pensamento conservador", en *Introdução crítica à sociologia rural,* José de Souza Martins, org. São Paulo, 1981.

[13] *Cf.* entre otros, Max Weber, *Economía y sociedad: esbozo de sociología comprensiva,* México, 1964; y Reinhard Bendix, *Max Weber, an intelectual portrait,* Garden City, 1962.

[14] *Cf.* J. C. de Abreu, "Fases do segundo império", en *Ensaios e estudos (crítica e história),* 3ª serie. 2a. ed., Río de Janeiro, 1969.

En efecto, la década de 1850 no sólo se había distinguido por la estabilidad política, como lo demostraba la conciliación de los partidos políticos imperiales —el Partido Conservador y el Partido Liberal—. Fueron también los tiempos de la extinción del tráfico negrero intercontinental, los de las intervenciones militares exitosas en la región del Río de la Plata, los de la liquidación de la onerosa herencia ibérica de las fronteras. Años también de la implantación de comunicaciones regulares con Europa por barcos a vapor, y de innumerables iniciativas que demostraban el avance del "progreso" y las conquistas de la "civilización", tales como la construcción de ferrocarriles y de mejorías urbanas a las cuales aparece siempre asociado el nombre del vizconde de Mauá. El momento en el que la agricultura del café avanzaba por el Valle del Paraíba (provincia de Río de Janeiro), "el Emperador se sentiría bien", en palabras de un historiador;[15] en su honor se componían algunas obras; otras surgían bajo su protección. Gonçalves de Magalhães concluía *A Confederação dos Tamoios,* Francisco Adolfo de Varhagen redactaba la *História Geral do Brasil,* Gonçalves Dias componía los *Timbiras,* pero dejaría inacabada *Meditação,* un escrito probablemente inspirado por *A voz do Profeta,* de Alexandre Herculano, que, significativamente, tenía como eje un diálogo entre pasado y presente, conservadurismo y progreso, viejos y nuevos.

Aquel Estado políticamente consolidado era, en el momento de su apogeo, una monarquía constitucional y centralizada, parlamentaria y bipartidista, con cuatro poderes políticos, destacándose entre ellos el Poder Moderador y un Ejecutivo fuerte, destinados a garantizar el orden político y social. Una organización política que no dejaba de remitirse a los principios establecidos por la Constitución de 1824. Por esa misma razón, en aquel momento solamente unos cuantos seguían asociando la dinastía de Braganza a la amenaza absolutista y al predominio del elemento portugués. La gran mayoría de los *dirigentes imperiales* y de los *miembros de la buena sociedad* tenían, entonces, una preocupación mayor: la preservación del orden esclavista, fuente de riqueza, poder y prestigio que sufría la doble amenaza de la política británica y de las insurrecciones negras.

El apogeo del Estado imperial, que encontraba su expresión también en el sistema parlamentario, permitía diferenciarlo mejor de las repúblicas hispanoamericanas, e incluirlo en el conjunto de las "Naciones civilizadas", como el Imperio británico. Sin embargo, el Imperio de Brasil se distinguía también de ese otro imperio, no sólo por el manteni-

[15] J. C. de Abreu, "Fases do...", p. 75.

miento de la estructura esclavista, sino también por una práctica parlamentaria diferente. En cierta ocasión un dirigente imperial subrayaría esa diferencia diciendo que "El Poder Moderador puede llamar a quien quiera para organizar ministerios; esa persona hace la elección porque ha de hacerla; esa elección hace la mayoría. He ahí el sistema representativo de nuestro país".[16]

El "sorites" de Nabuco evidenciaba a la vez la pequeña importancia de la representación de los partidos políticos en la cámara a la vez que destacaba el peso que tenían los poderes Moderador y Ejecutivo. Ahora bien, el tipo de equilibrio establecido entre los poderes políticos ponía de manifiesto, en lo esencial, el papel que la Corona reservaba para sí. Veámoslo más detenidamente.

El razonamiento de Nabuco de Araújo seguramente repetía la opinión predominante en el Imperio con respecto a los partidos políticos. Esa misma opinión se expresaba en el dicho popular que recordaba no haber "nada tan parecido a un *saquarema* (conservador) como un *luzia* (liberal) en el poder": un dicho que nos permite comprender, hoy, cómo aquellos partidos eran, a la vez, semejantes, diferentes y jerarquizados.

Semejantes porque compartían una misma visión de la sociedad y de la política imperiales, visión que consideraba legítimo y también natural el orden esclavista, la estructura fuertemente jerarquizada de la sociedad, la exclusión del "pueblo más o menos bajo" de la sociedad política y de casi todos los derechos civiles, y el hecho de reservar las funciones de gobierno ya sea de la *Casa* ya sea, sobre todo, del *Estado* a la *buena sociedad.*

Diferentes porque los nombres con los que los llamaban popularmente recordaban sus trayectorias respectivas en la construcción del Estado imperial. La apelación *luzia* era un estigma que recordaba a cada instante la más contundente de las derrotas militares sufridas por los liberales y la imposibilidad de realizar sus propuestas políticas, mientras que la denominación *saquarema* expresaba el poderío del grupo conservador de la provincia de Río de Janeiro, bajo el liderazgo de la "trinidad" constituida por Rodrigues Torres, futuro vizconde de Itaboraí, Paulino José Soares de Souza, futuro vizconde del Uruguay, y Eusébio de Queirós.

De ahí la jerarquía entre ambos, puesto que los *luzias* tendían a llevar adelante, cuando estaban en el gobierno, las propuestas e ideas de los conservadores. Una jerarquización que expresaba una *dirección política,* ampliada luego en *dirección intelectual y moral.*

[16] Joaquim Nabuco, *Um estadista do Império,* 4ª ed., Río de Janeiro, 1975, p. 663.

Esta dirección política ejercida por los *saquaremas* presuponía, en la organización y en el juego político imperial, un poder fuerte y centralizado. Los *saquaremas* aborrecían el poder débil. El reinado de las pasiones partidarias, el predominio de las influencias locales y la persistencia de las luchas entre familias eran vistos como las razones de un poder débil, y en él se alimentaban. Los *saquaremas* proclamaban las excelencias de un poder fuerte, subrayando su eficacia y utilidad. Sólo un poder fuerte podría ofrecer "suficientes garantías al orden público y a una bien entendida libertad" y hacer posible que se oyese la voz de la "Razón nacional, única y verdadera indicadora del pensamiento y de las necesidades públicas", según afirmaba Paulino Soares de Souza.[17]

El poder débil estaba asociado a los intereses particulares de la *Casa.* El poder fuerte, a los intereses comunes y generales de la sociedad; por eso ofrecía la posibilidad de procurar la mayor felicidad al mayor número, lo cual, según Jeremy Bentham, en el que se inspiraban, era el único criterio de bien social que se podía defender. El poder débil tenía relación con la descentralización política y administrativa, que, afirmaban ellos, era defendida por los *luzias.* El poder fuerte tenía relación con la centralización, entendida por el vizconde de Uruguay como "la unidad de la Nación y la unidad del poder" puesto que solamente la centralización llevaría a "las extremidades del cuerpo social aquella acción que, partiendo de su corazón y a él volviendo, da la vida a ese cuerpo".[18] La centralización tenía en el *gobierno del Estado* su instrumento natural.

De la asociación entre *unidad del poder* y *unidad de la nación,* así como de la asociación entre poder fuerte y centralización, los *saquaremas* llevaban a deducir la conclusión de la imposibilidad de aplicarse al Imperio la fórmula "el Rey reina, pero no gobierna". Sostenían, por el contrario, la fórmula del vizconde de Itaboraí, según la cual, en el Imperio de Brasil, "el Emperador reina, gobierna y administra". Al hacerlo, no solamente reclamaban para el emperador, según subrayaban, "las prerrogativas que la Constitución le confiere", sino que iban más lejos: dejaban claro que pensaban que todo orden social resultaba de una acción política coordinada, lo cual imponía la expansión de la capacidad de regulación mediante la creación de un aparato administrativo, subordinado a un mando único.

[17] "Relatório da repartição dos Negócios da Justiça apresentado à Assembléia Geral Legislativa, na la sessão da 5ª Legislatura pelo respectivo ministro e secretário de Estado, Paulino José Soares de Souza", Río de Janeiro, 1843.

[18] Vizconde de Uruguay, *Ensaio sobre o direito administrativo,* Río de Janeiro, 1862, t. II, p. 164.

Afirmar que "el Emperador reina, gobierna y administra" no implicaba la negación de la independencia de los poderes políticos inscritos en la Constitución. Implicaba, eso sí, el reconocimiento de una jerarquía entre ellos, el *Poder Moderador,* como "la llave de toda organización política" así como la atribución de un papel fundamental al poder ejecutivo en la constitución de un poder fuerte y centralizado del cual era jefe el emperador, aunque lo ejerciese por intermedio de sus ministros. Implicaba también el establecimiento de relaciones bien definidas entre los poderes políticos y lo que llamaban el *Poder Administrativo,* de forma que fuera posible la eficacia "la administración es la acción vital de Poder Político y su complemento indispensable. El poder político es la cabeza. La administración, el brazo" y para lograr una utilidad: "hay en todas las sociedades un cierto número de necesidades comunes, más o menos significativo según su desarrollo y civilización, a las que el Poder Público debe responder. La finalidad de la administración pública es proveer a esas necesidades colectivas, y dirigir los intereses sociales, ya sean generales ya sean locales".[19]

Por tener en cuenta "las circunstancias del país, de la educación, hábitos y carácter nacionales", los *saquaremas* tenían como algo seguro que el emperador, titular exclusivo del Poder Moderador, debía reinar, gobernar y administrar. Reservaban así, para el Poder Moderador, situado por encima de las disputas políticas y de las pasiones partidarias, el *monopolio de la responsabilidad en el mundo del gobierno. No* obstante, el ejercicio de este monopolio debería realizarse por medio de un poder político: el Ejecutivo, por eso mismo necesariamente fuerte y centralizado, dividido además en Gobierno y Administración. Es decir, en cuanto gobierno, el Ejecutivo cumplía un doble papel: era el "cerebro" en relación con la Administración, la cual era su "brazo"; y era "brazo" en relación con el Poder Moderador, detentador de la razón, indicadora de los intereses de toda la sociedad.

La dirección política ejercida por los *saquaremas* privilegiaba, así, al Gobierno del Estado, en el cual aparecían destacados los poderes Moderador y Ejecutivo. Ahora bien, el peso atribuido a esos poderes que en la Constitución de 1824 estaban referidos al emperador haría que, a partir sobre todo de la década de 1860, fueran en aumento las críticas al poder ejercido por el titular del Imperio, persona "inviolable y sagrada", en los términos de la Carta otorgada.

[19] Vizconde de Uruguay, *Ensaio...*, t. I, pp. 18 y 11, respectivamente.

El papel de la Corona

Si era verdad que muchos dirigentes imperiales no temían ya al poder absolutista, no pocos dejaban de preocuparse por lo que llamaban el "poder personal", contraponiéndolo al poder de la mayoría, tratando de caracterizar así la limitación de la libertad y la ausencia de democracia en el Imperio americano. Otros hablaban de *imperialismo,* expresión que, por cierto, tenía poca o ninguna relación con la política del Imperio en el Río de la Plata, y mucho menos con cualquier forma de dominación económica. Por lo que parece, la expresión se refería a la concentración de poderes en manos del emperador y definía la esencia del sistema parlamentario brasileño. Esa concentración era, a veces, valorada positivamente. Así era en el caso del panfleto de autor desconocido y titulado *A Revolução e o Imperialismo,* publicado en 1866, que remitía, una vez más, a la experiencia política francesa, en esa ocasión a la Francia de Napoleón III, cuyo poder personal era designado como *imperialismo.*[20]

En el fondo y en lo esencial, el *poder personal* o el *imperialismo* de don Pedro II no era sino la manifestación del *papel de la Corona,* relacionado con la dirección tal como la venimos definiendo; esto es, el papel de gestora de los intereses dominantes distribuidos de manera irregular por la inmensidad del territorio del Imperio, papel con múltiples aspectos, que conviene ahora analizar.

En primer lugar, un papel hacia el mundo exterior. Papel desempeñado en un marco nuevo, que se definía por la constitución de un mercado mundial, animado por el capitalismo en su etapa concurrencial, en el cual, tendencialmente, el comercio y la economía se sobreponían a las naciones, subordinándolas a una política mundial. En ese nuevo marco, la acción de la Corona debía orientarse a preservar los intereses establecidos en cada una de las regiones formadas por el proceso de colonización, y que, en un dado momento, se enfrentaban con una fuerte amenaza de crisis del sistema colonial de base mercantilista. A la *Corona* cabía llevar a cabo una restauración: la restauración de los monopolios que anteriormente pertenecían a los colonos, en especial el monopolio de la mano de obra, amenazado por la política británica de represión. La Corona reivindicaba para sí el monopolio de la ejecución de dicha restauración, y por eso buscaba eliminar la extraterritorialidad del mercado proveedor de mano de obra, como condición para la

[20] *Cf.* S. B. Holanda, *História Geral da Civilização Brasileira,* São Paulo, 1975, t. II, vol. 5, p. 64.

defensa del orden esclavista, aunque sólo fuera por un plazo limitado de tiempo.

La Corona reivindicaba, además, una expansión. Utilizó para ello políticas específicas y, a la vez, íntimamente articuladas: una política de mano de obra (que tenía por objeto la cuestión del trabajo esclavo a la vez que la de la inmigración europea), una política de tierras (que encontró su formulación concreta en la Ley de Tierras de 1850), una política monetaria y una política de créditos. Al hacerlo, la Corona no sólo promovía la restauración de la jerarquía presente entre los intereses dominantes en las distintas regiones del Imperio, sino que profundizaba también la diferencia al interior de la principal de estas regiones —la región de agricultura mercantil esclavista—, al privilegiar los intereses relacionados con la expansión de la agricultura del café. La expresión "el Imperio es el café", muy repetida en aquel entonces, a lo mejor es la síntesis del privilegio concedido a los intereses de los comerciantes y propietarios de esclavos y tierras ligados a la expansión del café, de quienes los *saquaremas* eran los representantes más destacados. Por otra parte, la Corona no descuidaba una acción represiva que, mediante los cuerpos de policía y la Guardia Nacional, trataba de contener las insurrecciones negras y las agitaciones del "pueblo bajo" de las ciudades.

De esta forma, la acción de la Corona, al tratar de administrar los intereses dominantes, se convertía, en buena medida, en una acción que tenía por objetivo la ordenación de las grandes familias, aunque en ciertos momentos esto pudiera significar el enfrentarse con algunos de los privilegios y monopolios que las distinguían. De forma ejemplar, Nabuco de Araújo caracterizó el vínculo entre la Corona y las regiones, así como aquel que unía los grupos dirigentes y los grupos dominantes, como un "Puente de Oro". En un discurso en la cámara de los diputados, en 1853, subrayó que

> La misión del gobierno, sobre todo la del gobierno que representa el principio conservador, no es hacer la guerra y exterminar a las familias, oponerse a apellidos o destrozar influencias que tienen su fundamento en la gran propiedad, en la riqueza, en lo que confiere importancia social. La misión de un gobierno conservador debe ser valerse de esas mismas influencias teniendo en vista el interés público, identificándolas con la monarquía y con las instituciones, dándoles pruebas de confianza para poder dominarlas y neutralizar sus excesos.[21]

La misión de ese gobierno "que representa el principio conservador", o sea, el *papel de la Corona* es la propia *dirección saquarema,* que al em-

[21] J. Nabuco, *Um estadista...*, p. 145.

prender la construcción del Estado imperial, hacía también posible la constitución de la *clase señorial.* Y eso porque aquellos magistrados, senadores, diputados, licenciados, profesores, comerciantes, médicos, propietarios de esclavos y de tierras, concejales, periodistas y otros muchos que, a lo largo de más de tres décadas, habían visto sus vidas marcadas por aquella construcción, vivieron innumerables y distintas experiencias. Esas experiencias les permitieron acercarse unos a otros, a partir de una identidad de intenciones, propuestas y proyectos comunes y, a la vez, apartarse de otros grupos de hombres cuyas intenciones, propuestas y proyectos eran distintos e incluso antagónicos a los suyos. Al final de aquella construcción, muchos de esos hombres eran profundamente distintos de lo que habían sido al principio de este proceso. La Constitución de 1824 los había identificado como ciudadanos activos. Ellos mismos se reconocían como miembros de la buena sociedad. Las experiencias vividas en aquel proceso hicieron de ellos una clase señorial.[22]

La relación entre la construcción del Estado y la constitución de la clase señorial se revelaba en el modo como la clase señorial se servía del Estado imperial para construir su unidad y llevar a cabo una expansión. Por un lado, la Corona unía los intereses agrarios, mercantiles y burocráticos en expansión de la agricultura del café a los intereses de los que detenían los monopolios que, de formas y en grados distintos, se habían constituido en las demás regiones e incluso en la región de agricultura mercantil esclavista. Era la Corona quien les hacía superar muchas veces los recelos hacia el aparato del Estado, que se remontaban a los tiempos de lucha contra la antigua metrópoli, y que no era raro se expresaran como un sentimiento antilusitano. Por su acción, la Corona procedía a una expansión horizontal de la clase señorial. Por otra parte, atraía hacia la órbita de los intereses de la clase señorial a los que, en el imperio esclavista, detentaban tan sólo una propiedad: la de sus personas, procediendo así, verticalmente, a una segunda expansión. Entiéndase que llevar a cabo esta doble expansión no significaba solamente, ni siquiera principalmente, obtener una sumisión: significaba proceder a una incorporación, que se presentaba, en los términos de la propuesta iluminista, como la difusión de la *civilización.*

Por otra parte la relación estrecha entre la construcción del Estado imperial y la constitución de la clase señorial hacía que la Corona asumiese el papel de un *partido,* en los términos propuestos por Antonio Gramsci. Ese mismo papel definía su modernidad. Por constituirse en

[22] Sobre la constitución de una clase social, *cf.* E. P. Thompson, *The Making of the English Working Class,* Londres, 1982. Sobre la constitución de la clase señorial, *cf.* I. R. de Mattos, *O tempo saquarema.*

expresión y forma más avanzada de la clase en construcción, la Corona, en cuanto un *partido* no se limitaba a la figura del emperador. El partido "sólo puede ser un organismo, un elemento complejo de la sociedad en la cual se haya iniciado la concretización de una voluntad colectiva reconocida y fundada parcialmente en la accion".[23]

Considerada como un partido, la eficacia de la Corona debía demostrarse, a cada instante, por su capacidad de crear acontecimientos, y de impedir que otros acontecimientos se produjeran; por su competencia para llevar a cabo una actualización del mantenimiento de las relaciones con los intereses capitalistas dominantes en las "Naciones civilizadas" preservando, a la vez, su singularidad, la permanencia del orden esclavista. Como partido, la corona tenía que administrar las fisuras y las divergencias al interior de la clase, los distanciamientos de aquellos que se constituían en aliados, los movimientos de grupos de oposición, tratándolos como una división entre gobernantes y gobernados, dirigentes y dirigidos. Al proceder de esta forma, favorecía la unificación y homogeneización de los representantes políticos de la clase señorial, capacitándolos para el ejercicio de una dirección y de una dominación.

A la Corona, entendida como partido, correspondía el mantenimiento del *orden* y la difusión de la *civilización*.

Mantener un *orden* no significaba, únicamente, prevenir o reprimir los distintos crímenes públicos, particulares y de policía descritos en el Código Criminal de 1830, reprimir los levantamientos del "pueblo bajo" de las ciudades, poner un fin a las luchas por la tierra, combatir las insurrecciones de los esclavos y destruir los quilombos.[24] Significaba también intentar conocer a los habitantes del Imperio, su distribución por el territorio y su ocupación, vigilando a aquellos que eran considerados como vagabundos y dados al desorden. Y ni siquiera forjar, sino que sencillamente copiar, en algunos casos, un conjunto de instituciones políticas, administrativas y jurídicas, velando por su correcto ejercicio. Mantener el orden significaba mucho más. Significaba garantizar la continuidad de las relaciones entre señores y esclavos, de la "casa-grande" y de la "senzala",[25] de los "sobrados" y de los "mocambos";[26] signifi-

[23] Antonio Gramsci, *Maquiavel, a política e o Estado moderno,* Río de Janeiro, 1968, p. 6.

[24] Refugios de esclavos fugitivos, en general alejados de los centros urbanos y del área de producción. [T.]

[25] La *casa grande* es la casa señorial en una hacienda y la *senzala* el sitio donde vivían los esclavos. *Casa grande e senzala* es el título de una obra clásica de Gilberto Freyre sobre la región del azúcar en el nordeste de Brasil. [T.]

[26] *Sobrados* y *mocambos* son habitaciones urbanas que representan la misma polaridad social indicada por *casa grande* y *senzala* en lo que atañe a habitaciones rurales. *Sobrados e mocambos* es el título de otra de las obras del sociólogo brasileño Gilberto Freyre.

caba garantizar también la continuidad del monopolio de la tierra para la minoría privilegiada que se remontaba al tiempo de la Colonia y a la época de la corte portuguesa en Río de Janeiro. Significaba igualmente garantizar la continuidad de las condiciones que engendraba la masa de hombres libres y pobres, que, a su vez, reforzaban el monopolio de la violencia por parte de los señores rurales o eran *agregados* de las familias urbanas. Significaba también garantizar las relaciones con el mundo exterior, capitalista y civilizado, y eso se hacía posible mediante la supremacía de la Corona, que promocionaba la asociación estrecha entre negocios y política y el predominio del capital mercantil. Significaba, en fin, preservar la integridad territorial del Imperio. Y, en lo fundamental, asegurar la reproducción de aquella sociedad dividida en tres grandes segmentos, la jerarquía entre ellos y dentro de cada uno de ellos, sellando no sólo la diferencia entre las *personas* y las *cosas,* es decir, los esclavos, sino también las distinciones entre las *personas,* el Pueblo y la plebe, de tal forma que el "lugar" de cada uno se definiese por los vínculos personales que lograra construir y mantener, tanto con "los de arriba" como con "los de abajo".

Difundir la civilización significaba, a su vez, afirmar el primado de la razón, el triunfo del progreso, la difusión del espíritu de asociación, la formación del Pueblo mediante la instrucción pública. Esto suponía, por un lado, romper los límites de la Casa, quebrando en parte el poder del "despotés", buscando integrarlo en las instituciones que el Imperio forjaba, como la Guardia Nacional, o hacerlo participar de las asociaciones políticas que buscaban ampliar el alcance del partido representado por la Corona. De esta forma, se le ponía al tanto de las cuestiones candentes que señalaba la Constitución, como aquellas que concernían al tráfico de negros y a los proyectos de inmigración extranjera. Implicaba, en suma, mantenerlo en contacto permanente con la corte, rompiendo su aislamiento, sea por medio de sus representantes políticos, sea por medio de periódicos y pasquines, de las novelas y del teatro romántico.

Difundir la civilización implicaba también garantizar la adhesión a un orden fundado en el vínculo colonial y en la existencia de la esclavitud, de un determinado conjunto de hombres libres que no provenían directamente de ella, aunque no dejasen de depender de ella: notarios y subdelegados de policía, pequeños comerciantes y empleados públicos, clérigos y profesores.

El *orden* y la *civilización* distinguían al *Estado imperial* a mediados del siglo. Expresaban, sin duda, la victoria de la proposición de Evaristo da Veiga: "¡Queremos la Constitución; no queremos la Revolución!" Revelaban además una dirección que, teniendo como referencia cotidiana el texto constitucional, permitiera la construcción del Estado imperial, la constitución de la clase señorial y la conformación de los dirigentes imperiales. Revelaban, por fin, una dominación que tenía por objetivo el mantenimiento de una estructura social de base esclavista, jerárquica y excluyente.

En aquel Imperio constitucional, empeñado en contarse entre las "Naciones civilizadas", la sentencia de Evaristo da Veiga podría complementarse con la de Frederico Burlamaque que, en 1837, había redactado una "memoria acerca del comercio de esclavos y de los males de la esclavitud doméstica": "Los hombres tienen siempre dos doctrinas opuestas: una les sirve para combatir la opresión que soportan y la otra para justificar la opresión que ejercen".[27]

[27] Frederico Burlamaque, *Memória acerca do comércio de escravos e dos males da escravidão doméstica,* 1837.

XXII. FORMANDO UNA NACIÓN EN EL BRASIL DEL SIGLO XIX

RICHARD GRAHAM
Universidad de Texas, Austin

DESPUÉS DE LA INDEPENDENCIA, ¿qué mantuvo unido al Brasil? ¿Existía ya, a comienzos del siglo XIX, una nación brasileña, un pueblo unido por lazos comunes de cultura, de intereses, de un sentimiento de camaradería? Si no fuera así, ¿cómo se explica que todo un subcontinente llegara a formar un solo país? El tema de la unidad del Brasil ha captado durante mucho tiempo el interés de los historiadores que, en su empeño, han concentrado su trabajo en los orígenes de un estado central. Sin embargo, mi propósito principal en este ensayo es, tras un rápido vistazo a esa historiografía, discutir las prácticas que, una vez conseguida la estabilidad, mantuvieron esa unidad. Sólo de esta manera llegaremos a comprender cómo las élites, locales y regionales, llegaron realmente a considerarse brasileñas. Aunque por razones instrumentales e inmediatas habían llegado a establecer un Estado imperial centralizado, fue gradualmente, mediante la participación cotidiana y continua en una comunidad política, que estas élites se forjaron por encima de las fronteras regionales un sentimiento unitario que sobrevivirá incluso a la caída del Imperio en 1889.

Llegado a este punto, se imponen algunas explicaciones preliminares. No se trata, en modo alguno, de decir que la mayoría de residentes del territorio brasileño a fines del siglo XIX, se veían a sí mismos como una unidad, identificándose como parte de un todo mayor y distinto del de aquellos que vivían bajo la jurisdicción de otro Estado. A semejante situación se llegaría sólo en este siglo, gracias a la educación y a los medios modernos de comunicación. Sería, en efecto, difícil de imaginar que los esclavos —de un cuarto a dos tercios de los habitantes del territorio a mediados del siglo XIX— se considerasen a sí mismos brasileños.

De modo semejante, los campesinos analfabetos y los pequeños terratenientes, los muleteros y los propietarios de modestos establecimientos de bebidas a lo largo de rutas y caminos, en fin, los que nada o casi nada poseían, probablemente se definirían a sí mismos, o serían definidos por otros, como miembros de una raza o de una clase social o, en el mejor de los casos, de acuerdo con ciertas lealtades locales, pero nunca como miembros de una comunidad nacional. Hasta la guerra del Paraguay, las fuerzas armadas, representadas en su mayor parte por la Guardia Nacional, arraigada localmente, se consideraban en primer lugar, pernambucanos, bahianos o algo parecido. El grupo que durante el siglo XIX quizá empezó a pensarse brasileño pertenecía, sin duda, a una élite reducida en cada provincia: alfabetizada de ordinario, aunque no necesariamente educada; grupo que incluía a comerciantes urbanos, funcionarios y hombres de letras, así como a líderes rurales lo suficientemente ricos como para ejercer su influencia sobre un número considerable de seguidores mediante lazos económicos o de tipo tradicional. La pregunta que se plantea es: ¿cómo llegaron esos hombres a vincularse a un ente más amplio y abstracto llamado Brasil?

Orígenes de un Estado central

La identificación con una unidad superior no estaba predeterminada. Brasil nunca había sido una sola colonia del Imperio portugués. Incluso cuando después de 1772 se acabó con la distinción entre el Estado de Maranhão y el Estado de Brasil, la mayoría de las 14 capitanías continuó comunicándose directamente con el rey. Se cortocircuitaba al gobernador general, o al virrey, quien de hecho permaneció como el primero entre iguales, distinguiéndose más por su título que por su jurisdicción.[1] Los prematuros movimientos independentistas en Minas Gerais (1789) y Bahía (1798) sólo pretendían liberar del gobierno portugués a esas regiones, pero jamás plantearon la independencia de una entidad mayor llamada Brasil. Verdad es que, cuando el rey atravesó el Atlántico en 1808, expulsado por el avance de los ejércitos de Junot, el centro del Imperio fue transferido artificialmente de Lisboa a Río de Janeiro. Pero ello sólo contribuyó a exacerbar las rivalidades locales en el Brasil, hasta el punto de que una importante rebelión republicana separatista estalló en Pernambuco en 1817. En 1822, cuando el hijo del rey se coronó a sí mismo emperador —Pedro I del Brasil— tuvo también que afrontar resistencias locales contra su gobierno. Y una vez más en Pernambuco. Y cuando, en 1831, se vio obligado a abdicar en favor del infante, su hijo, el país parecía al borde de la fragmentación. En ese momento, la América portuguesa podría haber seguido fácilmente el rumbo de la América española. A pesar de todo, a finales de la segunda mitad

[1] Roderick J. Barman, *Brazil: The Forging of a Nation 1798-1852,* Stanford, 1988.

del siglo, el Brasil surgió como un país unido y dotado de una administración centralizada. ¿Por qué y cómo se llegó a este resultado?

La pregunta puede ser dividida en dos: ¿qué es lo que hizo posible, en un primer momento, que el Brasil permaneciera unido?, y ¿qué es lo que mantuvo y reforzó la unidad a medida que pasaba el tiempo? La primera pregunta ha sido examinada por un buen número de historiadores y son varias las explicaciones ofrecidas sobre el hecho de que no surgiera un conglomerado de Estados separados. Algo de verdad hay en cada una de esas explicaciones, excepto quizá en la que afirma que la Divina Providencia aseguró la unidad nacional. (Dios es quizá "brasileiro" pero, aun en ese caso, podía haber elegido otra solución.) La opinión más antigua, y que goza todavía de un mérito considerable, es la de que, basándose en la ley de la inercia, recuerda que los brasileños estaban acostumbrados a ser gobernados por un solo rey y que Pedro I sucedió fácilmente a João VI. La continuidad de la dinastía y los hábitos y costumbres del antiguo régimen no sólo facilitaron la transición a la Independencia, sino que también se opusieron a todo movimiento que pudiera tender a la fragmentación. No podía haber tantos reyes como provincias (las ex capitanías). Lo que, si se acepta esta opinión, necesitaría una explicación: no es la existencia de la unidad del Brasil sino la existencia de tensiones regionales dentro del país.[2] Un punto de vista más reciente subraya la formación intelectual de la élite política nacional, y especialmente la formación en derecho romano de los bachilleres en leyes. Como no existía ninguna universidad en el Brasil colonial, tanto el régimen colonial como en sus primeros tiempos el Imperio, se servían para la administración del Estado y de la justicia de personas formadas en la Universidad de Coimbra. Estos funcionarios tenían un gran respeto por la idea de una autoridad fuerte emanada del poder central y encarnada en el personaje real, después de Dios, el juez supremo.[3] Otra tesis sostiene que los propietarios de esclavos tenían necesidad de un gobierno central para repeler los esfuerzos que los ingleses hacían para liquidar el comercio de esclavos.[4] Aunque sobre este punto habría que recordar que la firma de Pedro I con los ingleses de un tratado sobre los esclavos socavó su régimen en 1831 y fue la causa de las más graves discordias regionales. La necesidad, en fin, que tenían los grupos económicos de una mano segura en la gestión de las relacio-

[2] Manuel de Olveira Lima, *The evolution of Brazil compared with that of Spanish and Anglo-Saxon America,* ed. Percy Alvin Martin, 1914; reimpresión, Nueva York, 1966, p. 117.

[3] José Murilo de Carvalho, *A construção da ordem: a elite politica imperial,* Río de Janeiro, 1980.

[4] Luis Felipe de Alencastro, "Le traite négrière et lunité nationale brésilienne", *Revue Française d'Histoire d'Outre Mer,* 66: 244/, 3er. trimestre de 1979, pp. 395-419.

nes internacionales es razón también aducida en favor de la unidad. Había que salvaguardar la exportación y los contactos con mercados extranjeros. Podría, no obstante, afirmarse con respecto a este punto de vista que países más pequeños habían también logrado éxitos en ese terreno.[5]

Un argumento más convincente indica cómo la amenaza de la desunión planteaba a los terratenientes y a los propietarios de esclavos el problema del mantenimiento de un firme control social. No estará de más hacer notar aquí que los otros dos países latinoamericanos con importantes poblaciones esclavas, Haití y Cuba, cuyas trayectorias son por lo demás muy diferentes, experimentaron la importancia del problema esclavista en sus esfuerzos por crear Estados independientes. Y en el Brasil casi todos los intentos de lograr mayor autonomía regional fueron seguidos de la descomposición del tejido social. Los conflictos de la década de 1830 evidencian lo que afirmamos.

La serie de revueltas regionales que, en mayor o menor grado, trataron durante esa década de socavar la unidad del Imperio, terminaron debilitando considerablemente la autoridad de las clases propietarias sobre las clases pobres y agitando la amenaza del desorden social. El temor a la revolución atenuó rápidamente el deseo de autonomía local. Muchas de esas revueltas regionales carecían de finalidades precisas y su origen eran generalmente las rivalidades de las élites locales. En todo caso, fácilmente escapaban al control de quienes las comenzaban. En septiembre de 1831, por ejemplo, en Recife el populacho atacó a los comerciantes portugueses pues, se pretendía, monopolizaban el comercio al por menor contra los intereses de los consumidores. Creyendo que estaban a punto de conseguir su libertad, los esclavos se unieron a los amotinados. Aunque la revuelta fue rápidamente reprimida, la imagen de anarquía que produjo dejó una huella profunda en la conciencia política. Seis meses más tarde un movimiento más grave al sur de Recife produjo, a pesar del talante conservador que lo inspiraba, efectos semejantes. Compuestas de pequeños propietarios, de campesinos sin tierras y de esclavos, las guerrillas entonces formadas lucharon hasta el 1835. Su principal jefe continuó la lucha con un pequeño grupo de seguidores hasta el 1850. Los propietarios de plantaciones azucareras consideraron alarmante la aventura. En 1835 estalló en Belem una revolución promovida por gente que no carecía de medios económicos y cuya finalidad era obtener una independencia limitada. A medida que

[5] Fernando Henrique Cardoso y Enzo Falleto, *Dependency and Development in Latin America,* trad. Marjorie Mattingly Urquidi, Berkeley, 1979, pp. 36-54, aunque el caso del Brasil sea tratado sólo implícitamente.

se prolongaba la lucha, negros e indios se convirtieron, no obstante, en los principales protagonistas. Su furia contra los blancos y los ricos se tradujo en multitud de saqueos, destrucciones y asesinatos. El gobierno comprendió con claridad el impacto social de la revuelta y cuando, en 1840, reprimió sangrientamente la revuelta, ordenó la creación de una brigada de trabajadores a la que debían pertenecer todos los varones de más de 10 años de edad que no fueran propietarios o tuviesen una ocupación aceptable. El total de muertos en el conflicto se elevó a 30 000, tal vez la quinta parte de la población total.[6] En este caso, la lección para los propietarios era clara: su salvación residía en el gobierno central.

Una amenaza aún más seria fue la sedición de libertos y esclavos africanos en 1835 en Salvador. Precedida, sin duda, por otras revueltas de esclavos, ninguna había sido, sin embargo, tan bien organizada ni había sido inspirada por una temática de guerra racial. Planeada para coincidir con una importante fiesta religiosa, la rebelión fue descubierta antes de tiempo, y estalló un día antes de lo previsto. Participaron en ella cientos de negros bajo el liderazgo de musulmanes africanos. Sofocada la rebelión en pocas horas, el interrogatorio de los prisioneros reveló la existencia de un grado insospechado de cohesión entre los africanos y de un buen sistema de comunicación con las zonas rurales. El suceso atemorizó mucho a los blancos, y también a los mulatos libres que los africanos planeaban matar. El fiscal estableció claramente la relación entre el temor colectivo y los intereses de clase amenazados por los disturbios con la necesidad política del momento al declarar que los rebeldes habían "tramado desde sus escondites los planes más horrendos que, si se hubieran llevado a cabo, habrían extinguido a blancos y mulatos, y destruido el gobierno, la constitución y *nuestra propiedad*".[7] El resultado de todos estos sucesos fue la precariedad del orden público en Bahía y en otros lugares. Algunos meses más tarde, el ministro de Justicia alertó al jefe de la policía en Río de Janeiro sobre rumores de complots de la misma índole y recomendó "la más estricta vigilancia para que las doctrinas perniciosas que puedan hacer peligrar el orden público no sean propagadas entre los esclavos o, lo que sería peor, llevadas a la práctica como ha sucedido en algunas provincias, y principalmente en Bahía".[8]

[6] Leslie Bethell y José Murilo de Carvalho, "Brazil from Independence to the Middle of the Nineteenth Century", en *The Cambridge History of Latin America,* Cambridge University Press, Cambridge, 1985, t. III, pp. 692-695, 702-704.

[7] Angelo Muniz da Silva Ferraz (el fiscal), citado en João José Reis, *Rebelião escrava no Brasil: A historia do levante dos malès, 1835,* São Paulo, 1985 (las cursivas son mías).

[8] Citado en Gizlene Neder, Nancy Naro y José Luis Werneck da Silva, *Estudo das caracteristicas histórico-sociais das instituições policiais brasileiras, militares e parami-*

El desenlace de dos diferentes movimientos autonomistas —en Río Grande do Sul uno y en Bahía el otro— reflejaba claramente la realidad de la dinámica social vigente en ese momento en Brasil. Sólo en Río Grande do Sul permaneció la dirección del movimiento insurreccional en manos de la clase propietaria. Dirigido desde comienzos de 1835 por los ganaderos más importantes de la región, que estaban descontentos con la política tarifaria del gobierno central sobre la carne curada, el movimiento pretendía, a pesar de las divisiones existentes entre sus líderes, crear una república independiente, en confederación quizá con Uruguay y la Argentina.[9] La rebelión, tras 10 años de dura lucha, terminó sin vencedores ni vencidos gracias a un acuerdo pacientemente negociado. El resultado del conflicto en Bahía fue muy diferente. Un grupo de comerciantes, profesionales y miembros del ejército se rebeló en 1837 en Salvador exigiendo la autonomía local. La movilización de soldados negros y la formación de un batallón de esclavos liberados causó, no obstante, agudas disensiones entre los otros componentes del movimiento y provocó la inmediata oposición de los propietarios de ingenios de la región circundante. La rebelión no duró más de cinco meses y fue seguida de una represión sangrienta contra los mulatos y los esclavos liberados; más de mil personas, gente en su mayoría de color, murieron en tres días en marzo de 1838.[10] Toda empresa en favor de la obtención de la independencia local requería, para llegar a buen puerto, la cohesión social y el claro dominio de los ricos.

En esos mismos años surgieron en el centro del país líderes competentes que se sirvieron de los diversos acontecimientos para construir un Estado central. Ilmar Rohloff de Mattos sugiere la tesis quizá más sugestiva e inteligente sobre los orígenes de la cohesión nacional en ese primer periodo. Defiende dicho autor que un bloque hegemónico de cafetaleros se constituyó en torno a Río de Janeiro y que, simultáneamente, se elaboró la defensa intelectual del poder central por los "intelectuales orgánicos" de ese bloque. Aquellos que sin ser todos escritores ni depender personalmente de la producción cafetera, elaboraron sin embargo una ideología de orden adecuada a los intereses de los plantadores. Así armados, los terratenientes consiguieron absorber en los rangos de una clase dominante en formación a los líderes de otros grupos, a quienes convencieron de que sus intereses estaban vinculados con los

litares, de suas origens até 1930: a polícia na Corte e no Distrito Federal, 1830-1930, Río de Janeiro, 1981, pp. 191-192.

[9] Spencer L. Leitman, *Raízes socioeconômicas da Guerra dos Farrapos: um capítulo de história do Brasil no seculo XIX,* Río de Janeiro, 1979.

[10] Hendrik Kraay, "As Terrifying as Unexpected: The Bahian Sabinada, 1837-38", *Hispanic American Historical Review,* 72, 4 de noviembre de 1992, pp. 502-527.

de los propietarios cafetaleros.[11] En las páginas que siguen trataré menos de los protagonistas del centro del país y más de los personajes de las provincias, menos también de las ideas, como lo hace el profesor Mattos, y más de la práctica. Nuestros puntos de vista no son, sin embargo, contradictorios.

Lo hasta ahora dicho es válido por lo que respecta a los orígenes. ¿Qué decir sobre la continuidad? ¿Cómo se construyó y se reforzó la idea de la unidad nacional, tras haberse impuesto firmemente el orden social? ¿Cómo funcionó ese proceso entre élites locales y regionales durante el reinado de Pedro II (1840-1889) y cómo percibieron éstas el papel desempeñado por el Estado central? Pues una cosa es acudir al Estado central para liquidar una amenaza inmediata, para reprimir un tumulto, y otra muy distinta construir día a día el tejido social sobre el que descansan los lazos de lealtad que garantizan la unidad de un país. A este problema dedico lo que resta de este ensayo.

Autoridad local y Estado central

Para la inmensa mayoría de la clase propietaria brasileña a lo largo del siglo XIX, la función más importante que incumbía al gobierno era procurarles, dentro del mismo gobierno, puestos de autoridad legítima. El otorgarles esos puestos era, para el gobierno, la mejor manera de realizar su fin. Incluso cuando definían sus intereses económicos en términos de exportaciones, o cuando subrayaban la prominencia política de su propia región, lo que esos hombres deseaban sobre todo era aumentar su preeminencia local. Lo que importaba era obtener los puestos que confieren una autoridad legal. Partiendo de esa base, ellos se consideraban capaces de construir una clientela local y de esa manera, actuando del mismo modo con otros, afianzar la seguridad de su clase social. Al construir un Estado cuya misión principal era la de otorgar puestos y favores a sus fieles seguidores, los ricos se aseguraban de que ellos solos, y nadie más, detentarían el poder en los diversos niveles del aparato estatal. Ello les ofrecía, por lo demás, el control político de sus diversos territorios y los convertía en la minoría que, en el conjunto del país, ejercía el verdadero poder.

El gobierno central no les fue impuesto, pues fueron ellos los que sentían la necesidad de un sistema en el que ellos podrían resolver sus diferencias sin poner en peligro el orden. Construyeron para ello un

[11] Ilmar Rohloff de Mattos, *O tempo saquarema,* São Paulo, 1987.

sistema político estable y centralizado en el que iban a participar activamente. El detentador del poder en Río de Janeiro lograría su puesto gracias al firme apoyo con que contaba entre las élites provinciales y locales. Para conseguir su fin habrá comprado la lealtad de sus potentados colegas. Fue de este modo como la capital se convirtió en el centro. Y al aceptar la capital como centro del poder, las élites locales y regionales llegaron a considerarse a sí mismas brasileñas.

Formar un grupo de seguidores, construir una clientela era el claro objetivo de la mayoría de la clase propietaria. Un plantador o un ranchero reunía a todos los que de él dependían (familia, domésticos, *agregados,* u otros dependientes) y que le debían en consecuencia lealtad. Si lograba mantener su autoridad sobre ellos, podía, a su vez, esperar el reconocimiento de su "jurisdicción" por parte de los agentes del Estado. Por eso, al interior de su "dominio" requería una obediencia estricta. El peso de un hombre dependía del tamaño de su clientela. Ser titular de vastos dominios o propietario de muchos esclavos eran signos de éxito y ayudaban a incrementar el número de seguidores. Pero, en última instancia, lo que contaba era la lealtad que otros le debían. El séquito del patrono, sus seguidores inmediatos, así como los que le debían obediencia y lealtad, por su condición de empleados, de renteros de sus tierras o porque en él encontraban quien les prestaba el dinero que necesitaban, buscaban en él protección y ayuda. Así, respaldado por un séquito considerable, estaba en condiciones de ejercer la necesaria influencia sobre los funcionarios designados oficialmente —en caso de no ser él mismo el nombrado para ocupar el puesto—, como para ofrecer protección, conceder favores o ejercer su autoridad disciplinar. En consecuencia, el círculo de personas con las que podía contar se ensanchaba. Y si un día decidía entrar en la política —provincial o nacional—, lo hacía ampliando su clientela, y con el fin de agrandarla. El cacique local se aprovechaba del sistema nacional, del mismo modo que los situados en el nivel nacional se aprovechaban de él. Gobierno y potentados obraban conjuntamente y no en desacuerdo porque, después de todo, los miembros del gabinete eran producto de ese mismo sistema. Conseguir y conceder empleos dotados de una autoridad local: sobre esa doble acción reposaba el aparato estatal, y en ella encontraba su razón de ser.

Un cacique daba por descontado que ocuparía un cargo importante en la administración local. A más de oficial de la Guardia Nacional podría ser nombrado *delegado* (comisario de policía), o sustituto del juez municipal, con derecho a nombrar a sus dependientes como subdelegados, inspectores de distrito, notarios y carceleros. Su influencia se ejercía también en el nombramiento, por el poder central, del juez municipal y, una vez nombrado éste, su carrera dependerá en parte del apoyo de nuestro personaje. Por supuesto, la posesión de cualquiera de esos puestos contribuirá a aumentar la *clientela* del cacique.

Estas técnicas forjaron el vínculo que unía las diversas élites locales entre sí. Los caciques locales necesitaban nombramientos a cargos de autoridad para ensanchar su clientela y avanzar posiciones en el escalafón del poder y del *status.* Paralelamente, en Río de Janeiro el primer ministro contaba con la influencia de esos hombres, incluidos los de los pueblos más remotos, para apoyar al poder del gobierno central. El objetivo fundamental de la política nacional era, pues, el nombrar en puestos de poder a los propios clientes, amigos y parientes de los jefes locales. Echemos ahora una mirada al tipo de cargo codiciado por los líderes locales.

La Guardia Nacional, una milicia creada en 1831 por propietarios rurales preocupados por contrarrestar la influencia desestabilizadora de un ejército indisciplinado, estaba compuesta, en teoría, por ciudadanos ordinarios pertenecientes a todas las clases sociales. Los oficiales provenían, sin embargo, de "clases adineradas" y poseían habitualmente tierras y esclavos.[12] El presidente de la provincia de Bahía describía a su elegido para el puesto de coronel de la Guardia Nacional, como el "ciudadano más rico y más ilustre del distrito". El presidente de Sergipe reconocía, por su parte, que tenía problemas para encontrar hombres competentes que podría recomendar como oficiales, especialmente en la capital "en la que las fortunas son raras". Consideró un nombramiento pero lo rechazó al enterarse de que el candidato era "el hijo de un hombre pobre y que no poseía nada, independientemente de su salario". El presidente recomendó, sin embargo, a otro porque "además de la fortuna de su padre, que es uno de los terratenientes más ricos de la provincia, posee también su propia fortuna". Y añadió a la lista un tercer candidato, haciendo notar que aunque no era personalmente rico era "sobrino de una persona afortunada y sin descendencia directa, y me dicen que le consagra parte de sus ingresos. Este hombre, de edad avanzada, es uno de los más ricos y de mejor reputación de la provincia". En Río de Janeiro un comentarista del Ministerio de Justicia añadió una nota marginal: "Este hombre de edad avanzada... cuyo sobrino se nos propone... es quizá el más rico de Sergipe. El nombramiento será una muestra de estima para el tío, al que heredará".[13] La misión específica de la Guar-

[12] Antonio Alves de Souza Carvalho, *O Brasil em 1870, estudo politico,* Río de Janeiro, 1870, p. 45.

[13] PP-BA a MI. Salvador, 6 de agosto de 1849, Arquivo Nacional do Río de Janeiro, Seção do Poder Executivo, IJJ 5-25; PP-SE a MJ, Sergipe, 3 de septiembre de 1851, AN, Seção de Arquivos Particulares, cx. 783, pac. 2.

dia Nacional era el "mantenimiento o restablecimiento del orden y tranquilidad públicos". Diariamente proporcionaba hombres para misiones diversas: la captura de criminales, la conducción de prisioneros a los tribunales, el transporte de mercancías de valor, patrullar en ciudades y pueblos, vigilar las prisiones y dispersar las comunidades de esclavos en fuga.[14] Un estadista experimentado hacía notar por entonces que, a causa de la debilidad de otras fuerzas, "en muchos sitios la mayor parte de las funciones de policía recaían en la Guardia Nacional".[15] Eran, pues, hombres con fortunas propias los que estaban al frente de las fuerzas encargadas del orden público en las diferentes localidades.

Todavía más importantes para el mantenimiento de la ley y el orden público eran, en cada municipio, los delegados de la policía y los subdelegados, en cada parroquia.[16] Como los oficiales de la Guardia Nacional, dichos funcionarios no recibían salario alguno y sus ingresos provenían de su actividad profesional. Acostumbraban a vivir en la localidad en la que desempeñaban la función y de preferencia el nombramiento recaía también en personas "con fortuna".[17] Cuando vivían en el campo, la mayoría de ellos eran terratenientes y trataban de obtener esos puestos para aumentar la autoridad que ya ejercían y poder otorgar favores, exenciones y protección a sus clientes. La aprobación de una controvertida ley en 1841 que otorgaba a los delegados responsabilidades judiciales hizo de ellos el centro de las decisiones que afectaban al ciudadano ordinario. En efecto, los delegados no se limitaban a presentar la acusación, pues eran también los encargados de recoger las pruebas en que descansaba. Oían además a los testigos y entregaban al juez municipal la declaración escrita de la encuesta en la que éste fundaba su veredicto. Además de pronunciar mandatos de arresto y de otorgar la libertad provisional bajo fianza, eran jueces en materias menores como la violación de las ordenanzas municipales. Disponían los delegados en su actuación de importantes instrumentos legales, por ejemplo el de la

[14] Brazil, *Coleção das Leis do Imperio do Brasil* (en adelante, *LB)*, Lei de 18 de agosto de 1831, Lei 602, 19 de septiembre de 1850, Decreto 722, 25 de octubre de 1850 (la cita es del artículo 1 de ambas leyes).

[15] Paulino José Soares de Souza, vizconde de Uruguay, *Estudos praticos sobre a administração das provincias do Brasil... Primeira parte: Acto Addicional,* 2 vols., Río de Janeiro, 1865; vol. II, p. 179; LB, Lei 2395, 10 de septiembre de 1873. En 1880 había 918 017 Guardias Nacionales y sólo 7 410 policías provinciales: José Murilo de Carvalho, *Teatro de Sombras: A política imperial,* São Paulo, 1988, p. 39.

[16] LB, Lei 261, 3 de diciembre de 1841; Regulamento 120, 31 de enero de 1842; Lei 2033, 20 de septiembre de 1871; José Marcelino Pereira de Vasconcellos, *Roteiro dos delegados e subdelegados de polícia; ou, colleção dos actos, atribuições et deveres destas autoridades,* Río de Janeiro, 1862.

[17] Manuel José Gómez de Freitas, Lista para Piratinim, presentada a PP-RS por Jacinto de Mendonça, AN, cx. 781, pac. 2, doc. 9.

prisión preventiva por cualquier tipo de delito y el derecho de obtener juramentos de buena conducta *(termos de bem vivir)* que podían, si eran violados, conducir a la cárcel y producir una sentencia casi automática.[18] Los delegados podían moderar la severidad de la ley mostrándose paternalistas, sobre todo con personas políticamente complacientes. Pero nadie dudaba de que esa benevolencia podía fácilmente convertirse en castigo. Su primer deber era mantener la paz. "Mi jurisdicción no ha sufrido alteración alguna. He enviado a la cárcel a unos cuantos para castigarlos y a aquellos que no se comportaban como debían les he obligado a firmar promesas de buena conducta", escribía uno de ellos.[19] Al no confiar a una burocracia profesional la ejecución de sus instrucciones, el Imperio mantuvo abiertas las líneas de comunicación con los jefes locales cuya importancia y poder reconoció.

Los sustitutos de los jueces municipales (seis en cada municipio y tres después de 1871) no necesitaban poseer una formación legal, tampoco gozaban de la titularidad, no recibían salario alguno ni trataban de conseguir una promoción en el sistema judicial. La ley especificaba que debían ser "ciudadanos del lugar, conocidos por su fortuna, inteligencia y buena conducta".[20] Casi por definición, en consecuencia, los jueces sustitutos, lo mismo que los delegados y los oficiales de la Guardia Nacional, estaban en relación con todos los intereses locales. Desempeñaban un papel importante. Un juzgado municipal podía a veces estar vacante durante meses o incluso años y los sustitutos (según el número de orden que les correspondía) seguían ocupándose de los asuntos pendientes. Un sustituto podía además ejercer jurisdicción en una parte del municipio cuando el juez titular dirigía las audiencias en otra parte de éste. Y como el juez municipal sustituía automáticamente al juez de distrito ausente, un personaje local podía llegar, temporalmente al menos, a ocupar también ese puesto superior.[21]

Pero por lo que sabemos del juez municipal experto en derecho, tam-

[18] J. Vasconcellos, *Roteiro dos delegados,* pp. 55 y ss.; CP-BA al Delegado-Santo Amaro, Salvador, 10 de diciembre de 1868, APEB, Delegados, M.5802; A. Carvalho, *Brasil em 1870,* p. 22; Cotegipe (Pareceres [...] sobre a eleição diretal), 1880, Arquivo do Instituto Histórico e Geográfico Brasileiro (en adelante, AIHGB), Coleção Cotegipe (en adelante, CC), L88, P28; Luis Peixoto de Lacerda Werneck, *Le Brésil,* Río de Janeiro, 1889, p. 73.

[19] Delegado a PP-BA, Inhambupe, 15 de agosto de 1855, APEB, M. 6231.

[20] Los miembros de las cámaras municipales podían también ostentar el cargo de jueces sustitutos de rango inferior: Candido Mendes de Ameida, ed. *Codigo Philippino; ou, Ordenações e leis do reino de Portugal,* Río de Janeiro, 1870, p. 372n.

[21] LB, Lei 261, 3 de diciembre de 1841, art. 19 (véase también art. 13); Lei 33, 20 de septiembre de 1871, art. 1, par. 3; Billy Jaynes Chandler, *The Feitosas and the Sertão dos Inhamuns; The History of a Family and a Community in the Northeast Brasil, 1700-1930,* Gainesville, 1972, p. 51.

bién él se veía obligado a tener en cuenta el parecer de los jefes locales, pues su eficacia con respecto al gobierno central dependía en gran parte de esos líderes locales. Por paradójico que parezca, aunque la lealtad de los jueces con el gobierno central era de importancia decisiva, su buen entendimiento con los dirigentes locales en cada municipio lo era igualmente. Esas relaciones permitían a los jueces transmitir fielmente a la capital las opiniones de los poderosos locales. Simultáneamente estos últimos se confiaban a su vez a los jueces que se convertían en una verdadera correa de transmisión entre unos y otros. Como ha dicho el historiador Thomas Flory, los jueces actuaban como un punto de apoyo y podían apalancar en ambas direcciones. Los jueces establecían contactos que duraban toda una vida. Como un político dijo una vez pensando en una localidad precisa: "Yo fui juez allí y tengo unos cuantos amigos". Por supuesto, esos amigos podían conseguirle a uno un puesto de juez municipal.[22]

Aunque de menor importancia, los miembros de la élite local ocupaban otros dos puestos: jueces de paz y *vereadores,* miembros del consejo municipal. Los consejos municipales, *câmaras municipais,* habían sido piezas clave en el gobierno del reino portugués. Su poder había sido, sin embargo, considerablemente reducido durante el siglo XVIII y la Constitución brasileña de 1824 los dejó reducidos a poca cosa. Una ley de 1828 limitó específicamente su autoridad a asuntos locales.[23] A pesar de ello, la clase propietaria local continuaba obteniendo puestos en esas instituciones. Por su parte, los jueces de paz habían perdido, a causa de la ley de 1841, casi todas sus prerrogativas; continuaban, sin embargo, presidiendo las elecciones, lo que no dejaba de tener su importancia.[24]

Las elecciones para las asambleas provinciales y la cámara de los diputados de la nación se realizaban de modo indirecto. Los votantes elegían electores que formaban parte de los 408 colegios electorales (1870) del país. Los electores así nombrados pertenecían, generalmente, a la clase dominante de la región y su misión era elegir a los miembros de la asamblea provincial y a los diputados nacionales. En el parlamento, cada diputado tenía dos obligaciones: hacia el caudillo local, cuyos ami-

[22] Thomas Flory, *Judge and Jury in Imperial Brazil, 1808-1871: Social Control and Political Stability in the New State,* Austin, 1981, pp. 181-199; Junqueira to Cotegipe, Salvador, 9 de julio de 1856, AIHGB, CC, L30, D178.

[23] Edmundo Zenha, *O municipio no Brasil (1532-1700),* São Paulo, 1948; Victor Nunes Leal, *Coronelismo: The Municipality and Representative Government in Brazil,* trad. por June Henfrey, Cambridge, 1977.

[24] Francisco Belisario Soares de Souza, *O sistema eleitoral no império (com apéndice contendo a legislação elitoral no periodo 1821-1889),* Brasilia, 1979.

gos y parientes eran con él miembros de los colegios electorales, y hacia el miembro del gabinete que había nombrado a ese jefe local al codiciado puesto de delegado, comandante de la Guardia Nacional o juez sustituto del municipio. Una carta del joven João José de Oliveira Junqueira Junior refleja las interesantes interconexiones del clientelismo en sus diferentes niveles. Se presentaba él por primera vez a la elección de diputado y presumía en su carta que un importante personaje local "se ha comprometido personalmente a hacer de mí un diputado. Bastará pues [para ser elegido] que el gobierno no tenga otros candidatos, me otorgue una sombra de apoyo o aprobación moral y no distribuya ese distrito a otro candidato".[25] El congreso no estaba dividido en virtud de los opuestos intereses de grupos o de clases sociales en la medida que en el parlamento se daba acogida a diferentes matices de opinión, las diferencias se manifestaban dentro de los partidos y no entre ellos. Liberales y Conservadores reflejaban ambos los intereses de su base rural.[26] La función del diputado como legislador era menos importante que su habilidad para obtener puestos del gabinete. Desde el punto de vista local, la cuestión esencial giraba en torno de quien obtendría los cargos oficiales.

El Estado imperial brasileño es a veces descrito como un Estado patrimonial.[27] Pero esa fórmula weberiana implica la existencia de una voluntad central que compra la lealtad y obediencia de los subordinados otorgando autoridad y delegando poderes. Desde mi punto de vista, son más bien los caciques, especialmente los que se destacan y se convierten en líderes regionales, los que llevan la iniciativa. Fueron ellos los que crearon un sistema mediante el cual lograban conservar su autoridad local —abandonando mucho menos de lo que podría hacer creer un esquema formal— mientras muchos de ellos ocupaban también, a lo largo de su carrera puestos en el gobierno central. En los nombramientos de autoridades locales, el gobierno central escogía, casi invariablemente, a aquellos que dominaban ya la escena en sus parroquias o en sus cantones, pues la vida de los gabinetes dependía, tanto, si no

[25] Junqueira a Cotegipe, Salvador, 9 de julio de 1856, AIHGB, CC, L30, D178.

[26] Raymundo Faoro (*Os donos do poder: formação do patronato político brasileiro,* 2a. ed., 2 vols., Porto Alegre y São Paulo, 1975), identifica a los terratenientes con el Partido Liberal; José Murilo de Carvalho, "A composição social dos partidos políticos imperiais", en *Cadernos,* Minas Gerais, Departamento de Ciencias Políticas, Universidad Federal, núm. 2, diciembre de 1974, adopta el punto de vista opuesto. En cierto modo, yo estoy en desacuerdo con ambos: Richard Graham, *Patronage and Politics in Ninetenth-Century Brazil,* Stanford, 1990, pp. 146-181.

[27] O al menos "patrimonial-burocrático", Fernando Uricochea, *O Minotauro imperial: A burocratização do estado patrimonial brasileiro no seculo XIX,* São Paulo, 1978; véase también Riordan Roett, *Brazil: Politics in a Patrimonial Society,* ed. rev., Nueva York, 1978.

más, de los líderes locales que viceversa. La iniciativa no residía en un centro que trataba de vencer resistencias locales. De hecho, los líderes locales contaban, en circunstancias normales, con el apoyo del centro, que estaba compuesto por su propia gente.

La centralización, más que impuesta desde la capital, surgió de la participación activa en la política, en todos sus niveles e incluso en el más alto, de las clases ricas. La gente adinerada que respaldaba las instituciones de la autoridad central mantenía también cuidadosamente su control sobre ellas. En busca de un orden público establecieron, por encima de fronteras regionales y superando intereses de partido, lazos sólidos entre sí. El Imperio, al otorgar a la clase propietaria una autoridad legitimizada con el cuño de la monarquía tradicional, les rindió un mejor servicio del que hubieran podido esperar de fragmentadas repúblicas. Subdelegados, delegados, oficiales de la Guardia Nacional y jueces sustitutos municipales trabajaban en armonía con los miembros del gabinete a la hora de imponer el orden público. La común devoción a la corona expresaba simbólicamente esa unidad, pero su esencia descansaba, no obstante, en redes y estructuras nacionales dedicadas a mantener los principios de jerarquía, deferencia y compromiso. Esa alianza entre el gobierno central y los potentados locales explica, por lo demás, la longevidad del sistema.

Vale la pena pensar de nuevo en el problema de la legitimidad. Los propietarios apoyaban la monarquía porque era la única institución que, siguiendo una vieja tradición, podía exigirles su lealtad colectiva. El papel del emperador como árbitro supremo, cuyas decisiones podían ser aceptadas sin perder prestigio ni *status*, aseguraba el mantenimiento del orden. Por mucho que una persona se esforzara en establecer su superioridad con respecto a otra, los contendientes reconocían que, por encima de ellos, alguien gozaba de un rango superior. Mediante el pacífico arbitraje entre los líderes del país, el emperador garantizaba el dominio sobre ellos. Cuando, avanzado el siglo, se encuentra garantizada la unidad del país y desplazados los centros de la actividad económica, los potentados locales no necesitan ya de esa fuente de legitimidad. El emperador será entonces derrocado sin disparar un tiro. Hasta entonces, sin embargo, la amplia aceptación por parte de las élites de su derecho a gobernar había asegurado la creación de una nación unida.

Los analistas que postulan la existencia de una tensión entre los poderes públicos y privados han creado una falsa dicotomía. En realidad, los grandes terratenientes formaban parte del Estado, incluso cuando imponían su voluntad a sus esclavos y *agregados*. El punto fundamental, que no conviene olvidar, es que quien, en la vida privada, ejercía una autoridad indiscutida sobre sus subordinados, al ser nombrado para ocupar puestos públicos de autoridad local extendía simplemente su poder sobre otros ciudadanos. Por lo demás, los que lo nombraban a esos puestos eran también a menudo plantadores o rancheros que, simplemente, habían alcanzado un rango más alto en la jerarquía y que, con frecuencia, alternaban entre actividades políticas y económicas. Como bien ha percibido el historiador Mattos, la *casa,* hogar del respetado "paterfamilias", se convirtió, contra la plebe y el desorden de la calle, en parte del Estado.[28] Las clases afortunadas no ejercían su poder privado contra el poder público sino dentro del mismo; no actuaban contra el gobierno, sino como gobierno. Toda sospecha de división entre el Estado y los potentados provinciales ha de ponerse en duda después de 1840. La mayoría de los hacendados rurales en Brasil había llegado a reconocer el valor de la autoridad central, entre otras razones porque ella reforzaba la suya propia. El reconocimiento de esta realidad es lo que hizo al Brasil surgir como nación.

La tesis del poder público contra el privado tiende a ignorar el problema de las clases sociales. Los historiadores que aceptan dicha división dan por descontado que el Estado es algo impersonal y con iguales obligaciones con respecto a unos y otros, cuando de hecho el poder privado pertenece a una clase social, la clase afortunada, que lo utiliza para promover sus propios intereses. Al establecer esa distinción reifican además a menudo al Estado. Pero éste, como cualquier otra institución, está formado por gente que opera, por supuesto, de acuerdo con una serie de reglas, pero que no por ello dejan de ser personas concretas. La cuestión que debemos plantearnos debe siempre ser: ¿quién era esa gente y qué perseguía? Como ya hemos visto, en Brasil los que ocupaban cargos oficiales en el nivel local eran propietarios importantes. Particularmente en zonas de gran riqueza exportadora, los dueños de plantaciones figuraban inevitablemente en la vanguardia política local. Lo mismo puede decirse de los rancheros en regiones ganaderas. Ellos eran los miembros de los comités electorales de las parroquias y de los colegios electorales de distrito, los elegidos jueces de paz y concejales *(vereadores),* los nombrados delegados y subdelegados, comandantes y capitanes de la guardia nacional, por no añadir los jueces sustitutos de municipio. Son sus familiares los nombrados frecuentemente fiscales y jueces municipales o de distrito. Son siempre ellos, o sus parientes y amigos, los que ascienden a posiciones preeminentes de la administración central. El Estado estaba formado por esa gente. La cuestión de saber si el

[28] Mattos, *Tempo saquarema,* esp. pp. 103-191.

Estado es a veces independiente de la clase social dominante puede ser teóricamente correcta; en todo caso, ésta no era aplicable a la situación del Brasil del siglo XIX.

Un líder local podía tener mucha influencia en los legisladores provinciales, en los miembros del parlamento y del gabinete, e incluso en el primer ministro. Y como grupo, la influencia de esos líderes era predominante. Las relaciones entre la corte y los pueblos eran íntimas, directas y frecuentes, a pesar de la existencia de diversos niveles de autoridad formal. Por esta razón es equivocado distinguir demasiado entre gobierno central y caciques locales. Cuando en Bananal, una ciudad del interior, un juez de distrito amonestó a un delegado por mal comportamiento electoral, el funcionario respondió sin inmutarse que había actuado acatando la autoridad directa de un ministro. Manuel Pinto de Souza Dantas, que sería primer ministro en 1884, obtuvo su primera victoria electoral gracias al apoyo de su tío José Dantas, rico terrateniente del noreste de Bahía que, a más de capitán de la Guardia Nacional, fue sustituto del juez municipal. Desde esos puestos, José Dantas protegía a ladrones de ganado y de caballos o, si lo molestaban, los liquidaba de un tiro incluso durante la misa. Como un funcionario indicaba en 1850: "Ninguna autoridad de policía... se atreve a poner el pie dentro de su feudo".[29] Uno puede, entonces, estar seguro de que su sobrino prestaba especial atención a este tipo de hombres.

Del Estado a la nación mediante los "pedidos"

Para cubrir los puestos en un país de la dimensión del Brasil se necesitaba disponer, a escala nacional, de una red de correspondencia privada capaz de transmitir los nombramientos y las prestaciones de lealtad por ellos provocadas. La centralización política había hecho posible que la red de comunicaciones abarcara todo el país. Para conseguir del Estado los puestos que pedían, los líderes locales daban el primer paso abriendo una correspondencia, en diversos niveles, caracterizada por el *pedido,* o la recomendación. En el siglo XIX la política y las transacciones de poder se realizan en el Brasil por medio de los *pedidos.* La principal actividad de un diputado en el parlamento era escribir cartas en favor de un pretendiente a un puesto. Las relaciones personales entre el pretendiente y los autores de las cartas, y entre estos últimos y el destinatario eran de importancia fundamental. Una amplia red de corres-

[29] PP-SE a MI, 25 de septiembre de 1860, AN, SPE, IJJ 5-43; PP-SE a MI, Sergipe, 10 de diciembre de 1851, AN, SAP, cx. 783, pac. 2.

ponsales, tejiendo de esa forma su unidad, cubría todo el Brasil. El Estado obraba, pues, en favor de la unidad nacional.

Mediante innumerables cartas de recomendación, enviadas por canales extraoficiales, la aristocracia local buscaba puestos para sus clientes. Algunas veces dirigían las cartas directamente a aquellos que tenían el poder de realizar los nombramientos. Otras veces requerían que el destinatario de la carta de recomendación presentara el nombre del candidato a una cuarta persona. Como todas las gestiones se realizaban por correspondencia, los *pedidos* crecían en proporción geométrica con respecto al número de empleos disponibles. Los historiadores han comentado entre sí, con cierto desaliento, que frecuentemente los archivos de los líderes brasileños del pasado son poco más que cajones llenos de *pedidos.* Con todo, la existencia de tantas cartas escritas con este motivo ofrece un aspecto del comportamiento político no reflejado en la correspondencia oficial, así como la importancia de esta actividad para los políticos. Vale entonces la pena estudiarlas detalladamente si se quiere comprender bien el proceso de la construcción nacional. He escogido, para analizarlas, las cartas recibidas por cuatro personas cuya vida política cubre el reinado de Pedro II. Pedro de Araújo Lima, marqués de Olinda (1793-1870), había pertenecido a varios gabinetes ministeriales antes de 1840 y fue también regente de 1837 a 1840. Pedro II lo nombró primer ministro cuatro veces, en 1848, 1857, 1862 y 1865. João Lustosa da Cunha Paranaguá, marqués de Paranaguá (1821-1912), ocupó puestos en cuatro gabinetes, además de haber sido primer ministro en 1882. Franklin Américo de Menezes Dória, barón de Loreto (1836-1906), aunque no llegó nunca a ser primer ministro, fue miembro de dos gabinetes y, como yerno de Paranaguá, tuvo acceso directo al emperador y, por lo tanto, a varios gabinetes ministeriales. Para terminar, Affonso Augusto Moreira Pena (1847-1909) fue miembro de tres gabinetes imperiales antes que su carrera culminara en la presidencia de la república de 1906 a 1909. Estos cuatro políticos recibieron a lo largo del Imperio 577 *pedidos.*

El modelo más corriente era el de la persona, autor de la carta, que no escribía en su propio favor sino en el de un tercero, a la búsqueda de un puesto o de un favor especial. Entre los escritores de cartas sólo 68 (12%) escribieron con vistas a obtener algo para sí mismos. En un número significativo de casos (10%), las cartas revelan otro tipo de relaciones, pues sus autores no escribían en favor de alguien que se lo había pedido personalmente, sino en favor de un amigo o de un pariente, el pariente de un amigo, o el amigo de un amigo.

El número de cartas recibidas aumentaba a medida que el político

Cartas de recomendación[30]

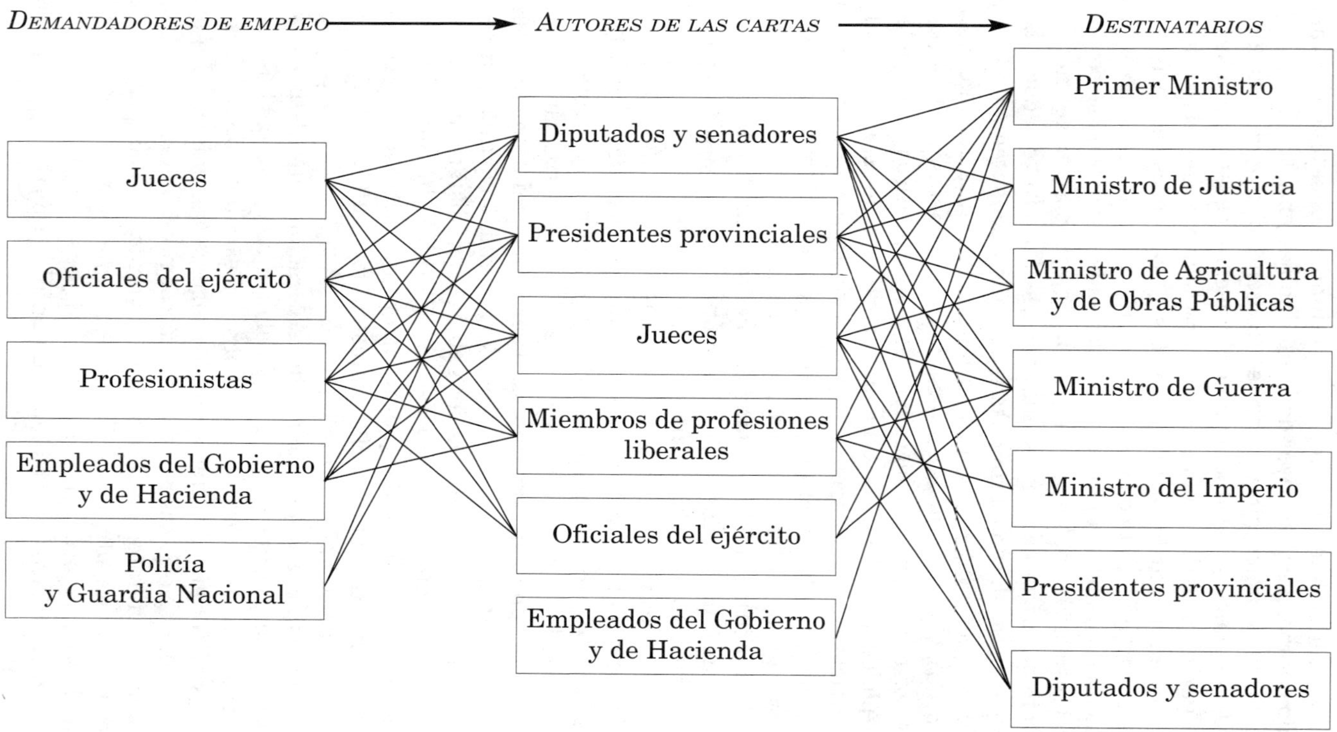

[30] Deseo agradecer a Fernanda Maria Montel de Batissaco por la ayuda prestada en la investigación realizada sobre esta correspondencia. Un estudio más completo sobre su naturaleza y contenido puede verse en Graham, *Patronage and Politics,* pp. 209-263.

ascendía en poder. Cuanto más alta era su posición en el gobierno, mayor era el número de demandas recibidas. Las cuatro personalidades cuyos documentos he examinado para este estudio recibieron más peticiones cuando desempeñaban los puestos de ministro de Justicia o de primer ministro que cuando ocupaban otros puestos en el gabinete. Cuando estos hombres políticos llegaban a ser primeros ministros recibían además cartas de personas que ocupaban todos los demás puestos importantes de gobierno. Tan amplia clientela era naturalmente debida al puesto ocupado, pues la misma persona recibía menos demandas cuando desempeñaba cargos inferiores.

El sistema estaba montado en torno a los diputados del parlamento, que trabajaban diligentemente para recomendar a los que buscaban empleos u otros tipos de favores. Más de un tercio de las cartas recibidas procedían de diputados o senadores; sólo 16% provenía de los presidentes provinciales —los funcionarios de más alto rango en la provincia— y 9% de jueces. En el transcurso del tiempo aumentó la proporción de cartas de legisladores y disminuyó la de los presidentes de provincia. Aunque los periódicos de Río de Janeiro seguían con gran atención el trabajo parlamentario —cuyo procedimiento obedecía a reglas consuetudinarias muy elaboradas— los debates atraían a multitudes, y el primer discurso de un diputado se presentaba como un gran acontecimiento; del examen de los *pedidos se* deduce claramente que gran parte, si no la principal tarea de los legisladores, consistía en mantener la red de clientes y patronos. Como alegaba un sardónico observador, los diputados "tienen sus hijos, hermanos y parientes y, como clientes, todas sus queridas y los parientes y admiradores de sus queridas".[31] Para obtener favores era necesario que alguien escribiese cartas en nombre de los clientes y, de hecho, eran los diputados los que, más que nadie, realizaban ese trabajo. La elección de un diputado significaba que el jefe local que la había organizado recibiría, para sí mismo, un nombramiento del gabinete para un juzgado o un grado de oficial de la Guardia Nacional y, para sus protegidos, puestos burocráticos en Hacienda u otros ministerios, promociones en el ejército y empleos en aduanas, en el profesorado de medicina o en la Iglesia. Un buen diputado podía conseguir todo esto. El buen funcionamiento del sistema de clientela requería sobre todo un aparato estatal estable. Y, como fue ese sistema el que, superando fronteras municipales y provinciales, forjó la unidad de sus líderes, podemos concluir que el Estado fue el instrumento que creó la nación.

[31] Affonso D'Albuquerque Mello, *A liberdade no Brasil. Seu nascimento, vida, morte e sepultura,* Recife, 1864, p. 104.

Después de los diputados, los presidentes de provincia fueron los que escribieron el mayor número de cartas de recomendación. Como los presidentes eran escogidos por el Primer ministro, gozaban, evidentemente, de comunicación directa con el gobierno, y los peticionarios enseguida se dieron cuenta de ello. "No se pierde nada por estar bien visto por el presidente, sobre todo si uno vive tierra adentro".[32] Un presidente que acababa de llegar a su provincia se encontraba inmediatamente asediado con "visitas constantes de felicitación" que interrumpían su trabajo. La finalidad de éstas era clara pues "habiendo recibido inmensas muestras de cortesía (delegación de bienvenida, banquete, baile, etc., etc.)" un presidente se sentía incapaz de romper de momento con el grupo dominante.[33] La cuestión de a quién dirigirse en busca de recomendación para un empleo quedaba, sin embargo, abierta: ¿el diputado en Río de Janeiro o el presidente provincial? Un miembro de la cámara de diputados aconsejó por escrito a un demandante: "Mientras Sinimbú sea Primer ministro tendrá Vd. más éxito si la gestión pasa por Lourenço Cavalcanti de Albuquerque (el presidente de la provincia) que a través mío".[34]

El puesto más codiciado era ya el de juez de comarca —*juiz de direito*—, ya el de juez municipal o el de sustituto del municipal (28% de las peticiones). Las cartas pidiendo juzgados llegaban de todas partes del Brasil. Una lista de jueces sustitutos de Río Grande do Sul los registra por municipio y comarca con los datos siguientes: en la primera columna hay anotaciones como "rico terrateniente", "capitalista", "doctor en medicina" y "rico mercader"; en la segunda se indican los antiguos servicios prestados como "miembro del consejo del municipio", "diputado provincial", "teniente coronel de la Guardia Nacional" y "antiguo juez sustituto". Por último, la tercera columna indica el conducto por el que ha llegado la petición: "presentado por el juez de la comarca", "presentado por el comandante de la Guardia Nacional" o "presentado por el licenciado fulano de tal".[35] Un juzgado aumentaba, por supuesto, el número de seguidores del juez y colocaba a este último en mejor posición para aumentar su influencia sobre otros. Los empleos en la judicatura, incluso los de poca importancia, eran muy codiciados por la posibilidad que daban de aumentar la propia clientela. Un diputado se quejaba en

[32] José Bento da Cunha Figueiredo a Cotegipe, Recife, 16 de diciembre de 1858, AIHGB, CC, L23, D143.

[33] PP-RGN a MG, Natal, 11 de mayo de 1850.

[34] "Emquanto o Sinimbú for ministro, tudo se alcançara mais facilmente pelo Lourenço", Manuel Buarque de Macedo a Luis Felipe de Souza Leão, s.f. (enero-marzo de 1880).

[35] [Quadro dos Suplentes de Juizes Municipaes nomeados de conformidade com a nova lei de reforma judiciaria, Porto Alegre, 1872], AN, SAP, cx. 781, pac. 2 doc. 12.

el parlamento "si queda vacante un pequeño puesto de notario en un pueblo o en una ciudad, 40 o 50 candidatos se presentan aquí inmediatamente".[36]

En el cuadro que reproducimos a continuación figuran también otros puestos pedidos para los recomendados. Poco menos de 20% de los empleos solicitados en la correspondencia estudiada caían dentro de la organización burocrática. En esta categoría he incluido a los miembros del secretariado de cada ministerio, los empleados de las presidencias provinciales y todos los funcionarios de Hacienda y de correos.

Puestos solicitados

Puesto	*Número*	*Porcentaje*
Empleos judiciales	164	28.40
Empleos burocráticos	109	18.90
Profesiones liberales	62	10.70
Oficiales del ejército	69	12.00
Guardia nacional y policía	40	6.90
Otros	133	23.10
Total	577	100.00

NOTA. Entre las cartas aquí examinadas, varias recomendaban a la gente para títulos de nobleza, ayuda en las elecciones u otros favores, pero no para ocupar puesto alguno. Todas ellas están incluidas en el apartado *Otros*.

Todo puesto burocrático procuraba, además del salario, otros beneficios importantes, a más de la oportunidad de recibir "propinas". Pero lo más importante era el poder que permitía ejercer sobre terceros. Otro punto a tener en cuenta, como los brasileños lo han reconocido durante mucho tiempo, es el siguiente: el gobierno era y es el principal empleador de las profesiones liberales y este capítulo representa casi 11% del total. A pesar de las medidas adoptadas para profesionalizar a las fuerzas armadas y el hecho de otorgar ascensos siguiendo el escalafón, o en virtud de programas especiales de entrenamiento, una octava parte de las demandas recibidas era para obtener puestos en el ejército regular. Las cartas de recomendación continuaban llegando en buena cantidad en favor de oficiales, incluso los de rango subalterno.[37] Aunque sin salario, dos tipos de puestos procuraban sobre todo autoridad: oficiales

[36] Discurso de Silveira da Mota, Brasil, Congresso, Senado, *Anais,* 1880, Extraordinaria, III, 291.

[37] Véase, por ejemplo, Joaquim Raimundo de Lamare a Franklin Américo de Menezes Doria, Río, 19 de agosto de 1881, AIHGB, L172, D2, vol. II, f. 110, donde pide un puesto de sargento para uno de sus protegidos.

de la Guardia Nacional y de la policía. Casi 7% de las peticiones correspondía aproximadamente a esos puestos. Había, naturalmente, peticiones presentadas siguiendo los canales ordinarios, pero el ministro de Justicia y los presidentes gozaban del derecho de nombrar candidatos que no habían sido presentados oficialmente. Las cartas que aquí he examinado pertenecen a la correspondencia privada, no a la oficial, y trataban, por consiguiente, de influir sobre una decisión sin pasar por los trámites oficiales.

Algunos empleos eran mucho más codiciados que otros; por ejemplo, los de los juzgados, como se puede deducir fácilmente de los documentos estudiados.[38] Ya de joven Manuel Pinto de Souza Dantas, que ocupaba un puesto de juez municipal, trataba de ser transferido a un lugar mejor, "a no ser que, por milagro, como sucedió a otros, fuera nombrado juez de la comarca, en cuyo caso aceptaría el peor distrito del Imperio, pues más tarde arreglaríamos las cosas".[39] Mientras que 29% de los *pedidos* examinados demandaban empleos judiciales, solo 1% hacía referencia al cargo de presidente provincial. Comparando los puestos ya poseídos con los solicitados, he descubierto que en casi todas las categorías había pretendientes que deseaban ser jueces.

Éste era el caso, por ejemplo, de una quinta parte de las demandas hechas por *delegados* y oficiales de la Guardia Nacional. Como ya lo he indicado, esos oficiales provenían, en general, de familias de propietarios importantes, y no es por ello sorprendente que ninguno de ellos quisiera convertirse en un burócrata y viceversa.

Vale la pena subrayar que la proporción de la demanda de puestos burocráticos permaneció constante, entre 18% y 19%, a lo largo del periodo. Algunos autores pretenden que el declinar del café en el Valle de Paraíba provocó la inmigración a la ciudad, en busca de empleo, de gran número de aristócratas empobrecidos. No obstante, la constante proporción de demandas para puestos en la burocracia parece desmentir esa tesis. Aunque es verdad que más pretendientes a empleo en la ciudad de Río de Janeiro provenían de las provincias cafetaleras de Río de Janeiro que de otras regiones, es ésta una característica constante, independiente de los altibajos de la economía, que se explica claramente por la proximidad a la capital. La regularidad del fenómeno permite también poner en duda la tesis del politólogo Helio Jaguaribe, que sugiere que la crisis de la economía del Noreste envió a Río gente en busca de empleo. En resumen, el declinar de una élite significa precisamente eso: al

[38] Junqueira a Cotegipe, Salvador, 11 de marzo de 1856, AIHGB, CC, L30, D175.

[39] Manuel Pinto de Souza Dantas a Cotegipe, Salvador, 18 de febrero de 1857, AIHGB, CC, L19, D37.

carecer de medios económicos, sus miembros carecen también de influencia política. El clientelismo funcionaba para los que triunfaban.[40]

Hay historiadores que han alegado a veces, haciéndose eco de puntos de vista de contemporáneos que contrastaban el comportamiento brasileño con sus equivocadas nociones sobre prácticas extranjeras, que la búsqueda de puestos "no procedía de los intereses de clase sino de la atracción ejercida por el salario".[41] Esta interpretación está en entredicho por el hecho, en primer lugar, de que esa búsqueda de empleos burocráticos, si se mide por las cartas de recomendación recibidas, no sufría alteración en tiempos de prosperidad económica. Y no se puede tampoco decir que fuera una característica de las regiones deprimidas más que de las regiones prósperas. La mayor dificultad está en la equiparación de empleo público y salario. Para muchas de las personas en búsqueda de un empleo burocrático, el salario era, sin duda, una motivación fundamental. De hecho, 10% de las cartas hacen referencia a la pobreza del candidato, a su edad avanzada o a la numerosa familia que tiene que mantener. Pero esto debe compararse con más de 40% de los puestos solicitados, cuyo principal incentivo no era el salario sino la autoridad que dicho empleo comportaba: jueces, delegados u oficiales de la Guardia Nacional. La riqueza podía ser incluso relativamente inútil si se carecía de cierto grado de autoridad. La enemistad de un juez encargado de homologar un testamento podía, por ejemplo, prolongar el plazo para validar una sucesión y denegar, en consecuencia, al esposo sobreviviente el derecho de hipotecar una propiedad y de recibir préstamos. Era el deseo de obtener un grado superior de autoridad el que motivaba a la gente a buscar nombramientos.[42] La finalidad era ésa y no

[40] Hélio Jaguaribe, *Political / Development: A General Theory and a Latin American Case Study* Nueva York, 1973; la llegada de los empobrecidos aristócratas fue quizá denunciada por la primera vez por Joaquim Nabuco, *O abolicionismo,* Río de Janeiro, 1938, p. 179, y repetida por él mismo en su discurso del 10 de julio de 1888, Brazil, Congresso, Câmara dos Deputados, *Anais,* 1888, III, p. 86, N. A. O. Lyttetlon ("El patronazgo en la Italia de Giolitti [1888-1924]", *Revista de Occidente,* 187 [octubre de 1973], 105), pretende también que el declinar de una clase social conduce a sus miembros a buscar empleos públicos.

[41] João Cardoso de Menese e Souza, barón de Paranapiacaba, "Elleições" en Affonso Celso de Assis Figueiredo, vizconde de Ouro Preto *et al., A decada republicana,* Río de Janeiro, 1900, t. III, p. 244 (citando a Auguste Van Der Straten-Ponthoz, *Le budget du Brésil,* Bruselas, 1854). Entre los especialistas que siguen este punto de vista están Sérgio Buarque de Holanda en *História Geral da Civilização Brasileira,* núm. 7, p. 86, y Frances Rothstein, "The Class Basis of Patron-Client Relations", *Latin American Perspectives,* vol. 6, núm. 2, primavera de 1979, p. 28.

[42] Algunos historiadores se han declarado sorprendidos por el hecho de que incluso personas de buena posición económica buscaran empleos públicos. Véase, por ejemplo, Maria de Silva Dias, "The Establishment of the Royal Court in Brazil", en A. J. R. Russell-Wood (comp.), *From Colony to Nation: Essays on the Independence of Brazil,* Baltimore, 1975, p. 102.

otra. Los *pedidos* iban dirigidos a la obtención de empleos sin por ello poner en peligro el equilibrio presupuestario. Por supuesto, un empleo estatal, en tiempos de poco crecimiento económico, era a menudo la única posibilidad que tenía un asalariado o empleado de oficina de obtener trabajo y de mantener su *status* en una sociedad esclavista. Pero el sistema de la clientela apuntaba mucho más alto. Los que lo practicaban codiciaban sobre todo la autoridad que comportaba el nombramiento. El poder de una clase social —terratenientes y propietarios de esclavos— estaba en la balanza. El Estado les proporcionaba los instrumentos con los cuales mantener la legitimidad de su autoridad.

A medida que ascendían en el escalafón de su carrera, los hombres implicados en la correspondencia descrita se dispersaban en un área inmensa, estableciendo y reforzando los lazos patrón-cliente. Así ayudaron, a pesar de las tendencias regionales, a fundir todo el territorio brasileño en un sistema único. Uno y otro años, esos lazos personales que significaban además proximidad y conocimiento directo, mostraron su influencia decisiva. Fue un sistema extendido a lo largo y a lo ancho de miles de kilómetros, alimentado por las continuas demandas de favores por las que transitaba. Lo sostenía la correspondencia entre la gente en búsqueda de empleos, los encargados de recomendarlos y los dispensadores de favores. En el desempeño de ese papel, los diputados escribieron innumerables cartas apelando a compartidos sentimientos de rango social y paternal solicitud. Y así se extendió el clientelismo hasta cubrir completamente un inmenso territorio.

Los miembros de la cámara de los diputados desempeñaron un papel fundamental al hacer posible transacciones en dos niveles. Uno era el encabezado por el primer ministro; el otro, por los potentados de las diferentes municipalidades. El diputado aseguraba un flujo de puestos de autoridad a personas localmente prominentes y, simultáneamente, informaba al gabinete de la movediza balanza de poder en el mundo de los líderes locales de los que dependía íntimamente. Imponer la autoridad pública frente al dominio privado no era la actividad principal de los miembros del parlamento o de los jueces. Su objetivo era más bien afianzar las estructuras del gobierno local y nacional con lazos de profunda amistad, de relaciones familiares y de probada lealtad. Para cubrir los puestos de gobierno se necesitaba manipular una amplia red de contactos que reforzaban la unidad nacional.

Este objetivo central dio prueba de longevidad. Si el temor de un desorden social condujo, durante la primera mitad del siglo XIX, a líderes locales y nacionales a apoyarse mutuamente por medio de un gobierno central fuerte que ellos podían controlar, pronto descubrieron que ese mismo Estado podía asegurarles el ejercicio de su poder, incluso frente a sus iguales. En la mutua búsqueda de puestos de prestigiosa autoridad se fraguó el sentimiento, y más tarde el entusiasmo, de pertenecer a un mundo político más amplio y el sentimiento de compartir beneficios y experiencias. Beneficios y experiencias de los que era portadora la correspondencia del diputado, como lo era también la esperada misiva de favores de un miembro del gabinete. La lealtad a la región se diluía en la lealtad a la nación. Puede, pues, asegurarse que el elemento decisivo de la política brasileña en el siglo XIX —expectación predominante y modo de operar casi inconsciente—, fue el clientelismo. Vínculo entre la sociedad y el Estado, el clientelismo fue también el instrumento principal a través del cual las élites locales de un inmenso territorio descubrieron un terreno común.

XXIII. LAS TRANSFORMACIONES DEL CREDO CONSTITUCIONAL

NATALIO R. BOTANA
Instituto Torcuato di Tella

EL CREDO CONSTITUCIONAL enfrentó una doble exigencia desde que se puso en marcha la tradición política iberoamericana. Dado que, con la excepción del Brasil, la legitimidad monárquica había sucumbido durante las guerras de la Independencia, en los territorios desgajados del Imperio español se hizo presente la necesidad de contener a las facciones en pugna para subordinarlas a la frágil soberanía del Estado. Destinado, pues, desde sus orígenes a revelar la soberanía del pueblo, a limitar el poder y a garantizar la vigencia de los derechos individuales, el constitucionalismo no tuvo que lidiar tan sólo con la amenaza y presencia del despotismo, sino que avanzó un paso más en procurar ponerle coto a la anarquía y echar las bases de un nuevo orden político.

En las páginas que siguen proponemos trazar las grandes líneas de este dilema, tomando como eje central del argumento algunos de los tantos esfuerzos que se acometieron en el siglo XIX para dar al mismo una respuesta eficaz. Con tal propósito hemos seleccionado al principio el testimonio de Andrés Bello, posiblemente el legislador de mayor raigambre continental en aquella época, para luego adentrarnos en el análisis de las transformaciones que sufrieron los conceptos de voluntad popular y soberanía del pueblo.

Tras este debate acerca del contenido de un pacto constituyente, latía la esperanza de dar a luz una sociedad civil apta para legitimar aquella esquiva forma de gobierno. De este modo, la creación de un régimen constitucional formado al calor de las ideas acerca de la libertad y del ciudadano se incorporó a nuestra vida histórica y produjo consecuencias que introdujeron nuevos sistemas de control, invirtieron el sentido de la representación política y orientaron luego los conflictos hacia el horizonte democrático.

El testimonio de Andrés Bello

El 11 de febrero de 1848, en un artículo publicado en *El Araucano* en Santiago de Chile, titulado "Constituciones", Andrés Bello escribió estas palabras:

> A la verdad, las constituciones son siempre una consecuencia lógica de las circunstancias: ¿cómo pudieran ser otra cosa? Lógico es, y muy lógico, que un déspota, en la constitución que otorga, sacrifique los intereses de la libertad a su engrandecimiento personal y el de su familia. Lógico es que donde es corto el número de los hombres que piensan, el pensamiento que dirige y organiza está reducido a una esfera estrechísima. Y lógico es también que los que ejercen el pensamiento organizador lo hagan del modo que pueden y con nociones verdaderas o erróneas, propias o ajenas [...] Las constituciones son a menudo la obra de unos pocos artífices, que unas veces aciertan y otras no; no precisamente porque la obra no haya salido del fondo social, sino porque carece de las calidades necesarias para influir poco a poco en la sociedad, y para recibir sus influencias, de manera que esta acción recíproca modificando a las dos, las aproxime y armonice.[1]

La biografía de Andrés Bello cubrió largos años y un extenso contorno. Entre Caracas, Londres y Chile, los 84 años que duró su vida (nació en Caracas en 1781 y murió en Santiago de Chile en 1865) fueron testigos de una época en la cual el desarrollo y las frustraciones de la legitimidad constitucional corrieron parejas con la invención de las naciones iberoamericanas. Constitución y nación aparecen, pues, como dos términos difíciles de aislar en aquella trama histórica.

Cuando dio a conocer este texto, Bello creía que había quedado atrás lo que él mismo llamó, en otro artículo escrito tres lustros atrás, "el bello ideal de los visionarios políticos y de los arquitectos de utopías". Aquellas Constituciones que se habían imaginado en los primeros años de la Independencia, Bello aducía, habían "perdido todo su prestigio".[2] El publicista, recién llegado entonces a Chile desde Londres, manifestaba, de este modo, su desconfianza hacia las formas federativas de gobierno y anunciaba el éxito que, muy pronto, habría de acompañar a las reformas constitucionales de 1833 inspiradas por Diego Portales.

[1] Andrés Bello, "Constituciones", *El Araucano,* núm. 914, Santiago, 11 de febrero de 1848, en *Obras completas de Andrés Bello,* Fundación de la Casa de Bello, Caracas, 1981, vol. xxiii, pp. 259 y ss.

[2] Andrés Bello, "Política Americana", *El Araucano,* núm. 85, Santiago, 14 de abril de 1832, en *Obras completas...,* vol, xviii, p. 84.

Bello advertía que esa modificación sustancial de la Constitución chilena de 1828 tenía por objeto "combinar un gobierno vigoroso, con el goce completo de una libertad arreglada; es decir, dar al poder fuerza para defenderse contra los ataques de la insubordinación, producida por los excesos de la democracia, y proporcionar a los pueblos y a los hombres recursos con que preservarse del despotismo".[3] El argumento combinaba en una fórmula política la necesidad de un gobierno fuerte con el debido respeto a las lecciones del pasado y se adecuaba a las inquietudes del momento. En los años de Londres, entre 1810 y 1829, Bello había extraído de una línea de pensamiento que giraba en torno a David Hume una actitud crítica hacia las abstracciones constitucionales poco atentas a las circunstancias y a la observación del medio y de la historia.

En la *Filosofía del entendimiento,* escrita en plena madurez, Bello reafirmó estos conceptos:

> [...] discurrimos —decía— acerca de las ventajas y los inconvenientes de la monarquía, la aristocracia y la democracia, como si hubiese instituciones políticas que correspondiesen exactamente a nuestras definiciones. Hay más. Suponiendo una forma de gobierno perfectamente pura, sus efectos se modificarían en gran parte por la concurrencia de un sinnúmero de causas: los antecedentes del pueblo regido por ella, el clima, la religión, el estado industrial, la cultura intelectual y otras varias; cosas todas que obrando de consuno producen resultados complejos dificultosísimos de evaluar. De aquí la duración borrascosa y efímera de algunas instituciones improvisadas, cuyos artículos son otras tantas deducciones demostrativas de principios abstractos, pero sólo calculadas para un pueblo en abstracto, o para un pueblo que careciese de determinaciones especiales que los contrarían o modifican; suposición moralmente imposible.[4]

Había sin embargo, en el trasfondo histórico de las meditaciones filosóficas de Andrés Bello, una circunstancia de orden general mucho más incitante para el legislador que el conjunto de hechos singulares sobre los cuales debía descansar una forma de gobierno constitucional. Muchos autores y protagonistas, en efecto, observaban en el desenvolvimiento de las revoluciones en Hispanoamérica una innata tendencia re-

[3] Andrés Bello, "Reformas a la Constitución", *El Araucano,* núms. 140, 141 y 142, Santiago, 17 y 25 de abril y 1 de junio de 1833, en *Obras completas...,* vol. XVIII, pp. 85 y ss.

[4] Andrés Bello, "Filosofía del entendimiento", en *Obras completas,* vol. III, p. 527. Véase también Mariano Picón-Salas, "Prólogo: Bello y la historia", en *Obras completas...,* vol. XXIII, pp. XXXII y ss., y Olivier Baulny, "Andrés Bello et la philosophie anglaise", en *Bello y Londres, Segundo Congreso del Bicentenario,* t. II, Fundación La Casa de Bello, Caracas, 1981.

publicana ("república genial" la llamó el historiador argentino, luego presidente de la República, Bartolomé Mitre en el capítulo introductorio a la *Historia de Belgrano y de la independencia argentina,*[5] que, desde el fondo de un pasado predeterminado por el mismo historiador, vencía los obstáculos del antiguo régimen derivados de la tradición monárquica).

Salvo el caso del Imperio en Brasil, cuya legitimidad poco cuestionada cubrió prácticamente el siglo XIX, la monarquía había sucumbido en dos oportunidades en México, con Iturbide al principio y más tarde con Maximiliano, y también había desaparecido del mapa de América del Sur tras el fracaso, entre otras, de las intenciones monárquicas de José de San Martín. Quedaba de este modo en pie el proyecto republicano, al cual servían de justificación, en mayor o menor grado, las recurrentes invocaciones a la necesidad e inevitabilidad republicana que llegaban de la mano de autores tan dispares como Thiers y Mignet en Francia o Bancroft en los Estados Unidos.

Por consiguiente, más que optar entre formas constitucionales alternativas frente al vacío que había abierto el derrumbe de la legitimidad monárquica, el legislador debía explorar en el gran proyecto republicano los rasgos que harían posible asentar la autoridad sobre bases firmes y traducir la originaria invocación a la soberanía del pueblo en instituciones eficientes. Como escribió uno de los autores más leídos entre los letrados al sur del Río Grande, Alexis de Tocqueville, en la Introducción a la duodécima edición de *La democracia en América,* publicada el año de la revolución de 1848:

> Ahora que ya no se trata de resolver si tendremos en Francia una Monarquía o una República, nos queda por saber si tendremos una República agitada o una República tranquila, una República regular o una República irregular, una República pacífica o una República belicosa, una República liberal o una República opresiva, una República que amenace los derechos sagrados de la propiedad y de la familia, o una República que los reconozca y consagre. Problema terrible y de solución vital no sólo para Francia, sino para todo el mundo civilizado.[6]

La busca de la autoridad republicana representó, pues, para los legisladores del talante de Andrés Bello, el papel central que derivaba del fracaso de un republicanismo iniciador, muy pronto devorado por un

[5] Véase Bartolomé Mitre, *Historia de Belgrano y de la independencia argentina,* cap. 1: "La sociabilidad argentina: 1770-1794", en *Obras completas de Bartolomé Mitre,* Congreso de la Nación Argentina 19, Buenos Aires, vol. VI. Este asunto lo he tratado en Natalio R. Botana, *La libertad política y su historia,* Sudamericana, Buenos Aires, 1991, caps. II, III y IV.

[6] Alexis de Tocqueville, *La democracia en América* [1835], trad. D. Sánchez de Alea, Alianza Editorial, Madrid, 1980, vol. I, pp. 7 y ss.

hondo disenso. La amistad de Bello en Chile con Diego Portales y Mariano Egaña, arquitectos de un orden constitucional impugnado por la oposición liberal en tanto evocaba una oligarquía conservadora, su papel universitario y legislativo mientras servía con fidelidad a los presidentes Joaquín Prieto, Manuel Bulnes y Manuel Montt, durante tres decenios de sucesión ordenada entre 1831 y 1861,[7] todo ello conformó el perfil de un intelectual comprometido con el poder y obsesionado, sin duda, por el problema que Simón Bolívar anunció en 1812.

> Los códigos que consultaban nuestros magistrados —escribió Bolívar en el llamado *Manifiesto de Cartagena*— no eran los que podían enseñarles la ciencia práctica del Gobierno, sino los que han formado ciertos buenos visionarios que, imaginándose repúblicas aéreas, han procurado alcanzar la perfección política, presuponiendo la perfectibilidad del linaje humano. Por manera que tuvimos filósofos por jefes, filantropía por legislación, dialéctica por táctica, y sofistas por soldados. Con semejante subversión de principios y de cosas, el orden social se sintió extremadamente conmovido, y desde luego corrió el Estado a pasos agigantados a una disolución universal, que bien pronto se vio realizada.[8]

De la mano de esta predicción, en los albores de las guerras de la Independencia, Bolívar parecía intuir los tres objetos a que estuvo consagrado el constitucionalismo en nuestro siglo XIX: la constitución de la forma republicana de gobierno; la constitución del Estado; y, por fin, la constitución de la sociedad civil. La fe constitucional no se expresaba, por lo tanto, mediante la obra de quien interpreta las exigencias de representación de la sociedad civil e intenta limitar el poder del Estado, trasladando la sede de la soberanía del monarca a la nación, según el punto de partida de la Revolución francesa, ni tampoco esa empresa evocaba la benéfica transición de aquellas repúblicas preexistentes en la costa atlántica de América del Norte que, merced a un pacto fundador, daban nacimiento a una república más amplia.

De frente a estas tradiciones republicanas, cuya originalidad y desti-

[7] Véase Rafael Caldera, "Prólogo: El pensamiento jurídico y social de Andrés Bello", en *Obras completas,* vol. XVIII, pp. XIII y ss. La obra legislativa de Bello está recopilada en el vol. XX, *Labor en el Senado* de sus *Obras completas.* Los textos de gobierno, que Bello redactó para los presidentes Prieto, Bulnes y Montt, abarcan 30 mensajes entre 1832 y 1860 y 18 memorias del Ministerio de Relaciones Exteriores entre 1834 y 1853, según la exhaustiva selección crítica hecha por Guillermo Feliú Cruz y la Comisión Editora para el vol. XIX de las *Obras completas.*

[8] Simón Bolívar, "Memoria dirigida a los ciudadanos de la Nueva Granada por un caraqueño", en Simón Bolívar, *Doctrina del Libertador,* prólogo de Augusto Mijares; compilación, notas y cronología de Manuel Pérez Vila, Biblioteca Ayacucho, Caracas, 1979, p. 9.

no ocupaban en exclusivo condominio el horizonte de la *libertas* republicana en pleno siglo XIX, la tradición que se puso en movimiento en América hispana debía al mismo tiempo inventar una república ignorada por el antiguo régimen colonial, responder a la disolución del Estado provocada por la guerra y crear una sociedad civil capaz de legitimar a las nuevas estructuras de gobierno. A la postre, este constitucionalismo tuvo que actuar en un medio donde, ausente una experiencia favorable, no existían derechos institucionalizados pasibles de ser reconocidos por las nuevas leyes escritas.

Creación de la historia republicana y creación de derechos. En torno a esta concepción del pacto fundador giraba la vieja historia y la primitiva reivindicación de una autoridad caudillesca o caciquil que había surgido al paso de la anarquía belicosa desatada por la Independencia.

De la voluntad popular a la soberanía de la razón

Según la opinión corriente en el siglo XIX, la historia republicana, antes que una tradición, fue para Hispanoamérica un horizonte donde pugnaban los logros y fracasos de las revoluciones norteamericana y francesa. No corría a la zaga de esta tensión entre realidad y horizonte el debate acerca de los derechos constitucionales, pues también los legisladores y legistas exploraban el conflicto, típico de la revolución francesa, entre republicanismo clásico y constitucionalismo liberal.

Para el republicanismo clásico, o humanismo cívico, una Constitución republicana debía descansar sobre la virtud, que sacrifica el interés privado en aras del bien común, y el ejercicio activo de la voluntad general. Esta combinación entre los primeros libros de *Del espíritu de las leyes* y la espartana visión de la ciudadanía que irradiaban las páginas de *El contrato social* no era del todo ajena a los debates que habían tenido lugar en América del Norte entre 1776 y 1787. Para el constitucionalismo liberal, en cambio, los derechos y la separación de poderes garantizaban en el habitante la seguridad jurídica y abrían cauce al ejercicio espontáneo de la libertad.

En los hechos, estas imágenes simplificadas de la idea republicana modificaron de inmediato la justificación teórica de las primitivas juntas de los años de 1810 y 1811, cuya prosapia hispánica era innegable. Quizá haya sido la Constitución federal de Venezuela, del 21 de diciembre de 1811, el texto que mejor expresó este rápido tránsito de la doctrina tradicionalista sobre la retroversión de la soberanía hacia una concepción republicana, por la cual el pacto social asegura a cada individuo el goce y posesión de sus bienes, sin lesión del derecho que los demás tengan a los suyos (art. 142);

La soberanía de un país, o supremo poder de reglar o dirigir equitativamente los intereses de la comunidad, reside, pues, esencial y originalmente, en la masa general de los habitantes y se ejercita por medio de apoderados o representantes de éstos, nombrados y establecidos conforme a la Constitución (art. 144); y

La ley es la expresión libre de la voluntad general o de la mayoría de los ciudadanos, indicada por el órgano de sus representantes legalmente constituidos (art. 149).[9]

Obviamente, esta primera Constitución venezolana no llegaba al extremo de fundar la ley en la virtud sino "sobre la justicia y la utilidad común" (art. 149), pero otras reflexiones en el extremo sur del continente se embarcaban decididamente en aquel rumbo antiguo al que una vertiente ilustrada y la práctica jacobina en la Francia republicana habían infundido rotunda contemporaneidad. El secretario de la primera Junta de Gobierno de Buenos Aires, Mariano Moreno, exponía de este modo entre noviembre y diciembre de 1810, poco antes de su renuncia al cargo, los ejemplos que debían animar a un congreso constituyente de las provincias del Río de la Plata:

... América presenta un terreno limpio y bien preparado, donde producirá frutos prodigiosos la sana doctrina que siembren diestramente sus legisladores; y no ofreció Esparta una disposición tan favorable mientras ausente Licurgo buscaba en las austeras leyes de Creta, y en las sabias instituciones del Egipto los principios de la legislación sublime que debía formar la felicidad de su patria. Ánimo, pues, respetables individuos de nuestro Congreso, dedicad vuestras meditaciones al conocimiento de nuestras necesidades, medid por ellas la importancia de nuestras relaciones, comparad los vicios de nuestras instituciones con la sabiduría de aquellos reglamentos que formaron la gloria y esplendor de los antiguos pueblos de la Grecia [...] recordad la máxima memorable de Foción, que enseñaba a los atenienses pidiesen milagros a los dioses, con lo que pondrían en estado de obrarlos ellos mismos; animaos del mismo entusiasmo que guiaba los pasos de Licurgo, cuando la sacerdotisa de Delfos le predijo que su república sería la mejor del universo...[10]

Esta vibrante evocación del mundo antiguo escrita en el modesto escenario de Buenos Aires, no llegaba por cierto a postular la obra co-

[9] "Constitución Federal de Venezuela (1811)" en *Pensamiento político de la emancipación,* prólogo de José Luis Romero, selección, notas y cronología de José Luis Romero y Luis Alberto Romero, Biblioteca Ayacucho, Caracas, 1977, vol. I, p. 121.

[10] Mariano Moreno, "Sobre las miras del Congreso por reunirse" (1810) en *Pensamiento político de la emancipación,* vol. I, p. 277.

lectiva de un "proceso histórico instituyente" del espacio público.[11] En general, la inclinación hacia el republicanismo aconsejaba al traductor porteño de *El contrato social* un papel solitario, previo y ejemplar, semejante al del gran legislador que Rousseau introduce de rondón en el capítulo séptimo del libro segundo. Esos magistrados virtuosos, que otorgan leyes armados de "la resignación, el honor y la grandeza de ánimo en las arduas empresas", como Moreno sugería en un documento secreto redactado "para la salvación de la patria",[12] representaron en el constitucionalismo hispanoamericano un breve acto.

Moreno no vivió el tiempo suficiente (murió meses después) para medir la distancia que mediaba entre aquella invocación al poder constituyente y la realidad de los poderes fácticos que se formaban al abrigo de la revolución. De aquel imaginario que abrazaba la idea del poder constituyente no surgía, en efecto, un poder constituido capaz de someter la fuerza a la legalidad. La melancólica conclusión a que llegó Bernardo de Monteagudo, luego de un largo viaje revolucionario que lo llevó de Chuquisaca a Buenos Aires y de allí, junto con San Martín, a Chile y a Lima, trasunta este brusco pasaje entre imaginación y realidad. Monteagudo reconoció en una *Memoria* publicada en Quito en 1823 que mis "enormes padecimientos por una parte, y las ideas demasiado inexactas que entonces tenía de la naturaleza de los gobiernos, me hicieron abrazar con fanatismo el sistema democrático".[13]

Monteagudo proclamó en Buenos Aires, en la sesión inaugural de la Sociedad Patriótica que tuvo lugar en 1812, la "sublime verdad que anunció la filosofía desde el trono de la razón: *la soberanía reside sólo en el pueblo y la autoridad en las leyes;* ella debe sostener que la voluntad general es la única fuente de donde emana. La sanción de ésta y el poder de los magistrados debe demostrar que la majestad del pueblo es imprescriptible, inalienable y esencial por su naturaleza".[14]

Once años más tarde, Monteagudo abandonaba este enfático volun-

[11] El concepto es de Cornelius Castoriadis en "La polis grecque et la création de la démocratie", *Le Debat,* núm. 38, enero-marzo de 1986.

[12] Mariano Moreno, "Plan de operaciones (1810)", en *Pensamiento político de la emancipación,* vol. I, p. 257. El plan de operaciones que el Gobierno Provisional de las Provincias Unidas del Río de la Plata debe poner en práctica para consolidar la grande obra de nuestra libertad e independencia, supuestamente presentado por Moreno el 30 de agosto de 1810, es un documento controvertido pues algunos autores niegan su autenticidad y la autoría de Moreno. Ello se debe en parte al conflicto de imágenes e interpretaciones que la figura de Moreno ha provocado en la historiografía argentina. Véase, al respecto, Natalio R. Botana, *La libertad política y su historia,* cap. VI.

[13] Bernardo de Monteagudo, "Memoria (1823)" en *Pensamiento político de la emancipación,* vol. II, p. 167.

[14] Bernardo de Monteagudo, "Oración inaugural en la apertura de la Sociedad Patriótica (13 de enero de 1812)"; en *Pensamiento político de la emancipación,* vol. I, p. 297.

tarismo y postulaba un análisis sociológico capaz de examinar, para discernir si era conveniente aplicar la idea democrática en el Perú, "la moral del pueblo, el estado de su civilización, la proporción en que está distribuida la masa de su riqueza, y las mutuas relaciones que existen entre las varias clases que forman aquella sociedad". Concluía que en el Perú aquellas relaciones de clase "tocan al máximum la contradicción con los principios democráticos".[15]

Mucho más que con su admirado San Martín, la biografía de Monteagudo tiene parentesco estrecho con la de Simón Bolívar pues el libertador convertido en el legislador de 1819 y 1826 refleja, en forma arquetípica, el "desencanto ilustrado"[16] de las primeras décadas. Las constituciones maltratadas por la guerra no podían reunir en torno a su pretendida legitimidad ni la virtud del pueblo soberano, ni tampoco los beneficios de un poder limitado por la ley al servicio de los derechos individuales.

Naturalmente, esta última promesa, acuñada por la experiencia monárquica del constitucionalismo liberal, carecía de arraigo en la tradición republicana. Sólo los Estados Unidos ofrecían al respecto una solución satisfactoria que recreaba en una nueva república los hallazgos prácticos de la teoría del poder limitado, la separación rígida de poderes y el consentimiento del pueblo en el orden nacional, estadual y municipal. Pero este compromiso se había vaciado en el molde de un Estado federal que, a primera vista, repugnaba a la vertiente centralista del constitucionalismo hispanoamericano en trance de sufrir la impugnación violenta de diversas facciones federales.

A medida que se incorporaba al lenguaje de la época, la palabra *liberal* aparece unida de entrada al primer republicanismo: la virtud del ciudadano, en efecto, debía ser la garantía última de los derechos del hombre. Más tarde, el liberalismo buscó otros rumbos. La distinción que echó a rodar Benjamin Constant en 1819 entre, por un lado, la libertad de los antiguos que había resucitado la revolución y, por otro, la libertad de los modernos férreamente ligada al ejercicio del poder limitado, permitió explicar mejor el camino abierto en Europa tras la caída de Bonaparte.[17]

[15] Bernardo de Monteagudo, "Memoria (1823)", en *Pensamiento político de la emancipación,* vol. II, pp. 169 y 172.

[16] Según la expresión de Luis Castro Leiva en *La Gran Colombia una ilusión frustrada,* Monte Ávila, Caracas, 1984, p. 82.

[17] Véase Benjamin Constant, "De la liberté des anciens comparée à celle des modernes", discurso pronunciado en el Athénée royal de París en 1819, en Benjamin Constant, *De la liberté chez les modernes. Ecrits politiques,* textos seleccionados, presentados y anotados por Marcel Gauchet, Collection Pluriel, París, 1980.

No obstante, la idea acerca de la separación de poderes que sustentaba Constant, con un poder neutro colocado por encima de los partidos y contiendas electorales, cuajaba mejor en una monarquía que en una república. El pensamiento de Constant tuvo en el Imperio de Brasil una acogida sin duda más fructífera que en el resto de las repúblicas en formación. Como ha escrito Murilo de Carvalho, el "Imperio brasileño realizará una ingeniosa combinación de elementos importados. La organización política se inspiraba en el constitucionalismo inglés a través de Benjamin Constant. Bien o mal, la monarquía brasileña ensayó un gobierno de gabinete con partidos nacionales, elecciones, prensa libre".[18]

Luego de su fallida empresa como constitucionalista de Bonaparte durante los cien días, Constant había intentado arrancar a Francia de la crisis revolucionaria replanteando la noción expuesta por Montesquieu de gobierno moderado. La monarquía restaurada podría recuperar de este modo la legitimidad tradicional que quedó truncada con la revolución y, al mismo tiempo, podría trazar el límite más efectivo para contener un eventual conflicto entre poderes.

Empero, el problema para la América republicana no derivaba de las inevitables fallas derivadas de este trasplante constitucional tal cual, por ejemplo, se lo vivió en el Imperio del Brasil. La cuestión era quizá más grave porque ninguna de las Constituciones republicanas podía sofrenar los efectos de la anarquía belicosa, esa "aristocracia militar" presentida por Sucre que, "apoderándose del mando en todas partes, hacía gemir al ciudadano por un absoluto olvido de las garantías y derechos; siendo este abuso tan arraigado, que ni el tremendo poder de la dictadura podía contenerlo".[19]

Esta paradójica anarquía, que se normalizaba merced a la instalación del caudillismo militar en diversas regiones, había destruido en la primera década de la Independencia varios proyectos federalistas y en la segunda, entre los años veinte y treinta, las constituciones unitarias en el Río de la Plata y la que posiblemente haya sido la Constitución más elaborada para dar a luz una república mixta, según resulta del plan bolivariano de 1826.

Para vastas regiones, pues, estos 20 primeros años revelaron tres niveles de ilegitimidad: el derrumbe de las Constituciones republicanas puso a descubierto el hecho elemental de un poder fragmentado, sin monopolio de la violencia ni capacidad fiscal, y, a la vez, esta desapari-

[18] José Murilo de Carvalho, "Entre a liberdade dos antigos e a os modernos: a Republica no Brasil", *Dados. Revista de Ciencias Sociais,* vol. 32, núm. 3, 1989, p. 270.

[19] Antonio José de Sucre, en G. Fortoul, *Historia constitucional de Venezuela,* Caracas, 1930, vol. II, p. 661, cit. por Luis Castro Leiva, *La Gran Colombia una ilusión frustrada,* p. 113.

ción brusca de los atributos del Estado y su régimen institucional ponía en tela de juicio a la vieja sociedad colonial con su cultura, usos y prejuicios que la guerra había desatado y puesto en movimiento.

De algún modo, la fe constitucional padeció entonces la revancha del pasado. En 1837, en un ambiente que ya impregnaba el estilo romántico, Juan Bautista Alberdi reconoció esta circunstancia:

> El estrépito del carro y las trompetas aturde nuestra conciencia [...] Un día, Señores, cuando nuestra patria inocente y pura sonreía en el seno de sus candorosas ilusiones de virilidad, de repente siente sobre su hombro una mano pesada que le obliga a dar vuelta, y se encuentra con la cara austera del Tiempo que le dice: —está cerrado el día de las ilusiones: hora es de volver bajo mi cetro.[20]

Alberdi no había partido aún hacia Chile (lo hará poco tiempo después cuando el exilio lo lleve primero a Montevideo y luego a Santiago y Valparaíso), pero la Constitución que cuatro años antes establecieron Portales, Egaña y Andrés Bello confirmaba este juicio. Ya en 1822 Portales admitía que la "República es el sistema que hay que adoptar" y recomendaba, con tal propósito, un "Gobierno fuerte, centralizador, cuyos hombres sean verdaderos modelos de virtud y patriotismo, y así enderezar a los ciudadanos por el camino del orden y de las virtudes. Cuando se hayan moralizado, venga el Gobierno completamente liberal, libre y lleno de ideales, donde tengan parte todos los ciudadanos".[21]

Inevitabilidad republicana y restauración del orden: con esta esquemática fórmula, la Constitución chilena de 1833 echó las bases del Estado, mantuvo el principio de la legitimidad republicana y apostó a favor del desarrollo de la sociedad civil. El orden portaliano se condensó en dos institutos que tendrán larga vida en Hispanoamérica: el estado de sitio y las facultades extraordinarias otorgadas al titular del poder ejecutivo, "dos grandes palancas de poder —según el crítico liberal Benjamín Vicuña Mackenna— que forman el alma y el ser todo de la Constitución de 1833".[22] La tradición liberal, por su parte, se condensaba en el carácter popular y representativo del gobierno de Chile (art. 2) y en la

[20] Juan Bautista Alberdi, "Discurso pronunciado el día de la apertura del Salón Literario", Buenos Aires, 1837, en *Obras completas de J. B. Alberdi,* Buenos Aires, 1886-1887, t. I, p. 263.

[21] Portales a J. M. Cea, 1822, en Ernesto de la Cruz y Guillermo Feliú Cruz, eds., *Epistolario de D. Diego Portales,* Santiago, 1937, p. 117, citado por Simon Collier, "Evolución política, institucional, social y cultural de Chile entre 1829 y 1865", en *Bello y Chile. Tercer Congreso del Bicentenario,* Fundación la Casa de Bello, Caracas, 1981, t. I, pp. 26 y ss.

[22] Benjamín Vicuña Mackenna, *D. Diego Portales,* 1863, Ed. Del Pacífico, Santiago; citado por la ed. de 1974 (Introducción de Claudio Orrego Vicuña), p. 94.

igualdad ante la ley con la supresión de clases privilegiadas y esclavos (arts. 12 y 32).

Más allá de las necesidades prácticas, este compromiso entre pasado y presente (un apologista del régimen portaliano como Alberto Edwards[23] llegó hasta el punto de afirmar que se trató de "restaurar material y moralmente a la monarquía") tuvo a mano un dispositivo teórico ignorado en las primeras etapas fundadoras. De predominante influencia en Alberdi, esta nueva visión del orden posrevolucionario produjo un golpe de timón importante que desplazó a los interrogantes y respuestas hacia otros objetos.

Superado el periodo iniciador, acodado a la tradición pactista del antiguo régimen español, las Constituciones de una segunda etapa tan fugaz como la primera identificaron al individuo y al pueblo soberano en tanto sujetos centrales de la legitimidad republicana (la idea de soberanía nacional, tal cual la concibió Sieyes, no hacía más que refundir ambos sujetos en una entidad englobante). El tercer pacto republicano que se intentó plasmar en algunos países entre las décadas de 1830 y de 1860 exploró, en cambio, el terreno de la sociedad y de la historia para reconciliar en una Constitución novedosa los principios opuestos que, desde la Independencia, habían librado la guerra en Hispanoamérica.

De la concepción de una ciudadanía abstracta y universal se había pasado a otra, de naturaleza concreta e histórica, delimitada por circunstancias particulares. Al respecto, diversas vertientes del liberalismo doctrinario en Francia —desde Victor Cousin a François Guizot— prestaron los instrumentos de análisis necesarios. Alberdi, por ejemplo, realizó un exhaustivo inventario de los antecedentes unitarios y federales, que pugnaban en la historia argentina desde el fondo de la vieja sociedad, y propuso fusionarlos en una fórmula ecléctica que diese debida satisfacción a cada uno.

En 1847, cinco años antes de la caída de Rosas, escribió Alberdi:

> Rivadavia proclamó la idea de la unidad: Rosas la ha realizado. Entre los federales y los unitarios han centralizado la República; lo que quiere decir que la cuestión es de voces, que encubren una fogosidad de pueblos jóvenes, y que en el fondo, tanto uno como otro, han servido a su patria, promoviendo su nacional unidad. Los *unitarios* han perdido; pero ha triunfado la *unidad.* Han vencido los *federales;* pero la *federación* ha sucumbido. El hecho es que del seno de esta guerra de nombres ha salido formado el poder, sin el cual es irrealizable la sociedad, y la libertad misma imposible.[24]

[23] Alberto Edwards, *La fronda aristocrática. Historia política de Chile,* Ed. del Pacífico, Santiago, 1959, p. 46.

[24] Juan Bautista Alberdi, "La República Argentina 37 años después de su Revolución

El armisticio entre principios opuestos (religión y laicidad del Estado, orden y libertad, centralización y federalismo) suponía una reinterpretación de la soberanía. Los "pueblos" de los cabildos y ayuntamientos en que recaía la retroversión de la soberanía monárquica se habían convertido en el pueblo imaginario de la soberanía de la voluntad general. Truncos ambos ensayos surgió una soberanía de hecho que se expresaba en los pueblos en armas y los caudillos militares.

Frente a este triple fracaso, el nuevo constitucionalismo propuso convertir esa soberanía de hecho en una soberanía de derecho cuyo sustento provendría de la razón y no de la voluntad. El nuevo pacto republicano debía delimitar de este modo las fronteras del pueblo para que una élite, intérprete de esa razón olvidada por el voluntarismo revolucionario, garantizase, en ejercicio exclusivo de la libertad política, el imperio generalizado de las libertades civiles. La constitución que resultaba de esta combinación era al mismo tiempo conservadora y liberal o, si se quiere, proponía una república restrictiva en manos de una minoría de ciudadanos que regía a una república abierta a todos los habitantes.

> No participo del fanatismo inexperimentado, cuando no hipócrita —afirmó tajantemente Alberdi— que pide libertades políticas a manos llenas para pueblos que sólo saben emplearlas en crear sus propios tiranos. Pero deseo ilimitadas y abundantísimas para nuestros pueblos las *libertades civiles,* a cuyo número pertenecen las *libertades económicas* de *adquirir, enajenar, trabajar, navegar, comerciar, transitar* y ejercer toda *industria.*[25]

La tensión entre soberanía de hecho y soberanía de derecho (o soberanía de la razón) fue expuesta por Guizot en el marco del régimen monárquico.[26] Su adaptación a las circunstancias republicanas de Hispanoamérica podía tener como referente tanto una Constitución centralista como la chilena de 1833 o una Constitución federal como la argentina de 1853. Pero en torno a las dos Constituciones parecían rondar estos consejos de Guizot. El primero:

de Mayo", 1847, en *Obras completas,* t. III, pp. 233 y ss. Véase también Natalio R. Botana, *El orden conservador. La política argentina entre 1880 y 1916,* Sudamericana, Buenos Aires, 1977, Primera Parte.

[25] Juan Bautista Alberdi, "Sistema económico y rentístico de la Confederación Argentina según su Constitución de 1853-1855", en *Obras completas,* t. IV, p. 188.

[26] Sobre François Guizot me remito a Natalio R. Botana, *La tradición republicana. Alberdi, Sarmiento y las ideas políticas de su tiempo,* Sudamericana, Buenos Aires, 1977, cap. III; y a Pierre Rosanvallon, *Le Moment Guizot,* Gallimard, París, 1985.

es por el estudio de las instituciones políticas que la mayoría de los autores pretendieron conocer el estado de la sociedad, el grado o el tipo de civilización. Hubiera sido más sabio estudiar primeramente la sociedad con el objeto de entender sus instituciones políticas. Antes de ser una causa, las instituciones políticas son un efecto; la sociedad las produce antes de ser modificada por ellas.[27]

El segundo: "un buen sistema de formación y organización del poder, un buen sistema de garantías para la libertad: en estas dos condiciones reside la bondad del gobierno en general, religioso o civil; todos deben ser juzgados según este *criterium*".[28]

Así parecía concluir uno de los tantos viajes de las ideas que recalaron en el constitucionalismo hispanoamericano y se cerraba, provisoriamente, el interrogante abierto por Monteagudo. Se forjaba una nueva soberanía que no tomaba tanto en cuenta el riguroso criterio de separación de poderes propuesto por Constant, sino la urgente necesidad de dar a luz un "citoyen capacitaire",[29] munido de los atributos convenientes (tradición, privilegios adquiridos, propiedad y educación) para conservar el orden constituido.

La invención de la sociedad civil

Este temprano constitucionalismo ecléctico en el cono sur, más acentuado en la Argentina que en Chile donde la disputa entre liberales y conservadores se mantuvo durante los cuatro decenios de la república portaliana, no se presentó con una impronta semejante en otras naciones de Hispanoamérica. Desde ya, la fusión entre conservadurismo y liberalismo no impregnó a las Constituciones federales de México, en 1824 y 1857, cuyo perfil liberal y reformista (en lo que se refiere, sobre todo en la última, a una definición local de la ciudadanía, a la separación de la Iglesia y el Estado y a las declaraciones de derechos y garantías)[30] resaltaba frente a las reacciones conservadoras y centralistas,

[27] François Guizot, *Histoire de la Civilisation en France,* 1822; cit. por Larry Sidentop, "Two Liberal Traditions", en Atan Ryan, comp., *The Idea of Freedom. Essays in Honor of I.* Oxford, Berlin, 1979, p. 157.

[28] François Guizot, *Historia de la civilización en Europa,* 1828 (trad. de F. Vela; prólogo de J. Ortega y Gasset), Madrid, 1972, p. 121.

[29] Según la expresión de Pierre Rosanvallon, *Le moment Guizot,* cap. III.

[30] Véase, en general, Enrique Florescano, "La interpretación del siglo XIX", y, sobre la formación del concepto de ciudadanía mediante la práctica del federalismo, Marcello Carmagnani, "Del territorio a la región. Líneas de un proceso en la primera mitad del siglo XIX" en Alicia Hernández Chávez y Manuel Miño Grijalva (coords.), *Cincuenta años de historia de México,* El Colegio de México, México, 1991, respectivamente vols. I y II.

proclives a instaurar en México una Constitución monárquica (lo hicieron en 1864 con la aventura imperial de Maximiliano).

El antagonismo entre una constitución liberal y federalista y una monarquía centralizante atraviesa gran parte del siglo XIX mexicano y coincide con fenómenos como la intervención extranjera, los desmembramientos del territorio y hasta con el uso instrumental de la historia para justificar a la opción conservadora.[31] Si la hipótesis de la fusión de principios podría revestir algún interés para México sería conveniente seguir su itinerario en el régimen del Porfiriato, que se instaló hacia las últimas décadas del siglo.[32]

En todo caso, sobre las diferentes experiencias constitucionales, quizá sea posible identificar un aspecto común: el designio de construir desde el Estado en vías de consolidación una sociedad civil apta para legitimar un proyecto liberal que, por convicción o estrategia, se dirigía hacia el futuro. La palabra *designio* viene a cuento pues uno de los rasgos más elocuentes del constitucionalismo iberoamericano (sin duda aquí también convendría incluir a Brasil) es la operación que realiza en la gran familia del liberalismo para convertir a esa espontánea formación de la sociedad civil, que por ejemplo había advertido la escuela escocesa en el siglo XVIII, en acción política deliberada. La sociedad civil no fue entonces en nuestras naciones causa y motor del constitucionalismo. La sociedad civil fue, a la inversa, su efecto y culminación.

En esta larga pesquisa, la imagen del republicanismo clásico, habitada por el gran legislador que otorga leyes justas y virtuosas, se encarnó muy pronto en otros personajes. Entraron así en escena, a título de protagonistas recomendados por una buena Constitución, el economista y el pedagogo, imbuidos de una misión tanto o más trascendente que la del primitivo legislador. En 1812 decía José Cecilio del Valle en Guatemala:

> Un genio observador se ocupó a presencia de una sociedad de filósofos, en considerar al hombre de letras como ciudadano, es decir, bajo el aspecto que tiene más derechos para interesar. Yo, sin prometerme igual suceso, me ocuparé en contemplar al Economista, que es el que une más sensiblemente las

[31] Me refiero a la *Historia de México* de Lucas Alamán, que fue publicada luego de que el autor viviese una temprana experiencia política entre 1849 y 1852.

[32] Véase, sobre este punto, Charles A. Hale, "Los intelectuales y el poder en México", en *Memorias de la VI Conferencia de Historiadores Mexicanos y Estadounidenses,* El Colegio de México y UCLA Latin American Center Publications, pp. 93 y ss.; *The Transformation of Liberalism in Late Nineteenth-Century Mexico,* Princeton, University Press, Princeton, New Jersey, 1989; en particular el capítulo I, "Introduction: The Problem of Liberalism after 1867", donde Hale argumenta en torno a la cuestión de la fusión de principios.

relaciones de ciudadano con las de hombre de letras [...] Newton —proseguía— contemplando el universo físico para descubrir el principio general del movimiento, equilibrio y armonía de los globos que lo forman, es un genio sublime digno de las miradas del cielo. El Economista, considerando el mundo político para descubrir el origen de la riqueza y la felicidad de los pueblos, parece un ser divino digno de las adoraciones del reconocimiento.[33]

Como puede advertirse, estos heraldos de una de las versiones posibles del credo liberal se lanzaron a demoler la vida histórica de militantes y guerreros con el objeto de remplazarla por una cultura de carácter pacífico y comercial. Montesquieu comprobó en el primer capítulo del libro xx de *Del espíritu de las leyes,* que "allí donde hay comercio hay costumbres apacibles" y Adam Smith enseñó, en su *Investigación acerca de la naturaleza y las causas de la riqueza de las naciones,* que la evolución espontánea de la sociedad mediante la división del trabajo podría acarrear, a la larga, beneficios más provechosos. Benjamin Constant, por su parte, consideró a este aspecto de la evolución humana el componente más importante de "la libertad de los modernos", junto, se entiende, con las garantías que debe fijar una Constitución.

En Iberoamérica, estas imágenes trazaron un itinerario que enlaza el norte con el sur. Es posible que entre el mexicano José María Luis Mora y Juan Bautista Alberdi no haya existido comunicación alguna (Mora murió en 1850, cuando Alberdi aún no había dado a conocer sus *Bases y punto de partida para la organización política de la República Argentina).* Los dos publicistas están unidos, sin embargo, por el tenaz esfuerzo de promover un régimen constitucional que liberara a esas naciones en escorzo de un endémico militarismo despótico, cuya inspiración provenía de unas virtudes antiguas, como la fama, la sed de poder o el honor, decididamente incongruentes con los nuevos valores pacíficos del progreso de las sociedades modernas.

En 1827, Mora distinguía tres clases de gobierno:

La primera es de aquellos que entran a ocupar los puestos supremos con positiva repugnancia y sin otra mira y objeto que cumplir con las obligaciones que la ley y la sociedad les imponen [...] La segunda es la de los que desean el mando y engrandecimiento y para esto procurar formarse un partido, pero siempre dentro de los límites legales y aprovechando las disposiciones con que los dotó la naturaleza para influir en sus semejantes [...] La tercera

[33] José Cecilio del Valle, "El economista. Discurso pronunciado en la Junta General de la Sociedad Económica de Amantes de Guatemala" (septiembre de 1812) en *Obras de José Cecilio del Valle,* compiladas por José del Valle y Jorge del Valle Matheu, Guatemala, 1930, t. II, pp. 33 y 35.

> es la de los que deseosos del mando, pero sin mérito para desempeñarlo, procuran ejercerlo por todo género de violencias, hollan las leyes y atropellan los ciudadanos; a ella pertenecen la turba de ambiciosos, muchos de los cuales, sin mérito ni disposiciones, aspiran a mandar a los demás y de ella son ejemplo los muchísimos terroristas de la revolución francesa y algunos de los que han gobernado en las nuevas naciones de América...[34]

Con esta clasificación, Mora confrontaba el modelo de república en los Estados Unidos con los vicios y la ilegitimidad resultante desde México hasta Chile y la Argentina. Si Washington era el ejemplo más acabado de la primera categoría y los partidos que se formaron en los Estados Unidos los de la segunda, el fracaso de San Martín y Monteagudo en Lima y de Iturbide en México muestra cómo "*el camino llano y conocido de la honradez y las leyes es preferible a los cálculos más abstrusos de la política*".[35]

El contraste entre estas dos clases de guerreros es para Mora necesario pues viene a ilustrar el hecho de unas Constituciones sin el sello impuesto por un militar victorioso que, después de ganar la Independencia, se convierte en inteligente legislador. Esta sensación de una obra trunca no podía ser superada sino cambiando de raíz a la vieja sociedad. Al economista, confidente de la nueva providencia que regía la historia, se sumaron muy pronto en el debate constitucional otros actores colectivos de importancia equivalente. Igual que Mora, Alberdi sostuvo que las constituciones debían enterrar a la historia épica de los héroes de la Independencia, los cuales "luego de haber representado una necesidad real y grande de la América en un momento dado, hoy desconocen hasta cierto punto las nuevas exigencias de nuestro continente. La gloria militar los preocupa aún sobre el interés del progreso".[36]

Las constituciones vendrían pues a subsanar esta falla instaurando los medios institucionales para realizar los fines del progreso, "para tener población, para tener caminos de hierro, para ver navegados nuestros ríos, para ver opulentos y ricos nuestros estados".[37] De esta

[34] José María Luis Mora, "Discurso sobre la alta política de los gobiernos", *El Observador,* 19 de diciembre de 1827, en *Obras completas de José María Luis Mora,* investigación, recopilación y notas de Lilian Briseño Senosiain, Laura Solares Robles y Laura Suárez de la Torre, prólogo de Eugenia Meyer, SEP/Instituto de Investigaciones Dr. José María Luis Mora, México 1986, vol. I, p. 305.

[35] *Ibidem,* p. 312. Cursivas en el original.

[36] Juan Bautista Alberdi, "Acción de la Europa en América. Notas de un español americano a propósito de la intervención anglo-francesa en el Plata", publicadas en *El Mercurio* de Valparaíso, del 10 y 11 de agosto de 1845, en *Obras completas,* t. III, pp. 85-87.

[37] Juan Bautista Alberdi, "Bases y puntos de partida para la organización política de la República Argentina", 1858, Besanzon (comp.), en *Obras completas,* t. III, cap. X.

manera, el constitucionalista, empeñado como hemos visto en revelar los enigmas económicos del progreso, se convertía en ejecutor de un programa de modernización que descendía en cascada desde la cúspide del poder político hacia la sociedad en formación. Tal parecía ser la terapéutica más eficaz para atacar a los males de la vieja política:

> [...] ella consiste en elevar nuestros pueblos a la altura de la forma de gobierno que nos ha impuesto la necesidad; en darles la aptitud que les falta para ser republicanos; en hacerlos dignos de la república, que hemos proclamado, que no podemos practicar hoy ni tampoco abandonar; en mejorar el *gobierno* por la mejora de los gobernados; en mejorar la *sociedad* para obtener la mejora del *poder*, que es su expresión y resultado directo.[38]

Para actuar de esta manera, los enfoques del constitucionalismo se proyectaron sobre el mundo exterior. Al comienzo de la Independencia, la idea de ciudadanía elevaba a la dignidad de protagonista del proceso constituyente a la élite criolla. Posteriormente, se aducía, esa política desgastada por un ánimo belicoso incomprensible debía llamar en su auxilio al extranjero, transmisor ejemplar en tierras atrasadas de la disciplina propia de las sociedades industriales.

En 1833, Mora y otros publicistas defendieron en México, frente a posiciones xenófobas, la igualdad civil de mexicanos y extranjeros[39] y 12 años más tarde Alberdi preguntaba:

> ¿Queremos plantar en América la libertad inglesa, la cultura francesa? Traigamos pedazos vivos de ellas en los hábitos de sus habitantes y radiquémoslos aquí. ¿Queremos que los hábitos de orden y de industria prevalezcan en nuestra América? Llenémosla de gente que posea hondamente esos hábitos. Ellos son pegajosos: al lado del industrial europeo, pronto se forma el industrial americano. La planta de la civilización, difícilmente se propaga por semilla. Es como la viña, que prende y cunde de gajo.[40]

El significado que se atribuía a lo extranjero era, a primera vista, amplio y generoso, aunque estaba circunscrito por la distinción elaborada en el siglo XVIII entre habitantes y ciudadanos o entre ciudadanos pasivos y ciudadanos activos. La ampliación de la perspectiva era obvia. El carácter exterior de la civilización se diagramaba con esos

[38] Juan Bautista Alberdi, *Obras completas,* t. III, cap. XII.

[39] Véase Charles A. Hale, *El liberalismo mexicano en la época de Mora (1821-1853),* trad. Sergio Fernández Bravo y Francisco González Aramburu, Siglo XXI, México, 1991, p. 183.

[40] Juan Bautista Alberdi, "Acción de la Europa en América...", p. 88.

"pedazos vivos" del trabajo y la industria y por los capitales que llegaban protegidos por la seguridad jurídica, entre los cuales se destacaban los nuevos medios de transporte.

Esta operación se llevó a cabo envuelta en la retórica sainsimoniana que, sin rupturas aparentes, se sumó a la visión del comercio y de la división del trabajo abonada por las lecturas de Smith, Montesquieu y Jean Baptiste Say. En las primeras aproximaciones primaba la confianza en la acción espontánea de la libertad. En las que llegaron casi de inmediato se renovaba una suerte de inflamada creencia en el viejo concepto de la *education des choses,* bien ilustrado por los textos que escribió un sainsimoniano moderado, Michel Chevalier, en los años treinta.

> El ferrocarril de París a Londres —argumentaba Chevalier— sería un establecimiento comercial de primer orden; sería todavía una fundación política, un eslabón de la estrecha alianza entre Francia e Inglaterra. Pero es importante recomendarlo sobre todo como instrumento de educación; porque no hay temor de que los otros aspectos sean omitidos. La industria, decía, se aprende naturalmente por los ojos. Esto es especialmente cierto para los obreros; puesto que, en virtud de su estilo de vida, el mundo de las sensaciones domina entre ellos al mundo de las ideas. Ahora bien: el progreso de los obreros no es menos importante para el desarrollo de la industria que el de los directores y jefes de talleres. Convendría, entonces, enviar algunos obreros seleccionados para pasar un tiempo en Inglaterra, tal como lo practica regularmente la administración de caminos y puentes con un pequeño número de ingenieros.[41]

La transformación que debía hacer el extranjero en la sociedad civil consistía en una apuesta hacia el futuro. El pacto constitucional era un vehículo para incorporar capitales e inmigrantes que, pausadamente, debían ir modificando el viejo estilo de la ciudadanía criolla. En el horizonte de este plan se imaginaba a esos inmigrantes recién llegados, en pleno goce de los derechos civiles y sin derechos políticos, sembrando la práctica de una ciudadanía responsable mediante su trabajo y descendencia.

[41] Michel Chevalier, *Lettres sur l'Amérique du Nord avec une carte des Etats-Unis d'Amérique, 1836,* Bruselas, 1844, vol. I, p. 21. Confróntense estos consejos de Chevalier con el siguiente párrafo de Alberdi: "En Lima se ha dado un convento y 99 años de privilegio al primer ferrocarril entre la capital y el litoral: la mitad de todos los conventos allí existentes habría sido bien dada, siendo necesario. Los caminos de fierro son en este siglo lo que los conventos eran en la Edad Media: cada época tiene sus agentes de cultura" (Juan Bautista Alberdi, "Bases y puntos de partida...", *Obras completas,* p. 435).

No obstante, hasta que ello ocurriese, debía mantenerse con celo la separación entre habitantes y ciudadanos. Más claro en sus líneas y contrastes en los países que recibieron fuertes contingentes inmigratorios, esta idea instrumental del constitucionalismo entró en polémica con la tradición, para muchos sepultada, del humanismo cívico. La piedra de toque del debate fue la interpretación que merecía la educación pública como formadora de la ciudadanía republicana. El constitucionalista asumió así otro papel tanto o más cautivante: el de pedagogo e instructor de los nuevos ciudadanos.

La idea de una Constitución capaz de dar forma activa a una materia inerte de habitantes y, por ende, poco aptos para ser ciudadanos, se remonta a los orígenes de la tradición republicana. Desde que Condorcet presentó a la Asamblea Legislativa en 1792 un plan general de educación pública, los intentos para dar vida al ideal de una sociedad civil formada por la educación se repitieron a uno y otro lado del Atlántico norte. En Francia, durante un siglo de avances y retrocesos, el republicanismo de Condorcet culminó con las leyes de Jules Ferry que se dictaron entre 1879 y 1883. En los Estados Unidos, la obra de educadores como Horace Mann, o de la legislación educativa en Nueva York, sirvieron de inspiración a los publicistas iberoamericanos.

Con la mira puesta en este ángulo, la educación pública tenía un rango superior, pues no se le concebía como una mera ley particular sino en tanto ley constitutiva del proyecto transformador del constitucionalismo. En esta larga exploración de casi cien años, la educación pública respondió a continuidades profundas, que arrancan con la esperanza puesta en el humanismo cívico y culminan con la propuesta positivista de "que el fin de la democracia es la fusión de las clases".[42] En todas ellas, sin embargo, es posible identificar el sentimiento de una moral republicana, impartida por establecimientos públicos, que debía dejar atrás a la moral de épocas pretéritas.

Pero si esta educación respondía en gran medida al ideal antiguo de un ciudadano virtuoso, también obedecía a la necesidad de infundir disciplina y aquiescencia hacia el orden constitucional vigente. La educación era entonces un genio bifronte: abría una Constitución republicana hacia el horizonte democrático, por lo tanto hacia el cambio y el conflicto, al paso que orientaba a los nuevos ciudadanos a participar en un consenso jerárquico impuesto desde arriba.

La figura de Domingo Faustino Sarmiento en el cono sur reflejó esta ambivalencia a la cual no fue ajeno el pensamiento de Andrés Bello y

[42] La frase es de Jules Ferry. Véase Theodore Zeldin, *France, 1848-1945,* Oxford University Press, Oxford, 1973, vol. I, pp. 623-626.

las concepciones del educador uruguayo José Pedro Varela. En viaje por los Estados Unidos, a fines de la década de 1840, Sarmiento recogió del proyecto de educación común del estado de Nueva York, presentado en 1812, la vieja idea expuesta por Montesquieu de que en una república se requiere toda la fuerza de la educación.[43]

Anteriormente, tras el argumento de Tocqueville, Sarmiento ubicó el tema de la educación en el progresivo avance de la historia hacia la igualdad:

> Y esta igualdad de derechos —escribió— acordada a todos los hombres, aún en los países que se rigen por sistemas tutelares, es en las repúblicas un hecho que sirve de base a la organización social, cualesquiera que sean las modificaciones que sufra accidentalmente por los antecedentes nacionales u otras causas. De este principio imprescriptible hoy nace la obligación de todo gobierno a proveer de educación a las generaciones venideras, ya que no puede compeler a todos los individuos de la presente a recibir la preparación intelectual que supone el ejercicio de los derechos que le están atribuidos. La condición social de los hombres depende muchas veces de circunstancias ajenas de la voluntad. Un padre pobre no puede ser responsable de la educación de sus hijos; pero la sociedad en masa tiene interés vital en asegurarse de que todos los individuos que han de venir con el tiempo a formar la nación, vayan por la educación recibida en la infancia, preparándose suficientemente para desempeñar las funciones sociales a que serán llamados.[44]

En este texto de Sarmiento se advierte el diálogo tendido entre creación del ciudadano y disciplina constitucional. Si en el espacio público animado por la energía cívica vertida en periódicos y asociaciones la educación estaba al servicio de la virtud republicana, en las relaciones que se tejían entre el habitante y su sistema legal esa misma política roturaba un cauce más pragmático pero no por ello menos necesario.

Al término de su segundo mandato, en 1841, en un mensaje escrito por Andrés Bello a modo de balance de un decenio de gobierno, el presidente de Chile Joaquín Prieto recordaba "la universal inseguridad y alarma en que se hallaba la república pocos años antes de mi elevación al Gobierno" y se congratulaba del hallazgo de una terapéutica pues "uno de los preservativos más eficaces de los delitos, a lo menos de aque-

[43] Idea recogida en Domingo F. Sarmiento, "Educación común. Memoria presentada al Consejo Universitario de Chile sobre estas cuestiones", 1856, en *Obras completas de Sarmiento,* Ed. Luz del Día, Buenos Aires, 1948-1956, vol. XII, p, 272.

[44] Domingo F. Sarmiento, "Educación popular. Informe presentado al ministro de Instrucción Pública", Santiago de Chile, 8 de marzo de 1848, en *Obras completas,* vol. XI, p. 34.

llos que atacan a las personas y son particularmente alarmantes y horribles por su atrocidad y barbarie, es la difusión de la enseñanza primaria; objeto a que el Gobierno se ha dedicado con empeño durante mi administración".[45]

De modo análogo, cuando ya habían transcurrido más de 20 años desde que Sarmiento publicó en Chile *Civilización y barbarie...*, José Pedro Varela proponía en el Uruguay convertir por medio de la educación a "la libertad salvaje" del gaucho del Río de la Plata en un moderado sentimiento, trabajador y pacífico. Y agregaba en 1874: "La educación disminuye los crímenes y los vicios puesto que el hombre educado encuentra siempre en su misma ilustración, una barrera para el desborde de sus malas pasiones que, en vano, pretende buscarse para el ignorante".[46]

La tensión entre estos propósitos asignados a la educación pública es semejante a la que ya hemos advertido entre la educación derivada del *élan* industrial e inmigratorio y la instrucción generalizada impuesta por una Constitución. El ideal de una sociedad librada al fáustico progreso impulsado por el individuo y sus cosas solía chocar con el anhelo de constituir una comunidad política integrada por ciudadanos responsables.

No obstante, el conflicto se planteó en los debates constitucionales de mediados de siglo, y en los que tuvieron lugar en la década del noventa, cuando Brasil se sumaba a la aventura republicana[47] en un contexto de reglas sobrentendidas. Acaso porque "los modernos", más atentos a una sociedad civil formada en torno al mercado, y "los antiguos", ansiosos constructores de la ciudadanía, compartían la convicción de que un pacto constitucional era el punto de partida de una empresa modernizante sujeta al control de quienes creían conocer las claves del progreso. En este sentido, los éxitos y fracasos del constitucionalismo decimonónico en Iberoamérica anuncian el destino de una modernización frustrada.

[45] "Exposición que el Presidente de la República Joaquín Prieto dirige a la Nación Chilena el 18 de setiembre de 1841. Último día de su administración", en *Obras completas de Andrés Bello,* vol. XIX, pp. 126 y 127.

[46] José Pedro Varela, "Los gauchos" en *Revista Literaria,* Montevideo, núm. 13, 30 de julio de 1865, pp. 206-207; José Pedro Varela, *La educación del pueblo,* Biblioteca Artigas, Colección de Clásicos Uruguayos, Montevideo, 1964, t. I, p. 50. Las dos citas en José Pedro Barran, *Historia de la sensibilidad en el Uruguay;* t. II: *El disciplinamiento, 1860-1920,* pp. 21, 22 y 91. Sobre Sarmiento y Varela, véase Gregorio Winberg, "Domingo F. Sarmiento y José P. Varela. Hacia la educación popular", *Sur,* núm. 341, julio-diciembre de 1977.

[47] Véase al respecto, Luiz Werneck Vianna, "Americanistas e Iberistas: A Polémica de Oliveira Vianna con Tavares Bastos", *Dados, Revista de Ciencias Sociais,* vol. 34, núm. 2, 1991.

La inversión del sistema representativo

Dados los cambios que sufrieron los conceptos de voluntad popular y desarrollo espontáneo de la sociedad civil, cabría preguntarse si la definición operativa del pueblo soberano, tan difundida en nuestros países mediante los gobiernos electores, el control de la sucesión y la producción del sufragio, guardaba alguna correspondencia con las concepciones constitucionalistas en boga, o si, por el contrario, esas prácticas planteaban una contradicción de fondo entre el orden normativo y la realidad de la vida política.

El problema es complejo. Las soluciones eclécticas diseñan dos polos que atraen simultáneamente a los principios constitucionales hacia el ideal democrático o hacia las prácticas oligárquicas. No es de extrañar, por consiguiente, que la distancia entre lo que la ley prescribe y lo que los actores políticos hacen y ocultan haya inspirado posiciones encontradas. Los argumentos proclives a la crítica oligárquica solían chocar con quienes adherían sin más vueltas al concepto de la soberanía de la razón y a la idea de que la modernización se transmite por designio y voluntad del gobernante.

Estas últimas intenciones no llegaban sin embargo al extremo de consagrar en una Constitución las prácticas que, de acuerdo con muchos observadores de la época, se remontaban al régimen colonial con la ficción de un sistema representativo alojado en el gobierno municipal de cabildos y ayuntamientos. Según esta imagen, el método de nombrar a los miembros de las corporaciones municipales por sus antecesores dejó instalada una costumbre que, en el periodo republicano, impulsaba al funcionario saliente a intervenir activamente en la designación de quien habría de remplazarlo.[48]

De aquí, naturalmente, se derivaba un doble problema. Para un constitucionalista empeñado en fusionar principios opuestos y en acelerar la modernización, muy diferente parecía ser, en efecto, echar las bases de un orden restrictivo basado en el ejercicio pacífico y competitivo de quienes formaban un electorado reducido, que observar cómo, dentro de ese mismo escenario, surgía un régimen fáctico en trance de imponer el control de la sucesión. En un caso, la república restrictiva podía

[48] El historiador argentino Vicente Fidel López, que se incorporó en 1845 a la Facultad de Filosofía y Humanidades de la Universidad de Chile, defendió con vehemencia esta imagen de la representación invertida en los cabildos en su *Historia de la República Argentina. Su origen, su revolución y su desarrollo político hasta 1852,* Buenos Aires, 1883-1893 (10 vols.). Véase al respecto, Natalio R. Botana, *La libertad política y su historia,* cap. VI.

alojar una oligarquía competitiva con alternancia pacífica en el ejercicio del poder, y, en el otro, esa misma república podía incorporar en su seno a un conjunto de facciones con vocación hegemónica que fabricaban el sufragio para controlar a la oposición.[49]

Esta contradicción marcó el primer paso en un largo proceso de evolución democrática pues, en un primer momento, el conflicto en torno a la definición del pueblo soberano se planteó en relación con el respeto que merecía la libertad política en tanto ella debía ser el único vehículo legítimo para generar la representación de abajo hacia arriba. De este modo, la libertad política fue el cartabón que permitía medir esa distancia entre normas constitucionales y práctica del poder, acaso porque el control de la sucesión tenía mucho más arraigo en el mundo real del que muchos constitucionalistas imaginaban.

Quizá haya sido Simón Bolívar quien, en su última etapa de legislador, auscultó esta tendencia profunda y procuró volcarla sin éxito alguno en su proyecto constitucional de 1826. Para Bolívar, la ilegitimidad que derivaba de un presidencialismo impuesto por la necesidad republicana, solitario e inerme frente a la lucha armada (el régimen parlamentario era entonces patrimonio exclusivo de las monarquías constitucionales), sólo podía regenerarse mediante la máxima concentración de autoridad en aquella magistratura ejecutiva. Bolívar confiaba en que el presidente de la república de la nueva Constitución para Bolivia sería "como el sol que, firme en su centro, da vida al Universo". Imaginaba al presidente investido de una "suprema autoridad que debe ser perpetua; porque en los sistemas sin jerarquías se necesita más que en otros un punto fijo alrededor del cual giren los magistrados y los ciudadanos: los hombres y las cosas". Vitalicio, como habían propuesto las tendencias más conservadoras en la convención de Filadelfia encabezadas por Hamilton, el presidente bolivariano disponía aún de un recurso igualmente decisivo pues la propia constitución lo sometía a la obligación de designar a su sucesor: "El Presidente de la República —Bolívar concluía— nombra al VicePresidente, para que administre el Estado y le suceda en el mando. Por esta providencia se evitan las elecciones, que producen el grande azote de las repúblicas, la anarquía, que es el lujo de la tiranía y el peligro más inmediato y más terrible de los gobiernos populares".[50]

El proyecto de Bolívar no gozó de auspicios favorables en el plano

[49] Ésta es la hipótesis que he defendido para el caso argentino en *El orden conservador...*, especialmente cap. III, donde se expone el argumento.

[50] Simón Bolívar, "Mensaje al Congreso de Bolivia, Lima, 25 de mayo de 1826", en *Doctrina del libertador*, pp. 233, 235 y 236.

práctico ni tampoco en el doctrinario. Pero el carácter cuasi monárquico del presidencialismo hispanoamericano padeció mayores zozobras y sólo pudo ser atemperado merced al principio que impedía la reelección inmediata del titular del poder ejecutivo. Aun cuando la Constitución chilena de 1833 limitaba la reelección a un solo mandato, la regla de la no reelección, inmediata o definitiva, quedó escrita en varias constituciones (por ejemplo la uruguaya de 1830[51] y la argentina de 1853) y se convirtió en bandera de la oposición una vez que el régimen de Porfirio Díaz instituyó en México la reelección del presidente a fines de la década de 1880.

El control de la sucesión es un concepto que debe desagregarse en varias dimensiones. Parece evidente que, en el nivel de análisis más profundo, dicho fenómeno se confundía con tradiciones persistentes del antiguo régimen, con los llamados gobiernos de familia y con las modalidades diversas, según países y regiones, de organización informal de los lazos personales y sociales.[52] También resulta significativo observar que, una vez transpuesto el umbral que separa esta estructura de relaciones con los cargos formales previstos en las constituciones, el control de la sucesión circuló de acuerdo con la mayor o menor centralización prevista por la forma de gobierno. En el Chile centralista de la Constitución portaliana, por ejemplo, el control que el poder ejecutivo ejercía sobre el proceso electoral no tuvo necesidad de recurrir a una institución clave en otros ordenamientos federales como sin duda ha sido la intervención del gobierno nacional en las provincias.[53]

En todo caso, el control de la sucesión no debe ser juzgado según un modelo burocrático con jerarquías estrictas y efectos automáticos. En rigor, esta categoría de análisis refleja, más que un conjunto encadenado de consecuencias queridas, una intención dominante, sobre todo en quienes ejercían cargos ejecutivos, sujeta a conflictos e impugnaciones recurrentes. Estos cuestionamientos nacieron de los esfuerzos por am-

[51] Véase Héctor Gross Espiell y Juan José Arteaga, *Esquema de la evolución constitucional del Uruguay,* 2a. ed. actual., Fundación de Cultura Universitaria, Montevideo, 1991, cap, II.

[52] Me remito al respecto al estudio de François-Xavier Guerra, *Le Mexique. De l'ancien régime à la révolution,* L'Harmattan, París, 2 vols., 1985.

[53] Véase, para la intervención del Poder Ejecutivo en la designación de senadores en Chile hasta la reforma de 1874, Ricardo Donoso, *Las ideas políticas en Chile,* EUDEBA, Buenos Aires, pp. 99 ss. Según S. Collier (en "Evolución política…", p. 32), la intervención electoral es, sin duda alguna, una de las claves más importantes para comprender la estabilidad política chilena en el siglo XIX. Para una comparación entre los procesos electorales en los regímenes federales de México y Argentina, puede consultarse Marcello Carmagnani, "El federalismo liberal en la Argentina", en *Tres federalismos latinoamericanos,* Fondo de Cultura Económica, México, 1993.

pliar una ciudadanía circunscripta con pocos contrapesos[54] y revelaron, asimismo, el hecho elemental de que esas prácticas no gozaban de la virtud del consenso.

Más bien, el control a la sucesión era percibido como un tributo a la necesidad y jamás como un sistema valioso digno de ser mantenido. En este contexto se forjó la figura del cacique, del gamonal o del caudillo electoral (sinónimos, todos ellos, que daban cuenta de una misma e invariable función). Notemos que el caciquismo, lejos de ser una invención iberoamericana, fue un fenómeno típico de la cultura política del mediterráneo, en España, Italia o Portugal[55] cuyo carácter se conjugó eficazmente con las exigencias funcionales de la Constitución, dondequiera que ella rigiese, y su régimen político.

Empero, desde el punto de vista de la endeble base de legitimidad que sostuvo al sistema del control de la sucesión, el rasgo más importante que convendría destacar es el constante desdén que la prosa política y costumbrista propinó al cacique electoral (estilo tras el cual se ocultaban, dicho sea de paso, quienes disponían sin más vueltas ni mayores prejuicios de la red caciquil cuando se avecinaban los comicios). Los testimonios abarcan una gama muy variada de países y situaciones.

En Colombia, donde se configuró desde los tempranos días de Francisco de Paula Santander una tradición civilista capaz de soportar la guerra entre facciones liberales (cuyo legado fue el constitucionalismo federal de los años cincuenta y sesenta) y facciones conservadoras (que promovieron la Constitución centralista de 1886, de prolongada vigencia), un jefe conservador consignó hacia mediados de siglo esta opinión acerca de un cacique electoral en Zipaquira: "Era corifeo de la plebe conservadora de aquel lugar un hombrazo de talla más que gigantesca, de voz proporcionada a su cuerpo, que usaba por vestido un bayetón, por arma habitual un garrote, de religión, fanático, de oficio carnicero-godo [conser-

[54] Véase, en relación con Brasil, José Murilo de Carvalho, "República e cidadanias", *Dados, Revista de Ciencias Sociais,* vol. 28, núm. 2, 1985, donde el autor señala que los cambios que impuso la Constitución republicana, al introducir el federalismo y suprimir las instituciones imperiales del Poder Moderador, el Senado Vitalicio y el Consejo de Estado, no fueron acompañados por una expansión significativa de ciudadanía política" (p. 147).

[55] Véase, con respecto a España, José Varela Ortega, *Los amigos políticos. Partidos, elecciones y caciquismo en la Restauración (1875-1900),* Alianza Editorial, Madrid, 1977; Joaquín Romero Maura, "El caciquismo: tentativa de conceptualización", *Revista de Occidente,* núm. 127, octubre de 1973; con respecto a Italia y Portugal, Gabriele Ranzato, "La fucina della sovranitá nazionale: le elezioni nei sistema liberali italiano e spagnolo" y Fernando Rosas, "A crise do liberalismo e as origens do 'autoritarismo moderno' e do Estado Novo em Portugal", los dos artículos en *Anales de la Universidad de Alicante. Historia contemporánea,* núm. 7, 1989-1990.

vador] hasta la pared de enfrente, de los bravos y matasietes tolerados con disimulo o azuzados sin embozo por magnates y autoridades...".[56]

Confróntese esta diatriba con la que le endilgaba al mismo personaje de los pueblos bonaerenses un publicista conservador en la Argentina de principios del siglo xx: el caudillo electoral era un "tigre de los llanos (se refiere al apodo que Sarmiento había dedicado a su mítico Facundo en *Civilización y barbarie...)* disminuido, afeitado, desmontado sofrenado [...] un gato de la pampa [que] alcanza poder paulatinamente desde mediador entre los peones y el patrón (los lleva a la elección) pasando por concejal, intendente, diputado provincial y por fin legislador nacional".[57]

Los negocios de trastienda de los gobernantes con esta clase de agentes plebeyos, tanto o más denostados cuando progresaban y ascendían, reflejan una escala de gobierno que ligaba el vértice nacional con los niveles locales. Los intendentes o alcaldes, los comisionados municipales, los concejales o regidores, junto con los comisarios de policía, los jefes del registro electoral y los jueces del lugar, conformaban una red de cargos ejecutivos que distribuía puestos públicos y en torno a la cual se alineaban las clientelas electorales. No está claro, sin embargo, si los cargos legislativos representaron papeles comparables a los incluidos en esta escala de gobiernos electores que reproducía, en grado descendente, la vertical autoridad que el régimen constitucional depositaba en la presidencia de la república. Lo que sí, en cambio, parece dar pie para sostener una hipótesis más convincente es el hecho de que a mayor consolidación del poder presidencial (cualquiera que sea su forma constitucional, centralista o federalista), mayores oportunidades para asegurar el ensamble de los gobiernos electores. Uno y otro proceso, en efecto, se alimentaron recíprocamente.

No obstante, el cuadro que presenta el régimen caciquil es mucho más cambiante pues las oposiciones lo hostigaron hasta ponerlo en entredicho. La inversión del sistema representativo se convirtió de este modo en una categoría explicativa del estado de cosas y en bandera de impugnación revolucionaria. Estas orientaciones opositoras abrieron el conflicto político hacia el horizonte democrático (sinónimo entonces de universalización del sufragio masculino), pero no lograron resolver un problema cuyos efectos habrán de prolongarse durante el siglo xx. Como la hegemonía de los gobiernos electores conformaba un núcleo de socialización

[56] Citado por Malcolm Deas, "Algunas notas sobre la historia del caciquismo en Colombia", *Revista de Occidente,* núm. 127, octubre de 1973, pp. 122 y ss.

[57] Octavio R. Amadeo, "Régimen municipal de la Provincia de Buenos Aires", *Revista Argentina de Ciencias Políticas,* año I, núm. 7, 12 de abril de 1911, p. 71.

mucho más sólido de lo que las oposiciones imaginaban, el sufragio universal, o la expectativa que despertaba la posibilidad de alcanzarlo, formó parte de una cultura en cuyo seno las élites no habían ejercido previamente la libertad política de modo pacífico y competitivo.

Debido a esta circunstancia y salvo excepciones, el conflicto se manifestó teñido de una retórica revolucionaria cuya acción chocaba con la rigidez del sistema hegemónico. En lugar de ser absorbidos por una competencia regulada entre partidos, los conflictos se resolvían mediante la cooptación o el marginamiento de los opositores. Esta ilustración aproximada del juego político, tal como por ejemplo se presentaba en las repúblicas del cono sur, estuvo marcada sin embargo por el rasgo de estar siempre referida a una legitimidad constitucional valiosa e indispensable. El nudo de las crisis revolucionarias eran pues esas constituciones que se buscaba reformar para colocarlas a la altura de las libertades democráticas, o bien regenerar para limpiarlas de corrupción e impurezas.

El reformismo se insinuó en la política chilena en la década de 1860, fracasados los primeros intentos de Errázuriz y Lastarria en la década anterior, y se encaminó decididamente en el proceso de cambio constitucional iniciado en 1871 que llegó hasta los acontecimientos revolucionarios de 1891. En la Argentina, en cambio, los alzamientos de 1874, 1880 y 1890 no se hicieron en nombre del reformismo sino del regeneracionismo. En lugar de exigir la modificación normativa de los aspectos autoritarios de la Constitución, como aconteció en Chile, las oposiciones liberales y radicales reclamaron la plena vigencia de una Constitución conculcada por el fraude y las corruptelas.

Un año después de la revolución de 1890, Leandro N. Alem, su propulsor más comprometido y fundador de la Unión Cívica Radical, afirmó en el senado que

> los que combatimos el sistema que aún impera no somos propiamente los revolucionarios; somos los conservadores: de nuestra revolución puede decirse lo que decía Macaulay de la revolución inglesa, comparándola con la francesa. La Revolución Francesa conmovió la sociedad entera y llevaba completamente una innovación profunda en el orden político, en el orden social y en el orden económico; la revolución inglesa no hacía otra cosa que defenderse de las usurpaciones del despotismo de la corona; esto es, buscaba el restablecimiento de sus libertades y de sus instituciones.[58]

[58] Citado por Natalio R. Botana, "1890: de la libertad civil a la libertad política", suplemento literario de *La Nación,* 22 de julio de 1990, p. 1.

Esta invocación a una *ancienne constitution* para poner en marcha un proceso democrático de ampliación de la ciudadanía resume, de algún modo, la confianza de los actores en la capacidad regenerativa de las constituciones. De tal suerte, el conflicto que se trabó entre fe constitucional y práctica del poder contribuyó a modificar una continuidad que se creía cristalizada en el tiempo y puso sobre el tapete el hecho elemental, pero no por ello menos significativo, de que las valoraciones acerca de los derechos y la ciudadanía son inescindibles de la tradición política de Iberoamérica.

EPÍLOGO

ANTONIO ANNINO
Universidad de Florencia

La idea moderna de nación tuvo un éxito contundente en los imaginarios políticos de muchos países a lo largo de los últimos dos siglos; sin embargo las nuevas realidades nacionales fueron percibidas muchas veces como insatisfactorias y ajenas a las expectativas originarias de los grupos dirigentes. La historia de la nación moderna es, pues, también la historia de los entusiasmos y de los desencantos de sus actores. Estas dos caras del proceso del *Nation State Building* moldearon las historiografías nacionales y desencadenaron largas disputas sobre los éxitos y los fracasos de la modernidad política en gran parte de la Europa continental y en el mundo iberoamericano. A lo largo del siglo XX se consolidaron así un paradigma "fisiológico" y uno "patológico" de los caminos hacia la nación moderna: en el primero cabían los países del norte y los anglosajones, mientras que los países llamados "latinos" y del sur entraban en el segundo.

Este dualismo reflejó por largo tiempo prejuicios culturales muy arraigados, cuyas raíces se encuentran en una percepción común a todas las élites del siglo XIX, una percepción que se remonta a la segunda mitad del siglo XVIII, cuando intelectuales y políticos ilustrados hablaron por primera vez de la existencia en sus países de dos naciones, una culta y moderna y otra tradicional y atrasada. El acto de imaginar la nación moderna se fundó y se desarrolló a partir de esta mirada crítica y autocrítica, que duró a lo largo de todo el siglo XIX. La idea de nación fue en primer lugar un desafío hacia la manera de pensar las identidades colectivas, tal como se habían desarrollado a partir del siglo XVI a ambos lados del Atlántico.

La historiografía del siglo XX intentó explicar los dualismos nacionales e internacionales vinculando la nación a un actor supuestamente protagónico —la burguesía— o a un factor estructural —el mercado—. La falta, las debilidades o la fuerza de éstos se consideraron explicativas de los diferentes logros de cada país. Sin embargo, en las últimas dos décadas las investigaciones han mostrado cada vez más que no existe una correlación tan fuerte entre las dinámicas estructurales y los caminos de la idea de nación, y que cualquier intento de "encerrar" el tema en esquemas "teóricos" está condenado a reproducir las miradas y las disputas de finales del siglo XVIII.

Este libro ha sido escrito por investigadores procedentes de horizontes muy diversos, tanto de América como de Europa, que sin embargo tuvieron muy presente el riesgo de reproducir la mirada clásica. El esfuerzo prioritario consistió así en recuperar el desafío provocado por la idea de nación moderna y reflexionar sobre él en el mundo iberoamericano, a partir de consideraciones expuestas ya en la introducción de la presente obra. La caída del muro de Berlín no sólo cerró la historia del comunismo sino que abrió una nueva etapa de la "cuestión nacional" por la naturaleza imperial de la antigua Unión Soviética. Sin embargo, la caída de los imperios y las transiciones a la nación moderna no constituyen un campo estratégico para la historiografía, a pesar de que algunos de los más graves conflictos internacionales se dieron y se están dando precisamente entre "naciones" que antes formaban parte de imperios, como en el caso de los Balcanes o del Cercano Oriente.

Más aún, si volvemos por un momento al enfoque clásico, nos percatamos que gran parte de los países "del sur" pertenecieron a un imperio, lo cual plantea no pocos interrogantes acerca de las posibles relaciones entre esta condición y los difíciles caminos de la nación moderna. Hay un dato que merece atención: si tenemos en cuenta las dimensiones humanas del Imperio hispánico, del lusitano, del otomano, del austro-húngaro y del ruso-soviético y las comparamos con las de los países de la Europa occidental, donde la transición a la nación moderna se dio en el marco de una continuidad territorial entre los antiguos y nuevos regímenes (o con una unificación, como en Alemania e Italia), tenemos que reconocer que en la mayoría del mundo occidental y sus aledaños, la nación se inventó en condiciones totalmente distintas de las que se dieron en los países que la historiografía utiliza como modelos para la interpretación dominante. Existe, pues, un desfase entre el referente historiográfico y el referente histórico. El primero no se adapta al segundo, empezando por el dato, crucial en los ex imperios, de la discontinuidad entre el territorio prenacional y el territorio nacional provocada por la desintegración del sistema político iniciado en la metrópoli.

La invención de la nación moderna en el mundo iberoamericano adquiere así un interés extraordinario por su precocidad casi anormal, por ser la última y agónica etapa de la "decadencia" de las dos metrópolis peninsulares y, a la vez, por constituir el primer caso de la caída de imperios en la época moderna. En nuestro libro esta doble cara tiene un papel crucial en la invención de la nación moderna. En primer lugar porque las independencias no fueron la causa sino el producto de la crisis de las dos monarquías. En segundo lugar, y a diferencia de la quiebra posterior de otros imperios, porque no existía en el mundo iberoamericano una "cuestión nacional" antes de 1808.

La razón es que, con excepción del dualismo ilustrado entre lo "culto" y lo "primitivo", no existía en ningún país occidental de aquel entonces una idea clara de lo que iba a ser la nación moderna, tal como luego se fue consolidando a lo largo del siglo XIX. Lo que se estaba discutiendo en la Europa continental era cómo escapar a la idea "despótica" de nación salida de la experiencia jacobina y napoleónica. El referente ideal seguía siendo la Inglaterra de los Whigs, donde la idea constitucional de nación, que Sieyès había teorizado en 1789 (un territorio, un pueblo, y un gobierno representativo), garantizaba el respeto de la tradición, una nueva legitimación de la aristocracia como sujeto propietario, y *last but not least* el reconocimiento de la "opinión pública" —por supuesto culta— como fuerza cohesiva de la constitución misma. No es, por tanto, extraño que no encontremos en la América ibérica de 1808 una idea de nación moderna ya pujante y compartida por las élites, mientras que sí encontramos, ya antes de la crisis, una prensa y unas formas de sociabilidad política modernas que luego se lanzarán a inventar la nación.

La originalidad de los casos iberoamericanos no reside por lo tanto en la ausencia de naciones constituidas al estallar la crisis, sino en que se apelase a la nación moderna —aun si su perfil no estaba todavía claro— como único recurso para legitimar los poderes constituyentes que se implantaron en los territorios tras la acefalía de los imperios. Los caminos de la nación siguieron así los de las soberanías reivindicadas por las asambleas y los cabildos americanos. Con una paradoja sólo aparente este proceso fundó el gran dilema del siglo XIX entre una idea de nación entendida como una "comunidad de comunidades", y la otra idea de nación mono-identitaria, "centralista" y/o "unitaria", tal como se definió en el idioma político sudamericano. La primera, aunque constitucionalizada en territorios independientes, tenía sus antecedentes históricos en las dos monarquías ibéricas, mientras que la segunda fue más bien inventada para solucionar las luchas civiles, combatir la fuerza de las viejas corporaciones, consolidar sistemas federales, que de hecho fueron por largo tiempo confederales. Sin embargo, las dos ideas no estuvieron casi nunca en relación antitética como si fueran dos proyectos radicalmente distintos; más bien se articularon entre sí legitimando una antítesis abierta entre la sociedad local y la "nacional", lo cual representa quizás la herencia más fuerte y significativa de la transición a la modernidad política en esta área.

Lo que en una perspectiva de más larga duración muestra el caso de Iberoamérica es que cuando la cabeza de un imperio cae —más si cae de forma ilegítima—, nadie tiene derecho a heredar la soberanía. Éste es el aspecto nuevo y original del caso ibérico, que se va a repetir más de un siglo después en Europa y en el Cercano Oriente, y lo que impide equiparar la América ibérica con la anglosajona. Por supuesto, el caso de Brasil es diferente del de los virreinatos hispánicos, pero únicamente porque muestra lo inexorable de la lógica de este tipo de crisis, y sin olvidar que la invención de la nación se planteó también en el marco de la nueva monarquía brasileña, con éxitos igualmente discutibles, que la República confirmó luego.

Habría que preguntarse ahora si uno de los aspectos específicos de la precocidad de nuestros países no fue la identificación forzosa y necesaria entre nación moderna y república moderna, que Bolívar vivió tan dramáticamente, y que ubicaron a los ex imperios en un horizonte totalmente nuevo con respecto al debate ilustrado del siglo XVIII. Al igual que la nación, la república fue una opción necesaria antes que una opción ideal, una forma de gobierno ineludible más que un sistema de valores colectivos, por lo menos en los ex territorios de la Corona española. Sin embargo, el tamaño de la nación constituida en los congresos sobrepasó desde el comienzo el de la tradición republicana clásica que, por definición, fue siempre oligárquica. El acceso a la ciudadanía y a los nuevos derechos políticos fue increíblemente amplio —para la época—, con la única excepción del Chile portaliano.

Las comunidades campesinas —e indígenas— se transformaron así en sujetos republicanos, constitucionalmente legítimos. Esta condición se mantuvo a lo largo de todo el siglo XIX y planteó otros tantos nuevos desafíos, empezando por el juego sutil y conflictivo entre las dinámicas de la integración de las comunidades rurales a la nación para consolidarla por medio del consenso, y las dinámicas de la exclusión y/o de una desamortización destructora para consolidar la misma nación con un nuevo orden social. La percepción de muchos representantes de las élites fue la de una frustrante impotencia e incluso de un fracaso ante estos desafíos. Hoy sería injusto legitimar estos sentimientos en la historiografía como si fueran exclusivos de Iberoamérica. Como se ha recordado al comienzo de estas conclusiones, la gran mayoría de las élites occidentales, europeas e incluso anglosajonas manifestaron síndromes similares a lo largo del siglo XIX. El desencanto hacia la nación es parte "natural" de su historia, lo cual no implica cambiar leyendas negras por rosadas. Se trata más bien, en primer lugar, de no asumir las expectativas de unos actores —ya sean élites o comunidades— y otorgarles el estatuto de juicio historiográfico y, en segundo lugar, de construir un marco de análisis más adecuado a la cuestión: el tránsito de unos imperios a naciones, como este libro ha intentado mostrarlo.

ÍNDICE

Segunda Parte
Un incierto nacimiento

Tercera Parte

UNA NUEVA IDENTIDAD COLECTIVA

Quinta Parte
Las pedagogías cívicas

Sexta Parte
Constitución y prácticas políticas

Este libro se terminó de imprimir y encuadernar en junio de 2003 en los talleres de Impresora y Encuadernadora Progreso, S. A. de C. V. (IEPSA), Calz. San Lorenzo, 244; 09830 México, D. F. En su tipografía, parada en el Taller de Composición Electrónica del FCE por *Juliana Avendaño López,* se utilizaron tipos New Century de 12, 10:12, 9:11 y 8:9 puntos. La edición, de 2 000 ejemplares, estuvo al cuidado de *Manlio Fabio Fonseca Sánchez.*